대한기독교서회 창립 100주년 기념

대한기독교서회

17

시편(I)

김이곤 지음

대한기독교서회

A Commentary

on

Psalms (I)

by

Ee Kon Kim

The Christian Literature Society of Korea

Seoul Korea, 2007

간행사

민족의 개화와 복음선교를 목적으로 세워진 대한기독교서회가 창립 100주년을 맞이한 지도 어느덧 몇 해가 흘렀습니다. 우리는 100주년 기념사업을 여러모로 추진했지만, 그중에서도 가장 중요한 역점사업은 국내 성서학자들에 의해 집필된 성서주석의 발간이었습니다.

기독교가 우리 문화와 생활 속에 접목된 지 어느덧 1세기의 세월이 흘렀지만, 지금까지는 받아들이고 이식시키는 데에만 열중한 것이 사실입니다. 성서주석이란 그 나라의 신학사상을 가늠하는 중요한 학술활동인데도 불구하고 신학적 주체성을 살린 주석 작업이 아직까지는 미흡하다는 점, 그 때문에 빈번하게 읽히고 있는 현재의 주석서가 대부분 번역서라는 점 등은, 한국교회로 하여금 우리 실정에 알맞는 새로운 성서주석의 출현을 기대하게 했습니다.

정통적이고 보수적이며 더 나아가서는 새로운 신학사상까지도 포괄하는 주석서, 그러면서도 신학적 주체성이 충분히 반영된 이상적이고 활용하기에 편리한 주석서의 출간은, 1천만 성도의 간절한 기다림이자 바람입니다.

올리브나무에 야생 올리브나무를 접붙이면 야생 나뭇가지 또한 원래의 올리브나무 뿌리에서 영양을 공급받지 않겠느냐는 사도 바울의 표현처럼, 우리 민족 또한 하나님의 젖줄에서 양분을 공급받기 시작한 지 어느덧 1백년이라는 세월이 흘렀습니다. 이제 한국의 기독교는 더 이상 외래문화가 아니며, 더 이상 남의 옷이 아니라고 자부하고 싶습니다.

결국은 남의 옷에 지나지 않는 번역서가 아니라 우리 손에 의해 쓰여진, 우리 실정에 알맞은 주석서가 발간되었다는 것은, 우리 신앙의 현주소를 바로 보여 주는 일이기도 할 것입니다.

국내의 성서신학자들이 대거 동원되어 가장 최신의 연구성과까지도 반영하고 우리 현실과의 관계 안에서 성서가 주는 메시지를 정확하게 전달하는 일에 중점을 둔 새로운 주석서의 출현이, 한국교회 기독인들에게 바른 신앙의 길을 가리키는 참신한 이정표로 자리잡기를 기대하는 마음 간절합니다.

끝으로 이 주석이 나오기까지 땀 흘려 주신 『100주년 기념 성서주석 출판위원회』 위원장과 위원 여러분들의 수고에 감사를 드립니다. 아울러 학생들을 지도하시기에 바쁜 중에도 귀한 생명의 양식을 나누는 일에 동참해 주신 여러 교수님들께도 진심으로 감사를 드리는 바입니다.

1992. 12. 10

발행인

출판에 즈음하여

한국의 산업구조를 분석한 전문가들의 일치된 견해에 의하면, 우리 체질의 심각성은 외국 기술의존도가 지극히 높다는 데 있다고 한다. 그리하여 대외수출고를 높이는 데만 힘을 기울이는 사이에, 우리는 경제기반이 흔들리는 중대한 위기 속에 휘말렸다는 것이다.

이러한 모형이 기독교와 교회라는 특정상황에서도 위기의식으로 존재한다는 것, 다시 말해서 교회성장과 부흥에만 역점을 두는 사이에 기독교의 정체와 본질에 대해 다시 질문하는 도전과 위기가 조여오고 있다는 사실을 아는 사람은 별로 많지 않다.

지금까지의 우리의 관심사는 부흥과 성장이었다. 그리고 그러한 요청에 걸맞는 패기 있는 선두자들은 주야로 활동하여 한국의 신도 수를 극적으로 증대시켰고, 몇몇 교회의 경우, 단일 교회로서의 크기가 가히 세계적인 위대한 교회로 두각을 나타냈다. 그러한 과정에서 기여한 몇몇 교회지도자들의 수고와 노력에 우리는 모두 감사해야 한다. 그러나 우리는 지금 그러한 성장과 크기에 걸맞는 성숙을 심각하게 생각해야 할 자리에 와 있다. 성숙이 없는 성장이 무엇을 의미하는가를 누가 말해 주지 않아도 잘 알기 때문이다. 그러므로 이제 한국교회가 성숙을 위하여 지금까지 성장지향의 의지가 보여 준, 그 이상의 진지한 노력을 경주하지 않으면, 그것은 쉬지 않고 커 가기만 하는 외채더미에 눌리면서 화려한 소비경제에 빠지는 종래의 파국과 비교될 것이다.

기독교가 자기의 뿌리를 확인하는 기본적인 지혜는 성서에 대한 진지한 탐구에서만 비롯된다. 얼마 전까지만 해도 이러한 자각이 아쉬운 대로 행동으로 옮겨지면서, 우리는 외국의 출판사나 지적 소유자에게 적지않은 로열티를 주고 그 방법을 번역하여 교회에 보급시킨 몇 가지의 성서연구법이 있었다. 그러나 한국교회 성숙의 대명제를 감안할 때 그것이 해결은 아니었다.

이런 맥락적 의미에서, 한국교회의 자존과 명분을 걸고 한국의 성서신학자들이 지식과 능력을 한자리에 결집하여 구약과 신약의 주석을 직접 저술하기로 하여, 이제 그 실현이 가시화되는 시점에 이르렀다. 이러한 성서주석 출판을 대한기독교서회 창립 100주년 기념사업의 하나로 기획했다는 것은 참으로 획기적인 의미를 지닌다.

참으로 오늘의 우리에게 예수 그리스도가 영생이시고, 좋은 신학의 전부가 되며, 참 하나님이심을 인지하고 고백하는 은혜와 진리가 날마다 한국의 모든 교회에 더하기를 간절히 바라는 기도와 함께, 한국교회의 100주년을 감사하는 이때에 소망스러운 2000년대를 지향하는 벽찬 문턱에서 여기 한국 성서신학자들의 성서주석서를 겸허한 마음으로 내놓은 바이다.

1992. 12.

대한기독교서회 창립 100주년 기념 성서주석 출판위원회

위원장 이상훈 박사(서울신학대학교)

위원 박준서 박사(연세대 연합신학대학원)

김중은 박사(장로회신학대학)

민영진 박사(대한성서공회 부총무)

박수암 박사(장로회신학대학)

김득중 박사(감리교신학대학)

김창락 박사(한신대학 신학부)

• 일러두기 •

1. 본 주석서는 시리즈로 발간되므로 각 책들간의 통일성을 기하려고 했으나, 불가피하게 각 집필자들의 특성에 따라 최소한의 통일성만을 유지한 경우도 있다.
2. 본 주석서의 체제는 서론, 본문 주석(성서본문 제시, 본문 주석, 신학적 메시지), 참고문헌으로 이루어졌다. 그러나 필요에 따라서는 본문 주석과 신학적 메시지를 동시에 전개시키기도 한다.
3. 본 주석서의 성서본문은 개역한글판을 그대로 따랐다.
4. 한글 전용을 원칙으로 했다. 그러나 불가피한 경우에는,
   1) 한자는 괄호 안에 넣었다.
   2) 성서 원어 표기는 우리말 음역을 쓰고 원어는 로마자로 괄호 안에 넣었다[예. '파라클레토스'(parakletos-보혜사)].
5. 히브리어 · 헬라어는 본 성서주석 출판위원회에서 정한 통일안에 따라서 표기한다.
6. 외래어는 문교부에서 고시한 『외래어 표기 용례집』 교과용 도서 수정용과 『외래어 표기 용례집(인명, 지명)』을 따랐다. 단 성서에 나오는 외래어는 개역한글판을 따랐다[예. 바빌론→바벨론].
7. 성서의 장절(章節) 표기는 다음과 같다.
   범례. 1) 1장 1절부터 10절까지 / 1:1-10
   2) 1장 1절부터 2장 5절까지 / 1:1-2:5
   3) 1장 1절, 2절, 7절 / 1:1, 2, 7
   4) 마태복음 1장 1절, 요한복음 1장 1절 / 마 1:1; 요 1:1
8. 독자들의 내용 이해에 도움을 주기 위해서 각주난을 최대한으로 활용했다.

히브리어 · 헬라어의 로마자음역 및 한글음역 통일안

히브리어

히브리어 자음	로마자 음역	히브리어 모음기호	로마자 음역
א	’	◌ָה	
בּ(ב)	b	◌ָ	a
גּ(ג)	g	◌ַ	
דּ(ד)	d	◌ֲ	
ה	h	◌ֵי	
ו	w	◌ֵ	
ז	z	◌ֶי	e
ח	h	◌ֶ	
ט	t	◌ֱ	
י	y	◌ְ	
כּ(כ)	k	◌ִי	
ל	l	◌ִֽ	i
מ	m	◌ִ	
נ	n	וֹ	
ס	s	◌ֹ	
ע	‘	◌ָ	o
פּ(פ)	p	◌ֳ	
צ	ts	וּ	
ק	q	◌ֻֽ	u
ר	r	◌ֻ	
שׂ	s		
שׁ	sh		
תּ(ת)	t		

헬라어

헬라문자	로마자음역	한글음역
α	a	아
αι	ai	아이
αυ	au	아우
β	b	ㅂ
γ	g	ㄱ
κγχμν 앞에 있는 γ		ㅇ받침
δ	d	ㄷ
ϵ	e, ĕ	에
ϵι	ei	에이
ϵυ	eu	유
ζ	z	ㅈ
η	ē	에
θ	th	ㄷ
ι	i	이
κ	k, c	ㅋ
λ	l	ㄹ
μ	m	ㅁ
ν	n	ㄴ
ξ	x	ㅋㅅ
ο	o, ŏ	오
οι	oi	오이
ου	ou	우
π	p	ㅍ
ρ	r	ㄹ
ῥ	rh	
ρῥ	rrh	
σ(ς)	s	ㅅ
τ	t	ㅌ
υ	y, u	위
υι	ui	위+이
φ	ph	ㅍ
χ	ch	ㅋ
ψ	ps	ㅍㅅ
ω	ō	오

• 성서책명 약자 •

창세기 …… 창
출애굽기 …… 출
레위기 …… 레
민수기 …… 민
신명기 …… 신
여호수아 …… 수
사사기 …… 삿
룻기 …… 룻
사무엘상 …… 삼상
사무엘하 …… 삼하
열왕기상 …… 왕상
열왕기하 …… 왕하
역대상 …… 대상
역대하 …… 대하
에스라 …… 스
느헤미야 …… 느
에스더 …… 에
욥기 …… 욥
시편 …… 시
잠언 …… 잠
전도서 …… 전
아가 …… 아

이사야 …… 사
예레미야 …… 렘
예레미야애가 …… 애
에스겔 …… 겔
다니엘 …… 단
호세아 …… 호
요엘 …… 욜
아모스 …… 암
오바댜 …… 옵
요나 …… 욘
미가 …… 미
나훔 …… 나
하박국 …… 합
스바냐 …… 습
학개 …… 학
스가랴 …… 슥
말라기 …… 말
마태복음 …… 마
마가복음 …… 막
누가복음 …… 눅
요한복음 …… 요
사도행전 …… 행

로마서 …… 롬
고린도전서 …… 고전
고린도후서 …… 고후
갈라디아서 …… 갈
에베소서 …… 엡
빌립보서 …… 빌
골로새서 …… 골
데살로니가전서 …… 살전
데살로니가후서 …… 살후
디모데전서 …… 딤전
디모데후서 …… 딤후
디도서 …… 딛
빌레몬서 …… 몬
히브리서 …… 히
야고보서 …… 약
베드로전서 …… 벧전
베드로후서 …… 벧후
요한1서 …… 요일
요한2서 …… 요이
요한3서 …… 요삼
유다서 …… 유
요한계시록 …… 계

구약시대의 연대표

Ⅰ. 기원전 2000년 이전 시대

Ⅱ. 족장 시대

Ⅲ. 후기 청동기 시대

Ⅳ. 기원전 약 1200-900년

Ⅴ. 기원전 8세기 중반의 분열상

Ⅵ. 기원전 8세기 중반-6세기 중반

Ⅶ. 기원전 6-5세기

Ⅷ. 기원전 400-150년

	이집트	팔레스타인	메소포타미아
7000		여리고(도기제조 이전의 신석기 시대) 팔레스타인 수리아, 길리기아, 아나톨리아 등지에서 신석기 시대의 촌락문화 형성	야르모(도기제조 이전의 신석기 시대) 신석기 시대 정착
6000			
5000			핫수나
4500	파이윰 A	여리고(도기를 제조한 신석기 시대)	할라프
4000	바다리안	동·석기 문화	오베이드
3500	아므라티안 게르제안	가술리안 혹은 최초의 도시화 시대 초기청동기 시대 제1초기청동기 시대	와르카 혹은 초기 원시 문자시대 후기 원시 문자시대
3000	고왕국시대 29—23세기	제2초기청동기 시대 초기청동기 시대 제3초기청동기 시대	엠뎃 나스르 초기 왕조시대 약 2850—2360 (수메르인의 도시국가)
2500	제3—4왕조 26—23세기 (피라미드 시대)	제4초기청동기 시대 (제3청동기 시대) 초기 청동기와 중기 청동기 시대의 중간기	악카드 왕국 약 2360—2180 야만족 구티의 침입
2000	제1중간기 시대 22—21세기 중왕국시대 21—18세기	(반유목민들의 침입) 제1중기청동기 시대	우르 제3왕조 : 약 2060—1950

I. 기원전 2000년 이전 시대

	이집트	팔레스타인			힛타이트	메소포타미아
2050	중왕국 21—18세기 제11왕조	중기	혹은	중간기		우르 제3왕조 : 약 2060—1950
2000	이집트 재통일 약 2040 제12왕조	청동기시대		초기청동기 —중기청동기		
1950	약 1991—1786	제1기 21—20세기		23—20세기		앗시리아 · 마리 · 이신 · 라르사
1900		제2기 중기 청동기 시대 A	족장시대	제1기 중기 청동기시대	도시국가	갑바도기아인의 식민지
1850						리피트 이쉬타르 약 1870
1800				제2기 중기 청동기시대		바벨론 제1왕조 약 1830—1530
1750	제2중간기 시대 힉소스 18—16세기	제2기 중기 청동기시대 B				와라드 신 약 1770—1759
1700			이집트에서의 히브리인들?			샴시 아닷 1세 1750—1718 마리시대 약 1750—1697 지므리 림 약 1730—1697 약 1735 함무라비 약 1728—1686 림 신 약 1758—1698
1650	제15왕조 약 1650—1542				힛타이트 고왕국	캇사이트 왕조 해국왕조
1600		제2기 중기 청동기시대 C			라바르나스	
1550	신왕국(제국) 시대 제18왕조 약 1552—1306				핫투실리스 1세	
1500	힉소스를 몰아냄	후기청동기시대		후기청동기시대	무르실리스 1세	1530

II. 족장시대

	이집트	팔레스타인	힛타이트	미탄니	앗시리아
1600	신왕국(제국)시대 제18왕조 약 1552—1306 아모시스 약 1552—1527		고왕국		
1550	힉소스를 몰아냄 아메노피스 1세 약 1527—1507	후기 청동기 시대	무르실리스 1세		
	투트모시스 1세 약1507—1494				
1500	투트모시스 2세 약 1494—1490 투트모시스 3세 약 1490—1436	**히브리인들 이집트에 거주**		숫타르나 1세	
1450	아메노피스 2세 약 1438—1412			사우스사달	
	투트모시스 4세 약 1412—1403			아르타타마	
1400	아메노피스 3세 약 1403—1364		힛타이트 왕조	숫타르나 2세	
	아메노피스 4세(아케나텐) 약 1364—1347	아마르나 시대	수필룰리우마1세 약 1375—1335	투스랏타	앗슈르 우발리트 1세 약 1356—1321
1350		**히브리인들 이집트에 거주**			
	하렘합 약 1333—1306				
1300	제19왕조 약 1306—1200 세토스1세 약 1305—1290		무와탈리스 약 1306—1282		아닷 니라리 1세 약1297—1266
	라메세스2세 약 1290—1224	출애굽 약 1208?	핫투실리스 3세 약 1275—1250		
1250		정복 약1250—1200			살만에셀 1세 약 1265—1235
1200	마르니프타 약1224—1211 (쇠약하고 혼란한 시기)		힛타이트 왕조 몰락		투쿨티 니누르타 1세 약 1234—1197

III. 후기 청동기 시대

연대	이집트	팔레스타인	앗시리아
1250	마르니프타 약 1224—1211 (해양민족들을 패배시킴)	이스라엘 민족의 팔레스타인 정복 약 1250—1200 철기시대 약 1200—1000	투쿨티니누르타 1세 약 1234—1197
1200	쇠약하고 혼란한 시기 제20왕조 약 1185—1069 라메세스 3세 약 1183—1152 (해양민족들을 패배시킴)	사사시대 약 1200—1020 팔레스타인에 블레셋족 거주	앗시리아의 쇠퇴
1150	라메세스 4—11세 약 1152—1069	드보라 기드온	
1100	이집트 왕조 몰락		디글랏 빌레셀 1세 약 1116—1078 (앗시리아가 잠깐 동안 부흥 됨)
1050	제21(타니트)왕조 약 1069—935	실로의 몰락(1050년 이후) 사무엘 사울 약1020—1000?	앗시리아의 쇠퇴기
1000		다윗 약 1000—961 아람인들의 압제	
950	제22왕조 약 935—725 시삭 약 935—914	솔로몬 약 961—922 분열됨 922 유다왕국 922—587 이스라엘 왕국 922—722/1 다마스커스 르손	앗슈르 단 2세 (앗시리아 재발견 시작)
900			

IV. 기원전 약 1200—900년

연대	이집트	이스라엘 (유다)	이스라엘 (이스라엘)	다마스커스	앗시리아
950		솔로몬 약 961–922		르손	
	제22왕조 약 935–725 시스- 약 935–914				앗슈르 단 2세 935–913
925		유다 —— 922 —— 이스라엘			
		르호보암 922–915	여로보암 1세 922–901		
	오소르콘 1세 약 914–874	아비야 915–913 아사 913–873			아닷 니라리 2세 912–892
900			나답 901–900 바아사 900–877		
				벤 하닷 1세 약 885–870	앗슈르 나시르팔 2세 884–860
875			엘라 877–876 시므리 876		
		여호사밧 873–849	오므리 876–869 아합 869–850	벤 하닷 2세 약 870–842	
			(엘리야) (카르카르 전쟁 853)		
850		여호람 849–843 아하시야 843/2 아달리야 842–837 요아스 837–800	아하시야 850–849 여호람 (엘리사) 849–843/2 예후 843/2–815		살만에셀 3세 859–825
825				하셀 약 842–806	샴시 아닷 5세 824–812
			여호아하스 815–802		
800		아마시야 800–783	여호아스 802–786	벤 하닷 3세	아닷 니라리 3세 811–784
		웃시야(아사랴) 783–742	여로보암 2세 786–746		
775					앗시리안 쇠퇴기
	제23왕조 약 759–715				
750			(아모스)		

V. 기원전 8세기 중반의 분열상

	이집트	유다	이스라엘	다마스커스	앗시리아
775	제22왕조 약 935–725	웃시야 783–742	여로보암 2세 786–746		
			(아모스)		앗시리아 쇠퇴기
750	제23왕조 약 759–715	(요담 섭정 약 750)	(호세아)		
		요담 742–735	스가리야 746–745	르신	디글랏-빌레셀 3세 745–727
			살룸 745	약 740–732	
		(이사야) (미가)	므나헴 745–737		
725	제24왕조	아하스 735–715	브가야 737–736		
	약 725–709		베가 736–732		
	←제25(에티오피아)왕조		호세아 732–724		살만에셀 5세 726–722
	약 716/15–663	715–687/6	사마리아 멸망 722/1		사르곤 2세 721–705
		히스기야			
700	샤바코 약 710/9–696/5(?)	701 산헤립	침입해옴		산헤립 704–681
	셉데코 약 696/5–685/4(?)	688? 산헤립	침입해옴?		
	(티르하카 섭정 약 690/89) (?)	므낫세 687/6–642			
675	티르하카 약 (690)685/4–664				에살핫돈 680–669
		이집트의 침입 : 테베 약탈			앗슈르바니팔 668–627
	제26왕조 664–525			메데	
650	프삼메티쿠스 1세 664–610	아몬 642–640			
		요시야 640–609			
		(예레미야)			
625		(스바냐)	신바벨론제국	키락사레스	신 사르 이스쿤 629–612
		(나훔)	나보플랏살 626–605	약 625–585	
		여호아하스 609			
	느고 2세 610–594	여호야김 609–598			니느웨 멸망 612
		(하박국)			
600	프삼메티쿠스 2세 594–589	여호야긴 598/7	느부갓네살 605/4–562		앗슈르 우발리트 2세 612–609
	아프리스(호브라) 589–570	시드시야 597–587 (에스겔)		아스티아게스 585–550	
575		예루살렘 멸망 587 유배			

VI. 기원전 8세기 중반—6세기 중반

	이집트	히브리	바빌론	메디아
600	느고 2세 610—594	제1차 추방 597	느부갓네살 605/4—562	키락사로스 625—585
	프삼메티쿠스 2세 594—589	예루살렘 멸망, 제2차 추방 587		
	아프리스(호브라) 589—570	제3차 추방		아스티아게스 585—550
575	아마시스 570—526	느부갓네살, 이집트를	침입함 568	
		유배	아멜 마르둑 562—560	
			네리글릿사르 560—556	고레스, 아스티아게스를 전복시킴 550
550		(제2 이사야)	나보니두스 556—539	페르시아(아카메니아인) 제국
	프삼메티쿠스 3세 526/5	고레스의 칙령 538	**고레스, 바벨론제국 성립** 539	고레스 550—530
	캄비세스			캄비세스 530—522
525	이집트 정복 525	스룹바벨		다리우스 1세 히스타스페스 522—486
	이집트, 페르시아 통치하에 들어감	성전재건 520—515 (학개, 스가랴)		
500		(오바댜?)		(마라톤 490)
				크세륵세스 486—465
475				(테르모필레, 살라미스, 480)
		(말라기)		
	이나로스의 반란 460—454			아르타크세륵세스 1세 465—424 롱기마누스
450		에스라의 선교 458??		
		느헤미야 통치 445—		(갈릴리아스의 평화)
425		에스라의 선교 428?		크세륵세스 2세 423
				다리우스 2세 노투스 423—404
	이집트 해방됨 401	바고아스 통치		아르타크세륵세스 2세 므네몬 404—358
400		에스라의 선교 398??		

VII. 기원전 6—5세기

	이집트	히브리	페르시아
400	제28, 29, 30왕조		
375			
350			아르타크세륵세스 3세 오쿠스 358–338
	이집트, 페르시아에 의해 침입받음 343		아르세스 338–336
325	이집트, 알렉산더 대왕에게 정복됨 332 프톨레미 왕조 프톨레미 1세 라기 323–285	알렉산더 대왕 336–323 잇수스 333	다리우스 3세 코도만누스 336–331 가우가메라 331 셀류커스 왕조
300		**유대인들, 프톨레미 압제하에 들어감**	셀류커스 1세 312/11–280
275	프톨레미 2세 필라델푸스 285–246		안티오쿠스 1세 280–261
250			안티오쿠스 2세 261–246
	프톨레미 3세 유에르게테스 246–221		셀류커스 2세 246–226
225			셀류커스 3세(대왕) 223–187 안티오쿠스 3세(대왕) 223–187
	프톨레미 4세 필로파토르 221–203		
200	프톨레미 5세 에피파네스 203–181	셀류커스, 팔레스타인 정복 200–198	
	프톨레미 6세 필로메토르 181–146	히브리인들, 셀류커스 통치하게 들어감	셀류커스 4세 187–175
175		성전을 더럽힘 167.9(168)	안티오쿠스 4세(에피파네스) 175–163
150		유다 마카베오 166–160 성전 재봉헌 164.9.(165) 요나단 160–143	안티오쿠스 5세 163–162 데메트리우스 1세 162–150

VIII. 기원전 400–150년

약어표

Bibl.	*Biblica*
HTR	*Harvard Theological Review*
HUCA	*Hebrew Union College Annual*
ICC	*The International Critical Commentary*
IDB	*The Interpreter's Dictionary of the Bible*
IDS Suppl	*The Interpreter's Dictionary of the Bible, Supplementary Volume*
Int.	*Interpretation*
Intr.	*Introduction*
JBL	*Journal of Biblical Literature*
JNES	*Journal of Near Eastern Studies*
LXX	Septuagint
MT	Masoretic Text
TDOT	*Theological Dictionary of the Old Testament*
UF	*Ugaritforschungen*
SJT	*Scottish Journal of Theology*
VT	*Vetus Testamentum*
ZAW	*Zeitschrift fuer die alttestamentliche Wissenschaft*

머리말

시편을 어떻게 주석하고 또 그 메시지를 어떻게 이끌어 낼 것이냐 하는 문제는 오늘날 많은 기대와 호기심으로 둘러싸여 있다. 왜냐하면, 시편은 이스라엘 신앙인들의 심오한 경건성을 충동하는 '경건의 거울'(a mirror of piety)로서 우리의 신앙전통을 심화, 고양시켜 왔기 때문이다. 그뿐만은 아니다. 오히려 시편은 천여 년 가까운 세월 동안 선민(選民) 이스라엘이 살아온 그 파란만장의 신앙역사를 보존해 오면서 각가지 이스라엘의 신학과 이념을 제의적(祭儀的) 낭송(recital)이나 재연(cultic reenact)의 형식으로 전승(傳承)시켜 온 이스라엘 제의 문학(祭儀 文學)의 산실이고 이스라엘 신앙 전승의 보고(寶庫)이기 때문이기도 하다.

실로, 우리는 시편으로부터 하나님을 향한 하나님의 백성들의 '찬양', '감사', '탄원', '항변', '변호', '교훈' 등의 송영(誦詠) 형식("송영은 곧 신학이다!")으로 된 신앙고백들이 마르지 않는 샘처럼 솟아나오는 것을 목격하고 체험한다. 그러므로 시편은 구약 경전의 그 어느 책보다 더 "비평학 이전적"(pre-critical), 비평학적(critical), 그리고 비평학 이후적(post-critical) 해석 '모두(!)'를 비판적으로 수용하기를 요청하는 책이라고 하겠다. 왜냐하면, 시편은 실제로 그 어떠한 비평학적 방법을 가지고서도 그것이 지니고 있는 '영성'을 삭감시킬 수 없는 "성서 안의 성서"(M. Luther)요, "영혼의 해부학"(J. Calvin)이라고 할 수 있기 때문이다.

시편 시의 그 문학 장르와 그것의 사회학적 기능에 초점을 맞춘 소위 궁켈(H. Gunkel)의 시 양식비평적 연구가 한때는 서양 학자들(Barnes[1931], Buttenwieser[1938], et al.)로부터 외면을 당하기도 하였으나 곧 대중화되어 궁켈의 양식분류를 좀더 세분화(cf. C. Westermann)하거나 또는 개정(H. -J. Kraus, A. Weiser)하거나 하는, 이른바 약 한 세기 가까운 세월의 상당히 오랜 기간 동안 그의 양식비평적 시편 연구의 대중화가 이루어져 왔다. 그러나 시편의 해석학은 아직도 궁켈의 이 양식비평학을 대신할 만한 뚜렷한 시편 연구의 대안이 나오지 못한 채, 현금에까지 이르게 되었다.

그럼에도, 시편 시들의 삶의 자리(Sitz im Leben, 사회학적 기능)에 대한 양식비평학자들의 제안들은, 대체로 너무 쉽게 무너질 수 있는 가설에 기초된 것에 지나지 않는다는 사실을 시편 주석의 결과들이 입증하게 되자, 양식비평학적 연구 방법의 충실한 대안으로 기대되었던 제의사적(祭儀史的) 시편 연구도 또한 영국의 "신화와 예배의식 학파"(Myth and Ritual School, cf. S. H. Hooke, A. R. Johnson, et al.)의 시편연구와 함께 그 연구의 효능에서 급격한 퇴조현상을 초래하게 되었고 심지어는 차세대의 학풍으로 기대되었던 전승사적 연구방법(traditio-historical method)의 통찰력마저 훼손시키는 결과를 가져오게 되었던 것이다.

그 무엇보다도 시편에 대한 역사비평학적 연구를 통하여 제기된 "**신학적 문제들**"이 궁켈 학파(양식사학파)의 방법만으로서는, 즉 그 연구가 좀더 철저하게 심화되지 않고서는, 결코 만족할 만한 결과를 도출해 낼 수 없었다는 데 문제가 있었던 것이다. 그리하여 시편에 대한 이해는, 그 오랜 비평학적 연구에도 불구하고, 유대교 회당예배에서나 기독교 교회예배에서나 간에 시편의 사용은 여전히 그 원래의 기능에서는 많이 이탈한 "매우 임의적"인 의전적(儀典的) 용도로서만 이용되어 왔다. 필자의 학위 논문[1]은 바로 이러한 양식비평학적인 연구가 제기한 성서신학적 물음에 대한 한 대답을 제시하자는 것이었다.[2]

---

1) 김이곤, "탄원시에 나타난 분위기 급전의 동인에 관한 연구."

2) 필자의 학위 논문에 대한 J. Gerald Janzen의 서평, *Theology Today* [October, 1986], 464와 P. D. Miller, Jr.의 서평, *Interpretation*[Jan. 1987], 88-

그러한 의미에서 이 주석서는 (1) 지금까지 논의되고 사용되어 온 비평학적 방법들에 의한 본문안내와 주석 및 주해를 통하여, (2) 그 본문이 갖고 있는바, 교회 현장에 요청되는 신학적, 케리그마적 메시지를 발굴해 내는 데에 주력하였다. 그러나 이 주석은 알레고리와 영해는 꼭 필요한 경우에 한해서 소개하는 경우도 있으나, 주로 본문에 대한 "신학적 해석"을 통하여 교회 강단이 올바르고 건전한 신학적 기초에 근거한 시편 본문의 설교를 하게 하고 또 독자들로 하여금 시편 본문에 대한 신학적 사유(思惟)를 바르게 하도록 하는 데 도움을 주려고 노력하였다. 이러한 '동기부여'에는 차일즈(B. S. Childs)의 『출애굽기 주석』[3]과 거기에 나타난 그의 성서해석 방법론이 큰 자극을 주었다고 볼 수 있고, 메시지 발굴을 위하여서는 올브라이트(W. F. Albright and his pupils)와 란데스(G. M. Landes)의 언어학적 접근법과 마일렌버그(J. Muilenburg)와 트리블(P. Trible)의 수사비평학적 해석학 방법론의 영향이 크게 작용했다고 할 수 있을 것이다.

그러나 이러한 주석적 성향은 결코 역사비평학에 대한 부정적 평가를 하려는 데 있지 않다. 단지 역사비평학을 죄악시하는 근본주의자들과 동시에 그 역사비평학을 오히려 오용하고 교조화(教條化)하기까지 하는 자유주의자들 간의 양극화 현상, 이른바 복음의 본질에 대한 그들 양자의 현학적(衒學的) 교조주의적 왜곡에 대하여 경고하고 경전 텍스트로부터 케리그마(kerygma)를 발굴해 내는 데 미력이나마 기여하려는 데 있을 뿐이다. 즉 서구 교회 운동의 현저한 퇴조 현상과 성서신학의 위기 상황 사이의 불가분리적 상관성을 두려운 마음으로 직시하고 한국 교회가 서구 교회의 그 실패한 전철을 그대로 따라가고 있는 그 '동일한 패턴'(pattern)의 '위기'로부터 구출하자는 호소가 이 주석서의 도처에 담겨져 있다는 것을 말해 두고 싶다. 이러한 필자의 필사적 노력이 이 책을 통하여 독자들에게 잘 전달되어서 이 주석서 한 권이 감히(!) 한국 교회의 성서신학적 위기를 극복하는 데 큰 보탬이 되었으면 하는 것이 필자가 이

89를 참조하라.

3) *The Book of Exodus*[Philadelphia: The Westminster Press, 1974], 3판, 1976.

저작에 심혈을 기울인 핵심 이유라고 하겠다. 이러한 성격의 주석을 내는 필자의 깊은 확신은 다음의 성서 말씀으로 대신할 수 있을 것이다. "태초에 말씀이 계시니라 이 말씀이 하나님과 함께 계셨으니 이 말씀은 곧 하나님이시니라" (요 1:1; 창 1:1).

이 부족한 책자를 저의 구약학 스승이신 만수(晩穗) 김정준(金正俊) 박사님과 뉴욕 유니온(Union) 신학대학원의 조지 뮐러 란데스(George Mueller Landes) 박사님과 필리스 트리블(Phyllis Trible) 박사님에게와 그리고 양 손목 류머티즘 관절염의 장애를 무릅쓰고 이 책을 저술하는 고통을 옆에서 지켜보며 끝까지 격려하며 동참해 준 나의 사랑하는 아내 권복자(權福子)에게 바친다.

2007년 1월
김 이 곤

차 례

Ⅱ. 본문 주석

I. 서 론

1. 시편의 명칭, 표제, 저자, 기원 그리고 경전적 위치

"시편"(詩篇)이라는 책명은 헬라어 역본(譯本)의 초기 명칭인 '프살모이'(*ψαλμοι*-psalmoi-psalms)를 번역한 것이다. 이 '프살모이'('프살모스'의 복수형)라는 말은 아마도 히브리어 '미즈몰'(시[詩:מזמור])이라는 표제를 가진 시들(현악기 반주에 맞추어 부른 약 57개의 시들)의 표제어("미즈몰 레다윗"=다윗의 시)에서 유래되었을 것으로 보인다. 그러나 "시편"이라는 책명을 히브리어 성서에서는, 헬라어 역본과는 달리, '테힐림'(תהלים: tehillim, '찬양들')이라고 명명하였다.[1] 그러나 이 이름은 시편의 대표적 '장르'(genre, '찬양시')의 이름을 따라 붙인 것도 아니고, 시편의 여러 문학적 성격 또는 여러 예배 음악적 성격들을 총괄하고 대변하는 의미를 근거하여 붙인 이름도 아니다. 실제로, 시편 안에는 '찬양시'라는 장르보다는 '기도시'(= '탄원시')라는 장르가 훨씬 더 많고 기도의 '문학 양식'(literary form[type] =Gattung)이 시편 시 양식의 지배적 양식의 역할을 하고 있기 때문이다. 아마, 72:19 끝("아멘" "아멘") 다음에 덧붙인 시편 제2권(42-72편)의 결론구가 "이새의 아들 다윗의 **기도(祈禱)**가 필하

1) 시편의 본래의 책명인 여성 명사 '테힐라'(תהלה; 시 145:1)의 복수가 왜 תהלות이 아니고 תהלים이냐? 라는 문제는 새로운 히브리어 유입(流入)의 영향 또는 아람어 남성 복수 תהלין의 영향일 것으로 보인다. Cf. C. A. Briggs, *Psalms*(*ICC*) I, xx, lxxviii.

다"[히브리 본문의 절수는 이 부분만을 따로 떼내어 20절이라고 절 매김을 하였다]라는 말로 마무리하고 있는 것으로 미루어 볼 때, 시편이 어느 한때는 아마도 '테필롯'(תפלות: tephilloth, '기도들')이라는 이름을 자신의 책명으로 사용했던 적도 있었다는 것을 암시한다.

그러나 그 둘(Tehillim과 Tephilloth) 중 어느 하나도 시편 전체를 모두 포괄하여 대변하는 시 양식(樣式)이라고는 볼 수 없다. 아마도, 히브리어 시편의 공식적 책명이 **"찬양들"**(혹은 "찬양의 책"['세펠 테힐림'])[2]이라고 정해진 것은 그 무엇보다도 **"신학적 동기"**에서부터 비롯되었을 것으로 보인다. 즉 "시편"은 인간(이스라엘)에게 베푸신 "하나님의 위대하신 행적"(magnalia Dei)에 대한 인간의 "응답의 송영"으로 이해할 수 있기 때문이다.[3] 그런 의미에서 보면, 시편 1-2편은 "하나님의 말씀"을 선포한 **"서론"**(cf. 19B; 119)이라면, 3-150편은 이 하나님의 말씀 선포에 대한 인간(이스라엘)의 **"찬양 응답"**들을 수집한 것이라고 이해할 수 있을 것이다. 왜냐하면, '감사', '탄원', '신뢰'의 장르에 속한 시들도 모두 엄밀히 말하면, 그것은 일종의 "하나님에 대한 찬양"(the praise of God)이라고도 할 수 있기 때문이다. 그러나 시편이 지니고 있는 모든 응답들(찬양, 탄원, 감사, 신뢰, 지혜, 교훈 등)을 **모두** "하나님의 찬양"이라고 보고, 단순한 의미의 '탄식'**만**이라는 것과 단순한 의미의 '기원'**만**이라는 것은 실제로는 없기 때문에, '찬양'과 '탄원'은 본질상 '양극성'(兩極性)의 상관관계를 갖고 있어서 넓은 의미에서 볼 때 시편의 **한** 주제라고 주장하였던 베스터만(C. Westermann)의 '초기'(1961년) 시편 이해는 16년 뒤인 1977년 독일어 판을 낼 때에는 '탄원' 주제를 중요한 주제로 인식하게 되어 '탄원' 그 자체만으로서 적극적이고도 필요한 기능을 하는 것이라는 견해를 전체 책의 3분의 1 가량 덧붙여서 출판하게 되었다.[4] 이 사실은 시편

---

2) Cf. M. S. Cohen, *Our Haven and Our Strength: The Book of Psalms*(New York: Aviv Press, 2004), xx.

3) Cf. G. von Rad, *Old Testament Theology*, vol. I, 355ff.; C. Westermann, *Elements of Old Testament Theology*, 153ff.; B. S. Childs, *Introduction to the Old Testament as Scripture*(Philadelphia: Fortress Press, 1986), 513-514.

4) 특히 그의 책 *The Praise of God in the Psalms*(독일어 1961, 영역 1965)로부터 *Praise and Lament in the Psalms*(독일어 1977, 영역 1981)로의 개편은 시

시들의 절대 양(3분의 1 이상)이 '테힐림'(תהלים: 찬양)이 아니고 '테필롯'(תפלות: 기도)이라는 시편의 현실을 감안할 때, 필연적인 결과였다고 하겠다.

"시편"이라는 책명 안에 들어 있는 150개의 시들 중 34개의 **표제 없는 시들**(고아 시[孤兒 詩]: orphan psalms; 시 1; 2; 10; 33; 43; 71; 91; 93-97; 99; 104-107; 111-119; 135-137; 146-150편)을 제외한 **116개의 시(詩)들은 각자의 표제(titles)를 갖고 있는데**, 이러한 사실(="표제가 붙어 있다는 사실")은 19세기 다윈-헤겔의 역사주의적 비평학의 진화론적-변증법적 주관주의가 성서 해석학의 중요한 잣대가 되던 무렵엔, 시편 연구에서는 별 의미가 없는 이차적인 후대의 첨가로서만 이해되어 왔다. 그러한 관점은 20세기 초 양식비평학적인 시편 연구가 본격화되었을 때까지는 주도적 영향을 끼쳐 왔으나 점차적으로 문제점을 드러내기 시작하였다. 즉 성서 형성사와 성서의 경전사(經典史)라는 문맥에서 볼 때, 이 '표제 달기'는 단순히 제의적(祭儀的) 용도에 따른 '후대 첨가'에 불과한 것일 뿐이라기보다는, 그 수집 초기이든 후기이든 간에, 그 시(詩)의 제의적(祭儀的)인 기능(예배 음악적이고 예전적인 기능)에 대한 정보만이 아니라 그 시에 대한 해석학적, 경전사적, 신학적 관점, 특히 **해석학적 관점**의 결과들이 상당히 크게 반영된 것[5]으로 보이기 때문이다.

이러한 표제(titles)가 붙여진 그 동기는, 정확하게는 아니라고 하더라도, 다음 여러 가지로 그 가능성 또는 개연성(蓋然性)들을 추론해 볼 수 있다. 일반적으로 볼 때, 시편의 표제들은 대강 외견상 다음 다섯 가지 정도의 동기를 가지고 붙여졌으리라 추론된다.

1) 그 첫째는 시의 '저자'(개인이든 집단이든)가 누구인지를 밝히려는 동기에서, 아니면 그 시가 속하였던 '시집'의 이름을 밝히려는 동기에서 붙여졌으리라고 추론되는 표제를 들 수 있다. 이 경우, 표제가 있는 시들(116개의 시들) 중 일흔세(73) 개의 시들이 "레다윗"("다윗에게 속한", "다윗 시집에 속한"; לדוד)이라는 표제를 갖고 있어서 전체 시편 시의 절

편 시들의 신학 세계의 중심이 '찬양'으로부터 '탄원'으로의 상당한 이동(移動)을 하였다는 증거가 된다.

5) Cf. B. S. Childs, *Introduction to the Old Testament as Scripture*, 520-523.

반 정도가 '다윗'과 결부되고 있음을 볼 수 있다. 이것은 일종의 해석학적 노력의 결과라고 보아야 할 것이다. 그러나 이 시들 모두를 다윗의 저작으로 돌리는 것은 주석의 결과와는 **매우(!) 다르다**. 물론 이 시들 중 어떤 시들은 다윗의 저작으로 돌릴 수 있는 시들도 있다고 하겠으나[6] 상당수가 다윗 시대보다는 후대의 것이거나[7] 또는 몇몇 시들로부터는 다윗 이전의 매우 고대의 시(詩)[8]라고 보아야 할 증거들도 발견되기 때문에 "다윗의 시"("미즈모르 레다윗")라는 표제를 가진 시(詩)라고 해서 모두 다 다윗

---

6) 예컨대, 시편 18편의 경우, W. F. Albright, *Archaeology and the Religion of Israel*(1942), 129[H. -J. Kraus, *Psalms* 1-59, 258에서 중인]은 이 시의 연대를 주전 10세기로 본다. 즉 다윗의 것으로 보는 셈이다. 그의 제자들인 F. M. Cross & D. N. Freedman, "A royal Song of Thanksgiving," JBL 72(1953), 16ff.도 이 시로부터 고대 가나안적 요소를 발견한다. 특히 O. Eissfeldt, *Old Testament: An Introduction*(New York: Harper & Row, 1965), 452에서는 시편 3; 7; **18;** 34; 51; 52; 54; 56; 57; 59; 60; 63; 142편들을 다윗의 저작으로 간주한다.

7) R. H. Pfeiffer, *Introduction to the Old Testament*(New York: Harper & Brothers, 1941), 632에서 "실제로, 우리 시편의 모든 시들은 주전 500-100년 사이에 이루어졌다."라고 하였다. W. F. Albright는 그의 논문 "A Catalogue of Early Hebrew Lyric Poems(Psalm 68)," *HUCA* XXIII, 1(1950-1951), 1에서 이 견해를 신랄하게 비판하였다. Albright에 의하면, 이 견해는 B. Duhm(1899)과 J. Wellhausen(*The Book of Psalms, SBOT*, 1898, 162ff.)의 견해를 따른 것인데, 이 견해는 1950년대를 전후하여 약 30년 동안 정반대의 입장에 의하여 철저히 반박 받아 온 견해라고 주장하였다. 그리하여 B. D. Eerdmans는 시편 시들의 수집은 주전 5세기 중엽 직후에 완료되었다(*The Hebrew Book of Psalms[Oud Testamentische Studien*, IV, 1947], 14-27)라는 견해를 내어 놓는다. 일반적으로, Albright와 그의 제자들은 시편 시들의 고대적 요소와 고대 중동(근동 in Europe) 종교시들의 영향을 많이 강조하는 입장을 취한다.

8) 예컨대, 가장 일반적으로 알려진 바에 의하면, 시편 29편과 104편의 경우는 각기 고대 가나안 종교시(Ugarit; 시 29)와 고대 이집트 종교시(시 104)에서 그 기원을 찾는다. Cf. W. F. Albright, *Yahweh and the Gods of Canaan: A Historical Analysis of Two Contrasting Faiths*(Winona: Eisenbraus, 1968), 21, 27, 255(시 29편의 경우), 202(시 1-4편의 경우); P. C. Craigie, "Psalm 29 in the Hebrew Poetic Tradition," *VT* 22(1972), 143-151. 특히 시편 29편의 가나안적 기원을 발견한 첫 학자는 H. L. Ginsberg, "A Phoenician Hymn in the Psalter," *XIX Congresso Internazionale degli Orientalisti*(Rome, 1935), 472-476이다. *Idem*, "The Rebellion and Death of Bàlu," *Orientalia* V(1936), 108f.

이 저작한 시라고는 **볼 수 없다**고 하겠다. 이 경우는 시편 표제들에 등장하는 모세, 솔로몬, 아삽, 고라, 에단, 헤만, 여두둔의 시들의 경우에도 똑같이 적용된다.

만일 "미즈모르 레다윗"(מזמור לדוד; "다윗의 시" 또는 "다윗이라는 이름 아래 모인 시"라는 의미, cf. "다윗 시집에 들어 있는 시")이라는 표제를 가진 시들이 모두 다윗의 저작이 아니라고 한다면 왜 이런 현상이 생긴 것일까? 이러한 경우, "레다윗"이라고 할 때의 히브리어 '라멧'(ל)이 갖는 기능이 무엇인가가 문제가 된다고 하겠다. 우가릿(Ugarit)어와 히브리어의 전치사 '라멧'은 (1) 'to' 'for' 'from', (2) 'not', (3) 'verily, surely' 그리고 (4) 'O!'라는 의미를 가지는데,[9] 이 의미들은 "저자"라는 개념으로 특별히 지정된 말들이 **아니라** 특별히 강조해야 할 "주요 주인공"(protagonist)을 지목하고 강조하는 성격의 의미를 가진 말들이다. 동시에, 표제를 가진 시편의 절대적으로 많은 시들(73개의 시들)이 "미즈모르 레다윗"이라는 이름으로 언급되고 있는 그 시편의 정황과 그리고 다윗과 시(詩) 전승 사이의 긴밀한 관련성(삼상 16:14-23)에 관한 전승을 통하여 볼 때, "다윗의 시"라는 표제를 가진 시들이 많다는 것은 **"다윗"이라는 이름과 결부된 전치사 '라멧'(lamed auctoris)의 권위 아래** 많은 시들이 수집되었다는 것을 말하는 것이라고 볼 수 있다. 전치사 '라멧'(ל)과 결부된 시편 표제들 모두의 개념은, 비록 그중 어떤 것은 "다윗이 지은 시"라고 할지라도, 그 '라멧' 전치사의 특별한 기능에 종속된 개념으로 이해할 수 있으므로, 그러므로, "레다윗"이라는 개념은 오늘날 '저자' 개념과는 전혀 다른 함의(含意)를 갖고 있었던 것이라고 하겠다. 즉 "다윗의 시"라는 표제를 가진 시들은 "다윗의 시"라는 이름 아래 수집되고 분류되기를 **"원하는!"** 시(詩)들이라는 의미를 갖는다고 하겠다. 그러므로 오늘날 말하는 저작권 개념을 가진 그런 성격으로 '라멧'이 적용된 시들은 우리의 시편에는 기의

9) C. H. Gordon, *Ugaritic Textbook*(Roma: Pontificium Institum Biblicum, 1965), 92-93; M. Dahood, "Vocative Lamed in Psalm 74:14," *Biblica* 37(1956), 262-263; idem, "Enclitic *mem* and Enclitic *lamed*," *Biblica* 37(1956), 338-340; P. D. Miller, "Vocative *lamed* in the Psalter: A Reconsideration," *UF* 11(1979), 617-637.

없다(!)고 할 수 있을 것이다. 그러므로 "율법 전승"은 "모세"에게로 돌리고 "예언 전승"은 "엘리야"에게로 돌리며 "지혜 전승"은 "솔로몬"에게 돌리지만, 그러나 모든 율법이 다 모세로부터 온 것도 아니고 모든 지혜서들이 모두 다 솔로몬으로부터 온 것도 아닌 것처럼, 그렇게 시문학 자료도 또한 그 자료의 기원을 절대적으로 다윗에게 돌리려는 전통(傳統)이 이스라엘 역사 아주 초기부터 후대에 이르기까지 이스라엘 사회에 널리 유포되어 있었지만, 모든 "미즈모르 레다윗"이 다 "다윗의 저작"이라고 말할 수는 없다고 하겠다. 이것은 단지 시편 시(시문학) 전승이 다윗과 긴밀하게 결부되어 있다는 것을 증명할 따름이다.[10]

2) 시편 시들의 '표제'는, 그것이 누구의 권위 아래 모여진 것이고 누구의 권위 아래 읽혀지기를 원하는지를 알려 주는 기능을 하는 표제(lamed auctoris의 시들) 이외에도, 그 시(詩)가 **어떤 역사적 상황을 배경으로 하고 있는지**를(주로 다윗의 생애와 관련시킴) 알려 주는 기능[해석학적 기능]을 하는 표제들도 있다(시 3; 18; 34; 51; 60편 등).

3) 어떤 경우는 제의적(祭儀的) 사용의 관계를 밝히는 표제들도 있다(시 38; 100편 등).

4) 히브리어 전치사 '알'(על)이 성전 음악과는 관련되지 않으면서 히브리어 글자 'ת'로 끝나는 실명사와 결부되는 표제어, 예컨대 시편 8편의 표제 "깃텟에 맞춘"(על־הגתית)과 같은 표제어의 "깃텟"은 부족(족속)의 이름을 가리키는 것으로 볼 수 있다는 신빙할 만한 견해가 있다.[11] 그러므로 시편 81, 84편의 표제는 "깃텟 족속"(Gathites), 9, 46, 49편의 표제는 "엘람 족속"(the Elimites), 56편의 표제는 "먼 섬나라 족속", 57, 58, 59, 75편의 표제는 아람족의 "타하쉬 족속", 6, 12편의 표제는 "쉬므론 족속"(the Shimronites), 45, 60, 69, 80편의 표제는 "수산 족속"(Shushites)을 가리킨다는 추론도 가능하다고 하겠다. 여기서도 우리는 해석학적 기능이 작용하였을 가능성을 본다.

5) 그 이외에는 주로 **"예배 음악"과 관련된 표제**들인데, 대부분 그 정확

---

10) 김이곤, "사해사본에 나타난 경외 시 여덟 편", 『구약성서의 신앙과 신학』(오산: 한신대학교 출판부, 1999), 471-490.

11) H. Gunkel, *Introduction to Psalms*, 349-351.

한 의미가 알려져 있지 않고 단지 그럴듯한 추론들만이 난무할 뿐이다. 그러나 그 개연성을 살펴보면, (a) 우선, **노래의 성격**을 설명해 주는 표제들을 들 수 있다. 예를 든다면, (1) '미즈모르'(시[詩]), (2) '쉬르'(노래), (3) '테힐라'(찬양), (4) '테필라'(기도), (5) '마스길'(교훈), (6) '쉬르 함마알롯'(성전으로 올라가는 순례자들의 노래), (7) 믹담(어원의 뜻 불명),[12] (8) '식가욘'(어원의 뜻 불명),[13] (9) '힉가욘'(어원 불명) 등이 있다[(7) → (9)는 그 확실한 의미가 알려져 있지 않다]. (b) 그 다음으로 **예배음악상의 "음악적 지시"**를 나타내는 것으로 추론되는 표제들이 있다. 예를 든다면, (1) '빈기놋'("현악에 맞춘"; 시 4; 6; 54; 55; 61; 67; 76편), (2) "영장으로"(표준새번역 개정판에서는 "지휘자를 따라"로 번역함; 표제를 가진 116개의 시들 중 "영장으로"[지휘자를 따라]라는 표제를 동반하고 있는 시들은 모두 54개이다[나머지 62개의 표제들은 "영장으로"라는 말이 동반되지 않고 있다]). 이 "영장으로"를 가리키는 '람나체아흐'(למנצח)라는 히브리어의 어근(語根)인 '닛차아흐'(נצח)는 성전 예배 음악을 감독/지휘하다라는 의미를 가진 말에서 왔을 것으로 보인다. (3) "스미닛에 맞춘"("현악기의 제8번째의 현에 맞춘"이라는 의미를 가졌다고 널리 추론되어 왔음), (4) "할렐루-야[후]!"('야[후]를 찬양하라'; 제의적[祭儀的] 후렴의 기능을 함) 등은 그 의미의 개연성을 많이 갖고 있으나, 그러나 이하 나머지의 "음악적 지시"들은 학자들 사이에 합의점이 잘 이루어지지 않고 있다.

그러나 이들 "음악적 지시들"에 대해서도, 다소간 필자가 시편을 읽으

12) 루터는 히브리어 '케뎀'(כתם; '황금')과 결부시켜서 "황금과 같은 시"라는 의미로 이해하고 S. Mowinckel과 기타 현대 학자들은 아카드어 '카타무'와 결부시켜서 '속량'(贖良)이라는 의미로 이해함. J. Hempel, "Miktam," *IDB*, vol. 3, 378.

13) LXX(70인역)과 불가타(the Vulgate)는 히브리어 '샤가'(שגה), 즉 "길을 잃다", "길을 벗어나다", "탄식하며 울부짖다"라는 의미에서 온 것으로 추론하기도 한다. M. Dahood, P. C. Craigie et al. T. Seidl, "שגג/שגה," *TDOT* vol. 14(2004), 397-405에 의하면, 아랍어 어원은 "근심하게 하다", "마음을 움직이다", "운에 맞추어 말하다" 등의 의미를 추론할 수 있고 아카드 어원에서는 "거칠다", "격노하다", "탄식하며 울부짖다"라는 의미를 추론할 수 있다는 것이다.

며 추론한 바를 다음과 같이 소개해 본다. (5) 특히 가장 많이 논의되면서도 확실한 합의를 얻지 못하는 음악적 지시는 '셀라'(סלה, 시편에서 71회 사용)이다. 이 말이 시에서 차지하는 그 위치 형태로 보아 대체로는 "간주를 넣어라", "(유니 송으로) 복창하라", "[기도 때] 구부리는 자세를 취하라"는 지시를 뜻하거나 또는 '심벌즈'(cymbals)를 마주치는 소리를 내라[14]는 음악적 지시로 추론해 왔다. 그러나 그 '간주'가 어떤 것인지, '복창'의 내용이 무엇인지 "기도의 자세"가 어떤 것인지(두 손을 하늘을 향해 펴는 것인지?), 그리고 '후렴'의 지시라면 그 후렴은 어떤 것인지('할렐루야'는 아닐 것이다!) 등에 관하여서는 전혀 규명되지 못했다. 그러므로 '셀라'가 음악적 지시[음표]인 이상은 그 말을 읽지 않는 것은 상식일 것이다[현대 유대인들도 시편을 읽을 때 '야훼 → 아도나이'의 전통은 지키고 있으면서 '셀라'라는 말은 그대로 읽고 있는데, 이것은 '셀라'라는 말의 의미를 유대인들도 확실하게 그 의미를 규정하지 못하고 있는 것이 아닌가 생각된다]. 문제는 '셀라'가 지시하는 그 음악적 지시의 '내용'이 무엇이냐는 것이다. 이 문제의 해결은 시편 해석학에도 큰 기여를 할 수 있으리라 본다.

그 지시('셀라')의 내용은 학계에서는 미해결의 문제로 남아 있다 하더라도 본 필자가 독자적으로 관찰하여 살펴본 바로는 시편 3편의 구성구조에 대한 관찰을 통해서 어느 정도 그 의미 추론의 가능성이 있다고 보았다. 시편 3편은 **3+3 리듬의 2행시의 구조**(3+3/3+3// 3+3/3+3// 형식 구조)로 되어 있는데, 그 시행 배열 형태는 "1-2[2-3]-**셀라**-3-4[4-5] -**셀라**-5-6[6-7] → -[?]- → 7-8 [8-9] **셀라**"로 되어 있다(이 [ ] 안의 절수 표시는 히브리어 성서의 절수임. 이하 모두 동일함). 즉 5-6[6-7]절과 7-8[8-9]절 사이([?])에서는 돌연 (1) '셀라'가 빠져 있고 **그 대신!** (2) 7[8]절 상반절(첫 시행)의 리듬은 **2+2의 짧은 두 박자!** 반복 기원문(쿠마/야훼//호쉬에니/엘로하이=일어나소서/야훼여//나를 구원하소서/나의 하나님이여)으로 구성되어 있으며, 그리고 (3) 끝 절인 8[9]절은 2+2의 짧은 두 박자 반복의 시행(詩行)으로서 시를 끝맺는 '결구'(結句; epiphonema; 라-

14) S. Terrien, *The Psalms*(Grand Rapids: W. B. Eerdmans, 2003), 30.

도나이/하여슈아//알암카/비르카테카=구원은/야훼께 있사오니// 주의 복을/주의 백성에게 내리소서)로 꾸며져 있다. 그리고 (4) 7[8]절 하반절은 다른 절들과 마찬가지로 "3+3 박자의 시행(詩行)"을 유지하고 있다. 그리하여 본 필자는 7[8]절 상반절의 "2+2 박자를 가진 짧은 기원문"이나 8[9]절의 "2+2 박자를 가진 결구"(結句=송영)처럼, 온 회중이 한 목소리로(유니송으로) 외칠 수 있는 "짧은 기원문"이나 짧은 "송영문"이 **'셀라'가 지시하는 내용**일 것이라고 추론(오늘날의 '후렴'처럼 유니송으로 합창하라, 또는 '전쟁 함성'[תְּרוּעָה, 테루아]처럼 큰 함성으로 합[복]창하라는 음악적 또는 제의적 지시 표기로 추측)해 본다. 따라서 그 내용도 "야훼의 구원개입 행위에 대한 공식적[제의적/예전적] 어투의 환호문(歡呼文)"으로 추측해 볼 수 있을 것이다. 그러므로 "할렐루야 시"들(146-150편)의 '할렐루야'(후렴)나 시편 136편의 '후렴구'(כי לעולם חסדו; 키-레올람-하쎄도=그 인자하심이/영원함/[때문]이로다)의 경우와는 다르게, 예컨대 부림절 절기에서 에스더서를 읽을 때, '하만'이라는 원수의 이름이 나오면 온 회중이 다 함께 큰 함성을 지른다든가 아니면 큰 소리 나는 악기 소리로 주위를 환기시키는 경우와 같은 그런 기능을 하였을 것으로 추측해 본다.[15)]

구약에서 시편 22편 표제에서만 단 한번 언급된 (6) '아얠렛 [핫]샤할'은 문자적으로는 "새벽 암사슴의 가락으로"라는 의미를 가진다. 그러나 '아옐라'(암사슴)라는 히브리 글자의 발음과 글자형이 비슷한 우가릿어, '에얄루티'('eyaluti; '도움')[16)]와 그리고 시편 22:19[20]의 히브리어 '에얄루티'("나의 힘", cf. 시 88:4[5])라는 어휘와의 연관 관계로 미루어 볼 때, 헬라역(LXX), 탈굼(아람역), 그리고 심마쿠스(헬라어 의역본)가 "새벽의 도우심에 따라"라고 번역한 것도 참고할 가치가 있다고 하겠다. 더욱이 시편 46:5[6]의 하반절이 "새벽(히브리어, '보켈')에 하나님이 도우시리로다"라는 말로 표현되어 있는 점[17)]과 그리고 시편 88:4[5]의 '힘'('기력'이라는 뜻의 히브리어 '에얄')이 또한 이 시편 22:19[20]와 평행을 이루고 있

15) 이런 이론을 추출하는 데 동기부여를 한 책은 C. L. Taylor, *Let the Psalms Speak*(Greenwich: The Seabury Press, 1961)이다.

16) M. Dahood, *Psalms* 1-50, 141.

17) A. A. Anderson, *Psalms(1-72)*(Grand Rapids: W. B. Eerdmans, 1981), 185.

는 점[18] 등으로 미루어 볼 때, 이 표제 (6) '아옐렛 [핫]샤할'은 "새벽의 도우심에 따라"라고 이해하는 데 별 어려움이 없는 것으로 보인다.[19] 왜냐하면, 시편 22편의 시의 음조로 미루어 볼 때 "새벽에 도우심을 구하는 탄원 시인의 마음의 상태"와 이 시의 표제가 잘 어울리기 때문이다. (7) 시편 56편의 표제에 나오는 "요낫 엘렘 르호김에 맞춘"은 히브리어의 문자적 의미에 따르면 "멀리서 잠잠히 [앉아] 있는 비둘기 [가락]에 맞춘" 노래라는 의미를 가진다. 코헨(M. S. Cohen)은 여기서 "오, 먼 곳 엘렘의 비둘기여!"라는 주제의 곡조로 부른 다윗의 "황금 시"라는 해석을 한다.[20] 아마도 헬라역본(LXX)과 탈굼(Targum)의 해석에 따라, "성소로부터 멀리 떨어져 있어서 울음소리조차 잃어버린 비둘기의 모습"을 연상하는 것도 시편 56편의 상황과 잘 어울릴 것으로 보인다.

이렇게 오늘의 우리들에게는 '확실하게' 알려지지 않은 **시편의 음악적 성격에 대한 상당한 지식의 결여에도 불구하고!** 이 모든 문제점들은 오히려 우리들에게 제2 성전이 파괴되고 이스라엘이 로마의 헬라화 정책에 의하여 거의 완전 소멸되다시피 하였는데도(70 AD), 그럼에도 이 정도만이라도 그 시편의 예배의전적인 정황에 관한 전승들의 자취들이 남아 있게 되었다는 것은 곧 이스라엘이 갖고 있는 히브리 정신의 대승리라고 할 수 있으며, 뿐만 아니라 시편의 경전적인 권위가 **"히브리 성서의 3부 구조"** {(1) 율법, (2) 예언, 그리고 (3) [聖]문서=(1) 토라-(2) 네비임-[우](3)케투빔} 중 **그 3부**(시편, 욥, 잠언, 룻, 아가, 전도서, [예레미야]애가, 에스더, 다니엘, 에스라, 느헤미야, 그리고 역대기)**에서는 "시편"이 단연 제일 먼저 그리고 제일 강력한 경전적인 권위를 보유하였던 책**이라는 것을 웅변적으로 입증해 준다고 하겠다. 이 사실은 요시야 왕 시대에 처음으로 신명기가 경전이 된 이래(주전 7세기) 히브리어 구약성서 서른아홉(39) 권

18) D. Kidner, *Psalms 1-72*(Madison: InterVarsity Press), 42. Cf. M. S. Rosenberg & B. M. Zlotowitz, *The Book of Psalms*(Jerusalem: Jason Aronson, 1999), 124.

19) Cf. J. Eaton, *The Psalms*(London & New York: T. & T. Clark International, 2003), 116.

20) M. S. Cohen, *Our Haven and Our Strength*(New York: Aviv Press, 2004), 175.

이 오경(율법; 주전 400년대)과 예언서(주전 200년대), 그리고 성문서(케투빔=하기오 그라파; 주후 100년경)의 순(順)으로 경전으로 인정받을 때, 오경과 예언서 사이의 기간인 주전 4세기경에 이미! **시편**은 경전적인 권위를 독자적으로 가지고 성전예배에서 간단(間斷) 없이 읽혀 오고 있었다는 것을 역대기상 16:8-36의 기록이 전하고 있었다는 점에서도 그것은 입증된다. 아마, 미리암의 노래(출 15:1-18, 21)와 드보라의 노래(삿 5장)가 주전 14-11세기경 만큼 초기의 이스라엘 사회에서 예배의전적인 기능을 담당하였다고 본다면[21] 주전 1000여년 경부터 1000여 년의 세월이 지난 주후 약 100년경(주후 70년의 그 참혹한 유대인 전쟁과 그로 인하여 예루살렘이 완전 초토화된 지 수년 후!)에 눈물 젖은 땅인 이방의 디아스포라 영역 얍니아에서 열린 회의(the Synod of Jamnia)를 통하여 구약성서 서른아홉(39) 권이 유대인의 경전(정경;正經, canon, קנה, *κανών*)으로서 최종적인 마감과 최종 결정이 이루어지기까지의 그 "긴 경전 역사"[22]를 통하여 이스라엘 신앙의 맥을 잇는 중요한 **"호흡기관"**으로서 이스라엘 신앙사의 산 증인역할을 한 것이 **"시편"**이라는 책이라고 하겠다(시편의 제일 끝절, 시 150:6, **"호흡이 있는 자마다** 야훼[여호와]를 찬양할지어다 할렐루야"라는 구절은 일종 구약 경전 전체를 결말 짓는 언어로도 볼 수 있을 것이다).

신약의 경우를 보더라도 **시편**은 **토라**와 **예언** 이상으로 예수의 사랑을 받았던 책이었고 신약성서 기자들로부터 메시야 예수의 인간적인 삶과 그의 신앙정서를 대변하는 대표적 경전으로서 인정을 받아 왔다는 것(신

21) 이들 시들의 연대에 관한 W. F. Albright 학파의 견해를 참조하라. Cf. W. F. *Albright, Yahweh and the Gods of Canaan: A Historical Analysis of Two Contrasting Faiths*(Winona: Eisenbrauns, 1968), 11, 13f., 26, 33, 44, 46, 48, 275; F. M. Cross & D. N. Freedman, "The Song of Miriam," *JNES* 14(1955), 237-250; F. M. Cross, *Canaanite Myth and Hebrew Epic: Essays in the History of the Religion of Israel*(Cambridge, Massachusetts and London, 1973), 112-144.

22) 천민희, 『다니엘 첨가부분에 대한 본문비평적-=정경비평적 연구』(서울: 한신대학교 신학전문대학원, 2005)(한신대학교 신학박사 학위논문)는 경전역사의 이러한 individual circulation 현상을 강하게 논증하고 있다.

약의 구약 인증 중 시편이 가장 많았다는 것)은 분명하다. 특히 그 비극적인 해인 주후 70년을 전후로 하여 저작된 복음서인 누가복음 24:44는 이미(얌니야 회의 이전에 이미) 당시의 경전을 가리켜 총칭할 때 "모세의 율법과/ 선지자의 글과/ **시편**" 이라고 명명하여 구약경전 제3부(케투빔) 중 **유일하게**(!) 성서 경전으로 공인받았다는 점에서 볼 때도 구약종교와 신약종교 모두에서 차지하는 시편의 그 경전적인 가치와 그 경전적인 권위는 확고하다고 하겠다.

위에서 상당한 분량의 논의에서 시편 표제들의 진상을 가능한 범위 안에서 살펴본 대로, 시편의 표제들은 "즉흥적인 제목 붙이기" 나 "순수 음악적 기능에 관한 설명의 기능" 만을 한 것은 아니었다는 것을 우리는 확인한 셈이다. 무엇보다 우선적으로 우리는 시편 시들이 그 오랜 전승과정에서 그 근거와 근원을 "**다윗의 영감**" (Davidic inspiration)으로 돌리려고 하는 전통을 갖고 있었다는 것과 그리고 시편 시들이 그 제의적 삶의 자리를 굳혀 가면서 시편 시의 내용들은 다윗의 역사와 다윗 왕조들의 역사와 결부되면서 '역사화'(歷史化)되고 그 시의 형식은 '역사'가 '신학화' 내지는 신화시적(mytho-poetic) 언어로 문학화되는 과정을 겪었을 것이라는 추론을 매우 개연성이 있는 추론으로 받아들일 수 있게 된 셈이다. 그러므로 시편 시들의 신학적 의의는 그 저술 시기가 고대이든 후대이든 그런 것과는 관계없이 그 시들이 지닌 과거도 회상하면서 동시에 그 무엇보다 그것을 노래하는 자들의 현재와 관련되고, 그 시가 또한 비록 민족적인 것이라 하여도 그 민족적(공동체적)인 것이 쉽게 '개인화' 되는 과정을 거쳤을 것으로 볼 수 있을 것이다.[23)]

---

23) 특히 이 분야에 관한 주요 참고자료로서는 H. W. Robinson, *Corporate Personality in Ancient Israel*(Philadelphia: Fortress Press, 1935, 독어 초판), 1937(영역 초판), 1988(Revised Edition); R. Smend, "Ueber das Ich der Psalmen," *ZAW* 8(1888), 49-147; 이들 자료의 시편에의 응용에 관하여서는 H. Gunkel, *Einleitung in die Psalmen*과 S. Mowinckel, *The Psalms in Israel's Worship*, 2 vols., 1962. 특히 vol. I의 제3장, 79-80을 참조하라.

2. 시편 시문학의 문제와 유형론의 문제

1) 시의 운율 평행의 문제

시편 시의 시문학적 특성에 관한 고전적인 첫 연구서는 단연 18세기 중엽의 영국의 **로버트 로우드 감독(Robert Lowth)**이 이룩한 시(詩) 구절체(句節體: verse-members/colons/lines) 안에 나타나는 평행법적 진동(振動: parallelistic rhythm)의 특성에 관한 연구(*De Sacra Poesi Hebreorum Praelectiones Academicae*, 1753[24]; followed by more extended studies in 1778)라고 할 수 있을 것이다. 이러한 시편 시의 **평행법(平行法: parallelismus membrorum**=parallelism of verse-members/colons/lines/clauses)이 지닌 특성은 한 '마디'(주 악센트를 하나 가지고 있는 하나의 단어)를 둘 또는 셋 또는 심지어는 드물게나마 네 개를 가진 구절체(verse-member)가 **두 개**(2+2, 3+3, 4+4) 또는 **세 개**(2+2+2, 3+3+3)가 합하여 구성된 시행(詩行=절[節])들로 시편 시들이 구성되어 있는데, **이 시행(詩行)의 앞 구절체와 뒤 구절체 사이에는 시계추의 진동과 같은 의미상**

24) R. Lowth, *Lectures on the Sacred Poetry of the Hebrews*(trans. by G. Gregory)(Boston: Crocker and Brewster, 1929).

(意味上)의 평행법적 진동이 일어난다는 것이다.

로우드(Lowth)가 조사하여 지적한 것은, 박자의 평행에 대한 관심보다는 의미의 평행에 대한 관심을 가진 것으로서, 그 종류가 세 가지 종류로 분류된다. 그 하나는 (1) 앞 구절체와 뒤 구절체 사이의 진동이 "의미상 동의어(同義語)의 반복"이라는 형태를 취하는 것으로서 **동의적 평행법**(synonymous parallelism)이라고 분류하고(예[例]; 시 114:3; "바다는/이를 보고/도망하며//요단은/주춤하여/돌아갔도다." 3+3), 둘째로 (2) 앞 구절체가 그 "의미상 뒤의 구절체에서 반의어(反意語)로 반복되는 것"은 **반의적 평행법**(antithetic parallelism)이라고 분류하였다(예[例]; 시 1:6; "의인의/길은/야훼께서/인정하시나//악인의/길은/망하리로다." 4+3). 그리고 셋째로 (3) 앞 구절체의 내용이 뒤 구절체에서 반복하지 않고 앞 구절체의 내용을 뒤 구절체에서 **종합적인 귀결**(歸結)로 일구어내는 경우에는 이를 가리켜 종합적 평행법(synthetic parallelism)이라고 하였다(예[例]; 시 25:16; "[주여] 나는/외롭고/괴롭사오니//내게로/돌이켜/나를 긍휼히 여기소서." 3+3). 그러나 종합적 평행법은 엄밀한 의미의 '평행법'인지는 논란의 여지가 많아서,[25] 그레이(G. B. Gray)[26]는 이를 가리켜, 로

---

25) Cf. J. L. Kugel, *The Idea of Biblical Poetry*(New Haven & London: Yale Univ. Press, 1981), 12ff.; 시편 시를, 비록 언제나 분명한 확신을 주지는 않는다 하여도, 그러나 시(詩)임에는 분명한 것이라고 명명하면서 히브리 시 구조의 주요 두 구성 요소를 "평행법과 박자"라고 보는 Lowth의 고전적인 연구를 자세하게 발전적으로 연구하여, 특히 시편은 물론이고 오경과 전기 예언서와 후기 예언서 속에 나타나는 시들을 총망라하여 시 구절체의 성격을 매우 다양하고 넓게 분석한 M. O'Connor의 629쪽에 달하는 큰 부피의 히브리 시 연구서, *Hebrew Verse Structure*(Winona Lake: Eisenbrauns, 1980)와 그리고 히브리 시 평행법을 하나의 복잡한 언어학적 현상, 즉 평행법의 문법적, 어휘사전적(lexical; 비문법적), 어의론적(semantic), 음성학적(phonetic), 구조적(structural), 그리고 심리학적 양상(樣相)들이라고 예리하게 분석한 후 이러한 양상들의 복잡하고도 역동적인 작업들을 알려 주는 데 성공한 Adele Berlin 교수의 *The Dynamics of Biblical Parallelism*(Bloomington & Indianapolis, Indiana Univ. Press, 1992)을 참조하라. 히브리 시 평행법의 난이성(難易性)에 대한 인식은, 이렇게 자세한 분석을 통하지는 않았다 하더라도 이미 H. -J. Kraus, *Psalms 1-59*(Minneapolis: Augsburg House, 1988), 33f.에도 시사된 바가 있다.

버트 로우드(1753, 1778) 이래 한 세기 반이 지난 시점(1753 → 1915)에 와서는, "형식적 평행법"(formal parallelism)이라고 고쳐 불렀던 것이다. 그레이의 히브리 시 형식에 관한 연구는, 그러므로 그의 초기(1915) 연구는 오늘날(1972, KTAV Pub. House in U.S.A. and England)에 이르기까지, 쿠겔(J. L. Kugel), 오코너(M. O'Connor), 벨린(A. Berlin)의 발전적이고 다양한 연구들과 함께, "히브리 시 운율양식에 나타난 평행법"[27] 연구에 지대한 영향을 주고 있다고 하겠다.

그리하여 이미 19세기 역사주의적 비평학의 영향을 받은 시편 주석서(*ICC*)의 저자 브릭스(C. A. Briggs)는 구절체 사이의 이러한 로우드의 세 가지의 평행법을 엄격히 따르는 시행들이 그렇게 많지 않다는 사실을 인식하였고, 그리하여 그는 이 세 가지에 (4) **상징적 평행법**(emblematic parallelism, 예; 시 37:1-2, 행악자를 인하여/불평하지 말며//불의를/행하는 자를/투기하지 말지어다[2+3]. 저희는 풀과 같이/속히/ 베임을 볼 것이며//푸른/채소같이/쇠잔할 것임이로다[3+3]. cf. "같이"라는 "표상"을 사용함에 유의)과 (5) **계단적 평행법**(stairlike parallelism, 예; 시 3:1-2[Heb. 2-3], 여호와여/나의 대적이/어찌 그리 **많은지요**//일어나/나를 치는 자가/**많소이다**[3+3]. **많은 사람들이**/나를 가리켜/말하기를//[저는] 하나님께/도움을/얻지 못한다 [하였나이다][3+3]. cf. 원수의 **많음**이 점층적으로 고조됨에 유의), 그리고 (6) **내성적(內省的) 평행법**(introverted parallelism, 예; 시 6:8-10[9-11] 행/악하는 너희는 다/나를/떠나라//야훼께서/내 곡/성을/들으셨도다[4+4]. 야훼께서/내 간구를/들으셨음이여//야훼께서/내 기도를/받으시리로다[3+3]. 내 모든 원수가/부끄러움을 당하고/심히/떪이여//홀연히/부끄러워/물러가리로다[4+3]. cf. 일인칭 단수인 "나"에 대한 성찰[省察]이 심화됨에 유의)을 **첨가**하였다.[28] 그러나 브릭스의 이러한 첨가가, 그것이 비록 사상적 평행에 강조점을 두었다 하더라도, 로우드의 평행법

---

26) G. B. Gray, *The Forms of Hebrew Poetry*(London & New York, Ktav. Pub. House, 1915, Rep. 1972), 49-52.

27) 김이곤, "히브리 시 운율양식에 나타난 평행법", 『오늘의 시편연구』(문희석 편; 서울: 대한기독교서회, 1974), 31-46.

28) C. A. Briggs, *The Psalms*(ICC), 1906/1976, vol. I, xxxv-xxxviii.

을 보완하였다기보다는 오히려 더욱 혼란스럽게만 하였다고 본 크라우스(H. -J. Kraus)는 로우드의 세 가지 평행법에 한 가지만, 즉 **점층적 평행법(climactic parallelism**; 두 개의 대표적 예로서 29:1; 93:1을 제시함; "너희 권능/있는 자들아/여호와께/돌릴지어다[하부]//영광과/능력을/야훼께/돌릴지어다[하부][4+4]. 그의 이름에 합당한/영광을/야훼께/돌리며[하부]//거룩한/옷을 입고/야훼께/경배할지어다" [4+4]. 시 29:1-2)**만 덧붙였다**[29](브릭스의 계단적 평행법과 유사함). 이외에도, 다소 섬세한 관찰이 필요하지만, **교차대구법(交叉對句法: chiasmus)**도 흔히 나타나는데, 이 경우 실제로는 다분히 "완전한 형식의 동의 평행법"으로 간주할 수 있다. 즉 이사야 11:13b는 이해하기 쉬운 한 예라고 할 수 있을 것이다. (a) 에브라임은/(b) 투기하지 아니하며/ (c) **유다를!** // **(c) 유다는** / (b) 괴롭게 하지 아니할 것이라/ (a) 에브라임을!(축자적 私譯; **abc / cba 3+3**).

로우드의 평행법에 관한 이론이 제기된 지 1-2세기 정도의 세월이 흐른 후 19세기 말부터는 히브리 시의 평행법적 특성과 더불어 특히 **'운율'(韻律; metrical rhythm)의 특성**에 관한 관심이 본격적으로 대두되었다. 시편 시가 **운(韻)을 맞추려고 노력**하였다는 것은 히브리어 본문을 직접 접하지 않고는 잘 인식하지 못하는 경우들이 대체로 많지만(예로서, 알파벳 시나 각운의 경우에는 히브리어 본문을 통해서야 인식할 수 있다), 두운법의 경우, 한국어 번역본문에서도 쉽게 발견되는 경우가 있다(시 29:3, 4, 5, 7, 8, 9). 즉 (1) **두운(頭韻)**을 맞추는 경우가 흔히 발견된다. 알파벳 시(=각 시행의 첫 글자를 모으면 알파벳 순서로 배열되어 있는 경우; 시 9-10; 25; 34; 37; 111; 112; 119; 145편)나 각 구절체의 첫 글자를 동일한 글자로 시작하는 경우(=시 13:1-2 [2-3]의 다섯 구절체들 중 네 구절체가 히브리어 '얀-아나'= '어느 때까지니이까'로 시작하는 경우나 시 29편의 '하부=돌려라'와 '콜 야훼: 여호와의 소리'의 어두[語頭] 반복) 등에서 그런 것들을 발견할 수 있다. (2) **각운(脚韻)**을 맞추는 경우, 즉 영시(英詩)에서처럼, 시 마디마디의 끝을 **동일한 장모음 음절(tonic syllable)**로 끝나게 하려고 운(韻)을 맞추는 경우이다. 예컨대, 시편 123:1의 경우, "엘레카/나사**티**-/

29) H. -J. Kraus, *Psalms 1-59*, 33.

엣-에**니**-//하이요쉬**비**-/빠샤마임 = 하늘에/계신 주여//내가 눈을/들어/주께 향하나이다"(3+2, 한글 번역은 어순이 바뀌어 2+3)와 같은 경우이다. 흥미로운 점은, 각운을 맞추기 위하여, 정규 문법을 무시하고 고대형 접미사(archaic suffixes)를 사용하여 운(韻)을 맞추려 하는 경우들이 자주 나타난다는 점이다(예: 시 22:4[5], "뻬카/빠터**쿠**/아보테**누**//빠터**쿠**/왓트팔테**모** = 우리의 열조가/주께/의뢰하였고// [그들이]의뢰하였으므로/[주께서] 저희를 건지셨나이다." 3+2, 앞 구절체의 끝 접미사 **'누'**='우리의'와 운[韻]을 맞추려고 뒤 구절체의 끝도 또한 본래 문법상으로는 '헴'[hem]이지만 고대형 **'모'**[mo-]로 대치하여 장모음 음절로 맞추어 평행되게 만들었던 것이다). 이러한 예는 히브리어 본문을 통해서 보면 흔히 나타나는 현상이다.[30] **(3) 후렴운(後斂韻)**은 절을 구분하는 법칙이나 또는 박자를 맞추는 규칙 등과는 별개로, 문자 그대로, 매 구절체의 끝 또는 몇 개의 결합된 구절체의 끝에서 "반복되는 짧은 시구"를 가리킨다. 예컨대, 시편 115:9, 10, 11 끝이 "그는/너희(그들)의 도움이시요/너희(그들)의 방패이시다"(3박자)라는 말로 반복되는 경우나, 시편 118:10, 11의 끝이 "야훼의/이름으로/저희를(그들을) 끊으리로다(3박자)"라는 구절이 매절 반복되는 경우, 그리고 가장 일반화된 대표적인 것으로서 "그 인자하심이/영원하기/때문이다"(키/레올람/핫스도, 3박자)라는 짧은 시구가 매절 끝에서 반복되는 경우(시 118:1, 2, 3, 4; 136:1-26 전체!)를 들 수 있다. 이와 같이 운(韻)을 맞추려는 노력이 있었다는 것은, 우리에게는 불행스럽게도 그 자세한 지식이 전해지지 않았다 하더라도, 시편 시(詩)가 제의(祭儀)에서 **운(韻)의 '리듬'**을 고려하여 낭송 또는 노래[吟誦]되었다는 것을 말해 주는 명백한 증거가 된다고 하겠다.

그리하여 현대(19-20세기) 시문학 연구 학자들은 히브리 시들의 평행법적 특징을 살필 때, '운율'(韻律, metrical rhythm)을 함께 고려하여 관찰하기 시작하였다. 그러나 시편 시들이 고난의 굴곡이 매우 심한 1000여 년 세월을 거치면서, 특히 히브리어 언어가 사용되지 못했던 많은 세월을

30) 이러한 많은 예들은 C. A. Briggs, *Psalms(ICC)*, I. xliii-xliv에서 쉽게 인식할 수 있다.

거치면서, 동시에 복잡한 전승의 과정을 겪는 동안, 왜곡된 확대, 수정, 전이(轉移), 특히 후대의 모음 첨가(주후 7세기경의! 마소라 학자들의 활동) 등으로 인하여 히브리 시의 운율법칙에는 그 재구성이 전혀 불가능할 정도로 상당한 변화를 겪게 되었음이 확실하기 때문에 그 정확한 운율법칙을 예측하기는 어렵다고 하겠다. 그래서인지, 운율법칙에 관한 연구 초기부터 모빙켈(S. Mowinckel)과 호르스트(F. Horst)와 같은 학자들은 "박자의 리듬" 보다는 "사상(의미) 교체의 리듬" 을 더 중요시한 반면에 또한 상당수의 학자들(J. Ley, K. Budde, E. Sievers, et al.)은 오히려 "약-약-강 박자" 의 리듬이 히브리 시 운율의 더 특징적인 성격이라고 보기도 하였던 것이다. 즉 이들은 히브리어 리듬이 가진 악센트의 특성을 특히 강조하고 히브리 시어(詩語)의 악센트에는 (1) 절 단위(節 單位; rhythmical unit; colon, cola)의 악센트와 (2) 단어 단위(單語 單位; word-unit)의 악센트가 있으며 전자(前者)는 운율 억양에 해당하고 후자(後者)는 어법상의 억양에 해당한다고 보았다. 그리고 절 단위(rhythmic unit) 악센트는 일반적으로 "약-약-강" (anap[a]est) 박자의 특징을 가진다고 보았다. 그러나 불행스럽게도 악센트의 음절 구분에 관한 원칙이 우리에게는 아직도 명백하게 소개된 바가 없다. 그럼에도 불구하고, 절 단위(colon/cola)의 운율 억양에 대한 연구를 지속적으로 발전시켜 왔는데, 시편 시들의 리듬은, 대체로 다음과 같은 구성을 하고 있는 것으로 추론된다.

2절체 음율(bicola): 균형운율, 2+2, 3+3, 4+4
불균형운율, 2+3, 3+2, 4+3, 3+4
3절체 음율(tricola): 균형운율, 2+2+2, 3+3+3, 4+4+4
불균형운율, 3+3+2, 3+2+3, 4+4+3 등

그러나 이 방면에 관한 최근의 연구들에 의하면[31], 평행법에 관한 의견

31) Cf. M. P. O'Connor, *Hebrew Verse Structure*(Winona: Eisenbrauns, 1980); J. L. Kugel, *The Idea of Biblical Poetry: Parallelism and Its History*(New Haven & London: Yale University Press, 1981); A. Berlin, *Biblical Poetry Through Medieval Jewish Eyes*(Bloomington: Indiana University Press,

은 학문적 합의점에서부터는 오히려 더욱 멀어지고 있는 것으로 보인다.

쿠겔(James L. Kugel)도 언급하였듯이[32] 히브리어의 반복어법('평행법'이라는 말보다는 발전적 '반복법'이라는 표현을 쓰기를 좋아함)은 시문(詩文)만의 특징이라고 보기보다는 산문(散文)의 특징이기도 하다(예, 창 1:26a, 27의 '첼렘'[형상]과 '떼무트'[모양]의 반복법). 그런 의미에서 보면, 히브리어 문학의 "평행법적 성격"을 말할 때는 시(詩)와 산문(散文) 사이의 구분을 엄격히 논한다는 것 자체가 무의미하다(cf. J. L. Kugel)는 말까지도 할 수 있다고 하겠다. 또 '운율'을 따질 때에도, 매우 오랜 세월 동안 사용되지도 않았고 읽혀지지도 않았던 히브리 시의 운율(박자) 계산법을 후대인들이 정확히 재건하려는 것은(특히 서구의 영시[英詩] 관습에 의거하여 유추하는 경우는 더욱더) 우리로 하여금 히브리 시의 리듬에 대하여 잘못된 결론을 이끌어 내게 할 가능성이 크다고 하겠다. 그런 연고인지는 정확하지 않으나, 18세기에 제기된 로우드(R. Lowth)의 사상(혹은 의미) 평행법 이론이 20세기 말인 지금까지도 도외시될 수 없는 관심의 대상이 되어 왔다고 하겠다.

쿠겔과 함께, 벨린(A. Berlin)은 로우드의 "평행법" 이론은 "좁은 견해"(a narrow view)에 속하는 것으로서 일종 "로우드의 옛 유산"(a legacy of Lowth)으로서만 간직하고, 그 대신 히브리 시의 평행법은 우리가 그 동안 보지 못하였던 "하나의 좀더 넓고 역동적인 의미의 언어학적 한 현상"으로서 서로 다른 많은 미세한 구성요소들(여러 종류의 나무들, 가지들, 잎사귀들 등의 구성요소들과 같은 것들)이 피차 역동적 관련 작용을 하는 '하나의 숲'(a forest)과 같은 것으로 보았다. 그러므로 여러 가지 얼굴을 가지고 있으면서도 동시에 피차 균형을 이루는 하나의 체계를 가지고 있다는 사실이 밝혀지면서 히브리 시문학 연구가들(M. O'Connor, J. L. Kugel, A. Berlin et al.)은 지금까지의 연구에서는 이 '숲'(Forest)의 본질을 보지 못하였다는 각성을 하게 되었다.[33] 그리하여 히브리 시의 평행법

1991); *idem, The Dynamics of Biblical Parallelism*(Bloomington: Indiana University Press, 1992); *idem*, "Parallelism," *The Anchor Bible Dictionary*, vol. 5(1992), 155-162 등.

32) J. L. Kugel, "Poetry and Prose," *The Idea of Biblical Poetry*, 59-95.

은 히브리 언어의 여러 모습들이 등가(等價) 배열(equivalence)되거나 또는 대비(對比) 배열(contrast)되거나 하여 마침내 "하나의 명료한 의사 연락망"(意思 聯絡網, a network of equivalences and/or contrasts)을 구축하게 된다.[34] 그러므로 언어학은 비록 해석학이 아니라 할지라도 그러나 하나의 언어학적 현상(a linguistic phenomenon)으로서의 '평행법'은, 한 본문 안의 다른 형식상의 양태들이 기능하였던 것처럼, 평행법도 또한 본문을 구성, 구축하는 데 도움을 줄 뿐만 아니라, 그렇게 함으로써 그 본문의 의미가 어떠한 결론에 도달하게 되어야 하는지를 결정하는 데 영향력을 행사하게 되는 것이다.[35]

이러한 맥락에서 볼 때, 히브리 문학의, 특히 히브리 시문학의 반복법 또는 평행법은, 산문에서나 시(詩)에서나 간에, **성서해석학**(!)에 지대한 공헌을 하고 있다고 볼 수 있을 것이다. 왜냐하면, 소위 평행법적 반복(동의적이든 반의적이든 사상의 종합이든 간에 이러한 평행법적 반복법)이라는 것은 단순한 반복이 아니라, 더러는 익살의 반복어가 나타난다 하더라도, 이 평행법적 반복법은 먼저 제기된 구절체(verse-member)의 시상(詩想) 또는 사상(思想)이 다음 구절체에서 **진전, 또는 해석학적 발전**으로 전개되어 나아가기 때문에 단순한 언어학적 맥락에서 이해할 수만은 없다고 하겠다. 수사비평학이 갖고 있는 성서해석학적 방법론은 이런 의미에서 볼 때 높이 평가할 수 있다고 하겠다(히브리 평행법은 히브리 문학의 매우 중요한 **수사법[rhetoric]**에 속한다고 볼 수 있을 것이다). 결국 우리는 사상(의미) 평행법과 운율의 평행을 **'함께'** 고려하는 것이 지혜롭다 할 수 있을 것이다.

이러한 맥락에서 볼 때, 비록 쿠겔(1981)과 벨린(1991, 1992)만큼 최근의 연구는 아니라 할지라도 그레이(G. Buchanan Gray, 1915, 1972)의 히

33) A. Berlin, *The Dynamics of Biblical Parallelism*, 1-17(제1장)에서 이러한 반성을 한 후 제2장부터 제5장까지 히브리 시 평행법의 linguistic, grammatical[morphological], lexical, semantic and phonological한 면(面)들을 분석한 후 그 해석학적 기능과 효능을 예기(豫期)한다.

34) A. Berlin, *The Dynamics of Biblical Parallelism*, 141.

35) *Ibid.*, 135f.

브리 시형(詩形)에 관한 연구는 이 분야의 연구에 있어서는 매우 진일보한 고전적이라 할 만한 연구를 창출해 냈다고 생각된다. 그레이 역시 사상(의미) 평행과 운율(리듬) 평행을 함께 고려하면서도 히브리 시의 내용을 면밀히 검토한 결과 구절체(verse-members) 간의 완전한 일치를 이루는 평행법은 매우 드물다는 것을 일찍부터 이미 인식하고 있었다. 그는 소위 말하는 "종합 평행법"은 차라리 "잡동사니 주머니"(catchall) 역할을 하는 것으로서 "부분적 평행법"(partial parallelism) 또는 "불완전 평행법"으로 분류하는 것이 더 좋을 것이라고 말하였다. 그리하여 그레이는 구절체 간의 완전한 일치('의미'와 '운율'이 모두 다 일치)를 이루는 평행법을 "완전 평행법"(complete parallelism)이라고 부르고 구절체 간의 평행이 완전 일치는 이루지 못하나 부분 평행 또는 운율 불균형의 의미 평행을 이루는 평행법은 "불완전 평행법"(incomplete parallelism)이라고 하였다. 그리고 이 불완전 평행법을 두 가지로 구분하여, 운율 평행은 이루었다 하더라도 사상 평행이 "부분적으로" 이루어지는 경우는 "보충 첨가 불완전 평행법"(Inc. Parallelism with compensation)이라고 부르고 운율 평행은 이루지 못했지만 둘째 구절체의 보충이 없이 첫 구절체와 평행을 이루는 평행법을 "보충 없는 불완전 평행법"(Inc. Parallelism without compensation)이라고 분류하였다. 그레이의 분류를 도식으로 간략하게 표현하면 다음과 같다.[36]

1. 완전 평행법

    A+B=a+b, A+B+C=a+b+c 등

2. 불완전 평행법

    (1) 보충 첨가 불완전 평행법

    A+B=a(b)+c, A+B+C=a+b+**d**, A+B+C=a(b)+**d**,

    A+B+C=c(a, b)+**d**+**e** 등

---

36) G. B. Gray, *The Forms of Hebrew Poetry*, VIII-XLVI(Prolegomenon by D. N. Freedman), Chap. II (37-83), Chaps. IV-VI (123-240).

(2) 보충 미첨가 불완전 평행법

A+B+C=a+b, A+B+C=b+c, A+B+C=a+c

3. 부분적(형식적) 평행법(cf. 종합적 평행법)

히브리 언어의 평행법적 특성에 대한 분석이 목회자들에게는 별로 중요하지 않거나 별로 필요한 것이 아닌 것처럼 느낄 수도 있을 것이다. **그러나** 실상은 그와는 정반대이다! 즉 성서해석에서 이름 있는 서구 성서학자들의 해석에 너무 많이 의존하는 것보다는 오히려 성서가 성서를 해석해 주는 것이 무엇인지를 감지해 낼 수 있다면 그것이 오히려 최선일 것이다. 평행법적 특성은, 이미 위에서 언급한 대로, 앞(앞 구절체)에서 말한 내용(시상, 사상, 신앙, 신학 등)을 **"발전시켜 반복하는"** 반복 어법이므로(cf. J. L. Kugel, A. Berlin et al.) 성서가 성서를 해석하는 기능을 하는 중요한 어법에 해당한다고 하겠다. 수사비평학을 주창하는 이들이 평행법을 성서해석학의 중요한 한 도구로 생각하는 것도 바로 이러한 문맥 안에 있다고 하겠다.[37]

2) 시의 유형론의 문제

시편 시에 대한 시문학적 연구의 새로운 장을 연 자는 역시 헤르만 궁켈(Hermann Gunkel, 1862-1932)이다. 그의 시편 연구 방법론(方法論)은 그의 『시편 주석』(*Die Psalmen*, Goettingen: Vandenhoeck & Ruprecht, 1892)과 그의 불후의 대작 『시편개론』(*Einleitung in die Psalmen*, Goettingen: Vandenhoeck & Ruprecht, 1933/*Introduction to Psalms*,

37) J. Muilenburg, "Form Criticism and Beyond," *JBL* 88(1969), 1-18. 번역문으로는, 김이곤, "양식비평학과 그 극복", 『신학사상』 84(1994 봄), 177-206을 참조하라.

Macon: Mercer Univ. Press, 1998)을 통하여 시편 시의 유형론(Gattungen) 연구, 즉 시 양식비평학(form criticism) 연구라는 이름으로 제창되었고 이 방법론은 한 세기 이상을 구약 주석 방법론의 최선의 도구 역할을 하게 되었다는 것은 구약학계에 널리 주지된 사실이다. 이와 거의 동시대에 궁켈과 쌍벽을 이루어 시편 연구에 개가를 올린 학자는 모빙켈(S. Mowinckel)[38]이었는데, 그의 연구는 비록 궁켈과 거의 맥을 같이하고는 있으나, 즉 그의 유형분석은 거의 궁켈의 것을 답습 수정 보완하고는 있으나, 그러나 **시편과 제의(祭儀, cult)와의 연관관계**를 더욱 철저하고도 광범위하게 강조하는 방법론(제의사적 방법론: cult-historical method)으로 비껴 나갔는데, 모빙켈은 시편 해석의 주요 근거를 시편 시 양식보다는 주로 "신년제"(新年祭) 제의(祭儀)라는 제의적 환경에 두었고 알터 바이저[39] 또한 궁켈과 거의 맥을 같이하면서도 시편 해석의 그 주요근거를 "계약[갱신]제"(契約祭) 제의(祭儀)에 두었다. 조금 더 근대로 내려와서는 방대한 부피를 가진 시편 주석서를 통하여 크라우스[40]가 궁켈의 양식비평학적 시편 연구를 발전적으로 수정 보완함과 동시에 모빙켈과 바이저의 제의사적 비평방법도 또한 함께 비판적으로 수정 보완한 것으로 보인다. 특히 주목을 할 만한 주장은 모빙켈이 생각한바, "신화의 역사화"라는 개념을 크라우스는 그 근본에서부터 비판하고, 비록 거기에는 어떤 개념설명을 위하여 다소 "신화(神話)로부터의 역사화라는 언어 구사법(驅使法)"이 이용되고는 있다고 하더라도, 그러나 그 관용(慣用) 표현들(the formulas and formulations)은 전적으로 제의 세계로부터 발전한 것(have evolved from the world of the cult[us])들인 이래,[41] 시편 시의 신앙고백들은 어디까지나 오히려 "역사의 신화화"로 이해하였다는 점이다.[42] 이것

38) 노르웨이 워어로는 *Offersang og Sangoffer*(Oslo: H. Aschehoug & Co., 1951), 그리고 영어 번역어로는 *The Psalms in Israel's Worship*(Nashville: Abingdon, 1962/1979).

39) A. Weiser, *The Psalms*(Philadelphia: The Westminster Press, 1962). 김이곤 역, 『시편』 I-II(서울: 한국신학연구소, 1992).

40) H. -J. Kraus, *Psalms 1-59*(Minneapolis: Augsburg, 1988; *idem*, *Psalms 60-150*, 1989).

41) Cf. H. -J. Kraus, *Psalms 1-59*, 75, 77, 96, 특히 77.

은 일종 성서문학을 보는 관점에 있어서는 코페르니쿠스적 대전환이라고 할 만한 사건이라고 하겠다.[43] 즉 크라우스는 제의(祭儀)에서 재연(再演)되는 시편 시들의 증언들은, 그것이 모세 계약의 문맥 안에 있거나 다윗 계약의 문맥 안에 있거나 또는 그 이후이거나 간에, 그것들은 전적으로 역사적 사건들을 통하여 야훼 하나님께서 이스라엘에게 보여 주신 계시 활동(야훼의 구원사)들을 신화시적으로(mytho-poetically) 표현한 것이라는 것이다! 이러한 맥락에서 볼 때, 우리는 시편 시들의 '유형'들(Gattungen: literary types=literary forms)에 관한 안내는 궁켈의 견해(cf. *Einleitung in die Psalmen*, 1933)를 근간으로 하여 그 후의 여러 학자들의 비판적 견해와 대화하면서 비판적으로 관찰한 바를 안내하는 것이 바람직하다고 하겠다.

궁켈은 재래의 시편 접근법(특히 18-19세기의 주관주의적 역사주의에 기초한 고등비평학적 접근법)과는 달리, 시편 시들의 저자나 편자의 사상에 관심을 갖기 전에 먼저, 어떤 문학 유형이든 그러한 문학 유형을 만들어 낸 "삶의 정황"이 있었고 그리고 그 삶의 환경(Sitz-im-Leben; Life situation)이 공통된 시들은 공통의 문학 유형을 만들어 낸다는 생각에 더 깊은 관심을 가졌다. 이른바, "시(詩)의 삶의 환경과 시의 내용, 그리고 시의 문학 유형" 사이에는 밀접한 불가분리적인 상관관계가 있다는 전제(前提)를 설정하고 소위 "양식-비평학"이라고 하는 새로운 성서해석 방법론을 시편 연구, 창세기 연구 및 구약 제(諸) 문헌에 대한 연구에 적용하는 새 지평을 열었던 것이다. 궁겔은 분명히 모빙켈의 경우처럼 모든 시편 시들을 싸잡아(순수한 개인시들을 무시한 채) 모두(!) "제의시"(祭儀詩)라고 이해하는 견해를 단호히 배척하면서도, 시편 시들이 비록 원래는 개인 경건의 산물로 이루어졌다 하더라도 그 시들이 노래될 때는 제의(祭儀)와 관련되어 창작되고 정교히 다듬어지며 보존, 전승되었다는 입장을 취하였다. 그리하여 궁켈은 고대 중동세계의 종교시 문학에서와 마찬가지로 이스라엘에서도 "경건한 개인들은 그 **첫(본래의) 시들을** 하나님 앞에 순

42) Cf. H. -J. Kraus, *ibid.*, 46, 63, 74-77, 96.
43) Cf. F. M. Cross, *Canaanite Myth and Hebrew Epic*, 106.

수한 자기 개인의 생각들을 쏟아 내어 노래하였다 하더라도 곧 제의 공동체에 의하여 정교히 다듬어져서 적절한 기회에[제의 행사 때] 사용하기 위하여 성소에 보존하게 하였다"라고 주장하였다.[44] 이러한 입장에 따라 궁켈이 분류한 그 시 양식(유형) 분류 상황을 간략하게 정리한다면 다음과 같다.

1. **찬양시(Die Hymnen: Hymns)**: 시편 8; 19; 29; 33 65; 67; 68; 96; 98; (100;)* 103; 104; 105; 111; 113; 114; 117; 135; 136; 145; 146; 147; 148; 149; 150편. 여기에 종속 유형으로서는 **(1) "시온 노래"**(Zionslieder: Zion songs): 46; 48; 76; 84; 87; 122편, **(2) 대관식시**(Thronbesteigungslieder: Enthronement songs): 47; 93; 97; 99편과 **(3) 민족 감사시**(Danklieder Israels: Thanksgiving songs of Israel): 124; 129편.[45]

2. **대관식시**(戴冠式詩: Lieder von Jahves Thronbesteigung: Songs about YHWH's Enthronment): "야훼께서 왕이 되셨다"라는 말로 시작하는 종말론적 찬양시들로서는 93; 97; 99편이 있고 이러한 말로 시작하지는 않지만 그것을 중심주제로 삼는 이와 동일한 성격을 가진 시들은 47; 96편이라고 본다.[46]

3. **민족 탄원시**(Die Klagelieder des Volkes: Communal Complaint Songs): 시편 44; (58;) 74; 79; 80; 83편; (106;) (125)[47]

4. **제왕시**(帝王詩; Koenigspsalmen: Royal Psalms): 시편 2; (18;) 20; 21; 45; 72; 101; 110; 132; 144:1-11[cf. 시 89:47-52].[48]

5. **개인 탄원시**(Die Klagelieder des Einzelnen: Individual Complaint Songs): 시편 3; 5; 6; 7; 22; 25; 26; 27:7-14; 28; 31; 35; 38; 39; 42; 43; 51; 54; 55; 56; 57; 59; 61; 63; 64; 69; 70; 71; 86; 88; 102; 120; 130; 140;

---

* ( ) 안은 다른 양식과의 중복을 나타냄. 그리고 이하에서 표기하는 절수표시는 히브리 본문의 절수를 가리킴.

44) H. Gunkel, *Einleitung in die Psalmen*, 18-19[*Introduction to Psalms*, 13].

45) *Ibid.*, 32-94(독어). 22-65(영역).

46) 이 시 양식을 찬양시의 종속 유형으로 보면서도 그의 『시편 개론』에서는 독립된 장(章)을 할애해 준다. *Ibid.*, 94-116(독어). 66-81(영역).

47) *Ibid.*, 117-139(독어), 82-98(영역).

48) *Ibid.*, 140-171(독어), 99-120(영역).

141; 142; 143편. 그리고 여기에 종속된 부속 양식으로서 '의지시'(Vertrauenspsalmen: Psalms of Confidence)를 설정한다: 시편 4; 11; 16; 23; 27:1-6; 62; 131편.

6. 개인 감사시(Die Danklieder des Einzelnen: Individual Thanksgiving Psalms): 시편 (18;) 30; 32; 34; 40: 41; 66; 92; (100;) (107;) 116; 118; 138편.

7. 이상 여섯 개의 양식을 가리켜 시편이 지니고 있는 대표적인 중요 양식으로 분류한 다음 궁켈은 시편에 나타나는 용도비율이 낮은 **'작은 양식'**(Kleinere Gattungen: Smaller Genres)으로 다음 여섯 개의 시 양식을 소개한다.

(1) **축복과 저주의 말**(Die Segens-und Fluchworte: Sayings of Blessing and Curse): 다른 시 양식들 속에 단편적으로 섞여 있다(주석 참조).

(2) **순례자의 노래**(Wallfahrtslied: The Pilgrimage Song): 시온 열망의 노래로서 종말론적 노래로 변형되는 성격을 갖고 있다.

(3) **승리의 노래**(Siegeslied: The Victory Song): 야훼의 전쟁에서의 능력과 승리를 찬양하는 노래로서 종말론적 찬양시와 연결해서 보존되었다.

(4) **이스라엘의 감사시**(Das Danklied Israels: The Thanksgiving Song of Israel): 개인 감사시와 비슷한 동기를 가진 '민족시'로서 비교적 후대에 형성되었다고 본다(cf. 마카비서와의 비교).

(5) **전설의 시**(Die Legende: Legends): 독립적으로는 나타나지 않고 이스라엘의 감사시와 관련해서 나타난다.

(6) **토라의 시**(Die Torah: The Torah): 이 시 양식도 독립적으로는 시편에서는 그 어느 곳에서도 발견되지 않는 것으로서 "토라 의전(儀典)의 시들"을 제외한다면, 시편 50:8, 14f., 22f.에서만 발견된다고 본다. 궁켈은 여기서 '토라'라는 말은 "매우 넓은 의미로만" 사용한다.[49]

8. 이렇게 시편 시들을 문학 유형에 따라 유형 분류를 한 다음, 궁켈은 그의 양식사적 분류법에 관한 이론을 마감하기 전에 **"시편에 나타난 예언적 요소들"**이라는 제하의 다소 긴 논의를 삽입해 넣으면서[50] 시편에 끼친

---

49) *Ibid.*, 327(독어), 249(영역).

50) *Ibid.*, 329-381(독어), 251-292(영역).

예언자들의 영향과 시편의 종말론적 시들과 예언서들의 종말 사상과의 관계 문제를 다룬 다음, 두 가지의 시 양식을 더 소개함으로써 그의 양식사적 시편 연구의 대단원의 막을 내린다.

9. 지혜시(Weisheitsdichtung: Wisdom Poetry in the Psalms): 인간의 삶을 중심 주제로 삼는 지혜시는 시편 속에서는 광범위하게 자리 잡지 못하였고 후기에 가서 도덕적이고 종교적인 훈계와 교훈의 형식으로 시문학 속에 침투되었다(cf. 시 1; 19:7-14[8-15]; 32; 37; 49; 73; 119편 등).[51)]

10. 혼합시, 교창시(交唱詩) 및 의전시(儀典詩)(Mischungen, Wechselgedichte und Liturgen: Mixtures, Antiphonal Poems and Liturgies): 오랜 역사의 과정 동안 거의 대부분의 시들이 다른 장르의 시들이 갖고 있는 사상과 양식(樣式)들을 자기 자신의 분위기나 양식에 맞추어 자신의 표현을 더욱 풍성하게 하려는 노력들을 하였다고 궁켈은 생각하였다(cf. 찬양시 104:35; 개인 감사시 40:11[12] 등).[52)] 시(詩)가 의전(儀典)에서 사용될 때 다른 장르의 시를 그 의전에 조화, 통합을 이루도록 하기 위하여 "분위기의 교체"(Change of mood)를 통하여 더욱더 통일체를 이루게 하는 유형의 시들도 많지는 않지만 더러 있다(cf. 시 19:2[3]; 42:7[8]; 65:8[9], 13[14] 등. 그리고 시 46; 67; 42/43; 136편 등과 같이 후렴을 통하여서도 이러한 무드를 창출한다). 또 시편 15편과 24편 및 121편과 같이 순수한 **'의전시'**로만 구성된 시들도 있다.

헤르만 궁켈의 이러한 양식비평적 연구는 현금에까지도 거쳐야 할 하나의 '관문 역할'을 하다시피 할 정도로 큰 영향을 주고는 있지만, 궁켈 이후의 시편 연구가들은 시의 "삶의 자리"(Sitz im Leben)와 관련한 시의 양식 분류법에 대해서까지도 간단(間斷) 없이 수정과 개선을 시도해 왔다.

그중에서도 **"의지시"**(依支詩; 시 4; 11; 16; 23; 27:1-6; 62; 131편)를 개인 탄원시의 종속 양식(appendix)으로 분류한 것에 대해서는 특히 많은 이의(異議)가 제기되어 왔다. 그리하여 적어도 '의지시'(=신뢰시 또는 확신시)의 양식만은 "독립된 양식"으로 분류하여야 한다는 이의 제기는 학

51) *Ibid.*, 381-397(독어), 293-305(영역).

52) *Ibid.*, 397-415(독어), 311-318(영역).

자들 사회의 통념이 될 만큼 널리 회자(膾炙)되어 왔다. 필자의 스승, 김정준 박사는 "히브리인의 경건"(빠타흐: בטח를 중심한 경건)에 관한 박사학위 논문을 쓰면서 궁켈의 이 견해를 비판 논증(의지시의 독립 양식 설정의 가능성을 논증)하여 박사학위를 취득한 바 있다.[53] 특히 베스터만(C. Westermann)은 그의 초기 시편 연구서[54]에서 시편에 대한 "매우 자세한 읽기"를 통한 아주 독자적인 시편 연구서를 펴낼 때, 궁켈이 "찬양시, 감사시, 탄원시"라고 분류한 시들을 모두 "하나님의 찬양의 노래"(the Praises of God)로 **신학적** 통합을 시도하였고(!) 그리고 세부 유형 분류를 하면서는 종래의 "찬양시"(궁켈)를 "서술적 찬양시"(the Descriptive Psalm of Praise)라고 범주화하고 종래의 "개인 감사시"(궁켈)를 "선언적 찬양시"(the Declarative Psalm of Praise)라고 범주화하였다. 이는 분명 시편 시에 대한 그의 시편신학의 찬양적인 성격, 즉 시편 전체를 야훼의 구원행위에 대한 이스라엘의 제의적 응답을 **단지 '찬양'으로만** 보려는 서양 선진국(제1 세계)의 신학자들이 갖고 있는 신학적 경향성을 강력하게 대변한 것으로 보인다. 그러나 여기서 매우 주목할 가치가 있는 사건이 일어났다. 즉 베스터만은 『시편에 나타난 하나님 찬양』(*Das Loben Gottes in den Psalmen*)을 출간한 후 시편의 세계를 **다시(!)** 상고하다가 민중의 "고난[고통]의 소리"(lament/'outcry'[55])가 '찬양'(hymn)보다는 시편 시의 신학세계에 더 큰 영향을 주고 더 큰 의의(意義)를 가진다는 사실을 뒤늦게 깨닫고 그의 초기의 작품(1961)을 16년 후인 1977년에는 책 제목을 『시편에 나타난 찬양과 **탄원**』(*Lob und Klage in den Psalmen* [1977]=*Praise and Lament in the Psalms*[1981])이라는 이름으로 수정 개작하여 내어 놓게 되었다는 것은 참으로 주목할 가치가 있는 사건이라고 하겠다. 베스터만 자신의 표현으로는 "탄식과 찬양의 대극 관계"(the polarity of

---

53) Chung Choon Kim, *A Study of Hebrew Piety with Special Reference to* בטח(Edinburgh: Edinburgh University, 1960).

54) *Das Loben Gottes in den Psalmen*(1961)=*The Praise of God in the Psalms*(trans. by K. R. Crim; 1965).

55) Cf. Ee Kon Kim, " 'Outcry': Its Context in Biblical Theology", *Interpretation*, 42/43(July 1988), 229-239.

lament and praise)라는 표현으로 변호한 자신의 신학적 견해를 그의 개작 보완한 책에서는 "**[탄원시에 나타난 고난의 울부짖음에서부터 나온 응답] 표현과 서구 기독교 전통의 [응답] 표현 사이에는 다름(the difference)이 있다는 것은 주목해야 한다**"(베스터만은 굵은 글자를 이탤릭체로 표현하였음!)라는 표제 아래, "신 · 구약 모두에서, 탄식은 인간 삶의 매우 자연스러운 부분이다. 시편에서는 [탄식]이 예배와 예배 언어의 중요하고도 필수적 요소이다. 구약 본문에는 탄식을 금하는 일방통행 형식의 표현이나 또는 탄식은 하나님과의 건전한 관계에서는 설 자리가 없다는 형식의 관념을 표현하는 단선적 논리란 없다"[56]라고 참회적(?) 고백을 하고 있다. 이러한 학자적 양심에 의한 사고(思考)의 전환은 매우 중요하며 다음에 앞으로 전개할 "시편 신학의 방향 설정"에도 매우 중요한 기여를 할 수 있으리라 본다.

크라우스의 시편 연구에 의하면[57], 그는 궁켈의 시 양식분류를 그 "**삶의 자리**"**에 초점을 맞추어** 여섯 가지(6개의) 양식으로 단순화하였다. 즉 그는 (1) 찬양시, (2) 기도시(祈禱詩), (3) 제왕시, (4) 시온 노래, (5) 교훈시, 그리고 (6) 축제시와 의전시(儀典詩)로 분류하였는데, 주목할 만한 점은 시편 시 양식과 축제 제의와의 관계를 강조하였다는 점과 특히 '기도시'라는 이름으로 탄원시와 감사시, 그리고 의지시(依支詩)를 통합하였다는 점이라고 하겠는데, 그의 논의로 미루어 볼 때, 이러한 현상은 각 시 양식들의 "삶의 자리"가 문학양식을 분류하는 중요한 표준 역할을 한다고 판단한 데서 기인된 것으로 보인다. 이러한 경향은 크라우스보다 먼저 주석서를 펴낸 알터 바이저(Altur Weiser)의 시편주석서[58]에서도 이미 예견

---

56) C. Westermann, *Praise and Lament in the Psalms*(Atlanta: John Knox Press, 1981), 264.

57) H. -J. Kraus, *Psalms 1-59*(Minneapolis: Augsburg Pub. House, 1988)(독어판 1961); *idem, Psalms 60-150*(Minneapolis: Augsburg, 1989)(독어판 1978); *idem, Theology of the Psalms*(Minneapolis: Augsburg, 1986)(독어판 1979).

58) A. Weiser, *Das Alte Testament Deutsch: Die Psalmen*(Goettingen: Vandenhoeck & Ruprecht, 1949)(초판), 1955(4판), 1966(7판), 1973(8판); *idem*(영역:H. Hartwell), *The Psalms*(Philadephia: The Westminster Press,

되었던 일이다. 바이저는 궁켈의 유형분류에 나타나는 "지나친 세분화"(atomization) 현상의 문제점을 인식하고 다음 다섯 가지 정도로, 즉 (1) 찬양시, (2) 탄원시, (3) 감사시, (4) 축복과 저주시, 그리고 (5) 지혜와 교훈시로 단순화시켰다. 이 다섯 가지 중에서도 앞의 세 가지(찬양시, 탄원시, 그리고 감사시)를 주요 장르로 보고 뒤의 두 가지는 앞의 것들과 결합한 형태로 자주 나타나는 것이라고 보았다. 필자도 그의 책을 번역하면서 바이저의 판단이 적절하고 지혜로웠다고 판단하였다.

시편 시의 **장르(유형) 구분**에 관한 이러한 학술적 논의는 다후드(Mitchell Dahood)의 우가릿 언어 이해에 기초한 "새 번역"과 그 "새 번역 본문에 대한 주해"를 붙이는 앵커 바이블 시리즈(The Anchor Bible Series)의 **『시편주석서』**[59)]에서는 잠시(?) 그 양식비평학적인 주요 쟁점으로부터 물러났으나, 그러나 각 시에 대한 주석에서는 **여전히(!)** 양식비평적 언급이 반드시 필요한 도입 역할을 하고 있었다. 따라서 주요 시(詩) 양식(樣式)에 대한 간결하나마 구조적 **설명**은 하고 지나가는 것이 바람직할 것이다.

(1) 찬양시(Hymns)

"찬양의 시"는 이스라엘 역사 아주 초기부터 이스라엘의 신앙적 삶의 주요 구성요소로서 그 역할을 담당하여 왔다. 미리암의 노래(출 15:1-18, 21)나 사사(士師) 드보라의 노래는 주전 12-11세기만큼이나(혹은 주전 14-13세기만큼이나) 오래된 역사를 갖고 있는 것으로 보이는데[60)] 전형적인 감사/찬양시인 "한나의 노래"(삼상 2:1-10; 주전 약 10-9세기)[61)]와 함

1962); *idem*(한역: 김이곤),『시편』 I & II(서울: 한국신학연구소, 1992).

59) M. Dahood, *Psalms I (1-50)*(New York: Doubleday & Co., 1965); *idem. Psalms II (51-100)*(1968); *idem, Psalms III (101-150)*(1970).

60) W. F. Albright, *Yahweh and the Gods of Canaan*, 14(주전 14-13세기); F. M. Cross & D. N. Freedman, "The Song of Miriam," *JNES* 14(1955), 237-250(주전 12-11세기); F. M. Cross, *Canaanite Myth and Hebrew Epic*, 127.

61) "한나의 노래"(삼상 2:1b-10)는 주전 10-9세기경의 전승을 반영하는 전형적인 감사시(찬양시) 유형으로서 요나서 2:2-9의 경우와 같이 후대 편집자(여

께, 주로 야훼 하나님의 창조적 구원행위와 그의 우주적 주권을 찬양하는 노래이다. 비록 고정된 일정한 구조양식을 갖고 있지는 않지만 대체로 이 시 양식의 구조는 (1) 찬양 명령, 찬양에의 초대, 그리고 찬양 방법 제시 등이 전면에 자주 등장하고, (2)이어서 히브리어 "키-문장들"(כי-sentences; 일반적으로 영어의 that-clause 또는 causal clause의 성격을 띰)을 이용하여 야훼 하나님의 창조와 구원의 행적 및 그의 주권과 속성(屬性)들을 서술하고, (3) 끝에서는 전면에 등장한 말들을 반복하거나 아니면 응답 또는 중재의 기원이 나타나거나 하는 구조를 가진다.

이러한 일반적 "찬양의 시" 이외에도, "야훼의 유일한 왕권을 찬양하는 시"(מלך יהוה! "야훼는 왕이시다!" 또는 "야훼는 통치하신다!"라는 짧은 외침이 그 시의 중심 주제로 되어 있는 시[monotheistic Psalms?]로서 전통적으로는 "대관식 시"라고 불려 왔음)와 성소를 향해 올라가면서 불렀던 일련의 순례자의 노래(일종 상경[上京]의 노래들)들과 "공동체의 감사시"들도 이 시 양식에 포함시킬 수 있다(아래의 논술에 나타나고 있는 **해당 시들이 어떤 시들인가는 일단 위의 궁켈이 분류한 양식분류를 참조하여 확인할 것.** 그러나 양식 결정의 논란이 되는 경우는 개별 시들에 대한 주석을 참조할 것).

이 유형의 시들(**찬양시들**)에 붙여진 본래의 이름은 히브리어로 '테힐라'(תהלה; '찬양')였으며 후에는 시편 전체의 책명이 이 말의 남성 '복수'(Pl.)인 '테힐림'(תהלים) 또는 '세펠 테힐림'(ספר תהלים)[62]이라는 이름으로

기서는 포로기 이후의 dtr.)의 손에 의하여 사무엘상 1:28과 사무엘상 2:11 사이에 삽입되어 들어온 것이다. 그 중심 주제는 야훼 하나님의 유일한 우주적 정의와 은총의 주권에 대한 찬양과 감사이다. Cf. 프리츠 스톨츠(Fritz Stolz), 『사무엘상·하』(서울: 한국신학연구소, 1991), 13-46; H. W. Hertzberg, *I & II Samuel*(Philadelphia: The Westminster Press, 1976), 17-32; R. W. Klein, *1 Samuel*(Waco: Word Books, 1983), 12-20; P. K. McCarter, Jr., *I Samuel*(New York: Doubleday & Co., 1980), 67-76. 사무엘상 2:10의 "자기 왕에게"(למלכו)를 "to His reign"으로 번역하는 W. F. Albright는 그의 책, *Yahweh and the Gods of Canaan*, 20-21에서 이 "한나의 노래"의 연대를 사무엘 시대 말경으로 본다.

62) 히브리어 시편의 책명, '테힐림'(תהלים)은 Hallels(절기송[節期頌], 시 90-150편)의 핵심 사상과 "할렐루야 시집"의 제목인 '할렐루야'(הללויה)에서 유래하

불렀다.

(2) 탄원시(Songs of Lament)

탄원시는 시편의 3분의 1 이상이나 되는, 이른바 시편에서 가장 많이 나타나는 시 유형이다. 크라우스가 이 시 유형을 "기도의 시"(Gebets-lieder)라고 하는 의미 있는 이름으로 개정을 하여 유형분류를 했듯이, 이 유형의 시들의 본래 명칭이 히브리어로 '테힌나'(תחנה; 간구[懇求])였다는 사실은, 이 유형의 시들이 속하였던 "삶의 자리"가 야훼의 은혜(חנון: '한눈')를 간구하며 기도하는 '제의'(祭儀; cult)였다는 것을 강력히 입증해 준다고 하겠다. 민족 탄원시의 경우에는 연례적인 축제인 "속죄의 날" 제의, 국가멸망을 기념하는 참회/금식 제의 등의 애도 의식과 관련되었을 것으로 보이며, 개인 탄원시의 경우, 시편 51:7[9]에서 보듯이, "정결의식"(우슬초; marjoram? hyssop?)과 무고자(誣告者)로부터의 "자기변호의 법정"과 같은 제의 의식이 그 "삶의 자리" 역할을 하였을 것임이 확실시된다. 특히 개인 탄원시의 경우 제사장 또는 제의 예언자(cult prophet)들의 신탁(神託; priestly or cult-prophetical **oracles**)을 통하여 신의 응답을 얻으려는 목적으로도 자주 개인 탄원시들이 제의에서 낭송되었을 가능성은 크다.

탄원시는, 그것이 개인의 것이든(I-Psalms) 민족(단체)의 것이든(we-Psalms), 그 구성 구조는 기본적으로 다음과 같다. **(1) 서론**: 수식구가 동반되지 않는(!) **신의 이름을 부르는 것**(invocation; cf. 고대 바빌론의 개인 탄원시가 갖고 있는 invocation과는 현저한 대조를 이룸).[63] **(2) 본론**: 3부

였을 것으로 보이는데, 그 본래의 이름은 '테힐라'(תהלה)였을 것이다. 이 원 이름은 현재로는 시편 145편의 표제에만 남아 있다. 이 말(תהלה)의 올바른 복수(pl.) 형태는 '테힐라'가 여성이므로 '테힐롯'(תהלות)이어야 하는데, 남성복수인 '테힐림'(תהלים)이 된 것은 "새로운 히브리어 유입(流入)"에서 비롯되었거나 아니면 아람어 남성 복수 תהלין(cf. מלכין)의 영향일 것으로 보인다.

63) Cf. J. Begrich, "Die Vertrauensausserungen in israelitischen Klagelied des Einzelnen und in seinem Babylonischen Gegestueck" in *Gesammelte Studien zum Alten Testament*(Muenchen: Chr. Kaiser Verlag, 1964), 168-

구조의 탄식과 3부 구조의 기원으로 구성된다. 즉 (a) 하나님의 멀리 계심(Deus absconditus)에 대하여 불평하는 탄식, (b) 시인 자신의 고난에 대하여 불평하는 탄식, 그리고 (c) 원수로 인하여 불평하는 탄식과 그리고 (a′) 하나님께서 자신의 얼굴을 시인에게로 돌려주시기를 비는 기원, (b′) 탄원시인 자신의 고난(고통)으로부터 자신을 하나님께서 건져 내어(구원해) 주시기를 비는 기원, (c′) 시인의 원수는 곧 하나님의 원수이므로 하나님께서 시인의 원수를 물리쳐 주시기를 비는 기원으로 구성되어 있다. 그러나 대체로는 이런 구성을 갖고 있으나 그 순서는 엄격하게 이 순서에 매여 있지는 않다. 즉 탄식과 기원의 구성체는 자주 '교체'되는 경향이 있다. (3) **결론**: 탄원시의 거의 대부분은(한두 편을 제외한 거의 대부분은) 그 결론부에서 이전의 절박한 고난의 위기 분위기를 **급반전**시켜 야훼 하나님에 대한 의지(依支)의 표현이나 기도가 야훼 하나님께 가납되어 그 탄원이 응답되었다는 확신의 표현으로 전환된다.

이미 양식비평적 시편 연구 초기부터 이러한 분위기의 급반전(急反轉: rapid change of mood)이 일어나는 그 동기 또는 원인이 무엇인가에 대한 물음은 제기되어 왔다(궁켈로부터 현금에 이르기까지 이 물음은 끊임없이 탄원시 해석의 수수께끼로 남아 있었다). 이 문제에 관한 가장 초기의 가장 고전적인 해석은 (1) 이러한 "분위기 반전"이란 그러한 반전 직전에 제사장(또는 제의 예언자)의 구원 신탁(救援 神託)이 선포되었고 이 구원 신탁을 들은 탄원시인은 이전의 절박한 고통의 분위기에서부터 구원에 대한 확신의 분위기로 돌아오게 되었다는 견해이다.[64] 이 견해에 궁켈도 부분적인 동의를 하기는 하였으나 그러나 그는 그런 전제 없이 탄원에서부터 확신으로 무드(mood)가 자력상승(自力上昇)하는 경우가 많이 있음을 지적하였고, 그러한 '반전'(反轉)의 동기는 미해결의 문제로 남겨 놓은 바가 있다(그의 제자 J. Begrich도 이러한 반전 현상을 지적하였으나 스승 Gunkel의 해석보다는 Kuechler의 제의적 해석을 더욱 발전시켰

216.

64) F. Kuechler, "Das Priesterliche Orakel in Israel und Judah," *Beihefte zur Zeitschrift fuer die alttestamentliche Wissenschaft* 33(1918), 285-301.

다).[65] 그러나 놀랍게도, 탄원시 안에 극히 드물게 나타나는바, 구원 신탁이 선포된 것으로 보이는 곳 모두(!)에서(특히 시 60:6-8[8-10]과 60:9-12[11-14] 사이에서), 일반적 기대와는 전혀 달리!, 그 구원신탁 직후에 응답확신이나 하나님에 대한 신뢰(依支, 信賴)의 신앙고백이 나타나기보다는, **오히려!**, 확고하고도 분명하게 **'탄식'!**(cf. 시 60:9-12 [11-14]는 하나님을 향한 항변의 탄식이다!)**이나 "절박한 기원 표현"이 자리 잡고 있을 뿐임**을 본다(!). 이 부분에 관해서는 세 번째 가설을 설명할 때 더 설명 보완하겠다. (2) 이 문제에 관한 두 번째의 고전적 가설은 '탄원자'(기도자)의 순수한 심리적 자기 상승(self-elevation)의 '감정 변화'(metamorphosis) 때문에 비롯된 것이라고 보는 견해를 들 수 있다.[66] 베스터만은 이 견해를 대폭 수용하였는데, 특히 분위기의 '반전'이 일어나는 문장들이 "봐브(와우)-반어법"(wow-adversative) 문장의 기능을 한다는 견해를 제시하고 동시에 찬양과 탄원의 '대극성(對極性)'(the polarity between praise and petition)을 강조한 바가 있다.[67] 그러나 시편 탄원시에 나타난 히브리인의 [구약의] 경건은 역사적 구원경험과 관계없이 "순수한 의미의 심리적 감정변화"(purely psychological metamorphosis)에 의해서만 이루어질 수는 없다. 이스라엘의 고난의 역사 그 자체와 그들의 특유한 역사의식은 이 사실을 웅변적으로 증언한다고 하겠다. (3) 그리하여 알터 바이저는 제의에서 재연(再演; cultic drama)되는 구원사 드라마의 회고와 그 구원사 드라마의 재연을 제의에서 경험한 자들의 신앙적 경험이 탄원시의 그러한 분위기 반전의 동기가 되었으리라 추론한다. 그러나 제사장의 구원신탁 선포 다음에 더 절박한 탄원과 항변이 뒤따랐듯이(cf. 시 60편), 시편 80편의 경우, 시편 80:1-11[2-12]의 **구원역사 회상 다음에는 매우 분명하게 "어찌하여?"(라마; למה)라는 수사어투로 시작하는 절박한 '탄식'이 오히려 뒤따랐다!** 즉 과거의 구원사에 비교할 때, 현재의 상황은 납득할 수

---

65) Cf. J. Begrich, "Das Priesterliche Heilsorakel," *Gesammelte Studien zum AT*, 217-231.

66) Cf. F. Heiler, *Prayer: A Study in the History and Psychology of Religion*(New York: Oxford Univ. Press, 1958).

67) Cf. C. Westermann, *Praise and Lament in the Psalms*, 71-75.

없는 "신의 부조리"(不條理)라고 탄식하는 "하나님을 향한 항변의 탄식"(Anklage Gottes)이 뒤따라온 것이다. 즉 기존의 고전적 가설들은 **본문의 내적 증거**(internal evidences)**에 의한 입증에 실패**하였다고밖에 달리 말할 수 없다고 하겠다.

그러므로 필자는 학위 논문을 통하여 (1) 탄원시들의 분위기 반전의 문맥이 거의 대부분 **군사적 전쟁 용어들**, 예컨대 칼, 창, 활, 방패, 군대[마병]의 많음과 강함, 원수들의 오만스러운 신성 모독적 조롱, 전쟁, 요새, 진(陣) 등의 군사적 용어들의 지배적 구사(驅使)의 영향을 받고 있다는 점과 (2) 이러한 위험으로부터의 구원(해방[勝利])은 전적으로 군사적 우위에 의해서 이루어지는 것이 **아니라!** 전적으로 그것은 [**전쟁용사**로서의 cf. 출 15:3] 야훼[68]에 대한 **두려움 없는 의지 신앙(fearless trust in Yahweh the divine Warrior)**에 의해서만 가능하다는 주제(motifs)를 강조한다는 점, 그리고 (3) 고난받는 경건한[하시딤] 자들의 공동체인 이스라엘의 '원수'가 곧 다름 아닌 "야훼의 원수"로 단순화되어(a monotonous concept of enemy) 표현되고 있다는 점(거룩한 전쟁의 '헤렘'=anathema 사상의 강조) 등이 탄원시 분위기 급반전의 요인 역할을 하고 있다는 점을 지적한 바가 있다.[69] 따라서 필자는 위의 세 가지 고전적 해결의 단점을 보완

---

68) Cf. G. von Rad, *Der Heilige Krieg im alten Israel*(Zuerich: Zwingli-Verlag, 1951); A. Gelston, "The Wars of Israel," *SJT* 17(1964), 325-331; N. K. Gottwald, "'Holy War' in Deuteronomy: Analysis and Critique," *Review and Expositor: A Baptist Theological Quarterly*, vol. LXI(1964), 297-319; *idem*, "War, Holy," *IDB Suppl.*, 942-944; P. D. Miller, "God the Warrior," *Interpretation* 19(1965), 39-46; *idem*, "El the Warrior," *HTR* 60(1967), 411-431; G. M. Jones, "'Holy War' or 'Yahweh War'?" *VT* 25(1975), 642-658; J. Muilenburg, "A Liturgy on the Triumphs of Yahweh," *Studia Biblica et Semitica*(1966), 233-251; M. Walzer, "Exodus 32 and the Theory of Holy War: The History of A Citation," *HTR* 61(1968), 1-14; P. C. Craigie, "Yahweh is a Man of Wars," SJT 22(1969), 183-188; R. Tomes, "Exodus 14: The Mighty Acts of God," *SJT* 22(1969), 455-476; R. P. Knierim, "On the Subject of War in Old Testament," *Horizons in Biblical Theology*, 16(1994), 1-19.

69) Ee Kon Kim, *A Study of the Rapid Change of Mood in the Lament Psalms, with a Special Inquiry into the Impetus for its Expression*(New York:

해 주는 이론으로서 "탄원시의 분위기 급전환의 동기는 야훼 하나님의 거룩한 전쟁에 대한 신앙전승에 그 전승사적 뿌리를 두고 있다"라는 견해를 제시하였다. 이 이론에 대한 좀더 간결한 이해를 위하여서는 본 필자의 시편 3편에 대한 해외 투고의 연구 논문[70]을 참조할 수 있다.

(3) 감사시(Songs of Thanksgiving)

감사의 노래들은 그 문학 형식에 있어서는 다른 문학 유형들에 비하면 비교적 자유롭고 또 인습적이며 다른 문학 양식들(특히 찬양시 및 탄원시)과 겹치는 경향이 있다. 민족 감사시는 시편에는 극히 드물게 나타나고 대체로 개인 감사시들이 많이 나타나는데, 특히 찬양(테힐라)과 감사(토다)라는 용어는 의미상 별로 구분되지 않는다. 단지 감사시와 탄원시 사이의 관계는 탄원의 [현재형] 시구들이 감사시에서는 고난에 처하였던 그때를 회상하는 인용구(cf. 시 30:6-10[7-11])의 역할을 한다는 점에서 그 긴밀한 관계성이 확연히 드러난다. 개인 감사시의 중심 부분은 "시인 자신의 운명에 관한 설명"(오늘날 교회에서 행해지는 '간증' 형식) 부분이며 그 "삶의 자리"는 감사 예물을 드리는 "감사 제의"(感謝祭儀)라고 볼 수 있다.

(4) 제왕시(royal songs)

제왕시는 남북 왕조 400여 년 동안의 긴 기간에도 불구하고 그 수가 매우 적으며 독자적 문학 양식을 가지고 있지 않다. 다만 이 제왕시는 지상

Union Theological Seminary, 1984). 이 논문은 1985년에 서울 한국신학연구소에서 *The Rapid Change of Mood in the Lament Psalms*라는 이름으로 출판이 되었는데, 이 책에 대한 서평이 미국 Christian Theological Seminary의 J. G. Janzen 교수에 의하여 *Theology Today*(October 1986), 464에 게재되었고 그 이듬해인 1987년 1월호 *Interpretation*, 88-89에는 Princeton Theological Seminary의 구약학 교수 P. D. Miller, Jr.에 의하여 게재되었다.

70) Ee Kon Kim, "Holy War Ideology and the Rapid Shift of Mood in Psalm 3," in *On the Way to Nineveh*(Atlanta: Scholars Press, 1999), 77-93.

왕의 대관의식을 거행하거나(시 2편), 왕의 군사적 승리를 감사하거나(시 18편), 왕이 나가는 전쟁에서의 신의 도움을 기원하거나(시 44편), 제왕의 결혼의식이 거행되거나(시 45편) 하는 등의 여러 제의적 사건들과 관련된다. 그러나 이 시들은 비록 지상의 왕(인간)과 깊이 관련은 되지만 결코 그 지상 왕이 찬양의 대상이 되지는 않고 야훼가(왕을 도우시는 야훼가) 찬양의 대상이 된다는 특징이 있다. 그러므로 이스라엘 시에서는 고대 중동의 경우와 같은 진정한 의미의 제왕시(帝王詩)는 없다(!)고 할 수 있다.

(5) 지혜 교훈의 시(didactic poems)

지혜시와 교훈시의 엄격한 구별은 큰 의미가 없는 것으로 보인다. 왜냐하면 그 둘은 그 어떤 유형의 시들보다 밀접하게 모두 동일한 성격의 삶의 자리, 이른바 **비**제의적(**非**祭儀的) 삶의 환경에서 기인되었기 때문이다. 즉 '교훈시'라고 분류할 수 있는 시들은 거의 대부분이 지혜문학의 언어로부터 빌려 온 것들로 가득 차 있기 때문이다. 이스라엘 안에서 일어난 지혜문학의 운동은 솔로몬 시대만큼이나 고대로 거슬러 올라가지만 '역사'에 대한 이스라엘의 편중된 관심 때문에 초기의 경전 문학들에서는 지혜 시문학이 단편적으로 영향을 미쳤을 뿐(cf. 요셉 이야기), 아주 후대(포로기 이후만큼이나 후대)에 가서야 비로소 독립된 지혜 시문학 '장르' 또는 독립된 지혜문학 영역을 형성하게 되었다(cf. 잠언, 욥기, 전도서). 그러나 이러한 지혜문학이 갖고 있는 그 비제의적 기초에도 불구하고 지혜문학은 그 비제의적인 지혜문학적 언설(言說)들을 더 넓은 제의적 영역 안으로 끌어들일 수 있었다는 것을 **시편 128:4(지혜 전승) → 128:5(시온 전승)**에서 발견할 수 있다.

이상에서 우리는 양식비평적 시편 연구가 시편 시에 대한 "매우 분명한 그림" (much more clearly defined contours)을 그려 주는 데 크게 공헌하여 왔음을 볼 수 있었다. 그러나 시편 시문학에서도 양식비평학적 방법이 유일한 최선의 주석방법은 결단코! 아니었다. 그리하여 이의 개선을 위한 노력들이 그 양식비평학적 연구의 전성기 이후 지금까지도 계속하여 제시되어 왔다. 아마도 시편 시들의 예배적인 기능은 솔로몬의 제1 성전 제의(祭儀) 때부터 시작하여 바빌론 포로 때의 성전 붕괴(586/587 BC)로 인해 중단되었던 제의 역사(祭儀歷史, cf. 시 137편)가 주전 515년 제2 성전 재건과 함께 다시 시작된 제의에 이르러서는 더욱더 중요한 예배적인 기능을 담당하였을 것으로 보인다. 아마 헬라-로마 시대로 내려오면서 헤롯 대제에 의하여 성전이 새로운 양식으로 바뀌고(주전 약 20년경에 시작하여 반세기[46년?] 가량 계속되어 온, cf. 요 2:20) 성전 예배가 새롭게 변해질 때까지도(주후 70년 성전 파괴 전까지도) 시편 시는 이스라엘 제의 전승을 이어가는 혈맥(血脈)의 역할을 하였을 것으로 보인다. 이러한 장구한 역사 속에서 시편 시는 이스라엘 "신앙과 신학" 형성의 중추 역할을 하였으리라 생각된다. 그러므로 우리는 시편 시의 야훼주의적인 특성이 아주 일찍부터 고대 중동 세계의 여러 다른 문학들(특히 가나안 문학들)을 이스라엘의 제의(祭儀) 영역 안으로 끌어들여 신학적으로 '개작'하는 작업들(일종 이스라엘 신학의 우수성을 입증하는 개가를 올리는 일들)[71]을 이스라엘의 신앙이 존속하는 동안 부단히 계속하여 왔다고 말할 수 있을 것이다.

71) 김이곤, "시편 19편에 나타난 야훼의 자기 계시에 대한 찬양 신학", 『구약논단』 15집(2003), 7-26.

3. 시편의 구성 구조

우리는 이상의 학문적 논의를 통하여 시편 시가 한 사람의 저작이거나 또는 한 편집자의 편집물(M. Noth의 dtr 이론에서 말하는 dtr과 같은 편집물)이 아니라는 것을 알 수 있었다. 시편은 오랜 세월 동안(수세기 동안) 이스라엘의 신앙사(信仰史)와 예배사(禮拜史/祭儀史) 및 경전사(經典史)와 운명을 같이하면서 성장해 온 장구한 역사와 여러 가지 수집물들을 모으는 거대한 편집 역사의 최종 형태라고 하겠다. 우선 쉽게 눈에 들어오는 현상은 "모세의 토라"를 **다섯 권**으로 나누었듯이, 시편 편집물도 또한 "명료한 어투의 송영"(the doxological closing formulas; [이스라엘의 하나님] 야훼를 [영원부터 영원까지] 찬양하라! 아멘! 아멘! [또는] 할렐루야!)에 의하여 다섯 권(1-41; 42-72; 73-89; 90-106; 107-150편)으로 나누었다는 점이다. 이것은 분명 시편이 오랜 기간 동안 오경과 동등한 경전적인 권위를 가지고 이루어진 수집물들의 편집 작업물이라는 것을 단적으로 말해 준다.

시편 시들이 한 사람의 저작이 아니라는 것은, 오경이 모세 한 사람의 저작이 아닌 이유를 제시하는 고등비평학적 접근법—1) 시대착오 기사[anachronism]: "다윗의 시"라는 표제가 붙은 시편 51편 마지막 두 절, 18-19[20-21]절은 파괴된 예루살렘 성전이 빨리 회복되어 성전 제단에서 희생 제사들을 드리게 해달라는 기도인데, 이 부분은 다윗의 것으로는 볼 수 없는 시대착오 기사[anachronism]이다. 2) 중복 기사[Doublets]: 시편 14편과 53편은 신명(神名)의 차이를 제외하고는 거의 정확하게 그 내용이 같다. 이런 중복은 시편이 한 사람의 저작임을 강력히 부인하게 한다. 3) 모순 기사들[contradictions]: 시 양식[장르]의 차이는 사상적 충돌을 일으키지 않을 수 없다 등—으로서도 충분히 논증할 수 있지만, 알터 바이저가 잘 지적해 주었듯이,[72] 시편 시들은, 오경을 다룰 때보다는 좀 다르게, 그 시를 누가 작시(作詩)하였느냐는 그런 문제보다는 어떤 제의[적 용도]에서 사용되었느냐 하는 문제와 그 시들을 어떻게 그토록 오랫동안 계속해서 전승 보존할 수 있었느냐 하는 문제에 더 큰 관심을 가진 경전문학이었다는 점(cf. 시 102:18[19])에서도 충분히 확인할 수 있다고 하겠다. 코헨(M. S. Cohen)이 적절히 주해하고 있듯이, "하나님을 향하여 점차로 성장(成長)해 나아가는 일은 대부분의 사람들에게 있어서 결단코 단순한 일이거나 쉬운 일은 아니라고 시인(시 102:18[19])은 우리에게 말하고 있다. 믿음으로 다가간다는 것은 감성으로나 지성으로나 상당한 노력을 경주한다는 것을 의미한다. 이러한 노력들 중 어떤 것은 우리가 가장 소중히 간직해 온 비전(vision)을 포기하고 우리가 이 세상에서 소유하고 있는 그 영역을 확 바꾸어 버리는 결단을 포함하기도 한다."[73] 이러한 문맥에서 볼 때, 시편이 담고 있는 신학은 이스라엘 신앙사의 산 증인이기도 하다고 하겠다. 즉 시편 시인은 야훼의 구원행위들을 기억하는 일을 먼 미래에까지 계속 낭송하기 위하여 예언서들이 기록되어 남게 되었던 것처럼 시편 시들도 또한 "**기록**되어 남게 되었다는 것"(시 102:18[19])을 증언하고 있다고 하겠다.[74]

이러한 시편 시의 현실은, 시편의 그 구성 형태를 들여다볼 때, 많은 독립된 '수집물들'이 뚜렷한 연결의 이유가 없이도 연결되어 있는 사실을

72) A. Weiser, *The Psalms*(Philadelphia: The Westminster Press, 1959, 1962), 95.

73) M. S. Cohen, *Our Haven and Our Strength: The Book of Psalms*(New York: Aviv Press, 2004), 322.

74) Cf. A. Weiser, *The Psalms,* 577-578; S. Terrien, *The Psalms*(Grand Rapids: W. B. Eerdmana), 698.

발견할 수 있다는 점에서 더욱더 확실하게 확인할 수 있게 된다. 예컨대, 첫 번째로 만나게 되는 부피가 큰 수집물은 33편을 제외하고는 모두 "레다윗"(다윗의 시)이라는 표제를 달고 있는 시편 3-41편의 수집물인데, 주석가들은 이를 (1) **제1 다윗 시집**(시 3-41편)이라고 부른다. 이 시들은 대부분 비제의적(非祭儀的) 동기에서 출발한 개인 탄원시들이라는 **동일 성격의 시들(!)**로 결합 구성되어 있다. 특히 이 시들에 대한 세밀한 주석은 이 시들의 상당 부분들(후대의 첨가 요인들을 제거하고 남은 요소들)이 아마도 다윗의 생애 동안에 일어난 다윗의 것이 아닌가 하는 추측을 하게 하기도 한다.

그 다음으로는 시편 14편과 53편의 비교를 통하여 쉽게 추측할 수 있듯이, '야훼'라는 신명(神名; יהוה)이 '엘로힘'(אלהים)이라는 호칭으로 바뀌고 있는 일군(一群)의 시집, 통칭해서, (2) **엘로히스트 시집**(the Elohistic Psalms; **시 42-83편**)을 만날 수 있다. 이 현상을 통하여 우리는 하나님의 이름을 직접적으로 부르는 일을 유대교가 점점 더 꺼려 하였음을 인지할 수 있다(오경의 P자료가 J자료보다 후대인 것처럼 그런 점에서 엘로히스트 시집이 제1 다윗 시집보다는 후대의 것으로 추론할 수 있다. 물론 이 원리가 반드시 모든 시에 적용되는 것은 아니다).

이 **엘로히스트 시집**은 세 개의 작은 수집물의 결합임을 그 **표제**들이 암시하고 있다. (a) 고라인의 시집(the Korahite Psalms), 시편 42-49편(고라인들은 포로 귀환한 성전 성가대들을 가리킴)과 (b) 아삽의 시(the Asaph Psalms), 시편 50, 73-83편(아삽인들도 또한 포로 귀환한 성전 성가대들임), 그리고 (c) 또 다른 "다윗 시집", 즉 시편 66-67편 두 편만을 제외한 나머지 시들이 모두 "레다윗"이라는 표제를 갖고 있는 **"제2의 다윗 시집인 51-72편"**, 이렇게 이 세 수집물이 결합하여 **엘로히스트 시집**을 형성하고 있다. 주목할 점은 "제2 다윗 시집"(51-72편)은 비록 그것이 "엘로히스트 시집"인 제2의 시집에 속해 있으면서도 제1 시집의 "다윗 시집"과 마찬가지로 상당수가 **[개인] 탄원시 중심**으로 구성되어 있다는 점이다! 아마도, 제1 시집과 제2 시집에 속해 있는 "다윗 시집"은 개인적 용도(用途)와 개인의 교화(敎化)를 위하여 고안되었으나 제의적 용도 때문에, 즉 질병 치유를 목적으로 성소에 철야 기거하며 머무는 인큐베이션 의식

(incubation rite),[75] 비를 비는 기도 의식, 귀신 축출 의식, 참회의 금식제의 등의 여러 제의 의식에 사용되기 위하여 수집되었을 것으로 보인다.

이렇게 하여 형성 완료된 엘로히스트 시집(시 42-83편; 주로 '고라인'들과 '아삽인'들의 시 수집물들)에, **(3) 부록(附錄: appendix)으로서**, "시온 신학"(the Zion theology)을 암시하는 고라인의 시들인 84-85편[86편만은 다윗의 시], 87-89편의 시들이 여기에 '부록'으로 덧붙여 결합되어 들어와서 제1의 대수집물(시 3-41편)에 비견(比肩)할 만한 **제2의 대수집물(시 42-89편)을** 형성하게 되었던 것으로 추론된다(필자의 관찰로는, 특별히 시편의 전반부에 해당하는 시 3-41, 51-72편은 시 1-2편의 서론 바로 다음에 위치하여 그 서론에 대한 응답의 형식을 취하고 있는 거대한 두 다윗 시집물의 결합체로서, 시편의 전반부[前半部]에 해당하는 거대한 시집물이라고 하겠는데, 이 전반부[시 3-41, 51-72편]에 해당하는 시 편찬물이 특별히 '탄원시'의 지배를 주로 받고 있다[!]는 것은 "시편신학"을 논하는 데 결정적으로 중요하다고 생각한다. 이하 **"시편의 신학적 의의"** 참조).

제1과 제2의 대수집물(3-41편, 42-89편)과는 매우 대조적으로(!) 시편 109편을 제외한 나머지 모든 시들은 거의 모두가 음악적 지시나 제의적 용도를 언급하지 **않은**[저자에 대한 언급도 매우 드문] 다소 기교 있게 잘 연결/결합된[후대성의 반영?] 네 개의 수집물의 결합체인 **(4) 제3의 대수집물(시 90-149편)**이 이어지고 있다. 즉 (a) 거의가 유일신론적인 야훼 왕권 찬양시들의 성격[야훼의 유일한 왕권 선포 형식]을 띤 시편 90-104편, (b) "다윗의 시"라는 이름 아래 모인 세 번째 단편적 수집물인 시편 108-110, 138-145편, (c) 성전을 향해 순례하는(올라가는, '마알롯') 노래의 수집물인 시편 120-134편, 그리고 (d) "할렐루야 시들"의 그룹으로서 105-107, 111-114, 116-118, 135-136, 146-149편의 묶음들이 그것이다.

이러한 **세 개의 대수집물**(3-41, 42-83+부록[84-89], 그리고 90-149)에 **서론**과 **결론**을 붙이는 일은 후대 편집자의 몫이었다. 첫째는 **"복 있는 사람은"**(아슈레, אַשְׁרֵי)으로 시작하여 **"복이 있다"**(아슈레, אַשְׁרֵי)로 끝이 나는

75) Cf. J. W. McKay, "Psalms of Vigil," *ZAW* 91(1979), 229-247; G. W. Anderson, " 'Sicut Cervus': Evidence in the Psalter of Private Devotion in Ancient Israel," *VT* 30 (1980), 388-397.

시편 1-2편이 시편 전체의 대서론 기능을 담당하기 위하여 전면에 배치되었다. 야훼의 말씀(율법)을 주야로 낭송하는(읊조리는) 자(시 1편)와 야훼에게로 피[피신]하는 자[=야훼를 경외하는 자]는 서로 내용상의 동의적 평행을 이룬다. 즉 "율법 낭송[읊조림]의 경건"과 "하나님께로 피하는 경외심의 경건"은 지혜문학권의 불가분리적 하나의 중심주제이다. 그런 점에서 볼 때, 시편 1편과 2편이 (1) 본래는 "하나의 시"로서 행복한 삶의 길을 두 대극점(對極点)의 절묘한 통합으로 제시하고 있기 때문이거나, 아니면 (2) 지혜자의 그룹에 속한 최종 편집자가 1편과 2편 사이의 그 주제의 불가분리성과 그리고 시편 2편에 대한 다윗 전승적인 해석(메시야적 해석)이 곧 뒤이어 나오는 "거대한 다윗 제1 시집"(시 3-41편)의 다윗 전통과 잘 부합한다는 점 때문이거나 한, 그 어떤 이유 때문에 시편 1-2편이 시편 전체의 서론 역할을 하게 되었으리라 추론된다.

시편 150편이 **끝맺음의 송영**으로서 시편 전체의 결론 역할을 하게 한 것도 또한 포로 후기 제2 성전 공동체의 **'찬양'(hymns: tehillim)** 주제가 시편 72편 끝에서 "아멘, 아멘 이새의 아들 다윗의 **기도**가 끝나다"라고 끝막음하며 송영 형식으로 끝나는 전반부(시 3-72편)의 **'기도들'(prayers: tephilloth)**의 하나님 찬양적인 결구(結句)의 성격을 띠고 있다는 점[76]에서 볼 때 쉽게 이해될 수 있다. 동시에 시편 후반부에 자리 잡고 있는 하나님 찬양의 시들, 특히 시편 146-149편의 "할렐루야 시" 묶음("야[후]를 찬양하라"는 히브리어의 외침으로 시작하여 동일한 외침으로 끝나는 시)과 연결해서 볼 때에도 제150편은 149개의 시편 시 전체를 하나님을 찬양하는 찬양의 **응답(應答)**으로 결론을 맺게 하는 시편 최종 편집자의 기능을 성공적으로 수행하고 있다고 하겠다. 이상에서 살펴본 대로 시편의 구성구조를 개괄적으로 도식화하면 다음과 같다.[77]

76) 시편 탄원시들 대부분이 탄식이나 기원으로 끝나지 않고 거의 전적으로 하나님 신뢰와 하나님 찬양으로 끝난다는 점과 그리고 시편의 모든 장르를 신학적으로는 "하나님 찬양"(the praise of God)이라는 하나의 주제로 통합하려 했던 C. Westermann의 초기 연구, *The Praise of God in the Psalms*(1961[독어], 1965[영역])의 의도를 비교하여 보라.

77) Cf. H. Gunkel, *Introduction*, 345-348; H. -J. Kraus, *Psalms 1-59*, 16-21.

1. **편집 구조**: (1) **제1 대수집물**: 제1 다윗 시집(시 3-41편)—(2) **제2 대수집물**(시 42-89편): A. 엘로히스트 시집(시 42-83편) : 1) 고라인 시집(시 42-49편), 2) 아삽인 시집(시 50, 73-83편), 3) 제2 다윗 시집(시 51-72편) + B. 부록: 시 84-89편—**(3) 제3 대수집물**(시 90-149편): 1) 유일신론적인 시(시 90-104편), 2) 제3 다윗 시집(시 108-110, 138-143편), 3) 성전 순례의 시(시 120-134편), 4) 할렐루야 시집(시 105-107, 111-114, 116-118, 135-136, 146-149편)—**(4) 서론: 시 1-2편**—(5) **결론: 시 150편**[(1) → (5)의 순서로 결합, 편집되었으리라 추론된다].

2. **최종 형태**: (1) **서론**: 시편 1-2편, (2) **제1 대수집물, 다윗 시집**: 시편 3-41편, (3) **제2 대수집물**: 시편 42-89편=엘로히스트 시집(시 42-83편)+부록(시 84-89편), (4) **제3 대수집물**: 시편 90-149편, (5) **결론**: 시편 150편.

제1 대수집물	**제2 대수집물**	**제3 대수집물**
제1 다윗 시집	엘로히스트 시	시 90-149
시 3-41편	시 42-83	유일신론 시 90-104
	고라 시 42-49	제3 다윗 시집
	아삽 시 50, 73-83	시 108-110, 138-145
	제2 다윗 시집	성전순례 시 120-134
	시 51-72	할렐루야 시 105-107
	부록: 시 84-89편	111-114, 116-128,
		135-136, 146-149편

↑ **서론(시 1-2편)** ↑ **결론(시 150편)**

이제 우리에게 남는 물음은 "왜 시편은 현재와 같은 구성 구조를 가지게 되었는가?"라는 것이다. 오경 또는 육경의 구성 구조가 그렇게 된 데에 대한 이유는, 완전한 합의에는 이르지 못하였다 해도, 어느 정도 그 윤곽이 그려진다. 즉 육경은 여러 사람들의 손길을 거쳤다 하여도 "민족 형성에 관한 신의 **약속**"이 그 '**성취**'를 향해 나아간 구원사(救援史) 기록(드라마)이다. 신명기적 역사서(dtr)와 역대기적 역사서(chr)의 경우도 그들

역사 편찬자들(dtr과 chr)의 "역사신학"이 역사 자료를 편찬하는 그 축(軸)이 되어 이루어진 책이다. 예언서들은 야훼 하나님의 시대적 선포이다. 그렇다면 시편의 이러한 구성구조는 우리에게 시편의 현실을 무엇이라고 설명해 주고 있는 것일까? 아마도 우리의 대답은 다음과 같은 역설적인 구조를 가진 대답으로 대답될 수밖에 없을 것이다. 그 구성의 세부적 과정에 대해서는 명확하게 대답할 수 없는 부분들이 많이 있다고 하더라도(시 50편이 왜 아삽의 시집[시 73-83편]에서 떨어져 나왔는지, 왜 시편의 후반부에서는 음악적/역사적 표제들이 빠졌는지, 다윗의 삶에 관한 역사적 표제들이 시 51-60편의 표제에서는 왜 그렇게 자세하게 언급되고 있는지 등에 대해서는 우리가 확실하게 대답할 수 없다고 하더라도), 그러나 **"시편"**이라는 책은 **말씀(토라)만이 생명의 길로 가는 유일한 길잡이라는 것을 강력히 증언한 시편 1-2편의 서론**(*λόγος*-**preamble**)을 맨 앞에 두고 그 뒤를 이어, 이른바 고난 속에서 외치는 이스라엘(개인 또는 집단[78])의 다양한 기도들(테필롯)을 대거 배열한 후, 후반부에는 하나님 찬양들(테힐림)을 연결시켜서 할렐루야 송영으로 끝나게 하고 있는 그 구성배열로 미루어 볼 때, 시편이라는 책은 고난으로 얼룩진 이스라엘의 긴 제의사(祭儀史)를 통하여 거듭거듭 반추되어 온 오랜 기간의 **이스라엘 신앙(경건) 역사**를 그림을 그리듯 분명하게 그려 주는 책이라고 할 수 있을 것이며 동시에 신학적으로는 하나님의 위대하신 [역사적/창조적] 구원 행위(=말씀을 통한 행위, magnalia Dei=דבר=*λόγος*=시 1-2편)에 대한 이스라엘 신앙공동체의 **'응답송'(doxology, "doxology가 신학이다!"** 홍해의 구원사건 다음에 나온 미리암의 송영과 같은 송영)이라고 결론 지어 말할 수 있을 것이다. 이러한 맥락에서 보면, 시편 1편, 19B편, 119편은 시편이라는 책을 하나님의 말씀의 책으로서의 그 경전적인 권위를 세우는 기초돌(foundation stones) 또는 구조 골격(frame, skeleton)의 역할을 하고 있다고 볼 수 있을 것이다.

---

78) Cf. H. W. Robinson, *Corporate Personality in Ancient Israel*(Philadelphia: Fortress Press, 1964).

4. 시편의 신학적 의의: "응답의 신학"으로서의 시편 신학

"토라의 시"("지혜 교훈의 시" 장르에 속하는 얼마 되지 않는 종류의 시; cf. 시 1; 19B; 119편)**로 분류될 수 있는 시편 1편이** 저토록 거대한 부피의 "기도 수집물들"(테필롯)과 "찬양 수집물들"(테힐림)의 결합으로 구성된 시편 전체의 '서론' 역할을 하고 있다는 것은, 위에서 지적한 대로, **"시편"이라는 책은 "야훼 하나님의 위대하신 역사적 행위와 그 역사적 행위를 통하여 말씀하시는 그 계시의 "말씀"**(cf. 시 19:3[4])**에 대한 한 '응답'의 책**이라는 것을 웅변적으로 증언하고 있다고 하겠다. 이러한 시편의 구성 구조는 또한 동시에 우리에게 "하나님을 향한 **사람들의 말들**"이었던 시편이 **어떻게 동시적으로** "사람들을 향한 **하나님의 말씀**"으로 생각될 수 있는가라는 물음에 대한 매우 분명한 한 대답이 된다고도 하겠다. 왜냐하면 시편에 나타나는 모든 "인간의 응답들"(human responses)은 전적으로 하나님의 역사적 행위들과 말씀 계시(啓示)들 때문에 비로소(!) 일어난 **반응적(反應的) "사건 언어들"(responses)**이기 때문이다.

야훼 하나님은 인간 역사와 그의 창조세계를 통하여 **행동**하셨고 또 그 **행동(=사건)**들을 통하여 자신의 뜻을 **말씀(=계시)**하셨으며, 이스라엘(인간)은, 제의(祭儀)를 통하여서든 제의의 영역 바깥에서든, 야훼의 이러한 행동하시는 **말씀**에 대하여 쉬지 않고 **끊임없이!(ceaseless!!) 응답**하셨다. 그러므로 모든 시편의 언어들은—구약의 언어들 모두가 다 이와 동일한 문맥 안에 있다고 하겠는데—그것들 모두가 다 하나님과의 **"대화의 양식(樣式)"** 이라는 모습을 취하고 있다고 하겠다. 예컨대, 십계 1계의 "나-너[I↔thou or I↔Thou] 간의 대화 구조"라는 문맥을 통해서 추론할 수 있는 바와 같이, (1) 야훼 하나님께서 인간에게 베푸신 **구원의 축복 및 은혜**라는 선행(先行) 행위(cf. 십계의 preamble)와 (2) 이에 대한 인간의 **응답**(찬양, 감사, 탄원, 신뢰, 맹세 등) 반응이 은혜를 베푸신 하나님에게로 역(逆)으로 되돌아오는 구조를 띠고 있는 것이 **"시편의 신학적 틀"**이라고 하겠다. 이러한 시편 신학의 기조(基調)를 제안한 학자는 폰 라트(G. von Rad)[79]이고 이를 시편 신학에 본격적으로 응용한 학자는 베스터만(C. Westermann)[80]이라고 할 수 있다.

베스터만은 "하나님의 위대한 행위"(magnalia Dei)에 대한 **'응답'**(應答; response)으로서의 "시편"은, 이른바 피차 불가분리적인 관계를 갖고 있는 **대표적 두 양식**, 즉 (1) '탄원시'(=기도시)와 (2) '찬양시'(선언적/서술적 찬양시)라는 두 시 양식을 **기초로 하여 형성**되어 있다고 보았다(!). 이러한 반응 및 응답은, 시편의 문맥에서 보면, '고난'과 '기쁨'이라는 실제적 인간 삶의 현실(시편의 원초적 Sitz im Leben)에서부터 자발적으로 일어난 것(a spontaneous outburst)인데, 이 **'고난'과 '기쁨'은 불가분리적 '대극 관계'(對極 關係; a polar relationship)를 가진 것**으로서 이 둘은 "인간 실존의 전체성"을 함축하고 있다고 말할 수 있다. '고난'은 '탄원시'의 직접적인 동기이고 '기쁨'은 '찬양시'의 직접적인 동기이다. 제임스 콘(James H. Cone)이 말한바, "민중신학"을 "예수의 십자가와 부활의 신학"이라고 정의한 것을 용납한다고 한다면,[81] 시편 신학, 특히 "탄원시 신학"은 민중신학의 성서적 틀을 제공해 주는 최선의 책이라고 볼 수도 있을 것이다.[82] '고난'과 '기쁨'이라는 이 두 동기(incentives)는 생리적으로 동

---

79) G. von Rad, *Old Testament Theology* I(New York and Evanston: Harper & Row, 1962), 355-459.

80) C. Westermann, *Praise and Lament in the Psalms, Atlanta*(John Knox Press, 1981); *idem, Elements of Old Testament*(Atlanta: John Knox Press, 1978, 1982), esp. 153-216.

81) James H. Cone, "Preface," *Minjung Theology: People as the Subjects of History*(ed. by CTC-CCA)(Maryknoll: Orbis Books, 1981), ix-xix, esp. xvii.

시적으로 발생할 수 없기 때문에 거기에는 불가피하게 두 개의 독립된 문학양식(1. 탄원시와 2. 찬양시[a. 서술적 찬양시, b. 선언적 찬양시, cf. C. Westermann])이 생겨날 수밖에 없다. 그러나 그 둘은 모두가 다 야훼 하나님의 위대하신 구원 행위(magnalia Dei)에 대한 하나의 **'응답'**이라는 문맥 안에 들어 있기 때문에 '탄원시' 안에서도 찬양, 감사, 구원에 대한 신뢰(=의지)와 확신이 일어나며 찬양과 감사의 시 안에서도 탄식의 표현이나 탄식의 회상이 나타나게 된다.

1) '탄원시'(lament Psalms/기도시)의 응답신학

탄원시는 그 문학적 구조의 문맥에서 보면, (1) 하나님의 **이름**을 외쳐 부르는 것(주로! "야훼!", "엘로힘!" 혹은 드물게는 "엘로하이!"[나의 하나님이여!], "엘리!"[나의 하나님이여!])과 (2) 삼중의 탄원(삼중의 탄식과 삼중의 기원)과 (3) 그리고 분위기의 급전환에 의한 신뢰(의지)와 구원(응답) 확신의 표현이 다소 질서 있게 결합된 삼중(三重)의 구조를 형성한다.[83]

(1) 신(神)의 이름을 부르는 도입구(導入句: invocation)에 대한 신학적 성찰

이 **도입구**는 탄원시의 문학 양식을 결정 짓는 특징적인 표현 형식들 중의 하나이다. 뿐만 아니라, 탄원시의 이 도입구는, 고대 바빌론의 개인 탄원시들에서 볼 수 있는 '도입구'와는 **현저한 대조(!)**를 이룬다는 점에서 볼 때, 그 **이스라엘 신학의 특유성**을 뚜렷이 드러내는 데 크게(!) 기여하고 있다고 하겠다. 이 분야에서 특별한 공헌을 한 베그리히(J. Begrich)[84]

82) Ee Kon Kim, "Outcry", *Interpretation*, 42(July 1988), 229-239, esp. 229 fn. 1.
83) 김이곤, "시편 탄원시에 나타난 분위기 급전의 동인에 관한 연구", 『구약성서의 신앙과 신학』(오산: 한신대학교 출판부, 1999), 491-528, cf. 529-539.
84) J. Begrich, "Die Vertrauensaeusserung in israelitischen Klagelied des

의 정밀한 조사에 의하면, 고대 바빌론의 개인 탄원시의 도입문(invocation)은 거의 예외 없이 신(神)의 이름을 부를 때 그 신의 이름을 장황스러운 수식어(=빈사[賓辭])로 지루할 만큼 길게 나열하지만(long invocation; "속이는 친절"[capitatio benevolentiae]), 그러나 이스라엘의 **시편 탄원시들은 결코 그가 부르는 신의 이름에 '수식어'를 붙이지 않는다!** 실로, 기도 형식에서 신의 이름을 너무 장황하고 길게 찬사로 수식한다는 것은 그 기도를 다분히 "주술적인 효과"(effektvoller Exorzismus)를 노리는 기복적 기도 또는 내용 없는 형식에 치우친(중언부언하는) 기도로 만들기 쉽다. 그러나 시편의 "개인 탄원시들"은, 고대 바빌론의 개인 탄원시들의 긴 도입문의 경우와는 현저히 다르게(!), "야훼여!"라는 이름을 외쳐 부르는 것으로**만(!)** 그 기도를 시작한다. 혹 매우 드물게나마(!) 신의 이름에 수식을 붙이는 경우가 있을 수 있는데, 그 경우도 단지 "**나의** 하나님!"('엘로하**이**', 또는 '엘**리**')[85]이라는 인칭 대명사 접미어, 즉 "나의"라는 말의 첨가 정도밖에는 나타나지 않는다(!). 구약에서는 그 어디에서도 "나의 야훼여!"라는 인칭 대명사 접미어가 붙은 "야훼" 신명(神名)은 결코 나타나지 않는다(!). 이 현상은 실로 놀라움의 극치이다! 그러므로 시편의 '기도시'(=탄원시)는 주술적 효과를 노리는 무속적 기도나 또는 예배 의식의 형식에 맞추기 위하여 고안된 단순한 의전적 공식문형(liturgical formulae)에 맞춘 기도는 결코 **아니(!)**라고 하겠다. 시편의 탄원시(기도시)는 고대 바빌론의 기도시들처럼 그렇게 "신화적 여유로움"을 갖고 있지는 않은, 이른바 절박한 실존적 위기 상황에서 결사적으로 하나님을 갈망하여 그에게로 가까이 나아가려고 하는 매우 현실감이 넘치는 체험적 경건의 산물이다. 그러므로 하나님과 탄원 시인의 관계는 **긴박한 '거리 감정'과 '결속 감정'이 대극적(對極的) 긴장관계로 긴밀하게 뒤엉켜 연결되어 있다**고 하겠다.[86] 이러한 점에서 볼 때, 시편 탄원시의

Einzelnen und in seinem Babylonischen Gegenstueck," *Gesammelte Studien zum Alten Testament*(Muenchen: Chr. Kaiser Verlag, 1964), 168-216.

85) 이 주제로 쓴 방대한 부피의 박사 학위 논문, H. Vorlaender, *Mein Gott* (Neukirchen-Vluyn: Neukirchener Verlag, 1975)는 Begrich의 주장을 더욱 정당화시켜 준다.

도입문은 야훼 하나님과 고난받고 있는 탄원 시인 사이의 "관계의 직접성"을 강조하고 있다고 할 수 있다. **"관계 신학"으로서의 "시편 신학"**의 진정한 출발점은 바로 여기서부터라고 하겠다.

이러한 시편 탄원시의 도입문이 갖고 있는 그 진정한 신학적 현실은, 그러므로 기도 앞에 의례적으로 신의 이름을 갖다 놓기 위하여 발생한 것이 아니다.[87] 이와는 달리, 탄원시의 도입문에 나타나는 "신의 이름"(주로 **"야훼여!"**)은 그 '이름'('쉠',שם) 자체가 야훼의 구원사의 맥락에서 볼 때 특수한 의미를 가진다고 볼 수 있다. 즉 이 "야훼"(יהוה)라는 이름은 이스라엘 전(全) 역사를 통하여 "구원활동을 하는 이름"(a saving name),[88] 즉 "구원의 상징"으로서 널리 이해되었으며, 이 "야훼"라는 이름은 이스라엘 역사 아주 초기부터 주로 전쟁이나 질병이나 기타 여러 고난의 상황으로부터 이스라엘을 건져내어 승리하게 하시는 백전백승의 "전쟁 용사"(출 15:3)[89]를 늘 회상하게 하고 연상하게 하는 이름이다. 시편 시인의 경우에 있어서도 "야훼"라는 이름은 "현재적인 구원의 능력"이시며(시 20:2[3]), 그러므로 **이스라엘의 하나님 야훼**는 "자기 이름을 위하여"(בשמך; 시 54:1[3]) 이스라엘(인간)을 구원하시는 분(시 124:8)이라고 하겠다. 구약성서는 그러므로 "야훼"에게는 '구원'(승리)의 **명성(名聲)**이 매우 중요한 것이라는 인식을 확고하게 갖고 있었다고 할 수 있다. 시편 23편 시인도 "[야훼 하나님은] **자기의 명성을 위하여** 일하신다"(시 23:3, "내 영혼을 소생시키시고 자기 이름을 위하여[레마안 쉬모, למען שמו] [나를] 의의 길로 인도하시는도다")라고 고백한다. 따라서 그의 '이름'(שם)은 만유로

86) Cf. J. Hempel, "Der Froemmigkeitstypus des alttestamentlichen Religion," *Old Testament Essays*(ed. by D. C. Simpson, 1927), 48-50.

87) C. Westermann, *Elements of Old Testament Theology*, 154-156에서 Westermann은 구약의 기도 역사란 세 단계로 나눠진다고 보았다. 초기의 기도는 단순한 짧은 "부르짖음"에 불과하였으나, 제의(祭儀)에서 "시편 탄원시"의 형태로 기도의 정형적 모습을 갖춘 시기는 기도 역사의 제2기에 속하는 것이라고 보았으며 후기에는 긴 산문형식의 기도들(cf. 왕상 8장, 스 9장, 느 9장 등)이 나타났다고 주장한다.

88) C. A. Briggs, *Psalms(ICC)* II(Edinburgh: T. & T. Clark, 1907, 1976), 16-19.

89) P. C. Craigie, "Yahweh is a man of wars," *SJT* 22(1969), 183-188; P. D. Miller, "God the Warrior," *Int.* 19(1965), 39-46.

부터(온 땅으로부터, 시 100:1) '영광'(כבוד)을 받으실 대상이며 "영광의 왕"(시 24:7-10)이시며 그 이름 자체가 다름 아닌 하나님의 본체(출 33:18)이시다. "하나님의 이름은 하나님 자신이시다"(Nomen Dei est Deus ipse[90]). 이것이 탄원시의 현실이요, 구약성서의 현실이다.

a. 명성(名聲:이름, שם)의 신학: 이렇게 하여 탄원 시인의 세계에서는 소위 신명기 학파의 주지(主旨)인 야훼의 "명성의 신학"(שם-theology)[91]이 자연스럽게 포함되어 기원(祈願)의 가장 중요한 매개의 기능을 하게 된다. 다음의 기원문(祈願文)들은, 그런 의미에서 볼 때, 야훼 하나님의 구원 개입을 가장 설득력 있게 이끌어 내는 기능을 하는 기원문들로서 "야훼의 명성에 대한 입증이 야훼의 구원 개입의 동기로 작용하고 있음"을 극명하게 보여 주고 있다(아래 예문에서 "자기 이름을 위하여"라는 수사구에 주목하라).

> 우리의 조상들이 이집트에 있을 때 주의 기이한 일들을 깨닫지 못하며 주의 크신 인자를 기억하지 아니하고 바다 곧 홍해에서 반역하였나이다. 그러나(waw-adversative)[야훼께서는] **자기의 이름을 위하여**(למען שמו, **레마안 쉬모) 그들을 구원**하셨으니 **그의 명성**[=그의 큰 권능]을 만인이 알게 하려 하심이로다(시 106:7-8; cf. 시 109:21).

> 야훼여 **주의 이름을 위하여**(למען שמך, **레마안 쉬므카) 나를 살리시고** 주의 의로 내 영혼을 환난에서 끌어내소서(시 143:11; cf. 시 25:11; 31:3[4]; 79:9; 90:18[19]).

> 우리가 **주를** 의지하여 우리 대적을 누르고 우리를 치러 일어나는 자를 **주의 이름으로**(בשמך, **뻬쉬므카) 밟으리이다.** 나는 내 활을 의지하지

90) A. Calov, *Biblia Novi Testamenti illustrata I*(1676), 231. H. -J. Kraus, *Theology of the Psalms*(Minneapolis: Augsburg Pub. House, 1986), 21에서 중인.

91) Cf. G. von Rad, *Studies in Deuteronomy*(London: SCM Press, 1953).

아니할 것이며 내 칼이 나를 구원하지 **못**하리이다(시 44:5-6[6-7]; cf. 시 54:1[3]).

이상 세 인용문 중 첫 번째 인용문과 세 번째 인용문은 기원문(祈願文)이 아니고 주의 **"이름의 능력"**을 신뢰하는 구원확신의 표현이며, 가운데 있는 두 번째의 인용문만이 기원문이다. 즉 첫 번째와 세 번째의 확신 표현은 두 번째 예로 제시한 "야훼의 구원"의 능력에 관한 **명성에 호소하는** 기원들을 하나님께 드릴 수 있는 역사 경험적 근거를 제공하는 기능(논증의 기능)을 하는 인용문들이다.

특히 첫 번째 제시된 인용문(시 106:7-8)은 출애굽 구원 전승을 회상하고 있는데, 놀라운 것은 출애굽 구원 전승에 대한 이 시인의 신명기 신학적 해석이 가히 혁명적이라고 할 만하다는 점이다. 즉 이스라엘이 조상 때부터 지어 온 반역과 배신의 죄가 출애굽의 놀라운 구원의 은총과 홍해(=갈대 바다)에서의 기적적인 구원의 사건 속에서도 여전히 목이 곧은 채 계속되었는데도, 그럼에도 불구하고!('그러나!'의 전도 수사법[顚倒 修辭法]: waw-adversative)[92]—출애굽 구원 사건마저 이스라엘 반역과 배신의 죄로 얼룩져 있는 상황인데도 불구하고!—야훼 하나님은 **"자신의 이름[名聲] 때문에!"** 여전히 이스라엘을 구원해 주셨다고 증언하고 있기 때문이다! 왜냐하면 "야훼"라는 이름은 그 본질상(!) 긍휼과 은총의 신(神)이심이 계시(啓示)되었기 때문이다(출 33:19; 34:6; אל רחום וחנון).[93] 그분의 이름이 곧 그분의 실재이시기 때문이다(Nomina sunt realia).[94] '이름'은 "야훼"의 경우, 그 자체가 곧 자신의 구원계시 그 자체(in itself)이기 때문이다. 그러므로 "야훼"라는 **이름**은 그의 본질이며 특성이고 힘이기 때문에 그의 **명예**와 평행으로 사용된다는 것은 자연스러운 일이며 따라서 그 이름 자체가 또는 그 이름을 부르는 것 그 자체가 구원하는 힘을 가지고 있었다.

---

92) Cf. C. Westermann, *Praise and Lament in the Psalms*, 71-75.

93) 김이곤, "고난신학에서 본 야훼 신명 이해", 『구약성서의 고난신학』(서울: 한국신학연구소, 1989), 55-83; *idem*, "야훼의 속성과 성(性)의 수사학", 『구약성서의 신앙과 신학』(오산: 한신대학교 출판부, 1999), 393-413.

94) Cf. J. Paterson, *The Praises of Israel*(New York: Scribner's, 1959), 157.

그렇기 때문에, "야훼여!" 라는 단순한 '부르짖음'(outcry)[95]만이라도 그것이 만일 진실의 표현이고 결코 형식적이고 주문 낭독적인 것이 아니면 그의 그 기도는, 구약의 거룩한 전쟁 전승의 맥락에서 보면, 이미 구원의 확신으로 전이(轉移)되었다고 할 수 있다. 이러한 **신앙 전승**은, 요엘 예언자의 예언에서 증언하고 있는 대로(욜 2:32[3:5]), 도망자들의 유일한 희망인 "최후의 도피성" 에 대한 신앙전승에서부터 비롯되어 예루살렘(시온) 성전 전승과 후대의 예루살렘 회복에 대한 종말론적인 신앙에까지 지속되었을 것으로 보인다.[96] 마침내 이러한 신앙, 즉 "누구든지 야훼의 **이름을 부르는 자**는 구원을 얻으리라" 는 신앙 전승은 이사야(7장)의 신앙 전통을 통하여 요엘(2:32[3:5]) 그리고 후대 예언자들과 신약의 사도 바울의 기독론적인 신앙 전통과 복음서 전통에까지 면면히 이어졌다고 하겠다(**욜 2:32[3:5 in Heb.] → 롬 10:13**; 행 2:21; cf. 요 3:16).

실로, **야훼의 "명성에 호소하는 기원"(nomen Domini의 기도/기원)**은, 이스라엘 구원 역사(야훼의 거룩한 전쟁 역사) 전승의 맥락에서는 쉽게 이해할 수 있는 것으로서, "가장 위급한 상황에 자신이 처하여 있음을 의식하였을 때 일반적으로 토설하게 되는 현상" 이라고 할 수 있다.[97] 그러므로 이스라엘 기도(개인 탄원시)들이, 고대 바벨론의 개인 탄원시들과는 **현저히 다르게**(!), 거의 전적으로 "그 부르는 신의 이름에 긴 수사" (predicates)를 붙이지 **단지 "야훼여!" "하나님이여!" 라는 이름만**(!) 부르면서 탄원을 제기하는 이 특유한 현상은 이스라엘의 신앙이 이미 오래전부터 그들의 경전으로부터 신화적 틀을 벗겨 내는 탈신화화 또는 비신화화 신학을 이미 수준 높게 수립하고 있었다는 것을 보여 주는 증거가 된다고 할 수 있을 것이다.[98] 탄원시 도입구의 이러한 신학적 현실이야말로

95) Outcry → salvation의 수사적 구조가 가진 구원사적 기능에 관하여는, Ee Kon Kim, "Outcry," 229-329를 참조하라.

96) Cf. H. W. Wolff, *Joel and Amos*(Philadelphia: Fortress Press, 1977), 68-70; J. A. Bewer, *Obadiah and Joel(ICC)*(Edinburgh: T. & T. Clark, 1911, 1974), 126.

97) Cf. C. A. Briggs, *Psalms(ICC)* I, 265; J. Pedersen, *Israel: Its Life and Culture*(Copenhagen: Oxford Univ. Press, 1926, 1973), 245-259.

98) 김이곤, "시편 19편에 나타난 야훼의 자기 계시에 대한 찬양신학", 『구약논

"하나의 대단한 놀라움"(!)이라고 하지 않을 수 없다.

b. 도입구(導入句) 속에 나타나는 "야훼"라는 이름의 의미: 탄원시의 도입구가 갖는 그 신학적 의의(意義)는, 위에서도 언급한 바와 같이, 우리의 필법으로서는 충분하게 다 설명할 수 없을 만큼 대단히 놀랍다고 하겠다. 다음의 비교 본문을 통하여 우리는 이러한 수준 높은 신학적 현실을 어느 정도는 감지할 수 있을 것이다.

고대 바벨론 탄원시의 도입구	시편 탄원시의 도입구
하늘과 땅의 왕이신 "샤마스"여, 공평과 정의의 주이시며, "아누나키"의 주(主)이시요, "이기기"의 주(主)이시여, 약속을 폐하지 않으시며, 명령을 변하지 않으시는 주(主)이시여![99]	**야훼여**, 내가 수척하였사오니 나를 긍휼히 여기소서! **야훼여**, 나의 뼈가 떨리오니 나를 고쳐 주소서!(시 6:2[3])

그러므로 시편 탄원시의 '부름구'(invocation)에 나타나는 '신명'(神名), 그 어떤 수사구의 동반도 허락하지 않는 신명(神名), **"야훼!"** 또는 **"엘로힘!"**이라는 '부름'[100]은 구약의 신앙세계만이 가진(*ANET*에서는 찾아볼 수 없는!) 고유한 현상이라 하겠다.

그렇다면, 부름구 다음에서뿐만 아니라 '탄원'(탄식+기원)과 '신뢰', '찬양', '감사', '응답 확신'에서도 독자적이고도 배타적인 중심주제 역할을 하고 있는바, 이 **"야훼"라는 이름을 가진 신(神)은 누구시며 그 "신명"**,

---

단』15(2003), 7-26.

99) 이 본문은 J. Begrich가 인용한 것을 재인용한 것으로서 "손을 들고 드리는 기도"의 도입문이다. J. Begrich, *Gesammelte Studien zum Alten Testament*, 176에서 재(再) 인용함.

100) "야훼"라는 신명에는 "나의 야훼"와 같은 "나의"(my)라는 인칭 대명사적 수식구조차도 연결되는 것이 결코 용납되지 않는다!! 더욱이 "나의 하나님"(엘로하이 또는 엘리)이라는 "호신구"(呼神句)조차도 지극히 드물게만 나타난다!

성(聖) 사자(四字)(Tetragrammaton)에는 어떤 의미가 담겨 있는 것일까? 이러한 물음은 신(神) 신앙을 가진 인간이라면 누구나 던질 수 있는 인간의 "신학적 리비도"(libido theologica)[101]의 충동이라고 볼 수 있을 것이다. 구약성서도 이러한 "신학적 리비도"의 충동이 있었다는 것을 **야곱**(=이스라엘), **모세**(모세의 경우는 두 번), 삼손의 아버지 **마노아**의 입을 빌려 네 번이나 증언하였다(창 32:29[28]; 출 3:13-14; 출 33:18-23; 삿 13:17-18). 이렇게 신(神)에 관하여 그의 '이름'을 묻는 질문은, 위에서도 언급한 바와 같이("a. 명성[名聲]의 신학"에서도 언급한 바와 같이), 그의 "진정한 정체성"(integral identity)을 묻는 질문이다(Nomen Dei est Deus ipse. "하나님의 이름은 하나님 자신이다." cf. A. Calov). 그러나 구약의 신앙세계는, 고대 중동의 제국주의적 종교에서와는 전혀 달리, 구약성서는 그 처음부터 마지막까지, 이 물음에 대해서 '제의명'(祭儀名)으로서는 결코 대답하지는 않으셨던 것이다. 그는 단지 언제나, 인간에게는 자신의 본질(어떤 분이신지에 대한 것)만을 설명해 주셨을 뿐이다. 이 점이 바로 "이름이 그의 본질 자체"인 이유이다.[102] 왜냐하면 창조주 하나님은 창조자이시므로 피조물처럼 '성명'(姓名) 개념의 '이름'과 같은 것은 가질 수가 없었기 때문이었다(행 17:22-31, 특히 23절과 25절). 그러므로 "종교심이 많은"(행 17:22) 인간 지성의 본성(本城)인 아테네 도성의 시민들조차 "알지 못하는 신에게"(Ἀγνώστῳ Θεῷ; 행 17:23)[103]라는 신단(神壇)을 만들기에까지 이르렀던 것이다. 그런 의미에서 볼 때, 비록 역설적인 언어이지만 참 신, 즉 성서의 신은 우리 인간들에게는 절대적으로 **감**

101) Cf. S. Terrien, *The Elusive Presence: Toward a New Biblical Theology* (New York /Hagerstown/San Francisco/ London, Harper & Row, Publishers, 1978), 144f.

102) Cf. C. Houtman, *Exodus*, vol. 1(Kampen: KOK Pub. Co.), 367-369.

103) E. Haenhen, 『사도행전(II)』(서울: 한국신학연구소, 1989), 185-186. 이러한 이름의 제단 비문에 관한 역사적 고증이 불투명함을 자세히 진술하고 있다. 그러나 이러한 사실이 바울의 이러한 인용의 비역사성을 입증하는 것은 아니다. 헨헨의 각주에서도 말하고 있듯이, Diogenes Laertius의 논증을 포함하지 않는다 하더라도, 제단정화 운동 과정에서 이러한 이름이 생겨났을 가능성은 우리의 신학적 사유에도 큰 도움을 줄 수 있다고 생각한다.

추어진, 이른바 우리가 "**알지 못하는 그 신**"(*ὁ Ἄγνωστος Θεός*)이실 수 밖에 없다. 구약성서도 주전 8세기의 예언자 이사야(사 8:17)와 그리고 그의 정신의 계승자로서 구약 역사가 끝날 무렵, 즉 바벨론 포로기가 끝나던 무렵에 활동하였던 익명의 히브리인 예언자인, 소위 제2 이사야(DI; 사 45:15; 54:8)라고 칭하는 예언자, 이 두 예언자가 그들 신앙고백의 절정에서 **깨닫고 고백한 바**도 바로 이것이었다. 즉 "구원자 이스라엘의 하나님이여, 진실로 주는 '**스스로 숨어 계시는 하나님**'('**얼굴을 돌리시는 야훼**'[104])**이십니다**"(사 45:15)라는 깨달음을 얻었던 것도 바로 이것이었다. 이 히브리 예언자들의 고백은 헬라의 아테네 시민들이 고백하였던 그 고백, 즉 "알지 못하는 신—헬라적 정신세계에서는 지고(至高)의 이성(理性)이요, 지성(知性)인 로고스(*λόγος*) 또는 소피아(*σοφία*)로서도 도저히 끝내 헤아려 알아낼 수 없는—그 신(神)"에 대한 그 헬라적 고백과도 서로 매우 정확한 평행점을 갖고 있다고 하겠다. 비록 그 보는 시각과 접근 방법에 있어서는 달랐다 하더라도 실제로는 그러했다.

왜 성서의 하나님은 자신을 감추시는(얼굴을 돌리시는) 하나님이실까? 구약의 신앙세계에 나타난 "신학적 리비도"(네 번에 걸친 신학적 물음; libido theologica)에 대한 첫 번째(창 32:29a[28a])와 마지막 네 번째(삿 13:17-18)의 질문에 대한 야훼 하나님의 대답은 명백한 "대답 거절"(창 32:29b[28b], "어찌하여 나의 이름을 묻느냐?"와 삿 13:18, "내 이름은 비밀[기묘자]이다")이라고 할 수 있다. 분명 거기에는, 대답 거절의 이유가 있었음이 확실하다! 그것은 YHWH(יהוה)라는 이름의 거룩한 네 자음(聖四子音; Tetragrammaton)을 유대인들과 랍비들이 성서를 낭독할 때, 감히 "야-훼"라고 발음하거나 소리 내어 읽거나 하지 않고 단지 "아도나이"(אדוני, 'adonay', 주여!)라고만 읽는 종교관습/예배관습이 계속되고 있는 데서 잘 나타나 있음을 볼 수 있다.

104) 여기의 '얼굴'은 야훼 하나님의 "은총의 본질"에 대한 은유(隱喩)라고 이해하여야 한다. Cf. J. D. W. Watts, *Isaiah 1-33*(Waco: Word Books, 1985), 123; G. B. Gray, *Isaiah I-XXVII*(ICC Series)(Edinburgh: T. & T. Clark, 1912, 1975), 156; O. Kaiser, *Isaiah 1-12*(The O T Library)(Philadelphia: The Westminster Press, 1972), 120-121.

천지를 창조하신 참 신(神)은 본질상 인간이 이름을 붙일 수 있는 분은 아니시다. 하나님[神]은 하나님[神]이실 뿐이다. 결국 야훼 하나님은 모세의 두 번에 걸친 물음(출 3:13 그리고 출 33:18)에 대한 대답은, 드라이버(S. R. Driver)와 룬드밤(J. R. Lundbom)이 아주 적절히 지적해 준 대로,[105] 이론적으로는 토론의 여지가 더 이상 필요가 없는(토론을 종식시키라는 명령 형식의) 대답으로서 주신 것으로 이해할 수 있다. 그 두 대답은 다음과 같다.

1. 물음(출 3:13): 그들이 제게/"그의 이름이 무엇이냐?"/하고 물을 터인데//제가 그들에게/무엇이라고/말하여야겠습니까?(3+3 박자)

   대답(출 3:14): **"나다"** 는/ 곧 / **"나다"** (사역: אהיה אשר אהיה)(3박자)

2. 물음(출 33:18): "주의 영광을/제게 보여/주소서" (3박자)

   대답(출 33:19): "네 앞에서/나는 [나의][106] 이름을//'야훼'라고/부른다(2+2 박자).

   나는 내가 은혜 베풀/자에게/은혜 베풀고

   내가 긍휼 베풀/자에게/긍휼 베푼다" (3+3 박자).

모세가 강렬한 "신학적 충동" (libido theologica)을 받아 던진 질문에 대한 야훼 하나님의 반복법적 언어유희(tautological paronomasia)에 의한 위의 두 대답은, 그러나 다음 세 가지의 의미를 함유하고 있는 것으로 보인다.

(1) 동일 언어 반복법(the idem per idem usage)의 구사(驅使)에 의한

---

105) S. R. Driver, *The Book of Exodus*(Cambridge: Cambridge University, 1911), 362-363; J. R. Lundbom, "God's Use of the IDEM PER IDEM to Terminate Debate," *HTR* 71(July-Oct. 1978), 193-201.

106) LXX에서는 그냥 MT처럼 "이름을" 이라고 번역하지 않고 "나의 이름을[걸고? 향하여?](ἐπὶ τῷ ὀνόματί μου)" 이라고 되어 있어서 문맥상 위의 본문처럼 사역(私譯)을 선택하였다.

대답은(1.과 2.의 대답도 함께!) "하나님의 실재"란 더 이상 논의할 여지 없이 확실하다(논의를 종식하라!)는 것을 증언하는 어법이라고 하겠다. 하나님은 천지를 창조하신 분이시고 그분 창조주께서 실재하고 계시기에 또한 우리 피조물도 지금 이렇게 존재하고 있다는 사실은 그 무슨 토론과 논증의 대상이 아닌, 이른바 "토론의 대상을 종식시켜야 할 명명백백한 사실"이라는 것을 증언하는 것이라고 하겠다. 특히 출애굽기 3:14의 경우는, 즉 "나다는 곧 나다"(나다는 나다이다)라는 말은 그 문학 형식상 출애굽기 34:6a에 나타나는 표현, 즉 "야훼께서 그[모세]의 앞으로 빠른 속도로 지나가시면서 **'야훼! 야훼!'**…라고 선포하셨다(elusive! presence)" (출 34:6a)라는 표현과 적확(的確)하게 상응을 이룬다. 따라서 "나다는 곧 나다"는 산문 형식을 벗겨 내고 시체(詩體)로 표현하면 가운데 있는 관계 대명사(아쉘, אשר)를 빼고 그냥 "에흐예! 에흐예!" (אהיה אהיה)라고 읽을 수도 있다.

(2) 그러나 이 어법(the idem per idem usage)은 또한 동시에(!), 역설적으로 말하면, 그분 하나님(창조주 되시는 분)은 우리 인간으로서는(우리 인간의 눈으로서는=우리 인간의 오관과 지능으로서는) **포착할 수 없는 분이시라는(elusive Presence) 것을 증언하고 있는 말**이라고 하겠다. 이것을 구약성서는 그 고유의 어법으로, 비록 헬라 사람들은 "알지 못하는 신"(*ὁ ἄγνωστος Θεός*)이라고 한 그 하나님을 "자신을 감추시는 하나님"(Deus absconditus; 사 45:15)이라고 표현하였다. 출애굽기 33:20-23에서는 매우 특이한 은유법으로 다음과 같이 표현하고 있다.

> 나의 **영광**이 지나갈 때에, 내가 너를 바위틈에 집어넣고,
> 내가 다 지나갈 때까지 너를 나의 손바닥으로 가려 주겠다.
> 그 뒤에 내가 나의 손바닥을 거두리니,
> 네가 나의 **"등"(אחרי)은 보게 될 것이다.**
> 그러나 나의 **"얼굴"(פני)은 볼 수 없을 것이다**(출 33:22-23).

위의 시적(詩的) 은유법에 나타난 대담한 의인법적(擬人法的) 표현 속에는 "하나님의 영광(=이름=하나님의 본체)이란 신(神) 자신의 **의지(=뜻**

[意志]=**사건**=**말씀**)를 통하여서만 알려지실 뿐 그의 **본질**의 신비는 그 어떤 경우에 있어서도 인간이 자기들의 개념으로 정의될 수는 결코 없다"라는 증언이 들어 있다. 기독교 신앙의 갈등은, 아니 모든 종류의 신(神) 신앙이 갖고 있는 갈등은 "우리 인간들의 눈에는 신의 본질이 감추어져 있다"는 사실 때문에 온다고 할 수 있을 것이다. 분명, 신(神=하나님)은 우리의 눈, 눈뿐만이 아니라 우리의 지성(知性)과 오성(悟性)의 그 어떤 기관을 통하여서도 결단코 **"포착되지 않는 현존"(elusive presence)**[107]이시었다. 그런 점에서 볼 때, 야훼 신(神)은, "우리의 눈으로는 인지(認知)할 수 없는 신(神)"이라고 하겠다. 그러나 역설적이게도 야훼 신(神)은 눈으로 볼 수 없다 하여 실재하지 않으시는 분이 아니라 오히려 그렇기 때문에 더욱 실재하시는 분이라는 것이 구약 증언의 중심 현실이다. 시편 27:8-9는 우리의 이러한 이해에 도움을 준다 하겠다. "너희는 내 얼굴을 찾으라 하실 때에, 내 마음이 주께 말하기를 야훼여, 내가 주의 얼굴을 찾으리이다 하였나이다." "주의 얼굴을 내게서 숨기지 마시고 주의 종에게 노하지 마시고 버리지 마소서. 주는 나의 도움이 되셨나이다. 나의 구원의 하나님이시여 나를 버리지 마시고 나를 떠나지 마소서."(시 27: 8-9) 여기에는 바벨론적이고도 이집트적인 제의 환경의 영향이 있어 보이나, 이스라엘에서는 "야훼의 거룩한 법궤에 대한 신앙"으로 영화(靈化)되었음이 확실하다.[108] 크라우스는 여기 나타나는 이러한 표현(하나님의 얼굴을 찾아라!)은 야훼 예배의 바른 예배를 촉구하는 예언서들로부터의 인용으로 볼 수 있음(암 5:4; 호 5:15; 렘 29:12 등)을 주장하기까지 한다.[109] 그러므로 구약성서가 증언하는 신(神)은, 본질상 우리에게는 **"자신을 감추시는 분"(Deus Absconditus)**[110]이시라고 결론 지을 수 있다고 하겠다.

이러한 구약성서의 증언과 적확한 상응을 이루는 신약성서의 본문은

---

107) Cf. S. Terrien, *The Elusive Presence: Toward a New Biblical Theology*, 1978.

108) Cf. S. Mowinckel, *The Psalms in Israel's Worship*, 2 vols., vol. I, 142.

109) H. -J. Kraus, *Psalms 1-59*, 335.

110) S. Terrien, *The Elusive Presence*, 1, 227, 250, 251, 301, 321, 390, 461, 470ff., 474.

다음에서 분명하게 발견된다.

> 태초에 말씀이 계셨다. 그 말씀은 하나님과 함께 계셨고 그 말씀이 하나님이셨다. 그 말씀은 육신이 되어 우리 가운데서 사셨다(*ἐσκήνωσεν ἐν ἡμῖν*). 그리하여 우리는 그의 영광을 [비로소?] 볼 수 있었다. 율법은 모세를 통하여 받았고 은혜와 진리는 예수 그리스도로 말미암아 생겨났다. 일찍이 **하나님[神]을 본 사람은 아무도 없다**(*Θεὸν οὐδεὶς ἑώρακεν*). [단지] **아버지의 품속에 계신 외아들이신 하나님께서 하나님[자신]을 우리에게 알려 주셨다**(요 1:1, 14, 17, 18).

구약의 문맥에서 보면, 분명 요한복음 1:14-18은 여기서 시내 산 전승을 회상하고 있음이 확실하다. 즉 출애굽기 33:20("하나님을 본 사람은 아무도 살 수 없다"라는 말씀)과 요한복음 1:14a("하나님을 본 사람은 아무도 없다"라는 말씀) 사이와 그리고 출애굽기 34:6의 말씀, 즉 "야훼께서는 그[모세]의 앞으로 지나가시며 '[나는] 야훼다, 야훼다. 긍휼의 신, 은혜의 신, 인자의 신, 진리의 신이다!'라고 말씀하셨다"라는 말씀과 요한복음 1:14의 말씀, 즉 "말씀이 육신이 되어 우리 가운데 사셨다. 우리는 그의 영광을 보았다. 그는 은혜와 진리가 충만하였다"라는 말씀 사이에는 논의의 여지없는 본질상의 **상응**(相應; equivalence)이 일어나고 있음이 확실하다. 말하자면, 시내 산의 계시(啓示)에 나타난 "은혜와 진리의 계시"가 예수 그리스도를 통하여 **성육(成肉: incarnation) 되었음**(*ἐσκήνωσεν*)을 요한은 증언하고 있었음이 확실하다.[111]

이러한 사실에서 볼 때, 구약의 신학은 신약성서(cf. 요 14:8-9)의 중심 신학과 긴밀한 조화를 이루고 있다고 하겠다. 여기 모세와 함께 하나님의 산에 오른 74명의 지도자들이 경험한 하나님 경험(출 24:9-11)은, 그러므로 하나님의 모습 본체를 만난 경험을 가리키는 것이 아니라, "하나님의 발 아래"(하나님의 발등상: the platform under His feet)라는 은유가 잘

---

111) Donald E. Gowan, *Theology in Exodus*(Louisville: Westminster John Knox Press, 1994), 207.

말하고 있듯이, 그것은 "하나님 현현"(theophany)에 대한 경험을 극화(劇化)한 표현이라고 볼 수 있다. 그러므로 이 현현 보도는 하나님의 발등상 아래에서 두려움에 사로잡힌 나머지 머리도 들지 못하고 부복하고 있는 상황을 신화시적으로(mythopoe[t]ically) 묘사한 것으로 보이며,[112] 오히려 여기에 암시된 신학적 배려는 이러한 **현현(theophany) 경험에도 불구하고 하나님께서 그들을 "죽이지 아니하신" 하나님의 생명 살림의 속성을 부각**시키는 데 오히려 그 역점이 있었다고 하겠다.

제2 이사야가 절실하게 인식하였듯이, 진실로 야훼 하나님은 "우리의 좌절이 우리의 턱 밑까지 차 올라오게 하셔서 우리로 하여금 그것으로 인하여 믿음에 이르도록 하게 하시는 그때까지 자신을 감추시는 분"[113]이라고 하겠다. 매우 분명한 언어로 이사야 54:7-8은 이렇게 말하였다. " '내가 잠시 작은 [긍휼로] 너를 버렸으나, 큰 긍휼로 너를 다시 모으리라. 내가 넘치는 진노로 **내 얼굴을 잠시 가렸으나** 영원한 사랑으로 **너에게 긍휼을 베풀겠다**.' 너의 속량자인 야훼께서 말씀하셨다." 이 본문이 말하려는 것은 분명하다. 즉 작은 긍휼로(긍휼 베푸시기를 잠시 중단하시고) 이스라엘을 버리시며 얼굴을 가리심은 다름 아니라 더 큰 긍휼로 다시 모아 영원한 사랑으로 긍휼을 베풀어 이스라엘을 속량하시는 구원의 하나님의 역설적 본질의 계시와 섭리행위에 불과할 뿐이라는 것이다.[114] 자신을 감

112) F. M. Cross & D. N. Freedman은 구약성서의 역사전승들을 "신화의 역사화"(historicizing of myth)라는 말로 표현하는 것을 반대하고 오히려 "역사의 신화화"(=역사를 신화시적 언어로 표현하는 것)라는 말(the mythologizing of the historical traditions)로 표현하여야 한다고 역설(力說)한다. F. M. Cross & D. N. Freedman, "The Song of Miriam," *JNES* 14(1955), 239. "It is dubious in the extreme to suppose that we have the result of thc 'hiətoricizing' of myth." Cf. F. M. Cross, *Caanite Myth and Hebrew Epic*, 87, 106, 111.

113) J. N. Oswalt, *The Book of Isaiah: Chapters 40-66*(Grand Rapids & Cambridge: W. B. Eerdmans Pub. Co., 1998), 216.

114) J. D. W. Watts, *Isaiah 34-66*(Waco: Word Books, 1987), 237; C. Westermann, *Isaiah 40-66*(Philadelphia: The Westminster Press, 1969), 273-274; B. S. Childs, *Isaiah*(Louisville: Westminster John Knox Press, 2001), 429.

추시는 하나님이 참 하나님이시며 구원의 하나님이시라는 것이다.

그러하다. "모든 참된 신 인식은 **자신을 감추시는 하나님**에 대한 인식과 더불어 시작한다"라는 칼 바르트(K. Barth, *Dogmatics*, vol. II. Pt. I, 183)의 말을 인용한 폰 라트는 제2 이사야의 그와 같은 "자신을 감추시는 하나님"에 관한 신앙고백(사 45:15)이란 변화무상한 야훼의 역사적 행위와 섭리에 대하여 이스라엘은 단지 '신앙'(האמין)으로만 대답할 수밖에 없다는 것을 알려 주는 하나의 신앙고백[115]이라고 말한 바 있다. 『제2 이사야서에 나타난 역사와 신학』이라는 책을 쓴 스마트(James D. Smart)도 말하기를 "당신은 자신을 감추시는 하나님이십니다"라고 고백한다는 것은 뒤집어 말하면 "당신은 자신의 계시를 통하여 인간을 어둠에서부터 밝음으로 이끌어 올리시는 신(神)이십니다"[116]라고 고백한다는 것을 의미한다고도 역설하였다. 실로 그러하다. "야훼 하나님은 한 작고 좌절한 민족 속에 자신을 감추셨던 것이다. … 그 유일하신 하나님이 어찌하여 그 고대 세계의 힘있고 위대한 민족들 중 하나에게는 애착심을 갖지 않고 이 불쌍한 찌꺼기같이 남은 민족에게 자기 자신을 [그토록 철저히] 연대시켰는가 하는 것은 모든 열국뿐만이 아니라 많은 이스라엘 사람들 자신들에게도 하나의 의외의 경이였다"[117]고 하겠다.

그러므로 스스로 자신을 감추신 하나님의 그 '얼굴'(본체)과 대칭되는

---

115) G. von Rad, *Old Testament Theology*, vol. II(New York and Evanston: Harper & Row, 1965), 377-378.

116) James D. Smart, *History and Theology in Second Isaiah*(Philadelphia: The Westminster Press, 1965), 131f. 여기서 스마트 교수는 다음과 같이 말하고 있다. "하나님께서 자신을 감추시고 계신다는 아이디어는 현세대가 [쉽게] 동의할 수 없는 아이디어이다." … "분명히 하나님은 자연, 양심, 그리고 이성 등을 통하여 모든 영역에서 자신을 인간에게 계시하시는 분이시다." … "세상을 하나님의 계시의 빛에서 보아 온 예언자만이 [세상의] 그 어둠이 얼마나 깊은 것인지를 안다. 동시에 이 세상이 예수 그리스도의 인격을 통하여 하나님과 화해를 했다는 것을 본 사도만이 자신의 세계가 얼마나 멀리 하나님으로부터 소외되어 떨어져 나갔는지를 알고 그리고 또 얼마나 많이 하나님의 것을 잃어버렸는지를 안다"(131-132).

117) John L. McKenzie, *Second Isaiah*(New York: Doubleday & Co., 1968), 82-83.

하나님의 "등"(출 33:23)은 하나님께서 친히 "손바닥을 거두셔서 **모세로 하여금 보게 하셨다**"라고 말하는 특유의 은유법(metaphor-rhetoric)을 빌려서 성서는 야훼께서 "이스라엘[=우리 모든 세상 사람들] 중에 현존하시고 또 자신을 계시하시는 것(Deus revelatus:출 33:14)이란 단지 '자신을 감추시는 형식으로만' 하신다는 것"[118]임을 말해 주고 있다고 하겠다. 결론적으로, 구약의 하나님은, "하나님의 얼굴과 등"의 은유가 말하고 있듯이, "자신을 숨기시기도 하고 또 자기를 계시하시는 신"이기도 하다고 하겠다. 즉 "자신을 감추시는 신"(Deus absconditus)이, 곧 "자신을 계시하시는 신"(Deus revelatus)이라고 하겠다.

(3) 그러므로 위에서 살펴본 바대로 "하나님의 영광을 내게 보여 주십시오!"라는 모세의 요구에 대한 야훼 하나님의 단호한 거절에는 인간 생명에 대한 **하나님의 사랑(=긍휼+은혜)의 속성**에 대한 증언이 또한 포함되어 있었다고 하겠다. 말하자면, 이 요구 거절에 대한 대안으로서 하나님의 '등'(אחור)을 보여 주셨다는 것은, 실로 야훼께서는 자신의 속성을 설명하는 **형용사 나열 형식의 자기 계시**(출 34:6-7)로서만(!) 응답하신 것에서 볼 수 있듯이, 야훼 하나님은 **오직 단지! 인간에게 자신의 속성 계시를 통하여서만!** 인간의 "신학적 리비도"(libido theologica)에 응답하시는 분이심을 확인할 수 있을 뿐이다. 따라서 아래와 같은 야훼 하나님의 속성 계시는, 이스라엘 역사 속에서 일종 하나의 신조(信條)의 양식을 취하게 되었고 야훼 하나님에 대한 전형적인 신앙고백 문형(creed formula)을 형성하게 되었던 것이다(출 34: 6-7).

> "야훼, 야훼, 긍휼의 신, 은혜의 신,
> 노하기를 더디 하는 신실과 진실의 신,
> 신실은 수천대까지 지키므로, 악과 허물과 죄는 용서하시는 신,
> **그러나 죄를 벌하지 않고 그냥 넘기지는 않으시는 신,**
> [그러므로] 아버지의 죄를 자손 삼사대까지는 벌하시는 신[이시다]."

---

118) Cornelis Houtman, *Exodus*, vol. 3(Leuven: Peeters, 2000), 704.

이러한 야훼의 자기 계시는, 그 문맥으로 보아, "영광[얼굴]을 내게 보여 주십시오!"(출 33:18)라는 모세의 요구에 대한 거절 대신에 **그 거절의 대안(代案)으로 보여 주신 "야훼의 등"의 계시**로 이해할 수 있다.[119)]

이러한 관점에서 볼 때, 야훼의 '등'은 전적으로 (a) 야훼의 역사적 행위(magnalia Dei)들과 (b) 이것들을 통하여 보이신 야훼의 "긍휼 속성과 긍휼 의지", 즉 그를 설명하는 형용사적 표현들(adjectives)이 가시화된 계시행위(啓示行爲)를 의미하게 된다. 이러한 표현으로서 "그분은 어떤 분이시고 무엇을 행하시는 분이냐(all that He is and does)는 것"을 모두 설명하고 있다. 이것은 야훼의 구속사적 행위들을 선포하는 일종의 "구약의 케리그마"이다.[120)] 즉 이분은 역사를 통하여 일하시며 분명히 **실재**하시지만 그러나 우리 인간에게는 언제나 자신을 **감추시는** "포착하기 어려운 하나님"으로서 그는 단지 "(1) '[야훼/야훼]//긍휼과/은혜의/신'(יהוה יהוה אל רחום וחנון, 2+3 박자), (2) '노하기를/더디 하시고//신실과/진실이/많으신 [신]'(ארך אפים ורב-חסד ואמת, 2+3박자)이시다"(출 34:6)라고 요약할 수 있는, 일종의 "형용사적 신조"(a credo of adjectives)[121)]로 고백되는 분이라고 하겠다. 이는 전적으로 야훼의 '긍휼'(רחום ← רחם) 속성을(맨 앞에 제시한 속성을 동의어 반복법으로 묘사하면서) 그분의 역사적 행위들을 통하여 계시된 내용을 "간결하게 요약하여" 입증하는 말인데, 그러나 이 긍휼('자궁' 속성[122)])은 결코 '약함'의 표징이거나 정의의 왜곡이 아니다. 그리하여 이를 분명히 하기 위하여 그분의 "긍휼과 은혜"를 부언 설명하는 말을 매우 간명한 언어로(출 34:7) 덧붙인다.[123)] "신실을 수천대까

119) W. Brueggemann, *Theology of the Old Testament: Testimony, Dispute, Advocacy*(Minneapolis: Fortress Press, 1997), 215-228. "Yahweh refuses the request, but offers to show Moses 'my back.'"

120) R. A. Cole, *Exodus*(Downers Grove & Leicester: Inter-Varsity Press, 1973), 228.

121) W. Brueggemann, *Theology of the Old Testament*, 216.

122) Cf. P. Trible, *God and Rhetoric of Sexuality*(Philadelphia: Fortress Press, 1978), 1-30, 31-59; W. Brueggemann, *Theology of the Old Testament*, 215-218, esp. 216, fn. 7.

123) U. Cassuto, *A Commentary on the Book of Exodus*(Jerusalem: The Magnes Press, 1967, 1974), 440; C. Houtman, *Exodus, vol. 3*(Leuven:

지 지키시므로, 악과 허물과 죄(עון, פשע, חטאה)를 용서하시는 신이지만, 그러나 죄를 벌하지 않고 그냥 넘기지는 않으시는 분"이시라는 것이다. 이러한 표현은 "야훼의 긍휼 속성이 야훼의 심판 속성보다 절대 우세하다는 것을 강조하는 것"[124]임이 분명하다고 하겠다. 이렇게 하여 '긍휼'과 '심판'의 대극적 긴장관계는 해소된다.

(4) 이상에서 논의된 "야훼"의 본질/속성에 대한 설명적 진술은 "야ㅎ웨"(YHWH, יהוה)라는 신명(神名)의 어원적 의미를 밝히는 데 도움을 주는 것일까? 일반적으로 이 "야ㅎ웨"라는 신명의 기원은 출애굽기 3:14의 '하야'(היה) 동사와 관련 짓고 그리고 '봐브'(ו) 자음의 '요드'(י)로의 변천사(הוה → היה)를 전제한 '하와'(hwh: הוה)의 사역형 미완료태 남성 3인칭 단수가 "야훼"(yhwh; יהוה)일 것이라는 추측을 하여 왔으나,[125] 그러나 이 경우는 (a) 현재의 출애굽기 3:14 본문(MT)에 나오는 자음 글자를 고쳐서 읽어야 한다는 결정적인 난점과 (b) 그리고 또 "하야"(היה)라는 동사의 사역형(causative form)이 구약 어디에도 나타나지 않는다는[126] 문제점 등을 안고 있어서 우리는 "사역형 동사문장의 이름"인 "야-훼"의 기원을 출애굽기 3:14에서보다는 다른 곳에서 찾는 것이 더 지혜로울 것이라고 판단된다. 물론 아모리어 동사(the Amorite verb)의 경우에 나타나는 사역

Peeters, 2000), 707-709.

124) S. R. Driver, *The Book of Exodus*(Cambridge: Univ. Press, 1911), 367.

125) Haupt-Albright theory; Cf. P. Haupt, "Der Name Jahwe," *Orientalische Literaturzeitung*(Berlin, 1909); W. F. Albright, *From the Stone Age to Christianity*(New York: Doubleday, 1940, 1957), 257ff.; *idem*, "Contribution to Biblical Archaeology and Philology," *JBL* 43(1924), 370-378; *idem*, "Further Observations on the Name YAHWEH and its Modifications ib Proper Names," *JBL*, 44(1925), 158-162; *idem*, *Yahweh and the Gods of Canaan*(Winona Lake: Eisenbrauns, 1968), 168-172; J. Obermann, "The Divine Name YHWH in the Light of Recent Discoveries," *JBL* 68(1953), 301-323; D. N. Freedman, "The Name of the God of Moses," *JBL* 79(1960), 151-156; F. M. Cross, *Canaanite Myth and Hebrew Epic*, 60-75.

126) D. E. Gowan, *Theology in Exodus*(Louisville: Westminster John Knox Press, 1994), 82-83.

형 이론의 가능성을 근거로,[127] '하야'의 사역형 동사로부터의 기원(起源) 가능성을 유보해 둔다고 하더라도,[128] 마리 본문들(Mari texts; 15-13C BC)에서 읽을 수 있는 신(神)의 수식구들(ya-wi-Dingir/yahwi-'Il 등)[129]로부터 우리는 "야훼"라는 이름의 기원을 충분히 추론해 볼 수 있을 것이다. 그리하여 우리가 만일 "할렐루-야[후]"의 "야[후]"와 "엘리야[후]", "예레미야[후]" 등의 이름들(theophoric names) 속의 "야[후]"를 "야훼" 신명의 '이니셜'(initial)로 인정한다면, 우리는 "야훼" 신명의 의미를 "사역적인 의미로" 읽어서 "있게 하시는 자"(창조하시는 자)라는 의미로(He Who Causes to be/He Who creates) 읽을 수도 있을 것이다.

(5) 그렇다면 이 "야훼"라는 이름이 이스라엘 신앙과 연결된 시기는 언제쯤일까? 역사적으로 볼 때, 이스라엘 백성이 처음 얼마간은 고유명사의 신명(神名)을 갖지 않은 기간("…의 하나님"이라는 형식의 신앙 기간)을 거쳤을 것으로 보인다(cf. 아브라함의 하나님, 이삭의 하나님, 야곱의 하나님 등). 이 기간을 거친 후에도 당장 이스라엘이 "야훼" 신앙으로 건너간 것이라고 보기는 어렵다고 하겠다. 창세기에 나타난 이스라엘 족장들(대표적으로는 아브라함, 이삭, 야곱)은 상당한 기간 동안 셈 계열 종족들이 섬기던 최고의 신(神)인 가나안의 "엘"(אל) 종교와 자연스럽게 결합하였던 시기가 있었던 것으로 보인다(cf. Elohistic Israel). 가나안의 야곱 지파 사람들(Elohistic Israel)로 하여금 "야훼 신앙과 '엘' 신앙"을 함께 수용하게 하여, 그렇게 함으로써 그 어떤 외부적 영향에도 흔들리지 않는 **"하나의 야훼 신앙공동체"**가 되도록 결속시켰던[130] 인물은 E(엘로히스트, 출 3장)와 P(사제 신학자, 출 6장 서두)가 전하는 바에 의하면 "모세"인 것으로 보인다. 즉 모세 이전에는 그들의 조상들이 "엘" 신을 섬겼다고

127) Freedman & O'Connor, "יהוה" *TDOT*, vol. V, 513.

128) Cf. J. I. Durham, *Exodus*(Waco: Word Books, 1987), 38. "The range of interpretation of this response[Ex. 3:14], from ancient to modern times, is nearly endless…."

129) F. M. Cross, *Canaanite Myth and Hebrew Epic*, 60-75. Haupt-Albright theory 지지.

130) 김이곤, "야훼와 엘", "토착화 신학의 성서적 전거", 『구약성서의 신앙과 신학』(오산 : 한신대학교, 1999), 177-188, 189-206.

(출 6:3, P) 보도하고 있다. 물론 야비스트(J)는 인류 역사가 시작하는 그 초기 때부터(에노스 때부터, 창 4:26, J) 야훼 종교가 시작되었다는 신앙 고백을 하고는 있지만, 족장사(창 12-50장)를 면면히 살펴보면, 모세의 인도를 받아 출애굽의 구원을 경험한 야훼 신앙의 무리들이 약속의 땅 가나안으로 들어가기 전(前)에 이미 가나안 땅에 살고 있었던 이스라엘 조상들의 신앙은, **특히 야곱(=이스라엘**, cf. 창 32:28[29]; 35:10) 가문의 신앙은, 야훼 종교가 유입되기 이전에는 "엘" 신앙으로 토착화되었다는 것이 창세기 33:18-20; 28:18-22; 35:6-7, 14-15 등에서 매우 구체적으로 밝혀지고 있다. 이러한 문맥에서 볼 때, 특히 창세기 33:20에서 야곱(=이스라엘)이 밧단아람을 떠나 가나안을 향한 그 긴 여정을 끝내고 마침내 약속의 땅 가나안의 세겜 성에 이르러서는 거기에 제단(מזבח)[131]을 쌓고 그 제단의 이름을 명명(命名)할 때, 다음과 같은 신앙고백을 하였다는 것은 매우 의미 깊다고 하지 않을 수 없을 것이다.

אל אלהי ישראל

엘-엘로헤-이스라**엘** ! [**"엘" 은 이스라엘의 하나님이시다!(창 33:20b)**]

야곱의 이 선언은 얍복 나루터에서 자신의 이름을 "이스라엘" 로 개명시켜 주셨던 그 하나님을 향한 고백이기도 하였다. 즉 가나안을 향한 그의 긴 여정의 끝에[고향 입구인 얍복 나루터에] 와서는, 그 브니엘의 신 "엘" (창 32:30[31])이 이제는 "자기의 하나님!" (his Elohim!)도 되시고 "이스라엘의 하나님" (엘로헤 이스라엘)도 되신다는 것을 인지함과 동시에(!) 지금 여기 '세겜' 에서도 이스라엘의 대표적 선조의 권위로(!) 그 "엘" (אל;

131) Cf. J. Skinner, *Genesis[ICC]*(Edinburgh: T, & T, Clark, 1910, 1976), 416; H. Gunkel, *Genesis*(Macon: Mercer University Press, 1997)(최초의 독일어판은 1901년에 출간), 356-357; E. A. Speiser, *Genesis*(New York: Doubleday & Co., 1964), 259-261; C. Westermann, *Genesis 12-36*(Minneapolis: Augsburg Publishing House, 1985), 529-531; B. Vawter, *On Genesis*(New York: Doubleday & Company, 1977), 351-355; J. C. De Moor, *The Rise of Yahwism: The Roots of Israelite Monotheism*(Leuven: Leuven Univ. Press, 1990), 202-203, 227-252.

가나안 최고의 신)이 그의 후손들의 하나님도 되실 것이라는 것을 강력하게 암묵적 지시를 내리고 있는 말이라고 하겠다.[132] 그리하여 브니엘의 엘과 세겜의 엘은 한 하나님이 되신 것이다. 이상에서 열거한 "족장 종교"에 관한 대표적 전거(典據)들에 의하면, 아브라함-이삭-야곱으로 이어지는 "조상의 하나님"은 모세의 소명(출 3:6-10)이 있기까지는 그 모두가 다 "야ㅎ웨"가 아니라 "엘"('el:אֵל; Canaanite il)이었음을 확고하게 증언하고 있다고 하겠다.

"조상의 하나님"에 관한 고전적인 논문인 알트(A. Alt)의 "조상의 하나님"("The God of the Fathers")[133]이라는 논문도 야훼 종교(Yahwism)를 받아들이기 이전의 이스라엘 지파들의 종교, 즉 "족장 종교"(*Θεὸς πατρῷος*)는, 비록 완전한 재건이 매우 어려운 족장설화들에 대한 가능한 분석적 연구에 의거한 것이기는 하지만, 처음에는 매우 원시적인 성격(numina-religion)을 띠었다가 가나안의 "엘"(El) 종교로 토착화되어 갔으며 이 "엘"(조상의 하나님)이 강력한 야훼 종교 운동으로 인하여 "야훼"에게 동화/일치된(assimilation) 것이라고 말하고 있다. 물론, "조상의 하나님" 신앙이 "신령(神靈)들의 소요(騷擾)"(numinous grunts and shouts)와 같은 것이었고 "야훼"라는 이름도 여기에서 유래하였을 것이라는 것은 증거 불충분으로 입증할 길이 없다(창 32:22-32[23-33]에도 그런 증거는 나타나지 않는다[134]). 크로스(F. M. Cross)가 이미 자세하게 증거제시를 한 바와 같이,[135] "야훼"라는 말은 신(神)의 본질 또는 속성을 수식(predicate)하는 "동사 문장"에서부터 기인(起因)되었을 가능성(cf.

132) G. Wenham, *Genesis 16-50*, *WBC* 2(Dallas, Word Books, 1994), 301.

133) Albrecht Alt, *Essays on Old Testament History and Religion*(Oxford: Basil Blackwell: 1966), 3-77.

134) H. Gunkel(cf. Frazer, Dillmann, et al.)로부터 시작하여 현대(C. Westermann et al.)에 이르기까지 많은 서구의 학자들은 여기서 야곱이 겨루었던 "낯선 사람"을 "강의 신"(the numen of the river)으로 이해하는 경향이 있었으나 그 증거들은 매우 관념적이다. Cf. H. Gunkel, *Genesis*(Macon: Mercer Univ. Press, 1997[독어 초판은 1901]), 347-355; C. Westermann, *Genesis 12-36*(Minneapolis: Augsburg, 1985), 512-521.

135) *Canaanite Myth and Hebrew Epic: Essays in the History of the Religion of Israel*, 62.

Mari texts)이 더 크다고 생각된다.

그리하여 우리는 그 분석이 매우 까다로운 족장 전승 자료들에 대한 관찰을 통하여서도 "야훼"와 "엘"이 구약성서에서는 한 번도 충돌이나 갈등 및 논쟁을 일으킨 적이 없이 병존 또는 일치되어 왔음을 감안할 때, 족장사에 대한 전승사적 추적과 그리고 그 단편자료들에 대한 분석을 통하여서 우리는 "이스라엘 본래의 신(神)은 '엘'이었고[야훼가 아니었으며], '야훼'라는 직접적인 언급(창 49:18)과는 관련이 없는 일련의 '엘'의 속성들(전능, 목자, 반석, 샘의 축복, 젖가슴과 자궁의 축복 등)이 '야훼'의 속성과 자연스럽게 동일시되고 있다는 점"을 확인하게 된다. 그러므로 우리는 "엘", "엘로힘" 그리고 "야훼"가 이스라엘 역사 초기에는 충돌 없이 혼재되다가 강력한 야훼 운동(모세-여호수아의 후예들이 주도한 운동)에 의하여 "야훼 유일신 신앙"으로 일찍부터(cf. 출 15:3) 정리되어 왔을 것이라고 추론할 수 있을 것이다.[136] 이러한 "야휘즘"의 태동역사의 한 일면을 여호수아 22:22는 다음과 같이 보여 준다. 즉 요단 동편에 땅을 분배받았던 지파인 르우벤 지파와 므낫세 반(半) 지파 사람들이 요단 서편 지역에 대한 땅 분배가 다 끝난 다음 요단 동편 자기 영역으로 돌아왔을 때, 그들은 제사를 드리기 위한 목적으로서가 아니라(!) 자신들이 비록 요단 서편이 아닌 요단 동편 땅에 거주하게는 되었지만 자신들도 서편의 지파들과 동일하게 야훼 하나님으로부터 정당한 토지분배(분깃, 몫)를 받는 일에 참여하였다는 것을 후세에 증거로 남기기 위하여 제단을 쌓았을 뿐이라는 것을 맹세로서 주장할 때, 그 맹세의 '확실성'을 강조하는 표현을 다음과 같이 표현한 바가 있었다.

אל אלהים יהוה/ אל אלהים יהוה/ הוא ידע
엘 엘로힘 야훼/엘 엘로힘 야훼/그가 아신다!(수 22:22)

---

136) Mark S. Smith, *The Early History of God: Yahweh and the Other Deities in Ancient Israel*(New York, Grand Rapids, Philadelphia, St. Louis, London, Singapore, Sydney, Tokyo, 1990), 1-40.

이 본문은, 그것이 번역의 여러 가능성 때문에 다양하게 번역된다고는 하더라도, 즉 "신들 중의 신이신 야훼께서 아신다!"라고 번역되든,[137] 아니면 위의 문자적 병열 그대로 동격 관계로 번역하여(appositionally) "엘! 엘로힘! 야훼![의 이름을 걸고 맹세하건대] 그가 아신다"라고 번역되든[138] 간에, 이 본문은 이스라엘의 가나안 땅 점유시기에 지파들 간에 잦은 분쟁이 있었다는 것과 그러한 분쟁들이 이러한 방식으로 조정될 수 있었다는 것을 반영해 주는 기능을 하고 있다고 하겠다.[139] 여기서 우리는 가나안 영토 점령기만큼 이른 시기에 이미 "엘", "엘로힘", 그리고 "야훼" 사이의 일치에 의한 지파들 간의 종교적, 정치적, 그리고 법적 갈등을 해소하며 그 땅에 정착해 가는 과정을 밟아 가기 시작하였다는 것을 읽을 수 있다. 주목할 만한 점은 이러한 신명(神名) 일치의 운동 속에 야훼와 그리고 바알, 아세라, 아스다롯 등의 가나안 신들과의 일치 운동은 전혀 찾을 수 없을 뿐만 아니라 그들과는 "엘"의 경우와는 달리 극한의 충돌만이 있었음을 본다는 점이다. 그러므로 우리는 다음과 같이 이스라엘의 신(神) 야훼의 정체성을 간결하게 요약할 수 있겠다.

1) 이집트 땅으로 이주하지 않고 가나안에서 사회학적 긴장 속에 있었던 야곱 종족들(이스라엘 족장들)의 "엘로힘"은 야훼 신앙의 또 다른 야곱 종족의 무리들이 가나안에 나타나기 전까지는 가나안 땅에서 이미 "엘"로서 정착되어 있었다. 즉 출애굽의 무리들이 나타나기 전의 가나안 야곱 종족들은 "엘 종교 연맹체"(Elohistic Israel)였다(여기서 오경/육경 최후대의 자료인 P만이 이 "엘"을 "엘 사따이"[출 6:3, P; 전능의 신]로 획일화시켰다[140]).

2) 조상의 신을 자신들의 "엘로힘"으로 신앙하고 있던(출 3:6) 출애굽

---

137) R. Boling and G. E. Wright, *Joshua*(New York: Doubleday & Co., 1982), 515; M. S. Smith, *The Early History of God*, 7-12.

138) J. A. Soggin, *Joshua*(Philadelphia: The Westminster Press, 1972), 209-215; T. C. Butler, *Joshua[WBC]*(Waco: Word Books, 1983), 236-250.

139) Cf. N. K. Gottwald, *The Tribes of Yahweh*(New York: Orbis Books, 1979), 182-184. 그리고 여호수아 22:21의 "천만인의 수령들"에 관한 언급과 관련하여서는 *ibid.*, 270-278을 참조하라.

의 야곱 종족들이 시내(=호렙) 산에서 만난 "야훼" 신앙을 가지고 가나안에 들어왔을 때 이 "야훼"가 조상의 하나님 "엘"과 동일한 "엘로힘"이라는 것(출 3:6, 15; 6:2-3)을 알았다.

3) 이 "야ㅎ웨"는 출애굽과 시내 산 사건을 통하여 해방의 신, 토라의 신으로서 알려지신 신으로서 인간 종교가 이름을 지어 붙일 수 있는 가시적 신, 또는 형상화할 수 있는 신은 결코 아니었으며, 그러므로 중동 제의 신들의 명단에 들어 있을 수 있는 신은 결코 아니었다. 왜냐하면, "야훼"라는 이름은 "바로"(Pharaoh)와 그의 종교 자문관들도 그 이름을 알아내지 못하였던 이름이기 때문이었다(cf. 출 5:2[141)]). 뿐만 아니라, 그 이름(integral identity)을 묻는 이스라엘 선조들의 질문에 대하여서조차도 '제의명'(祭儀名)으로는 대답을 거절하기도 하셨기 때문이었다[142)]. 만일 이것이 히브리 성서의 진정한 현실이라면, 히브리어 관계 대명사 '아쉘'(אשר)이 나타나기 전, 철기시대 무렵에 사용되던 관계사 '두〉주'(du〉zu)가 사용된 문장식 이름인 el du yahwi 라는 형태의 '아모리'적 (Amorite) 신명(神名)들이 "마리" 텍스트(Mari texts)에서 많이 발견되고 있는 이래(cf. W. von Soden),[143)] 만일 출애굽기 3:14의 그 말놀이의 익살[paronomasia] 속에 그 어떤 대답이 암시되어 있다고 본다면, 분명 그것은(출 3:14와 33:19), "마리" 텍스트가 말해 주듯이, "야훼"라는 말은 신(神)을 수식하는 형용사(epithets) 역할에 불과하였을 것으로 보인다! 여기서부터(!) 점차적으로 "야훼"라는 "엘" 수식문장("El who causes to be"= El who creates)이 이스라엘 공동체 안에서, 즉 Elohistic Israel과

---

140) 창세기에서 출애굽기 6:3에 이르기까지(창 17:1-8; 28:3-4; 35:11-12; 43:14; 48:4; 출 6:2-3) P는 일관되게 이스라엘 족장 신을 "엘 사따이"(אל שדי)라고 명명하였다. 이 "사따이"(שדי)의 문맥상의 의미에 관하여는 김이곤, "야훼와 엘", 『구약성서의 신앙과 신학』(오산: 한신대학교 출판부, 1999), 177-188을 보라.

141) 출애굽기 5:2에 관한 신학적 주해에 관하여서는 김이곤, 『출애굽기의 신학』(서울: 한국신학연구소, 1994, 2003), 98-111을 참조하라.

142) Cf. 창 32:29[30]; 출 3:13-14; 33:18-20; 삿 13:17-18.

143) Cf. F. M. Cross, *Canaanite Myth and Hebrew Epic: Essays in the History of the Religion of Israel*(1973, 1976), 44-75, esp. 62f.

Yahwistic Israel이 결합한 "야훼 공동체"(Yahweh amphictyony)의 제의(祭儀) 안에서, 본래는 "제의명"(祭儀名)이 아니었지만, 제의 공동체의 예배 기능에 따라[144] **제의명으로 점차 정형화되어 갔을 것**이라고 추론할 수 있을 것이다.

이러한 논구(論究) 과정을 통해서 보면, "야훼" 신은 출애굽 사건과 시내 산 사건을 통하여 이스라엘에게 나타내 보이신 "그의 역사적 행위"와 "그의 속성" 계시를 통하여 천지를 창조하시고 구원을 창조하시는 신으로 이스라엘과 만나셨으나, 그러나 "야훼" 신은 자신이 '형상'(인간종교가 개념화하여 만든 신)으로 가시화되고 규정되는 것을 처음부터 철저히! 거부하신 신(the veto on God's images; cf. 신 4:1-40)으로서 이스라엘의 "엘로힘"이 **되신**(היה,[145] 창 28:21b) 분이셨다. 물론 여기서 말하는 "형상화 금지"의 진정한 의미는 "정신의 매체"(the medium of the spirit) 또는 "계시의 운반자"(the bearer of a revelation)라는 의미의 신(神)에 관한 표상을 두고서 하는 말이 아니라(!) 오히려 이와는 달리 신(神)의 본질을 형상화하고 개념화할 수 있다는 그런 신(神) 개념 일반에 대한 하나의 냉소이며 동시에 **"종교 혼합주의적 이방신 수용에 대한 절대적 금지"**를 두고서 하는 말이라고 하겠다.[146] 결론적으로, 야훼 하나님은 우리 인간들의 개념화와 종교화로부터는 늘 자신을 "감추시는 하나님"(Deus

144) Cf. S. Mowinckel, "The Name of the God of Moses," *HUCA*, vol. XXXII(1961), 121-133. 여기서 Mowinckel은 시내 산 북쪽 지역의 자파들은 고대로부터 매년 축제 때마다 ya-huwa(Oh He!라는 의미를 가짐, Cf. G. R. Driver, "The Original Form of the Name Yahweh, Evidence and Conclusion," *ZAW*[1928], 24; R. Abba, "The Divine Name Yahweh," *JBL* 80[1961], 320-328, esp. 321의 각주 18에서 중인)라는 제의적(祭儀的) 감탄 표현을 사용하였다고 보고 "야훼"라는 이름의 기원은 이러한 "제의적 탄성"에서부터 유래되었다고 이해한다.

145) Ringgren-Bernhart, "היה," *TDOT*, vol. III, 369-381. היה의 일반적 의미는 "come into being", "happen", "become" 등의 의미를 갖고 있다. Boman에 대한 Barr의 비판이 정당하다고 하여도, Boman의 입장과 Barr의 입장이 근본적으로 상충하는 것은 아니다. 그러나 היה가 "I am Yahweh"의 am과 같은 성격의 be 동사로는 히브리어에서는 거의 사용되지 않는다.

146) Cf. G. von Rad, *Old Testament Theology*, vol. I(New York and Evanston: Harper & Row, 1962), 214.

absconditus)이시지만 긍휼, 은혜, 인자(신의:헤세드), 진실(출 34:6; 33:19)을 우리 인간 역사 안에서 창조해 가시는(있게 하시는) 자신을 "계시하시는 하나님"(Deus revelatus)이라고 결론 지을 수 있다고 하겠다. 즉 역설적으로 표현하여, 야훼는 자신의 감추심을 통하여 자신을 계시하시는 하나님(Deus absconditus atque presens)이시라고 하겠다. 탄원시 시인의 항변의 대상이신 하나님 야훼는 바로 이러한 문맥 안에서 이해할 수 있다고 하겠다.

(6) 이러한 신학적 역설(逆說)이 어떻게 가능한가? 이 물음에 대하여 구약성서의 한 고대시가 자료는 이스라엘 역사 아주 초기에 이미 이 "야훼"를 "전쟁 용사"(the Warrior)라고 고백하였다(출 15:3)[147]고 대답한다.

야훼는/전쟁의/용사//야훼는/그의 이름(3+2 박자)

이러한 평행법은 역사와 신앙이 한 곳에서 만나 조화 통일에 의하여 수렴되고 있음을 보여 준다. 즉 "야훼"는 역사에서는 전쟁을 주도하시는 '전쟁 용사'이시고 제의(祭儀)에서는 신앙과 기도의 대상으로 부르는 그 '이름'이시다. 그러나 이러한 고대시(12-11C BC)가 증언하는 전쟁 용사로서의 야훼 개념은 구약성서를 읽는 현대 독자들에게 있어서는 하나의 신학적 '걸림돌'(*σκάνδαλον*)이 되어 왔다. 그러나 폰 라트는 이 스칸달론(skándalon)을 제거하는 길을 "거룩한 전쟁"(holy war) 설화에 대한 **신학적 해석**을 통하여 찾았다.[148] 그러므로 성서해석학은 성서를 통하여 "살아 계시는 하나님[의 말씀]을 만나게 해주는 '가장 중요한 매체'이다"라고 할 수 있을 것이다. 이러한 맥락에서 볼 때, 만일 거룩한 전쟁에 관한 제(諸) 기록들이 하나의 사후 사건(post eventum)으로서 그리고 신학적 해

147) Cf. F. M. Cross & D. N. Freedman, "The Song of Miriam," *JNES* 14(1955), 237-250; N. K. Gottwald, "'Holy War' in Deuteronomy: Analysis and Critique," *RE*, vol. LXI, 1964, 296-319; P. D. Miller, "God the Warrior," *Int.* 19(1965), 39-46; *idem*, "El the Warrior," *HTR* 60(1967), 411-431; P. C. Craigie, "Yahweh is a Man of Wars," *SJT*, 22(1969), 183-188.

148) G. von Rad, *Der Heilige Krieg im alten Israel*(Zuerich: Zwingli-Verlag, 1951); *idem, Studies in Deuteronomy*(London: SCM Press, 1953), 46-49.

석의 프리즘을 통하여 기록된 히브리 문학의 한 특성으로부터 비롯되었다고 볼 수 있다면, 실제로 그 스칸달론은 그 거룩한 전쟁 설화의 신학화가 어떻게 진행되었는지를 규명함으로써 상당히 제거될 수 있을 것으로 보인다. 폰 라트의 주장에 의하면, 이스라엘의 군대에 의해서가 아니라, 전혀 야훼 또는 야훼의 '루앗하'에 의해서만 주도되는 "야훼의 전쟁"은 군사적 정치적 목적 때문에 시작되는 것이 아니라 철저히 "고난받는 자"의 '부르짖음'(쩨/체아카)[149]에 의하여 충동되고, 그리고 그 승리는 전적으로 군대나 칼, 창, 그리고 그 어떤 전술능력에 의해서 이루어지는 것이 아니라, "야훼"의 이름(수식 없는 "야훼여!"라는 부르짖음; terùah[150])에 대한 "절대적 신뢰"와 그리고 적진에 임한 신의 공포에 의해서만 이루어지며, '원수'(고난받는 자의 원수=야훼의 원수)로부터 탈취한 모든 전리품(חרם; herem)은 야훼의 것으로 돌려 성별(聖別)되고, 그리고 곧 "저주받은 것"(anathema)이 되어 인간에게는 '터부'(taboo)가 된다. 그러므로 이러한 거룩한 전쟁 이데올로기는 전적으로 제의 신학적으로 해석되어야 할 해석학의 문제(pace N. K. Gottwald)라 하겠다. 즉 제의적 배경을 가지고 낭송되어 온 "거룩한 전쟁 설화"에 나타난 "야훼의 전쟁"은 "고난받는 자"를 그 고난의 원인자인 '원수'로부터 해방시켜 주는 구원행위일 뿐이다. 이러한 이스라엘 구원사를 주도해 온 구원의 주체자는 전혀 배타적으로 시편 시들의 기도와 감사와 찬양의 대상이신 "야훼" 그분, 오직 한 분이신 그분(O! He! cf. 시 102:27[28], "아, 주님은 **그분이십니다!** [ואתה-הוא][151] 주님의 햇수는 끝이 없습니다!") 뿐이시다. 시편 탄원시(=기

149) Ee Kon Kim, "'Outcry': Its Context in Biblical Theology," *Int.* 42(July 1988), 229-239.

150) P. Humbert, *La "Teru·ah": Analyse D'un Rite Biblique*(Neuchatel: Secretariat de L'universite, 1946).

151) S. Mowinckel은 시편 102:27(28 in Heb.)에 나타나는 붸아타-후(ואתה-הוא; 아 당신은 그분이십니다!)라는 말은 제의(祭儀)에서 "야훼"를 시적으로 호칭한 것이라고 보고 야훼 신명(神名)의 기원일 수 있는 가능성을 조심스럽게 추론한다. 이러한 주장의 가능성을 뒷받침해 주는 전거(典據)로서는 제2이사야서의 43:10; 41:4; 48:12 등에 나타나는 키-아니 후(כי-אני הוא) 문구들을 제시한다. 언어학적으로는 yahu'(야후)라는 말(오, 그분! O, He!)과 관련시킨다. Cf. "The Name of the God of Moses," *HUCA* vol. XXXII(1961),

도시)가 거의 예외 없이(!) 신의 **이름을 "부름"과** 동시에 신의 **이름에 대한 장황한 수식 없이! 곧장!** 야훼(하나님)께 '탄원'(歎願; 탄식+기원)을 제기하는 현실도 바로 이러한 문맥 안에 들어 있다고 하겠다. 왜냐하면 시인의 "소망은 오직 주 야훼에게만 있기 때문이다"(시 39:7[8]).

(2) 도입구(invocation)를 곧장 뒤잇는 삼중(三重)의 탄원

이 삼중의 **탄원(탄식+기원)**은 (a) 삼중의 **탄식(歎息)**과 (b) 삼중의 **기원(祈願)**의 복합체로 구성되어 있다('탄식'과 '기원'의 나타남은, 그러나 그 선후[先後]가 정해져 있지는 않다).

a) 삼중의 탄식

삼중의 탄식은, 분명 뚜렷한 "관계 신학", 또는 "응답의 신학"이라는 신학적 문맥을 가진다. 즉 야훼 하나님은 (1) 하나님 자신의 역사 섭리의 불합리성(부조리성)을 불평하고 항변하는 **신학적 성격을 가진 "하나님을 향한 항변의 탄식"**("어찌하여?" 또는 "언제까지입니까?")과 (2) 시인 자신이 겪는 고난(그 정확한 실체는 불확실하나 그 '고난'의 의미는 신학적으로 단순화된다)의 아픔으로 인하여 생긴 **심리적이고도 실존적인 "시인 자신의 아픔을 토로하는 탄식"**, (3) 그리고 **원수**(이 '원수'의 정체도 그 정확한 정체성이 불확실하나 그 의미와 개념은 구체화되기보다는 오히려 "야훼의 원수"라는 의미에서 신학적으로 단순화된다)**로 인하여 발생하는 사회학적 성격을 가진 "원수 탄식"** 등을 들으시는 유일하신 분이시다. 즉 야훼 하나님은 그 모든 탄원의 유일한 주된 원인이요, 동시에 그 모든 탄원의 유일한 해결자로서 간주된다. 즉 그 어떤 불행스러운 운명신이나 또는 야훼와 맞상대되는 라이벌 신(神)이 탄원의 동기가 된 것이 아니라, 전혀 전적으로 야훼가—야훼 자신의 자신을 감추심(Deus absconditus)이—그 모든 탄식의 유일한 원인이요, 동시에 역설적으로 또한 그 유일한 해결(Deus revelatus)이 되기도 한다. 말하자면 역사의 주권에 대한 이원

121–133, esp. 126–128.

론적 또는 다원론적 견해는 여기서 철저히 배제된다. 이 경우, 시편 탄원시에 나타나는 유일신 신앙은 이론적(theoretic/explicit) 유일신 신앙이 아니라, **실천적(practical/implicit)인 의미의 유일신 신앙의 기초 위에 서 있다**고 하겠다.[152] 실로, 인류는 그 역사를 시작할 때부터 **신의 이름을 부르는 일**과 더불어 시작하였던 것이다(J; 창 4:26). 이것이 인류 역사의 기본 성격이었던 것이다.

이러한 점에서 볼 때, 이스라엘 제의(祭儀)를 통하여 끊임없이 부르짖었던 탄원 시인들의 (1) 신학적이고 (2) 심리학적이며 (3) 사회학적인 성격의 이 모든 고난의 절규가 모두 "전적으로(!)" 야훼의 침묵(멀리 계심; **Deus absconditus**)으로부터 기인되고 있음을 보게 되는 것은 결코 놀라운 일은 아니라고 하겠다. 따라서 '**고난**'은 그것이 어떤 종류의 것이든 간에 야훼 하나님으로부터 '분리'(소외)되었다는 인식에서부터 오는 것이라는 신앙 기조, 즉 모든 고난은 근본적으로는 야훼 하나님으로부터 오는 것이라는 유일신 신앙의 기조 위에 서 있게 된다. **그렇기 때문에**(!), '고난'과 '원수'의 정체는, 시편(특히 탄원시)의 세계에서는 어떤 경우에서도 객관적으로 논증 또는 가시화되지 않고(민족 탄원의 경우에도!) 은유적 표현에 의하여 획일화되고 단순화된 개념(monotonous concept)을 갖게 된다. 그러므로 **야훼 하나님**은 자신을 숨기시기도 하고(Deus absconditus) 나타내시기도 하여(Deus revelatus) 인간으로서는 전혀 "**포착하기 불가능한 현존**"(elusive presence)[153] 으로서만 남게 되고 그리고 '**고난**'은 그 어떤 것이든 전적으로 "하나님의 자신을 감추심, 침묵 무응답" 때문에 기인되는 것으로 확고하게 인식되었으며 '**원수**'도 또한 "**고난받는 자(=하나님의 이름을 부르고 있는 시인)의 원수가 곧 다름 아닌 하나님의 원수**"라는 논리로 단순화되었던 것이다. **이것이 시편 탄원시의 일반적 신**

152) Cf. W. F. Albright, *From the Stone Age to Christianity*(New York: Doubleday & Co., 1940, 1957), 257-272; J. C. De Moore, *The Rise of Yahwism: The Roots of Israelite Monotheism*(Leuven: Leuven Univ. Press, 1990), 223-266; M. S. Smith, *The Early History of God*(San Francisco: Harper & Row, 1990), 145-160.

153) Cf. S. Terrien, *The elusive Presence, 1987, passim.*

앙 현실이다.

그리하여, "고난"의 궁극적 원천이 "하나님으로부터의 분리(소외)"인 이래, 고독, 질병, 죄의식, 무죄 항변, 가난의 질고, 인과응보의 질서의 붕괴, 전쟁의 위협, 원수의 무고(誣告)와 폭력, 죽음(스올)의 공포 등은 모두 "시인과 하나님 사이의 **관계**"라는 문맥 안에서, 즉 (1) 하나님의 멀리 계심에 대한 인식(Abstandsgefuehl)과 (2) 하나님의 가까이 계심에 대한 인식(Verbundenheitsgefuehl) 사이의 대극적(對極的) 긴장관계(polar-relation) 안에서 이해/해석되어야 할 신학적 주제들로 남는다(cf. Hempel).[154)]

'고독'이나 '질병'은, 더 나아가, 죽음(스올)으로 떨어지는 현실도 또한 시편 신학적 관점에서 보면, 탄원 시인에게 있어서는 단지 "하나님으로부터 분리/소외된 표"일 뿐이다. 하나님이 "멀리 계신다는 것"은 탄원 시인에게 있어서는 "탄식의 원천"이기 때문에, 야훼의 "버리심"(시 22:1[2]), "멀리하심"(시 10:1), "잊으심"(시 13:1[2]), "숨으심"(시 27:9) 등의 고백은 야훼와의 관계단절(하나님의 멀리 계심: Deus absconditus)이라는 현실에 대한 신앙고백을 의미하며, 그 "관계 단절"은 곧 '죽음'(시 13:3[4])으로의 확장을 의미하였다. 그러므로 탄원 시인에게 있어서 진정한 두려움과 탄식의 요인은 단순한 고독이나 질병이나 죽음 같은 것이 아니고 "하나님과의 관계의 단절"이었다고 말할 수 있다.

> 여호와여/ 돌아와/ 나의 영혼을/ 건지시며// 주의 사랑(헤세드)/으로 /나를 구원하소서.
>
> *사망 중에서는/* 주를 기억하는 일이/ 없사오니// ***스올(=죽음의 세계) 에서 /주께 감사할 자가/ 누구입니까?***(시 6:4-5[5-6])

> 곤란으로 말미암아/ 내 눈이/ 쇠하였나이다.// 여호와여/ 내가 매일/

154) J. Hempel, "Der Froemmigkeitstypus der alttestamentlichen Religion" in *Old Testament Essays*(ed. by D. C. Simpson, 1927), 50f. Chung Choon Kim, *A Study of Hebrew Piety with Special Reference to* בטח [Ph. D. dissertation](Edinburgh, The Univ. of Edinburgh, 1960), 240에서 중인.

주를 부르며// 주를 향해/ 나의 두 손을/ 들었나이다.

주께서 *죽은 자에게*/ 기이한 일을/ 보이시겠습니까?// ***유령들이/ 일어나/ 주를 찬송하겠습니까?***(셀라)(시 88:9-10[10-11])

위의 두 인용구들은 서로 상응하는 말들끼리(밑줄 친 어휘들끼리와 이탤릭체의 어휘들끼리)의 동의 평행(同義 平行)에 의하여 그 뜻을 잘 통하게 할 뿐만 아니라, 그 무엇보다도 시인과 하나님 사이의 감사와 찬양을 통한 **교제 관계의 중단이 죽음의 고통을 능가하는 고통**임을 웅변적으로 증언하고 있는 시구(詩句)들이다. 시편 6:5[6]에서 '죽음'(מות; 마웻)과 동의 평행을 이루고 있는 '스올'(שאול)은 그 시인에게 있어서는 "영혼의 떨림"과 같은 두려움의 대상으로 인식되고는 있으나, 그러나 그의 진정한 두려움은 흔히 오해되고 있듯이 그렇게 "야훼에 대한 기억 능력의 상실"(몸의 죽음 자체, 시 6:5[6]a) 때문에 오는 것이라기보다는 죽은 자들은 더 이상 야훼를 찬양/감사하는 예배[하나님과의 대화] 관계를 가질 수 없다는 그 하나님과의 **관계의 단절!** 때문에 오는 것이라고 표현되고 있다(cf. 시88:10[11]b).[155] 즉 문제의 중심은, 그러므로 "하나님과의 관계의 지속인가 단절인가?"에 있었다. 이것은 실로, **시편 탄원시들의 신학**이란, 이러한 문맥에서 볼 때는, **관계(關係)의 신학 또는 응답(應答)의 신학**임이 분명하다.

그러므로 우리가 간과하지 말아야 할 부분은 이 응답의 대화관계가, 탄원시(기도시)의 경우, 절박한 탄식과 애절한 간구의 긴장관계 안에 있는 그 **'근본'** 이유는 결코 그 무슨 "인과응보"의 법칙의 엄격한 시행이 이루어지지 않기 때문이거나, 아니면 그 인과법칙의 질서가 붕괴되었기 때문에 오는 것이거나 한 것은 **아니**라는 점이다. 다만, 신의 은총으로부터의 분리가 탄원의 근본 원인이었다. 욥이 깨달은 점도 이 점이었다고 하겠다(cf. 욥 7:17-18; 23:22 등).[156]

---

155) Brevard S. Childs, *Memory and Tradition in Israel*(London: SCM Press, 1962), 71.

156) A. 바이저(김이곤 역), 『시편 I』, 174; S. Terrien, *The Psalms*, 113; M. Dahood, *Psalms I(1-50)*, 38.

'죄'에 대한 시편 시인의 이해도 동일 문맥 안에 있다. 초대교회가 일곱 개의 참회시(penitential psalms; 시 6; 32; 38; 51; 102; 130; 143편)로 분류한 시들은, 그 구성 내용으로 미루어 볼 때, 비록 그 '죄'의 개념적 정의는 분명하게 되어 있지 않다고는 하여도, 그 **"죄"**[157]가 하나님의 **분노**를 일으키고 또 그로 인하여 결국은 **"하나님과의 관계의 분리"**를 일으킨다는 사실은 알고 있는 시(詩)들임은 분명하다. '죄'는 시편 탄원시(참회시)에서는 그 뚜렷한 죄목을 언급함이 없이 또는 그 어떤 특이한 죄나 어떤 교조적 원죄를 전제하지 않고(cf. 시 51:4-5[6-8][158]) 인간본성의 전적 타락에 의한 실존적 죄의 현실 일반을 있는 그대로 하나님과의 [계약]관계라는 문맥 안에서 진술하고 있다고 하겠다. 사실이 이러함에도, 참회시들의 일반적 표현들은 '죄'의 객관적 결과를 주로 육체적 '질병'과 자주 결부시킨다는 점에서 대동소이하게 일치하고 있는 것으로 비쳐지기 때문에, 이로 인하여 참회시 본문들의 참 뜻이나 "육체적 **고통**의 원인" 및 **'죄'**의 개념 등이 왜곡되게 이해될 가능성은 많이 있다고 하겠다. 즉 참회시들에 대한 관찰을 표피적으로만 보면, "육체적 질병"을 "죄에 대한 신의 분노와 징벌의 결과라는 인과론적 편견"을 가진 시들로서 참회시를 오해할 가

157) 죄(罪)를 표시하는 대표적 어휘는 대표적 참회시 51편에서 찾을 수 있는 대로, '페솨아'(פשע, "죄악"[반역죄, 새번역] vv. 1[3], 3[5] 13[15] 등), "아온"(עון, "죄악" vv. 2[4], 5[7] 등), "하타아"([ה] חטא, "죄" vv. 2[4], 3[5], 5[7], 13[15] 등) 등의 어휘가 나타나는데(און, "아웬"이 시 51편에는 나타나지 않는다는 점은 매우 주목할 가치가 있다. 이 사실은 모빙켈의 "포알레-아웬" 가설에 이의[異議]를 제기할 증거[?]가 될 수도 있을 것이다), 놀랍게도(!) 이 어휘들의 어원적 의미는 대체로 "길을 잃다", "목표를 잃다", "빗나가다" 등의 의미를 공통으로 갖고 있다. 이는 하나님과의 관계 개념에서 이야기되고 있음이 확실하다. Cf. H. -J. Kraus, *Psalms 1-59*, 501-507.

158) "오직 당신[야훼 하나님]께만 죄를 지었다."(v. 4[6])라는 표현과 "어머니의 태속에 있을 때부터 죄인이었습니다."(v. 5[7])라는 표현에 대한 고대적 해석(cf. Gunkel, et al.)은 인간에게 짓는 죄와는 "다른" 하나님께만 짓는 죄를 구별해 보려고도 하고, 인간 본성의 전적인 타락(total depravity of human nature)과는 무관한 그 어떤 교조적 "원죄"(原罪) 개념으로 구별해 보려고 하였으나, 그 모두가 하나님께 짓는 죄로 일반화시키고 있을 뿐, "전적인 인간성 타락과는 다른 특이한 원죄"를 지목하고 있지는 않다고 크라우스는 주장한다(H. -J. Kraus, *Psalms 1-59*, 502-503).

능성은 많이 있다.

더욱이 이러한 오해가 확대되어 모빙켈(S. Mowinckel)은 질병과 죄의 밀접한 연결성을 지나치게 강조한 나머지 "질병은 초자연적 힘(supernatural power)을 가진 특별한 인물(cf. 예언자, 사제, 점쟁이, 마술사 등)들의 저주의 힘" 때문에 오는 것일 수 있다고 보았다(실제로, 탄원시들은 죄, 원수 등의 세력이 매우 과장되게 시인을 절대적으로[초자연적으로] 압도하고 있는데, 이는 모빙켈이 본 것과는 다른 문맥에서 관찰되어야 할 것이다). 그리하여 모빙켈은 히브리어 '아웬'(און, 'awen: 마술, sorcery; 우리말 번역 성서는 단지 '악'[惡], '해'[害]라고만 번역함)이라는 용어의 제의적/신화적 의미와 그 기능을 지나치게 강조하여 이 " '아웬'을 행하는 자들(**포알레-아웬**: פעלי־און)"(행악자들)을 가리켜서 시인에게 **질병**의 재난을 가져다 주는 '마술사들', 즉 저주(咀呪)의 구사력(驅使力)을 갖고 있을 뿐만 아니라 "악한 언어, 악한 입"을 가지고 공동체 주변을 맴돌면서 악담, 흠담, 저주들을 늘어놓는 자들로서 그들이 곧 질병 시들에서 자주 나타나는 탄원 시인들의 **'원수'(怨讐; '오옙') 또는 '대적자'(對敵者; '찰')**를 가리킨다는 견해를 내어 놓았으나,[159] 학계에서 별로 인정을 받지 못하고 있다.

시편 탄원시에서는 물론이고 시편 전역에서 광범위하게 언급되고 있는 "원수"('오옙'; א[ו]יב),[160] "대적자"('찰'; צר/ צרר),[161] 그리고 이들과 정확한 상응어(相應語)들인 "악인들"(레샤임; רשעים)[162]과 "행악자들"(포알레 아웬, פעלי־און; 뽀그데 아웬, בגדי־און)[163]의 개념 정의에 대한 시도는, 위에

159) Cf. S. Mowinckel, *The Psalms in Israel's Worship*, 2 vols.(Oxford: Basil Blackwell, 1962), vol. II, 1-25.

160) 시편 3:7[8] *[ ]은 히브리 본문의 절수 표시임. 6:10[11]; 7:5[6]; 9:3[4]; 13:2[3], 4[5]; 17:9; 25:2, 19; 27:2, 6; 31:8[9], 15[16]; 35:19; 38:19[20]; 38:19[20]; 43:2; 54:7[9]; 55:3[4], 12[13]; 56:9[10]; 59:1[2]; 61:3[4]; 64:1[2]; 69:4[5]; 71:10; 102:8[9]; 143:3, 12 등.

161) 시편 3:1[2]; 13:4[5]; 23:5 등.

162) 시편 1:1, 6; 3:7[8]; 7:9[10]; 10:2,15; 11:2, 6; 26:5; 28:3; 36:11[12]; 37:16, 17, 28, 34, 38, 40; 73:3, 12; 75:4[5], 10[11]; 82:2, 4; 91:8; 92:7[8]; 97:10; 112:10; 119:61, 155; 129:4; 146:9.

163) 시편 5:5[6]; 6:8[9]; 14:4; 36:12[13]; 53:4[5]; 59:5[6]; 92:9[10]; 94:16; 101:8;

서 언급한 바와 같은 그 '단순화'의 경향에도 불구하고, 줄곧 시도되어 왔다. 따라서 쉽게 수용하기 어려운 다소 극단적인 견해인 둠(B. Duhm)의 견해, 모빙켈의 견해, 빌켈란트(H. Birkeland)의 견해를 잠깐 소개하고 지나가겠다.

둠은 시편 시들 대부분을 마카비 시대의 산물로 보는 19세기 역사주의적인 견해를 가지고 시편을 보았기 때문에 보수 성향의 유대인들의 구습 수호적인 태도를 비웃었던 마카비 시대의 "친 헬레니즘 당파들"(pro-Hellenistic party)을 시편 시에 나타나는 원수라고 보았다. 일종 "반 헬레니즘 당파"와 "친 헬레니즘 당파" 사이의 긴장관계가 탄원시 장르를 지배한다고 본 셈이다.[164] 이 견해는 시편 시들의 연대(특히 탄원시들의 연대)를 마카비 시대로 보는 경우에만 영향력을 발휘할 수 있는 견해라 하겠다. 그러나 이러한 견해가 나오리만큼, 시편의 '원수' 개념은, 둠의 견해의 부당함에도 불구하고, **단조로운 두 그룹(시인 대[對] 원수) 사이의 대립과 긴장을 획일화**하는 것이 시편 탄원시의 현실인 것은 사실이다.

빌켈란트의 견해[165]는 대부분의 시들이 이방인의 지배를 전제하는 분위기라고 보고 시편에 나타나고 있는 '행악자들'(evildoers)은 이스라엘 국내외의 이방인들이라고 결론을 짓는다. 따라서 원수에 대한 신화적 해석은 철저히 반대한다.

아마 가장 특이한 원수론은 모빙켈의 견해라 생각된다.[166] 모빙켈은, 위에서 언급한 대로 경건한 시편 시인들에게 '마술'을 구사하여 '질병'을 일으키게 하는 신화적 세력인 '마술사들'(Zauberer)을 시인의 원수라고 보고 그들은 시편에서 '악'(아웬; און=마술)을 행하는 자들, 즉 '행악자들'(포알레-아웬, פעלי־און 또는 뽀그데-아웬, בגדי־און)을 가리킨다고 주장하

125:5.

164) H. -J. Kraus, *Theology of the Psalms*(Minneapolis: Augsburg Pub. House, 1986), 125.

165) Cf. H. Birkeland, *The Evildoers in the Book of Psalms*(Oslo: I Kommisjon hos Jacob Dybwad, 1955).

166) Cf. S. Mowinckel, *Die Psalmenstudien,* vol. I-vol. II(Amsterdam: Verlag Scribners, 1961), 29-75; *idem, The Psalms in Israel's Worship,* vol. II, 1-43.

였다. 그의 주장의 결정적 약점은 원수를 비역사화 및 신화화하였다는 점과 그가 '마술'(악)이라고 이해한 히브리어 '아웬'(אָוֶן)의 마술적 개념이 별로 큰 설득력을 가지지 못한다는 점 등에 있다고 생각된다. 그러나 탄원시들의 죄, 질병, 그리고 원수에 대한 진술들이 대부분 구체적이지 않고 매우 일반화된 단조성(單調性)을 띤다는 것은, 특히 시인들은 일괄적으로 경건한 무리들(하시딤)로 간주되고 이들의 원수는 거의 항상 "야훼의 원수"로 획일화되는 경향이 있다는 것은 시편의 '원수' 개념이란 이스라엘의 "거룩한 전쟁 전승사"라는 문맥을 통해서 이해할 때 비로소 바르게 이해될 수 있을 것이라는 것을 이미 예견하고 있는 것이라고 생각된다.[167] 이러한 '원수' 개념은 분명히 신학적 의미를 함유하고 있다고 하겠는데, 아래에서 원수 저주 기원문을 설명할 때 그 신학적 의미를 좀더 구체적으로 규명해 보기로 하겠다. 특히 모빙켈은 **'죄'(罪)**의 개념에 있어서도 또한 "도덕에 따라 규정된 개념"으로 이해하지 않고 제의적(祭儀的) 맥락에서 이해하여, 소위 접촉하지 말아야 할 터부(taboo; 시체, 병자[문둥병자] 등)에 닿으므로 인하여 생기는 "부정(不淨)의 상태"(state of impurity)에 있는 것과 같은 상태를 죄로서 이해한다.

그러나 모빙켈의 그 방대한 [제의적] 시편 연구의 공적에도 불구하고, 그가 이해하는 '질병', '원수', '죄' 개념들은 지나치게 고대 중동 제의의 신화적/마술적 상황과 관련시킴으로써 구약 경전문학의 신학화의 노력들을 너무 폄하하는 결과를 가져 왔다고 하겠다. 물론 야훼 하나님의 분노는 이유 없는 것은 아니었다. 그리고 '죄'가 하나님의 분노를 일으키는 것도 사실이다. 그리하여 "사죄 기원"이 "분노를 거두어 달라"는 기원과 평행을 이루는 이유도 이러한 맥락 안에서 이해할 수도 있다. 그러나 시편 탄원시의 문맥을 통하여 우리가 관찰하는 바에 의하면, 질병은 반드시 죄

167) 시편의 "원수들과 행악자들"에 대한 견해를 종합적으로 정리해 준 짧은 논문은 G. W. Anderson, "Enemies and Evildoers in the Book of Psalms," *BJRL* 48(1965-1966), 18-29이다. 그는 이 논문에서 국가적 원수들의 공격군들, 질병의 해독요소들, 효능이 있는 악담과 비방, 그리고 질서와 혼란의 대립, 또는 생명과 죽음의 대립 등 해석의 폭이 매우 넓다는 것을 강조하고 그러한 "해석의 폭을 넓히는 것"을 허락해야 한다는 견해를 제시함으로써 끝을 맺는다.

의 결과이거나 고난이 반드시 죄의 결과이거나 한 것은 아니었다. '고난', '질병', '죄', '원수' 등의 개념들은, 탄원시의 문맥에서는 전적으로 "관계 개념"(關係 概念)이며 그러므로 그것은 **하나님의 행위(자신을 감추심; Deus absconditus)에 대한 "응답 개념"(應答 槪念)**일 뿐이다. 그 모든 개념들은 어떤 교조(예컨대, 인과응보의 교조)에 얽매인 고정 개념과 같은 것을 가지지는 않는다. 인간의 모든 탄식은 "포착하기 어려운(출 33:20) 현존"이신 하나님께서 인간에게서 자신의 얼굴을 가리실 때 일어나기 때문이다. 그러므로 하나님께서 자신의 현존을 숨기실 때, 하나님을 향한 인간의 탄원은 (1) 신학적 성격을 띠기도 하고(하나님의 역사 섭리의 부조리 때문에), (2) 심리학적/실존론적 성격을 띠기도 하며(나/우리에게 임한 자신의 내적 고통 때문에), (3) 그리고 사회학적 성격을 띠기도 한다(원수의 무고[誣告] 때문에). 따라서 이러한 삼중의 탄식 다음에는 똑같은 형식의 "삼중의 기원"(三重 祈願)이 뒤따르거나 아니면 앞서거나 한다.

b) 삼중의 (간섭[干涉]) 기원(三重 祈願)

삼중의 기원은 야훼 하나님의 **자기를 감추시는 그 행위(Deus absconditus)**에 대하여 야훼 하나님께서 자신의 감추심을 멈추시고 시인을 향하여 자신을 밝히 나타[啓示]내시어 탄원 시인의 삶에 **구원으로 간섭해 주시는 것(Deus revelatus)**을 간청(요구)하는 기원(祈願)이다. 그 구성 구조는, 결코 도식적이지는 않으나, 삼중의 탄식과 매우 밀접하게 상응한다. 즉 (1) 하나님의 얼굴을 돌이키심(시인에게로 돌아오심)을 비는 기원, 즉 신 현현(顯現, epiphany)을 요청하는 신학적 성격의 기원과 (2) 탄원 시인의 실존적 고난 상황을 개선해 주시라는 심리적/실존론적인 구원간섭의 기원, 그리고 (3) '원수'를 물리쳐 주시라는 사회학적인 성격의 기원의 결합으로 구성되어 있다.

기원은 탄원시의 "핵"이다! 탄원시들 중에서 하나님에 대한 신뢰와 하나님 찬양으로 끝나거나 또는 그러한 신앙이 내포되어 있거나 하지는 결코 않는, 거의 절대적으로 절망적인 분위기로 시 전체의 분위기가 일관되어 있는 유일한 시(詩), 시편 88편[168]에서조차도 2[3]절에서는 이중(二重)의 기원(תבוא → הטה)을 포함하고 있을 정도이다.

그러므로 기원의 첫 번째 되고 가장 중심 되는 요소는 탄원시를 작시(作詩)하여 제의(祭儀)에서 읊을 때 그 기원의 '응답'을 얻는 것 그것이라는 것은 당연하다. 그 응답의 **첫째 요소**는, 탄원시의 문맥에서는, 얼굴을 감추셨던(=돌리셨던) 하나님께서 그 얼굴을 되돌려 시인에게로 돌아오셔서 나타나시는 것이다. 그러므로 신학적 문맥에서 볼 때, "신 현현"(epiphany)[169)]을 비는 기원(祈願)은 삼중(三重)의 탄식의 첫 번째 요소인 "하나님의 얼굴 돌리심"(하나님의 멀리 계심/하나님의 침묵하심/하나님의 자신을 감추심 등)에 대한 탄식과 정확히 상응한다고 하겠다. 따라서 현현을 비는 기원은, 삼중 탄식의 경우에서 그러하였던 것처럼, 삼중 기원의 경우에서도 첫 번째 요소라고 할 수 있을 것이다. 즉 하나님과의 관계 회복이 없이는 탄원의 기도나 그 어떠한 하나님 찬양과 예배란 무의미할 수밖에 없기 때문이다. 탄원시의 경우, 그 현현은 출애굽기 19장의 시내 산 현현(theophany)과 출애굽기 34장의 야훼의 속성(屬性) 계시(啓示)의 현현(theophany)과는 그 내용에 있어서 현저하게 구별되게[170)] 하나님의 구원 간섭을 구체적으로 기대한 것이라고 할 수 있다. 실로, 구원개입

---

168) 시 88편은 일반 질병 주제의 탄원시들과는 다소 다르게 9[10]절과 13[14]절의 모호한 힌트를 제외한다면(분명히 이 두 절은 '탄식' 표현이지 '기원' 표현은 아니다!) '기원'이 전적으로 빠져 있고 또 분위기 전환의 현상이 유일하게 빠져 있다. 이 시인은 공동체 밖으로 내어 쫓긴 자(an outcast)로서 묘사되어 있다. 단지 서두(2[3]절)에서만 이 시가 탄원시 유형에 분류되어 제의 영역으로 들어올 수 있는 통로를 여는 '기원'이 있을 뿐이다. Cf. H. -J. Kraus, *Psalms 60-150*, 193.

169) 신 현현의 두 가지 표현, 즉 theophany와 epiphany 사이의 의미상의 구별은, 여기서는 베스터만(C. Westermann, *Praise and Lament in the Psalms*, 93-101)의 견해를 따른다.

170) C. Westermann이 올바르게 구별하였듯이 (1) 사사기 5:4-5에서처럼(시편 18:7-15[8-16]; cf. 하박국 3:3-15) 하나님께서 한 개인 또는 민족에게 구체적 **구원간섭의 사건을 일으키기 위하여** 역사적 구원사건과 자연현상의 변화사건을 동반하여 나타나시는 현현(appearance)과 (2) 시내 산 계시 사건(출 19장/34장)과 같이 단순히 야훼 하나님의 **뜻을 전달하기 위하여** 나타나시는 현현을 구별할 수가 있는데 Westermann은 전자(1)를 epiphanie라 하고 후자(2)를 theophanie라고 개념 정의를 하였다. C. Westermann, *ibid.*, esp. 98-101.

을 위하여 나타나시는 하나님의 현현(epiphany)—모빙켈이 즐겨 사용하는 언어인 "야훼의 축제 제의적 현현"(the festal epiphany of Yahweh)[171]—에 대한 체험은 모든 기원의 완전한 성취요, 욥의 경우처럼(cf. 욥 19:25-27; 40:6-9; 42:5-6), 모든 문제의 해결이요, 완성이라고 할 수 있을 것이다.

그러나 문제는 시편에서의 이러한 '현현'에 관한 구절들은 극히 드물고(18:7-15 [8-16]; 29:1-11; 33:1-22; 50:1-3; 68:7-18[8-19]; 77:16-20[17-21]; 97:2-5; 114:1-7) 그 묘사들도 거의 전적으로 고대 이방 종교의 배경을 가진 신화적 언어로 구성[인용?]되어 있을 뿐[172]이라는 점이다. 물론 이러한 현현 전승이 이스라엘에서는 진부한 시적 장식물로 남지 않고 설화 문학에서는 역사화되고 또 시편에서는 하나님 찬양 양식으로 크게 수정되어 응용되는 과정을 거쳐 왔다고 하겠다. 그러므로 현현 기원이 시편 기도시의 탄원의 응답으로서는 분명한 자리 매김을 못하였던 것이 확실하다. 우리는 이러한 현상을 신명기 전통의 영향으로 추론해 볼 수 있다(cf. 신 4장). 그리하여 시편 시의 현현 기원은 기원 그 자체만으로서 그 신학적 기능을 담당하고 있었던 것이라 하겠다. 즉 하나님 현현에 대한 기대는 시편 시에서는 "선언적 찬양시"(슬픔이 변하여 춤이 되게 하신 하나님 찬양시, 시 30:11[12]) 형식으로 승화되었던 것이다.[173]

삼중 기원(三重 祈願)의 **둘째 요소**는 시인 자신의 운명 전환을 비는 심리학적 성격의 기원이다. 이 두 번째 요소의 기원들은 대체로 두 가지의 조건문(ki-clauses)을 기초로 하고 제기되는 특징이 있다는 것은, 신학적으로는, "하나의 새로운 발견"이라고 하지 않을 수 없다. 왜냐하면 (1) 하나님에 대한 신뢰의 신앙을 조건(כִּי)으로 한 기원문과 (2) 하나님에 대한 탄식의 표현을 조건(כִּי)으로 한 기원문이 다음과 같이 서로 동의 평행

171) S. Mowinckel, *The Psalms in Israel's Worship*, vol. 1, 142, cf. vol. 1, 95, 113, 139, 140, 152, 157, 170, 183, 189, 239; vol. 2, 70, 152 epiphany의 언어적 정의에 대하여서는 *ibid.*, vol. 1, 94의 각주 42를 참조하라.

172) Cf. F. M. Cross, "Notes on a Canaanite Psalm in the Old Testament," *BASOR* 117 (1950), 19-21. C. Westermann, *Praise and Lament in the Psalms*, 97에서 중인.

173) C. Westermann, *ibid.*, 101.

(synonymous parallel)을 이룸으로써 **하나님을 향한 탄식이 또 다른 의미의 하나님을 향한 신뢰의 양식이 된다는 것**(탄식≒신뢰, outcry≒trust)을 보기 때문이다.[174)]

탄식을 근거한 기원	**신뢰를 근거한 기원**
나의 부르짖음을 들으소서. 왜냐하면(כי) 나는 너무 비참하기 때문입니다(시 142:6[7]).	내 영혼을 옥에서 끌어내소서. 왜냐하면(כי) 주님은 내게 은혜를 베푸는 분이시기 때문입니다(시 142:7[8]).

탄원시 이외에도 구약 구원사의 수사적 구조가 "부르짖음 → 구원"(צעקה/ז → ישועה)으로 나타나는 것이 구약 도처에서(역사서, 율법서, 시가서 등지의 도처에서) 발견된다는 것은 탄원시가 배태된 시가서(주로 탄원시와 선언적 찬양시)의 제의 전통이 이스라엘 구원사 신학 형성에 크게 기여하였음을 인지할 수 있다고 하겠다.[175)]

물론 '부르짖음' 그 자체가 '구원의 근거'가 된다는 것은 아니다. 하나님의 우주적 유일(唯一) 주권에 대한 신앙 아래에서 이루어진(!) "고난의 부르짖음"은, "타지 않는 불꽃떨기 속의 하나님"에 대한 알레고리(allegory; cf. Philo의 해석) 성향의 신학적 해석[176)]에서도 인지(認知)되듯이, 억압받는 자의 고난은 하나님의 현존을 체험하는 자리라는 것을 시편 시인도 다음과 같이 고백한 바가 있다. "고난을 당한 것이 내게는 오히려 유익하게 되었습니다. 그 고난 때문에 나는 주의 율례를 배우게 되었습니다"(시 119:71). 그러므로 프레다임(T. E. Fretheim)의 다음과 같은 말은 의미심장한 말로서 주목할 가치가 있다고 하겠다.

---

174) Cf. 탄식을 근거한 기원문들, 시 22:11[12]; 25:16 등. 신뢰를 근거한 기원문들, 시 25:5, 6, 20; 31:3[4], 4[5] *passim*.

175) Cf. Ee Kon Kim, "Outcry" in *Int.* 1988(July), 229-239.

176) 김이곤, "타지 않는 불꽃떨기 속의 하나님", 『구약성서의 고난신학』, 40-54. Cf. G. Bush, *Commentary on Exodus*(Grand Rapids: Kregel Publications, 1993), 40-42.

> 하나님은 고난을 그 안에서부터 보신다. 즉 하나님은 고난을 밖의 창(窓)을 통하여 안으로 들여다보듯이 들여다보시지는 않는다. 그러므로 하나님은 자기 백성의 고난과 내적인 연결 관계를 가지신다. 그래서 하나님은 그 백성의 가시 돋친 상처 속으로 깊숙이 들어오신다. 그러나 하나님은 그의 백성과 더불어, 함께 아파하시지만, 결단코 그 고통에 대하여 대책 없이 무력하신 분은 아니시다. 왜냐하면 하나님은 그들을 구원하려고 들어오셔서 지도자들과 함께 그리고 [인간]지도자들을 통하여 일하시되 바로(파라오)조차도 이용하시고 심지어는 자연 질서까지도 이용하신다.[177]

구약의 하나님 야훼의 실체가 이러하기 때문에, 탄원시인이 그의 하나님을 향하여 펼쳐내는 그 고통의 언어는 오히려 신과 가까이 하게 하는 언어일 뿐이다. 야훼 하나님은 그의 백성의 고통을 "보시고"(ראִיתִי, 라이티), "들으시고"(שָׁמַעְתִּי, 샤마아티), "아시고"(יָדַעְתִּי, 야다아티) 그리고 "구원하시기 위하여 내려오시는"(ארד להצילו, 봐에레드 레핫칠로) 분이시므로(출 3:7-8), 시인에게 있어서 "자신의 고난"은 오히려 하나님을 만나는 자리였던 것이다. 이러한 역사적 체험을 가진 시편 시인(탄원시 시인)들은 비록 그들이 실제로는 "가난하고 불쌍한 자들"[178]('아니'[עָנִי], '아나오'[עָנָו], '에브욘'[אֶבְיוֹן], '달'[דַּל], '할라카'[חֵלְכָה])이지만 오히려 이 때문에 하

---

177) T. E. Fretheim, *The Suffering of God*(Philadelphia: Fortress Press, 1984), 128.

178) 구약 및 중동 종교에서는 "가난한 자", "불쌍한 자"(나그네, 과부, 고아, 그리고 가난한 자)에 대한 자비와 도움의 베풂을 최고의 덕과 선으로 보는 인도주의가 보편화되어 있었다. 이 언어들을 단순히 경제적으로 "가난한 자"라고만 번역하는 것은 그 의미를 충분히 밝히지 못한다 하겠다. "사회적으로 소외당한 약자(弱者)" 일반을 이러한 언어로 표현하고 있다고 이해할 수 있다. Cf. F. C. Fensham, "Widow, Orphan, and the Poor in Ancient Near Eastern Legal and Wisdom Literature," *JNES* 21(1962), 129-139; M. Smith, "The Common Theology of the Ancient Near East," *JBL* 71(1952), 135-147; P. A. Munch, "Einige Bemerkungen zu den עניים und den רשעים in den Psalmen," *Le Monde Oriental* 30(1936), 13-26; A. Rahlfs, *עני und ענו in den Psalmen*(Goettingen: Dieterische Verlagsbuchhandlung, 1892).

나님만이 그의 변호인이 되고 그의 피난처가 되기 때문에 실질적으로는 "가난하고 불쌍한 자들" 이 "야훼 하나님에 대한 법적 권리"(a legal claim upon Yahweh)[179]까지도 향유한다는 신앙이 탄원 시인의 탄식표현 속에 함유되어 있다고 하겠다. 이러한 신앙은 탄원 시인으로 하여금 자신을 하나님의 편에 두고(경건한 자, '하시딤'[חסיד/ חסידים]으로 인식하고) 자신을 괴롭히는 자들을 가리켜 일괄적으로 "하나님의 원수"(=탄원 시인의 원수)로 분류하게 한다고 하겠다. 여기서도 우리는 "가난한 자"와 "가련한 자" 그리고 "불쌍한 자"를 "경건한 자들"을 "경건한 자들"의 범주에 넣고 그들을 괴롭히는 자들을 일괄해서 "하나님의 원수들"의 범주에 넣는 탄원 시인들의 원수이해의 "인습적 단조성"과 동시에 "자신이 겪는 고난의 현실"에 대한 "인습적 단순화" 현상도 본다. "고난당하는 시인들"은 이러한 신학적 맥락에서 일종 "고난받는 자의 특권" 같은 것을 스스로 향유하고 있는 것이다.

삼중의 기원의 셋째 요소는 원수의 철저한 파멸(cf. herem)을 비는 기원이다. **앞의 둘째 요소에서** 언급한 대로, 시인 자신과 원수 사이의 대극적 긴장을 야훼 하나님과 하나님의 원수들 사이의 대극 관계로 연장시키는 탄원 시인에게 있어서의 "원수 파멸 기원"이라는 주제는 결단코 "마르시온적인 스칸달론"(Marcionite *σκάνδαλον*)으로 오해해서는 안 된다. 탄원 시인의 저주의 대상인 원수는 "철저히 진멸되어야 할 헤렘"(anathema)이었다. 거룩한 전쟁의 전리품(헤렘)과 같은 것(taboo, 부정[不淨] 타는 것)이다. 그러므로 비록 야훼 하나님은 전쟁을 즐기시는 분은 아니시지만(시 68:30[31], "그는 전쟁을 좋아하는 백성을 흩으신다"), 그러나 탄원 시인은 야훼 하나님을 향하여 "악하고 못된 자의 팔을 꺾어 주십시오. 그의 악함을 더 이상 찾을 수 없을 때까지 찾으소서"(시 10:15)라고 기도하는 것이다. 그런 점에서 구약의 전쟁 설화 전반에 걸쳐 나타나는 거룩한 전쟁의 "전쟁용사"(the divine Warrior)[180]로서 야훼를 이해하는 구약의 신

179) H. -J. Kraus, *Theology of Psalms,* 152. "This conception of the poor practically contains a legal claim upon Jahweh, and it was precisely this which later made it a self-designation of the pious before Jahweh"(von Rad, 1962), 400.

앙은 이스라엘 역사 초기부터(cf. 출 15:3) 그 신학적 기초를 갖고 있었던 것이라 할 수 있다. 크니림(R. P. Knierim)이 말한 다음의 말은, 구약의 "거룩한 전쟁" 전승에 관한 신학적 논의란 우리가 피해갈 수 있는 신학적 주제가 아니라 우리의 성서 해석학적 노력이 가장 깊은 관심을 기울이고 관여해야 할 매우 중요한 과제라는 것을 암시해 주고 있다. "인류 역사에서 가장 파괴적 요소의 역할을 담당하였던 '전쟁' 주제에 대하여 구약이 통전적이고도 심도 있는 관심을 기울인 것은 적어도 과거 2000여 년간 그러했듯이 이 역사가 지속되는 한 우리의 현실로서 반추하여야 한다는 것을 의미한다. 이러한 이유 때문에 '전쟁'은 어떠한 신학 의제(議題)에서도 주된 관심사가 되기에 부족함이 없다. 신약의 의제로 다룬다 하여 그것이 극복되거나 대안제시가 될 수 있는 것은 아니다."[181] 이러한 의제와 함께 우리는 마침내 시편 탄원시의 신학적 중심문제에 이르게 되었다.

시편 탄원시의 신학적 중심문제는, 그러므로 이상에서 제시된 '탄원'(부름구, 탄식, 그리고 기원)이 돌연 그 급박한 분위기를 하나님에 대한 두려움 없는 '신뢰'와 그리고 더 나아가서는 이미 구원의 응답을 받았다

---

180) Cf. R. Kittel, *Das Alte Testament und unser Krieg*(Leipzig: Verlag von Doerffling & Franke, 1916); Gerhard von Rad, *Der Heilige Krieg im alten Israel*(Zuerich: Zwingli-Verlag, 1951); N. K. Gottwald, " 'Holy War' in Deuteronomy: Analysis and Critique," *Review and Expositor: A Baptist Theological Quarterly*, vol. LXI, 1964, 296-319; *idem*, "War, Holy," *IDB Suppl.*, 942-944; A. Gelston, "The Wars of Israel," *SJT* 17(1964), 325-331; P. D. Miller, Jr., "God the Warrior," *Int.* 19(1965), 39-46; *idem*, "El the Warrior," *HTR* 60(1967), 411-431;F. M. Cross, "The Divine Warrior in Israel's Early Cult," *Biblical Motifs: Origins and Transformations*, Cambridge(Massachusetts: Harvard University Press, 1966), 11-30; J. P. Ross, Jahweh Seba'ot in Samuel and Psalms, *VT* 17(1967), 76-92; P. C. Craigie, "Yahweh is a Man of Wars," *SJT* 22(1969), 183-188; M. Walzer, "Exodus 32 and the Theory of Holy War: the History of Citation, *HTR* 61(1968), 1-14; R. Tomes, "Exodus 14: The Mighty Acts of God," *SJT* 22(1969), 455-478; G. H. Jones, " 'Holy War' or 'Yahweh War'," VT 25(1975), 642-658; R. P. Knierim, "On the Subject of War in Old Testament," *Horizons in Biblical Theology*, vol. 16(1994), 1-19.

181) R. P. Knierim, "On the Subject of War in OT," 18.

는 "응답확신"으로 그 분위기가 "전도(顚倒)의 길"(umgekehrten Weg)[182] 을 따라 급작스러운 주제 전이(sudden shift of motifs)를 일으키고 있는 그 신앙적/신학적 동인이 무엇이냐 하는 문제를 해명하는 데 있다고 하겠다.

(3) 신뢰와 응답 확신으로의 분위기 급전환

삼중의 탄원 다음에는, 거의 모든 탄원시에서(주로 시의 끝부분에서, 그러나 상당 부분은 시 중간에서), **구원의 확신 또는 하나님의 구원에 대한 신뢰(=의지)의 표현으로 분위기의 급전환 또는 '탄원', "구원 확신"이라는 주제의 급전이가 일어난다.**

이 현상은 구약성서의 경전문학이 창출해 낸 신앙적/신학적 신비라고 할 수 있다. 시편 탄원시의 핵심적인 신학적 본질 및 특성은 바로 이러한 "분위기 급전환 현상"에서 찾을 수 있다. 왜냐하면, 탄원 시인이 그의 깊은 고통과 갈등의 자리에서 몸부림치다가 그리고 부조리하게 보이는 하나님의 역사 섭리에 대하여 깊은 신학적 고뇌에 빠져 있다가, 마치 용수철의 튀어 오름처럼 자발적으로(아무런 가시적 원인도 없이) 일어난 그 하나님을 향하여 반응한 구원 확신의 응답은 갈보리의 언덕과 같은 그 어둡고 긴박한 시편 전체의 절망적 분위기를 부활한 빈 무덤 앞에서의 감격과 같은 급전환의 환희로 급전하여 진정한 찬양의 응답송으로 옮겨 갔기 때문이다.[183]

탄원 시인의 이러한 놀라운 **'신앙'**의 직접적 동기는 무엇이었을까? 그 무엇보다도 탄원시의 본문이 그 어디에서도 이 신앙적 동기를 객관화시켜서(논리화시켜서) 지목해 주지 않기 때문에 이 문제는 시편 연구의 역사 초기부터 풀기 어려운—논증하기 어려운—수수께끼로 간주되어 아직도 미해결의 문제로 우리 세대에까지 넘어 오게 된 것이다.

---

182) J. Begrich, "Die Vertrauensaeusserungen im israelitischen Klagelied des Einzelnen und in seinem Babylonischen Gegenstueck," *Gesammelte Studien zum Alten Testament*(Muenchen: Chr. Kaiser Verlag, 1964), 214.

183) J. Cone, "Preface," *Minjung Theology*, ix-xix.

1) 그 가장 고전적인 견해는 **"제사장의 구원신탁" 이 분위기 전환 직전(直前)에 선포**되어 그것이 분위기 전환의 촉매역할을 하였을 것이라는 견해이다.[184] 그러나 탄원시에서는 "구원신탁" 의 예가 **시편 60:6-9[8-11]**("하나님께서 그의 거룩하심으로[그의 성소에서] 말씀하셨다" 로 시작하여 하나님께서 구원하러 나서시겠다고 응답하신 것으로 구성됨)에서와 **시편 12:5-6[6-7]**("야훼께서 말씀하시기를, '가련한 자들의 눌림과 궁핍한 자들의 탄식으로 말미암아 내가 이제 일어나 그를 그가 원하는 안전지대에 두겠다. 야훼의 말씀은 순결함이여 흙도가니에 일곱 번 단련한 은[銀]같다' 라고 말씀하신다" 로 구성되었음), **이 두 곳에서만 발견될 뿐**[185] (cf. 시 6:8-10[9-11]에서도 그런 추측을 해볼 수 있으나 그러나 신탁 문형이나 또는 그 유사문형이 전혀 암시되어 있지 않다) **이 두 곳밖에는 그런 신탁양식이 나타나지 않는다.** 더욱이, 이 두 곳의 경우에서조차도 그 **구원신탁 직후의 시인의 응답은 "구원 확신" 이 아니고, 오히려 더**(?) **절박한 탄원이 이어진다**! 즉 구원신탁 다음의 구절인 시편 60:10[12]f.은 "하나님이여 주께서 우리를 버리지 아니하셨나이까? 하나님이여 주께서 우리 군대와 함께 나아가지 아니하시나이다" 라는 **탄식**으로 구성되고 있으며 그리고 또 다른 구원신탁 다음 구절인 시편 12:7-8[8-9]도 또한 "여호와여, 저들을 지키셔서 이 세대로부터 영원까지 보존하시옵소서 [실로] 비열함이 인생 중에 높임을 받을 때에 악인들이 곳곳에서 날뛰옵니다" [私譯]라는 **탄원**으로 구성되어 있다는 것은 "제사장의 구원신탁 선포를 전제하는 분위기 급전 가설" 의 **부당성**을 웅변적으로 증언하고도 남는다 하겠다. 악트마이어(Elizabeth Achtemeier)의 시편 6:8-9[9-10]에 대한 다음과 같은 주해는 이러한 탄원시의 현실을 재치 있게 설명해 주고 있다.

---

184) F. Kuechler, "Das Priesterliche Orakel in Israel und Judah," *Abhandlungen zur semitische Religionskunde und Sprachwissenschaft, W. W. Grafen von Baudissin uebersicht, Beihefte zur Zeitschrift fuer die altentestamentliche Wissenschaft,* 33(1918), 285-301; J. Begrich, 'Das Priesterliche Heilsorakel," *Gesammelte Studien zum A. T.*(Muenchen: Chr. Kaiser Verlag, 1964), 217-231.

185) Cf. H. Gunkel, *Die Psalmen,* 22; *idem, Einleitung[Introduction],* §6, 23; H. -J. Kraus, *Psalms 1-59,* 163 등.

> 1538년 [3월 29일], 루터가 시편 6편[8-9절]에 관해서 벨러(Jerome Weller) 박사와 대화를 나누면서 이렇게 말하였다고 한다. "악마는 … 가장 괴이한 삼단논법을 만들 수 있는가 보다. 예컨대, 1. '당신들은 죄를 지었다. 2. [그러므로] 하나님은 당신들 죄인들에 대해서 분노하신다. 3. [그러므로] 당신들은 절망이다.'" 그러나 악마도 세상도, 회개하는 죄인의 부르짖음을 들으시면 그들의 죄에도 불구하고 그들을 구원해 주시는 그 하나님의 사랑을 헤아리지 못하고 있는 것이다.[186]

2) 위의 견해에 못지않게 널리 알려진 또 하나의 고전적인 견해는 이러한 탄원으로부터 구원 확신으로의 분위기 전환 현상을 **"기도자의 마음 내부에서 자발적으로 일어나는 구원 확신으로의 자기 고양(高揚)적인 심리적 감정의 변화 현상"이라고 보는 견해**이다. 이 견해는 "기도자"의 심리란 구원 확신으로 그의 기도를 끝낼 수밖에 없는 성격의 것이라는 기도현실의 고유한 심리적 특성을 강조한 하일러(F. Heiler)[187]의 견해인데 궁켈[188]과 베스터만[189]이 이 입장을 강력히 지지한다. 특히 궁켈과 베스터만은 시편 기도자의 기도 중에 자발적으로 일어나는 자기 고양의 현상이 주로 "그러나 당신은"[But You, ואתה]의 문장과 "그러나 나는"[But I, ואני]으로 시작하는 급작스런 분위기 전도(顚倒) 문형 안에서 "제의적 도식"을 깨고 탄원시 이곳 저곳에서 비고정적으로 자주(passim) 일어난다는 점을 강조한다. 그러나 이러한 견해는 지나치게 기도자의 순수한 심리적/반대감정 병존의 감정전이(ambivalence/metamorphosis) 현상으로만 처리함으로써 히브리 경건의 역사적 자리와 전승사적 근거를 도외시하는 오류에 빠

---

186) E. Achtemeier, "Overcoming the World," *INT* vol. XXVIII(Jan. 1974), 87.

187) Fr. Heiler, *Prayer: A Study in the History and Psychology of Religion*(New York: Oxford Univ. Press), 1958.

188) H. Gunkel, *Einleitung/Introduction*, § 6. 23항 참조하라. 여기서 궁켈은 Kuechler의 견해의 가능성을 인정하면서도 그러한 제의적 견해로는 이러한 현상을 충분히 설명하지 못한다고 보고 Heiler의 견해로 더 기울어지는 경향을 보인다.

189) C. Westermann, *Praise and Lament in the Psalms*, 65ff.에서 Heiler의 견해를 따른다.

진다. 시편 기도시(탄원시)에 나타난 히브리 경건은 병상의 환자가 가지는 순수 심리적 반대감정 병존 현상으로 보기에는 너무 깊게 역사 신앙의 영향을 받고 있기 때문이다. 이 점이 시편신학을 크라우스가 시도한 것처럼[190] 그렇게 '주제'에 따라 정리하는 것이, 비록 훌륭한 작업임에도 불구하고, **"하나님의 위대하신 구원행적(magnalia Dei) → 탄원과 찬양의 응답"**이라는 시편신학의 "응답 신학적" 기본구조가 가진 그 진정한 특성을 훼손할 우려가 있어 보인다. 비록 크라우스는 시편이라는 책의 광범위하고도 역동적인 성격을 고려할 때 시편신학을 "응답의 신학"이라고 단순화하는 것(sic!)은 시편 시들을 "제(諸) 종교의식의 덫"이라는 고정된 법칙에 빠지게 할 위험이 있다고 비판하였으나[191] 오히려, 시편신학은 시편 시인들의 다양한 탄원과 찬양을 "하나님 앞에서의 응답"이라는 큰 대화의 광장 안에 자유롭게 펼쳐 놓고, 다 함께 그 다양한 응답송들이 지닌 그 신학적 의미들을 공유하는 것이 시편 시들의 세계를 진정으로 "제 종교의식의 덫"에 걸리지 않게 하는 진정한 의미의 "시편신학을 하는 길"이라고 볼 수 있을 것이다.

3) 그러나 탄원시의 이러한 제의적 정황을 모빙켈(S. Mowinckel)이나 베그리히(J. Begrich)와는 좀 **다른 시각**에서 제의적으로 관찰하는 바이저(A. Weiser)는 탄원시의 분위기 급전환 현상을 제사장의 구원신탁 선포를 전제로 하고 이해하는 견해를 거부하는 대신, 이와는 달리, **야훼의 구원사를 회상하고 재연(再演)하는 [계약 갱신 축제] 제의 공동체의 예배에 참여한 예배자가 거기서 경험한 구원사 재연(cultic drama 또는 oral representation)으로부터 받은 감격으로부터 구원보장의 확신을 얻었을 것이라는 가정**을 제시한다.[192] 그러나 **놀랍게도(!)** 탄원의 시들에서 구원사 전승을 회상하는 모든(!) 곳 직후에서 우리는 구원 확신보다는 더욱 거친 "하나님을 향한 항변의 탄식"들을 발견한다(시 44편; 60편 등). 아마도 탄

190) H. -J. Kraus, *Theology of the Psalms*(Minneapolis: Augsburg Pub. House, 1986).

191) H. -J. Kraus, *Psalms 1-59*, 72.

192) A. Weiser, *The Psalms*(Philadelphia: The Westminster Press, 1959), 132-133.

원시들의 경우, 구원사 회상의 동기에는 구원확신을 가지기 위함보다는 과거의 구원의 때와 현재의 탄식 상황을 비교하여 현재의 고난 상황을 하나님께 항의/탄원하려는 의도가 개재되었다고 보는 것이 더 설득력이 있다고 하겠다.

그렇다면, 탄원시의 끝 부분에서나 시의 중간 부분에서 부정기적으로 일어나는 급작스러운 분위기의 전도(顚倒)는 어떤 **신앙[전승]사적 근거**를 갖고 있는 것일까?

(1) 우선 우리는 탄원시의 전반에 걸쳐 탄원시의 분위기를 지배하는 용어들이 대부분 **군사적 용어들**, 즉 원수(=대적, passim in the lament psalms), 칼(시 22:20[21]; 144:10), 창(시 35:3), 활(시 44:6[7]; 144:6), 방패(시 3:3[4]; 18:2[3]=구원의 뿔; 35:2; 144:2), 군기(軍旗; נדגל, 시 20:5[6]), 마병(馬兵; 시 33:17), 군대(시 33:16, 17), 용사(시 24:8; 33:16) 등의 군사 용어와 그리고 진(陣) 치다(שתו), 부르짖다(זעק/צ), 치다(נכה) 등의 전쟁행위를 묘사하는 군사 용어와 특히 "일어나소서!/ 깨소서!"(קומה/ עורה; 시 7:6[7]; cf. 민 10:35-36; 삿 5:12; 7:15), "야훼여, 나와 다투는 자와 다투시고 나와 싸우는 자와 싸우소서!"(시 35:1-3)라는 전쟁 독려의 군사 용어 및 "구원은[승리는] 야훼에게 속한 것이다!"라는 전쟁 함성(תרועה/teruàh, war-cry)에 해당하는 군사 용어들로 널리 만연되어 있다는 점에 주목하여야 할 것이다. 특히 이러한 어휘들이 "탄원 → 구원(승리) 확신"이라는 분위기 전환의 분기점에서 분위기 전도의 작용을 한다는 점은 더욱 주목할 가치가 있다고 하겠다. 이러한 현상을 통해서 보면, "야훼여!"라는 탄원시 고유(!)의 부름구(invocation), 즉 긴 **수식(predicates; 修飾)이 없는 짧고 단조로운 "신명(神名) 부름구(句)"**는 분명 거룩한 전쟁 의전(儀典)에서 행하는 "전쟁함성"(삿 7:18, "오 야훼! 오 기드온!")과 같은 기능을 하는 것으로 이해할 수 있게 하고[193] 동시에 신의 이름을 외쳐 부르는 이러한 부름구(句)의 "야훼"를 "전쟁 용사"(cf. 출 15:3)[194]로서 이해할 수 있도록

193) Cf. P. Humbert, "*La Terùah*"; P. C. Craigie, *Psalms 1-50*(Waco: Word Books, 1983), 73-75.

해준다고 하겠다. "문들아 너희 머리를 들지어다. 영원한 문들아 들릴지어다. 영광의 왕이 들어 가시리로다. 영광의 왕이 누구시냐 강하고 능한 여호와시요 **전쟁에 능한** (גבור מלחמה) **야훼시로다**"(시 24:7-8. cf. 출 15:3, 이쉬 · 밀하마, [גבור]איש מלחמה)라는 시구(詩句)는 이러한 맥락에서 이해할 수 있을 것이다.

이러한 시구들을 통하여 우리는 고대 이스라엘의 "거룩한 전쟁"(holy war) 사상이 그 초기(사사 시대) 때의 문학적 원형이 붕괴되었음에도 불구하고 왕조 시대와 예언 운동의 전성시대 및 시문학 정착기를 거치면서 부활하여 가장 정교하게/과장되게 다듬은 문학 형식을 통하여 고도로 "정신화"되어 아주 후대(포로기 이후의 역대기 사가의 시대와 묵시문학 시기)의 시기에까지도 조금도 감소되지 않고 널리 강하게 반영되어 있음(대하 20:11-30)을 볼 수 있다.[195] 이러한 맥락에서 볼 때, "'영광의 왕'은 누구이시냐?"(시 24:8a)라고 하는 이 의전적 문형, 즉 아마 언약궤 행렬의식 때 사용된 것으로 보이는 그런 문형(liturgical formula) 속에는 긴 제의(祭儀) 역사, 이른바, 고대의 제의 자료들을 다듬어 문학적으로 정신화(spiritualization)한 역사가 들어 있었다고 하겠다. 즉 창조주 하나님이신(시 24:1-2) "야훼"는 거룩한 전쟁 역사를 통하여 계시되신 **"전쟁에 능하신 전쟁 용사"**(시 24:7-10, 특히 8절; 깁볼 · 밀하마, גבור מלחמה)로서 의인화되고 예배의식을 통하여 기도와 찬양의 유일한 대상으로서뿐만 아니라 구원의 유일한 주로서의 그 역사적 주권도 확립한다. 그러므로 예배 회중은 이렇게 응답할 수 있는 것이다. "우리는 주의 승리로 말미암아 개가(凱歌)를 부르며 우리 하나님의 **이름**으로 우리의 깃발(軍旗)을 세우리니 … 어떤 사람은 병거(兵車), 어떤 사람은 말(馬)을 의지하나 우리는 우리 하나님의 **이름**을 자랑하리라"(시 20:5[6], 7[8]).

(2) 그 다음으로 우리는 탄원시의 **분위기를 급전환시키는 요소들이** 철저히 다음과 같은 **고대 이스라엘의 거룩한 전쟁(holy war; 聖戰)의 기본**

---

194) P. D. Miller, Jr., "God the Warrior," *INT* 19(1965), 39-46; F. M. Cross and D. N. Freedman, "The Song of Miriam," *JNES* 14(1955), 237-250. esp. 244.

195) G. von Rad, *Der Heilige Krieg im alten Israel*, 79-84.

이념들과 불가분리적으로 결부되어 있음을 주목하여야 할 것이다. 그 **가장 중심 되는 이념은 "전쟁은 하나님에게 속한 것이고 그러므로 전쟁의 승리(=구원)는 야훼 하나님에게 속한 것이다"라는 이념**이다. 이 이념의 기본 뜻은 간결 단순하고 분명하다. 즉 " '전쟁'은—정의로운 심판행위로서의 전쟁은—하나님의 전유물(하나님 고유의 비즈니스[business])이므로 전쟁(심판)은 하나님만이 하시며 그러므로 그 전쟁은 인간은 결단코 손을 대어서는 안 된다는 것(taboo/헤렘/ חרם. cf. 출 14:13-14=J)과 그러므로 전쟁의 승리(구원)도 또한 전적으로 오직 야훼 하나님만의 것일 뿐이다" 라는 의미를 가진다.

(a) 놀랍게도 탄원시들의 분위기가 "좌절의 탄원 → 구원 확신"으로 급전환되는 그 요로에서는 **"그러나 당신은"(그러나 주님은= '웨아타', ואתה)** 이라는 분위기 반전(反轉: waw-adversative)을 나타내는 수사어투로 시작하는 문장 또는 그와 유사한 성격의 문장에서 그 '당신'(주님)이 **'전쟁용사'**로서 확실한 '구원보장'을 주시는 분으로 고백되는 것을 보게 된다. 여기서는 야훼가 자주 **"방패"**('마겐', מגן)라는 전쟁(군사) 용어를 통한 은유(시 3:3[4][196]; 5:12[13]; 18:2[3], 30[31], 35[36]; 28:7; 33:20; 35:2; 59:11[12]; 84:9[10], 11[12]; 115:9, 10, 11; 119:114; 144:2)로 표현되는데, 이 "방패"는 주로 도우심과 보호하심, 구원하심, 그리고 의지의 보장을 상징하는 대표적 은유이다. 시편 115:9, 10, 11에서는 "방패"가 "도움"과 "의지"의 동의어(同義語)로서 삼중(三重)으로 반복되고 있는 것은 주목할 가치가 있다. 이 "방패"라는 말은 또한 "구원"(ישע, '예샤아'; cf. 시 18:35[36])이라는 말과 "반석, 요새, 바위, 산성, 구원의 뿔"(시 18:2[3])이라는 말, 그리고 "은신처"(시 119:114)라는 말 등과 동의 평행을 이룬다. 그 밖에도, 즉 야훼 하나님(당신)을 "방패"라는 은유와 평행을 시키는 것 이외에도 "요새"(시 59:9[10]) 또는 "견고한 피난처"(시 71:7) 등의 은유로서 표현하는 부분들도 야훼를 전쟁용사로 보는 "거룩한 전쟁의 이념의 영

---

196) Ee Kon Kim, "Holy War Ideology and the Rapid Shift of Mood in Psalm 3," *On the Way to Nineveh*(ed. by S. L. Cook & S. C. Winter)(Atlanta: Scholars Press, 1999), 77-93.

향을 받고 있다고 볼 수 있을 것이다.

(b) 탄원의 시들의 **분위기 급전환**은 "그러나 당신은" 이라는 수사구와는 대칭되는 수사 어구인 **"그러나 나는"**(ואני **또는** ואנכי)으로 시작하는 수사 구문이나 이와 동일한 성격의 시구(詩句)에서도 또한 자주 나타난다. 이러한 시구(詩句)들에서는 시인 자신은 그의 그 절박한 고난의 상황에도 불구하고 **전혀 "두려움 없는" 안연한 자세로 야훼 하나님에 대한 확고한 절대 의지의 신앙고백**을 함으로써 분위기를 반전시키는데, 이 경우에도 매우 **고도로 정신화된(spiritualized) "거룩한 전쟁의 이념"**이 그러한 신앙고백에 반영되어 작용하고 있음을 발견하게 된다는 점이다.

> **내가[" ʹani", אני]** 누워 자고 깨었으니 여호와께서 나를 붙드심이로다. 천만 인이[천만 군대가] 나를 에워싸 진(陣) 친다 하여도 **나는** 두려워 아니하리로다(시 3:5-6[6-7]편).

> 두렵건대 나의 원수가 이르기를 "내가 그를 이겼다!" 할까 하오며 내가 흔들릴 때에 나의 대적들이 기뻐할까 하나이다. **그러나 나는[와아니, ואני] 오직 주의 [한결같은] 사랑을 의지하였사오니** 나의 마음은 주의 구원을 기뻐하리이다(시 13:4-5[5-6]).

> 내가 무리의 비방을 들었으므로 사망의 두려움으로 감싸였나이다. 그들이 나를 치려고 의논할 때에 내 생명을 빼앗기로 하였나이다. **그러나 나는[와아니]** 야훼를 의지하였고 말하기를 "주는[당신은] 내 [구원의] 하나님이시라!" 하였나이다(시 31:13-14[14-15]).

> 하나님이여 주는 나의 왕이시니 야곱에게 구원을 베푸소서[명하소서] **우리가** 주를 의지하여 우리 대적을 누르고 우리를 치러 일어나는 자를 주의 이름으로 밟으리다. **나는** 내 활을 의지하지 **아니**할 것이라. 내 칼이 나를 구원하지 **못**하리이다(시 44:4-6[5-7]).

이러한 형식의 "분위기 전환"은 이밖의 곳에서도 일어난다(시 20:5[6],

7[8]; 31:4-5[5-6], 6[7], 13-14[14-15]; 35:12-13[13-14]; 39:6-7[7-8]; 52:7-8[9-10]; 59:15-16[16-17]; 71:13-14; 88:12-13[13-14] 등). 분명, "분위기 전환"의 이러한 현상을 극화(劇化)하는 방식은 "과장된 대비법" (cf. 시 20:7[8])에 기초하고 있다. 즉 천만 군대로 둘러싸인 상황 속에서도 시인은 "홀로" 임에도 불구하고 전혀 두려움 없이 안연히 누워 자고 깰 수 있다는 것, 원수들은 승리를 장담, 확신하고 사망의 두려움은 살기를 띠고 엄습해 올 때에도 이 시인은 주님의 계약적 신의('헤세드', חסד)에 대한 확신만으로도 결코 흔들리지 않는다고 고백할 수 있다는 것, 그리고 그 무엇보다도 구원의 승리가 활이나 칼의 강함에 의해서 이루어지지 **않는다!**는 확신의 표현은 분명 고도로 정신화된 "거룩한 전쟁의 이념"의 영향이라고 볼 수 있을 것이다. 말하자면, 탄원시 안에서 일어나는 수수께끼 같은 "절박한 탄원 → 구원 확신"이라는 분위기 반전이 급작스럽게 예고 없이 일어나는 것은 이러한 거룩한 전쟁 이념의 정신화 과정에서 생겨난 현상이라고 할 수 있을 것이다.[197] 그러므로 시인의 다음과 같은 신앙고백들은 분명 긴 제의사(祭儀史) 안에서 이루어진 초기의 거룩한 전쟁 이념이 괄목할 만한 문학적 필법에 의하여 고도의 정신화 과정을 거쳐 왔다는 것을 입증해 준다고 하겠다.

> 많은 군대로 구원 얻은 왕이 **없으며** 용사가 힘이 세어도 스스로 구원하지 **못하는도다** 구원하는 데에 군마(軍馬)는 **헛되며** 군대가 많다 하여도 능히 구하지 **못하는도다**(시 33:16-17).
>
> 여호와는 말[馬]의 힘이 세다 하여 기뻐하지 **아니하시며** 사람의 다리가 억세다 하여 기뻐하지 **아니하시고** 오직 여호와는 자기를 경외하는 자들과 그의 인자('헤세드')하심을 바라는 자들을 기뻐하시는도다(시 147:10-11).

---

197) Cf. Ee Kon Kim, *The Rapid Change of Mood in the Lament Psalms* (Seoul: KTSI, 1985). 이 책에 대한 서평, J. G. Janzen, *Theology Today* (Oct. 1986), 464; P. D. Miller, *Int.*(Jan. 1987), 88-89.

거룩한 전쟁의 이념이 이렇게 이스라엘의 제의 전승사를 통하여 부단한 각고정려(刻苦精勵)의 정신화 과정을 거쳤다는 것은 J 문학의 전성기로부터 주전 8세기의 예언문학 운동, 신명기적 역사서(dtr)의 역사신학 운동, 시편 문학의 신학적 정련화(精鍊化) 운동, 역대기 사가의 역사신학 운동과 묵시문학 운동(cf. 슥 9:1-17: 10:1-14:21)으로 이어져 갔다고 할 수 있을 것이다.[198] 예를 들어 보자.

> 모세가 백성에게 이르되 "너희는 **두려워하지 말고 가만히 서서** 여호와께서 오늘 너희를 위하여 행하시는 구원을 보라. 너희가 오늘 본 이집트 사람을 영원히 보지 아니하리라. 여호와께서 너희를 위하여 싸우시리니 **너희는 가만히 있을지니라**" (출 14:13-14; J).

> 그때에 여호와께서 이사야에게 이르시되 … 그에게[아하스 왕에게] 이르기를 "너는 **삼가며 조용하라**. 르신과 아람과 르말리아의 아들이 심히 노할지라도 이들은 연기 나는 두 부지깽이 그루터기에 불과하니 **두려워하지 말며 낙심하지 말라**" … 주 여호와의 말씀이 그 일은 서지 못하며 이루어지지 못하리라 … 만일 너희가 **굳게 믿지 못하면** 너희는 굳게 서지 못하리라(사 7:3-9; **주전 8세기**).

> 다윗이 블레셋 사람에게 이르되, "너는 칼과 창과 단창으로 내게 나아오거니와 나는 **만군의 여호와의 이름** … 으로 네게 나아가노라 … 여호와의 구원하심이 칼과 창에 있지 **아니함**을 이 무리[회중]에게 알게 하리라. 전쟁은 여호와에게 속한 것인즉 그가 너희를 우리 손에 넘기시리라 …" 다윗이 이같이 물매와 돌로 블레셋 사람을 이기고 그를 쳐죽였으나 **자기 손에는 칼이 없었더라!**(삼상 17:45-50; **dtr**).

---

198) P. D. Hanson, "Zechariah 9 and the Recapitulation of an Ancient Ritual Pattern?" *JBL* 92(1973), 37-59; *idem, The Dawn of Apocalyptic* (Philadelphia: Fortress Press, 1979), 292-401.

> … 여호사밧이 서서 이르되, "유다와 예루살렘 주민들아 내 말을 들을지어다. 너희는 너희 하나님 여호와를 **신뢰하여라**. 그리하면 견고히 서리라. 그리하면 형통하리라" 하고 … 하였더니 … 여호와께서 … 하시므로 그들이 패하였으니 유다 사람이 들 망대에 이르러 그 무리를 본즉 땅에 엎드러진 시체들뿐이요 **한 사람도 피한 자가 없는지라**(대하 20:20-24; **chr**).

이스라엘 제의를 통하여 전승되어 온 이러한 "거룩한 전쟁 이념"의 긴 정신화의 역사가 남겨 준 대표적인 유산은 '참 신앙', '참 안보', '참 평화', 그리고 '참 구원(승리)'이 무엇이고 그 대신 '거짓 신앙', '거짓 안보', '거짓 평화' 그리고 '거짓 구원'이 무엇인지를 밝히 알려 준 것이라고 하겠다. 즉 전쟁 용사로서 유일한 구원자이신 야훼 하나님에 대한 두려움 없는 절대 의지의 신앙만이 '운명전환'(분위기 급전환)의 진정한 동인이 될 수 있다는 것을 알려 준 것이라고 하겠다.

그러므로 야훼 하나님의 위대하신 구원행위(magnalia Dei)에 대한 이스라엘의 울부짖음, 탄식, 간구로 응결된 **" '탄원'의 응답" 이 시편 시집의 전면(전반부; 시 3-72, 73-89편)에 자리잡은 것**도 바로 이 때문이라고 할 수 있을 것이며, 그러므로 이러한 '탄원'의 응답은, 탄원시의 신학적 문맥에서 보면, 결코 불신앙의 표현이 **아니라**(!) 그 **'탄원'이 곧 또 다른 의미의 '찬양'**이라고도 볼 수 있으며[199] 뿐만 아니라 '탄원'은 **또 다른 의미의 '신뢰 표현'**(cf. 탄원시, 감사시, 의지시를 동일 Sitz im Leben의 기초를 가진 유사 장르로 보는 H. Gunkel과 H. -J. Kraus의 견해)이라고도 할 수 있을 것이다.

이러한 관찰의 빛에서 볼 때, **탄원 시인의 "응답-신학" 은 전적으로 "하나님 앞에 선 인간", 즉 "신 중심적 인간학"(theocentric anthropology)**이라는 문맥(신학적-심리학적-사회학적 문맥) 안에서 개진(開陳)될 수밖에 없다고 하겠다.

---

199) Cf. C. Westermann, *Praise and Lament in the Psalms*(Atlanta: John Knox Press, 1981), *passim*.

요약한다면, (1) 탄원 시인의 "응답-신학"은 그 무엇보다 우선적으로 **고난의 부르짖음(צעקה/ז; tragica verba; Outcry)**이란 하나님과 인간 사이를 잇는 결정적 통로 및 매개가 된다는 일종의 역설적인 "고난신학"을 증언한다. 이를 통하여 "고난의 부르짖음"[200]이 지닌 그 신학적 의미 역시 논박할 여지없이 확고한 신학적 입지를 확보하게 된다. 즉 하나님을 향한 부르짖음은 하나님을 향한 거역이 아니라, 그 자체가 하나님에 대한 강한 또 다른 의미의 의지신앙의 표현이요(탄식≒의지 신앙!) 동시에 그것은 감히 하나님을 **"만나는 자리"**가 된다(cf. 출 3:2-5; 욥 19:25-27; 42:5)고 하겠다. (2) 탄원 시인의 "응답-신학"은 또한 하나님 앞에 선 인간으로 하여금 자신의 (a) 사멸성(死滅性; '네페쉬', נפש, mortality)과 (b) 죄성(罪性; sinfulness)을 발견하게 한다. 인간은 창조자가 아니라 어디까지나 피조물이요, 창조주 하나님만을 의지하여야 할 가사적(可死的; mortal) 유한한 존재임을 발견케 한다. 물론, 고난은 죄의 결과일 수도 있고 동시에 아닐 수(cf. 욥)도 있다. 그러므로 인간은 항상 자신을 하나님 앞에 열어 놓아야 한다. (3) 뿐만 아니라, 탄원시의 신학은 야훼 하나님은 본질상 인간의 지성으로는 그 실체[얼굴]를 알아낼 수 없는 "포착하기 어려운 현존"임을 경험하게 한다. 즉 하나님은 스스로 자신을 감추시기도 하고(Deus absconditus) 또 자신을 계시하시기도(Deus revelatus) 하시는 분이심을 인식하게 해준다(cf. 출 33:20, 23). (4) 마침내 탄원시의 신학은 우리로 하여금 "하나님 자신의 탄식" 또는 "하나님 자신의 고통"이 무엇인지를 발견하게 해준다. 야훼 하나님(출 34:6)은 우리의 반역 때문에 스스로 십자가를 지시고 자기 가슴에 친히 "가시"(호 2:6[8];11:8; 사 53:4-5)를 심어 주신다(렘 12:7-13).[201] (5) **그러나** 탄원시의 응답신학은, 이외에도(!), 야훼 하나님의 **원수**를 탄원 시인의 **원수**와 일치시킴으로써 감히(!) 확신을

---

200) Ee Kon Kim, "Outcry," *INT* 42(July 1988), 229-239.

201) Cf. T. E. Fretheim, *The Suffering of God*(Philadelphia: Fortress, 1984); 기다모리 가조(北森嘉藏), 『하나님의 아픔의 신학』(서울: 양서각, 1987); J. Moltmann, 『십자가에 달리신 하나님』(서울: 한국신학연구소, 1979); 김이곤, "하나님의 심장에 박힌 십자가", 『구약성서의 신앙과 신학』(오산: 한신대학교, 1999), 430-442.

가지고 "원수에 대한 저주"(원수의 완전 진멸을 비는) 기원을 야훼 하나님께 아뢴다.

그러나 탄원시의 이러한 부분을 "마르시온적(Marcionite) 시각"을 가지고 오해해서는 안 된다. 왜냐하면, 탄원시가 말하는 '원수'는—야훼의 원수와 탄원 시인의 원수가 언제나 일치되고 있는 탄원시의 이 '원수'는—전적으로 거룩한 전쟁 이념 세계에서 말하는 '헤렘' 개념의 문맥 안에서 말하고 있기 때문이다. 그러므로 탄원시에서 말하는 '원수'의 그 구체적 실체를 입증하려는 모든 시도는 성공할 수 없다. 가령 히브리어 '아웬'(악[惡], און)이라는 말의 신화적 의미에 집착한 모빙켈(S. Mowinckel)은 이 **"아웬"(악)을 행하는 자인 "행악자"를 고대 세계의 "마술사"들을 가리킨다고 보고 바로 이들**('포알레-아웬')**이 마술을 구사하여 탄원 시인에게 불치의 질병이나 불행**(죽음의 고통)**을 가져다 주는 그 "원수"를 가리킨다는 신화적(神話的) 해석**을 제시하였으나[202] 그 부적절성이 널리 지적되어 왔고 그리고 그 이외에 탄원 시인들의 '원수'는 국가적 적(敵)들을 가리킨다는 견해[203]나, 또는 경건한 자들('하시딤', חסידים)에게 언어적 폭력과 육체적 폭력을 구사하여 괴롭히는 "하시딤 공동체 밖의 사람들"을 가리킨다는 견해[204]나, 그리고 민족 탄원시들의 경우(시 74; 79; 80; 83편 등)에서 그 사례가 드물게 나타나는 것처럼 자연적 재난을 '원수'라는 말로 역사화(인격화)한 것이라는 견해나, 또는 "의로운 자들"(경건한 자들)의 공동체 밖에 있으면서 공동체 내의 경건한 자들을 비난하고 위협하며 괴롭히는 자들에게 경건한 자들과 대비법적(對比法的)으로 이름 붙여 준 단순한 하나의 상투적 별칭(관용어)으로서 '원수'라는 말이 사용되었다는 견해[205] 등이 제기되었다. 그러나 그 어떤 '한' 개념으로 탄원시의 '원수' 개념을 정의하는 것은, 위에서도 지적하였듯이, 부적절한 것으로 보인다. 베스터만이 바르게 인식하였듯이,[206] '원수'는 탄원하는 시인과 대

202) S. Mowinckel, *The Psalms in Israel's Worship, I-II*, 207-214.
203) H. Birkeland, *The Evildoers in the Book of Psalms.*
204) W. O. E. Oesterley(*The Psalms*, London: S.P.C.K., 1953, 1962), 59-60.
205) C. Westermann, *The Psalms*(Minneapolis: Augsburg, 1980), 39, 43 등.
206) *Ibid.*, 그리고 *idem, Praise and Lament in the Psalms*, 181-182, 188-194.

립되는 개념으로서, 거룩한 전쟁 전승에서 고난받는 이스라엘의 원수를 "야훼의 원수"(cf. 시 37:20의 איבי יהוה=רשעים)로 일치시켜 '원수' 개념을 획일화(monotonize)해 온 그 전통이 탄원시에 반영되었다고 보는 것이 탄원시의 현실과 그 이외의 다른 장르의 현실과도 가장 잘 부합하리라고 본다. 그러므로 야훼의 의를 추구하는 자들의 경건한 삶을 비웃고 경멸하면서 "악이 이긴다"(시 14:1; 73:1-14; 74:9)라는 이념을 조금도 부끄러움 없이 말하는 자들의 세계(이 세계의 악의 오만, titanism의 이념 세계)는 '반드시'(!) 완전 진멸/추방(헤렘)되어야 한다는 탄원 시인의 "원수 진멸 기원"(시 74:10-11)은 **정당하다!**는 것이 시편 시인의 믿음이다. 왜냐하면 그렇지 않다면 "원수들이 **주의 이름**을 영원히 능욕할 것이기 때문에"(시 74:10b) 그렇다는 것이다. 시인조차도 이 사실을 "하나님의 성소에 들어갈 때에야 비로소 [그 정당성을] 깨닫게 되었고"(시 73:17) 마치 꿈을 깬 후에는 그 꿈을 무시하듯이 "원수 저주 기원의 그 스스로를 찌르는 양심"(시 73:21)도 비로소 무시할 수 있게 되었다는 것이다(시 73:20). 시편 시인의 신학은 이렇게 하여 이같이 까다로운 사회학적 난제에 대하여서도 조금도 불분명하지 않게 명료한 신학적 대답을 던져 주고 있는 것이다.

그런 의미에서 볼 때, 시편 시집이 **찬양시 장르**에 의한 **이스라엘의 찬양 응답 송영**을 시편의 전반부보다 후반부에 배열한 것은, 즉 탄원시 묶음 **다음에(!)** 찬양시 묶음을 배열한 것은, [제의] 신학적으로 볼 때나 구원사 신학의 관점에서 볼 때나, 매우 자연스러운 배열이었다고 하겠다. 그러므로 하나님의 위대하신 구원행위(magnalia Dei)에 대한 이스라엘의 "찬양시 형식의 응답"은, 시편의 히브리어 책명이 "찬양[의 책]"(tehillim)이라고 되어 있는 그 뜻과는 역(逆)으로(!), "탄원시의 응답"과 비교할 때 "**제2차적인 응답**"의 기능[207]을 한다고 볼 수 있을 것이다.

207) 전통적으로 분류해 온 찬양시, 탄원시, 감사시 모두를 "하나님 찬양"으로 종합하는 Westermann의 입장에 대한 비판을 위하여서는 P. D. Miller, "Current Issues in Psalms Studies," *Word & World*, 5/2, 132-143을 보라.

2) '찬양시'(Hymns)의 응답신학

위의 논의로 미루어 볼 때, 시편 후반부에 집중적으로 모여 있는 찬양시들은 그러므로, 신학적 문맥에서 보면 "탄원시의 응답"을 뒤잇는 일종의 "**정제된 송영(誦詠)**"이라고 할 수 있다. 왜냐하면 시편 전반부(시 3편으로부터 90편까지)에서는 탄원시들이 절대적으로 지배하고 있고 찬양송영들(hymnal doxologys)은 극히 드물게 나타나는 반면에 찬양송들은 거의 대부분 후반부에 모여 있기 때문이다(물론 시편 후반부에도 드물게나마 탄원의 시들이 간간이 나타난다[208]).

이 "하나님 찬양"을 중심 소재로 한 찬양시의 응답은, 시의 양식사적인 연구의 관점에서 보면, '감사시'와 '찬양시' 양식의 결합 형태를 띤다. 뿐만 아니라, 시인의 운명전환 이전의 고난상황을 설명하는 곳에서는 '현재시제'로 된(인용형식의) 탄원시의 자료가 동원된다. 즉 전통적으로 [개인] 감사시라고 하였던 시 양식은 감사시와 탄원시와 불가분리적 관계를 가진다.[209] 개인 탄원시(의지시 포함)와 개인 감사시의 양식비평학적 불가분리적 관계는 그 어느 누구보다 크라우스(H. -J. Kraus)의 주장에서부터 강한 의지를 엿볼 수 있다.[210] 그러나 이 부분에 있어서 양식비평적 구조

---

208) 시편 후반부라고 볼 수 있는 시편 제4권(90-106편)에서는 단 두 편(90편과 102편)만이 탄원시적인 요소가 발견되는 시들이고 시편 제5권(107-150편)에서는 총 마흔네 편 중, 단지 열 편(120; 130; 132; 137-143편)만이 탄원시적인 요소를 가진 것으로 분류될 수 있다. 90편 주석(궁켈은 민족 탄원시로 분류)에서 크라우스(H. -J. Kraus)는 말하기를, 이 90편은 민족 탄원시 양식에 속하는 시임에도 불구하고 "원수"의 핍박에 관한 언급이 없이 주로 인생의 허무성과 무상함에 대한 탄식으로 구성된 지혜교훈적인 요소를 지니고 있는 시(詩)이지만 이러한 요소가 지혜자들로부터 물려받은 것으로는 볼 수 없다고 본다. *Psalms 60-150*, 214-215.

209) A. Weiser, *The Psalms*, 83-84.

210) H. -J. Kraus, *Psalms 1-59*, 47ff.

분석은 베스터만(C. Westermann)에게서 좀더 설득력을 가지는 것으로 보인다. 크라우스는 "삶의 자리"만을 그 양식 판단의 기준을 삼았으나 베스터만은 삶의 자리에 대한 관찰은 물론이고 그 시들의 구조분석과 그 신학적 성향까지를 고려해서 관찰하였다. 그리하여 베스터만은, 궁켈의 양식 분류법과는 다르게, 궁켈이 '감사시'(개인 감사시)라고 명명한 시들을 가리켜 "선언적/간증적 찬양시"라고 명명하고 궁켈이 '찬양시'라고 분류한 것은 "제의상의 기술적(記述的) 찬양시"라고 명명하였다.[211] 즉 "하나님 찬양의 응답"은 첫째로는 하나님의 위대한 사건 행위(magnalia Dei), 이른바 하나님의 구원 사건과 하나님의 창조적 치유 사건의 행위를 '간증' 형식으로 선포하는 감사와 찬양의 '응답송'을 그 첫째(declarative)로 들 수 있다. 둘째로는 하나님의 구원 사건과 창조 사건이 충만, 완성된 그 결과로부터 연역(演繹)된 그 하나님의 본질을 제의적 언어를 빌려 서술 형식으로 고백하는 '응답송'을 그 둘째로 들 수 있다. 이 둘째 형식의 기술(記述)은 일반적으로 '명사 문장'(名詞 文章: nominal sentences; 예: "야훼는 긍휼과 은혜의 신 {이시다}"[יהוה {is} אל רחם וחנון] 라는 형식의 명사 문장)으로 표현되는 경향이 강하다.

(1) "선언적 찬양시"(the declarative Psalms of Praise = 감사시)

이 유형의 시들[212]은 "고난의 위기로부터 야훼에 의하여 구원함을 받은 자들"이 하나님을 향하여 고백('토다', תודה)한 "찬양적(환호하는) 감사의 증언"[213]인데, 대체로 다음과 같은 3부(三部) 구조로 되어 있다. 즉 (1) 찬양(감사)의 선언, (2) 과거 구원사의 회상, 그리고 (3) 결론구라는 구조로

---

211) Cf. C. Westermann, *Praise and Lament in the Psalms*, 81-151. Cf. L. Sabourine, *The Psalms: Their Origin and Meaning*(New York: Alba House, 1974), 277ff.

212) *Ibid.*, 81-116; *Einleitung(Introduction)*, 265-292(199-221). 궁켈에 의하면, 시 18; 30; 32; 34; 40:1-11[2-12]; 41; 66; 92; (100); (107); 116; 118; 138편. 이 시들 중 ( ) 안의 시들은 다른 양식과 겹친다고 보는 시들이고 [ ] 안은 히브리 성서 절수 표시임.

213) S. Mowinckel, *The Psalms in Israel's Worship*, vols. I-II, vol. II, 32.

되어 있다. 이 시들의 "삶의 자리"(Sitz im Leben)는 거의 분명하게 "감사제"(todah)라고 할 수 있다.[214] 비록 그 자세한 과정은 정확하게 알 수는 없다고 하여도, 대체로, 감사예물을 드리는 그 과정은 일련의 제의적 행진을 동반한다.[215] 행진은 성소 밖에서 시작한다. 이 행진의 무리들(감사제에 동참하려는 자들)은 성전 문 앞에서 일단 멈추어 섰다가 "의의 문"(시 118:19, 샤아레 체덱, שערי־צדק) 또는 "영원한 문"(시 24:7, 9, 피드케 올람, פתחי עולם)을 통과하여(Gate liturgy) 열(列)을 지어 성전 뜰을 거쳐 성소에 당도하면 성소의 제단(함미츠베아하, המזבח) 주위로 둥그렇게 둘러서서 "밧줄로 절기 제물을 제단 뿔에 매고"(시 118:27) 축제의 즐거움에 참여한 회중들 앞에서 그들과 함께 환호성의 소리로 소리 높여 환호하는 동안 제물 드리는 자는 제물을 드리고, 그리고 그 제물을 드린 후(!)에 '감사시'를 읊는 것(Todah liturgy/Torah liturgy)으로 추론된다. 즉 **'감사의 시'의 낭송**이 감사 축제 제의(祭儀)의 중심핵 또는 중심축이 된다.

모빙켈이 적절하게 지적한 대로, 이러한 선언적 찬양시(감사시)의 노래의 대상(목적어)은 이중적(二重的)이다.[216] 즉 그 대상의 하나는 동료 회중이요, 그 다른 하나는 야훼 하나님이시다. 왜냐하면 시인의 감사 고백(告白; '토다', תודה[217])은 동료회중 앞에서 선포되기 때문에, 한편으로는,

---

214) 궁켈의 경우, 이 시 유형들의 "삶의 자리"인 제의에서 행해지는 제의적 행위들로서, "희생제", "마실 때의 그 축배의 잔을 들어 올리는 행위", "원무"(圓舞), "성전 문으로 입장하는 의식", "맹세제"들이 지적된다(*Introduction*, 199-221). 대부분의 시편 연구가들은 이 견해와 궤를 같이 한다. S. 모빙켈의 경우마저도 이 틀을 크게 벗어나지 않는다(*The Psalms in Israel's Worship*, vol. II, 31-43). 그러나 바이저(A. Weiser)의 경우, 그는 여기서도 가을[또는 신년]에 지키는 "야훼의 계약축제 제의"가 이러한 시들의 삶의 자리라고 본다. A. Weiser, *The Psalms*, 83ff.

215) H. Gunkel, *ibid.*, S. Mowinckel, *ibid.*

216) S. Mowinckel, *ibid.*, 32.

217) "감사하다"라는 말의 히브리어 תודה(הודה)는 (1) "찬양하다"와 (2) "고백하다"라는 의미를 갖고 있는 히브리 말 어근 "야다"(ידה)에서 유래하였다. 실제로 시편에서 사용되는 그 용례(用例)로 미루어 보아도 "감사하다", "찬양하다", "고백하다"라는 말 사이에는 의미상의 구분이 없다. Cf. G. Mayer, "ידה/תודה" in *TDOT*, vol. V, 427-428. C. Westermann, *Praise and Lament in the Psalms*, 25-30; H. Gunkel, *Introduction to Psalms*, 199-221; S.

그 고백을 그들 회중이 듣고는 그 감사 고백자가 갖는 기쁨과 신앙고백에 그들도 또한 참여하기 때문이다(시 22:26[27], 27[28], 29-31[30-32]; 30:4[5]; 116:17; 118:1-4 등). 그러나 이 고백은 다른 한편으로는 근본적으로 그 감사 고백자로 하여금 그에게 구원을 "있게 해주신 분" (One who causes … to be=yahweh)에게 환호의 감사를 드리도록 하기 위하여 전적으로 고안된 것이기 때문이다. 그런 점에서 볼 때, 이러한 선언적 찬양시의 고백적 증언은, 이 장르들 속에 나타나는 그 감사표현의 언어들을 통해서 볼 때, 이스라엘이 놀랄 만큼 영적으로 성장 성숙하였다는 것을 보여 주는 "그 상승된 영적 상황"[218]을 잘 감지하게 해준다고 하겠다. 놀랍게도 이스라엘은 감사의 표현을 우리 현대인들이 단순하게 고마운 일이 심각하게 느껴지지 않는데도 그저 '고맙다'라고 말하는 것과 같은 그런 형식으로 표현하지 않고(아무런 되돌아볼 만한 일도 없이 그저 건성으로 하는 Thank you는 히브리어에는 없다! 즉 히브리어 '토다'[תודה]는 그런 건성으로 하는[without being reminded] '감사'가 아니다), 그 대신, 히브리어 '토다'(감사, תודה)는 '찬양한다' 또는 '고백한다'라는 말로 표현되고 있다는 이러한 신학적 현실은 우리에게는 그저 놀랍기만 하다. 그러므로 베스터만의 이러한 접근이란 실질적으로는 '감사'를 시편과 히브리 사상으로부터 제거하는 형식으로 어느 정도는 희화화(戱畵化; caricature)한 것이 아닌가?라는 비판이 있음에도 불구하고(pace, P. D. Miller),[219] '찬양'이 시편 시 양식들의 주요 범주에 속한다는 주장과 찬양시와 감사시를 구별하는 궁켈의 양식분류 원칙은 여전히 견지하고 있다는 점에서 볼 때, 오히려 베스터만은 히브리인들의 '토다'(תודה, 감사) 사상의 깊이를 더 분명하게 심화한 것으로 보아야 할 것이다. 비록 구약에서는 찬양과 감사가 혼용되고는 있다 하더라도,[220] 이 두 용어의 제의적 혼용 자체가 히브리적인 사용의 특징을 설명해 주는 것이라 할 수 있고, 또 찬양과 감사가 시편

Mowinckel, *The Psalms in Israel's Worship*, vol. II, 31-43, esp. 33.

218) H. Gunkel, *Einleitung(Introduction)*, 267(200).

219) P. D. Miller, "Current Issues in Psalms Studies," *Word & World*, 5/2, 133.

220) H. H. Guthrie, *Theology as Thanksgiving*(New York: Seabury, 1981), 1-30; M. E. Tate, *Psalms 51-100*, 538에서 중인.

에서는 거의 대부분 감사 찬양시인의 은혜 받은 경험의 산물이거나 하나님께서 행하신 구원사적 사건에 대한 각성의 산물이거나 한 것으로만 일관되어 있다는 점에서 볼 때,[221] 이러한 정신은 히브리인들의 특수한 신학적 "역사의식"의 산물로 보아야 할 것이다. 즉 고난의 역사 속에서 체험된 그 놀라운 구원의 경험(magnalia Dei의 경험)에 대한 감사의 응답은 전적으로 "찬양의 고백문"으로 표현되거나 찬양고백과 "동의 평행법적으로" 표현되거나 할 수밖에 없다는 것이 시편 시의 부정할 수 없는 현실인 것은 사실이다. 탄원시에서 관찰하더라도 구원사 회고나 구원신탁적인 언어 다음에도 탄원이 나타나는 것은 지난날의 구원 역사의 재현에 대한 갈망 때문으로 보이기 때문에 더욱 그러하다고 하겠다.

이러한 "선언적 찬양시" 유형은 베스터만(C. Westermann)이 잘 분석하여 준 대로,[222] 제의에서의 고백적(서술적) 찬양이란 것은 본질적으로 그 고백의 제의적 선언(선언적 찬양)으로 변화되고 그 역(逆)으로도 또한 가능하기 때문에(cf. 시 22:22 [23]), 이 유형에 속한 시들의 **선언적 찬양 요소들은 상당 부분에서 서술적 찬양으로 변경되고 있으며,**[223] 그리하여 그것은 또한 "찬양(감사)하라!"는 명령적 찬양 초대 형식으로(cf. 시 100편) 전이(轉移)되거나, 아니면 그러한 전이 현상은 또한 야훼의 주권/왕권에 대한 "서술적 선언문형들" 안에서 새로운 양식사적 **발전(!)**을 일구어내기도 한다(cf. 대관식 시들). 이것은 히브리 시의 현실이며 이러한 신학적 현실은 우리에게 있어서는 하나의 놀라움일 뿐이다.

(2) 서술적 찬양시(the Descriptive Psalms of Praise = 찬양시)

이 양식의 시는 "선언적 찬양시"(=감사시)와는 그 문체 형식이 뚜렷이

---

221) Tate는 이 논리를 부정적으로 인용하여 이 논의를 모호하게 하고 있는 것으로 보인다. *Ibid.*

222) Cf. C. Westermann, *Praise and Lament in the Psalms*, 115-151.

223) C. Westermann, *ibid.*, 117. "In all these sentences[시 18:27{28}; 138:6; 107:33-41; 118:22-23] the declaration of these Psalms is changed into description."

다른 **두 가지 문형의 결합으로 구성된다.** 즉 (1) 전 회중(또는 더 넓게는 온 우주/온 땅)을 하나님 찬양과 감사로 초대하는 **명령형 초대 문형**과 (2) 명사 문장(nominal sentences)에 의하여 하나님의 주권적 본질을 찬양(감사)하는 **이유 또는 근거(cf. '키', כי-sentences)를 서술하는 문형(文型)**, 이 두 개의 독립 문형의 결합으로 나타난다. 시편 100편(서술적 찬양시)은 이러한 현실을 명료하게 보여 주는 대표적 예이다.

(1) 찬양과 감사로의 "초대 문형" (시 100:1-2, 4)

(a) 온 땅아, 야훼를 위하여 환호하여라. 기쁨으로 야훼를 섬기며 환호함으로 그 앞으로 나아가거라(1-2절).

(b) 감사하면서 그의 문으로 들어가라. 찬양하면서 그의 안뜰로 [들어가라] 그에게 감사하고 그의 이름을 송축하라(4절).

(2) 하나님의 주권적 본질에 대한 "서술 문형" (시 100:3, 5)

(a) ('키'[כי, that, Because, Surely, Indeed]) 야훼 그가 하나님이신 줄 알아라. 그는 우리를 지으신 이시요. 우리는 그의 것, 그의 백성, 그의 기르시는 양떼(3절).

(b) ('키'[כי, that, Because, Surely, Indeed]) 여호와는 선하시니 그의 인자하심이 영원하며 그의 성실하심은 대대에 이르도다(5절).

(a) 인간을 포함한 이 온 세계(온 땅)가 야훼 하나님께 찬양/감사/신뢰를 고백하도록 **초대**를 받고 있고, (b) 동시에 고도의 신학과 문학으로 정제된 **하나님의 본질에 관한 서술**이 찬양(감사) 초대의 **이유(근거)**로서 제시[224] 된다. 즉 **서술적 찬양시의 주요 구성 본질**은 (1) 온 회중과 온 세계

224) M. E. Tate, *Psalms 51-100*(Dallas: Word Books, 1990), 534. Cruesemann, Tate 등은 כי를 강조어법으로 이해하고 Aejmelaeus는 인과(因果) 문구로 이해한다. 이 두 이해의 가능성은 모두 있지만, 즉 Surely, 또는 Indeed로 이해하는 것도 가능하지만, 그러나 명령적 찬양 초대문 다음에 오는 כי 문구는 인과(因果) 구절로 이해하는 것이 더 문맥에 맞는 것으로 보인다(pace Tate).

를 하나님 찬양에 초대하는 명령형 초대 문구와 그리고 (2) 그 찬양(감사, 신뢰)의 근본 이유[또는 찬양 권유/명령의 이유]를 밝히 설명하고 증언하기 위하여 신학적으로 정제(精製)된 언어로서 하나님의 본질을 서술하는 서술조 문구, 이 두 개의 문구로 구성되어 있다고 하겠다.

이 두 문구는 **야훼 하나님의 위대하신 행위(magnalia Dei)에 대한 이스라엘의 응답**이 지닌 신학적 기능을 가장 분명하게 진술 설명(recital)하는 문구(文句)라고 할 수 있다. 즉 찬양(감사, 신뢰)에의 '초대' 문구는 하나님 찬양을 "권유하는 교훈적 성격"으로 쉽게 전이(轉移; transition)된다는 점에서 그 고유한 본질과 기능 및 특성을 갖는다 하겠다. 말하자면 야훼의 행위에 대한 인간의 **응답**에는 교훈적 성격의 찬양 권유가 동반되는 것이 자연스럽기 때문이다. 따라서 찬양 권유 또는 명령에는 그러한 권유와 명령의 이유(근거) 제시가 필요불가결하게 된다. 그러므로 이러한 명령과 권유 다음에는 '키'(כִּי, because, that) 수사 구문이 동반되지 않아도(!) 그 뒤따르는 문구들은 대부분 인과적 기능[225)]을 하게 된다. 그렇기 때문에 권유와 명령 다음에 오는 "하나님에 대한 서술"은 "신학적 성격을 가진 송영"으로서의 기능을 강하게 갖고 있기 때문에 신학적으로는 매우 중요한 기능을 한다고 하겠다.

이상에서 소개된 찬양시는 두 가지 유형(declarative & descriptive)의 불가분리적 연합관계(=찬양시)를 형성하면서 독립적인 발전의 길을 걸어왔다고 할 수 있다. 그러므로 찬양시의 신학은 이 둘을 비교하여 그 연결관계를 고려하면서 관찰되는 것이 바람직하다고 하겠다.

대표적인 선언적 찬양시(감사시)인 시편 30편과 대표적 서술적 찬양시인 시편 100편(명령형 찬양시) 사이의 비교는 그것을 웅변적으로 증명하고 있다고 하겠다.

---

225) J. Muilenburg, "The Linguistic and Rhetorical Usages of the Particle כִּי in the Old Testament," *HUCA* XXXII(1961), 135-159.

시편 30편(선언적 찬양시)

a. 선언적 찬양(1[2])

야훼여, 내가 주를 높이리다.

주께서 나를 건져 주셔서

내 원수가 나를 비웃지 못하게

하셨기 때문입니다.

c. 구원사 회고(2-3[3-4])

야훼 나의 하나님이여,

내가 주께 부르짖었더니

주께서 나를 고쳐 주셨습니다.

주께서 나를 스올[227]에서 이끌어

시편 100편(서술적[명령적] 찬양시)

a. 명령적 찬양(1-2): 찬양 초대

온 땅아, 야훼를 위하여 환호하여라.

기쁨으로 야훼를 섬기며

환호함으로 그 앞으로 나아가거라.

b. 서술적 찬양(3)

야훼 그가 하나님이신 줄 알아라.

그는 우리를 지으신 이시요

우리는 "그의 것",[226]

그의 백성, 그의 기르시는 양떼.

---

226) 이 말의 히브리어 "로"(לו, his)는 Aquila, Targum, Hieronymus의 본문에서와 함께 Qere를 따른 것인데 Masora 본문(MT)에 쓰여진 글자(Ketib) "로"(ולא, and not)는 "아닙니다"라는 뜻을 갖고 있다. 따라서 MT에 따라 축자적으로 읽으면 "그는 우리를 지으신이시다. 그러나 우리는 [우리를 지은 자가] 아니다"라고도 읽을 수 있다. 문맥상, 대부분의 번역들(한국어의 모든 번역)은 "his"(그의 것, לו)라는 번역을 선호한다. 그러나 LXX, Symmachus, Syriac은 MT의 Ketib를 따라 "and not we ourselves"라는 본문을 여전히 따라가고 있어서 우리는 신학적으로 이 양자의 의미를 다 아울러 고려해야 할 것이다. 이 이해에 도움을 주는 해석으로서, J. O. Lewis가 주장한바, Ugaritic & Akkadian asseverative לא의 기능에서 발견되는 "단언적 강조어법(indeed)"에 따라 번역할 가능성(*JBL* 86[1967], 216)은 여전히 있다. Dahood, *Psalms 51-100*(212-213, 371-372)에서는 Lewis의 견해를 비판하고 "lo"를 "le"(=전능자, cf. 시 75:6[7])라고 고쳐 읽는다.

227) "스올"(쉬올, שאול)은 "묻다"(ask), "요구하다"(request, demand)라는 뜻을 가진 히브리어 "샤알"(שאל)에서 유래한 말로서, 언어 사건이라는 면에서 보면, 이 "샤알"(שאל)은 대화할 때 일어나는 "잘못된 위치에 있는 발언의 모습"(the illocutionary aspect of a speech act)을 가리킨다. 그럼에도 "스올"(She'ol, שאול)은, 비록 그것이 시리아어, 아람어, 그리고 에티오피아어에서 빌려 온 외래어(a loanword)로 보인다 하더라도 히브리어에서만(!) 발견되는 명사 단어이다. 이 말의 의미는 이 말과 평행어로 나오는 말들, 즉 "뽀르"(בור, 물구덩이, 함정), "샤하트"(שחת, 구덩이, 무덤), "에레츠"(ארץ, 땅, 지하), "케벨"(קבר, 무덤, 지하 세계), "앗팔"(עפר, 마른 먼지, 깨진 돌 조각, 잠시 머무는 영역), "아밧돈"(אבדון, 파멸의 장소, 죽은 자들의 영역), "마웻"(מות, 죽음) 등의 말들과의 관계에서 보면 더 바르게 이해할 수 있다. 이 말

내어 올리시고
무덤[228]으로 내려간 자들 중에서
나를 살려 내셨습니다.

a. 선언적 찬양(4[5])
주의 성도들아, 야훼를 찬송하여라.
주의 거룩한 이름을 찬양[감사]하여라.

b. 서술적 찬양시(5[6])
주의 진노는 잠깐이요 주의 은총은
영원하므로, 저녁에는 울음이 깃들
여도 아침에는 기쁨이 오리로다.

c. 구원사 회고(6-10[7-11])
내가 형통할 때에는, "나는 영원히
흔들리지 않으리라" 고 나는 말하였다.
그러나 그의 은혜로 나를 태산보다
더 든든하게 세워 주시던 야훼께서
그의 얼굴을 가리시자 나는 곧 근심

a. 명령적 찬양(4)
감사하면서 그의 문으로 들어가라.
찬양하면서[229] 그의 안뜰로[들어가라]
그에게 감사하고 그의 이름을 송축
하라.

b. 서술적 찬양(5)
야훼는 선하시니(כי),
그의 인자하심이 영원하며
그의 성실하심은 대대로 이르도다.

(스올)은 구약 전체에서 66회 사용되고 있는데 그 반 이상(35회)이 케투빔(시편 16회, 욥기 8회, 잠언 9회, 아가 1회, 전도서 1회)에서 사용되고 있다. 지하의 죽음의 세계에 대한 이스라엘적인 표현이 매우 다양함을 볼 수 있는데, "스올의 문", "무덤의 문"(cf. 시 9:13[14]; 107:18) 등의 표현으로 미루어 보아, "스올"은 자물쇠로 문을 잠가 놓은 "지하세계"를 지시하는 것으로 보인다. [시편]신학적으로는 "야훼와의 관계가 끊어져 야훼로부터 먼 곳에 분리되어 있는 희망 없는 상황"(시 88:10-12[11-13]; 115:17)을 가리킨다. Cf. L. Waechter, "שאול," *TDOT*, vol. 14(2204), 239-248.

228) M. Dahood는 이 "뻘"(בור, Pit)을 지옥세계에 대한 시적(詩的) 이름이라고 본다. *Psalms 1-50*, 182. 위의 각주에서 제시한 שאול에 대한 Waechter의 견해를 참조하라.

229) 시편 100:4의 첫째 구절체와 둘째 구절체가 동의어 평행을 이루며 시작하는 것으로부터 우리는 쉽게 '감사'(todah, תודה)와 '찬양'(tehillah, תהלה) 사이의 근본적 동질성을 읽을 수 있다.

에 휩싸였나이다.
야훼여, 나는 주를 향해 부르짖고
나의 주님께 간구하기를, "내가 무
덤으로 내려간다 한들 나의 피가
무슨 소용이 있으며, 한 줌의 티끌이
어찌 주를 찬양[감사]할 수 있으며
주의 진리를 전파할 수 있으리까?
야훼여, 들어 주소서. 야훼여,
은혜를 베푸소서" 하였나이다.
b. 서술적 찬양(11[12])
주께서 나의 슬픔을 나의 춤으로
바꾸어 주시고, 나의 상복을 벗기
셔서 기쁨의 띠를 매어 주셨습니다.

(a) 찬양(감사) 맹세(12[13])
그러므로 나의 영광이 주를 노래
하며 잠잠하지 않으리다.
야훼, 나의 하나님이여!
내가 영원토록 주께 찬양[감사]
하겠습니다(concluding formula).

위에서 소개된 바, 선언적 찬양시[230]와 그리고 서술적 찬양시[231] 사이의

230) C. Westermann이 이 유형의 시로서 분류한 것들은 시편 18; 30; 34; 40:1-12; 52; 66:13-20; 107: 116; 118; 138편 등이다. *Praise and Lament in the Psalms*, 102f.

231) C. Westermann이 이 유형의 시로서 분류한 것들은, 비록 선언적 찬양시들과 같은 그런 구조의 통일성을 갖고 있지는 않지만, 대체로 시 33; 36; 89:5-18[6-19]; 105; 111; 113; 117; 135; 136; 146; 147편 등이다. 이 유형의 시들은 구원자에 대한 찬양과 나란히 창조주 찬양, 또는 창조물의 보존자 찬양 등의 주제도 나타난다. 그러나 이 시들은, 그 서술 형식의 진술들과의 관련 때문에, 좀 다른 주제들을 가진 시 유형으로 발전해 가는 경향이 있다. 그들

비교는, 시편 시들에서는 '감사'와 '찬양'의 응답신학이 하나로 통합되고 있음을 적시(摘示)해 주면서 다음과 같은 신학적 기조(基調)를 그 기초에 두고 있는 것임을 증언하고 있다.

첫째, 시편 시인은 감사(todah)와 찬양(tehillah)의 본질적 일치성(감사와 찬양의 구분 불가능성! cf. H. H. Guthrie)을 분명하게 인식하여 "감사의 응답"을 "하나님 찬양의 신학"으로 전이(轉移)시키고 있다. 특히 시편 100:4의 평행법적 구조는 그러한 신학적 현실을 확실한 평행법적 문체로 증언하고 있다.

감사하면서(뻬토다, בתודה)/ 그의 문으로/ 들어가라.
찬양하면서(뻬트힐라, בתהלה)/ 그의 안뜰로[들어가라]
그에게 감사하고(호두로, הודו־לו)/ 그의 이름을/ 송축하라(빠라쿠, ברכו)(3+2+3)

감사, 찬양, 송축(밑줄 친 부분)이 일직선으로 동의 평행을 이룬다. 여기서의 '감사'는 '찬양'으로 동의 전이되면서, 우리가 큰 뜻을 싣지 않고 그냥 '땡큐'(Thank you)라고 말하는 의미 이상의 의미를 전달한다. 단순한 의미의 '감사'도 물론 내포되어 있겠지만, 그러나 여기서의 감사는 "선언적 찬양시" 시편 30:1-4[2-5]가 적확하게 예증해 주듯이, 야훼 하나님의 구원사 속에서 시인이 경험한 하나님 만남의 경험이 전제되어 있는 감사이다.

감사(찬양) 선언: 야훼여, 내가 주를 높이리다(v. 1[2]a).
감사(찬양) 이유: כי[왜냐하면] 주께서 나를 건져 주셔서 내 원수가 나를 비웃지 못하게 하셨기 때문입니다(v. 1[2]b, c.).

중 대표적인 것들로는 "명령적 찬양 초대"로 시작하는 시들(The imperative Psalms; 시 95; 100; 145; 148; 150편)과 야훼의 왕권을 찬양하는 시들(전통적으로는 "야훼의 대관식시"[songs of the enthronement of Yahweh]; 시 47; 93; 97; 99편) 등이다. *Praise and Lament in the Psalms*, 122-151.

> 야훼 하나님이여, 내가 주께 부르짖었더니, 주께서 나를 고쳐 주셨습니다. 주께서 나를 스올에서 이끌어 내어 올리시고 무덤으로 내려간 자들 중에서 나를 살려 내셨습니다(vv. 2-3[2-4]).

이러한 감사(찬양) 고백의 신학적 구성 뼈대는 "야훼의 자기 소개문 구성형태" (Yahweh's statement of self-introduction)와 맥을 같이한다고 하겠다. 특히 십계명을 포함한 법률 자료를 필두로 하여 구약 곳곳에 나타나고 있는 "야훼의 자기 소개문" 은 그 소개문의 후반부에 나타나는 관계절(who-relative clauses)에서 역사를 통하여 이스라엘에게 베풀어 주신 야훼의 구원의 행위가 소개된다. 즉 이 관계절이 "나는 야훼이다" [232]라는 선언의 진정성과 그 권위를 뒷받침해 준다. 십계의 경우, 자기 이외의 어떠한 다른 신도 섬기지 말라는 배타적 신앙을 요구할 때의 "야훼 하나님의 자기소개" 는 전혀 그 어떤 종교 교리의 선포와 같은 추상적이고도 불확실한 "자기 설명" 이 아니었다. 그것은 배타적 야훼 신앙 요구의 확실한 "근거의 제시", 즉 "너희를 이집트 종살이하던 곳에서 이끌어 낸(who) 너희의 구원의 하나님" [233]이 바로 "나 야훼이다" 라는 형식으로 그의 구원사적 정체성의 배경을 제시하고 있는 것이다. 이러한 현상도 또한 구체적으로는 야훼의 거룩한 전쟁[聖戰] 행위에 대한 기억을 기초한 것으로서 막연한 과거 회고 현상은 아니다. 폰 라트(G. von Rad)가 이 "거룩한 전쟁에 관한 회상" 을 출애굽 해방에 관한 "역사 신앙고백" 속에 내포되어 있는 가장 고대의 자료(the oldest datum)라고 보는 것과 그리고 신명기 26:5b-9의 역사신조 가설의 고대성 그리고 신명기 7:6-8에 나타난 선민론(選民論)의 고대성이 모두가 다 그 전승사적인 맥락에서 볼 때 그 고대

232) Cf. W. Zimmerli, *I am Yahweh*(Atlanta: John Knox Press, 1982), 1-28.

233) 이 신앙고백을 M. Noth는 찬양 형식으로 된 이스라엘의 "원(原) 신앙고백" (Urbekenntnis: primary confession)이요, 동시에 오경 전승 전체의 핵심(kernel)이라고 하였다. *A History of Pentateuchal Traditions*(Englewood Cliffs: Prentice-Hall, 1972), 49; G. von Rad, *Old Testament Theology*, vol. I(New York and Evanston: Harper & Row, 1962), 176.

성이 거의 확실한 것으로 볼 수 있다는 주장[234]은, 창조신앙을 구원사 신앙의 단순한 서론에 불과하다고 보는, 이른바 역사주의적 해석으로 치우쳤던 점을 제외한다면,[235] 분명 그렇게 크게 거부할 만한 충분한 이유[236]는 없다고 하겠다.

이러한 맥락에서 볼 때, 시인의 감사와 찬양 고백의 응답 신학은 전적으로 야훼 하나님의 과거 구원 역사와 창조 질서 속에서 경험하였던 구체적인 하나님 만남과 하나님 인식의 전승에 대한 신앙고백적인 또는 신학적인 응답으로서의 '감사'요, '찬양'이라고 하겠다. 그러므로 시편 시인의 '감사'(토다, תּוֹדָה)는 단순한 "인사형 반응"(greeting response)이 아니라 야훼의 구원섭리와 창조질서의 섭리와 은총에 대한 환희의 응답이라고 하겠다. 그러므로 시편에서는, 감사는 곧 찬양인 것이다. 이것은 이스라엘 제의 신학이 일구어 놓은 신학의 금자탑들 중의 하나라고 할 만하다.

둘째, 시편 시인의 **이러한 "선언적 찬양"은** 불가피하게 야훼 하나님에 대한 **"서술적 찬양"으로 전이(轉移)되어**, 구원사와 창조사 신앙으로부터 연역(演繹)된, 이른바 "서술적 찬양의 나열형식"으로도 또한 나타나게 된다. 이러한 서술형 찬양에서는 주로 야훼 하나님의 본질에 관한 서술문들(ki[כִּי]-clauses)이 그 주도적 기능을 한다. 예컨대, 시편 100: 3, 5는 각각 명령형 찬양 초대문(1-2절과 4절)의 요청에 이끌림을 받아 찬양(감사)의 참 내용을 나열 서술하는, 이른바 고도로 정제(精製)된, 즉 신학화(化)된 야훼 하나님에 대한 (a) 4+4+3 리듬을 가진 신앙고백문(3절)과 (b) 4+3 리듬을 가진 신앙고백문(5절)을 제시하고 있다. 이 두 고백문(כִּי-clauses)은 각각 야훼의 본질에 대한 근본 인식을 세 가지씩으로 열거하여 서술하고

---

234) G. von Rad, *Old Testament Theology*, vol. I, 175-179.

235) G. von Rad, *Genesis*(London: SCM Press, 1961, 1970), 43-44; *idem, Old Testament Theology,* vol. I, 136-153, esp. 136-140.

236) G. von Rad의 "거룩한 전쟁" 전승에 관한 해석학적 접근에 대한 N. K. Gottwald의 비판("'Holy War' in Deuteronomy: Analysis and Critique," *Review and Expositor: A Baptist Theological Quarterly*, vol. LXI, 1964, 296-319; *idem*, "War, Holy," *IDB Suppl.*, 942-944)은 그 접근 시각의 다름만을 드러냈을 뿐으로 보인다. 폰 라트의 견해는, Gottwald의 접근법과는 다르게, 그 해석학 접근에 그 초점이 있었다.

촉구하는 성격을 띤다.

(a) 3절은 1. 야훼가 바로 다름 아닌 참(유일한) 하나님이시라는 것, 2. 야훼는 우리를 지으신 분이시고 우리는 그의 것이라는 것. 3. 우리는 그의 백성이고 그가 기르시는 양떼라는 것을 아는(인식하는) 것이 '찬양'의 본질[237]이라는 것을 촉구하고 있다.

1. 여기서도 가장 중요한 진술은 역시 "야훼만이 하나님이시다"라는 선언이다. 이 선언을 통하여 비로소 "하나님"이라는 말이 암시하는 그 현실이 신앙인의 눈에 충만한 형태로 드러나게 된다. "야훼가 바로 하나님이시다."라는 이러한 히브리어 관용구, 즉 "야훼 후 [하]엘로힘"(יהוה הוא [ה]אלהים)[238]이라는 문구는 이스라엘 예언운동의 초기 영웅인 엘리야가 갈멜 산상에서 바알 종교와 대결하면서 참 하나님이 누구이신지를 가려내는 투쟁을 할 때, 이스라엘 [온] 백성을 향하여 외쳤던 말이며(왕상 18:39) 또한 솔로몬이 예루살렘 성전을 처음 건축한 다음 성전 봉헌기도를 드리고 축복 기도를 할 때도 그 기도 결론부에서 외쳤던 말(왕상 8:60)이다. 이 두 본문은 모두 신명기적 역사가(dtr)의 역사신학/역사철학을 반영하고 있는 표준구(標準句, locus classicus)로서 야훼의 유일신성(唯一神性)을 증언하고 있는 공식 어투라고[239] 하겠다. 그러나 그 전승의 역사는, 미리암의 노래를 통해서 추론해 볼 때,[240] 순수 문체적 관점에서 보면 그것을 분명히 후대의 것으로 볼 수 있는 부분들이 많이 있지만, 전승사적으로 소급해 보면, 그러한 신앙의 발현 역사는 이스라엘에게 있어서도 주전 13-11세기만큼[241]이나 고대로 거슬러 올라갈 수 있다. 그러나 하나님의 이러한 유일신 신앙적 현실은 시편에서는 후기(포로 후기?)에 가서야 뚜

237) A. Weiser, *The Psalms*, 646.

238) 김이곤, "야훼 후 하엘로힘", 『구약성서의 신앙과 신학』, 206-226.

239) S. J. DeVries, *1 Kings*(Waco: Word Books, 1985), 121-128, 226-231.

240) F. M. Cross & D. N. Freedman, "The Song of Miriam," *JNES*(14, 1955), 237-250.

241) W. F. Albright, *The Biblical Period From Abraham to Ezra*(New York: Harper & Row, 1949, 1963), 21; *idem, From the Stone Age to Christianity* (New York: Doubleday & Co., 1940, 1957), 270-271; *idem, Yahweh and the Gods of Canaan*(Winona Lake: Eisenbrauns, 1968), 11f.

렷한 발전을 보였는데, 포러(G. Fohrer)는 이 시들을 "유일신론적 찬양시"[242]라고 하였고(시 47; 93; 96; 97; 98; 99편), 다른 대부분의 학자들은 이 유일신론적 찬양시들을 "야훼의 대관식 시"라고 명명하였다. 야훼만이 유일한 하나님이시다라는 신앙은 그러나 시편에서도 포로기 이후의 대관식 시들에서 처음으로 나타난 신앙이라고 볼 수는 없다. 시대적으로 앞선 것으로 보이는 탄원시들의 신학적 기조도 일종의 "실천적 유일신 신앙"으로 무장되었다는 것을 우리는 탄원시의 부름, 탄식, 기원, 신뢰, 맹세 등이 전적으로 야훼만을 겨냥하고 있다는 사실에서 이미 인지하고 있다. 이러한 시편 시인들의 하나님 이해의 현실은 그 오랜 제의전승의 역사를 통해서 인간에게는 보호받고 구원받아야 할 '피조물'이라는 의식을 깨우쳐 주고 있다. 즉 인간의 자기 능력에 대한 확신과 그 독립적 가치라는 것이 야훼 인식과 마주치게 되면 곧 사라지게 된다는 것을 탄원시에서뿐만 아니라 찬양시에서도 분명하게 드러난다. 시편 100:3b는 이것을 입증하고 있다.

2. 시편 100편 시인은 야훼 그가 유일한 하나님이시다라는 것을 언급하자마자 곧 인간은 피조물이며 인간이 곧 자기 창조자는 아니라는 것,[243] 그리고 인간은 단지 "그분의 것"(로, לוֹ, his)[244]에 불과하다는 것을 이 서술적 찬양의 고백에 의하여 고백하는 것이다. 이것이 역사를 통하여 "구원의 하나님과 창조주 하나님을 만나는 경험"을 한 자들이 그를 지으신 분을 향하여 말할 수 있고 또 말하여야 하는 가장 본질적인 길이다. 이러한 인간고백(토다, תּוֹדָה)이 또한 하나님 고백과 함께 찬양(감사)의 본질이다.

여기서, 즉 시편의 제의 신학에서 우리는 역사의 유일하신 주 하나님 신앙과 창조주 하나님 신앙이 매우 자연스럽게 만나는 것을 본다. 즉 유일하신 야훼 하나님은 우리를 지으신 분이시므로(후 아사누, הוּא עָשָׂנוּ) 우

242) G. Fohrer, *Introduction to the Old Testament*(London: S. P. C. K., 1970), 285-293.

243) 시편 100:3의 ולא אנחנו를 MT의 Ketib에 따라 읽는다면 이런 의미로 읽을 수 있다.

244) 시편 100:3의 ולא אנחנו를 MT의 Qere(Aquila, Targum, Hieronimus)에 따라 읽는다면 이런 의미로 읽을 수 있다.

리가 찬양 드려야 한다는 것이다. 밀러(P. D. Miller)는 하나님의 창조 활동과 역사 활동은 하나님의 전체 활동하심의 하나의 통전체(a whole)에 속하는 것이며 그것을 말해 주는 가장 대표적인 예로서 시편 136편, 104편 그리고 147편 등을 출애굽기 15:13(cf. 신 32:6)과 연관시키면서 그 예로 들고 있다.[245] 특히 시편 147편(선언적 찬양시)의 경우, 야훼 하나님의 창조주 되심에 대한 찬양과 전쟁 용사 되심에 대한 찬양을 함께 고백함으로써(특히 8-11절 참조) 창조사 주제와 구원사 주제가 상호작용(interaction)하고 있음[246]을 보여 주고 있는 것은 주목할 만하다.

3. 이러한 창조주 신앙고백(cf. "우리는 그의 것"이라는 고백)은 자주 계약신앙으로 연결된다. 즉 "우리는 그의 백성이다!"(아나흐누 암모; אנחנו עמו)라는 고백이 곧 뒤따른다. 이러한 계약 신학적 표현은 또한 은유적으로는 "그가 기르시는 양떼이다"라고도 표현된다. 창조주 신앙을 통하여 자신이 창조주의 소유물이요, 창조주가 기르시는 양떼요, 그의 백성이라는 신앙으로 이르는 것은 창조주에 대한 경외심의 당연한 귀결이라고 하겠다. "우리는 그의 것이다"라는 계약적 성격의 신앙고백은 그러므로 이러한 문맥에서 볼 때 찬양의 본질에 속한다고 하겠다. 왜냐하면 창조주로서의 하나님 찬양 속에는 창조주에 대한 이러한 소속 의식이 그 기저에 스며 있었기 때문이라고 하겠다.

이러한 서술적 찬양은 "감사하라"는 명령식 권유(시 100:4)를 받으면, 즉시 인과(因果) 구절(כי-causal phrases)에 실린 "의전상의 찬양 공식문"(a liturgical formula, 시 100:5)으로 어렵지 않게 연결된다. 이러한 공식문은 과거 경험에 대한 고백문을 기초로 하여 인식된 하나님의 본성과 본질에 관한 서술문형을 갖추게 되고, 회중은 이 신앙고백을 공유하며 찬양 노래로 응답한다. 개인의 고백도 공동체의 고백이 된다. 이때의 개인은 이스라엘 공동체 안에서 자기 고유의 공간을 가지면서 동시에 상당한 수준의 자유를 누리는데, 헬라적 심리학이 아니라 히브리적인 심리학을 통하여 보면 그 둘 사이의 융합(synthesis)을 쉽게 파악할 수 있다. 이른바, 공동체

245) P. D. Miller, "Enthroned on the Praises of Israel-The Praise of God in the Old Testament Theology", *Int*, Jan. 1985, 5-19, esp. 14-16.

246) H. -J. Kraus, *Psalms 60-150*, 557.

가 된 개인(=개인화된 공동체)이라는 개념이 등장하는데, 이를 가리켜 우리는 로빈손(H. W. Robinson)이 제안한 "연대적 개인"이라는 용어를 사용할 수 있다.[247] 이러한 현상은 시편에서 시인이 "나" 또는 "우리"라는 주어로 잦은 교체가 일어나는 곳(cf. 시 22:1-2[2-3], 3-5[4-6], 6-18[7-19])에서와 그리고 제왕시(royal psalms)에서 자주 발견된다.[248]

서술적 찬양시의 신학적 요약은 인과 구절에 나타나는 야훼 하나님의 본질 서술에서 발견할 수 있는데, 이 서술이 서술적 찬양시의 중심점이라고 할 수 있다. 그리고 그 서술어들은 매우 다양하다. 그러나 하나님의 본질(the nature of God)에 관한 대표적 공식 서술어들은 구약의 전통에 따르면 출애굽기 33:18-34:6으로부터 "선하심"(토브, טוב), "긍휼/자비"(라훔, רחום), "은혜"(한눈, חנון), "인자/신의"(헤세드, חסד), "진실"(에멧, אמת)을 예상할 수 있다.[249] 그러나 시편 100:5에서는 "선하심"(토브), "신의/인자"(헤세드), 그리고 "신실"(에무나, אמונה)로 요약되고 있다. 이 언어들은 이스라엘의 신학적 사유(思惟)가 야훼의 창조 섭리와 구속사적 섭리를 통하여 인식한 신 인식의 그 절정이요, 고도의 신학과 문학을 통하여 첨예화된 그 결과로 이루어진 "문형"(文型, formula)이라고 할 수 있다(출 34:6[J];민 14:18[JE]; 시 86:5, 15; 103:8; 111:4; 112:4; 116:5; 145:8; 대하 30:9; 느 9:17; 욘 4:2).[250] 그러나 여기 시편 100:5에 나타난 언어들은 이러한 이스라엘의 전통과 평행이 되지만, 주로 계약/선택 전승과 긴밀한 관련을 갖고 있다. 특히 "인자/신의"(헤세드)의 경우가 그러하다. 이 언어

247) H. W. Robinson, *Corporate Personality in Ancient Israel*(Philadelphia: Fortress Press, 1964, 1980), 45-60. Cf. E. Balla, *Das Ich der Psalmen*, FRLANT 16(Goettingen, 1912); H. H. Rowley, "Individual and Community in the Old Testament," *Theology Today*, vol. XII, Jan. 1956, no. 4, 491-509.

248) S. Mowinckel, *The Psalms in Israels Worship,* 2 vols., vol. I, 42-80, 225-246.

249) B. S. Childs, *The Book of Exodus*(Philadelphia: The Westminster Press, 1974, 1976), 612에서 차일즈는 이 formula를 가리켜서 "하나님 이해의 중심점에 대한 웅변적인 증언"이라고 말하였다.

250) M. Noth, *Numbers*(Philadelphia: The Westminster Press, 1968), 109; H. W. Wolff, *Joel and Amos*(Philadelphia: Fortress, 1977), 49.

는 야훼 하나님의 "본질"[251]을 설명하는 대표적 언어라고 할 수 있다. 야훼 하나님의 이 본질, 즉 "헤세드"는 야훼 하나님께서 인간에게 베풀 수는 있어도 인간이 하나님에게 베풀 수는 없는 "야훼의 바로 그 본질"(the very essence of Yahweh)로서 선하심('토브', טוב), 은혜('한눈', חנון), 긍휼/자비('라훔', רחום), 신실('에무나', אמונה), 진실('에멧', אמת) 등과 평행어로 사용되고는 있으나 그 어떤 평행어보다 "계약"(뻬리트, ברית)과 더 가까운 말이다.[252] 그런 의미에서 볼 때, 서술적 찬양시나 선언적 찬양시나 탄원시나 그 어디에서도 이스라엘 공동체의 야훼 서술의 중심부에는 "헤세드"가 등장한다. 왜냐하면 이스라엘 공동체가 가장 바라는 것은 야훼께서 이스라엘에게 하신 약속과 맺으신 계약에 영원토록 성실하시는 것이기 때문이다. 그것은 야훼의 위대하신 창조행위와 역사행위를 총망라해서 회상하는 옛 계약 공동체의 서술적/명령적 찬양시(시 136편)가 매절(每節) 후반부에서 똑같은 후렴구를 반복할 때, "그의 헤세드가 영원하기 때문에"(키 레올람 핫스도)라는 말로 감사의 이유 구문을 제시하고 있다는 데서 잘 인식할 수 있다. 경건한 신앙인의 존재 근거는 야훼의 이 "헤세드"가 영원함에 근거하고 있다는 것이다. 우리가 야훼께 감사함은 전적으로 야훼의 이 헤세드(인애, 자비, 한결같은 사랑, 인자)가 영원하기 때문이다. 그러므로 인간의 하나님 찬양(감사), 신앙고백, 기원(탄원)의 근본 목적은 야훼 하나님의 계약적 신의를 널리 찬양하고 선포하며 하나님과의 계약관계를 유지하기 위함에 있다고 하겠다.

이렇게 하여 **시편에 나타난 하나님을 향한 "탄원 및 찬양"의 응답은 이스라엘의 구원 역사**(육경/ 신명기적 역사서[dtr]/ 그리고 역대기적 역사서[chr]에 나타난 창조적 구원사와 생명 창조와 보존의 행위, magnalia Dei) **에 대한 "응답의 신학"**으로서의 분명한 자리 매김을 확고하게 확립하였다고 하겠다. 그러므로 이 모든 "탄원과 찬양의 응답"을 요약 정리할 수 있

251) C. Westermann은 이 언어를 "속성"(attribute)이라는 범주에 넣는 것은 적절치 않다고 하였다. 즉 그것은 특수한 관계양식에 항상 선행(先行)하는 것이라고 정의하였다. *Praise and Lament in the Psalms*, 120-121.

252) H. -J. Zobel, "חסד," *TDOT*, vol. V, 44-64, esp. 62-64.

는 '송영'(誦詠)은 **"야훼가 유일무이한 왕(통치자, 구원자, 용사)이시다!" (יהוה מלך)라는 야훼의 유일한 왕권/통치권**(divine imperium)을 선포하는 것을 주제로 하는 후대의 시들로부터 더 잘 읽을 수 있다는 것은 매우 당연하고 자연스러운 것으로 보인다(시 93:1; 96:10; 97:1; [98:6]; 99:1, cf. 시 47:2[3], 7-8[8-9]; 95:3). 이 시들을 "대관식시"로서 분류하는 초기의 견해, 특히 모빙켈(S. Mowinckel)의 견해는 여기서는 배제한다. 이 시들은 야훼의 유일 신적 왕권과 유일한 주권을 찬양하는 시로 분류된다(cf. G. Fohrer).[253]

더욱 놀라운 것은! "야훼의 유일하고도 영원한 왕권"에 대한 이러한 송영 형식의 이스라엘의 신앙고백적인 **찬양시적(詩的) 응답**은 구약 최고대의 문헌으로 평가될 수 있는 "미리암의 노래"(출 15:1-18, 21; 주전 12-11세기)에서부터 시작하여(출 15:18, 영원한 divine imperium 선포), 이스라엘 제의 역사의 최후대에 속하는 포로 후기의 시들인 "야훼의 유일한 왕권"(divine imerium) 찬양의 시군(詩群; 시 93, 95-99편; 포로 후기의 시들[포로 전기 가설은 배제함])으로 계승되어서 마침내는 "야훼를 찬양하라!(할렐루야!)"라는 "제의적(祭儀的) 외침"(cultic ejaculation)을 주제로 하는 시 그룹인 시편 103-149편, 좀더 엄밀히 말하여서는, "할렐루야 시 그룹"인 시편 105-106, 111, 113, 116-117, 135-149편에서 제의적 응답으로 마무리한(결론 지은) 다음, 마지막으로 야훼 하나님의 구원사적 선제 행위(先制行爲: magnalia Dei)의 선포인 시편 1-2편(육경, dtr 그리고 chr을 "말씀"[토라, 따발, 로고스]을 대행하는 **서문; 시편의 대서언,** preamble)에 짝 맞추는, 이른바 **"마감 송영" 인 시편 150편(할렐루야의 외침)**으로 결말을 내리고 있는, 이른바 시편이 갖고 있는 이 "제의적 **응답 신학**의 신학적 구성틀"(theological framework of cultic doxology)은 구원사적 성격을 띤 구약 성서신학의 구성틀("고난의 부르짖음 → 구원의 응답"이라는 구원사 신학의 틀[254]) 그 자체라고도 할 만하다 하겠다. 그러므로 시편 신학의 그 구성틀은 다음과 같이 간결하게 도식화될 수 있을

253) *Introduction to the OT*, 288-291.

254) Cf. Ee Kon Kim, " 'Outcry': Its Context in Biblical Theology", *Int.*, 42/3(July 1988), 229-239.

것이다.

야훼 하나님의 위대한 행적(magnalia Dei; 육경/dtr/chr) → (1) 시편 1-2편의 אשרי … אשרי → (2) 탄원의 **응답**/찬양의 **응답**: 시편 3-149편 → 할렐루야 … 할렐루야 시 150편.

3) 시편 서론의 신학(시 1-2편)

시편 1-2편이 시편 편집의 역사에서, 아마 제일 나중에 결합되어 왔을 것이라는 생각은 일반적으로 보편화된 상식이다. 오경 편집에 있어서도 그 맨 앞에 자리 잡은 사제문서(P) 부류가 실제로는 제일 후대의 것이었던 것처럼 시편 맨 앞의 두 시도, 편집사적으로는 맨 후대에, 이미 있던 시편 편찬물과 결합되었으리라는 판단이 설득력을 갖고 있다. 그러나 오경에서의 사제문서가 오경 편집에서 끼쳤던 기능과는 많이 달랐던 것으로 판단된다. 우선 시편 1-2편은, 오경의 사제문서처럼, 시편의 수집, 편집, 책이 되는 과정에서 맨 끝에 시편의 서론이 되기 위하여 저작된 것은 아니었다는 점을 생각해 볼 수 있다. 시편 1편의 경우, 시편의 다른 시들과는 그 분위기가 전혀 다르게 "리듬을 가진 산문"처럼 보이며 그 박자가 전적으로 불규칙적이다. 그래서 크레이기(P. C. Craigie)는 시편 1-50편 주석에서 유일하게 시편 1편만 박자를 붙이지 않았다.[255] 그리고 운율의 문제만이 아니라, 시편 1-2편은 시편 3편으로부터 시작되는 시 수집물들의 분위기(탄원시 편찬물 + 찬양시 편찬물)와는 전혀 다르게(!) 그 처음부터 공중 예배에서 사용할 목적이 없는 비제의적인 지혜문학권에서 창출한 지혜교훈의 시이다. 하나님의 행위에 대한 제의적 응답이 아니다. 특

255) P. C. Craigie, *Psalms 1-50*(Waco: Word Books, 1983), 57-62, 특히 58-59에서 그는 시편 1편의 이러한 현상을 지적하면서, Bullough의 견해("plain rhythmic prose")를 소개하고 있다.

히 시편 1-2편은 "아쉬레"("행복하도다!", אַשְׁרֵי)라는 비제의적(=세속적, 비의전적)인 성격의 복을 비는 세속적 조문(secular formula)—빠룩(בָּרוּךְ)이라는 제의적 축복사와는 아주 다른 조문—으로 앞과 뒤를 싸고 있는 형식(inclusio)의 자료로서, 뒤잇는 시편 시 자료집과는 성격상 완연히 구별된다.

초기 기독교 전승(행 13:33)에서는 1편과 2편이 시편에서 어느 위치에 있었는지를 몰랐을 정도로[256] 기독교 역사 초기와 그리고 유대교 경전이 확정되기 이전에 경전적인 가치를 가진 자료들(경전 후보자료 군[群])이 순환되고 있을 무렵엔 시편 1편과 2편이 상당히 높은 경전적인 가치를 가진 거룩한 문서로 널리 지지를 받았던 경전적인 자료였을 것으로 보인다. 그러므로 시편 1편과 2편은 시편 편집이 완료될 당시에 편집자가 시편 서론을 만들기 위하여 일부러 썼을 가능성은 전혀 없다고 하겠고 또 시편 수집물들이 모아지던 '초기에는' 시편 편집자의 손에 이 시편 1-2편이 없었을 것이 확실하다.

특히 경 외의 책 시락(Sirach) 24:12-17, 23 이하와 바룩(Baruch) 3:9-4:4에 나타난 용어들과 표현들이 시편 1-2편의 그것들과 매우 유사하다는 점으로 미루어 볼 때, 이 시편 1-2편은 주전 2세기로부터 주후 1세기 사이에 순환되던 경전적인 가치를 가진 지혜자 서클의 자료들 중에 들어 있었고 널리 민중 사이에 많은 인기를 누렸던 자료였는데, 그것을 시편 최종 편집자가 시편 서론으로 사용할 목적으로 가지고 들어온 자료였을 것으로 보인다.[257]

그러므로 이 시편 1편이 메시야 시의 성격을 띤 시편 2편과 함께 "아쉬레" 인클루시오('ashre inclusio) 형식을 빌려서 결합되어 시편 전체의 '서론'으로 채용되었을 것으로 보인다. 따라서 이 시편 1-2편은 시편이라는 거대한 편찬물의 '서론'으로서의 그 기능을 담당할 수 있는지가 신학

256) 어떤 사도행전 13:33 자료에서는 시편 2편을 인용하면서 시편 1편이라고 잘못 말하고 있었다. 그러므로 초기 기독교 교인들은 1편과 2편을 하나의 시로 여겨왔었다. 우리말 성서는 이를 바로잡아 놓은 것임.

257) Cf. G. T. Sheppard, *Wisdom as a Hermeneutical Construct*(Berlin & New York, Walter de Gruyter, 1980), 142-143.

적으로 철저히 검토되었을 것이다. 그런 점에서 볼 때, 시편 1-2편은 아마도 시편의 서론이 되기에 충분한 어떤 신학적 동기를 이미 가지고 시편에 들어온 것이라고 볼 수 있을 것이다. 자세한 것은 주석에서 충분히 다루어질 문제이지만, 시편 1-2편은, 그런 문맥에서 볼 때 "아쉬레"(אשרי, "…하는 자[들]는 복이 있다")라는 말로 앞과 뒤가 둘러싸여 있다는 점에서 "행복한 사람들"이 취할 삶의 방식을 후세대에게 지시하려는 의도를 가지고 시편의 서론이 된 자료라고 볼 수 있을 것이다.[258]

분명 시편 3편으로부터 시작되는 상당한 부피의 '탄원시'에 자주 등장하는 경건한 탄원 시인들과 하나님의 '원수' 사이의 긴장 개념을 염두에 두고 생각해 볼 때, 그 탄원시들의 탄식 상황은 야훼 하나님과 그의 기름부음을 받은 왕(Messianic king)에게 대적하는 이방 나라들의 군왕들과 통치자들이 일으키는 음모와 반역의 긴장을 보면서 울부짖는 시편 2편 시인의 탄식 상황(히브리어 '어찌하여?'='라마', למה)과 정확한 상응을 이루면서 동시에 2편의 시인은 탄원 시인들의 그러한 상황을 매우 간명하게 요약하고 있음이 분명하다.[259] 그러나 시편 서론으로서의 시편 2편은 이 "어찌하여?"('라마', למה)[260]라는 전체 탄원시들의 탄원을 '해결'할 길을 제시할 의무와 그런 대답을 대답해야 할 위치에 있다고 하겠다. 실제로 시편 2편은 결단코 음산한 경고만을 던지는 것으로서 그의 시를 마감하지 않고 있다. 그 대답은 마지막 절의 "아쉬레"("복있는 자는") 조문을 통하여 대답하고 있다. 즉 "그분(야훼) 안에 모든 피난처들을 가진 자들[=야훼를 의지하는 자들]은 모두 복 있는 자들이다"라고 결론 짓는다.

이러한 결론은 시편 1편에서도 그 서두의 "아쉬레 문장들" 안에서 나타난다. 즉 의인들이 피하여야 할 곳은 시편 2편의 결론처럼 오직 "그분[야훼] 안에"(뽀, בו) 있는 것과 같이(시 2:12c) 시편 1편에서도 악인들의 모의에 동참하지 않고 죄인들의 길에 동행하지 않으며 오만한 자들과 동서하지 않는 것이, 즉 사악한 자들의 모든 생활 방식을 피하여야 하는 그 곳이

258) G. T. Sheppard, *ibid.*, 136-144.

259) Cf. P. C. Craigie, *Psalms 1-50*, 65-69.

260) M. Dahood는 1절의 "라마"(어찌하여, למה)가 시 3:1[2]에서처럼 여기서도 2절에까지 확대, 영향을 끼친다고 본다. *Psalms 1-50*, 8.

라는 것이다. 그 피하여야 할 곳은 시편 2:12와 대칭적 동의 평행을 이루는 곳, 곧 밤낮으로 율법을 끊임없이 "읊조리는 곳"(예흐게, יהגה)이다. 놀랍게도 시편 1:2b의 율법을 "읊조리다"(הגה, '하가')라는 용어는 시편 2:1b의 "헛된 일을 '꾸미다'(הגה, '하가')"라는 말에서 반복된다. 즉 율법을 "읊조리는 것"(시 1:2b)과 뭇민족들이 헛된 것을 꾸미며 "읊조리는 것"은 대칭평행을 이룬다.[261] 그러므로 진정한 행복을 추구하는 사람들은 악인들이 악한 모의를 꾸미며 늘 헛된 것을 "읊조리는 것"과는 대조적으로 율법을 밤낮으로 "읊조리는 것"이다.

여기서의 '율법'은, 그러나 시편 전체의 서론이라는 문맥 안에 있다는 점을 고려할 때, 그것은 율법 조문들보다는 인간 삶의 지침으로써 하나님께서 인간에게 주시는 "삶의 지침"(指針; 화살 촉)이다. '말씀', 즉 '다발'(דבר)이요, '로고스'(λόγος, 요 1:1)이며 하나님의 '사건'(magnalia Dei)이다. 하나님의 말씀은 곧 하나님의 사건인 것이다. 시편 탄원시와 찬양시가 곧 이 하나님의 사건으로서의 '말씀'인 것이다. 이렇게 하여 시편 1편은 시편의 장르와는 전혀 다른 장르에 속하여 있으면서도 시편 2편과 함께 시편(=기도와 찬양)의 서론이 되었던 것이다. 시편 전반부의 탄원의 시들(=시 2:1-3)에 대한 응답으로서의 '서론'은 시편 2:4 이하(하늘 보좌에 앉으신 이가 웃으심이여! …)이듯이, 시편 후반부의 찬양(declarative & descriptive=시 1:1)에 대한 응답으로서의 '서론'은 시편 1:2 이하(토라를 즐거워하며, 밤낮으로 토라를 읊조리는 자이다…)인 것이다. 시편 1편과 2편은 이렇게 하여 시편의 대서론 기능을 하는 것이다.

261) 김이곤, "시편 1편의 הגה와 נבל의 번역 문제," 『시편: 노여움은 잠깐 은총은 평생』(서울: 한국성서학 연구소, 1999), 273-282.

4) 시편 결론의 신학(시 150편)

이 결론의 찬양시 150편이 갖는 중대한 의의(意義)는 그것이 단지 시편 146편에서 시작되는 "할렐루야 시 시리즈의 결론이라는 점에 있다기보다는 **모든 언어**(탄원, 찬양, 감사, 고백, 맹세)**가 모두(!) 다 하나님을 "찬양하는 언어" 일 수밖에 없다는 것**을 지시하되 호흡이 있는 자는 누구나 빠짐없이(우주적으로) **모두** 하나님을 찬양하라고 명령(찬양하는 자)하면서[262] 시편 전체를 마감하는 하나의 대(大) 마감 송영(closing doxology) 역할을 한다는 점에 있다. 그리하여 이 시는 또한 할렐루-야[후], 즉 문자적으로는 "야[후](야훼의 initial)를 찬양하라"는 권고 명령을 지상[성전]과 하늘[성전] **모두**에서 하라는 것이고(찬양 장소), 그리고 일곱 개[완전수][263]의 악기(나팔, 비파, 수금, 소고[북], 현악기, 피리[퉁소], 그리고 제금[cymbals])를 **모두**[264] 동원하여 연주함으로(찬양 방법) **하나의 거대하고도 완벽한 오케스트라**가 되도록 하되 오직 야훼의 권능과 그의 위대하신 행적(magnalia Dei)만을(찬양 내용) 찬양하는 찬양이 되도록 하라는 의미를 갖고 있다고 하겠다.

이 결론의 찬양시 150편은 이렇게 하여 시편이라는 거대한 찬양집의

262) "하나님(엘, אל)을 찬양하라"는 말(הללו־אל)로 시작하여 "야를 찬양할지어다"(תהלל יה)라는 말로 끝나는 찬양 명령의 노래는 매 구절체를 "그분을 찬양하라"(הללוהו)라는 말로(9회) 시작하는 것을 반복한다. 그러나 이 노래 전체는 또 한 번 더 "할렐루 야"(הללו־יה)라는 말로, 앞의 "할렐루야 시" 시리즈(시 146-149편) 앞뒤로 감싼다.

263) S. Terrien, *The Psalms*(2003), 928. "no doubt by respecting specific numbers."

264) H. Gunkel, *Die Psalmen*(Goettingen: Vandenhoeck & Ruprecht, 1892, 1968), 623에서 궁켈은 150:3-4에 나오는 악기들이 역대기에서 나오는 악기들을 다 언급하지 못한 점으로 미루어 시편 150편이라는 결론부를 붙이는 시편 편집의 최종 단계가 역대기서의 편집보다는 후대로 보아야 한다는 Gressmann, *Musik im AT*, 28f.의 견해를 따라간다. Cf. S. C. Allen, *Psalms 101-150*(Waco: Word Books, 1983), 323.

진정한 결론이 되려고 하였다. 이러한 노력이 낳은 신학적 낙수(落穗)들은 대강 다음 몇 가지로 정리할 수 있을 것이다. 1. 하나님 찬양은, 베스터만이 일찍이 깨달았던 것처럼,[265] 탄식, 기원, 찬양, 감사, 신뢰 표현, 확신, 맹세, 토라 찬양 등을 모두 다 포함하고 있기 때문에, 실제로는 그 모두가 다 하나님 찬양이라는 것을 이 시의 우주적 찬양 초대가 명시해 준다고 하겠다. 2. '할렐-야'라는 말로 앞뒤를 감싸고 있는 그 내용이 매 구절체를 "그분을 찬양하라!"(할렐루-후)라는 말로 시작하게 하되(9회) 첫 구절체는 '엘'(אל)을 찬양 대상으로 제시하고 마지막 구절체는 '야'(יה)로 찬양 대상으로 제시함으로써 '엘'과 '야훼'가 **모두 다**(!) "할러루-후"라고 할 때의 그 '후'(הו, Him)를 가리키는 것으로 엄격하게 결론 지었다는 점은 매우 주목할 만하다. 엘과 야훼는 이스라엘 역사 초기부터 시편 제의 시집이 완료될 때까지 줄곧 아무 갈등 없이 한 분으로 일치되어 왔다는 것은 진실로 하나의 놀라움이다.[266] 이 사실은 실천적 유일신론 이론(Albright와 그의 제자들의 주장)의 정당성을 다시 한번 더 입증해 준다고 하겠다. 3. 하나님 찬양의 내용은, 시편 150:2의 요약 및 총화에 의하면, "그분은 위대하신 일을 하시는 분이시다"는 것(gebhuroth, גבורת, 하나님의 창조적/구속적 행위들[267])과 "그분은 지극히 위대하시다"는 것('롭 꾸들로', רב גדלו, 창조적, 역사적 사건들과 관련한 서술/묘사[268])으로 요약되어 있다는 것이다. 우리는 그분의 그 크심과 크신 행위 때문에 그분을 찬양하지 않을 수 없다는 것이다. 이 고백(todah)은, 폭풍 속에 나타나신 하나님 앞에 무릎을 꿇는 욥처럼(욥 40:6), 우리가 갖고 있는 모든 신학적 사변을 하나님 앞에서 무(無)로 돌리고 그분만을 찬양하게 만드는 것이다.

---

265) C. Westermann, *Praise and Lament in the Psalms*(Atlanta: John Knox Press, 1981)는 이러한 결론을 내리게 하는 데 결정적인 공헌을 하였다고 생각된다.

266) 김이곤, "야훼와 엘", "토착화 신학의 성서적 전거", 『구약성서의 신앙과 신학』, 177-188, 189-206.

267) H. Kosmala, "גבר, גבורה," *TDOT*, vol. II, 367-382.

268) R. Mosis, "גדל," *TDOT*, vol. II, 390-416.

II. 본문 주석

1. 복 있는 사람 1(1:1-6)

¶ 본문

1 복 있는 사람은 악인의 꾀를 좇지 아니하며 죄인의 길에 서지 아니하
며 오만한 자의 자리에 앉지 아니하고(3+3, 3+3)
2 오직 여호와*의 율법을 즐거워하여 그 율법을 주야로 묵상하는 자로
다(4+4)
3 저는 시냇가에 심은 나무가 시절을 [좇아]** 과실을 맺으며 그 잎사귀
가 마르지 아니함 같으니 그 행사가 다 형통하리로다(3+2, 3+2)
4 악인은 그렇지 않음이여 오직 바람에 나는 겨와 같도다(2+2+3)
5 그러므로 악인이 심판을 견디지 못하며 죄인이 의인의 회중에 들지

* 이 주석서의 본문에서는 개역에 따라 "여호와"라는 신의 이름을 그대로 쓰겠으나 성서본문을 떠난 그 이외의 모든 글들에서는 이 "여호와"를 신·구교 공동번역에 따라 "야훼"라고 쓰겠다. 이 이름의 정확한 발음은 정확하게 알려지지 않고 있다. 그러나 "할렐루-야[후]"라는 말에서 추론할 수 있는 대로 "야-[ㅎ]" 또는 "야후"로 시작하는 이름인 것은 확실하나 "전체 이름"(name in full)이 무엇인지는 어느 누구도 단언하지 못한다. 한국 학자들 사이에서도 "야훼"를 고집하는 사람도 있고 "야웨"를 고집하는 사람도 있으나 이 책에서는 본 주석자의 이론과는 별개로 "신·구교 공동번역본"에 따라 "야훼"라고 쓰겠다.

** 본문 중 [ ] 안에 들어 있는 본문은 히브리 본문에는 없으나 개역성서 역자가 본문상의 의미를 살리기 위하여 첨가한 부분임.

못하리로다(4+3)
6 대저 의인의 길은 여호와께서 인정하시나 악인의 길은 망하리로다
(4+3)

¶ 개요(비평학적 문제)

시편 1편은 시편 2편과 함께 시편 책 서두에 위치하고는 있으나, 바로 뒤이어 나오는 시편 3-41편의 방대한 "다윗 시집"과 그리고 그 뒤를 잇는 여러 시집들과는 매우 다르게, 표제(제목)를 갖고 있지 않을 뿐만 아니라 하나님을 향한 찬양, 기도, 감사 표현들을 그 내용으로 하고 있는 시편 시들의 통상적 성격과는 달리 "야훼의 토라"(torah)를 기리고 칭송하려는 의도를 가진 "지혜 교훈"의 성격을 뚜렷하게 하고 있기 때문에, 그것이 맨 앞에 나오는 그 위치 설정과 그 의의에 대해서 독자들로 하여금 상당한 의문을 느끼게 만드는 시(詩)라고 하겠다. 그러나 시편의 맨 끝 부분에 자리 잡고 있는 소위 "할렐루야 시집"("할렐루야"로 시작하여 "할렐루야"로 끝나는 시 묶음, 시 146-150편)도 또한 "표제"를 갖고 있지 않은 시 묶음임과 동시에 시편의 그 끝 또한 "표제"를 갖고 있지 않고 있어서 이 두 시 묶음(시 1-2편과 시 146-150편)은 일종 시 편집 역사에서는 후대에 이루어진 시편 전체 시집의 "인클루시오"(inclusio)의 역할을 담당하고 있음을 보는 것은 우리로 하여금 "시편 **편집자**"의 편집신학적인 손길이 여기에 크게 영향을 끼쳤을 것이라는 것을 강하게 인지(認知)하게 한다고 하겠다.

그리고 헬라어 신약성서 고대 사도행전 사본들(cf. d, gig, ph, 그리고 Bede에 의하면, 여러 라틴어 사본들까지도)의 사도행전 13:33(어떤 사본)은 시편 2편의 인용을 시편 1편의 인용이라고 말하고 있다(즉 2편을 1편으로 알고 있었다)는 점(*τῷ πρώτῳ ψαλμῷ γέγραπται*; *The Greek New Testament*, London: UBS, 1966, 468, fn. 33)은 시편 1편의 기원과 현재의 위치에 대한 의문을 더욱 가중시킨다. 우리말 성서를 비롯한 많은 초기 헬라어 사도행전 사본 및 현대 역본(譯本)에서는 사도행전 13:33을

"시편 둘째 편에"라고 바로 잡고 있음에도 불구하고, 여전히 탈무드(Talmud)에서는 아직도 시편 1편과 2편을 "하나의 시"로 간주하고 있다는 점은 매우 주목해 볼 가치가 있다(W. H. Brownlee는 대관의식에서 사용하기 위하여 하나의 시로 결합되었다고 보지만 그 근거가 빈약함). 시편 2편을 1편으로 인용한 사도행전 13:33의 어떤 사본에 나타난 문제를 이해하기 위하여서는 시편 주석가(Cf. C. A. Briggs, H. -J. Kraus, P. C. Craigie, J. W. Rogerson & J. W. McKay, A. A. Anderson, John Eaton et al.)들의 주석들을 참조하기를 바란다.

그러므로 시편 1편은 최종 편집자가 최종 편집의 때에 아예 시편 책 전체의 서문으로 사용할 목적을 가지고 작시하여 최종 편집 과정에서 덧붙인 것이 아닐까? 라는 추론이 생겨날 수 있다. 그러나 그 개연성(蓋然性)은 분명 매우 약한 것으로 보인다. 오히려 이와는 달리 이 시편 1편은 최후대의 저작물이라기보다는 최종 편집 시기보다는 다소 이른 시기에 이미 시편 전통과는 별개로 있었던 "어떤 다른 자료[지혜/교훈 문학 서클의 자료]로부터"(cf. A. A. Anderson) 가져오되 독립된 또 하나의 자료인 시편 2편과 함께 가지고 온 것으로서 최종 편집자가 시편 책 전체의 개요적(概要的) 성격의 서론(a precis)으로 사용한 시(詩)라고 볼 수 있다.

여기서 중요한 점은 이 시편 1편의 시가 시편의 다른 대다수의 시들처럼, 탄식의 부르짖음, 야훼의 역사적 구원행위에 대한 찬양과 감사 등의 표현들과는 전혀 다르게 주로 "율법"에 대한 강조와 그 율법에 대한 깊은 "반성의 숙고"가 절대 지배적 주제로 되어 있다는 점과 그리고 이러한 점은 후기 유대교 경건을 회상하게 해주는 점이라는 데에 있다. 뿐만 아니라, 그 문학형식("지혜문학" 장르)에 있어서는 현저하게 시편의 다른 시들과 구분되고, 그 근본 주지(主旨)인 "축복과 저주", "약속과 경고"는 이스라엘 계약(=언약) 신앙의 기초가 될 뿐만 아니라 구약성서 전반에 걸쳐서 되풀이되는 중심 신앙이기도 하다. 그리하여 우리는 이 시편 1편의 시가, 예수님의 "복"(福)에 관한 산상 설교(마 5:3-12)가 시도한 바와 같이, 인생의 길에 관한 최선의 안내 역할을 하는 시로서 이해할 수도 있고 동시에, 그 양식상의 특이성에도 불구하고, 감히 시편 전체의 "서론"(a sort of prolog, cf. H. -J. Kraus, *Theology of the Psalms*, 1986, 178) 또는 구약신앙의 "문지기"(a faithful doorkeeper, cf. D. Kidner, *Psalms 1-72*, 47)와 같은 기능을 한다고 이해하여도 좋을 것이다.

특히 이 시가 그러한 "서론적 기능"을 하려 하였다는 것은, 이 시편 1편의 시가 그 연속되는 시편 2편의 시와 함께 "복 있는 사람은"이라는 형식의 "행복을 기원하는 조문"(formula of well-wishing, cf. H. -J. Kraus, *Psalms 1-59*, 1988, 115) 어투('ashre, אשרי)에 의하여 "첫 절"과 "끝 절"을 감싸고 있는 구조로 엮었다는 사실에서 더욱 분명해진다(!).

시편 1편의 문학 양식은 "지혜 교훈시"로 분류될 수 있다. 왜냐하면, 이 시편 1편 시의 성격은, 대부분의 시편 시들과는 달리, 기도도 찬양도 신탁(神託)도 아니고 지혜의 가르침의 성격을 띠고 있기 때문이다. 특히 시냇가에 심은 나무 이미지와 그리고 서로 방향이 다른 "두 길"에 관한 이미지는 잠언서와 그리고 아주 초기의 이집트 문헌집들 속에서 쉽게 그 예들을 발견할 수 있는 지혜 교훈의 전통이 가지고 있는 특성이기 때문이다. 이러한 맥락에서 본다면, 이 시를 지은 자는 지혜와 토라를 가르치는 지혜교사 서클에 속하는 것으로 보는 것이 가장 무난할 것이다. 그러므로 이 시는 그 제의적 환경(cultic Sitz im Leben)을 식별하기는 어렵다고 하겠다. 단지 1:5에 나타나는 "의인의 회중"(עדת צדיקים)이라는 말이 무엇을 의미하느냐 하는 것이 문제인데, 즉 이것이 제의 공동체를 가리키는 것이냐, 아니면 전체 이스라엘이 아닌, 이른바 불경건한 무리들과 자신을 구별시키는 그 어떤 차별의식을 고수해 온 자들의 집단을 가리키느냐 하는 문제인데 대부분의 주석가들은 후자의 입장을 취하고 있다. 그러므로 이 시의 저작 연대를 주전 3세기(H. W. Wolff), 주전 마지막 세기(B. Duhm), 또는 포로 귀환민과 사마리아 공동체 사이의 긴장이 있는 시기(H. Gunkel) 등으로 보는 견해들이 있으나, 이 시가 전통적인 제의 환경(cultic Sitz im Leben)과는 매우 낯선, 이른바 "개인의 자율성"이 돋보이는 시(詩)인 것은 확실하다.

그런 점에서 이 시의 '박자'가 제의(祭儀) 시가 갖고 있는 규칙적인 모습을 보여 주지는 않는 것으로 보인다(이 부분에 관하여서는 H. -J. Kraus, *Psalms 1-59*, 114 참조). 그리하여 크레이기(P. C. Craigie)는 그의 시편 주석서에서(1-50편) 제1편만 박자 계산을 하지 않기까지 하였다. 심지어는 시편 1편을 시(詩)라기보다는 지혜 교훈의 '산문'(prose)이라고 보기까지 하는 학자도 있을 정도이다(cf. S. Bullough, *VT* 17[1967], 42-49). 그러나 거기에 나타나는 주요 단어들의 배열 상황, 소리의 일치 기법, 반복법적 운율 평행의 모방 등을 불규칙적이나마 여러 곳에서 볼 수 있는 것(1절의 경우, 2+2+2 박자에 3+3 박자를 덧붙인 것) 등은 단순한 산문체 낭독문이라기보다는 시편 최종 수집물에 **서론**으로 덧붙일 때, 리듬을 가진 노래로 불려지기에 적합한 시적 어법에 맞추려고 노력하였던 흔적이 엿보인다고 보는 것이 더 설득력이 있어 보인다. 이러한 상황은 이 시가 다소 오래된 토라 전승으로부터 최종 편집자가 그 마지막 단계에서 끌어와 [시 2편과 함께 대형 אשרי 문단을 만들어] 시편 전체의 서문(preamble) 역할을 하게 하였다고 추론하게 해준다(cf. P. D. Miller, *Interpreting the Psalms*, 41).

이런 점에서 볼 때, 이 시의 제의적(祭儀的) 삶의 자리(Sitz im Leben)는, 비록 그것이 후일에는 예배의 영역에서 자라났다고 하더라도, 불명료해지게 된다.

¶ 주석

1 **"복 있는 사람은"**(אשרי, 아슈레)이라는 말은 "화 있을지어다"(הוי, 호이)라는 공식어투(formula)와는 대극(對極)을 이루는 말로서, 여기서는, 시편 2편의 그 끝 절의 끝 소절과 상응(相應)하고 있다. 이러한 문맥에서 본다면, 시편 1편과 2편은 시편 전체의 '서론' 역할을 함과 동시에, 1편 첫 절과 2편 마지막 절에 의하여 인클루시오(inclusio) 형식으로 감쌈으로써 인간의 신앙적 삶의 양식의 **두 가지** 모형을 **"복 있는 사람"**으로서 규정하는 역할을 하고 있다고 하겠다. 그 하나는 시편 1편이 말하는바, (1) 악인(죄인, 오만한 자)의 계략과 의기투합하지 않고, 그 대신 하나님의 말씀(=율법)을 주야로 "읊조리는 사람"(표준새번역의 각주 참조)이 "복 있는 사람"이라는 것이고, (2) 그 다른 하나는 시편 2편 마지막 절이 결론 짓는바, 야훼 그분 안에서 피난처를 찾는 사람(군왕들의 말[軍馬]보

다 야훼의 말씀 안에서 피난처/구원의 길을 찾는 사람!)이라고 규정하는 역할을 하고 있다. 그러므로 본래는 시편 1-2편이 하나였거나 아니면, 1편이 '프리앰블'(preamble) 역할을 하기 위하여 첨가되기 전에는 2편이 1편 역할을 하였을 것으로 추론된다(행 13:33의 각주 참조).

1편 속에 담긴 중심 교의는 분명 "경건한 삶은 축복을 받고 불경스러운 삶은 아무 쓸데가 없다"라고 말하고는 있지만, 그러나 2편과의 연결 관계에서 볼 때는 그렇게만 단순하게 결론 짓기는 다소 어렵다고 하겠다. 이러한 관찰은, 전통적으로 자주 오해되어 온바, 1절을 경건한 자의 세속 세상에 대한 소극적 기피와 은둔현상을 칭송 권유하는 것으로 간주되어 온 데서도 발견된다.

그러나 1절의 **"아슈레"**(אַשְׁרֵי)라는 말(cf. 왕상 10:8의 스바의 여왕이 솔로몬의 지혜를 극찬할 때 쓴 용어)은 시편에서는 26회나 사용(1:1; 2:12; 32:1, 2; 33:12; 34:8[9]; 40:4[5]; 41:1[2]; 65:4[5]; 84:4, 5, 12 [5, 6, 13]; 89:15[16]; 94:12; 106:3; 112:1; 119:1, 2; 127:5; 128:1, 2; 137:8, 9; 144:15, 16; 146:5)되었는데, 이 말('아슈레')은 하나님께서 사람에게 생명력의 번성을 허락하실 때 사용하는 말인 '축복하다'(바라크/ 베레크 또는 바렉크, ברך)와는 구별된다. 사람이 하나님을 위하여 "축복하다"(바라크)라고 표현할 때는 항상 '찬양하다'라는 의미를 가지기 때문이다!(cf. 시 16:7; 34:1[2] 등)

그러므로 "바라크"(베레크)와는 달리, **"아슈레"**는 "얼마나 복이 있는지!"라는 형식의 감탄사(interjection)의 성격을 띤 말로서 "사람들이 그 어떤 행복한 상태에 있는 자들을 부러워하면서 말하는 관행적 언어"라고 할 수 있다. 그래서 여기서 말하는 "아슈레"는 시편 2:12의 "아슈레"(모든 사람과 관련)와는 그 의미상으로는 동일언어이면서도, 특히 여기 1편 1절에서는 **"바로 그 사람"**(하이쉬)이라는 말과 결부되어 있기 때문에 매우 한정적인 개념을 가진다. 즉 정관사 '하'([אִישׁ] הָ)가 복 있는 자의 개념을 한정시키고 있다. 정관사 '하'(הָ)로 한정된 "복 있는 **그(!) 사람**(하이쉬)**은**" 1절에서는 관계대명사 '아쉘'(אשר; who) 관계절을 통하여 삼중의 **"아니하며"**(히브리어, '로', לא)를 반복하는 형식으로 그 복된 삶의 형태가 묘사된다. 즉 "악인의 꾀를 좇지 아니하며", "죄인의 길에 서지 아니하며", "오만한 자의 자리에 앉지 아니하고"라고 설명된다. 말하자면 의인이 참여/가담하지 말고 거부해 가야 할(voelige Scheidung, Gunkel, *Die Psalmen*, 2) 세 가지 길을 제시한다.

그러나 이 삼중 반복어들을 우리 개역 본문은 "좇지 아니하며", "서지 아니하며", "앉지 아니하고"라고 번역하여 "현재형 시제로 되어 있는 것"은 그 어떤 습관적 삶의 형태를 설명하는 동사로 이해한 데서 기인한 것으로 보나, 이 견해를 강력히 지지하는 미첼(D. Michel)의 견해에 대하여 "시의 시제"를 피해 가려는 의도 때문에 오히려 이 시의 내용에 대한 오해를 야기하게 만들어 문제를 더욱 어렵게 만드는 결과를 가져 왔다고 다후드(M. Dahood, I, 3)는 비판하고 이 세 동사의 시제가 모두 단순 동사(칼-형태)의 '완료' 시제로 번역하는 것이 옳다고 보고 있다. 따라서 이 문제는 아래의 논의들 안에서 아마도 신학적/해석학적 문제에 다소간 영향을 줄 수 있을 것으로 보인다.

1절은 비록 그 리듬(박자)은 낯설지만, 그 사상 평행에 있어서는 시편 시들로부터 결코 낯설지 않다고 하겠다. 즉 이 1절은 소위 "동의 평행의 반복법"을 구사하고 있다고 하겠다. 그러므로 "악인-죄인-오만한 자"는 인간 성품이 타락해 가는 그 어떤 점층적 세 단계를 말하고 있다고 보기보다는(pace Craigie, G. W. Anderson & H. -J. Kraus) 단순한 강조적인 반복어법으로 보는 것이 더 적절할 것이다. 그러므로 복 있는 사람(=의인; 5, 6절)은 "… 하지 않는다"라고 할 때의 그 의미는, 흔히들 생각하듯이, 경건한 자가 이 세상 삶에서 나쁜 일을 "피해 가는 **소극적 성격**"의 삶을 묘사한 것이 **아니라**(!), 2편과의 불가분리적 관계를 고려할 때, 그리고 시편 1편이 "잠언, 욥, 전도서" 등과 같은 저항 문학적 "지혜자 서클"에 속한다고 할 때(cf. G. A. F. Knight, *Psalms*, vol. 1, 15), 이러한 "…않는다[않았다]"는 표현은, 특히 "악인, 죄인, 오만한 자"들의 위협적 성정(性情)을 고려한다면, 이러한 태도는 단순한 '소극적' 행위(악을 피해 가는 행위)에 속한다기보다는 그들의 동석 요청에 용기 있게 **"로"(No! '아니오!')라고 단호하게 거절하는 '적극적' 행위**로서 일종의 격정적인 지혜의 저항정신(저항문학 참조, 렘 17:5-8)으로 볼 수 있을 것이다(J. W. Rogerson & J. W. McKay, *Psalms 1-50*, 16).

여기서 말하는 **"악인[들]"**(רשׁעים, 레샤임)은, 시편의 세계에서와 마찬가지로, 시인의 그 어떤 '구체적' 대적을 적시(摘示)하고 있는 것이 아니라 하나님의 뜻에 대적하며 하나님의 뜻을 따라가는 경건의 무리들과는 언제나 적대관계를 갖고 있는 자들 '일반'을 총칭하여 가리키며, **"죄인[들]"**(חטאים, '하타임')도 또한 그 죄의 구체성이 제시되지 않고 일반적으로 "삶의 방향(토라가 지시하는 방향)을 잃고 그릇된 길을 가는 자들 '일반'을 가리킨다"(3+3 박자)고 하겠다. 그러나 세 번째로 반복하는 **"오만한 자[들]"**(לצים, '레침')은 앞에서 제시한 두 부류와도 평행을 이루면서, 동시에 다음 장(章)인 시편 2편에 나타나는 메시야에게 대항하는 "오만한 자들"(시 2:1-3, 4; 분개하며 헛된 일을 도모하는 자들)을 염두에 둔 평행구라고 할 수 있을 것이다. 말하자면, 시편 1편의 **"오만한 자들"**을 70인역(헬라어 구약성서)은 "오만한 자"로 번역하고 탈굼(Targum) 역본은 "냉소하는 자", "비웃는 자"라는 말로 번역한다는 점은 인간 본성의 거인주의적인 "배신과 냉소적 오만"(*ὕβρις*)이 아무리 위세가 당당하다 하여도 하나님에게는 단순한 하나의 "비웃음거리"(시 2:4)밖에 되지 않는다고 말하는 시편 2편 시인의 시감(詩感) 및 저항 정신과도 일맥상통한다고 하겠다(Cf. G. Bertram, *TDNT*, VIII, 299-305; 틸리히[P. Tillich]는 "destructive self-elevation"을 "휴브리스"라고 정의하는데, 그의 책 *Systematic Theology*, vol. II, 49-51을 참조하라).

2 이러한 주장의 정당성은 **2절에 나타나는 "오직 여호와의 율법을 즐거워하여 그 율법을 주야로 '묵상'**(sic! יהגה ← הגה)**하는 자로다"**라는 시구와 그리고 시편 2:1의 "어찌하여/열방이/분노하며//민족들이/허사를/경영하는고(יהגה ← הגה)" 시구 사이의 상응관계를 통하여서도 시편 1편 시인의 진정한 현실을 읽을 수 있는 것으로 보인다. 즉 시편 1:2의 "주의 율법을 주야로 묵상하는 자"라는 말의 **"묵상하다"('하가', הגה)**는 "민족들이 허사를 경영하는가?"라고 말할 때의 그 '경영한다'라는 말과 동일한 뜻을 가진 말이다. 그러므로 시편 1:2의 "묵상하다"는 말은 '선종'(禪宗)의 선(禪)과 같은 것은 아니라고 하겠다. 특히 시편 1:2 상반절의 "율법을 즐거워하여"의 그 즐거워한다(열렬히 사모하다)라는 말이 하반절의 "그 율법

을 묵상하다"의 묵상하다와는 엄밀히 말해서 의미상의 동의 평행을 이루는지도 불확실하다. 그런 의미에서 표준새번역에서처럼 "그 율법을 읊조리는 사람" 또는 "그 율법을 끊임없이 되뇌는 사람"으로 번역하는 것이 더 옳을 것이다(김이곤, "시편 1편의 הגה와 נבל의 번역문제", 『성경원문연구』, 1998, 43-50).

3 저는 시냇가에 심은 나무가 시절을 좇아 과실을 맺으며 그 잎사귀가 마르지 아니함 같으니 그 행사가 다 형통하리로다라고 한 것은 1-2절에 서술된 인간(=복 있는 사람=의인)이 받을 '복'을 "시냇가에 옮겨 심은[심긴] 나무가 한발(旱魃)의 영향 아래에서도 번영과 형통함을 누리는 것"과 비교하고 있는 하나의 직유(直喩)이다. 여기서 주목할 부분은 (1) 여기서 말하는 "복"은 "복"의 제의적 경직성을 가지고서 하는 말이 아니라, 야훼의 편에서 사는 사람은 영적인 축복뿐만 아니라 이 세속 세계의 축복까지도(!) 아울러 다 받은 사람이라는 확신의 여유를 가지고 있는 "놀라운 긴장 이완"(a surprising relaxation)의 상태를 누리고 있는 "복"을 가리킨다는 것과 (2) 본문의 "심은 나무"라는 표현은 더 정확히는 "옮겨 심긴(transplanted) 나무", 즉 척박한 땅에서**부터** 기름진 땅**으로** "옮겨 심겨진 나무"라는 의미를 가진다는 것이다. 즉 히브리어 '샤툴'(שתול)은 단순 동사(שתל)의 수동 분사로서 "[좋은 곳으로] **옮겨져 새로이** 확고부동하게 심겨진 상태"를 가리키는 말로 쓰인다. 이와 같이 "나무"에 인생을 비유하는 문학적 어법은, 이미 매우 고대의 경외 자료인 이집트의 지혜자료, 이른바 "'아멘-엠-오페'(Amen-em-ope)의 교훈서"에서도 발견되며, 그리고 구약 안에서는 예레미야 17:7-8에서 그 정확한 상응(相應) 현상을 발견할 수 있다. 즉 "무릇 여호와를 의지하며 여호와를 의뢰하는 그 사람은 복을 받을 것이라. 그는 물가에 심어진 나무가 그 뿌리를 강변에 뻗치고 더위가 올지라도 두려워하지 아니하며 그 잎이 청청하여 가무는 해에도 걱정이 없고 결실이 그치지 아니함과 같으니라"(렘 17:7-8)는 것이다. 그리하여 우리는 여기서 일종의 "종말론적인 의미"가 이 말 속에 함축되어 있음을 읽을 수 있다. 말하자면, 척박한 땅에서**부터** 기름진 땅**으로** "옮겨 심겨지는"(transplanted) 것은, 시편 73:18의 언어, 즉 "주께서 참으로 그

들을 미끄러운 곳에 두시며 파멸에 던지시니"라는 언어와 정확하게 반의적(反意的)인 평행을 이룬다고 하겠다. 즉 "사멸의 세계로부터 **그 잎사귀가—그 잎사귀의 생명의 기운이—마르지 않는** 영생(永生)의 세계[에덴 동산과 같은 세계]로 옮겨지는 복"을 받는다는 것을 의미한다. 다후드(M. Dahood, I, 4)가 이 견해를 적극 지원하는데, 그 경우 이러한 석의(釋義)는, 이른바 주전 3-2세기까지의 구약성서 세계에서는 불멸과 영생에 관한 신앙 및 사상은 없었다고 보던 과거의 견해를 완전히 뒤집는 결과를 가져온다고 하겠다. 다후드(M. Dahood)의 이러한 견해는 3절 마지막에 나타나는 "그 잎사귀가 마르지 않는다"라고 할 때의 히브리어 '로입볼'(לא־יבול)을 그 상관된 우가릿 언어(Ugaritic)와의 관련성에 의한 고찰을 통하여 여기서부터 감히 "불멸"의 개념(Cf. 시 36:8[9]; 46:4[5])을 이끌어 내는 데서 그것을 발견할 수 있다(Cf. 김이곤, "시편 1편의 הגה와 נבל의 번역문제"를 참조하라).

[4] 악인[들]은 그렇지 않음이여 오직 바람에 나는 겨와 같도다. 여기 나타나는 "겨와 같다"(캄모츠, כמץ)라는 직유법은 앞 3절의 "나무와 같다"(커에츠, כעץ)와 반의적(反意的)으로 평행관계를 이룬다. 그러나 여기서는 '단언적 계명'(apodicitic law)에서 흔히 그러한 현상이 나타나고 있듯이, 하나님의 사람(=의인)의 강력한 결단의 의지가 전면에 배치된다. 즉 "악인들은 **'그렇지 않다!'**"(로-켄, לא־כן)라는 이 짧은 단언(cf. 창 4:15)은 악인들은 의인들이 누리는 번영의 삶을 결코(!) 누리지는 못한다는 것을 강한 어투로 강조하고 있다. 이를 시점(始點)으로 하여, 하나님은 두 길의 결과를 명확하게 구분하실 것이라는 확신을 시인은 전개한다.

악인[들](시편에서는 이 '악인'이 '단수'로서는 극히 드물게 나타나고 대체로 '복수'로 나타난다. Cf. H. W. Robinson, *Corporate Personality in Ancient Israel*, Philadelphia: Fortress Press, 1967, 1980)**은 오직 바람에 나는 겨와 같을 뿐이다.** 그러나 여기서 표현되는 "바람에 나는 겨"라는 표현의 원의(原義)는 타작마당에서 타작과 키질을 할 때의 경우처럼 알맹이는 땅에 떨어지고 겨는 어디론가(!) 다른 장소로 **바람에 실려 간다**는 '직유'를 통하여 '야훼의 사자'(루아하, רוח)에 의하여 [의인들의 땅에서부터] 바깥 어두운 곳으로 **쫓겨나는** 상황에 오히려 비유된다(Cf. 시 35: 5-6; "저희로 바람 앞에 겨와 같게 하시고 **여호와의 사자로 몰아내소서** …). 실로, 여기에는 종말적 이미지가 분명하게 나타나고 있다. 그리고 종말에 일어날 두 운명의 차이가 극명하게 대비되고 있다고 하겠다. 물론 그 둘을 두 서로 다른 운명으로 갈라놓는 잣대는 "율법"(=하나님의 말씀, cf. 마 7:16a, 19)이다.

5 그러므로 악인이 심판을 견디지 못하며 죄인이 의인의 회중에 들지 못하리로다. 악인(죄인, 동의 평행어)들은 그의 그 악한 성품을 율법의 잣대로 하여 재어 보니, [하나님의] 심판 때(전치사 '빠'는 여기서 '시간'과 '공간'[장소] 모두에 적용됨)에, 악인들은 '쿰'(קוּם, 일어서다) 하지 못할 것이라고 결론 짓는다. 우리말 번역 "견디지 못한다"는 그 의미가 너무 포괄적이라서 이 표현만으로는 그 진의가 분명하게 드러나지 않는다. 따라서 이 절에 대한 주석상의 문제는 "심판 때"('빠미쉬팟')라는 말과 '쿰'(=stand, rise up, etc.)이라는 말에 대한 해석을 어떻게 하느냐에 달려 있다. 그 심판이 언어 구성체에서 볼 때는 "세계 종말의 대심판"(C. A. Briggs, I, 7; M. Dahood, I, 4 et al.)일 수도 있고, 사람이 이 세상에서 사는 동안 신으로부터 받는 여러 가지 종류의 보응(G. W. Anderson, A. F. Kirkpatrick et al.)일 수도 있고 세상 법정이나 제의[예배] 공동체의 영역에서의 판결(H. -J. Kraus, I, 119)일 수도 있다. 그러나 본문의 주석적 문맥상으로 볼 때는, "최후의 심판 때, 하늘 회의에서" 행해지는 하나님의 심판석에 악인은 '쿰'(קוּם)하지(=서지) 못한다는 의미를 가지는 것으로 해석하는 것이 가장 개연성이 높다고 볼 수 있을 것이다. 그렇다면 여기서 말하는 '쿰'('야쿠무'; 그들이 설[일어날] 것이다)은 무엇을 의미하는 것일까? "죽은 자의 부활"을 말하는 것일까?(C. A. Briggs, M. Dahood) 아니면 이 세상 법정이나 제의[예배] 공동체의 참석을 말하는 것일까?(H. -J. Kraus, P. C. Craigie) 아니면 다른 어떤 개념을 가진 것일까? 다행스럽게도, 시편 1편의 "주석상의 문맥"에서 볼 때, 히브리어 '샤틀'(שָׁתוּל; transplanted)이 **"옮겨 심기다"**라는 의미(차안 → 피안으로의 이동도 포함)를 강하게 갖고 있다는 점과 그 잎사귀가 "시들지 않는다"(로-입볼;

לא־יבול)라는 말의 의미가 "불멸의 상징"으로서(cf. Dahood) 이해할 수 있다고 할 때, 또 악인들은 바람에 실려 간다는 의미의 종말론적 성격(시 35:5-6)까지 고려한다면 그리고 또 1편의 후기성(後期性)도 감안한다면, 우리는 시편 대편집물의 대서론으로서의 시편 1편이 "토라의 길"과 "반(反) 토라의 길"의 운명을 "종말론적으로 이해"하였다는 것은 충분히 가능하고 또 그 개연성이 그 어느 견해보다 높다고 하겠다. 특히 이러한 논리는 메시야니즘이 강조된 시편 2편과 시편 1편이 '한 단위'(one unit)를 형성하고 있다고 할 때(시 1편이 "아슈레"로 시작하여 시 2편이 "아슈레"로 끝나는 점) 더욱 그렇다.

6 **대저**(כי='왜냐하면', '그러므로' 또는 '분명코', cf. J. Muilenburg, "The Linguistic and Rhetorical Usages of the Particle כי in the Old Testament," *HUCA* 32[1961], 135-159) **의인의 길은 여호와께서 인정하시나 악인의 길은 망하리로다.** 이 짧은 결구는 반의적 평행법의 구조(4+3 박자)를 아주 선명하게 보여 주는 시행(詩行)이다. 야훼의 인정하심과 정반대되는 것은 '멸망'이라는 결론을 내리고 있다. 여기서 말하는 야훼께서 인정하시는 길은 "토라"를 주야로 읊조리는 길이다. 그러나 그 "토라"의 길은 "경직된 율법문자주의"의 길이 아니라는 것과 조야(粗野)한 인과응보의 교조주의가 추구하는 길과는 **다른** 길이었다. 이 '다름'의 사실을 입증해 주는 것은 시편 1편 기자가 "여호와께서 알고 계시고 있다"(능동분사 시제 사용! '요데아'[יודע ← ידע])라는 언어를 사용하고 있다는 데서 발견할 수 있다. 왜냐하면 히브리 언어의 세계에서는 이 '안다'(know)는 언어를 이론적이고 관념적인 개념으로 사용하지 않고 인격적으로 좋은 사귐의 경험을 가진 후 매우 주의 깊게 관찰하여 실질적으로 그리고 현실적으로 잘 알게 된 관계에서 갖는 앎을 의미하기 때문이다. 특히 여기 시편 1편에서는 그 동사의 분사형('요데아')을 사용하고 있어서 이러한 의인에 대한 하나님의 지식이 **지속성 있게 계속된다는 것을 강조하고 있는 것**으로 보인다(cf. C. A. Briggs, I, 7, 10). 그러므로 시편 1편의 결론에 의하면, 의인은 하나님의 이러한 지속적인 인정을 받는 사람이므로 "복 있는 사람"이 될 것이라는 것을 확언하고 있는 것이라 하겠다.

그러나 시편 1편의 경우는, 이러한 상황에 또 다른 신학적 논의가 추가될 수가 있는데, 그것은 이 결론구가 두 길의 서로 다른 운명에 관한 교조문형의 결론으로서 요약되고 있음에도 불구하고 이 마지막 절은 지혜 교훈의 교조적 결구로서는 논리적 완결문의 형식을 오히려 깨뜨리고 있다는 데 문제가 있다. 즉 일반적으로 의인의 길에 관한 칭송구(6a절)는 끝에 오고 악인의 길에 대한 경고(6b절)가 앞서는 것이 통상적으로 "기대되는 상례"라고 생각되는데(cf. 시 2:12; 3:8; 4:8[9]; passim in the Psalter), 이와는 역으로, 여기 시편 1편은, 전반절과 후반절이 뒤바뀌어, 즉 "의인의 길은 여호와께서 인정하신다"라는 말로 끝나지 않고 "악인의 길은 망하리로다"라는 말로 끝나고 있다. 이러한 현상은 "복 있는 사람은 …"으로 시작하는 지혜-교훈시의 적절한 결론이라고 보기는 어렵다! 이 점에서 볼 때도 시편 1편은 시편 2편과 연결되어 시편 2편 끝에 가서야 비로소 그의 시의 진정한 결론을 만나게 된다는 주장의 그 타당성을 입증해 준다고 하겠다. 즉 시편 2편에서 "악인들의 소요스러운 긴장관계와 맞부딪쳐 이기고 난 후에야"(시 2:12에 가서야) 비로소 그 '지복'(至福)의 시(시 1-2편의 시)가 당당한 모습으로 그의 교훈의 대단원의 막을 내리고 있다고 하겠다.

¶ 메시지

1. "길"은 하나뿐이다

행복과 번영을 누리는 "길"에 관한 시편 1편 시인의 관점은 매우 비현실적인 것으로 보인다. 왜냐하면, 시편 3편으로부터 시작하는 그 수많은 "고난의 노래들"(탄원의 시들)이 웅변하고 있듯이, 부(富)와 번영과 성공을 쟁취한 자들은 실제로는 '의인들'이 아니라, 대부분 '악인들'이었기 때문이다. 그러므로 시편 1편 시인이 추구한 "행복의 길"은 결단코 일반적으로 뭇 범인(凡人)들이 지향해 온 그 길, 즉 부와 번영과 성공 지향적인 삶, 그것은 아니었음이 확실하다. 시편 1편 시인이 생각한 **"행복의 길"**은,

이와는 전혀 달라서, 악인들의 모의에 참여하는 것을 단호하게 거절하고 죄인들과 한 대열에 서기를 거부하며 오만한 자들이 모이는 화려한 자리에 동석하는 것을 결단코 허락하지 않고 **오직 "토라"**(=율법=삶에 대한 하나님의 방향 제시=보이지 않는 하나님의 가시적[可視的] 현존)**만**을 마음에 두고 밤낮으로 그 "토라"를 되새기고 읊조리며 사는 길, 그 길 하나뿐이었다.

그러므로 이 길을 걷는 것은, 일반적으로 오해되고 있듯이, 그 어떤 양자택일의 결단에 의하여 우리가 비장하게 선택하고 걷는 그런 길은 아니었다. 즉 우리가 선택한 길, 또는 선택된 길, 그런 길(a way)은 아니었다. 그 길은 모든 인생들이 가야만 하는 그 길(the way: ἡ ὁδός)이었다(요 14:6a). 왜냐하면 길은 그 길은 하나뿐이었기 때문이다. 그 길 이외의 다른 길들이 있었던 것은 아니었기 때문이다. "야훼의 토라"(= 야훼의 말씀)만이 유일한 길이었기 때문이다. 그러므로 처음부터 인간에게는 선택의 자유가 있는 것은 아니었다. 왜냐하면 "태초에 말씀이 계시니라. 이 말씀이 하나님과 함께 계셨으니 **이 말씀은 곧 하나님이시니라**"(요 1:1)고 증언되었기 때문이다. "토라 = 말씀"은 그러므로 시공을 떠도는 "빈말"이나 "궤변"이 아니라, 바로 우리의 "생명"이므로(신 32:47) 이 말씀[토라]에 순종하여야만 우리가 **옮겨가 살**(שְׁתוּל) **그 땅**에서 영원에 이르는 삶을 살 수 있게 해주는 유일한 능력(cf. 시 62:11[12])이 되는 것이다. 따라서 "그 길"은 우리를 부패하게 하는 모든 유혹들을 단호하게 적극적으로 거절하고 헤쳐 나아가야 하는 그 길이었다. 그러므로 이 길은 "나쁜 길을 피하여 가는 길", "따르지도, 서지도, 앉지도 않으며 이리 저리로 피하여 가는 길", 그런 길로 오해하여서는 안 된다.

마침내 '참'과 '거짓'의 문제가 제기되는 것이다. 즉 세상이 우리를 유혹하는 모든 길들은 허상이며 '참' 길이 아닌 '거짓' 길이었다. '참 길'은 보이지 않으시는(invisible) 그 하나님께서 우리 눈에 똑똑히 보이도록 성육신하신 그 하나님뿐(말씀: 토라)이었다. 그것이 바로 창세기 1:1, 요한복음 1:1, 그리고 요한복음 14:6a가 말하는 것이며 시편 1편은 시편의 입구에 서서 바로 이 사실을 증언하고 있는 광야의 소리일 뿐이요, 사막의 이정표일 뿐이다. '길'(道, 로고스)은 하나뿐이었다. 그러므로 '그 길'(道)

은 “우리가 그를 즐거워하며 주야로 읊조리는 그분” 곧 야훼 자신이셨다. 따라서 시편 1편이 시편의 대서론으로서 작용하는 그 진정한 기능은 “**토라=야훼의 말씀=보이지 않는 하나님의 가시적 현존(elusive Presence)**” 이라는 도식을 인식시켜 **야훼(=토라)의 유일한 주권**(시 62:11[12]; 신 32:39; 삼상 2:6)을 선포하는 데 있었다고 하겠다. 그러므로 그분만이 우리 인간의 유일한 희망이었다. 그러므로 “이 길만을 따라 걸어라!”는 말씀은 최선의 윤리 미학에 대한 은유(S. Terrien, *The Psalms*, 2003, 76)요, 잠정적이며 일시성을 가진 가짜 행복에 대한 저항(H. W. Attridge & M. E. Fassler, *Psalms in Community*, 302)이며 타락과 부패를 강요하는 모든 유혹을 강하게 거절하고 자신의 모든 생각을 오직 주의 “토라”(말씀/가르침)만에 집중시키며[낮은 소리로 읊조리며] 그것만을 자신의 기쁨으로 삼으라는 신의 요구(the divine imperative)이다(J. Eaton, *The Psalms*, 2003, 63). 야훼 하나님은 우리에게 이러한 방식으로 “죽지 않고 살기를” (암 5:4-5, 14; 겔 18:31-32) 요구하고 계시는 것이다.

2. “토라”의 길은 불멸과 영생의 세계로 옮겨 가는 유일한 길이다

시편 1:3의 말씀은 시편 1편 기자의 시대가 이미 ‘피안’(彼岸), ‘불멸’, 그리고 ‘영생’(永生)에 관한 신앙이 민간 사이에 널리 회자(膾炙)되고 있었다는 것을 웅변적으로 입증하는 말씀이다. 주석에서 언급한 대로, 히브리어 ‘샤툴’(שתול)이 단순하게 ‘심다’(plant)라는 의미보다는 “옮겨 심다” (trans-plant)라는 의미로 그 의미가 더 많이 기울고 있다는 점(cf. 시 92:13[14]; 128:3; 겔 17:8, 10, 22, 23; 19:10, 13)과 그리고 히브리어 ‘로-입볼’(לא־יבול, do not wither, “마르지 아니하다”, נבל←יבול)이 ‘불멸’과 ‘영생’의 의미를 담고 있다는 견해(C. A. Briggs, M. Dahood, A. A. Anderson et al.)가 설득력을 얻고 있는 이래, 우리는 시편 1:1-3의 증언 속에는 “토라”(=야훼의 말씀)를 늘 즐거워하고 “토라”를 항상(주야로) 읊조리며 그리고 악인들과의 불타협은 확고하게(!) 견지하면서 사는 **의로운 사람이 받을 복**(행복)은 부활(‘샤툴’이라는 말 속에는 현재적 삶으로의 복귀[부활]에 대한 암시가 있다!)과 영생의 극락세계(The Elysian Fields)로 옮겨가는 기쁨과 환희라고 하는 적시(摘示)와 천명(闡明)이 들어 있음을 확인할 수 있다! 이것은 하나의 놀라움 그 자체이다. 이러한 주장의 신학적 의의는 이 시편 1편의 이러한 선포가 "기도와 감사 찬양으로 구성된 거대한 시편 수집물"의 **서론**으로서 제시되었다는 점에 있다.

탄식과 울부짖음의 기도가 그 기도자를 부활과 영생의 세계로 전이(轉移; transplant) 시킬 수 있다는 이 확신이야말로 "시편 시집 전체의 **서론**"으로서 매우 적절한 것이라 하지 않을 수 없다.

3. 악인은 결국(!) 멸망하지만 의인은 결국(!) 승리한다

이 선언은 신정론적(神正論的) 신앙의 선포로만 이해하여서는 안 된다. 오히려 이 선언은 **야훼의 유일한 주권의 선포**에 그 무게를 싣고 있다. 야훼는 [이미 모든 것을] 알고 계시기 때문이다. 야훼께서는 그가 악인들의 모임에 참여하고 있는지 아닌지, 심지어는 비록 그가 악한 주교좌(主教座)들의 좌중에 섞여 앉아 있더라도 그가 의인인지 아닌지를 확실하게 아시고 계시기 때문에 의인의 길과 악인의 길의 결과를 야훼께서는 다 알고 계시는 것이다(H. W. Attridge & M. E. Fassler, *Psalms in Community*, 250; J. Eaton, *The Psalms*, 64). 그러므로 야훼께서는 의인과 악인의 **결국**을 알고 계시는 것이다. 그렇기 때문에 야훼께서는, 즉 "에흐예 아쉘 에흐예"(I am Who I am; אֶהְיֶה אשר אהיה)께서는(출 3:14) 본질상 악인과 함께 하시지 않으시기 때문에, 그 대신 "너희와는[의인과는] 함께하시기 때문에"(출 3:12), 악인의 결국은 멸망이며 의인의 결국은 구원이라는 것이다. 왜냐하면 하나님은 다 알고 계시고 있고 또 구원과 멸망은 하나님의 일이기 때문이다.

그러므로 이러한 야훼 하나님에게 도전한다는 것(titanism)은 "헛된 일"(시 2:1)일 뿐이다. 시편 1편은 '저항적' 지혜 교훈의 시이다. 시대가 악하면 지혜자는 입을 다물고 잠잠하다고 하였기 때문에(암 5:13), 시편 1:1-2를 의인의 소극성에 관한 표현이라고 오해되어 왔다. 그러나 시편 1편 기자는 "야훼의 토라" 이외의 모든 것에 "아니오!"라고 말하는 매우 혁명적 성격의 "아니오!"를 외쳤던 것이다. 왜냐하면 악인의 결국은 멸망이고 의인의 결국은 구원이기 때문이다.

그러나 시편 1편에서 소위 "이원론적 신앙"이나 "인과론적 교조"를 읽는 것은 오류이다. 오히려 시편 1:3, 6이 말하고 있듯이, 시편 1편의 중심 신앙은 "오직 토라만을 즐거워하고 주야로 토라만을 읊조리는" 유일신 이념(실천적 유일신 신앙)을 기초하고 있다고 하겠다. 즉 시편 1편이 **"오직 토라!"** 또는 **"오직 야훼!"**만을 구호로 외치며 사자후(獅子吼)하고 있는 것은, 일종 "신명기적 토라 이념"을 선언한다는 의미를 갖는다고 하겠다.

2. 복 있는 사람 2(2:1–12)

¶ 본문

1 어찌하여 열방이 분노하며 민족들이 허사를 경영하는고(3+3)
2 세상의 군왕들이 나서며 관원들이 서로 꾀하여 여호와와 그 기름 받
은 자를 대적하며(3+3+2)
3 우리가 그 맨 것을 끊고 그 결박을 벗어버리자 하도다(3+3)
4 하늘에 계신 자가 웃으심이여 주께서 저희를 비웃으시리로다(3+3)
5 그 때에 분을 발하며 진노하사 저희를 놀래어 이르시기를(4+2)
6 내가 나의 왕을 내 거룩한 산 시온에 세웠다 하시리로다(3+3)
7 내가 영을 전하노라 여호와께서 내게 이르시되 너는 내 아들이라 오
늘날 내가 너를 낳았도다(4, 4+3)
8 내게 구하라 내가 열방을 유업으로 주리니 네 소유가 땅 끝까지 이르
리로다(2+3+3)
9 네가 철장으로 저희를 깨뜨림이여 질그릇 같이 부수리라 하시도다
(3+3)
10 그런즉 군왕들아 너희는 지혜를 얻으며 세상의 관원들아 교훈을 받
을찌어다(3+3)
11 여호와를 경외함으로 섬기고 떨며 즐거워할찌어다(3+2)

[12] 그 아들에게 입 맞추라 그렇지 아니하면 진노하심으로 너희가 길에
서 망하리니 그 진노가 급하심이라 여호와를 의지하는 자는 다 복이
있도다(2+2, 3+3)

¶ 개요(비평학적 문제)

"복 있는 사람은(아슈레) …"이라는 형식으로 시작한 시편 1편에 대응하여, " … 하는 자는 다 복이 있도다"(아슈레)로 응답함으로(12b절) 시편 1편에서 제기한 "인생의 복(福)"을 다루는 주제를 완결시키고 있는 이 시편 2편은, 양식비평적인 관점에서 볼 때는, 새 왕이 신(神)으로부터 왕관의 씌움을 받고 "토라"를 수여받아 그로부터 "기름 부음을 받아" 왕위에 올랐다는 것을 선포하는 왕의 즉위식(대관식)을 그 제의적 삶의 자리(Sitz im Leben)로 하는 매우 [제의]극적인(cult-dramatic) 제왕시적(帝王詩的) 성격의 대관식시(戴冠式詩)이다.

그 구성 내용은, 모두 세 절씩 네 부분으로 구성되어 있는데, (1) 이방나라들과 그들의 왕들(통치자들)이 야훼 하나님과 그가 기름 부어 세우신 메시야적 왕에게 대적하여 일으키는 소요—마치 종주국의 왕이 죽어 새 왕이 등극할 때 군소 봉신국 통치자들이 종주국에 대항하여 일으키는 반란 소요와 같은 그런 소요—의 현상 묘사(**1-3절**), (2) 이방[봉신국] 통치자들의 소요에 대응하여 하늘에 계신 자[종주국왕]이신 야훼 하나님께서는 친히 "자신의 왕"(나의 왕: '말키')을 따로(양자 삼음의 방식으로) 시온에 세우시고 그들[이방 나라들]의 소요를 비웃으시는 것(divine cynicism)에 대한 묘사(**4-6절**), (3) 야훼께서 그가 기름 부어 세우신 왕[메시야]에게 '신딕'(神託) 유형의 칙령을 계시하시는 것에 대한 묘사(**7-9절**), 그리고 (4) 야훼와 신탁(oracle)의 영(令)을 받은 자(메시야)를 대신하여 시인이 저 소요하는 열국의 통치자들에게 주는 경고와 권면에 대한 묘사(**10-12절**) 등의 제의극적(祭儀劇的)인 요소들의 절묘한 결합으로 구성되어 있다.

그 무엇보다 이 시는 '시온'에서 왕위에 오르는 [다윗 계열의] 왕의 등극 축제 · 제의극의 배경을 가진 시로서, 그 시의 리듬이 대체로 3+3 리듬

을 가지고 있는, 이른바 '왕'을 주제로 한 "메시야적/제왕적 희망"을 증언하는 시이다. 그러므로 이 시는 고대 중동(cf. 고대 이집트에서 매 30년마다 지켜지는 "셛"[Sed] 축제와 바벨론의 [신년] 제왕 즉위 의식 등)에서 시행되었던 왕의 대관의식 전통과 그리고 거기서 사용된 문형의 영향이 상당한 정도로 반영되어 있음에도 불구하고 여기 시편 2편에서는 이스라엘적인 신학에 의한 개작(cf. 특히 왕을 신의 양자[養子]로 묘사하는 점)이 뚜렷하게 이루어져 있어서, 이스라엘 고유의 왕도 신학(cf. 출 15:18)이 확연하게 드러나고 있는 시라고 하겠다. 이러한 사실은 시편 2편과 사무엘하 7:8-16의 나단 신탁의 내용 사이를 비교함으로써도 어느 정도는 간파할 수 있다.

더욱이 이 시(시 2편)가 자신 앞에 배열된 시편 1편과의 문맥에서 특별한 신학적 의의를 제공하고 있다는 것도 또한 매우 주목할 가치가 있다. 즉 이 시편 2편은 시편 1편에서 제기된 "야훼의 토라"가 가진 유일한 주권 선언에 대하여 **"토라에 의한 통치"(신정정치의 통치: theocracy)의 선언**으로 화답하면서, 이 신정정치의 통치 구조를 가진 세상에 사는 사람의 **행복**이 무엇인지를 선언함으로써 대시편 시집의 서론의 기능을 완벽하게 완수하고 있다고 하겠다. 이 시는 또한 1편과 그 수사구조에서 "인클루시오"(**inclusio**) 형식("아슈레"로 시작하여 "아슈레"로 끝이 나는 구조 참조; 시 1:1 ↔ 2:12c)으로 결합하여 시편의 완벽한 서론 기능을 할 뿐만 아니라, 시편의 첫 세 권(1-41; 42-72; 73-89)을 "다윗 왕조와의 영원한 계약을 약속하신 신의 약속의 그 영원한 신실"이라는 주제로 연결시키는 역할(시 2:4-9; 72:1, 17-19[19c=20]; 그리고 89:3[4])도 하고 있다.

이 시의 **저작 시기**에 관하여는, 시편 시의 모든 경우에서처럼, 개연성을 제안하는 이외에 그 어떤 확실한 연대를 설정하는 것은 불가능하다. 비록 "포로 전기(왕조 초, 중, 말엽)-포로기-포로 후기"라는 개연적인 '틀'에 넣는, 이른바 좀더 포괄적인 방식을 취한다 하더라도 그것도 또한 쉬운 일은 아니다. 그러나 시편 2편은 시온 왕조 전통 수립의 강조(시 2:6), 나단 신탁의 문학과의 유사성(삼하 7:8b-16), 몇 개의 아람어 계열의 언어로 보이는 것(vv. 1, '라가쉬'[분노하다]; 9, '테로엠'[깨뜨림]; 12, '바르'[아들]) 이외에는 모두가 고풍을 느끼는 언어들로 가득 차 있음을 볼 때(C. A. Briggs, I, 13) 이 시가 왕조 시대의 왕의 등극의식 때 사용하기 위하여 만들어진 시로서 추론케 한다. 후기설(F. Baethgen, T. Cheyn)을 말하는 소수의 학자들 이외에는 거의가 이 시의 저작 연대를 다윗 왕조기(다윗 → 요시야)의 어느 때로 추론한다(C. A. Briggs, H. Gunkel, A. Weiser, H. -J. Kraus, M. Dahood, J. Eaton, P. C. Craigie et al.). 이 점에 있어서 플루머(W. S. Plumer, *Psalms*, Edinburgh: The Banner of Truth Trust, 1867, 37)가 추측한 매우 보수적 견해인 주전 1047/1048년(법궤가 시온으로 떠난 후)에 다윗에 의하여 저작된 것이라는 설은 매우 흥미롭기는 하지만 다윗 저작설에 기초한 기독론적인 해석은 아람어의 사용과 "다윗의 시"라는 표제가 없는 점 등의 반론에 대한 해명이 없이는 수용하기 어렵다고 하겠다(cf. Dahood의 주전 10세기 설).

¶ 주석

1-**3** 1-3**절**에 나타나는 이방나라들과 그 통치자들("**열방**"과 "**민족들**", 그리고 "**군왕들**"과 "**관원들**" 사이의 동의 평행법적 관계 및 이들의 움직임을 말하는 "**분노하며**"['라가쉬'], "**경영하고**"['하가'], 그리고 "**서로 꾀하여**"['히트야찹'] 등의 말들 사이의 동의 평행법적 관계를 고려하라)은 힘을 합하고 뜻을 같이 하여 야훼와 그의 기름 부어 세우신 왕(메시야)에게 대적하여 반란을 꾀하는 매우 소란스러운 소요 현상을 묘사한 것으로 되어 있다. 일종, 종주국 왕이 서거하고 새 종주국 왕이 즉위하려 하자 봉신국들의 통치자들이 마치 기회가 왔다는 듯이 배신하고 반란을 꾀하는 그런 모습을 연상하게 한다. 이러한 대비법적 문학형태는 시편 1편에 나타난 "악인들"과 "의인들"의 운명 사이의 대비법과 매우 유사하며, 시편 1편 끝 부분("악인의 길은 망하리로다")의 논리와 연속성을 갖고 있다는 것을 보여 준다. 그런 의미에서 여기 등장하는 "열방", "민족들", "군왕들", 그리고 "관원들"의 소요는 야훼에게는 가소로운 것으로 여겨지는 것으로서 묘사된다. 그러므로 이 시행의 첫 글자인 "어찌하여"('라마')라는 표현은 탄원시의 서두에서 자주 발견되는 시인의 불합리한 고난(divine injustice, cf. S. Terrien)에 대한 항변적 성격의 "어찌하여"('라마')와는 다른 함축적 의미를 가진다고 하겠다("신의 시니시즘"). 즉 그들 반역자들의 구호는 **"야훼와 그 기름 부음을 받은 자**("메시야"라는 말은 "기름 부음을 받은 자"라는 말에서 온 것임, cf. 삼상 10:1)**가 매어 준 족쇄와 결박을 벗어 던지자!"**(신정통치, theocracy)라는 것이다. 야훼의 기름 부음을 받은 자(메시야)의 통치를 받지 않겠다는 항변이다. 이것은 일종 메시야적 신정통치(神政統治; theocracy) 이념과 제국주의적 왕정통치 이념(monarchism) 사이의 갈등을 표출시키고 있는 모습을 연상하게 한다. 그러나 그러한 왕정이념에 기초한 반란은 "허사를 경영하는 것"(허사를 지속적으로 추구하는 것)에 불과하다는 것이 시인의 신앙이다. 왜냐하면 근본적인 의미에 있어서의 이 세상 통치권자는 지상의 군왕이 아니라 **"영원히" 야훼만!**이라는 것이 시인의 확신이기 때문이다(출 15:18. 이 미리암의 노래는, Cross-Freedman, "The Song of Miriam," *JNES* 14[1955], 237-255에 의하면, 주전 11세기경을 전후한 때의 고대의 신앙 이념이었다는 것이다).

4-**6** 4-6**절**은 하늘에 계신 자의 비웃음을 전제로 한 후, 하늘에 계시는 하나님께서 그 세상 왕들의 도전에 대하여 다음의 조처를 취하시는 것으로 되어 있다. 놀라운 것은 7-9절이 나타나기도 전에, 즉 "어찌하여?"(why?)라는 물음이 떨어지자마자 곧장 4-6절이, 즉 "야훼 하나님의 가소로워하심(cynical)"이 즉각 그 '대안'(代案=하나님의 구원선교의 안)으로 제시되었다는 것이다. 그것은 **"내가 나의 왕**(my king)**을 내 거룩한 산 시온에 세웠다!"**(cf. 삼상 10:1)라는 선포였다. 그렇다면, 하나님께서 시온 산에 자기의 왕을 기름 부어 세우신다는 그것이 지상 군주들의 반역의 소요를 가라앉힐 수 있다는 말은 무엇을 의미하는 말일까? 이것은 이 세상을 다스리는 진정한 통치원리(참 평화의 통치)는 '신정'(神政)이지 세속적 '왕정'(王政)은 아니라는 말이다. 이것은 대시편 편찬물의 "서론"으로서의 큰 신학적 의의를 가진다고 하겠다. 즉 이 말은 인간을 다스리는 자가 '인간 왕'(human king)이어서는 안 된다는 의미의 말이다. 그렇다면 '신정'(神政)의 현실적 의미는 무엇인가? 고대의 중동 세계에서는 왕

권신수설(王權神授說)이라는 전통이 있었다(cf. 이집트, 메소포타미아 등). 그러나(!) 인간 왕을 신격화하는 성격의 "신의 아들" 개념은 이스라엘에는 없었다(6절과 7-8절을 연결해서 관찰하면 그 의미가 확연히 드러난다). **6절**에서는 단지 **"나는** [나의 왕을 내 거룩한 산 시온 위에] **세웠다"**('나삭티')라고만 하였다. 이 '나사크'(נסך)라는 히브리어 동사는 (1) 술, 기름, 녹은 쇠붙이를 "부어서 [무엇인가를] 만들어 내다"라는 의미, (2) 직물을 엮어 [무엇인가를] 짜 만든다는 의미, (3) [누구인가를 어떤 직위에] 임명한다는 의미 등으로 사용되고 있어서 "왕"도 또한 그 만드는 자의 뜻에 의하여 만들어 내어 세운다는 의미를 갖는다고 하겠다. 즉 야훼께서 분노하셔서 거룩한 산, 시온(예루살렘의 시적 애칭; 예루살렘은 본래 가나안의 여부스 부족이 살았던 곳이다) 산 위에 자신이 손수 만드신 자신의 왕(His king)을 임명하여 세우시겠다는 것이다. 야훼 하나님께서 흙으로 사람을 지으시고 코에 생기를 불어 넣어 산 생명체인 인간을 만드셨듯이, 야훼 하나님은 또한 한 사람을 선택하셔서 그에게 기름을 부어 세계를 다스릴 왕으로 세우셨다는 것이다.

역설적이게도 세상 왕들의 '소요'를 막아 평화의 세계를 이룩하기 위하여 야훼 하나님께서는 **"자기의** 왕"을 **"시온 위에"** 세우시겠다는 것이 세상 통치자들의 소요에 대한 야훼 하나님의 대응이시었다는 것이다. 하나님께서는 이렇게 "인간을 도구로 사용하셔서 인간을 다스리시는 분이시다"라는 것이다(하나님 자신은 언제나 이 역사 속에서 자신을 감추시고 그 대신 그의 역사적 행위로서 자신을 계시하신다는 것이다. cf. 출 33:18-23). 야훼께서 세우신 왕과 세상의 왕들과의 대조적 차이가 이 시(詩)의 초점이다. 즉 신정(神政)과 왕정(王政) 사이의 대조가 초점이다. 이 세상에서 일고 있는 왕정 체제들의 반역의 소요를 진정시키는 새로운 통치체제로서 신정 체제를 세우셨다고 대응하였다는 것이다.

"권능(=권세)은 하나님께 속한 것이다"(시 62:11[12])라는 신앙과 이념은 시편 **2:4-6**(하나님의 냉소와 심판)에서는 이런 방식으로, 즉 세상 열국들의 모든 기획이란 모두 "헛된 것"(a vain)으로서 설명되었던 것이며, 이러한 이념체계의 본질을 시편 **2:7-9**에서는 좀더 구체적인 신학적 개작을 하여, "너는 내 아들이다. 오늘 내가 너를 낳았다. 내게 구하라. 내가 열방을 네 유업('나할라')으로 주리니 네 소유('아훗짜')가 땅 끝까지 이르리로다"라고 더욱 명료하게 설명하였던 것이다('나할라'와 '아훗짜'는 같은 의미를 가짐). 즉 신과 왕 사이의 관계가 야훼 신께서 그의 왕을 '양자'(養子)로서 삼음으로써 아버지와 아들의 "계약관계"라는 특수 관계 속으로 들어가게 된 것이다(삼하 7:14, 16). 이 관념은 고대 이집트와 메소포타미아 제국 세계의 "신의 아들 생산과 신의 혈연적 세습"이라는 이념과는 엄격하게 구분된다. 즉 현존하고 있는 왕에게 하나님께서 **"오늘 내가 너를 낳았다"**라고 말씀하셨다는 것은 왕의 즉위 일에 신의 아들로 삼게 되었다는 것을 의미하므로 그것은 결코 신이 왕을 낳은 출생일이라는 의미를 가지는 것이 아니라 법적으로는 '양자'(養子)요, 동시에 계약신학적인 관점에서는 "거룩한 본성으로의 거듭남"과 같은 의미를 가진다고 하겠다(cf. 신 26:17; 30:19). 그러므로 구약에서는 "진정한 의미의 제왕시"(왕을 [신으로서] 찬양하는 성격의 제왕시)란 없다! 그 대신, "시온에"(시 2:5b)라는 말이 강력히 시사하듯이, 시온의 지성소에서 선포되는 "토라"에 기초한 정치[神政政治]를 하는 것이—계약과 관련하여—메시야 왕국의 통치 본질로서 제시된다. 그러므로 하나님으로부터 이러한 기름 부음 받은 왕에게는 "신을 향한 **요구권**"(간구=기도)이 부여되고 이 요구는 토라에 대한 왕의 신의를 기초로 하고 허락된다. 시편 2편의 표현법에 의하면, **철장으로** 원수를 **질그릇 같이** 격파할 수 있게 되고 세계 열국은 모두(!) 이 메시야적 왕의 '유업'(遺業)과 '소유'('아훗짜')가 된다. 메시야의 "철장"(an iron sceptor)이 반역하는 열국들을 "질그릇"(a potter's vessel)처럼 깨뜨릴 것이기 때문이다. 저항은 불가능하다는 것이다. 동시에 '유업' 또는 '소유'로 표현되는 신(神)이 물려주신 것은 조상 대대로 지켜 갈 신의 유산이 된다(cf. 레 25:23).

그러므로 신명기적 사관에 의하면, 이와는 역(逆)으로, 바로 이 토라에 대한 왕의 불신실(계약 배신=토라에 의한 통치의 실패) 때문에 바로 이 이유 때문에 남북 왕조는 자신과 그 물려받은 '유업'과 '소유'를 모두 잃고 붕괴를 자초하였던 것이라고 해석(dtr)되었던 것이다.

10 - **12** **10-12절**에 나타난 경고성 교훈은 이 시의 서두에서 반역

의 소요를 일으켰던 이 **세상의 군왕들과 관원들(재판관들)**에게 일종 "최후통첩"(ultimatum; H. -J. Kraus, I, 133) 형식으로 주어진다. 그러나 이 시의 서두에서와 같은 호전적인 면보다는 격정을 누그러뜨리는 자세로 지혜롭기를 권유한다. 그럼에도 그 지혜의 교훈은 본질상 엄격한 경고를 담고 있었다. 그 지혜 교훈의 중심 내용은 (1) **야훼를 경외함으로 섬기는 것**과 (2) **야훼를 떨며 즐거워하는 것**이라고 서술되어 있다. 여기서 말하는 "경외함으로 섬긴다"는 종교적인 의미의 "예배 행위" 또는 "토라에 대한 복종"과 같은 그런 의미로서가 아니라 종주(宗主)와 봉신(封臣) 사이의 복종관계라는 개념으로 말하고 있다. 그러므로 모든 나라와 모든 민족이 모두(!) "기름 부음을 받은 자"(메시야)에게 복종해야 하며 따라서 신정정치 이념의 본질인 "야훼의 토라"에 복종하여야 한다는 개념으로 말하고 있다. 이러한 맥락에서 보면, 다음에 연결되는 "그 아들에게 입 맞추라"는 표현 역시, 그 입맞춤이 존경과 복종의 표현을 의미하기 때문에, 이 입맞춤의 권고도 또한 그 "기름 부음 받은 자"에 대한 열국들의 **복종**을 권면하고 있는 것이라고 하겠다. 야훼와 그의 기름 부음을 받은 자의 절대적 주권을 증언하고 있는 것이라고 하겠다.

결국 마지막 결구(結句), "**[여호와]를 의지하는 자는 다 복이 있다!**"("아슈레/콜-호세/보!", 3박자)는 시편 1:1과 대칭/평행되며 역시 여기서도 "복 있는 사람"의 길을 안내하는 역할을 하고 있다. 여기서 말하는 "의지하는 자"라는 말의 히브리어는 "그에게로 피하는 자"라고 되어 있는데(개역개정판과 표준새번역은 "피하는 자"로 번역하고 있다), "…에게로 피한다"는 말은 "…에게 의지한다"는 말의 동의어이다. 이렇게 하여 시편 서두에 있는 두 시편, 즉 1편과 2편은 모두, 다른 시각에서 복 있는 사람에 관하여 증언한 것이라 하겠다. 즉 "복 있는 사람"은 (1) 야훼/율법을 즐거움으로 삼고 주야로 그 토라를 되뇌이며 사는 사람이고 (2) 야훼/율법의 안을 유일한 피난처로 확신하는 사람이라고 시편의 서론(시 1-2편)은 결론 내리고 있다고 하겠다.

¶ 메시지

1. "야훼"만이 유일한 왕이시다(divine imperium): 세상 군왕들의 소요를 비웃으시는 하나님의 시니시즘(divine cynicism)

이스라엘에 왕 제도가 태동하던 시기를 다루고 있는 사무엘서를 보면, 이스라엘이 오랜 세월 동안 보존해 온 야훼의 유일한 왕권(출 15:18) 사상이 현실의 벽에 부딪히자 불가피한 왕정체제를 수용하게 될 무렵, 신명기적 역사가(dtr)는 사무엘의 입을 빌려 그리고 사무엘의 사사(士師) 은퇴 고별 연설(삼상 12:12-15, cf. 삼상 8장)의 형식을 빌려서 이스라엘 왕도에 관한 신명기적 입장을 술회한 적이 있다. 여기서 신명기 사가(삼상 12:12-15)는 인간 위에 인간을 다스리는 인간으로서의 왕을 요구하는 것은 불의한 일이라는 이념적 기초(divine imperium) 위에서 그러나 왕 요구의 현실적 불가피성(암몬 족의 왕 나하스의 침입을 막기 위한 불가피성)을 합법적으로 받아들이는 입장을 취한다(삼상 12:12). 이러한 왕도에 관한 전통은 사무엘하 7장(특히 14-16절)에서 다윗 왕조의 합법성을 고지할 때 좀 더 분명하게 신학적으로 정리된다. 즉 (1) 출애굽 해방의 하나님 야훼께서 그가 이스라엘을 이집트에서 이끌어 내어 "자신의 백성"으로 선택하시고 야훼를 대신하여 야훼의 백성을 다스릴 자[王]를 야훼께서 친히 세우셨다. (2) 야훼께서 자기 백성[選民]을 지키시기 위하여 그가 세우신 왕이 어디를 가든지 그와 함께하여 자기 백성을 모든 대적으로부터 지켜 주신다. (3) 야훼께서는 그의 백성을 통한 그의 구원을 이루기 위하여 그가 세우신 왕을 아들로 삼으시고[養子論] 자신은 아버지가 되셔서 인생 교육의 막대기와 채찍으로 그가 세우신 왕을 징치(懲治)하신다. (4) 다윗 왕조의 왕위(王位)는 영원토록 견고하게 해준다. 이 네 가지는 다윗 왕조를 향한 야훼 하나님의 약속이었으며 이스라엘 왕도의 본질에 대한 설명이었다.

이러한 신명기적 왕도 사상은 어디서부터 기원된 것일까? 이 물음에 대한 대답은 오래전부터 연구되어 온 고대문서(주전 12-11세기만큼의 고대문서)인 "미리암의 노래"(출 15:1-18, 21)의 끝부분(출 15:18)에 나타나는

"야훼께서 영원토록 통치하시리라!"(2+2 박자의 고대 시형; 야훼/임록//레올람/봐에드)는 어구에서 발견된다. 여기 "통치하신다"라는 동사는 왕으로서 통치할 때 쓰이는 동사이다. 즉 출애굽 구원에 성공하자마자 이스라엘이 그 엄청난 구원 사건의 목전에서(홍해를 건넌 직후에) 고백한 것이 바로 다름 아닌 "야훼가 유일한 왕이시다"라는 고백이었던 것이다. 좀 더 구체적으로는 "이스라엘을 이집트의 종살이에서 구원해 주신 그 전쟁용사(the Divine Warrior)이신 야훼 하나님(출 15:3)이 우리의 유일한 그리고 영원한 왕이시다"라는 고백이었다. 여기서부터 그들의 "하나님 신앙"이 시작되었던 것이다(Urbekenntniss; 원[原] 신앙고백). 이러한 그들의 신앙고백의 출발점(terminus a quo)이 이와 같이 (1) 출애굽 구원사 신앙과 (2) 야훼의 유일한 왕권 신앙(divine imperium)이라는 두 가지 요소의 결합이라는 이중구조를 갖고 있었다는 것은 주목할 만한 사실이다.

그 처음부터 이스라엘에는 왕은 한 분뿐이었다! 그러므로 세상 왕은, 즉 이스라엘의 왕을 포함한 모든 인간 왕은 실제로는 왕이 아니었다. 모두가 신의 대리자(surrogate)였을 뿐이었다. 그러므로 진정한 왕은 하나님 한 분뿐이었다. 인간이 인간 위에 군림하여 인간을 지배하거나 통치할 수는 없다는 것이다. 하나님만이 인간 위에 군림하여 통치권을 행사할 수 있을 뿐이라는 것이다. 말하자면, 창조주 하나님만이 피조물인 인간을 지배하실 수 있는 유일한 분이실 뿐, 인간이 인간을 지배하여서는 안 된다는 것이다.

단지 이스라엘의 경우, 하나님께서는 자신을 대리하는 자신의 뜻의 가시적(可視的) 현존인 "토라"를 인간 왕에게 주셔서 세계와 인간을 다스리라고 하셨기 때문에 그러한 위임[통치권]을 받은 인간이 하나님의 위임을 받아—기름 부음을 받아(메시야)—대리왕(the surrogate)으로서 인간과 나라를 다스리실 수 있을 뿐이라는 것이다. 왕의 권위는 실제로는 "토라"의 권위일 뿐이라는 것이다. 그러므로 인간을 통한 이러한 신(=토라)의 위임통치 체제를 우리는 신정정치 체제(theocracy)라고 한다. "토라"가 왕권 위에 있는 것은 이러한 이유 때문이다. "너는 내 아들이라 오늘날 내가 너를 낳았다"(시 2:7b)라는 것은 이러한 맥락 안에서 이해할 수 있다. 예언자들의 신랄한 왕권 비판의 정당성도 바로 이 때문에 이해할 수 있는 것이며 오늘날의 민주주의 이념을 가지고 최고 통치권자를 선출하는 체제에서도 그 최고 통치권자를 감히 백성들이 비판할 수 있는 그 근거도 또한 "법"을 모든 인간 통치행위의 권위 위에 두는 경우에서만 가능하다 하겠다.

"법은 멀고 주먹은 가깝다"라는 힘의 논리가, 일종의 삼국지 논리(=권모술수를 최대의 처세법으로 생각하는 논리)가 우리 사회를 지배하는 주요 이념이 되어 있는 이런 상황 속에서 감히 "토라"(=말씀)의 권위를 정치권력 위에 둔다는 것은 매우 어려운 것이 인간사회의 현실이다. 그러나 철저히 이 토라 통치의 신정정치 이념 위에 "하나님 나라"를 건설하려는 이스라엘의 의지는, 많은 시행착오를 거쳐 오기는 하였지만, 이스라엘 역사 내내 계속되어 왔었다. 이것이 선민(選民)의 의식구조요, 성민(聖民)의 자기 정체성이다. 그토록 수많은 수난의 역사 속에서도 불구하고 이스라엘은 신정이념을 우직하리만큼 견지해 왔다. 이러한 이스라엘의 신정이념적인 정신을 가장 잘 표현한 것이 시편 62:11-12[12-13]라고 볼 수 있다.

> 11[12] 하나님이 한두 번 하신 말씀을 내가 들었나니
> 권능(오쯔)은 하나님께 속하였다 하셨도다.
> 12[13] 주여, 인자하심(헤세드)도 주께 속하였사오니
> 주께서 각 사람이 행한 대로 갚으심이니이다.

이 시구(詩句)들은 왕권(정치권력)을 포함한 모든 "힘"('오쯔', עז)은 하나님의 것이므로 지상왕권의 근원도 하나님이시라는 것을 분명하게 천명하고 있다고 하겠다. 그러나 그 힘이 곧 하나님이신 것은 **아니다**. 그러므로 "힘"의 숭배는 제1계의 위반이 된다. "힘"은 본질상 하나님으로부터 오지만 하나님의 의도에 의하여 위임된 것이므로 그 "힘"은 하나님의 뜻을 완수하는 데 사용되어야 한다. "힘"을 부여받은 자는 그 무엇보다 우선적으로 그 "힘"을 사용하기 전에 그 용도에 관하여 하나님의 뜻을 "먼저" 물어야 한다. "힘"을 소유한 인간이 그 "힘"을 인간 자의로 남용하면 그것은 곧 그 "힘"을 주신 분이신 하나님을 범하는 죄에 해당한다고 하겠

다. 왜냐하면 하나님의 것인 이 "힘"은 본질적으로, 위의 시의 밑줄 친 두 시구의 평행법적 기능이 잘 말하고 있듯이, 근본적으로 이중성을 갖고 있기 때문이다(A. Weiser, *The Psalms*[1962], 452). 즉 "힘"('오쯔')과 "인자하심"(헤세드)의 불가분리적 결합은 인자하심이 없는 "힘"이란 어떠한 신뢰도 얻을 수 없다는 것을 보여 주기 때문이다.

이러한 관계를 모르는 모든 지상 권력은, 그들이 아무리 힘을 합쳐 저항한다고 하여도 하나님의 냉소(God's cynicism)를 받을 수밖에 없는 것이다("하늘에 계신 자가 웃으심이여!" 시 2:4). 군왕들의 이러한 저항은 "인간 거인주의"(titanism)로서 원죄적인 죄일 뿐이다. 그러므로 인간에게는 '참 신뢰'의 소재가 어디인지를 아는 것이 필요하다.

2. 야훼 안에서 자기 피난처를 찾는 자는 "복"이 있다

시편 2편의 끝 문단(10-12절)이, 인간 거인주의의 허구성을 간파하고, "세상의 군왕들아 지혜를 가져라!" "세상의 관원들(판관들)아 교훈을 받아라!"라고 말함으로써 시작한다. 열방이 분노하고 민족들이 수군거리고 세상 군왕들이 메시야를 대적하여 일어나고 세상 판관들이 음모를 꾸미며 "메시야"의 사슬을 끊어 보자고 아무리 외친다 하여도 "신의 냉소"(God's cynicism)만을 유발할 뿐이다. 그러므로 지혜 있는 자들은 재빨리 참 신뢰는 하나님만을 의지하는 것임을 알아야 한다. 시편 여러 곳에서 우리는 "야훼 안에서 자기의 피난처를 찾는다"라는 표현은 "야훼를 의지한다"라는 말로 번역되거나 "야훼를 의지한다"라는 표현과 평행을 이루는 것(시 7:1[2]; 11:1[2]; 25:20; 57:1[2]; 71:1 등)을 본다.

참 신뢰와 거짓 신뢰 사이의 긴장에 관한 문제는 예언자 엘리야 시대로부터 이사야, 예레미야 그리고 시편 기자의 시대에 이르기까지 경전역사가 줄곧 진지하게 논의해 온 문제이다(왕상 18:21b → 18:39; 사 7:9b → 7:14; 렘 7:4 → 7:23; 시 56:4bc ↔ 56:11). 야훼 안에만! 진정한 피난처(안보)가 있다는 것이 성서의 답변이며 이것이 시편 2:10-12의 교훈이 갖는 진정한 의미이다.

3. 구원은 하나님에게 속한 것이다(3:1–8)

¶ 본문

다윗이 그 아들 압살롬을 피할 때에 지은 시

1[2]* 여호와여 나의 대적이 어찌 그리 많은지요 일어나 나를 치는 자가
많소이다

2[3] 많은 사람이 있어 나를 가리켜 말하기를 저는 하나님께 도움을 얻지
못한다 하나이다(3+3)(3+3)(셀라)

3[4] 여호와여 주는 나의 방패시요 나의 영광이시요 나의 머리를 드시는
자니이다

4[5] 내가 나의 목소리로 여호와께 부르짖으니 그 성산에서 응답하시는
도다(4+3)(3+3)(셀라)

5[6] 내가 누워 자고 깨었으니 여호와께서 나를 붙드심이로다

6[7] 천만인이 나를 둘러치려 하여도 나는 두려워 아니하리이다(3+3)
(3+4)(?)

---

* 3편부터 표제를 가진 시들이 등장하기 시작한다. 이 표제가 히브리 본문에서는 절수로 계산된다. 대체로는 한 절로만 계산되나 드물게는 표제가 긴 경우 두 절로도 계산된다. 이 책에서는 개역성서 절수를 따르고 히브리 절수 표기는 [ ]안에 표기한다.

7[8] 여호와여 일어나소서 나의 하나님이여 나를 구원하소서(2+2)
주께서 나의 모든 원수의 뺨을 치시며 악인의 이를 꺾으셨나이다 (3+3)
8[9] 구원은 여호와께 있사오니 주의 복을 주의 백성에게 내리소서 (2+2)(셀라)

¶ 개요(비평학적 문제)

시편 시집은 실제로는 여기 3편에서부터 시작한다. **"개인 탄원시 유형"**의 시들이 여기서부터 대거 등장한다. 탄원시는 죽은 자를 위하여 애곡하는 만가(輓歌; dirge, funeral song, elegy)와는 달리, 현재 살아 있는 자로서 그 현재적 고통 때문에 괴로워 울부짖으며 하나님의 도우심을 간구[기도]하는 시(詩)이다(만가와 탄원시의 구별 및 탄원시[기도시]의 발전사에 관하여는 김이곤, 『구약성서의 고난신학』, 105-118을 참조하라).

그러나 이 시가 "확신의 시"(S. Mowinckel) 또는 "제왕시"(A. Bentzen, P. C. Craigie)로 분류할 수 있는지는, 비록 매우 세미한 관념의 차이가 나타난다고는 하더라도, 설득력이 약해 보인다. 물론 이 시의 '제목'이 다윗 통치 말기의 다윗의 상황(아들 압살롬으로부터 피하여 있을 때의 상황, cf. 삼하 15:13-16:14)과 결부시킬 때, 그 내용에 있어서 상당한 유사점(삼하 15:13, 30; 16:7-8; 17:1, 11, 16; 19:1-2와의 대조, cf. C. A. Briggs & P. C. Craigie)이 발견되는 것은 사실이지만, 그러한 유사성은 이 시가 담고 있는 시적 은유들의 기능면에서 보면 매우 포괄적이고 일반적인 것으로서 다른 역사적 사건들과도 얼마든지 그와 같이 비교될 수 있는 것으로 보이기 때문에 이 상황에 시편 3편을 고정시키는 것은 적절하게 보이지 않는다. 오히려 우리는 이 시의 문학적 구성 구조가, 양식비평학적으로 볼 때, 개인 탄원시의 전형적인 구성 구조를 갖고 있다는 사실에 더 중요한 의미를 부여하여야 할 것으로 본다. 즉 시편 3편은 본래 순수한 개인 탄원시였지만 제의에서 공동체(cf. 시 3:8[9])의 탄원시의 기능도 담당하였던 시(詩)로서, 그 구성 구조는 다음과 같다.

신의 이름을 부름(1[2]a)—원수로 인한 탄식(1b-2[2b-3])—하나님에 대한 신뢰[의지]

표현(3-6[4-7])—기원(=간구)(7[8]a)—응답 확신(7[8]b)-고백문 결구(結句; 8[9])

특히 시편 3편은, 크레이기(P. C. Craigie)가 적절하게 지적해 주었듯이, 군사적 용어가 시 전반에 배치되어 있다는 특징이 두드러지게 나타난다. 예컨대, (1) 3[4]절의 "방패"라는 용어, (2) 6[7]절에 나타나는 6[7]절의 "천만인"(히브리어 '메립보트')과 "둘러치다"(히브리어 '샤투')라는 용어는 명백한 군사적 용어이다. (3) 이것 이외에도 1[2]절의 "대적"(=적군), "나는 두려워하지 않는다", "야훼여, 일어나소서!"(법궤가 전쟁 진중에 들어갈 때 외쳤던 전쟁함성, cf. 민 10:35; 삿 5:12: 7:15), "구원(=승리)은 야훼의 것이다!"(전쟁 함성) 등이 여덟 절밖에 안 되는 짧은 시 안에 배열되어 있다는 것은 이 시가 "야훼의 전쟁"(거룩한 전쟁)에 대한 기억과 그 전승의 영향 아래에 있었던 것임을 웅변적으로 입증해 주고 있다.

이상의 관점에서 볼 때, 이 시는 왕조기의 어느 시점에서 형성된 것으로 볼 수 있으며 왕조 초기의 어느 때에 제1 성전 성소(성소의 존재는 다윗을 그 저자로 보기 어렵게 한다)에서 밤을 지새운 후에 작시된 시(temple incubation=vigil; cf. J. W. McKay, "Psalms of Vigil," *ZAW* 91[1979], 229-247)로 볼 수 있을 것이다.

¶ 주석

표제는 이 시가 다윗이 아들 압살롬을 피하여 도망한 때에 지은 시라는 것을 암시하나, 즉 위에서 지적한 대로 내용상의 유사점들이 발견되기는 하지만 그러나 이 시 안에 다윗의 도주 사실이나 아들의 전사에 대하여 애곡하는 다윗의 모습 같은 것은 찾을 수 없다. 이 표제는 일종 시편 시들의 표제들이 성서 주석 활동을 하였던 그 첫 증거라고 할 수 있을 것이다.

1-2 1-2[2-3], 모든 개인/공동체 탄원시들에서 나타나는 고유한 동일 현상은 "단순하게 신의 이름만을 부르는 것으로 시작한다는 점"이다. 특히 그 부르는 이름에 아무런 수식어가 붙지 않는 것("나의 하나님!"이라고 할 때의 그 "나의"[my]라는 수식어 이외에는 어떠한 수식어도 사용되지 않는다는 것)은 장황스러운 "긴 도입구"(long invocation)를 갖고 있는 고대 중동의 탄원시들(특히 고대 바벨론의 개인 탄원시들)과는 매우 대비된다(cf. J. Begrich, "Die Vertrauensausserungen …" in his *Gesammelte Studien zum Alten Testament*, 1928, 168-216). **"여호와여!"(야훼여)**라는 호격형(呼格型) 신명(神名)만을 외치면서("야훼"라는 이름에는 "나의"라는 인칭 대명사 수식도 붙지 않는다) 기도의 문을 여는 시편 탄원시는 하나님의 마음을 움직이게 하는 것이란 "신에 대한 아첨사"라는 종교적 형식에 있는 것이 아니라, 하나님 앞에 자신의 고통스러운 모습을 진솔하게 펼쳐 보여 하나님의 긍휼과 은혜에 호소하는 것에 있다는 것을 이스라엘 기도자들은 잘 알고 있었다는 것을 의미한다.

"나의 대적[들]"은 시편 탄원시들이 자신을 괴롭히는 원수들을 가리켜 말하는 여러 용어들 중의 하나로서, '원수' 및 그 동의어(은유적 표현까지 포함)들을 언급하지 않는 시편 탄원시들은 없다는 것이 시편 탄원시의 한 특성을 말해 준다. 그러면 이 "대적들"(원수들)은 누구인가? 그러나 시편 137편에서 바벨론과 에돔을 구체적으로 언명하는 것처럼 원수 또는 대적을 구체화하는 경우는 시편 탄원시에서는 전혀 전적으로 나타나지 않는다. 이것이 시편 탄원시의 현실이다. "원수" 또는 "대적자"는 시적 은유로 둘러싸여 있든지, 아니면 문맥상의 개념정의에 의존해 있을 뿐이다. 그리하여 "원수"(대적) 개념은 시간적 공간적 개념을 넘어가는 "시적 은유" 속에서 일반화된다. 그러므로 모든 원수(대적, 그리고 이와의 동의어)들은 시편 시에서는 인습적 단조성(conventional monotony)을 띤다(cf. G. A. Anderson, "Enemies and Evildoers in the Book of Psalms," *BJRL*, 1965-1966, 18-29).

시편 3편의 경우 이 "대적"은 시인을 포위하고 있는 적군의 군대라는 은유로 일반화되어 있다. 그러므로 여기서 말하는 원수는 (1) 시인을 공격하는 사람들로서 무리 지어 헤아릴 수 없이 **많은 떼**를 형성하고 있다는 것과 (2) 시인을 향해 "하나님의 도움(=구원, 여수아)을 받지 못하는 자"라는 비난과 조롱을 퍼붓는 자라는 것 이외의 어떠한 다른 정보도 제공하지 않는다. 시인의 상황은 "사면초가"의 외로운 상황이라고 하겠다. 여기에 나타난 강조어법은 시인을 조롱하는 "원수들의 많음"과 그리고 조롱받는 시인은 "홀로"라는, 이른바 많음과 홀로, 강함과 약함 사이의 과장된 대조법이 돋보일 뿐이다. 이러한 대조법은 "야훼의 거룩한 전쟁" 전승을 구성하는 중요한 요소들 중의 하나이다(cf. G. von Rad, *Der Heilige Krieg im alten Israel*, 1951).

"셀라"라는 표기에 의하여 한 단락은 마무리된다. "셀라"는 예배음악의 "음악적 지시"라는 데에는 학자들 사이에 의견의 일치를 이루고는 있지만, 그 지시가 구체적으로 무엇인지는 의견의 일치를 이루지 못하고 있다. 필자는 앞의 "서론"의 시편 표제문제를 다룬 곳에서 의견을 밝힌 바 있다. 시편 3편은 "셀라"가 어떤 음악적 지시를 가리키는 것인지에 대한 다소 설득력이 있는 암시가 나타나는 시이다. 즉 3+3의 주 리듬 앞에 "여호와여/일어나소서//나의 하나님이여/나를 구원하소서"(7[8]절a; 2+2 박자)라는 외침과 같은 **짧은 외침을 온 회중이 한 목소리로 외치라는 음악적 지시**(셀라)의 내용이 "셀라"라는 지시가 들어갈 자리(7[8]절)에 들어갔을 가능성을 생각해 볼 수 있다고 보는 것이다. 말하자면 1-2[2-3]절 다음에, 3-4[4-5]절 다음에, 5-6[6-7]절 다음에, 그리고 6-7[7-8]절 다음에 "여호와여/일어나소서//나의 하나님이여/나를 구원하소서"(2+2 박자)라는 온 회중의 동시적 제창(齊唱)이 있었으리라는 추론이 가능하다는 뜻이다.

3-**4** 이러한 간주형(間奏形) 제창이 있은 후(1-2[2-3]절 후), 3-4[4-5]절의 새 단락이 시작되는데, 여기서는 앞 단락의 탄식 분위기가 완전 반전되어 야훼 하나님에 대한 강한/흔들림 없는 신뢰(의지) 고백이 선포된다. 즉 "**여호와여 주는 나의 방패시요 나의 영광이시요 나의 머리를 드시는 자니이다 내가 나의 목소리로 여호와께 부르짖으니 그 성산에서 응답하시는도다**"라고 선포된다. "나의 방패"(마겐 빠아디)라는 표현은 전쟁의 위험으로부터 "완전한 보호"를 상징한다. 여기서 말하는 '빠앗디'(my)는 한쪽 면만을 방어하는 것이 아니라 4면을 모두 방어하는 것을

말하고 있어서(H. Gunkel) 야훼의 완벽한 방어력을 가리키기 위하여 사용된 언어라고 볼 수 있다(cf. 시 18:2[3]; 28:7; 119:114). 야훼 하나님은 이러한 상황, 즉 사면으로 대적(對敵)들에 의하여 둘러싸인 상황에서의 유일한 그리고 가장 안전한 방어벽이라는 말이다. 이 때문에(야훼께서 기도자의 **머리를 들게 해주시므로**) 기도자는 그의 "인간 존엄성의 회복"을 경험하게 되었던 것이다(H. -J. Kraus, G. von Rad). 법정적 개념에 의하면, 무고(誣告) 받은 자의 무혐의의 판정을 받은 것과 비유될 수 있다(H. Schmidt, W. Beyerlin). 그러므로 기도자의 부르짖음(하늘 법정을 향한 호소)은 거룩한 산[聖山]에 상달이 된 것이다. 성산(聖山=시온)은 하나님의 현존 장소이다.

5-**6** **5-6[6-7]절**은 3-4[4-5]절에 연이은 "하나님에 대한 두려움 없는 신뢰"의 표현으로 상승된다. 사면초가의 위기 속에서도 기도자는 안연히 **누워 자고 깨어났기** 때문이다. 이 "누워 자고 깨어남" 때문에 이 시가 "아침기도" 또는 "성소에서 드린 철야기도"로 이해되기도 하였다. 이것은 "많은 대적들로부터의 구원받은 경험이 제의화(祭儀化)된 것"을 보여준다. 즉 개인의 구원경험이 제의 공동체 안으로 들어와서 공동체의 구원경험으로 전이된 예라고 할 수 있다. **"천만인"**이 공격적인 **대진(對陣;** 히브리어 '샤투'의 군사적 의미 참조)을 하고 있어도 기도자는 **"나는 두려워하지 않을 것"**이라는 신뢰 고백을 할 수 있다는 것도 제의화된 모습을 보여 준다. 동시에 "나는 두려워하지 아니하리라!"는 표현은 "거룩한 전쟁" 전승에서 안보에 관한 전형적인 신의 약속 조문, "두려워 말라"('알-티라')의 제의적 개작으로 보인다(cf. J. Berich).

7-**8** **7-8[8-9]절**은 원수 격파의 승전확신과 의전적(儀典的)인 마무리 언어로 끝맺음을 하고 있다. 그 문학 구조는 2+2(7a[8a]절)-3+3(7b[8b]절)-2+2(8[9]절)의 형식을 취하고 있다. 두 개의 2+2 박자 시구는 "거룩한 전쟁"[聖戰] 전승에서 쉽게 발견할 수 있는 "전쟁 함성"(teru'ah)의 제의화(=예배화)로 볼 수 있다. **"일어나소서!"**('쿠마')라는 표현은 전쟁 개시를 선포하는 법궤이동의 시작을 알리는 전쟁선포적인 제

의 언어(cf. 민 10:35)이다. 이 말이 "구원하소서!"라는 말과 직접 평행되는 것은 거룩한 전쟁 전승(傳承)으로부터 기원된 것으로 보인다. 하나님께서 일어나시면 그것이 곧 승리를 담보/예고하는 의미를 갖고 있기 때문이다. "원수의 뺨을 치시며" "악인의 이를 꺾으심"은 그 원수의 패배가 "수치스러운 징벌"임과 동시에 "저는 하나님께 도움을 얻지 못한다"라는 악인의 조롱하는 입을 단번에 닫게 하는 의미를 가진다. 야훼의 승리가 완료된 상태(cf. 완료 시제)를 시사한다. 그러므로 8[9]절, "구원은 야훼께 있습니다!" "주의 복을 주의 백성에게 돌리소서!"라는 언어는 제의적 종결문으로서 기도의 성공적 응답을 공포해 주는 의미를 갖는다. 기도자의 삶은 일련의 구원사로부터 고립될 수 없는 것임을 보여 준다.

¶ 메시지

"구원은 하나님의 것이다"(라도나이 하이여수아)라는 신조 문형(信條文型; creedal)의 결론적 선언(시 3:8a[3:9a])은 신학적으로 많은 것을 암시해 준다. 이 선언의 의미를 근본적으로 접근하게 해주는 언어는 히브리어 '헤렘'(חרם=anathema)으로 보인다. 이 '헤렘'은 신성한 것과 불경된 것 둘 모두에게 해당되는 것으로서 "신에게 바쳐진 접근 금지의 것"을 가리킨다. 그리하여 어떤 것은 **신의 것이므로** 하나님의 형상인 인간이 모방하여야 하는 것이 있고(imitatio Dei), 어떤 것은 또한 **신의 것이므로** 오히려 하나님의 형상인 인간은 반드시 접근을 피하여야[禁忌] 하는 것(taboo/anathema)이 있다. 어느 것이 전자이고 후자인가 하는 것은 성서 문맥에 대한 주석이 결정할 일이다. 예를 들어 보자.

* 구원은 하나님의 것이다. 그러므로 하나님만이 인간을 구원할 수 있다(시 3:8[9]).
* 권력은 하나님의 것이다. 그러므로 인간은 하나님께서 위임한 사항에만 권력을 행사할 수 있다(시 62:11[12]).
* 복수는 하나님의 것이다. 그러므로 인간은 복수를 하나님께 맡겨야

만 한다(신 32:35).

* 전쟁은 하나님의 것이다. 그러므로 인간은 전쟁(폭력)을 하지 말아야 한다(삼상 17:47).
* 생명(죽임)은 하나님의 것이다. 그러므로 인간은 [인간]생명을 죽이지 말아야 한다(신 32:39).
* 재판은 하나님께 속한 것이다. 그러므로 사람을 외모로 판단하지 말라(신 1:17).

이러한 유형의 조문(條文)형 선언은 특별히 우리의 신학적 사유를 깊게도 하고 높게도 한다. 이러한 조문들에 대한 그 신학적 의미를 밝히는 일은 이 책에서도 앞으로 계속될 것이지만, 여기서는 시편 3편의 결어인 "구원은 하나님의 것이다"라는 선언문의 신학적 의미를 살펴보자. 시편 3편의 시인이 처한 상황은 사면초가의 절망적 상황이었다. 원수들이 사면팔방으로 에워싸고 있고 들려오는 소리라고는 "저는 하나님께 도움을 얻지 못한다"라는 비웃음 소리만 들려오는 그런 절망적 고독의 상황 속에서도 하나님께 매달려 기도하고(여기 시편 3편에서는 철야기도, vigil; 시 5; 17; 27; 30; 57; 59; 63; 143편 등이 성소에서 밤을 지내고 아침에 드린 기도로 볼 수 있을 것이다. cf. J. W. McKay, "Psalms of Visil," *ZAW* 91[1979], 229-247) 그러고는 그 위기의 상황 속에서도 태연히 누워 자고 깨어나서 야훼 하나님의 승리를 경험하고 찬양하였다고 증언하고 있다.

물론 이러한 신앙은 기도자의 순수 심리적인 반대감정 병존(ambivalence)의 자기 상승(self-elevation) 현상이라고는 결코 볼 수 없다(pace C. Westermann and all the authors who interpret this psalm psychologically). 시편 3편 기자의 이러한 운명전이의 고백에는 충분한 동기가 있었다. 분위기 전환의 매듭매듭에는 그러한 동기가 있었음을 웅변해 주는 신앙고백들이 들어 있었다. 첫째는 3[4]절과 4[5]절 사이에 "그러나 당신은 야훼! 나를 사방으로 에워싼 방패이십니다"(私譯; 개역 본문에는 그냥 "여호와여, 주는 나의 방패…"라고 번역하였음)라는 고백이 그 동기부여가 되었을 것이라고 볼 수 있다. 이 고백은 논의의 여지없이 구약의 히브리적인 "거룩한 전쟁 전승"에 그 뿌리를 둔 신앙의 표출이다.

즉 야훼 하나님은 백전백승의 "전쟁용사"(출 15:3)이시므로 인간에게 필요한 것이란 단지 전쟁용사이신 하나님의 절대 주권에 대한 두려움이 없는 신앙(fearless trust in God)만이 필요하다는 믿음의 표출이다(Cf. F. M. Cross, "The Divine Warrior in Israel's Early Cult," *BM*, Harvard Univ. 1966, 11-30; P. D. Miller, "El the Warrior," HTR 60[1967], 411-431; *idem*, "God the Warrior," *Int.* 19[1965], 39-46, etc.). 둘째는 7[8]a절과 7b-8[8b-9]절 사이에 "주께서 나의 모든 원수의 뺨을 치시며 악인의 이를 꺾으셨나이다"라는 표현이다. 여기 나오는 "치시며 … 꺾으셨나이다"라는 표현의 완료태 시제가 주목의 대상이 된다. 즉 시인의 부르짖음의 기원이 터져 나오기가 무섭게 신속히 하나님께서는 원수를 격파, 퇴진시킨 것으로 되어 있다. 이것 역시 "하나님에 대한 신뢰의 함성"(테루아, teru'ah)이 일어나면 즉각 인간의 활동이 전혀 개입되지 않은 상태에서 적진이 즉시 함몰되는 현상을 말하는 "야훼의 거룩한 전쟁에 관한 기록들"(여리고 성 함락, 기드온의 전쟁, 아이 다윗이 거인 골리앗을 격파함 등)이 준 영향, 즉 "야훼는 전쟁용사이다"라고 믿는 **거룩한 전쟁 신앙**에서 기인되었을 것으로 볼 수 있다. 이 증언은 무엇을 의미하는가? 전쟁과 그 승리는 **"야훼의 것"** 이라는 신앙의 표현으로 볼 수 있다. "내가 누워 자고 깨었으니 여호와께서 나를 붙드심이로다"(시 3:5[6])라는 표현은 "두려움이 없는 하나님 신뢰"가 진정으로 구원의 승리를 안겨 줄 뿐, 인간의 전술 전략이 우리를 승리(구원)하게 하는 것은 아니라는 거룩한 전쟁 신앙에서부터 온 것이라고 하겠다. 그러므로 우리의 진정한 희망과 안전 및 안보는, 이미 시편 2:12c도 증언하였듯이, 오직 야훼 하나님 안에만 있을 뿐이다.

4. 하나님을 만난 자의 기쁨(4:1-8)

¶ 본문

다윗의 시, 영장으로 현악에 맞춘 노래

1[2] 내 의의 하나님이여 내가 부를 때에 응답하소서 곤란 중에 나를 너
그럽게 하셨사오니 나를 긍휼히 여기사 나의 기도를 들으소서
(4+3+3)
2[3] 인생들아 어느 때까지 나의 영광을 변하여 욕되게 하며 허사를 좋아
하고 궤휼을 구하겠는고(3+2+4)(셀라)
3[4] 여호와께서 자기를 위하여 경건한 자를 택하신줄 너희가 알지어다
내가 부를 때에 여호와께서 들으시리로다(4+4)
4[5] 너희는 떨며 범죄치 말지어다 자리에 누워 심중에 말하고 잠잠할지
어다(2+2+2)(셀라)
5[6] 의의 제사를 드리고 여호와를 의뢰할지어다
6[7] 여러 사람의 말이 우리에게 선(善)을 보일 자 누구뇨 하오니 여호와
여 주의 얼굴을 들어 우리에게 비취소서(4+4)
7[8] 주께서 내 마음에 두신 기쁨은 저희의 곡식과 새 포도주의 풍성할
때보다 더 하니이다(3+4)
8[9] 내가 평안히 눕고 자기도 하리니 나를 안전히 거하게 하시는 이는

오직 여호와시니이다(4+3+2)

¶ 개요(비평학적 문제)

이 시는 그 기도의 정규 시각이 "저녁"(4[5], 8[9]절)이라는 것 이외에는 "저녁"이 주는 의미가 이 시에서는 별로 나타나지 않는다(D. Kidner, *Psalms 1-72*, 55). 그러나 6[7]절의 "선"(善; 토브, טוֹב)을 달리 해석하여, 이른바 가뭄으로 인하여 척박하고 조악해진 팔레스타인의 메마른 땅을 적셔 줄 "은혜의 빗줄기"(rain)로서 해석하고 이 시를 "비를 비는 기도시"(a prayer for rain)로 이해하는 다후드(M. Dahood, *Psalms 1-50*, 22-27)의 견해에는, 청동기 시대의 가나안 문학에서 발견되는 '토브'[善]와 '비'(rain) 사이의 연결점(UT, 1 Aqht:45-46)과 그리고 구약성서(신 28:12; 왕상 8:35; 렘 3:3; 5:25; 17:6, 8; 암 4:7; 시 85:12[13])에 나타나는 '비'와 '선'(善=좋은 것) 사이의 평행적 관계성을 고려하여 볼 때, 시 전체의 분위기와도 조화를 이루고 있어서 고려의 여지가 충분히 있다고 본다. 그러나 이러한 관점에 기초하여 전통적인 견해('토브'를 '좋은 것'[the good]으로 번역하는 견해)를 반드시 그렇게 '토브'를 '비'라고 수정해야만 하는 것인지는 확증하기 힘들다.

이 시의 문학 양식을 살펴볼 때에도, 이 시는 개인 탄원시의 부속 양식인 "신뢰의 시"(=확신의 시)에 속한다고 볼 수 있고(Gunkel, *Introduction*, 121) 그리고 1[2]절을 명령형 '기원'(祈願)으로 그리고 2[3]절을 '탄식'으로 본다면 다후드의 견해에도 상당한 신빙성이 있어 보인다. 그러나 이 시의 분위기를 보아서 굳이 그러한 개정을 할 필요가 꼭 있는 것은 아니라고 본다. 만일 두 가능성('좋음'으로 볼 가능성과 '비'로 볼 가능성)을 다 갖고 있다면, 전래된 견해를 따르는 것이 무난하다고 본다. 왜냐하면 '토브'[善]를 '비'로 번역하지 않고 '선'(=좋은 것)으로 번역하고서도 "비를 비는 기도"로서 전혀 읽을 수 없는 것은 아니기 때문이다. 그러나 이 시편 4편의 주석 결과는 이 시를 "비를 비는 기도"로 보게 하지는 않는다. 오히려 시편 3편의 경우와 같이 "고난 → 구원"의 감격적인 구원 현실을

'토브'(=좋은 것, 선한 것)로 인식하면서 그의 기도를 끝내는 시로서 이해하는 것이 더 타당해 보인다. 말하자면 2[3]절을 탄식으로 본다면, 즉 인생들(=사람의 아들들, '베네 이쉬')의 반역의 기세가 꺾이지 않고 증대되는 것을, 즉 원수의 기세처럼 악하고 허망한 것을 체험한 시인의 '탄식'이라고 한다면, 현재의 번역을 견지하는 것이 "비를 비는 기원"으로 개작하는 것보다 더 나으리라 본다.

또는 우리는 바이저가 5[6]-6[7]절을 기초로 하여 이 시를 아론 계열의 축복사에서부터 빌려 온 제사장의 축복 기도(priestly prayer)로 읽자는 견해의 가능성도 추측해 볼 수 있다(A. Weiser, H. -J. Kraus et al.). 이러한 관점에서 볼 때는 이 시의 삶의 자리란 원수들의 핍박에서부터 건져주신 하나님의 은혜를 노래하는 성전 예배의 경험으로 볼 수 있을 것이다. 그리고 이런 점에서 볼 때는, 2[3]-4[5]절의 언어들은, 오히려 마치 23편의 시가 "사망의 음침한 골짜기"를 거쳐 온 것에 대한 안도와 그 구원에 대한 축하의 잔이 넘쳐나는 그런 은혜에 대한 감격을 노래하는 것과 같은 그런 분위기를 생각나게 해준다. 그런 점에서 이 시는 개인 탄원시의 요소가 가미된 '신뢰'(확신)의 시라고 볼 수 있을 것이다(cf. H. Schmidt, E. A. Leslie, W. Beyerlin et al.). 그래서 이 시인은 "성전에서 눕기도 하고 자기도 하는 평화"를 자랑할 수 있었던 것이다. 따라서 이 시는 제1 성전이 건재해 있는 시기, 즉 포로기 후보다는 포로 전기의 성전 제의가 낳은 한 산물이라고 볼 수 있을 것이다.

¶ 주석

표제에 나오는 "영장으로"('림나체이흐', 개역개정본의 "인도자를 따라" 그리고 표준새번역 개정판의 "지휘자를 따라"의 번역이 더 적절하다. 이 책의 서론, "시편의 표제" 부분을 참조하라)는 예배음악의 지휘자, 성가단의 지휘자를 가리키며 시편에서는 55회 정도 사용된다.

1 **1[2]절**의 기원문은 마소라 본문에서는 네 개의 동사(**응답하소서,**

너그럽게 하셨다, 긍휼히 여기소서, 들으소서) 중 두 번째 것만이 완료시제로 되어 있으나 나머지 세 동사는 명령 시제로 되어 있어서, 둘째 시제를 명령형으로 고치든가 아니면 나머지 세 명령형을 모두 완료시제로 바꾸거나 하려는 시도도 있었다. 그러나 현 본문대로 두어도 그 의미가 살아 있고 또 둘째 시제를 명령형('하르히바' 또는 '히르힙', cf. BHS)으로 고쳐 읽어도 또한 그 의미가 살아 있어서 여기서는 "과거의 구원 경험을 되새긴다는 의미"(3[4]절)에서 현재의 본문 (MT=마소라 본문)을 따르도록 하겠다. 이 시에서 특별히 주목을 끄는 부분은 1[2]절과 5[6]절에 나타나는 "내 의의 하나님"이라는 언어와 "의의 제사"라는 언어들 중 **"의"(義)** 라는 말의 문맥상의 의미가 무엇이냐는 것이다. **1[2]절**에 나타나는 **"내 의의 하나님"**은 문맥상으로 볼 때, "무고자(誣告者)의 거짓된 말과 중상모략으로부터 시인의 무죄를 변호해 주실 분은 오직 의의 하나님이신 야훼뿐이시다"라는 신앙고백과 일치한다고 볼 수 있을 것이다(H. Schmidt, G. von Rad et al.). 이 의미와 그리고 5[6]절에 나타나는 "의의 제사"를 연결시켜 그 의미를 살펴보면, 이 "의의 제사"는 시인의 무죄를 입증하려는 희생제, 즉 시편 5:3[4]과 51:7[9], 19[21]에 나타나는, 이른바 자기 자신을 제물로 바쳐 무죄를 입증하는 성격의 제사와 평행을 이룬다고 하겠다. 그러므로 1[2]절의 "내 의의 하나님이여"라는 외침은 그를 무고(誣告)하는 원수들을 전제한 외침이라고 볼 수 있을 것이다.

2-**3** 2[3]절의 탄식과 3[4]절의 신뢰 사이의 연결은 이러한 문맥에서 볼 때, 4편 시인의 상황을 좀더 분명하게 읽을 수 있게 해준다. 즉 **"인생들아"**(사람의 아들들아, '베네 이쉬', בְּנֵי אִישׁ)라고 부르는 자들, 즉 **"하나님의 영광을 욕되게 하며 허사를 좋아하고 궤휼을 구하는 자들"**이 여기서는 시인의 마음을 아프게 하는 '원수들'이라는 것을 알려 주는 기능을 한다고 하겠다. 서양 주석가들은 여기서 "사람의 아들들"을 의미하는 두 가지 히브리어, 즉 여기 시편 4:2[3]의 "베네 · 이쉬"와 시편 8:4[5]의 "벤 · 아담" 사이에는 의미상의 차이가 있다고 말한다(J. W. Rogerson and J. W. McKay, *Psalms 1-50*, 1977, 27, 42에서는 둘 모두를 "사멸한 인간"이라는 단일 의미로 주석하나, C. A. Briggs I, 31; H. -J. Kraus, I, 148; P.

C. Craigie, I, 80; A. Weiser, 1962, 120의 각주 등은 "베네 · 이쉬"를 부유하고 영향력이 있는 사람들을 가리키는 반면에 "벤 · 아담"은 비천하고 가련한 사람을 가리킨다고 명확하게 구분한다). 그러나 이러한 둘 사이의 명백한 의미의 차이가 있다고 주장하는 사람들은 그 분명한 근거를 말하고 있지 않기 때문에 단정하기는 어렵다 하더라도 최소한 우리 본문인 시편 4:2[3]의 "사람의 아들들"은 부유하고 영향력이 있는 사람들로서 경건한 사람에 속한 이 시인을 욕되게 하고 또한 허사를 좋아하며 궤휼을 꾀하는 사람들인 것은 분명하다. "나의 영광을 욕되게 하는 사람"에 나타난 **"나의 영광"**('카보디')의 히브리적인 개념은 넓은 의미에서는 "남에게 영향력을 행사할 수 있는 것", "존경할 수 있게 하는 것"을 의미한다. 원수들은 여기서 하나님과 사람 앞에서 살고 있는 시인의 신실한 삶의 존엄성을 평가 절하하여 궤멸시키고 있는 자들이다. "허사를 좋아하고 궤휼을 구하는 것"은 근거 없는 비난과 고소(告訴)를 거짓말로 만들어 내는 행위를 가리킨다.

그러나 이들 원수들의 행위에 대한 시인의 대응은 "여호와께서 자기를 위하여 경건한 자를 택하셨다"는 사실과 "시인이 기도하면 여호와께서는 반드시 들어주신다"는 사실을 알라고 대꾸한다(3[4]절). 여기 나타나는 "경건한 자"('핫시드')의 본질적 의미는 통치자와 그의 백성 사이에 통용되는 계약에 부합하는 관계에 성실하는 자를 가리키는데, 그러므로 '핫시드'(=헤세드)는 "사랑과 신뢰"라는 말로 성격 지을 수 있는 관계개념이라고 하겠다. 따라서 하나님과의 계약관계를 성실하게 지켜 가므로 하나님을 향한 그의 부르짖음에 하나님께서 성실하게 응답하시는 그런 사람에 대한 원수의 무고(誣告)는 헛된 것임을 "알아라!"라고 원수들은 오히려 도전을 받는다.

그리하여 4[5]-5[6]**절**은 곧장 내달려 원수들을 향하여 "강한 경고성 권면"을 제기한다. 즉 **떨며 범죄하지 말 것과 잠잠히 심중에 말할 것, 의의 제사를 드릴 것과 야훼를 의지할 것** 등을 권면한다('범죄'[하타, חָטָא]의 의미는 시편 1:1에 대한 주석을 참조하라). 여기서는 경건한 자에 대한 무고를 중단하고 침상에 누워서 잠잠하고 비록 하고 싶은 말이 있어도 마음속으로나 하여 더 이상 어떠한 악도(더 이상 새로운 무고도) 행하지 않도록 경고하는 의미를 가진다. 일종 원수들로 하여금 '회개'의 기회를 가지도록 한다는 의미를 가진다. 그런 다음 시인은 **"의(義)의 제사를 드리고 여호와를 의뢰하라"**고 권면한다. "의의 제사"는 "올바른 제사", 즉 자신을 하나님께 의탁하는, 자신을 제물로 바치는 제사를 드리도록 요구한다. 일종의 '회개'의 권유에 해당한다. 하나님은 신실하시기 때문에 그를 의뢰하면 회개에 이르게 되고 최후의 판결의 때에 옳다 함을 받을 수 있기 때문이다(A. Weiser, *The Psalms*, 121).

6 **6[7]절**에서 **"여러 사람의 말이 우리에게 선(善)을 보여 줄 자가 누군가?"**라고 하는 말은 자기들의 미래에 대한 범죄자들의 회의와 불안을 드러낸 말이다. 이러한 회의적 질의에 대하여 시편 3편의 경건한 한 시인은 **"여호와여 주의 얼굴을 들어 우리에게 비추소서"**라는 기원으로 대응한다. 이는 분명 '비'(雨)를 비는 기원은 아니다. 오히려 그 반대이다. 예컨대, 민수기 6:24-26에 나타나는 제사장의 축복사, "여호와는 네게 **복**을 주시고 너를 지키시기를 원하며 여호와는 그 얼굴로 네게 [빛을] 비추시어 은혜 베푸시기를 원하시며 여호와는 그 얼굴을 네게로 향하여 드시어 평강 주시기를 원하노라"가 말하고 있듯이, 이 기원(6[7]b)도 '비'를 내려 달라는 기원이기보다는 시인을 "지키시고 빛을 비추어 은혜를 베푸시며 평강을 주시는 야훼 하나님"의 환희의 **'현현'(theopany or epiphany)**을 기다리는 기도일 뿐이다.

7 그러므로 이 시편 4편 시인은 **7[8]절**에서 이러한 환희의 현현(theophany) 체험**(하나님 만남의 체험)이 주는 기쁨이 곡식과 새 포도주의 풍성할 때보다 더 기쁘다**고 고백한다. 즉 곡식과 새 포도주의 풍성함이 주는 그런 '일시적'인 기쁨보다 어느 누구도 그 기쁨을 빼앗아 갈 수 없는 영원히 지속되는 참 기쁨(cf. 요 16:22)을 더 원한다고 시인은 말한다. 이렇게 하여 시인의 분위기는 급반전된다. 이 시는 분명 절박한 간구와 무고에 대한 탄식으로 시작하였으나 야훼 안에만 있는 **평안한 잠과 안전한 머무름**에 대한 확신으로 끝이 나고 있다.

¶ 메시지: 하나님을 만난 자의 기쁨

진정한 기쁨은 어디서 오는 것인가? 시편 4편 시인은 그가 겪은 기쁨이 "곡식과 새 포도주의 수확이 풍성할 때 갖는 기쁨보다 더 크다"고 주장한다. 그 이유가 무엇이며 그 논리가 무엇인가? 단지 그의 대답은 "그 기쁨을 주신 분은 오직 야훼 한 분뿐이시라"고만 말한다. 그러므로 이것은 "하나님을 만난 자가 그 만남을 통해서(cf. 시 4:6[7]) 얻은 감격적인 경험"에서 비롯된 것이라고밖에는 달리 말할 수 없는 그런 것이라고 하겠다. 그렇다면 여기서 말하는 "하나님을 만난 자의 감격적인 기쁨"은 무엇을 의미하는가?

이것을 시편 4편 시인은 원수들(자신을 미워하는 친구들과 또는 그런 성향의 회중)의 비난과 무고(誣告)에도 불구하고 이러한 상황에 대처하는 그의 대안은, 원수들에게 저주기원을 보내지 않는 대신 오히려 그 원수들을 위하여 "기도를 드리고 제물을 바치며 야훼를 신뢰할 것을 종용하는 것"(3[4]-5[6]절) 그것일 뿐이었다. 이 세상의 모든 좋은 것들이 다 소멸되어도 그리고 영향력이 있는 사람들의 비난에도 불구하고 그러나 야훼 하나님의 '신실하심'은 결코 소멸되지 않는다는 것을 이 시인은 **'기도'의 응답**을 통하여(7[8]절) 확인하면서 **"하나님과의 만남"이라는 절대적 기쁨**을 인식할 수 있었기 때문이다. 1[2]절과 6[7]b절이 2[3]-6[7]a절을 인클루시오(inclusio) 형식으로 감싸 안고 있다는 문학적 현실을 통하여서도 그의 '기쁨'의 근원이 "기도응답을 통한 하나님의 현현(顯現) 체험"이었다는 것을 확인할 수 있다고 하겠다. 욥기 19:25-27b에서 욥이 경험한 하나님과의 만남도 이와 같았다. "내가 알기에는 나의 대속자가 살아 계시니 마침내 그가 땅 위에 서실 것이리라. 내 가죽이 벗김을 당한 뒤에도 내가 육체 밖에서라도 하나님을 보리라. 내가 그를 보리니 내 눈으로 그를 보기를 낯선 사람처럼 하지 않을 것이라."

그러나 이 시편 4편의 신학적 주조음(主調音; keynote)은 이러한 논의의 결과로 발견된바, "하나님의 얼굴빛을 '우리에게'! 비추소서!"(6[7]b절)라는 하나님의 자기계시를 비는 기원문에서 발견된다. 이 기원문에서 우리는, 비난과 무고에 시달리면서도, 그 대적자들을 위하여 오히려 기도하고 또 그들에게도 기도를 권면하는 한 경건한 시인(제사장? 제의 예언자? 경건한 개인?)이 그의 대적자들까지 포용하면서 주의 영광을 '나에게'가 아니라 '우리!에게' 비추어 달라고 빌며 기도하는 한 경건한 자의 고차원의 신앙세계를 목도하게 된다. 여기서 우리는 감히 예수 그리스도의 한 예표(prefiguration)를 읽게 된다(J. H. Eaton, *Psalms*, SCM, 1979, 37). 이른바 한 개인의 신실함이 수많은 믿음이 약한 자들을 자신의 주변으로 모아 모든 종류의 수난을 극복할 수 있는 "내적 기쁨"이 무엇인지를 알려주며 전수하고 있음을 보게 한다.

5. 방패 같은 은혜로 의인을 호위하시는 의(義)의 하나님(5:1-12)

¶ 본문

다윗의 시, 영장으로 관악에 맞춘 노래

1[2] 여호와여 나의 말에 귀를 기울이사 나의 심사를 통촉하소서(3+2)

2[3] 나의 왕, 나의 하나님이여 나의 부르짖는 소리를 들으소서 내가 주께 기도하나이다(3+2+2)

3[4] 여호와여 아침에 주께서 나의 소리를 들으시리니 아침에 내가 주께 기도하고 바라리이다(4+3)

4[5] 주는 죄악을 기뻐하는 신이 아니시니 악이 주와 함께 유하지 못하며(4+3)

5[6] 오만한 자가 주의 목전에 서지 못하리이다 주는 모든 행악자를 미워하시며(4+3)

6[7] 거짓말하는 자를 멸하시리이다 여호와께서는 피 흘리기를 즐기고 속이는 자를 싫어하시나이다(3+4)

7[8] 오직 나는 주의 풍성한 인자를 힘입어 주의 집에 들어가 주를 경외함으로 성전을 향하여 경배하리이다(5+4)

8[9] 여호와여 나의 원수들을 인하여 주의 의로 나를 인도하시고 주의 길을 내 목전에 곧게 하소서(5+3)

9[10] 저희 입에 신실함이 없고 저희 심중이 심히 악하며 저희 목구멍은 열린 무덤 같고 저희 혀로는 아첨하나이다(3+2, 3+2)

10[11] 하나님이여 저희를 정죄하사 자기 꾀에 빠지게 하시고 그 많은 허물로 인하여 저희를 쫓아내소서 저희가 주를 배역함이니이다 (2+2, 3+2)

11[12] 오직 주에게 피하는 자는 다 기뻐하며 주의 보호로 인하여 영영히 기뻐 외치며 주의 이름을 사랑하는 자들은 주를 즐거워하리이다 (3+2, 2+2+2)

12[13] 여호와여 주는 의인에게 복을 주시고 방패로 함 같이 은혜로 저를 호위하시리이다(4+3)

¶ 개요(비평학적 문제)

양식비평학적으로 볼 때, 이 시의 양식(=유형, Gattung)은 "개인 탄원의 시"로 분류될 수 있다. 전형적인 개인 탄원의 시 구조를 갖고 있다. 즉 "신의 이름을 부름과 짧은 기원으로 구성된 도입구(1[2]절)-기원(2[3]절)-의지[依支] 표현(=신뢰;3-7[4-8]절)-기원(8[9]절)-탄식(9[10]절)-기원(10[11]절)-구원확신(11-12[12-13]절)"의 구조는 그것이 개인 탄원시임을 입증하며 그 구절체(verse-member) 사이의 박자 또한 4+3, 3+4의 리듬을 타고 있는 것도 그 입증을 보완해 준다.

이 시가 다윗의 저작이 아니라 "다윗의 시"라는 수집물에 후에 포함되었을 뿐이라는 것은 3[4]절이 성소의 철야기도 의식 때 사용된 기도시들(Psalms of vigil; 5; 17; 27; 30; 57; 59; 62; 143편; cf. J. W. McKay, "Psalms of Vigil," *ZAW* 91[1979], 231) 중의 하나라는 점을 보여 주고 있다는 것과 그리고 7[8]절에서 이 시가 성전제의를 전제하고 있다는 점(다윗은 성전 건축 후의 왕이 아니다)에서 볼 때, 이 시가 다윗 시대 이후의 저작물임을 반영하고 있음이 확실하다. 그 성격 면에서는 "개인 탄원시의 유형"에 속한 "보호의 확신시"(protective Psalm)라고 볼 수 있다. 즉 이 시는 "개인 탄원의 시"의 양식으로 분류할 수 있는 시이지만 그 성격 면에서는 "무죄한 자의 자기변호"에 역점을 둔 시일 가능성이 크다는 것을 말한다. 다시 말하면, 이 시가 아침 기도의 시(3편)와 저녁 기도의 시(4편) 다음에 나오는 "철야기도의 시"로서 배열되었음을 통하여 볼 때, 이 시는 제의 공동체에 들어오기 전에는 제의에서 사용되지 않았을 순수 개인시로서 볼 수도 있다고 하겠다(Gunkel, *Introduction*, 124; S. Mowinckel, *The Psalms in Israel's Worship*, I, 6, 207, 220 et al.).

위의 입증 자료들을 근거로 살펴볼 때, 이 시의 "삶의 자리"는 성소에서 밤을 지새운 기도자가 이른 아침에 드리게 될 희생제를 준비한 후 드린 야훼 하나님의 도움을 비는 기도의 상황으로 이해할 수 있다고 본다. 비록 이 시의 저자가 왕 또는 제사장일 가능성은 확인할 길이 없어 보이지만 이 기도의 형식은 성전 사제단의 편찬일 가능성은 배제할 수 없다. 그러나 이 시의 저작 연대에 관하여서는 주석가들 사이에 합의점이 없다.

그러나 이 시에서 언급되고 있는(7[8]절) "주의 집"/주의 성전(베테카; ביתך/ 헤칼 카도쉬; היכל־קדשך)이라는 어휘들이 솔로몬 성전을 가리키느냐 아니면 포로기 이후의 성전을 가리키느냐 하는 문제도, 또 비록 이 시의 시작 부분에서 "야훼"를 "나의 **왕** 나의 하나님"이라고 한 **왕**(왕조 시대)에 대한 언급이 있다고 하여도, 그것이 이 시를 포로 전기 왕조시대의 시온-성전 때의 것으로 돌릴 수 있는 확고한 증거 자료는 되지 않는다(cf. 출 15:18). 브릭스(C. A. Briggs, *The Psalms I*, 38)에 의하면, 이 시는 포로 후기 제2 성전 시기의 종교적으로는 평온을 유지하던 시기에, 그러나 고라의 시집과 아삽의 시집의 레위인 성가단의 활동이 있기 이전의 레위인 성가단의 편찬물일 가능성을 내다보았다.

¶ 주석

1 **1[2]절**의 도입구에 나오는 하반절(1[2]b)의 **"나의 심사"**(하기기, הגיגי)는 "긍휼을 간청하는 나의 신음소리"라는 의미로 읽을 수 있으며 전반절에 나오는 **"나의 말"**과 동의 평행을 이룬다. 고난중의 기도임을 분명하게 하는 표현이다. 2박자와 2박자 사이에 오는 "야훼"라는 "수식 없는

신명(神名)의 부름"은 그의 기원의 진솔설과 절박성을 암시한다. 앞의 "서론"에서 "시편의 신학적 의의"(신의 "이름"을 부르는 도입구에 대한 신학적 성찰)를 참조하라.

[2] 2[3]**절**의 기원문은 "야훼 하나님을 **'나의 왕'**이라고 부르고 있는데" 야훼의 유일한 주권과 왕권에 대한 신앙은 이스라엘이 이스라엘로서 출발하는 그 처음의 때부터(cf. 출 15:18, 주전 13-11세기) 이미 갖고서 출발한 이념이다. 이것은 야훼를 왕으로서 이해하는 야훼 왕권 개념은, 흔히들 잘못 알고 있듯이, 이스라엘 사회에서는 비교적 후대에 발달한 개념이 아니라 후기 청동기 시대만큼이나 고대의 가나안 도처에 "엘"(하나님) 신앙과 함께 나타난 개념이라고 하겠다. 그러므로 모세 시대를 전후한 야휘[위]즘(Yahwism)은 신정 이념(theocracy) 위에 기초하고 있었고 이 이념의 영향은 신명기적 전통과 함께 이스라엘의 구약역사 끝까지 영향을 끼쳐 왔다고 할 수 있을 것이다(cf. F. M. Cross, *Canaanite Myth and Hebrew Elic*, Massachusetts: Harvard Univ. Press, 1973, 72, 99의 각주 30). 이 '왕'과 '하나님'이라는 단어에 인칭대명사 소유격 의미를 붙인 것(나의 왕, 나의 하나님)은 이 기원이 시인과 하나님 사이를 계약관계의 문맥 안에 놓으려는 의도에서 왔다는 것을 보여 준다(cf. D. Kidner, *Psalms 1-72*, 58).

[3] 3[4]**절**에 두 번 반복해서 나타나는 **"아침에"**라는 언어는 철야 이후의 때를 말한다고 볼 수 있는데, 이것은 야훼의 응답 기원을 확실하고 분명하게 하려는 의도가 개재된 것으로 보인다. 왜냐하면 고대 이스라엘의 법정 판결은 주로 이른 아침에 이루어진 이래(삼하 15:2; 렘 21:12; 시 101:8!), 여기서도 하나님의 응답 결정이 이른 아침에 내려질 것을 기대하고 있다고 볼 수 있다.

[4]-[7] 4-7[5-8]**절**은 시인의 이러한 기대가 이루어져 야훼 하나님의 결단하신 뜻이 무엇인지가 분명히 시인의 마음에 전달되었기 때문에 시인은 야훼로부터 오는 구원의 확신을 확신하고 천명하게 된다. 마치 "죽

음의 문턱까지 가는 악몽에서 깨어나"(cf. J. W. McKay, "Psalms of Vigil," 238) 4-6[5-7]절에는 시인의 확신에 의거한 하나님의 본질에 관한 서술이 정리된다. (1) 죄악을 기뻐하지 않으시는 신[엘], (2) 악과 함께 유하지 않으시는 분, (3) 오만한 자를 눈앞에 두고 보지 못하시는 분, 그리고 (4) 악을 행하는 자들("포알레-아웬"=아웬을 행하는 자들)을 미워하시는 분으로 정리된다. 그러므로 여기 나타난 야훼 하나님의 본질은 다음 절 (8[9]절)에서 **"정의"(체다카; צְדָקָה**, cf. צדק, צדיק)라는 언어로 개념정리가 되었던 것(8[9], 12[13]절 참조)이라고 볼 수 있을 것이다. 4-6[5-7]절의 여섯 개의 언어는, 그러므로 '정의'의 역(逆) 개념을 가진 언어들이라고 할 수 있을 것이다. 즉 '죄악', '악', '오만', '행악', '거짓말', '피 흘리기를 즐기며 속이는 일' 등이 바로 그것이다. 이른바, '의'(義)라는 개념은 계약을 기초한 하나님과의 관계 개념의 문맥에서 이해되고 있다. 즉 죄악, 악, 오만, 행악, 거짓말, 피 흘리기를 즐기며 속이는 일 등은 하나님께서 미워하시고 싫어하시는 일이기 때문에, 이러한 하나님의 뜻에 복종하는 것, 그것은 '구원'을 도출하는 요소인데, 이러한 구원을 목표로 한 행위, 즉 구원 지향적 행위가 '의'(義)인 것이다. 폰 라트(G. von Rad)는 그의 고전적인 역저인 『육경의 양식사적 연구』(*The Problem of the Hexateuch and the other essays*, New York: McGraw-Hill, 1966, 243-266, esp. 249ff.)에서 구약의 '의' 개념을 "생명의 살림"과 연결시켜 "구원 지향적 관계개념"의 문맥에서 '의'의 본질을 발견한 것은 우리 본문의 문맥과 잘 상응한다고 하겠다. 그러한 맥락에서 볼 때, 4-6[5-7]절의 역(逆) 개념 서술이 이어지는 구절인 **7[8]절**에서 시인은 **"주의 풍성한 인자 [헤세드]"**를 힘입어 **"주의 집"**에 들어가 주에 대한 경외심을 가지고 **"성전"**을 향하여 [주님께] **경외심(두려움)**을 가지고 경의를 표할 것을 맹세한다. 이러한 인자(계약적 사랑, 신의의 사랑)의 임재가 시인이 구원받은 징표가 되었다. 이 받은 바의 인자의 힘으로 그는 주의 집, 즉 성전에 들어갈 자격을 획득한 것이다(cf. 15편).

8 **8[9]절**은 이러한 야훼 하나님의 "구원행위"가 곧 하나님의 '의'(義)라는 사실을 '기원문'의 형태로 확인하고 있는 구절이다. **인자로** 시인을

하나님의 집에 들어가도록 허락하신 하나님의 인자하심(긍휼하심)이 곧 다름 아닌 하나님의 **'정의'**였다. 예수 그리스도의 십자가 은총이 곧 하나님의 '정의'였다. 그러므로 하나님의 의(義)는 "모범적이고 올바른 인간 윤리행위" 또는 "가장 높은 인간의 미덕과 도덕적 순결"을 지칭하는 것이 **아니라!** "하나님의 구원의 의지에 대한 인간의 복종"을 의미하는 것이었다(cf. 창 38:26의 "다말"의 의[義]). **"여호와여 나의 원수들을 인하여 주의 의로 나를 인도하시고 주의 길을 내 목적에 곧게 하소서"**라는 기도의 의미는 이런 문맥 안에서 이해할 수 있다. 그러므로 여기서의 **'원수'**는 구원 지향적 신의 뜻에 **복종하지 않고** 반역하는 자들에 대한 '총칭'(monotony)이다.

9 따라서 **9[10]절**에 나타나는 원수의 본질은 히브리어 인과절(因果節), 즉 '키'(왜냐하면 …이기 때문이다)라는 말로 구성되어 있다. 그러므로 이 절은 **"왜냐하면 저희 [원수들의] 입에 신실함이 없고 저희 심중이 심히 악하며 저희 목구멍은 열린 무덤 같고 저희 혀로는 아첨하기 때문입니다"**라는 것이다. 저희 원수들의 입에는 "확고하게 믿음이 가는 것"이 없고 저희 심중(속)에는 파멸케 하는 세력이 들어 있으며, 저희 목구멍은 무덤으로 가는 문일 뿐이다. 그러므로 시인은 이러한 구원이란 "주의 신실하심" 때문에만 이루어지는 것으로 고백한다.

10 따라서 시인은 **10[11]절**에서 원수의 이 내밀한 악한 계획들이 자승자박(자업자득)의 결과 또는 부메랑(boomerang)과 같은 운명이 되게 해달라고 기도한다. 왜냐하면, 하나님에 대한 원수들의 이러한 **"하나님께 배역하는"** 냉담성은 이 시인의 원수가 곧 하나님의 원수이기도 하다는 것을 증명하기 때문이다(거룩한 전쟁 이념과 비교해 보라). 자연히 여기에 뒤따라오는 것은 원수의 부메랑적인 운명을 요구하는 "원수 저주 기원"만이 남는 것이다.

11-**12** **11[12]-12[13]절**에서는 시인의 응답이 강도 높게 표현된다. 행악자들의 무고와 거짓 판단(9[10]-10[11]절)으로 인한 어두운 분위

기와는 아주 대조적으로, 시편 2:12c에서와 정확히 일치하게, **"주에게로 피하는 자는"** 영원한 기쁨의 복을 받는다는 확신이 표출된다. 여기에는 올곧은 마음을 가진 자들이 누릴 '기쁨'과 '즐거움'이 기다리고 있는 것이다. 주의 이름을 사랑하는 자들에게도 큰 기쁨이 주어진다. 여기서 말하는 **"주의 이름"**은 "야훼"라는 칭호와 호환되는 것이다(Nomina sunt realia!).

12 12[13]**절**의 결구(結句)는 이렇게 하나님으로부터 **"의인"**이라고 인정받은 자는 **"방패의 보호"**로 호위를 받게 될 것이라는 것을 증언한다. 여기 나타나는 하나님의 방패는 거룩한 전쟁의 전쟁용사이신 야훼의 유일한 주권과 보호 능력에 대한 신앙전승(출 15:3; 시 3:3[4])이 여기서도 그 영향을 끼치고 있음을 보여 준다.

¶ 메시지: 의(義)의 하나님 야훼는 의인(義人)의 방패이시다

구약이 말하는 의(義)는 우리가 일반적으로 생각하는 '의' 개념보다는 훨씬 더 폭이 넓고 그 깊이 또한 더욱 깊다. 예컨대 "타인에게 비공격적이면서도 자신은 완전한 정직성을 지키는 것"을 가리키는 의미로서 흔히들 '의'의 의미를 생각해 왔다. 말하자면, 하나님 앞에서 '의롭다'는 자의식의 그 출발점을 그러므로 자신이 갖고 있는 "가장 높은 공덕"이라고 생각하였다. 그러나 구약성서는(신약성서도) 의의 의미를 이렇게 제한시키지 않았다.

구약의 경우, 이 '의'의 개념은 아주 초기에는 제의적 요구에 "충분히 복종하는 것"으로 이해되었다. 그러나 이 개념은 점차적으로 제의에서 주어진 요구에 "성실히 복종하는 것"에 국한되지 않고 좀더 탈제의적(脫祭儀的)으로 변형 발전하였다. 즉 제의(=예배) 공동체에서 제시되는 하나님의 계시를 희생제적 형식과 제의법에 대한 복종을 넘어가, 공동체 구성원들끼리(이웃)와 갖는 관계성을 강조하는 데로 발전해 갔다. 즉 공동체를 살리기 위하여 그 공동체 구성원이나 기타 이웃에게 "구원을 도출하도록 요구하는 그 신(神)의 요구에 충실하게 '복종'하는 것"을 '의'(義)로 이해하였다(cf. 창 38:26).

시편 5:4-6[5-7]에 나타난 원수들의 본질에 대한 하나님의 철저한 거부, 즉 거기 나타난 요소들의 역(逆) 요소들이 "의로운 것"이다. 그러므로 시편 5:4-6[5-7]에 제기된 요소들의 역(逆) 요소들을 시편 5:7[8]에서는 "인자"(헤세드)라는 말로 간결하게 정의하였다. 이 "인자"(헤세드, חסד)는 "계약적 개념을 기초로 한 확고한 사랑"(covenant love)을 가리키는 특수한 용어이다. 계약의 법을 통하여 주신 하나님의 계시(말씀)에 철저히 '복종'하는 그것이 의(義)이기 때문에 의는 반드시 구원을 일구어 낸다. 유다의 며리 "다말"에 관한 이야기(창 38장)에 의하면, 다말이 유다 가문을 일으키기 위하여 레비리트 관습법(Levirate law; 신 25:5-10)을 원용하고 시아버지를 꼬엘(גאל; '속량자, 대속자'라는 의미를 갖고 있음. cf. H. Ringgren, גאל, *TDOT*, vol. II, 350-355)로 삼아 시아버지와의 사이에서 쌍둥이 자식(베레스와 세라)을 낳아 시가(媤家)의 대(代)를 잇게 한 일을 '불륜'이라 하지 않고 며느리의 그 행위를 "의"(차드카, צדקה)라고 판결(창 38:26)한 경우가 그 예라고 할 수 있다.

시편 5편은 기도 생활의 상황에서 기도자(시인)가 "의의 하나님"과 "악인들" 사이의 대립과 긴장의 미묘한 갈등구조 안에서 방황하는 모습을 그리고 있다. 그러나 하나님의 의는 이 긴장 속에서도 구원의 인애(신실한 사랑)에 의하여 완성되는 것을 체험한 것이다. "하나님의 의"는 인간의 도덕적 미덕을 통하여 완성되는 것이 아니라 "구원사건"으로 완성되는 것을 시편 5편 시인은 분명하게 인식하고 그러한 "그분의 의"로 구원받기를 요청하고 있는 것이다. **"구원은 하나님에게 속한 것이다"**(시 3:8[9]b)라는 시편 시인의 확신은 야훼 하나님이 곧 자신을 지켜 주시는 '방패'(친나, צנה)로 고백하게 하고 그 방패를 '은혜'와 동의 평행으로 설명하는 것에서 드러나는바, 이것은 매우 주목할 만한 사실이라고 하겠다. '방패'는 비록 군사적 용어이지만 '보호', '호위'의 구속사적 언어와 평행되고 있다는 것은 "전쟁 용사"(출 15:3)로서의 야훼 신앙에 대한 마르시온(Marcion)적인 평가는 해석학적 오류라는 것을 웅변적으로 증언하고 있다고 하겠다.

전쟁 용사로서의 야훼 개념은 특히 구약의 역사적 성격에서 볼 때 그 신학적 입지를 분명하게 확보하고 있다고 하겠다. 우선, 이스라엘 역사는 초자연적(초공간적) 또는 초역사적(초시간적)인 것은 아니다. 즉 이스라엘은—히브리 종교는—그 어떤 진공 속에 살지는 않았다. 구약의 역사는 철저히 이 세계사의 정치적, 문화적, 사회적, 잡다한 종교적 요소들(factors)의 영향과 지배를 받으면서도 하나님의 뜻과 말씀을 찾아내려는 각고의 노력과 활동을 해왔었다. 그러므로 전쟁 용사로서의 하나님 개념은 고대 중동의 여러 나라들의 언어, 신화론, 국가 이미지들로 표현된 여러 관념들과 긴밀한 관계를 가지고 형성된 하나님 개념이었다. 그러므로 "거룩한 전쟁 제도"와 "금기(禁忌) 제도"와 같은 것은 주변 국가들 중에서 그 평행점들을 많이 가지고 있었다. 이스라엘도 지상의 삶에 대한 관심과 자기 보존의 의식, 그리고 자기 땅을 가지려는 욕망을 가지고서 다른 민족들과 긴장관계 속에서 살아야만 하였다. 그러므로 거기에는 각자의 이념적인 요인들이 존재하고 있었다는 것은 결코 부인할 수 없다.

그러므로 이러한 잡다하고도 불유쾌한 이념들의 격랑과 와중 속에 엉켜 있는 구약 구속사의 중심 취지가 무엇인지를 규명해 내는 것이 성서해석학의 지상과제라 하겠다. 예컨대, 야훼 하나님은 인간 역사 안에서 그리고 인간 역사를 통하여 일해 오셨는데, 야훼의 전쟁들은 구약의 역사가 이러한 역사와 별 다름이 없다는 것과 하나님께서 그 지저분한 역사 속에 간섭해 들어오셨다는 것을 긍정하게 해준다. 그런 점에서 볼 때 물리학적 관점에 의해서도 충분히 그럴만한 가능성이 있는 "인류의 파멸"도 또한 전적으로 하나님의 의지와 판단에 달려 있다고 보는 것은 정직한 판단일 것이다.

이러한 빛에서 볼 때, 가나안인들과 가나안적인 것(원수, 출 17:16)들은 완전 진멸 추방해야 한다는 '헤렘'-이념(anathema, taboo)은 가나안 종교 이념이 야훼 종교 이념에 영향을 끼칠 것을 철저히 막는다는 의도에서 신명기가 처음으로 추구하고 강하게 전승시킨 야휘즘의 한 이념이라는 것을 이해하면, 마르시온적인 이념은 충분히 척결될 수 있다고 하겠다.

그러므로 야훼가 "전쟁 용사"이시다라는 이념과 가나안 종교(특히 바알종교)의 이념에 대한 절대 부정과 불타협의 이념은 오히려 다음 세 가지의 깊이 있는 이념을 전달해 준다고 하겠다.

(1) 야훼 하나님의 절대 유일의 주권과 통치권에 대한 신앙을 증언한다. 야훼만이 유일한 왕이시라는 것이다(divine imperium). 야훼 하나님만이 인간의 생사화복과 인간 역사의 영고성쇠(榮枯盛衰)를 홀로 관장하신다는 신앙을 증언한다. 특히 약자의 부르짖음에 성실하게 응답하시는 신이시라는 신앙이 강조된다. 말하자면 역사의 유일한 주로서 전쟁의 승패는 물론이고 복수(復讐)도 선악의 관장도 그가 홀로 담당하신다는 것이다. 시편 5편 시인이 야훼 하나님을 "나의 왕"이라고 지칭한 것(2[3]절)은 이러한 문맥과 연결된다.

(2) 그러므로 이러한 하나님 앞에서 취하여야 할 근본적인 입장과 태도는 야훼 하나님에 대한 두려움 없는 신뢰, 절대 의지 신앙만이 요구된다는 것을 강조한다. 인간의 구원이 인간의 손에 달려 있지 않고 야훼 하나님에게만 달려 있는 이상, 그 어떠한 강한 원수가 침략해 오고 위협해 온다고 하여도 인간은 두려움 없이 하나님만을 의지하여야 한다는 것이다(cf. 출 14:13-14; 사 7:4, 9).

(3) 야훼 하나님은 아말렉과 더불어 영원히 싸우시듯이(출 17:16), "전쟁"은 만군의 야훼의 전유물이므로 전쟁에는 **인간이 손을 대서는 안 된다!**는 반전, 평화 이념이 여기에 개재되어 있다고 하겠다. 전쟁의 승리에 인간의 협력(synergism)이 전혀 필요하지 않으신 분이시라는 것을 증언한다(cf. 출 14:13-14; 삼상 17:47). 물론 이 이념은 야훼 하나님이란 전쟁의 신이시라든가 전쟁을 좋아하시는 신이시라는 의미는 **아니다.** 전쟁은 '헤렘'(anathema)으로 취급하여 하나님에게 돌려 버리라는 것이다. 더욱이 야훼 하나님은 인간의 전쟁 접근을 금기시하여 "칼을 쳐서 보습을 만들고 창을 쳐서 낫을 만들기를"(미 4:3b-5; 사 2:4) 바라시는 분이실 뿐이다.

6. 병상에서 드린 기도(6:1-10)

¶ 본문

다윗의 시, 영장으로 현악 스미닛에 맞춘 노래

1[2] 여호와여 주의 분으로 나를 견책하지 마옵시며 주의 진노로 나를 징
계하지 마옵소서(3+3)

2[3] 여호와여 내가 수척하였사오니 긍휼히 여기소서 여호와여 나의 뼈
가 떨리오니 나를 고치소서(4+3)

3[4] 나의 영혼도 심히 떨리나이다 여호와여 어느 때까지니이까(3+3)

4[5] 여호와여 돌아와 나의 영혼을 건지시며 주의 인자하심을 인하여 나
를 구원하소서(4+3)

5[6] 사망 중에서는 주를 기억함이 없사오니 음부에서 주께 감사할 자 누
구리이까(3+3)

6[7] 내가 탄식함으로 곤핍하여 밤마다 눈물로 내 침상을 띄우며 내 요를
적시나이다(2, 3+3)

7[8] 내 눈이 근심을 인하여 쇠하며 내 모든 대적을 인하여 어두웠나이다
(4+3)

8[9] 행악하는 너희는 다 나를 떠나라 여호와께서 내 곡성을 들으셨도다
(4+3)

9[10] 여호와께서 내 간구를 들으셨음이여 여호와께서 내 기도를 받으시리로다(3+3)

10[11] 내 모든 원수가 부끄러움을 당하고 심히 떪이여 홀연히 부끄러워 물러가리로다(4+3)

¶ 개요(비평학적 문제)

이 시는, 비록 "죄"와 "참회"에 대한 언급이 전무(全無)함에도 불구하고, 초대교회가 일곱(7) 개의 "참회시"로서 알려져 온 시들 중의 첫 번째 시이다. 양식비평학적인 분석에 의하면 이 시는 '개인 탄원시' 장르에 속한다. 이러한 사실은 이 시의 구성구조를 보면 확인할 수 있다. "죄"와 "참회"에 대한 구체적 언급이 없는 이 시는 (1) 신의 이름을 수식구 없이 외쳐 부름으로 시작하는 도입구(invocation)로서 시상(詩想)을 여는데, 다른 '개인 탄원시'의 구성법과 정확히 일치한다(1[2]a). (2) 이 도입구를 뒤이어 곧 기원문이 뒤따르는 것도 개인 탄원시에서 매우 자주 일어나는 공통된 현상이다. (3) **그러나** '기원'과 '탄식'이 '도입구'와 연결되는 고정된 법칙은 없다. 즉 탄원시의 이 도입구(신명의 부름)는 그 처음에 곧장 '기원'과 연결되기도 하고 더 많은 경우, 그 도입구는 **그 처음에 곧장 '탄식'과 연결되기도 한다.** 시편 6편의 경우, 그것은 전자의 경우에 속하나, 특이한 것은 이 시에 나오는 '탄식구'들은 '인과문장'(因果文章; causal sentences)에 실려 제시되고 있다는 점이다. 즉 2[3]a, b절과 5[6]절에서 그것의 뚜렷한 예를 보게 된다. (4) 이러한 "도입-기원-탄식"의 탄원의 분위기는, 그 동기가 분명히 암시되지 않은 채로, 당당히 **8[9]-10[11]절에서 기도의 응답이 이루어졌다는 "응답확신 진술"로 '급전환'**한다. 이러한 구성법도 또한 "개인 탄원시의 전형적인 모습"이다.

물론 이 시는 초대교회가 사용한 일곱 개의 참회시들(시 6; 32; 38; 51; 102; 130; 143편) 중의 첫 번째 시로서 널리 알려져 있으나, 기이하게도 "죄"와 "참회"에 관한 언급은 한 마디도 없는 시이다. 그러므로 우리는 이 시편 6편이 "참회의 정신"을 담고 있다고 말할 수 있을지 모르나 그러나 양식비평학적으로 볼 때, 이 시의 내용은 오히려 '개인 탄원시' 장르 속에 들어 있는 "질병시"(S. Mowinckel)로 분류하는 것이 더 적절해 보인다. 즉 "수척하였다", "뼈가 떨린다"라는 표현은 그 시가 **질병시**라는 것을 말해 주는 가장 적절한 징후(H. Gunkel)라고도 하겠다. 그러나 여기서도 그 질병이 무슨 병인지를 확인시켜 주는 언어는 없다. 그러나 단지 우리는, 비록 거기에는 그러한 참혹한 고통의 현실을 큰 불운에 대한 하나의 은유로 해석하여 처리할 가능성이 남아 있다고는 하더라도, 죽음(스올)의 문턱에까지 다다랐을 정도의 그런 심각한 육체적 고통에 시달리고 있는 시인의 현실적 상황은 시인으로 하여금 "질병은 죄의 보응"이라는 전통적인 통속 신앙의 영향을 받도록 하였을 가능성은 있었을 것으로 보인다. 아마도 이 개인의 시는 "질병으로부터 씻음을 받을 때와 속죄제를 드릴 때" 공중예배에서 공동체의 이름으로도 노래 불렀을 것으로 보인다.

그런 점에서 이 시의 삶의 자리는 "개인의 병상"보다는 질병 치유에 감사하는 [어떤 속죄의식의 성격을 띤] 제의 의식이었으리라고 짐작되나 그 저작 연대와 그 저자가 누구인지는 결정하기가 불가능하다고 하겠다. 이 시가 담고 있는 많은 상황은 성전(제1 성전이든 제2 성전이든) 제의의 환경을 반영하고 있기 때문에 다윗(성전 건축 이전의 왕)의 저작이라고 보기는 어렵다고 하겠다.

이 시의 주요 쟁점은 역시 이 시의 처음부터 내려오던 그 어둡고 절망적인 분위기가 전혀 예기치 못한 곳에서, 즉 8-10[9-11]절에서 **구원확신의 새로운 상황으로 급전이(急轉移)되고 있는 그 동인(動因)**은 무엇인가 하는 것에 있다(이 쟁점에 관해서는 해당 주석 부분과 김이곤, "시편 6편에 나타난 분위기 급전의 동인에 관한 연구", 『구약논단』 제1집[1995. 9], 181-204를 참조하라).

¶ 주석

이 시의 **표제**는 이 시를 **"현악 스미닛에 맞춘 노래"**라고 말하고 있다. 이 '스미닛'은 문자적으로는 '여덟 번째'를 의미함으로 흔히들 **한 옥타브**

를 낮춘 남성의 저음 또는 한 옥타브를 올린 여성의 고음으로 노래된 시임을 가리키는 것으로 이해되어 왔거나, **여덟 번째 날**(7일을 다 보내고 모든 것이 새롭게 창조된 첫날, 즉 여덟 번째 날)에 불렀던 시로서 이해되어 왔거나 하였을 것으로 추측하여 왔으나 그것을 확연하게 증명해 주는 증거 자료가 있지 않기 때문에 우리는 일단, "여덟 번째의 현에 맞추어"(Ibn Ezra)라는 의미로만 이해하고서 본문 주해에 들어가기로 하겠다.

1-2 1[2]절은 **주의 견책과 징계**를 거두어 달라는 기원문이고, 그리고 2[3]절은 **수척하여 뼈가 떨리는 육체적 질곡(桎梏)**으로부터 구원해 달라는 기원문이다. 분명히 "질병이 죄의 결과"라는 논리이지만 그러나 이 시인이 여기서 참회적인 성격의 기원문을 드리고 있다는 논리는 **시편 38편과 비교할 때 그 증거가 전적으로 희박하다.** 단지 뼈가 떨리듯 아픈 이 육체적 질고가 하나님의 분노에서 온 하나님의 **징계**라는 고백만을 하고 있다. 물론 그 질고가 무슨 병을 가리키는 것인지도 말하지 않고 있다. 왜냐하면 그 질고의 병명이 여기서 밝혀야 할 주요 주제는 아니기 때문이다. 단지 이 시인이 이 질고를 통하여 주시는 하나님의 견책과 진노로부터 해방(구원) 받기를 시인은 갈구하며 하나님 앞으로 나아와 기도하고 있다는 것만은 확실하다.

3 결국 3[4]절에서는 이 질고의 표현은 **"영혼의 떨림" 이라는 은유적 표현**으로까지 발전해 간다. 그러므로 "죽음의 문턱"에 이를 만큼 심각한 질고로 확대되는 이 표현은 시인의 육체적 질고의 절정에 이른 것을 암시하지만, 그러나 여기서는 그 구체적 병명이 무엇인가가 중요한 문제가 아니라 **그의 육체적 질고가 정신적으로 또는 영적으로 또는 종교적으로 매우 심화되어 있다**는 그것이 중요하다는 것을 쉽게 인식할 수 있다. 특히 "질병은 죄의 결과이다"라는 잘못된 교조의 영향도 여기에 어느 정도는 작용하였을 가능성도 완전히 배제할 수는 없다. 아우구스티누스(St. Augustinus)가 그의 참회록을 쓰던 방의 한 벽에 이 시편 6편이 새겨져 있었다는 것은 이러한 문맥 안에 있었을지도 모른다(cf. W. L. Watkinson, *Homiletic Commentary on the Psalms*, N.Y., Funk and Wagnalls, 1892, 21).

그러나 1-7[2-8]**절까지의 문맥**으로 볼 때, 이 시는, 설혹 그 고난의 실체가 육체적 질병이라고 할지라도(그럴 가능성이 제일 많지만), 즉 남에게 알리기 어려운 어떤 불치의 질병이 그의 고난의 실체라고 할지라도, 이 단락(1-7[2-8]절)은 분명 시인을 가장 두렵게(**떨게**) 하고 괴롭히는 요소가 그 무슨 **불치의 질병** 그 자체도 **아니**고 그렇다고 하여 그 육체적 질고가 죄의 결과로 인하여 마침내 이끌려 갈 궁극인 '**죽음**'(**음부**) 그 자체도 **아니**었다는 것, 즉 그것은 **"하나님과의 관계의 단절" 이 주는 두려움**이라는 것을 강력히 증언하고 있다고 하겠다.

5 말하자면, 5[6]**절**에 나타나는 주요한 수사구인 히브리어 **"왜냐하면 … 이기 때문이다"**(כִּי-clause)**라는 수사구**에서는 사망이나 스올의 개입으로 인하여 하나님에 대한 '기억'과 하나님께 대한 '감사'의 **교제 관계가 단절된다는 그 사실이 진정한 두려움의 대상**으로 기술(記述)되어 있음을 본다. 인간은 창세기 3장의 타락 기사 이전의 원(原) 인간(="하나님의 형상")에 관한 기술(창 1-2장)에 의하면, "먼지에서부터 와서 먼지로 돌아가는" 그 현실이란 '죽음'이라는 개념으로가 아니라 하나님의 **창조질서를 서술**하는 것에 불과한 것으로 되어 있다(창 3:19 주석 참조!). 따라서 우리는 여기서 '스올'("죽음의 세계", "망자의 세계")이라는 히브리적인 개념에 대한 신학적 이해의 깊이를 일별(一瞥)해 보고 그것이 시편 6편의 신학과 가지는 관련성과 그것의 좀더 폭넓은 히브리적인 '죽음'에 대한 사유를 개관해 보고 지나가는 것이 좋겠다(cf. 김이곤, "죽음과 죽음 저편", 『신의 약속은 파기될 수 없다』, 서울: 한국신학연구소, 2002, 171-192).

5[6]절의 "사망"과 "음부(陰府; 스올)는 동의 평행어이다." 스올(שאול)은 히브리인들에게는 "죽은 자들이 사는 영역"을 가리키는 이름으로 이해되었다. 헬라어에서 죽은 자들의 거처지인 '지하세계'를 가리키는 말, '하데스'(ᾅδες)라는 말과 상응하는 말이다. '스올'은, 시편 88: 4-5[5-6]에서도 언급하고 있듯이, 세상을 떠난 자들의 영원한 거처지이고(시 49:11[12]) 이 세상으로 돌아오지 못하는 땅(욥 7:9; 10:21; 16:22)이며 도우는 자가 없는 세계(시: 88:4[5] 이하)이다. 그러므로 그 곳은 주님을 기억할 길도 없

고 **주님을 찬양하고 감사할 수 있는 길도 끊어진 곳**(시 6:5[6])이다. 그러므로 시편 6편 시인의 경우 가장 통탄해 하고 괴로워하는 고통은(cf. 시 88:6[7]-7[8]), 실로 이와 같이, **야훼 하나님과의 관계(찬양하고 감사하는 관계)가 끊어진 관계로 인하여 오는 것에 대한 슬픔의 표현이지,** 그러므로 먼지에서 먼지로 돌아가는 유한한 인생 일대의 허무함 때문에 '먼지'로 돌아가는 그 일에 대한 슬픔을 표현한 것은 **아니라는 것**을 확실하게 증언하고 있다고 하겠다.

6-7 그리하여 6[7]-7[8]절에 언급된 **눈물로 침상을 젖게 하고 원수에 대한 근심으로 인하여 시력이 감퇴되는** 이러한 상황은 욥이 체험한 것과 유사한 것으로서 많은 친구들로부터 하나님의 심판을 받고 있는 자로서 간주되어 적대시될 때의 상황과도 유사하다(욥 30장). 그러나 그러한 분위기는 8[9]절에서 **급반전**되었다. 시인은 여기서 비로소 눈물을 거두고 "자신의 운명이 급전환되었음을 확신하고 널리 그것을 선포"하고 있다. 그렇다면, 거기에는 어떤 동인(動因)이 작용하였던 것일까?

이러한 급작스러운 분위기의 전환에 대한 그 제의적 또는 신앙적/신학적 동기를 묻는 작업은 시편 연구사에서 꽤 상당히 오래 계속된 셈이다. 어떤 이는 기도 도중에 제사장의 구원신탁이 선포되었기 때문에(Kuechler) 일어난 현상이라고도 하고 또는 기도자의 순수 심리적인 감정 전이의 심리현상 때문에(Heiler) 일어난 것이라고 보기도 하고(cf. C. Westermann), 또는 구원사 회상 재연(주로 계약 갱신제 재연)이 전제되었기 때문에 일어난 현상(A. Weiser)이라고 보기도 한다. 그러한 분위기 급전환의 현상이 일어났을 것이라는 제안이 있어 왔으나 그 어느 것 하나도 성서의 내적 증거로든 외적 증거로든 만족스럽지 못한 이론으로 보인다. 그러나 우리는 고대 이스라엘이 경험하고 전승시켜 온 "거룩한 전쟁 이념"이 기도자의 신앙에 반영되어 그러한 분위기 전환의 동인 역할을 하였을 것이라는 것을 입증해 주는 많은 내적 증거자료들을 갖고 있다. 이러한 이해를 돕는 최적의 안내서로는, 지금까지의 학문적 성과만으로 따진다면, 폰 라트(G. von Rad)의 명저, 『고대 이스라엘의 거룩한 전쟁』(*Der Heilige Krieg im alten Israel*, Zuerich: Zwingli-Verlag, 1951)이라는 책을 들 수 있다. 시편 6편의 내적 상황을 보면, 1[2]-6[7]절에 나타난 기원문들(1[2]-2[3]절과 4[5]절)과 그리고 탄식문들(3[4]절, 5[6]-7[8]절)에서 탄식시에서는 으레 예기된 '원수' 또는 '대적자'라는 표현과 확신표현들 직전 직후에 비로소 확연하게 '원수'가 거론되고 또 그 원수(대적, 행악자)의 급속한 패배와 도주가 상술되고 있어서 이것은 분명 이 시의 분위기 급전의 동인이 "거룩한 전쟁 전승에 대한 신앙"에 그 뿌리를 두고 있었음을 웅변적으로 논증해 주고 있음을 보여 준다고 하겠다.

전쟁용사(출 15:3)로서의 야훼 하나님에 대한 구원(해방) 신앙은 이스라엘 역사상 초기부터 있어 온(D. N. Freedman) 이스라엘의 원(原) 신앙고백적인 신앙의 핵이다(M. Noth). 이 야훼 하나님께서 시인의 기도에 응답하시자마자(급작스럽게)—이 모든 고난이 야훼 하나님의 원수의 행위에서 비롯된 것임이 드러나자마자—"행악하는 너희는 다 나를 떠나라!"는 승리자(구원받은 자)의 기쁨과 확신에 찬 함성이 쏟아진다. 여기서 말하고 있는 "행악자들"(포알레-아웬, פעלי־און)이라는 말을 신화화하여 "마술사들"이라고 번역하는 모빙켈(S. Mowinckel)의 가설에 관해서는 이 책의 서론을 참조하라. 시편 6편의 이러한 분위기 대전환(8[9]절)을 사제 신탁의 전제 때문이라고 생각하는 것은 **성서의 내적 증거를 통한 입증이 매우 부족하다**. 단지 응답확신 바로 직후에 나타나는 8[9]b-9[10]절이 그러한 구원신탁의 전제를 암시하는 것 같지만('키 샤마아 … 샤마아', כי־שמע שמע …) 그러나 이 짧은 시(열 절) 안에 만일 그러한 "신탁선포"의 사건이 있었다면 60편의 경우처럼 이 시 속에서도 "야훼께서 말씀하시기를 … 하셨다"라는 사자 전언 신탁(messenger formula) 양식적인 표현이 왔어야 할 것이다. 그러므로 원수가 수치감을 느끼고 **'홀연히'** 퇴패하는 것은 거룩한 전쟁 전승의 전문용어가 제의적(祭儀的)으로 시적 전용된 한 표현이라고 볼 수 있을 것이다. 전쟁용사이신 하나님, 그리고 백전백승의 '용사'(the Divine Warrior)로서의 야훼 유일 주권에 대한 신앙(cf. 출 15:3)이 이러한 분위기 전환의 적절한 동기로 보인다(pace H. -J. Kraus, P. D. Craigie et. al. 그러나 H. Gunkel, *Introduction to Psalms*, 184에서는 "자발적인 감사감정의 자기고양"[自己高揚: self-elevaton의 표현]이라고 봄). 특히 여기 나타나는(10[11]절) "홀연히"(רגע, 라가아)라는 표현은 이러한 구원으로의 전환이라는 '승리'란 인간의 능력으로가 아니라 전적으로 전쟁용사이신 하나님의 구원행위에 의하여 순식간에 기적적으로 일어난 것임을 나타내는(cf. 3:8[9]a) 수사적 표현이라 하겠다.

¶ 메시지: 세상을 이기는 길

하나님을 분노하시게 하고 하나님을 진노하시게 하는 것, 바로 그것이 **'이 세상'**이다. 원인 모를 질고가 우리를 둘러싸고 있다. 그것이 죄에 대한 징계로 인하여 오든, 하나님의 영광을 드러내기 위하여 오든(요 9:3) 간에 이 세상은 언제나 **우리를 수척하게만 만든다.** 히브리어 '아말'(수척하다; אמל, pulal-form)은 구약에서는 "정력, 힘, 풍요, 그리고 모든 희망이 사라진 상태" 등을 서술하는 말이다(cf. 사 24:4-13; 렘 14장; 호 4:3; 시 41:3[4], etc.). 이러한 상황은 우리의 생명에 위협을 가하는 것이다. 이 '아말'(수척하다)과 '바할'(בהל; 떨리다)은 구약에서는 늘 동의평행으로 나타나는데 그 경우 그 언어들은 언제나 '종말' 또는 '죽음'의 임박함을 알리는 역할을 한다. 이것은 또한 어떤 의미에서는—시편 6편 기자도 여기서 이 표현을 통하여 죽음의 위협을 강하게 느끼고는 있지만(시 6:3[4])—인간 세계가 회복할 길이 없는 '미궁'에 빠져 있다는 것을 적시(摘示)하는 말이다. 즉 인간은 이 세계('아말'과 '바할'로 표현되는 이 세계)를 이길 힘을 자신 속에 갖고 있지 않다. 왜냐하면 인간에게는 태초부터 그런 힘이 부여되지는 않았기 때문이다(cf. 창 2:7).

그러나 시편 6편 기자는, 비록 예수 그리스도 안에 있는 영원한 생명에 대한 신앙에 관해서는 아직 알지 못하였다 하더라도, 모든 생명력의 원천이신 하나님**만은!** 이 세계가 가진 '수척'과 '떨림'의 치명적 위협으로부터 자신을 이겨내게 하실 수 있다는 것을 알고 있었다. **그리하여 그는 곧 방향을 선회한다!** "슈바/야훼/할르차/납쉬//호쉬에니/레마안/하스데카"(4+3)="야훼여/돌아오소서/내 생명을/건지소서//나를 구원하소서/주의 **인자하심**을/인하여!"(私譯; 4[5]절)라고 시인은 외친다. 즉 여기서 시인은 비로소 (1) 이 세상 곳곳에 도사리고 있는 이러한 치명적 위협들을 이겨낼 수 있는 힘이 어디에만 유일하게 있다는 것과 (2) 그 힘을 얻어내는 길이 무엇인지도 또한 알았다. **그러므로 그는 돌아섰다!** 4[5]절의 기원(祈願)이 그에게 찾아온 변화를 알려 준다. 그러나 이 '앎'은 외부 어디서부터 오는 그 어떤 새로운 신비한 지식을 전달받는다는 의미의 말은 아니다. 왜냐하면, 거기, 이 세상 어디에도 우리에게 줄 "세상을 이길 힘"이란 없기 때문이다. 그러므로 이 시인은 "**야훼여!** 돌아오소서! 나의 생명을 건지소서!"라고 외쳤던 것이다.

(1) 말하자면, 천지의 창조자시요, 유일한 구원의 주인이신 **야훼에게 매달리는 길밖에 다른 길이란 없다**는 것을 그는 알았던 것이다. 오직 야훼에게만 희망이 있다는 것을 그는 알았던 것이다. 출애굽기 3:12-15의 증언에 의하면 "야훼는 우리와 함께하시기를 약속하시는 분"으로서 정의되었다. 이것이야말로 놀라운 사실이 아니고 무엇인가? 이 약속이 있는 한, 죽음의 위협은 우리를 결코 넘보지 못한다. 에녹은 **하나님과 동행하는 삶을 살더니 죽음도 보지 않고 하나님 나라로 들어갈 수가 있었다**고 성서는 증언한다(창 5:24). "하나님께서 우리와 함께하신다"를 뜻하는 "임마누엘"이라는 이름(이름이 그의 실재이다!)을 가지신 예수 그리스도(마 1:23)는 사람들이 그를 십자가에 못박아 죽였는데도 그를 영원히 죽이지는 못하였다. 왜냐하면 그는 임마누엘이시기 때문이다. **"임마누엘"의 신앙을 가지는 것, 그것이 곧 이 세상을 이기는 길이다.** 야훼 하나님은 이렇게 말씀하셨다. "나 곧 내가 그인줄 알라 … 나는 죽이기도 하고 살리기도 한다 …"(신 32:39; 삼상 2:6).

(2) 사실이 이러하다면, 하나님과의 관계가 분리된 상황을 회복시키는 길 이외에는 우리가 사는 다른 길은 없다고 하겠다(!). 그러므로 이러한 놀라운 인식에 이르자마자 곧 시인은 "슈바, 야훼!"(돌아오소서, 야훼여!)라고 외쳤던 것이다. **하나님과의 관계회복! 이것이 또한 세상을 이기는 유일한 길이기 때문이다.** 그러므로 이 시인은 무엇보다 우선적으로 하나님과의 **관계 회복**을 시도한 것이다. "돌아오소서!"라는 기원 다음에 곧이어 **"주의 인자하심을 인하여** 나를 구원하소서!"(호쉬에니 레마안 하스데카)라는 기원(祈願)이 연결되는 것은 여기서의 '인자'(헤세드, חסד)는 계약적 신의를 나타내는 대표적 전문 용어이기 때문이다. 하나님과의 계약관계

의 유지는 구약이 제시하는바, 세상을 이기는 유일한 길이다. 야훼 하나님과의 계약관계가 흔들리지 않는 이상 우리에게는 그 어떤 것도 두려울 것이 없기 때문이다. "내게 능력 주시는 자 안에서 내가 모든 것을 할 수 있느니라"(빌 4:13)는 신앙고백이나 "하나님이 우리 편이시면 누가 우리를 대적하리요?"(롬 8:31)라는 신앙고백은 이러한 바르게 정립된 계약관계의 문맥 안에서 비로소 잘 이해할 수 있다. 하나님의 '헤세드'에 전적으로 모든 운명을 걸고 호소하는 것이 최선이라는 인식은 인간지혜가 산출해 낸 가장 위대한 신앙적 업적이라고 할 것이다.

7. 하나님은 의로우신 재판장(7:1-17)

¶ 본문

다윗의 식가욘, 베냐민인 구시의 말에 대하여 여호와께 한 노래

1[2] 여호와 내 하나님이여 주께 피하오니 나를 쫓는 모든 자에게서 나를 구하여 건지소서(4+4)

2[3] 건져낼 자 없으면 저희가 사자 같이 나를 찢고 뜯을까 하나이다(3+3)

3[4] 여호와 내 하나님이여 내가 이것을 행하였거나 내 손에 죄악이 있거나(4+3)

4[5] 화친한 자를 악으로 갚았거나 내 대적에게 무고히 빼앗았거든(3+3)

5[6] 원수로 나의 영혼을 좇아 잡아 내 생명을 땅에 짓밟고 내 영광을 진토에 떨어뜨리게 하소서(4+3+3) (셀라)

6[7] 여호와여 진노로 일어나사 내 대적들의 노를 막으시며 나를 위하여 깨소서 주께서 심판을 명하셨나이다(3+3, 2+2)

7[8] 민족들의 집회로 주를 두르게 하시고 그 위 높은 자리에 돌아오소서(3+3)

8[9] 여호와께서 만민에게 심판을 행하시오니 여호와여 나의 의와 내게 있는 성실함을 따라 나를 판단하소서(3+3)

9[10] 악인의 악을 끊고 의인을 세우소서 의로우신 하나님이 사람의 심장
을 감찰하시나이다(3, 3+2)
10[11] 나의 방패는 마음이 정직한 자를 구원하시는 하나님께 있도다
(3+2, 3+2)
11[12] 하나님은 의로우신 재판장이심이여 매일 분노하시는 하나님이시
로다(3+3)
12[13] 사람이 회개치 아니하면 저가 그 칼을 갈으심이여 그 활을 이미 당
기어 예비하셨도다(2+2+3)
13[14] 죽일 기계를 또한 예비하심이여 그 만든 살은 화전이로다(3+3)
14[15] 악인이 죄악을 해산함이여 잔해를 잉태하여 궤휼을 낳았도다
(3+3)
15[16] 저가 웅덩이를 파 만듦이여 제가 만든 함정에 빠졌도다(3+3)
16[17] 그 잔해는 자기 머리로 돌아오고 그 포학은 자기 정수리에 내리리
로다(3+3)
17[18] 내가 여호와의 의를 따라 감사함이여 지극히 높으신 여호와의 이
름을 찬양하리로다(3+3)

¶ 개요(비평학적 문제)

"의"(義)는 본질상 구원 지향적이다. 왜냐하면 하나님께서 무고(誣告)와 억압을 받는 자의 문제를 정의롭게 해결하실 때는, 하나님의 '정의'와 '구원'은 동시적으로! 일어나기 때문이다("정의와 구원의 관계성"에 관하여는 G. von Rad, "The Righteousness of Jahweh and of Israel," *OT Theology*, I, 370-383). 이 시는 **무고(억압)를 받은 한 무흠한 자(시편 기자)가 하나님께 자기의 무죄를 하나님 자신의 의(義)로 변호해 주시기를 비는 기도**이다(왕상 8:31-32, 33ff.의 상황을 참조하라).

비록 이 시가 문체와 박자의 다양성 때문에 그 문학 단위가 완벽하게 구성된 것이라고까지 보기는 어렵다 할지라도, 그 일반적 구성 상황은 "개인 탄원시의 양식"에 속한 것으로 분류하는 데에 별 어려움이 없는 것

임을 보여 준다. 이 시의 구성구조는, 개인 탄원시의 일반적 구조와 같은 방식으로, "부름-기원-탄식-**무죄 변호의 탄원(3[4]-5[6]절)**-기원-[분위기 반전!] 신뢰의 확신 표현(10[11]-16[17]절)-감사와 찬양의 맹세"의 형식을 취한다. 이른바, 개인 탄원시(=기도시)의 전형적인 모습의 골격을 잘 구성하고 있다고 하겠다. 이 시의 이러한 문맥은 오히려 쉽게 식별될 수 있는 이 시의 **중심주제(무죄 변호)**를 중심으로 하여 잘 짜 엮은 한 단위의 시로서의 손색이 없음을 보여 준다.

이 시의 저작 연대가 언제이고 이 시의 저작자가 누구냐 하는 문제에 관한 정보가 이 시 안에는 없다. 시의 표제를 통하여 이 시가 "베냐민인 구시의 말에 대한" 반응에서 비롯된 시라는 것이 언급되고는 있고 또 다윗이 생전에 받았던 베냐민인(사울 왕 계열)들의 반역에 대한 기록들(삼상 24장[엔게디]; 26장[십 광야]; 삼하 16:5[시므이]; 20:1[세바])이 있기는 하나 모두가 직접적인 증거자료의 역할을 하고 있지는 못하고 있다. 오히려, 열왕기상 8:31 이하에서처럼, **예루살렘 성전 안의 "하나님의 법정"에서 무고(誣告)의 진실 여부를 "하나님의 공의에 의하여" 밝히는 "제의 의식"의 그 전통이 이러한 유형의 "무죄변호의 시들"의 제의적 배경으로 작용**하였으리라고 생각하는 것이 이러한 유형의 시들의 현실과 더 잘 부합한 진단으로 보인다. 실로, 무고(誣告)의 진실 여부를 정확히 판단하고 그 판단에 따라 모든 것을 공의롭게 처리한다는 것은 신(神)의 신비한 지식에 속한다고 하겠다.

¶ 주석

표제에 나오는 **'식가욘'**(שִׁגָּיוֹן)은 시편 7편의 표제에서**만** 나타나는 것인데 그 어원의 뜻은 불분명하다. 모빙켈은 이 말의 의미가 "애가"라는 뜻을 갖고 있다고 추론하였다. 그러나 외스텔리(W. O. E. Oesterley)와 스네이드(N. Snaith)와 같은 학자들은 이 '식가욘'을 '힉가욘'의 파손 형태라고 추측하였다. 이 문제에 대한 좀더 자세한 논의를 위하여서는 이 책의 **서론**을 보라. **"베냐민인 구시의 말에 대하여"**의 의미와 그 역사성에 대하여는 위의 "개요" 부분을 참조하라. 궁켈(H. Gunkel)은 이 "구시"에 대한 언급을 통하여 이 시가 그 어떤 "알려지지 않은 전승"에 속한 것이라는 암시를 해준다고 보았다.

[1] 1[2]절의 도입구(invocation), **"여호와[=야훼] 나의 하나님이여"**에는 "나의"라는 수식어 이외에는 아무런 수식어도 붙이지 않고 단도직입적으로 야훼 하나님의 이름을 부르는 형태를 취한다. 이러한 현상이 지닌 신학적 의미에 관한 자세한 논의는 이 책의 서론(탄원시) 부분을 참조하라. 히브리 시의 기도문은 고대 바벨론의 기도문에서처럼 신에 대한 긴 아첨사[=賓辭]를 신의 이름 앞에 나열하지 않는다는 특징이 있다. **"주께 피하오니 나를 쫓는 모든 자에게서 나를 구하여 건지소서."** 원수의 추적을 받아 왔던 시인은 지금 야훼 안에서, 아마도 성소 안에서 구원의 도피처를 찾으려는 것으로 보인다(도피성 제도를 참조하라).

[2] 2[3]절에서는 자신을 추적하는 이 **"원수"**를 **"사자"**(lion)라는 극적 직유법으로 묘사한다. 그러므로 그 "원수"가 시인을 괴롭히는 무기는 칼이나 창이 아니라 **찢고 뜯는** 말(언어)이다. 이 시인은 일종 **"무고"(誣告)의 핍박**을 받고 있다.

[3]-[4] 그리하여 이 시인은 3[4]절에서 그가 과거에 피하여 보호를 받은 경험이 있었던(1[2]절) 그 하나님을 향하여 자신의 무죄를 변호하고 있다. 그러므로 히브리어 본문 3[4]-4[5]절에서는 **"만일"**(אם)이라는 말을 세 번 반복적으로 사용하면서 시인 자신이 만일 그의 원수들이 자기에게 행한 것 같은 불법행위를 시인 자신도 하였다면, 자신이 그 원수에게서 잔혹한 죽음의 보복을 받아도 좋다고 말한다. 이 말은 자기의 무죄를 주장하는 그 자기가 원수 갚는 일을 자기도 원수들처럼 하였다면 곧 자기 자신을 **자기 저주의 맹세** 아래에 두어도 좋다는 그런 "자기맹세"의 의미를 가진다. 자신의 무죄함이 확고하다는 것을 강조한 어법이라고 하겠다.

[6]-[10] 자신의 무죄를 확언하는 이러한 맹세 성격의 선언은 다음에

이어지는 **6[7]-9[10]a절**에 나타난 기원(祈願)들의 "전제(前提)와 기초"의 역할을 한다. 그러므로 시인은 심판자로서의 이 하나님을 "거룩한 전쟁의 전쟁용사"(시 24:8)로서 묘사한다. **6[7]절**의 기원들은, 그리하여 "거룩한 전쟁"의 때에, 즉 하나님께서 심판자로 법궤 위에 임재/현존하시던 때에 좌정하시는 "하나님의 심판석"으로 간주된 그 "법궤"의 움직임(민 10:35-36)과 관련된 전쟁용어들로 구성된다. 즉 "**일어나소서!**"('쿠마', cf. 민 10:35), "**막으소서!**"('힌나세'), "**깨소서**"('우라', cf. 삿 5:12)라는 급박한 [거룩한 전쟁의] 함성이 하나님을 향해 외쳐진다. 왜냐하면 거룩한 전쟁제의에서의 경우처럼, 주님께서 승패의 판결을 **이미! 결정하시고 선포[명]하셨기** 때문이다(**과거시제**를 주목하라). 물론, 여기서 우리는 이교(異敎)의 초목 신 제의에서 행해지는 잠자는 신을 깨우는 의식(儀式)과의 사이에 있을 그 어떤 상호영향을 생각할 수 있으나, 그러나 이스라엘 제의에서는 이 관념이 이미 철저히 제거되었고(시 121:4, cf. 왕상 18:27), 그리고 무엇보다 야훼 하나님께서 유일한 왕(divine imperium)으로서 법궤 위에 좌정하신다는 신앙의 확실한 확립은 이교의 초목 신 제의와는 전혀 무관하게(!) 그분 하나님이 "전쟁용사"(출 15:3; 시 24:8)이시라는 신앙 전통이 이미 이스라엘 제의 속에 초기부터 확고하게 자리 잡고 있었음을 말해 왔다. 야훼의 유일한 왕권과 그의 유일한 주권 신앙은 여기서는 **(6[7]-10[11]절)** 군사적인 분위기와 사법적인 분위기를 동시에 풍겨 주고 있다. 즉 모든 지상의 민족들이 야훼 하나님 주변으로 모여들어 그의 최종 판결을 들으려고 그를 중심으로 시립해 서 있다. 동시에 진노하심으로 "**일어서신**" 그 야훼는 시인의 더할 수 없는 구원의 "**방패**"(**10[11]절**)가 되시기도 하신다("방패" 은유가 거룩한 전쟁 이념에서 작용하는 그 의의에 대해서는 시편 3편 주석을 참조하라). "방패"는 마음이 정직한 자(의롭고 경건한 자)를 구원하시는 하나님의 구원의 '도구'이다

11 - **16** 확신에 찬 "악인의 운명에 관한 기술(記述)"은 **11[12]-16[17]절**에 군사적 분위기와 사법적 분위기가 조화를 이루며 간결하고도 적확하게 정리되어 있다. 하나님은 의로우신 재판장이심과 동시에 분노하시는 전쟁용사이시다(10[11]절). 그러므로 회개하지 않는 죄인에게 내

릴 징벌의 도구는 군사적 용어로 묘사된다. 즉 "칼", "활", "죽일 기계", "화전"(火箭)과 같은 군사무기의 은유가 사용된다. 그러나 12[13]-16[17]절에서 말씀하고 있는바, 하나님이 "'예비하신'(כונן, הכין) 심판"은 악인(원수)이 판 함정에 악인 자신이 스스로 빠지는 원리에 따라 진행된다는 것을 말하고 있다! 말하자면 이 "우주에 내재하는 인과응보율"(immanent nemesis)이 야훼 하나님의 인과율(Yahweh's causality of all things)로 모두 통합되고 있다. 이를테면, 하나님께서 악인들을 그들의 불의한 욕심에 빠지도록 내버려 두심으로 자기가 판 함정에 스스로 빠지게 하셨기 때문에 죄로 하여금 죄 자신을 스스로 징벌하도록 하셨다는 것이다(cf. 롬 1:24). **14[15]절**에서 악인을 비유하여 죄악을 해산하고 잔해(잔인한 해)를 잉태하여 궤휼(교묘한 속임수)을 생산하는 여인으로서 비유하는 것은 "무는 자가 물릴 것"이라는 통상적 진리를 논의의 여지가 없는 확고한 진리로 각인시켜 준다. 이렇게 함으로써 여기서 이 시인은 야훼 하나님의 "의"(義)가 지닌 공평 정대함의 신비함을 다시 한번 더 새로운 시각에서 보게 해준다. 하나님의 "의"의 개념의 이러한 광범위함에 대하여 시인은 놀라움과 감격을 가지고 마침내 하나님의 의로우심에 대하여 '감사'와 '찬양'을 드린다(17[18]절). 여기서 특별히 주목할 점은 이 마지막 결어(17[18]절)에서 시인이 감사와 찬양으로 고백하는 그 신(神) 야훼를 다윗 시대 이전의 예루살렘 제의로부터 유래하였을 수도 있는 고대의 신의 이름인 "지극히 높으신 이"(עליון, 엘룐)와 일치시키고 있다는 점이다. 이것은 이 시가 고대의 전승과 깊은 관련을 가지고 있음을 암시해 준다.

¶ 메시지: 하나님의 "의"와 하나님의 "심판"의 신비한 관계

열일곱 절로 구성된 시편 7편의 전반부(1[2]-9[10]a절)는 무고(誣告)를 당한 한 경건한 시인의 강력한 "무죄 변호"의 절규와 호소로 이어져 있고 그 후반부(9[10]b-16[17]절)는 참으로 **신비스러운 하나님의 의로우신 판결**이 특이하게 소개된다. 마지막 절(17[18]절)은 이러한 "하나님의 의의 판단"에 대한 감사와 찬양으로 마무리된다.

여기 나타나는 경건한 자의 "무죄 변호"는, 다른 경우들과는 다르게, **"자기 저주"**(self-imprecations)라는 방식으로(5[6]절) 자신을 전적으로 하나님께 복종시키는 형식을 취한다. "만일 내가 [저 원수처럼] 이것을 행하였다면 … 원수로 하여금 나의 영혼을 좇아 잡아 내 생명을 땅에 짓밟고 내 영광을 진토에 떨어뜨리게 하소서"(3[4]-5[6]절). 하나님의 그 어떠한 처분에도 전적으로 복종한다는 "완전한 복종"의 사인(sign)이다. 이것은 또한 하나님의 의로우신 판결을 전적으로 수용한다는 "완전한 믿음"의 사인이기도 하다.

놀랍게도 하나님의 의로우신 판결과 심판은 사람이 회개하지 않을 때**만** 일어난다. 뿐만 아니라 하나님은 심판을 위한 준비를 성실하게 하신다. 즉 심판하실 도구로서 칼을 갈고 활을 당기며 화전(火箭)을 만드시는 완벽한 준비를 하신다. 그렇다면 무엇을 어떻게 준비하시는 것일까? 성서의 대답은 이러하였다. 즉 악인으로 하여금 죄악을 해산하게 하고 잔해를 잉태케 하여 궤휼을 낳게 함으로 자기가 만든 함정에 자기 스스로 빠지게 하시며 그 잔해는 자기 머리로 돌아오게 만드시는 형식으로 그의 심판을 준비하신다는 것이다. 바로 여기서 우리는 그의 "의"와 그의 의로운 심판의 신비성을 엿볼 수 있다. 말하자면 악인으로 하여금 그가 만든 죄악과 잔해와 궤휼에 스스로 빠지게 만드신다는 것이다.

역설적으로 말한다면, **하나님은 심판하시지 않으신다**(!)는 말이 된다. 이것은 일종의 천기누설(天機漏泄)이다. 바로 이것이 하나님의 "의"라는 것이다. 비록 하나님은 악인을 심판하시기는 하시지만 단지 자기가 만든 함정에 자기가 스스로 빠지게 하는 방식으로 심판하신다는 것이다(부메랑 방식의 심판). 왜냐하면 하나님의 "의"는 철저히 구원지향적일 뿐!이기 때문이다. 하나님께서 칼을 갈고 활을 당기며 화전을 만드시면서 악인의 심판을 예비하시는 것은 악인의 악이 부메랑처럼 자기 머리로 돌아가 스스로 자신을 심판하게 하시는 방법을 준비하신다는 것이다. 이러한 이 시인의 가르침이야말로 하나님의 "의"와 "심판" 그리고 "구원"의 역설적 관계를 분명하게 이해하도록 해준다고 하겠다.

8. 인간이 무엇이기에(8:1-9)

¶ 본문

다윗의 시, 영장으로 깃딧에 맞춘 노래

1[2] 여호와 우리 주여 주의 이름이 온 땅에 어찌 그리 아름다운지요 주
의 영광을 하늘 위에 두셨나이다(2+2+2, 2+2)

2[3] 주의 대적을 인하여 어린 아이와 젖먹이의 입으로 말미암아 권능을
세우심이여 이는 원수와 보수자로 잠잠케 하려 하심이니이다(2+3,
2+3)

3[4] 주의 손가락으로 만드신 주의 하늘과 주의 베풀어 두신 달과 별들을
내가 보오니(4+4)

4[5] 사람이 무엇이관대 주께서 저를 생각하시며 인자가 무엇이관대 주
께서 저를 권고하시나이까(3+3)

5[6] 저를 천사보다 조금 못하게 하시고 영화와 존귀로 관을 씌우셨나이
다(3+3)

6[7] 주의 손으로 만드신 것을 다스리게 하시고 만물을 그 발 아래 두셨
으니(3+3)

7[8] 곧 모든 우양과 들짐승이며(3+3)

8[9] 공중의 새와 바다의 어족과 해로에 다니는 것이니이다(4+3)

9[10] 여호와 우리 주여 주의 이름이 온 땅에 어찌 그리 아름다운지요
(2+2+2)

¶ 개요(비평학적 문제)

시편 3편으로부터 연이어 연결된 다섯 편의 탄원시(시 3-7편), 즉 음침한 사망의 골짜기를 헤매며 고통의 절규에 절었던 그 절박한 탄원의 시들이 가는 그 험난한 길을 헤치고 나와 마침내 제7편의 가파른 능선을 넘어서게 되면 우리는 지금까지 만났던 그 비탄의 분위기와는 전혀 다른 한 "아름다움과 경외감으로 가득 찬 하나님 찬양의 노래"인 새로운 분위기를 가진 시편 8편을 만나게 된다.

이 시편 8편은, 양식비평학적인 관점에서 보면, "서술적 찬양시" 유형에 속한다고 할 수 있다. 그 구성 내용을 살펴보면, **서론**(1[2]a절)—**본론**(1[2]b-2[3], 3[4]-4[5], 5[6]-8[9]절)—**결론**(9[10]절; 서론을 후렴 형식으로 반복)으로 구성되어 있어서 "서술적 찬양시"의 전형적 특성을 가지고 있다고 하겠다.

그러나 이 시는 그 구성내용을 살펴보면, 결코 그 어떤 순간적 감상에 젖어, 즉 밤하늘의 무수한 천체들에게 매료되어 순간적으로 창조의 신비에 경탄한 나머지 일시적 감동에 사로잡혀 작시(作詩)된 것이라기보다는 기존의 옛 성서 전승(인간 창조에 관한 J[창 2장]와 P[창 1장]의 전승)을 현재의 상황에 광범위하게 이용하고 있다는 특성을 뚜렷이 드러내는 시라는 것과 동시에 후대의 신약성서(마 21:16; 고전 15:27; 히 2:6 이하)에서도 새로운 삶의 환경에 맞도록 새롭고 다양하게 응용 재해석된 시임이 확인된다. 즉 달과 별들과 그리고 인간을 창조하셔서 인간으로 하여금 그 온 만물을 다스리게 하시는 "하나님의 위대하신 능력"(God's great power)을 찬양하는 그 찬양 서술을 통하여 여러 가지의 **신학적 사유를 확대 산출**해 내는 다소 특이한 시라고 할 수 있을 것이다. 특히 시편 8편은 4[5]절에서 인간에 대한 하나님의 배려에 대하여 감사의 감격과 놀라움을 표현함과 동시에 그 인간의 허무성에 대한 고뇌에 찬 신학적 반성도 포함

하고 있어서 창세기 2장(J)과 1장(P)의 신학적 인간학을 탁월하게 종합하고 있는 시라고도 하겠다(cf. 시 90:12).

뿐만 아니라 시편 8편은 명백하고도 전형적인 "하나님의 위대하신 능력을 서술하는 **찬양시**" 임에도 불구하고 탄식의 요소(4[5]절)와 그리고 심지어는 지혜의 요소(2[3]절)까지도 포함하고 있다는 문학적 특성을 갖고 있다.

그리고 이 시의 저작 연대 문제도 또한 그렇게 단순하지는 않다고 하겠다. 왜냐하면 시편 8:4[5]부터 마지막 절인 9[10]절까지와 그리고 창세기 1:26 이하(P)와의 사이에는 뚜렷한 평행관계가 있음을 볼 때 시편 8편이 사제 신학자(P)의 시대보다는 후기에 속하는 "포로 후기" 의 것임이 분명함에도 불구하고 그 담고 있는 전승의 기초는 후대에 와서야 밝혀지게 된 아주 고대의 전승(고대 가나안적 관념)을 반영하고 있기 때문이다. 특히 시편 8:3[4]에 나타나고 있는 "주의 손가락으로 만드신" (3[4]절과 6[7]절) 이라는 표현은 창세기 1장보다는 창세기 2:7, 19-20(J)에 더 가깝다는 것도 이 시의 저작 연대문제를 그렇게 간단하게 처리하지는 못하게 한다. 그러나 시편 8편(4[5]-8[9]절)은, 비록 그 전승 과정에서 고대적 관념이 이 시 속에서 작용하였을 가능성이 있다고는 하더라도, 특별히 창세기 1:26ff.(P)와의 **깊은 신학적 연결**로 미루어 보아 이 시는 결코 외면할 수 없는 명백한 **포로 후기(에스라 이후) 성소의 제의적 환경, 특히 "밤에 드린 예배"** (cf. 시 134:1)에서 사용된 시라는 점을 강하게 각인시켜 주고 있다고 하겠다.

¶ 주석

표제의 **"깃딧에 맞춘 노래"** 라는 말의 의미에 관해서는 이 책의 서론을 참조하라. 이 말이 후기 첨가라고 한다면 이 시가 "포도 수확을 축하하는 절기" 에 노래 불렸을 것임을 추론하게 해준다.

1a **1[2]a절과 9[10]절**은 이 시의 앞과 뒤를 감싸서 후렴구의 기능을

하면서 동시에 노래의 '틀'을 만들어 주는 역할을 한다. 여기서 사용되고 있는 "우리 주여"(아도네누, אדנינו)라는 말이 '야훼'와 병렬해서 동격으로 사용되는 경우는 시편에서는 매우 드물다(시 97:5; 135:5; 147:5). 이 말은 '왕'을 호칭할 때에 사용되는 특징이 있는데 일반적으로 이 말은 그의 위대하심과 그의 능력 많으심을 칭송할 때 사용된다. 여기 시편 8편에서는 우주의 창조자요, 통치자이신 야훼의 위대하심에 대하여 경의와 환호성을 올려드리는 의미에서 이 말이 사용되고 있는 것으로 보인다. 최근, 정통 유대인들 사이에서는 이 "아도나이/아도네누"라는 말이 야훼 하나님께 직접 기도를 드릴 때만 사용되고 있다는 사실은 이러한 문맥 안에 있다고 하겠다. 따라서 이 말('아도나이')이 시편 8편에서 "야훼"라는 이름과 연결 병행해서 사용됨으로써 그 이름의 위엄이 지닌 성격이 좀더 분명해진 것으로 볼 수 있다. 즉 그 이름(아도나이)은 여기서 출애굽 사건을 통하여 이스라엘에게 자신을 계시하신 그 하나님 자신(**야훼**)에게로 확대된다. 그리하여 시편 8편에서는 온 우주의 창조자요, 통치자이신 주님이 출애굽의 하나님 야훼와 일치된다.

그러나 이 부분(1[2]a절)이 지닌 중요한 신학적 의미는, 오히려 탄원(기도)의 시에서는 "스스로 자신을 감추시는 출애굽 해방의 하나님이신 야훼"께서 여기서는 그의 **이름(명성)**이 온 땅(온 세계)에 환히 그리고 넓게 알려지신 "창조주 하나님"과 일치되셨다는 데 있다고 하겠다. 즉 야훼는 출애굽 구원의 하나님만이 아니라 "온 땅", 즉 온 세계 창조의 주이신 "창조주 하나님"도 되신다는 것이다.

1b - **2** 따라서 1[2]b-2[3]의 **"주의 영광을 하늘 위에 두셨나이다"**와의 연결이 주석상의 난해한 점(관계 대명사의 부자연스러운 연결)을 갖고 있다는 일반적인 견해와는 달리, 전반절의 **"이름"**(명성)과 후반절의 **"영광"** 사이의 동의 평행 관계를 고려할 때, 1[2]b**절**의 **"하늘"**과 **"영광"**은 오히려 1[2]a**절**의 **"온 땅"**과 **"명성"**(**이름**)과 동의평행을 이룬다고 하겠다. 즉 "온 땅"에 가득 찬 야훼의 명성은 "하늘 위"의 야훼의 영광으로 연결된다고 시인은 생각하였던 것으로 보인다. 땅에서부터 하늘로 이어지는—땅의 명성으로부터 하늘의 영광으로 전이(轉移), 연결되는—그 땅과

하늘의 해후(邂逅)는 매우 극적이며 심오하리만큼 신학적이다. 즉 출애굽 구원 사건과 같은 위대한 구원의 행적을 통하여 "야훼"께서 온 땅에 떨친 그 구원의 명성이 "하늘 위"(알-핫샤마임, על־השמים)의 영광으로 퍼져나가는 것을 시인은 경이에 찬 눈으로 바라본다. 이와 같은 신학적 전이, 즉 1[2]a로부터 1[2]b로의 이러한 신학적 전이는 2[3]절(대적자들과 원수들을 제압하시는 구원의 하나님)로부터 3[4]절(밤하늘의 천체 창조의 창조주 하나님)로의 신학적 전이로 또 다시 반복되는 그 반복법 또한 주목할 가치가 있다.

구원의 주 야훼 하나님의 **온 땅에 떨치신** 그 구원의 **명성(이름)은**, 그러므로 **어린아이와 젖먹이의 입**을 통하여서도 **주의 대적들을 잠잠하게 만드시기까지 하시는** 그런 그의 놀라운 권능을 통하여 확증된다고 시인은 고백한다(**2[3]절**). 야훼의 출애굽 해방 사건은 실제로 이스라엘 전승의 세계에서는 온 땅(온 세계)에 충만하게 알려진 야훼의 명성이었다. 그러나 놀랍게도 여기서 특별히 "젖먹이의 **입**"을 이끌어 들인 시인의 이러한 은유법은 창세기 1장(P)에서 서술된바, "말씀으로 세계를 만드시는 하나님의 권위"와 창세기 2장(J)에서 서술된바, "섬세한 손[가락]놀림으로 인간과 세상을 만드신 하나님의 능력과 권위"를 모두 이미 전제하고 있었던 것으로 보인다.

3 시인의 눈을 황홀하게 만든 밤하늘의 **"달과 별들"**은 **"주의 손가락으로 친히 만드신"** 신비한 예술 그 자체였다("해"에 관한 무언급은 낮이 아닌 밤하늘임을 말해 줌). 이러한 **"주의 손가락으로 만드신"**(3[4]절)이라는 표현은 창세기에서는 "야비스트"(J)의 표현 양식에 속한다. 즉 하나님의 창조행위를 의인법적(擬人法的)으로 묘사하는 특징은 야비스트(J)의 것으로 볼 수 있기 때문이다. 그의 이러한 신비한 천체 창조의 능력과 위엄은 "인간"인 시인에게 있어서는 경이와 찬양의 대상이 되지 않을 수 없었다(**3[4]절**).

4 시인의 이러한 창조주 찬양은, 그러나 **4[5]절**에 이르러서는 돌연 천체의 신비에 대한 감격을 인간창조의 의미에 대한 성찰(**4[5]절-8[9]절**)

과 연결시켜 대비법적으로 급전이된다. 즉 광대무변한 밤하늘에 찬란하게 펼쳐진 별자리들의 그 오묘한 질서를 보면서 시인은 하나님의 권능과 위대하심에 압도당함과 동시에 이와는 너무나 대조적으로 너무나 보잘것 없고 덧없는 인간도 떠올리게 된다. 즉 인간은 저 방대한 밤하늘의 위대함에 비하여 얼마나 왜소하고 초라한가 하는 반응을 하게 된다. 달과 별들은 한 치의 틀림이 없는 정확도를 가지고 날이 가고 달이 가며 그리고 [해가 가면서] 다시금, 세세토록 끊임없이 빛을 발하는 기이한 반복을 순환하지만, 이와는 달리 인간 세대는 한 번 가면 다시 오지는 않는 허무한 존재라는 것을 비교법적으로 반추(反芻)하기에 이른다.

그러나 4[5]절부터 시작되는 인간 창조에 관한 시인의 신학적 성찰(시 8:4-8[5-9])은 놀랍게도 창세기 1-2장의 P와 J의 전승을 모두 적절하게 그리고 놀랄 정도로 정교하게 배합하여 정리하고 있다. 즉 4[5]절은 **"[사람이] 무엇이기에**[감히!]" '마'(מה; "무엇이기에")라는 수사어투를 통하여 별로 **생각**(=기억, זכר)해 주거나 **권고**해 줄(돌보아 줄, פקד) 만한 가치가 없는 인생의 '덧없음'을 표현하지만(J), 그러나 5[6]절은 하나님께서 그 덧없는 인생을 "천사"(히브리 본문은 **"하나님"**[엘로힘]으로 되어 있다)보다 **조금 못한 정도로** 높여서 **영화와 존귀로 관을 씌우셨다**고 표현한다(P).

4[5]절에서 반복 평행되어 나타나는 언어인 **"사람"**(에노쉬, אנוש) 과 **"인자"**(人子: 벤-아담, בן־אדם)라는 말은 모두 매우 의도적으로 인간의 '덧없음', '연약함' 그리고 '가사성'(可死性)을 가리키는 말로 사용되고 있다. 왜냐하면 '아담'(אדם) 또는 '이쉬'(איש)와 같은 인간을 표시하는 통칭어가 있음에도 불구하고 여기서는 특히 인간의 허약성을 나타내는 용어인 '에노쉬'라는 말을 선택하였을 뿐만 아니라 '사람'을 가리키는 일반적 통용어인 '아담'(인류)이라는 말 대신에 그 격을 일부러 낮추는 '벤-아담'("사람의 아들"[人子]이라는 뜻)이라는 말을 선택함으로 의도적으로 앞의 말('에노쉬')과 동의 평행을 시키고 있기 때문이다. 예컨대 본래는 하나님의 아들이지만 인간이 되신 예수께서도 스스로 자신을 낮추셔서 "인간의 아들"(人子)이라고 하셨던 것과도 맥을 같이한다고 하겠다. 그러므로 이 시인은 이런 허약하고 덧없는 인간을 창조주 하나님께서 무엇 때문에 그토록 특별히 생각(기억)하셔서 관심하시고 돌보시고 계시는 것인지가 이해

하기 힘들다고 고백한다. 그러나 이 시인은 사제 신학자(P)의 신학적 입장을 고려(?)한 듯, 즉시 창세기 1:26, 27-28의 인간의 존엄성에 관한 신학(이마고-데이 신학)으로 비상(飛上)해 간다(시 8:5-8[6-9]). 그러나 주목할 만한 점은 시편 8편 기자가 인간이 위임받은 "하나님의 형상"으로서의 인간의 위임 통치권을 서술할 때 창세기 1장이 사용한 용어들, "생육하라"(페루), "번성하라"(레부), "충만하라"(밀러우), "정복하라"(키버슈하), "다스리라"(레두) 등 다섯 개의 동사들 중 어느 하나도 차용하지 않고 단지 "통치하라"(타머쉴레후 ← 마샬, '다스리라')라는 용어만을 사용하고 있다는 점이다. 만일 '다스리다'라는 말을 뜻하는 두 히브리어, '라다'(רדה)와 '마샬'(משל)의 어원상의 의미가 대조적 성격을 띤다면, 즉 "라다"(창 1:26, 28)의 어원적 의미는 '징벌'과 '재앙'에 의한 '다스림'의 의미를 갖고 있고 이와는 아주 대조적으로 "마샬"(시 8:7)은 통치행위를 실험하기 위하여 하나님께서 사멸적인 존재에게 권능을 부여하는 때 사용하는 용어라고 한다면(cf. H. Gross, "משל" *TDOT*, vol. IX, 69), 이 시편 8편 시인은, 분명 여기서 창세기 2장(J)의 신학과 창세기 1장(P)의 신학을 매우 세심하고도 정교하게 종합하여 "하나님의 형상"으로서 인간이 위임받은 과제를 신학적으로 더욱더 다듬고 있었음이 확실하다.

그러므로 이 시인의 두 '인간'(J와 P)에 대한 이러한 대비법적인 표현은, 즉 야훼 하나님의 무한한 권능과 능력 그리고 위엄(P)을 인간의 무한히 왜소한 유한성(J)과 대비한 그 대비법은 결코 그 어떤 야훼 하나님의 위대함을 노래하거나 인간의 덧없는 무상함을 애도하려는 데 그 목적을 갖고 있는 것은 아니었다. 오히려 이러한 대비법은 그 무엇보다 (1) 야훼 하나님의 온 땅에 행하신 구원의 **'은총'**을 찬양하고 (2) 동시에 그 야훼와 동일한 하나님이신 창조주께서 그의 피조물 중의 하나인 인간에게 지워주신 피조물들에 대한 '위임통치'라는 인간의 **권한과 책임**을 강조하려는 데 그 궁극적인 의도가 있었던 것이라고 하겠다.

5-9 인간은 비록 저 대자연에 비하면 말할 수 없이 왜소하고 덧없는 가사적(可死的)인 미물이요, 먼지에 불과하지만(4[5]절), 그러나(!), 그 인간을 야훼 하나님께서는 **"천사"** 또는 **"하나님"**(히브리 본문은 **"하나

님"[엘로힘]으로 되어 있음)**보다 조금 못하게** 창조하셔서 다른 피조물들을 다스리는 [대리] 통치권자로 삼아 **영화와 존귀로 관**(왕관)**을 씌워 주셨다**고 고백한 이 시인의 표현은, 대다수의 주석가들이 생각한 것처럼, 창세기 1:26-27에 나타난 "하나님의 형상"으로의 인간창조 기사를 마음에 두고서 그 개념을 신학적으로 세심하게 정제(精製)한 말이라고 할 수 있다. 여기서 시인은 하나님의 "외적 위엄"을 표현하는 말인 '아름답다'(얀딜, אדיר='장엄하다')라는 말과는 대조적인 언어, 즉 하나님의 "내적 본질"(G. H. Wilson, *NIV Application Commentary*, 207)을 서술할 때 사용하는 언어인 **'영광'**(카보드, כבוד)과 **'존귀'**(하달, הדר)라는 언어들을 이끌어 들여 그러한 것들로 왕관을 만드시어 저 하잘것없는 인간에게 관 씌우시는 하나님의 행위를 진술함으로써 인간에게 어떤 특수한 "신적(神的)인" 과제가 부여되었음을 증거하고 있다고 하겠다. 그러나 물론 이 말은 인간 창조 때 인간 속에 어떤 신성(神性)의 일부가 첨가된 것으로 이해하는 전거로 삼는 것은 잘못이다. 여기서 말하려고 하는 의도는 문맥상으로 볼 때, 인간을 다른 모든 피조물과 구분하여 그 다른 모든 피조물을(7-8[8-9]절) **다스리는** 통치권을 하나님께서 인간에게 부여한 것으로 이해하려는 데 있다. 실로, 피조물을 다스리는(통치하는, '마샬') 권한과 책임을 하나님께서 인간에게 위임하셨다는 것은, 분명 인간에 대한 하나님의 특수한 "은총부여의 사건"이라고 하지 않을 수 없다. 이 은총은 하나님을 향하여 인간이 드려야 할 찬양의 중대한 이유라고 하지 않을 수 없다.

¶ 메시지

1. 온 땅에 넘치시는 야훼라는 '이름'(명성)이 주는 은혜

하나님께서 창조하신 세계의 신비한 자연 질서를 보고 하나님의 위대하심에 대하여 놀라움을 느낌과 동시에 또 그에 비하여 '인간' 존재는 너무 왜소하다는 것을 느끼고 하나님의 창조섭리의 신비함에 경외감을 느끼는 자는 많으나, 그러나 이러한 창조 질서를 보고 인간에게 베푸신 하나님의 "**은총의 무한함**"을 깨닫는 자는 그리 많지 않다. 사실, 그의 "**이름", 즉 야훼라는 이름**은 인간에게 베푸신 그의 은총의 결정체(結晶體)요, 총체이시다. 즉 "야훼"라는 이름의 신(神)은, 모세를 통하여 알려지신 대로(출 3:12, 14; 33:19; 34:6), 그리고 또한 더욱이 이스라엘의 구원의 역사(출애굽 구원사 등의 역사)를 통하여 자기를 계시하신 대로, 언제나 우리(그를 향하여 부르짖는 자들)와 **함께하시리라**는 약속(에흐예 임마크: I will be with you. Ego eimi, 출 3:12)을 주시고 그 약속을 끝내는 지켜 주신 신(神)이시다. 그의 은총이 온 땅에 충만함은 바로 이 때문이다. 말하자면 온 땅은 하나님께서 이스라엘(우리)에게 베푸신 구원의 은총으로 가득 차 있어서 그 놀라운 구원의 은총이 온 땅에 남아 넘쳐나, 마침내는 하늘로 뻗어나가서 뭇별들의 아름다움으로 가득 찬 밤하늘을 통하여서도 또한 주의 그 영광이 드러나고 있다는 것이다. 별빛 가득한 밤하늘의 아름다움은 그러므로 단지 심미적 대상만은 아니라 하겠다. 땅의 명성은 곧 하늘의 영광이 된다. 그리하여 하늘과 거기 가득한 영광은 온 땅에 가득하도록 베푸신 그의 구원의 은사를 밝히 계시하고 증언하는 역할도 하게 된다. 그러므로 원수와 보수자는 단지 그 앞에서 잠잠할 따름이다.

2. 인류에게 "하나님의 형상"이라는 면류관을 씌워 주신 분, 야훼!

인간을 향한 하나님의 은총 수여는 이 왜소하기 짝이 없는 인간에게 "영화와 존귀"(=하나님의 형상)의 면류관을 씌워 주시는 그의 그 예기치 못한 은총에서 그 절정에 달한다. 그러나 이 "하나님의 형상" 개념은, 물론 주지하다시피, 인간이 가진 물리적 형상(physical image)에서 유추할 수 있는 그런 개념이 아님은 확실하다. 구약성서 여러 곳에 나타나는 하나님에 관한 "신인동형론적인 묘사"에서처럼, "하나님의 형상"이라는 언어 그 자체는 단지 신인동형론적인 표현에 불과하다. 중요한 문제는 그 언어가 지닌 문맥상의 의미가 무엇이냐 하는 것이다. 그러므로 하나님이 인간의 물리적 모형과 같은 형체를 갖고 있는 것이라는 개념은 하나님의 형상화를 절대적으로 금지하고 있는 구약신앙과 전혀 조화되지 않는다 하겠다. 더욱이 인간이 "하나님의 형상"을 따라 지음받았다 하여 인간이 창조주 하나님의 구성 본질의 일부분을 물려받은 것이라는 것을 가리키는 그런 개념은 더더욱 아니라 하겠다. 결국, 우리 본문이 말하고 있는 바와 같이, 인간이 하나님의 형상을 받았다는 것은, 하나님께서 인간에게 "영화와 존귀로 관을 씌워 주셨다"라는 표현이 말하고 있는 대로, 인간에게는 다른 피조물들과는 다른 **특별한 임무**를 부여받았다는 것을 알려 주는 상징적 의미 이상은 갖고 있지 않다고 하겠다(그런 의미에서는 시 8:5[6]-8[9]은 일종 창 1:26a, 27, 28에 대한 주석으로도 볼 수 있다!).

즉 여기 시편 8편에서 말하는바, 인간이 하나님으로부터 물려받은 임무는, 창세기 1:26-28에서보다는 매우 단순화하여('생육', '번성', '충만', '정복' 등은 시편에서는 언급되지 않음), 오직(!) "다스리라"(마샬)라는 말로만 요약되고 있다. 그리고 이 **"다스리라"**라는 말도 또한(!) 창세기 1장에서는 '라다'(רדה; 이 말은 '다스리다'라는 뜻 이외에 '밟다'라는 의미도 있음, '카바쉬'와 동의 평행을 이룸)라는 말을 사용하고 있는 데 반하여 시편 8편에서는 '라다' 대신에 '마샬'(משל; '통치하다', '다스리다')이라는 말을 사용하고 있다. **이 점은 참으로 주목할 만하다고 하겠다.** 말하자면, 시편 8편 기자가 "하나님의 형상"의 의미를 표현할 때, 폭력적이고도 억압적이며 파괴적인 개념의 '통치', 즉 '라다'라는 말이 지닌 개념을 피하고 그 대신 사멸적인 존재에 불과한 인간에게 분에 넘치게도 감히 하나님의 피조 세계 통치권('마샬')을 인간에게 위임해 주시는 하나님의 인간을 향한 은총수여의 사건을 강조하는 '마샬'(통치하다)이라는 어휘를 의도적으로 구사하여 "하나님의 형상"(이마고-데이)의 이미지를 평화적 이미지로 개선하려는 의지를 강하게 보여 주었다는 점은 결코 지나칠 수 없을 만큼 주목해 볼 신학적 가치가 있다고 하겠다. 그리하여 이 8편 시인이 사용하고 있는 "다스리다"(마샬)라는 말은 그러므로 다른 피조물에 대한 억압적 통치('카바쉬'와 '라다') 행사와 군주 독재적 지배권 행사를 의미하는 것이 아니라 창조주로부터 위임된 특수 임무를 대행한다(surrogate)는 문맥상의 의미만을 갖고 있는 것으로 이해할 수 있다고 하겠다(cf. 시 110:2, "원수 퇴치의 임무").

인간이 지닌 "하나님의 형상"의 의미를 이와 같이 권위주의적으로가 아니라 "신으로부터 특별히 위임된 임무"로서 고백하여 하나님의 은총에 대한 찬양의 노래 형식에 조화를 시키고 있는 것은 시편 8편 시인의 신학이 지닌 위대성을 우리로 하여금 감지하게 해준다. 덧붙이면, 야비스트(J)의 신학적 인간학(창 2장)과 사제 신학자(P)의 신학적 인간학을 절묘하게 종합하였다는 점에서도 시편 8편 시인의 신학적 천재성을 읽을 수 있을 것이다.

3. 신약성서의 메시야적 해석

시편 8편의 "인간론"(4-8[5-9]절)은 신약에서는 우선 고린도전서 15:26[27]에서 사도 바울이 '아들', 즉 인자(人子) 되신 예수 그리스도의 '복종'의 덕성(德性)을 강조할 때 인용(시 8:6[7])하였음을 지적할 수 있다. 즉 사도 바울에 의하면, 하나님은 모든 만물을 그의 아들 예수 그리스도의 발 아래 두어 복종하게 하셨지만(시 8:6[7], 고전 15:27-28), 그러한 그 아들 그리스도도 모든 만물이 다 함께 하나님께 복종하게 될 그 [마지막] 때에는 인자 되신 그리스도 자신도 하나님께 복종하실 것이라는 것을 말하므로 아들 예수의 신적(神的) 겸허함과 덕성을 증언하였다. 여기서 사도 바울은 예수 그리스도를 인류의 대표자로 보았고 이 대표적 인간인 인자 예수가 복종의 섬김으로 모든 것을 이겨내어 우주적 통치권을 아버지께 돌려 드리고 만물의 지배권을 인간에게 돌려주시는 것으로 이해하였다. 이와 같은 성서해석, 즉 '사람' 또는 '인자'에 대한 기독론적인 해석은 시편을 기독교의 경전으로 수용하는 데 크게 기여하였을 것으로 보인다.

고린도전서 15:27-28과 일치를 이루는 에베소서 1:22에서도 사도 바울은 만물을 그의 발 아래에 둔 인자(人子) 되신 그리스도가 교회의 머리이시므로 동시에 교회는 만물의 주이신 그리스도의 몸이 되신다는 것을 주장함으로써 이 세상에서의 교회의 위상을 확립하는 증언을 하였다. 시편 8편의 신학적 인간학은 이와 같이 기독론과 결부되면서 이 세상에서의 교회의 위상을 높이는 교회론의 주요 논거가 되기도 한다.

그러나 시편 8편에 대하여 신약성서가 취한 기독론적인 접근의 그 가장 고전적인 예는 히브리서 2:5-18에서 발견할 수 있다. 히브리서 기자는 아들 예수 그리스도의 "잠시 동안"(시편 8편에서는 "조금"이라고 되어 있음) “낮아지심”과 그러고 난 다음의 “높아지심” 사이(죽음의 고난과 부활의 영광 사이)에 일어난 운명 전환을 예시(豫示)하는 그 [구약]성서적 전거를 시편 8편에서 찾고 있다. 뿐만 아니라 “인간은 무엇인가?”라는 물음(철학적이고도 신학적인 물음)에 대한 대답을 히브리서 기자는, 시편 8편을 기초로 하여, 잠시 동안의 예수 그리스도의 죽음의 고난과 그 고난으로 인하여 부활이라는 영광의 면류관을 받으시는 것으로 전이(轉移)되어 이어지는 사건에서 그 대답을 얻는다. 이러한 전이의 삶으로부터만 진정한 참 인간을 만날 수 있다는 것이다(!).

“인간은 무엇인가?” 인간은 저 거대한 우주의 창조자이신 분이 엮어 놓은 그 창조 질서에서 보면 기억할 가치조차 없는 존재이다. 그러나 그럼에도 그는 먼 후일에 일어난 예수 그리스도의 죽음과 부활의 문맥에서 다시 되돌아보면 참 인간은 하늘과 땅을 잇는, 즉 하나님과 그의 피조물 사이를 잇는 영원한 교량이 된다. 실로 야훼 하나님의 “이름”(명성)이 온 땅에 충만함이 어찌 그리도 선한지 우리로서는 가늠하기가 어렵다.

9. 공의의 재판장이시요, 영원한 왕이신 야훼 (9:1-20; 10:1-18)

¶ 본문

시편 9편

다윗의 시, 영장으로 뭇랍벤에 맞춘 노래

1[2] 내가 전심으로 여호와께 감사하오며 주의 모든 기사를 전하리이다 (3+2)

2[3] 내가 주를 기뻐하고 즐거워하며 지극히 높으신 주의 이름을 찬송하리니(3+3)

3[4] 내 원수들이 물러갈 때에 주의 앞에서 넘어져 망함이니이다(3+3)

4[5] 주께서 나의 의와 송사를 변호하셨으며 보좌에 앉으사 의롭게 심판하셨나이다(4+4)

5[6] 열방을 책하시고 악인을 멸하시며 저희 이름을 영영히 도말하셨나이다(4+4)

6[7] 원수가 끊어져 영영히 멸망하였사오니 주께서 무너뜨린 성읍들을 기억할 수 없나이다(4+4)

7[8] 여호와께서 영영히 앉으심이여 심판을 위하여 보좌를 예비하셨도다 (3+3)

8[9] 공의로 세상을 심판하심이여 정직으로 만민에게 판단을 행하시리로
다(3+3)
9[10] 여호와는 또 압제를 당하는 자의 산성이시요 환난 때의 산성이시로
다(4+3)
10[11] 여호와여 주의 이름을 아는 자는 주를 의지하오리니 이는 주를 찾
는 자들을 버리지 아니하심이니이다(4+4)
11[12] 너희는 시온에 거하신 여호와를 찬송하며 그 행사를 백성 중에 선
포할찌어다(4+3)
12[13] 피 흘림을 심문하시는 이가 저희를 기억하심이여 가난한 자의 부
르짖음을 잊지 아니하시도다(4+3)
13[14] 여호와여 나를 긍휼히 여기소서 나를 사망의 문에서 일으키시는
주여 미워하는 자에게 받는 나의 곤고를 보소서(5+3)
14[15] 그리하시면 내가 주의 찬송을 다 전할 것이요 딸 같은 시온의 문에
서 주의 구원을 기뻐하리이다(5+2)
15[16] 열방은 자기가 판 웅덩이에 빠짐이여 그 숨긴 그물에 자기 발이 걸
렸도다(4+4)
16[17] 여호와께서 자기를 알게 하사 심판을 행하셨음이여 악인은 그 손
으로 행한 일에 스스로 얽혔도다(힉가욘, 셀라)(4+4)
17[18] 악인이 음부로 돌아감이여 하나님을 잊어버린 모든 열방이 그리
하리로다(3+3)
18[19] 궁핍한 자가 항상 잊어버림을 보지 아니함이여 가난한 자가 영영
히 실망치 아니하리로다(4+4)
19[20] 여호와여 일어나사 인생으로 승리를 얻지 못하게 하시며 열방으로
주의 목전에 심판을 받게 하소서(4+3)
20(21) 여호와여 저희로 두렵게 하시며 열방으로 자기는 인생뿐인 줄 알
게 하소서(셀라) (4+4)

시편 10편

1 여호와여 어찌하여 멀리 서시며 어찌하여 환난 때에 숨으시나이까

(4+3)
2 악한 자가 교만하여 가련한 자를 심히 군박하오니 저희로 자기의 베
푼 꾀에 빠지게 하소서(4+4)
3 악인은 그 마음의 소욕을 자랑하며 탐리하는 자는 여호와를 배반하여
멸시하나이다(4+4)
4 악인은 그 교만한 얼굴로 말하기를 여호와께서 이를 감찰치 아니하신
다 하며 그 모든 사상에 하나님이 없다 하나이다(3+3)
5 저의 길은 언제든지 견고하고 주의 심판은 높아서 저의 안력이 미치
지 못하오며 저는 그 모든 대적을 멸시하며(3+3+3)
6 그 마음에 이르기를 나는 요동치 아니하며 대대로 환난을 당치 아니
하리라 하나이다(4+3)
7 그 입에는 저주와 궤휼과 포학이 충만하며 혀 밑에는 잔해와 죄악이
있나이다(4+4)
8 저가 향촌 유벽한 곳에 앉으며 그 은밀한 곳에서 무죄한 자를 죽이며
그 눈은 외로운 자를 엿보나이다(3+3+3)
9 사자가 그 굴혈에 엎드림같이 저가 은밀한 곳에 엎드려 가련한 자를
잡으려고 기다리며 자기 그물을 끌어 가련한 자를 잡나이다(4+3+4)
10 저가 구푸려 엎드리니 그 강포로 인하여 외로운 자가 넘어지나이다
(2+3)
11 저의 마음에 이르기를 하나님이 잊으셨고 그 얼굴을 가리우셨으니
영원히 보지 아니하시리라 하나이다(4+4)
12 여호와여 일어나옵소서 하나님이여 손을 드옵소서 가난한 자를 잊지
마옵소서(2+3+2)
13 어찌하여 악인이 하나님을 멸시하여 그 마음에 이르기를 주는 감찰
치 아니하리라 하나이까(4+4)
14 주께서는 보셨나이다 잔해와 원한을 감찰하시고 주의 손으로 갚으려
하시오니 외로운 자가 주를 의지하나이다 주는 벌써부터 고아를 도
우시는 자니이다(4+3, 3+4)
15 악인의 팔을 꺾으소서 악한 자의 악을 없기까지 찾으소서(4+3)
16 여호와께서는 영원무궁토록 왕이시니 열방이 주의 땅에서 멸망하였

나이다(4+3)
17 여호와여 주는 겸손한 자의 소원을 들으셨으니 저희 마음을 예비하
시며 귀를 기울여 들으시고(4+4)
18 고아와 압박당하는 자를 위하여 심판하사 세상에 속한 자로 다시는
위협지 못하게 하시리이다(5+3)

¶ 개요(비평학적 문제)

이 두 개의 시에 대한 비평학적 문제는 이 두 개의 시가 본래는 하나의 시였는지, 아니면 본래부터 두 개의 시들로 있었는지에 대한 논의이다. 비록 해결되지 않은 문제가 아직 여전히 남아 있기는 하지만(즉 이 시 9편과 10편이 본래는 "하나의 시" 였다면 현재와 같이 둘로 분리된 그 정확한 이유 같은 것은 아직도 풀리지 않은 문제로 남아 있기는 하지만), 그러나 현재의 이 두 시가 본래 하나의 시였을 것이라고 생각하게 하는 설득력 있는 주요 증거들이 상당수 존재하고 있다.

(1) 마소라 본문이 잘 보여 주고 있듯이, 현재의 시편 9편과 10편은, 비록 완벽한 형태로 보존되어 있지는 않다고 하여도, 아크로스틱 시 유형(acrostic pattern)을 따른 한 편의 "알파벳 시" 라는 것은 확실하다. 9편은 알레프(א)로부터 시작하여 카프(כ)까지(달렛, ד 시행은 빠졌음), 그리고 10편은 라메드(ל)로부터 타우(ת)까지(멤 מ, 눈 נ, 싸메크 ס 시행이 빠져 있음)의 알파벳 순서에 의한 시행이 배열되어 있음을 손쉽게 발견할 수 있다. 이 곳 이외에도 시편 5, 34, 37, 11, 112, 119, 145편은 각 시행이나 각 구성단위의 첫 글자의 첫 자음이 히브리어 알파벳 순서로 배열되어 있음을 볼 수 있다. 왜 이러한 유형이 생겨났는지에 대해서 학자들(cf. W. F. Albright, E. A. Speiser, H. -J. Kraus, P. C. Craigie et al.)은 다음과 같은 설명을 해준다. 즉 시의 각 시행 또는 각 단락의 첫 글자의 자음을 알파벳 순서로 시편 시를 배열한 것은, 우가릿 경전문학에서 자주 나타났듯이, 시를 외우고 기억하는 데 도움을 주는 "기억을 돕는 도구" (a mnemonic device)의 역할을 한다고 믿은 데서부터 생겨났을 것이라고 본다.

(2) 헬라 역본(Septuagint)과 이에 의존한 몇 번역본들 및 몇몇 히브리어 사본들이 이 두 개의 시를 "하나의" 시로 간주한다(MT와 LXX 사이의 장[章] 구분이 다름과 주후 4세기에 이루어진 라틴어 역본 Vulgate도 9편과 10편을 "하나의" 시로 보고 있음을 참조하라).

(3) "셀라" 라는 표기는 "하나의" 시를 끝막음하는 데에서 한 번만 나타나는 경우는 없고 대체로는 간주가 들어갈 위치나 선창자가 선창을 할 위치에서 주로 합창을 유도할 때에 흔히 나타나는 음악적 지시이다. 여기서는 9편 끝에서만 "셀라" 가 나타나고 10편 끝에서는 나타나지 않을 뿐만 아니라, 더욱이 9편 첫머리에는 표제가 나타나는데 10편 서두에는 시의 흐름상 표제가 나타나지 않고 있음을 볼 때, 이 두 개의 시가 본래는 "하나의" 시였음을 강하게 암시해 준다.

(4) 그 무엇보다 시편 9편과 10편 사이에는 동일 저자에게서 비롯된 것임을 입증할 만한 "주요 용어의 공유 현상" 이 두드러지게 나타난다는 점이다. 예를 든다면, 9편과 10편은 "악인" 이라는 말을 "악인" (레샤아, רשׁע) 이라는 말로 통일되게 쓰고 있고(시 9:5[6], 16[17], 17[18]-시 10:2, 3, 4, 13, 15, 16), 그 이외에 "심판" (미쉬팥, משׁפט)이라는 말의 공유(시 9:4[5]ab, 7[8], 8[9], 16[17], 19[20]-시 10:5, 18), "인생" (에노쉬, אנושׁ)이라는 말의 공유(시 9:19[20], 20[21]-시 10:18, "세상에 속한 자"), "가난한 자" (아니, עני)라는 말의 공유 및 잦은 사용(시 9:12[13], 20[21]-시 10:2, 9, 17), "왕좌" (王座/寶座, כסא)라는 말의 공유(시 9:4[5], 7[8]-시 10:16), "환난 때에" 라는 말의 공유(시 9:9[10]-시 10:1), 특히 구약에서는 매우 드물게 나타나는 고대에 사용되었던 관계대명사 "쭈" (זו)라는 관계대명사의 공유(시 9:15[16]-시 10:2. cf. 9-10편에서는 관계 대명사 '아쉘'[אשׁר]이 나타나지 않는다. 그리고 10:6 끝에 나오는 '아쉘 로-베라아'[אשׁר לא־ברע]의 '아쉘' 은 관계대명사가 아니라 '행복' 을 의미하는 말로 읽어야 한다) 등이 그것이다. 이런 정도의 '공유' 언어만으로도 시편 9편과 시편 10편의 동일 저자의 가능성을 충분히 고려해 볼 수 있게 한다고 생각된다. 그러므로 이 시(시 9-10편)는 그 알파벳 시형의 흔적을 갖고 있다는 점을 지나치게 강조하여 후대의 시(심지어는 헬라 시대의 시)로 간주하는 것은 적절한 판단으로 보이지 않는다.

양식비평학적으로 볼 때, 9-10편은 두 개의 시로 나누어져 있다고 하여도 각기 (1) 하나님 찬양과 (2) 하나님을 향한 탄식을 근거로 한 동일 성격의 **기원문들을** 각각 갖고 있는(9:13[14], 19-20[20-21]과 그리고 10:12, 15) 전형적인 "개인 탄원의 시"라는 구조를 갖고 있다. 9편의 경우, "하나님 찬양과 하나님에 대한 신뢰"가 주도적으로 기도의 근거가 되고 그리고 10편의 경우, "하나님을 향한 탄식과 항변"이 주도적으로 기도의 근거가 되고 있어서 이 두 시는 본래 "하나의" 시였으나 즉 각각의 시에서 기도의 근거로 제시되는 이유 표현들이 갖고 있는 그 주도적 분위기의 대조적 성격 때문에 초기에는 하나의 시였으나 후대에 와서는 둘로 분리되게 된 시로 보인다. 시편 9-10편의 이러한 연결형식(시 9편[찬양→기원]⇒시 10편[탄식→기원])은 시편 시들에서는 비록 매우 드물게 나타나는 것이기는 하지만, 그러나 이 둘의 이러한 결합은 '찬양'과 '탄식'이 모두 동일한 기원의 근거가 되고 있다는 것을 말해 주는 것으로서 신학적으로 매우 중요한 의의를 제공해 준다고 하겠다. 왜냐하면 **'찬양'과 '탄식'이 모두 다**(!) **하나님께로 나아가 하나님의 마음을 움직이게 하는 데 중요한 신앙적 호소의 요소가 된다**!는 것 그것을 극명하게 밝혀 주기 때문이다. 말하자면, '찬양'뿐만 아니라 '탄식'도(!) 또한 하나님께로 나아가는 신앙의 한 양식이 된다는 것을 보여 주기 때문이다. 이것은 탄원의 시의 기본 현실이다. 바로 이 점이 "시편 9편은 개인 감사의 시(=선언적 찬양시)로 보고 시편 10편은 탄원의 기도의 시로 이해하는 여러 주석가들의 견해"와 **다른 점이다!** 왜냐하면 여기서의 "찬양 요소"는 "찬양의 시"의 고유한 구성요소가 **아니라!** '기원'의 근거를 제시하는 "탄원의 시"의 구성요소가 되기 때문이다! 이러한 '기원'의 양식사적 기능은 찬양시의 양식과는 매우 먼, 이른바 "탄원의 시"의 기본 요소이며 9편과 10편을 "하나의 시"로 주제통일(a thematic unity, cf. J. W. Rogerson & J. W. McKay)을 이룩할 수 있도록 해주는 중요한 근거를 제공해 준다. 그런 의미에서 우리는 시편 9편과 시편 10편을 "한 편"의 시로 보되 그 문학 유형은 다소 보기 드문 "탄원의 시 장르"(pace H. -J. Kraus et al.)에 속하는 것으로 이해할 수 있다고 하겠다(cf. M. Dahood, *Psalms 1-50*, 54f.; H. Gunkel, *Introduction*, 82; *idem, Die Psalmen*, 33). 말하자면 시편 9-10편을 개인의 감사 또는 찬양의 시로서 볼 수 없는 이유는 바로 이 "**기원문**"(시 9:13[14], 19[20]-20[21]; 시 10:12, 15)**의 기능**에서부터 가장 확실하게 확인할 수 있다고 하겠다.

¶ 주석

표제에 언급된 "뭇랍벤에 맞춘"('알 뭇랍벤')이라는 음악적 지시의 의미는, 시편 46편의 표제에도 나타나는 것이긴 하지만, 확실하게 알려지지 않은 하나의 수수께끼이다. 그리하여 대부분의 번역은 히브리 발음을 그대로 사용하기도 한다. 그러나 학자들 사이에서는 이 말의 의미를 문자적으로 이해("아들의 죽음을 위하여" 부르는 노래라고 이해)하지 않고 그 히브리어를 "알 알라모트"로 고쳐 읽어서 "남성의 최고음으로서 가성으로 만들어 낸 목소리로" 부르는 노래라는 의미를 담고 있다고 보기도 하였다(S. Mowinckel, *The Psalms in Israel's Worship*, II, 216-217; C. A. Briggs, *Psalms*, I, 70; A. A. Anderson et al.). 그러나 본문의 내적 증거는 이 말의 의미에 대해서 아무런 확실한 정보를 제공해 주지는 않는다.

1-**2** **9:1-2[2-3],** 알파벳 시의 형식에 따라 1-2[2-3]절 단락의 첫 글자가 히브리어 알파벳 '알레프'(א)로 시작한다. 그 내용은 야훼 하나님의 **의로우신 은혜의 구원행적**에 대한 감사와 찬양이다. 이러한 감사와 찬양의 결단의지를 강하게 표현하기 위하여 이 시인은 '자원형'(cohortative)의 시제를 사용한다. 2[3]절에 나타나는 "지극히 높으신 분"(엘-엘욘)이라는 신의 이름의 등장도 그 독자적 역할을 하기보다 [야훼의] 이름을 '강조하는' 역할을 한다. 이 단락 전체의 분위기는 야훼 하나님과 그의 위대하신 능력 및 그의 의로우신 명성에 대하여 진심으로 드리는 감사, 자랑, 기쁨, 즐거움, 그리고 열렬한 찬양의 시이다. 그러나 비록 '찬양'이 공적 제의(예배의식)의 존재이유(the raison d'etre)이기는 하지만, 이 시(9편)는, 이러한 맥락에서 볼 때, 많은 주석가들의 감사시(선언적 찬양시)라는 장르 분류에도 불구하고, **의(義)의 승리를 비는 "기도의 시"(탄원의 시**, cf. S. Terrien, *The Psalms*, 2003, 141)로서 이해하여야 할 것이다. 왜냐하면 주

의 모든 구원의 행적에 대한 감사와 칭송으로 가득 찬 이 첫 단락은 아래의 여러 단락들과 함께 "**13[14]절의 기원을 드리기 위한 근거**"로서의 충실한 예변법적인(proleptic) 역할을 한다고 볼 수 있기 때문이다.

3 - 4 9:3-4[4-5], 히브리어 알파벳 '벧'(ב)으로 시작하는 이 단락—4[5]절 첫머리의 '카프'는 '벧'과 그 모양을 구별하기 어려울 정도로 유사한 자음이다—은 주께서 "원수"(적국)를 파멸시키심과 의로운 재판장으로서 완벽한 심판수행을 통하여 그의 위대한 구원행적들을 수행하고 계심을 칭송하고 있는 단락이다. 여기서는 특히 "보좌에 앉으사"(לכסא ישבת, '야샵타 레킷세')라는 표현을 사용하고 있는데 그것은 야훼 하나님의 개입을 가리키는 고대의 "신의 현현 때 사용된 관용구"인데, 그분의 심판의 "공의로우심"과 그분의 "완전한 승리"를 강조하기 위하여 여기에 채용된 것으로 보이며 특히 "야훼 하나님의 절대적 왕권"을 강조하기 위하여 사용된 것으로 보인다. 이 표현은 시편 9편에서는 4[5]절과 7[8]절에서 똑같은 형태로 두 번 반복되고 있다. 그리고 또한 이 표현은 시편 9:11[12]에서 "시온에 거하신 야훼"라는 표현과도 평행을 이룬 후 시편 10:16에 와서는 마침내 "**야훼는 영원한 왕이시다**"라는 표현으로 연결된다. 그러므로 "나의 원수는 야훼의 원수로서" 야훼에 의하여(!) 즉 인간에 의하여서가 아니라(!) 야훼에 의하여 패망하고 **야훼의 주권**이 확고하게 수립된다는 것이다.

5 9:5[6], 히브리어 알파벳 '김멜'(ג)로 시작하는 이 단일 시행(詩行)은 야훼 하나님의 과거 행적이 악한 원수의 나라들을 더 이상 그 이름이 알려지지 않도록 도말시키셨으므로 원수의 나라들은 고대 박물관에나 희귀하게 남아 있을 정도라고 말한다. 여기에는 출애굽과 같은 구원사적 사건에 관한 전승이 보존되어 있음을 보여 준다. 즉 신명기 9:14의 고백과 비슷하게 구원의 역사를 신학적으로 재해석하여 회상하게 해주고 있다. 야훼의 구원 역사의 지평은 이렇게 점차로 넓혀진다.

6 - 7 9:6-7[7-8], 히브리어 '딸렛'(ד)으로 시작하는 시행은 빠져 있

고 여기서는 알파벳 순서상 그 다음의 자음인 '헤'(ה)로 시작하는 이행(二行) 시행이 나타난다. 물론 7[8]절 첫 글자 "야훼" 앞에 '힌네'(보라!)라는 말을 6[7]절의 끝 글자인 '헴마'(המה, they & them) 대신에 첨가하는 것(cf. B. Duhm)을 전제할 때 '헤'로 시작하는 이행(二行) 시행이 형성 가능하게 된다. 여기서는 5[6]절에서는 원수 박멸 다음에 이루어진 온 열국과 온 세계의 영원한 그리고 의로운 심판관이신 야훼의 주권(=왕권) 확립의 선언이 나타난다.

8 - 10 9:8-10[9-11], 주목할 만하게도, 히브리어 자음 '봐브'(ו, '그리고', '그러나' 또는 '그래서'라는 의미를 가진 접속사)로 시작하는 이 단락에서는 심판관이신 야훼 이미지가 완연하게 압제당하는 자와 환난을 당하는 자, 그리고 주를 의지하여 주를 찾는 자의 **"피난처"**로 전이(轉移)된다. 여기서 표현되는 "피난처"(산성/山城/'미스갑', משגב)는 억압자들에 대한 엄격하신 야훼의 심판관(의로우신 심판관) 이미지와 동시에 억압받는 자들과 주를 찾는 자들에 대한 확고한 '피난처'(보호처) 이미지도 주는 이중성을 가진다. 이러한 확신의 근거는 "주의 이름을 아는 자들은 주를 의지하게 되는데, 주님 야훼께서는 주를 찾는 자들은 버리지 아니하시기 때문"이라는 것이다. 즉 "의로우신 재판장"은 궁극적으로는 환난 때에 주를 찾고 그에게 의지하는 자들에게 피난처가 되시고 보호자(=구원자)가 되신다는 것이다. 진정한 '정의'는 '구원' 지향적이며 '구원 수립' 그 자체이시다.

11 - 12 9:11-12[12-13], 그 다음의 알파벳 자음 '짜인'(ז)으로 시작한 이 단락은 "시온에 거하시는 야훼"와 "피 흘림을 심문하시는 이"를 동의 평행시키고 있는데, 이는 하늘에 계신 야훼께서는 곧 동시에 이 세상에 임재하시는 야훼이시라는 것을 증언하는 의미를 가진다. 즉 피 흘림을 심문하시는 이(cf. 창 4:10)라는 것은 저들 피 흘리는 자들을 "기억해 두시며" 동시에 가난한 자들의 부르짖음을 "잊지 않으시는 분"이시라는 것을 말해 준다. 이 선언이야말로 고난받는 자들로 하여금 다음 세 가지 중요한 사실을 인식하게 해준다. (1) 야훼 하나님께서는 결단코 자기 백성을 저버

리시지는 않으신다는 것과 (2) 가난한(=가련한) 자의 부르짖음을 결단코 잊지 않으신다는 것(=10[11]b절의 "야훼 하나님은 자기를 찾는 자들을 버리지 아니하신다"와 상응 일치), (3) 야훼 하나님은 하늘에 계실 뿐만 아니라 이 땅 위에서도(11[12]절의 "시온에 거하신다"와 상응 일치) 활동하고 계신다. 그러므로 그의 우주적 임재를 인간은 찬양하여야 한다는 것이다. 이 찬양과 감사는 곧 "기도의 시"의 구원을 빌 수 있는 기원의 근거를 제공해 준다. 그러한 의미에서 볼 때, 시편 9:1-12[2-13] 전(全) 문맥은 13[14]절의 기원의 근거를 쌓아 왔다고 할 수 있을 것이다.

13 - **14** **9:13-14[14-15],** 히브리어 알파벳 '헤트'(ח)로 시작하는 이 단원은 앞에서 전개된, 이른바 "가난한 자의 부르짖음을 잊지 않으시는 야훼 하나님의 긍휼하심"에 대한 확신표현을 근거(12[13]절의 '키', כי 문장을 근거)로 하여 야훼 하나님의 긍휼을 호소하는 **기원문**이 제시된다. 그 문학적 구성은 4[5]절에 나타난 야훼 하나님의 의로운 변호와 심판을 근거로 하여 5[6]절 이하에서 원수멸망에 대한 확신을 제시하는 것과 정확히 상응한다. 즉 야훼 하나님의 의로우신 심판에 대한 확신을 근거로 하여 원수 멸망에 대한 확신을 고백하는 것과 그리고 가난한 자의 부르짖음을 잊지 못하시는 야훼 하나님의 긍휼하심에 대한 확신을 근거로 하여 야훼 하나님의 긍휼 베푸심을 기원하는 것은 탄원의 기도시에 나타나는 중심적 구조 양식이다. 즉 하나님의 의(義)에 대한 확신과 하나님의 긍휼에 대한 확신은 동일 차원에서(!) 탄원의 기도자에게는 기원문을 제시하는 동일한 근본적 근거가 된다. 따라서 그 결과도 또한 동일한 차원 안에 들어오게 된다. 즉 원수의 영원한 멸망(6[7]절)과 사망의 문에서의 일어남(13[14]절), 그리고 "시온"에서 야훼 하나님의 위대한 행적을 찬양하게 되는 하나님과의 관계의 회복(11[12]절)과 딸 같은 시온(=시온의 아름다움을 시적으로 표현한 말)의 문(보좌)에서 만방을 향하여 야훼의 구원을 전파하고 기뻐함으로 얻게 되는 하나님과의 관계 회복(14[15]절)에 이르게 된다. 그러므로 여기서 말하는 "죽음"은 먼지로부터 와서 먼지로 되돌아가는 자연 질서를 의미하기보다는 "하나님으로부터의 전적인 분리"(cf. Chr. Barth)를 의미한다.

15 - **16** **9:15-16[16-17],** 히브리어 알파벳 '테드'(ט)로 시작하는 이 단락은 위에서 제시된 기원의 응답이다. 이러한 응답은 탄원의 기도시에서 흔히 나타나는 "악의 부메랑적 귀결"(the boomerang effect of evil)이라는 형식으로 정교하게 정리된다. "악인은 그 손으로 행한 일에 스스로 얽혔도다"라고 말한다. 즉 악인들은 의인들을 빠뜨리기 위하여 자신들이 만들어 놓은 덫에 오히려 그 자신들이 걸려 넘어지게 되는 것이다. 야훼 하나님의 악인들에 대한 심판은 본질상 악인들 자신이 스스로를 심판한 "자승자박(自繩自縛)의 심판"이라는 것이다! 하나님의 악인에 대한 심판은 '있으나'(야훼께서 자기[공정한 심판을 행하시는 분으로서의 자기]를 알게 하사 심판을 행하셨음이여! 16[17]절, 그러나 이 16[17]절에 대한 C. A. Briggs의 주석은 심판의 덫을 놓으신 분은 야훼 하나님 자신의 손으로 행하신 것이라고 주석함) 그러나 그 심판은 악인의 행위의 결과일 따름이지 하나님께서 선하시지 않고 긍휼이 많지 않으시기 때문에 비롯된 것은 **아니다**(호 11:9; "나는 신(神)이요 사람이 아니기 때문이다. 나는 너희 가운데 있는 거룩한 하나님이다. 나는 너희를 위협하러 온 것이 아니다." 참조). 심판의 행위를 총괄적으로 하나님의 행위로 표현하는 성서 일반의 표현은 하나님의 주권을 강조하는 언어로 볼 수 있고 궁극적으로는 악인의 심판은 악인 스스로 만든 악인의 함정과 악인의 덫에 스스로 걸려 넘어진 것이라고 하겠다(pace C. A. Briggs). 16[17]절 끝의 '힉가욘'은 시편 19:14[15]와 92:3[4]에도 나타나고 그리고 그 어근인 '하가'(הגה)는 시편 1:2와 2:1에서도 나타나는데, 그 의미는 다양하게 사용되고 있다(cf. 시 1편). 여기서는 "셀라"가 뒤따라오는 것으로 미루어 볼 때, 음악의 간주를 넣기 위한 또는 노래의 의미를 되새겨 보기 위한 잠시 동안의 휴지(休止) 지시를 의미할 수도 있다.

17 **9:17[18],** 히브리어 알파벳 자음 '요드'(י)로 시작하는 이 시행은 악인(원수의 나라들)의 결국은 하나님으로부터 '잊어버림'을 당하여 '스올'(='음부', 하나님과의 교통이 끊어진 곳, 시 6편을 참조할 것)로 돌아가게 된다는 확신을 표현한다.

18 - **20** 9:18[19]-20[21], 히브리어 알파벳 자음 '카프'(כ)로 시작하는 9편의 마지막 단락은 15-17[16-18]절에 나타난 그의 원수(열방)의 자멸(하나님을 잊어버림의 결과로 얻는 결과)에 대한 확신에 근거를 두고 이와 대조를 이루는 새로운 확신, 즉 궁핍한 자(가난한 자, 억압받는 가련한 자)는 저 원수와는 달리 하나님으로부터 잊어버림을 당하지 않으리라는 확신을 근거('키', כי, 18[19]절 서두)하여 야훼의 '일어나심'(쿠마! 야훼!)을 간구하는 기도를 드리는 것을 보여 준다. 그러므로 이 "일어나소서!"(쿠마!)라는 의인법적 표현은, "야훼의 전쟁"(또는 "거룩한 전쟁") 때 전쟁 개시를 알리는 제의적 용어이다. 이는, 앞에서 논의된 바와 같이, 모든 기원들(시 9:13[14], 19[20])이 이루어지기를 비는 목적이 무엇인지를 잘 보여 준다. 즉 하나님을 '잊어버린' 오만불손한 자(열국)들로 하여금 "자신들은 한낱 쉽게 부서질 '에노쉬'(= '연약한 인간', 시 8편 참조)"에 불과할 뿐임을 뼈저리게 느끼도록 해주시고 특히 "가난한(가련한) 자들이 하나님의 잊어버림을 받지 않는 자들로서 영원히 실망하지 않게 될 것이라는 것을 확신시켜 주신다. 결국, 많은 주석가들이 추측한 것처럼 그렇게, 시편 9편도 감사(찬양)의 시라고 보기보다는 13[14]절과 19-20[20-21]절의 기도시의 기원을 드릴 수 있는 근거를 제시하는 역할을 한다고 하겠으며, 특히 확연히 탄원의 시로 유형 분류될 수 있는 시편 10편과 하나의 시로 간주할 수 있게 될 때에는 더욱더 시편 9편에 나타나는 13[14]절과 19-20[20-21]절을 제외한 모든 '찬양'과 '감사' 표현들은 모든 탄원(기도)의 시에 거의 항상 나타나는 "기원의 근거 또는 기원의 조건의 기능"을 한다고 하겠다. 이 사실은 탄원의 시편 10편의 세 개의 기원문들(10:2, 12, 15)이 9편과는 대조적으로 확실하게 '탄식'이 "기원의 근거" 역할을 하는 것을 확인하게 해준다. 그리하여 감사와 찬양 그리고 신뢰의 표현이 기원의 근거가 되듯이 이와 마찬가지로(!) '탄식'도 기원의 근거가 된다는 사실을 시편 9-10편은 그 어디에서보다 확연하게 논증해 준다고 하겠다.

시편 10편은 탄원의 시가 갖고 있는 전형적 요소들(부름-탄식-기원-의지/확신 표현)을 다 가지고 있는 시로서, 앞의 9편과 구별되는 점은, 9

편은 두 절의 기원(9:13[14], 19[20]) 이외의 모든 표현들은 하나님 찬양과 감사로 구성된 "의지 신앙의 표현"을 기원의 근거로 삼고 있는 데 반하여 10편은 2, 12, 15절 세 절의 기원 이외의 표현은, 14, 16-18절의 신뢰 표현을 제하면, 모두가 '탄식 표현'이다. 10편의 탄식 표현들은 대부분 "하나님께서 멀리 계시거나 자신을 숨기고 계심"으로 인한 실천적 무신론(practical atheism)이 종횡무진 난무하는 상황에 대한 탄식 묘사로 가득 차 있다.

1 - 3b **10:1-3b,** 히브리어 알파벳 '라메드'(ל)—라마(למה, "어찌하여?")—로 시작하는 단락이다. 야훼 하나님의 간섭의 지연 때문에 시인은 하나님을 향하여 절박하게 간언한다. 물론 이것은 하나님의 무관심에 관한 탄식이 아니라 단지 더디 행하심에 대한 탄식이다. 즉 여기서 말하는 "어찌하여"의 탄식이란 악인은 오만하게 또한 신속하게 마치 야훼 하나님을 멸시하듯이 가련하고 힘없는 자를 마음껏 자랑하며 억압하지만 하나님은 이러한 환난의 때에 오히려 자신을 숨기시고 계신다(Deus absconditus)라고 탄식한다. 즉 이 시인은 여기서 인간 역사의 부조리함을 탄식하고 있는 것이며 악인의 "실천적인 무신론적 오만"을 견디기 어렵다고 탄식한다. 그리하여 시인은 여기서 자기들이 악하게 거두어들인 것들이 결국은 신의 축복(우보체아 베렉, ובצע ברך)이라고 말하는 저 교만한 악인(들)으로 하여금 자신들의 방자한 꾀에 스스로 빠지게 해달라고 기도한다. 이것이 의롭게 살려는 자들이 직면하는 이 세상의 현실이다.

3c - 5a **10:3c-5a,** 히브리어 알파벳 순서에 따른 '멤'(מ) 시행(詩行)은 탈락되어 있고 그 다음 자음인 "눈"(נ) 시행(詩行)이 3절 끝에서 시작되는데 이는 '니엣츠 야훼'(נאץ יהוה; '야훼를 멸시하다')라는 말이 신성모독적인 표현이기 때문에 이를 시행의 앞에 두는 것을 피하기 위하여 4절 첫 머리 대신에 3절 끝에 위치하도록 편집자가 고려한 것으로 보인다(cf. 70인 헬라역 Septuagint). 이 단락을 지배하는 악인의 모독적 신념(=실천적 무신론)과 언어는 "야훼는 감찰치 아니하신다!", "하나님은 없다!", "우리(악인)들의 길은 견고하다!"라는 언어들 속에 함축되어 있다.

즉 악인들은 신의 존재를 부인하는 자들이 아니고 하나님이 인간의 역사 속에 개입하지 않으신다고 믿는 자들(practical atheists)이다. 이러한 그들의 신념은 이어지는 단락들 안에서도 강력한 탄식 언어들을 구사하며 계속된다.

[5b]-[6] **10:5b-6,** 여기서는 알파벳 시의 운율이 깨어지고 5b절의 첫 머리 글자인 "마롬"(높은 곳, מרום)을 히브리 성서 마소라 본(Masoretic Text; BHS)의 각주에서는 헬라어 70인 역본(LXX)과 시리아 역본(S)은 "사루"(סרו; "그들이 주의 … [심판을] 외면하였습니다")로 고쳐 읽기를 제안하였다. 이 제안에 따르면, 악인(들)은 하나님의 존재는 부인하지 않으나 그러나 하나님의 심판은 전혀 두려워하지 않는 "실천적 무신론자들"로서 그 마음속[속마음]으로는 "나는 결코 요동하지 아니하고 나는 영원히 어떤 재앙도 받지 않을 것이다"라고 믿는 자들이다.

[7]-[8b] **10:7-8b,** 이 단락의 두 번째 글자, "그의 입"(피후, פיהו)의 히브리어 알파벳 '페'(פ)로 시작하는 "'페'-문단"은 악인의 입에는 가난(가련)한 자를 파멸시킬 위험한 무기들, 즉 저주, 궤휼, 포학 등의 무기를 가지고 있어서 은밀하게 무죄한 자를 죽이려는 그 음흉한 실체를 드러내어 보인다.

[8c]-[11] **10:8c-11,** '아인'(ע) 자음으로 시작하는 이 긴 문단은 악인의 본성을 보다 자세하게 점층적 평행법의 형식으로 기술함으로 12절에서 시작하는 강력한 기원문의 충분한 근거를 제시한다. 의롭게 살려는 자들을 실족하게 할 만반의 준비를 완료한 상황을 설명한다. 이를 설명하기 위하여 먹이를 잡으려고 은밀한 곳에 웅크린 사자에 관한 일반적 직유법(a simile)을 사용한다. 즉 (1) 의로운 자를 엿봄, (2) 사자처럼 은밀한 곳에 그물(덫)을 쳐 놓고 약한 짐승(물고기)을 잡듯이 포획(捕獲)함, (3) 힘으로 넘어뜨림, (4) 하나님이 잊으셨고 그 얼굴을 가리셨으니 영원히 보지 않으리라고 승리를 자랑하고 확신함 등이다. 이러한 악인의 본성을 예의주시하여 관찰한 지혜자들의 잠언적인 교훈에 따라 이스라엘인 청년들

은 이런 악한 친구들과는 가까이 하지 말라고 가르쳤다. 마지막 절 11절은 이러한 악한 자의 계획과 실천을 보지 않고 외면하신 "하나님의 침묵" 때문에 시인은 매우 곤혹스러워 하였던 것이다. 이러한 궁지에서 "가련한 자"(가난한 자)가 취할 최후 수단은 하나님께 호소하고 기도하는 길밖에 달리 다른 길이 없음을 알기 때문이다.

12 - 13 10:12-13, 다음 순서의 히브리어 알파벳 자음 '차데'(צ, 7절 참조)로 시작할 단락은 본문비평 학자들이 10절의 첫 단어('분쇄하다'='더케'라는 말) 앞에 '차디크'(צדיק, '의로운 자') 또는 '차드'(덫)를 삽입하기를 요구함으로 임시방편적으로 문제 해결을 하였기 때문에 여기 12절에서는 자연스럽게 '코프'(ק)로 시작하는, 즉 "**일어나[옵]소서!**"(קומה, 쿠마)라는 말로 시작하는 강력한 탄원의 기원 문구가 시작된다. '쿠마!'("일어나소서!")라는 기원은 거룩한 전쟁의 전쟁 함성(teru'ah)을 응용한 것으로 볼 수 있다. 그만큼 절박하다는 뜻이다. 결국 이러한 '기원'(함성)은 원수에 대한 승리란 언제나(!) 야훼의 것이라는 성전(聖戰) 신앙(cf. 시 3:7[8])의 표출이라고 볼 수 있다. "**일어나소서!**" "**[엘이여] 손을 드소서!**" "**잊지 마소서!**"라는 짧은 기원들은 앞절(11절)에 나타난 원수들의 마음속의 생각들을 정면으로 뒤집는 표현임과 동시에 거룩한 전쟁의 마지막 단계의 급박한 상황을 반영하고 있다('엘'에 대한 언급은 이 시의 고대성을 암시한다). 여기서의 주요 신학적/신앙적 주제는 "승리는[구원은] 전혀 배타적으로 야훼의 것이다!"라는 신앙인데 이것은 성전(聖戰) 신앙의 영향을 반영하고 있다고 하겠다. 구원(원수에 대한 승리)은 오직 야훼의 것일 뿐이다. 13절은 문맥상 12절 기원의 이유와 근거가 되며 11절에서 원수가 말한 바의 허구성을 폭로하고 있다. 원수들의 깊은 속마음도 하나님은 다 아시고 그것까지 철저히 분쇄하신다.

14 10:14, 히브리어 알파벳 '레쉬'(ר)로 시작하는 14절은 원수들의 속마음까지를 야훼 하나님은 다 보고(라아, ראה), 다 알고 계셔서 의로운 자를 위하여 무엇을 행하실지를 다 아시고 시행하셨다는 '확신'을 고백하고 있다.

15 - **16** 10:15-16, 히브리어 알파벳 '쉰'(ש)으로 시작하는 이 단락은 거룩한 전쟁의 최후 승리에 대한 신앙과 그리고 야훼의 **유일한/영원한 왕권**을 선포한다.

17 - **18** 10:17-18, 히브리어 마지막 알파벳 '타우'(ת)로 시작하는 이 문구는 야훼를 향한 시인의 기도가 응답되었다는 것과 겸손한 자와 압박당하는 약자(cf. 孤兒)의 영원한 보호자가 되어 주실 야훼의 왕권의 본질에 대한 확신을 선언하면서 이 긴 기도를 종결 짓는다.

¶ 메시지

(1) 시편 9:13[14]의 기원문과 시편 10:15의 기원문은 하나님에 대한 찬양, 감사, 신뢰의 마음을 근거로 하여 이루어지고 있다. 그러나 시편 10:12의 기원문은 탄식을 근거로 하여 이루어진다. 이러한 현상은 탄원의 시들의 여러 곳에서 쉽게 나타나는 현상으로서 우리에게 매우 익숙해 있는 현상이다. 그러나 그러한 문학구조가 가지고 있는 신학적 의의는 거의 모든 학자들(시편 주석가들)에게서 간과되어 왔다는 것은 유감스러운 일이다. 이러한 문학 구조는 '기원'(祈願)을 "탄원의 시"의 장르를 판단하는데 있어서 가장 결정적인 역할을 하는 중심요소인데, 이 하나님을 향한 기원이—'왜냐하면'을 뜻하는 히브리어 '키'(כִּי)가 동반되거나 않거나 간에—이러한 기원이 하나님에 대한 신뢰의 신심(信心)을 기초하고서 드려질 뿐만 아니라 이보다 더 많은 곳에서 하나님을 향한 항변의 탄식을 근거하고서 드려진다는 것은 '탄식'이 지닌 신학적 의의를 극명하게 드러낸다고 볼 수 있을 것이다. 즉 하나님에 대한 찬양, 감사, 신뢰의 표현만이 하나님께 기원을 아뢸 수 있는 경건의 요소가 될 뿐 아니라, 하나님을 향한 강렬한 항변의 탄식과 불평도 하나님께 가까이 나아가려고 하는 경건의 진솔한 모습이라는 것을 우리에게 알려 준다. 이러한 사실은 시편 탄원의 시에서뿐만 아니라 광야유랑 전승을 포함한 여러 탄식 표현들에서도 또한 특히 욥기의 서론(욥 1-2장)과 결론(욥 42:7-17)을 제외한 욥기

'본론'(욥 3:1-42:6; 시[詩]의 형태로 된 부분) 부분이 말하고 있는 바에 의하면, 하나님을 향한 욥의 격렬한 항변과 탄식(자기 생일을 저주하기까지 하는 욥의 탄식)마저 하나님으로부터 "옳다!"(욥 42: 7, 8, 9)는 판정을 삼중으로 반복하여 평가받았다는 사실에서도 증명된다. 하나님을 향한 **'부르짖음'**은 하나님에 대한 **신뢰(찬양과 감사)의 또 다른 한 표현**이라고 볼 수 있다.

(2) 탄원의 시(기도의 시)에서 가장 흔하게 나타나는 어휘, 즉 "원수", "대적자" 그리고 그것과의 동질적 표현들(행악자와 그 동의어들)의 본질에 대한 신학적 반성도 그 동안 많이 연구는 되었으나, 대부분이 그 핵심을 벗어났던 것으로 보인다. 우선 시편, 특히 탄원의 시들에 나타나는 '원수'는 구체적으로 그 정체나 본질이 언급되어 있지 못하였다. 왜냐하면 시편에서 언급되는 '원수'는, 오늘날 교회 신앙생활에서 '원수'를 구체적 대상 없이 자주 말하는 것과 비슷하게, 시편에서 언급되는 원수들도 "시편 시인과 하나님과 대적 관계에 있는 자들" 일반을 총칭해서 가리키고 있기 때문이다.

원수들의 그러한 총칭적인 표현들이 공유하고 있는바, 원수들의 본질을 시편 9-10편은 "실천적 무신론자들"(practical atheists)이라는 개념으로 정의하고 있다(cf. 시 10:4, 6, 11, 13)는 것은 주목할 가치가 있다. 실제로 이 시를 지배하고 있는 "원수" 또는 "대적"이라는 개념은 신(神)의 존재(유신론적 사유)를 부인하는 개념은 아니다. 그들은 오히려 신의 존재를 논리적으로는 그 어느 누구보다 더 확실하게 '알고' 있다. 그러나 그들은 야훼 하나님을 멸시하며 하나님은 세상사를 잊고 보지도 않으며 인간 역사에 개입하실 아무런 능력도 없다고 믿고 무죄한 자와 가난한(가련한) 자를 엿보며 넘어뜨리며 죽이기까지 한다. **그들의 인본주의적 "교만"(시 10:2) 속에는 전혀 신의 존재에 관한 '경외감' 같은 것이 없는 자들**(cf. 시 10:4; 감찰하지 않으신다= 하나님은 없다)이다. 그러나 그들은 자기가 만들어 숨겨 놓은 함정에 스스로 빠질 뿐이다(시 9:16- 17[17-18]).

이에 반하여 "의로운 자들"(=시인 자신, 가난한 자, 가련한 자, 겸손한 자 등)은 야훼 하나님을 '의지'하는 자들이다. 여기서 우리는 "의로운 자들"을 이해하되 가난한 자, 가련한 자, 하나님께 의존하는 자라는 개념 안에서 이해한다는 점을 유념할 필요가 있다. "교만한 자"와 "겸손한 자" 사이의 대조를 경건한 자를 판단하는 표준으로 삼는 경건 이해를 볼 수 있다.

(3) 인간은 오직 야훼의 유일한 심판권/왕권만을 의지하고 그를 찬양하고 감사하여야 한다. 왜냐하면 야훼의 왕좌는 공의와 정직으로 세상 만민을 심판하시기 위하여 예비하신 것이기 때문이다. 그러나 심판자로서의 야훼의 왕권은 압제당하는 자, 가난한 자, 가련한 자, 의로운 자를 그 압제자(원수/교만한 자)의 손에서부터 구원하시기 위하여 준비된 것이다. 압제자에 대한 심판은 곧 의인의 구원과 직결되는데, 압제자(악인)에 대한 심판은 그 악인으로 하여금 그 행한 일에 스스로 얽히게 하시는 것과 그 악인들로 하여금 자기들이 베푼 꾀에 그 악인들 스스로가 빠지게 하여 고아와 압박당하는 자들을 더 이상 위협하지 못하게 하시는 방식을 취하신다. 왜냐하면 야훼 하나님은 영원 전부터 고아와 압제당하는 자를 도우시는 자이시기 때문이다. 야훼 하나님에 대한 신앙은 이와 같이 제국주의적 힘의 논리의 신앙과는 정반대의 성격을 지니고 있다.

10. 참 안보는 오직 야훼 안에만 있다(11:1-7)

¶ 본문

다윗의 시, 영장으로 한 노래

[1] 내가 여호와께 피하였거늘 너희가 내 영혼더러 새같이 네 산으로 도
망하라 함은 어찜인고(2+3+3)
[2] 악인이 활을 당기고 살을 시위에 먹임이여 마음이 바른 자를 어두운
데서 쏘려 하는도다(5+3+3)
[3] 터가 무너지면 의인이 무엇을 할꼬(3+2)
[4] 여호와께서 그 성전에 계시니 여호와의 보좌는 하늘에 있음이여 그
눈이 인생을 통촉하시고 그 안목이 저희를 감찰하시도다(3+3, 2+4)
[5] 여호와는 의인을 감찰하시고 악인과 강포함을 좋아하는 자를 마음에
미워하시도다(3+3+2)
[6] 악인에게 그물을 내려 치시리니 불과 유황과 태우는 바람이 저희 잔
의 소득이 되리로다(5+4)
[7] 여호와는 의로우사 의로운 일을 좋아하시나니 정직한 자는 그 얼굴을
뵈오리로다(4+3)

¶ 개요(비평학적 문제)

이 시의 '양식'이 무엇이냐 하는 것이 우선 문제가 된다. 왜냐하면 이 시의 저작 환경을 확인하기 위하여서는 이 시의 문학 양식을 먼저 살피는 것이 필요하기 때문이다. 절박한 위기에 빠진 이 시인(詩人; '왕'일 가능성을 배제할 수는 없다)은 이 위기로부터 벗어날 수 있는 안전한 피난처가 "야훼"라는 확신을 이미 가지고 있는 신앙인이었다(1절 참조). 그러나 이 시인은 "새같이 산으로 도망하라"는 충고를 받는다. 이 충고는, 비록 시인의 생각과는 같지 않았다 하더라도, 매우 현실적이고 상식에 맞는 충고로 볼 수도 있다. 그것은 2-3절에 나타난 부언 설명을 통해서 볼 때, 그 충고는 현실에 대한 정확한 진단으로 보이기 때문이다.

그러나 도피처를 찾아야 할 이 시인 당사자는 이미 결심한 바를 근거로 하여 "어찌하여?"(히브리말 '엑')라는 반문과 더불어 4-7절까지에 일관되게 제시된 시인의 확신 표현적 반론(反論)은 1-3절과 그리고 4-7절 사이의 분위기를 극적으로 대립시키고 있다.

이러한 맥락에서 볼 때, 욥기 본론 부분에서 보듯이, 시편 11편도 "논쟁의 시"라는 지혜문학권의 형식을 띠고 있는 것처럼 보이지만, 이 시의 2부 구조는 "탄식(1-3절) → 확신(4-7절)"의 전이적(轉移的) 연결의 한 구성체를 형성하고 있어서 이 시는 '탄원의 시'(기도의 시) 양식에 더 가까운 형식으로 느껴진다. 그러나 탄원시의 중심요소인 '기원'(祈願)이 철저히 빠져 있기 때문에 순수 '탄원시'라고 보기도 어렵다. 그런 이유에서인지 궁켈은 이 시를 '개인 탄원시'의 부속 양식인 **"신뢰[확신]의 시"**(시 4; 11; 16; 23; 27:1-6; 62; 131편)라고 분류하였다.

이 시의 서두는 두 박자로 구성된, 일종의 전문(前文)과 같은 문구, "빠도나이 핫시티"(내가 야훼께 피하였거늘)라는 문구가 제시되어 있는데, 이 문구에 나오는 '하사'(חסה)가 "성전의 도피처로서의 보호구역(asylum)"이라는 특별한 제의 장소를 암시/전제하고 있기 때문에 이 전문(前文)이 4절의 "헤칼 카도쉬"(성전[聖殿])라는 언급과 매우 자연스럽게 잘 상응한다고 하겠다. 이러한 정황들을 고려하여 볼 때, 이 시는 포로기 이전의 왕궁제의를 그 배경으로 하고 있는 시라고 할 수 있을 것이다.

¶ 주석

1-**3** **"영장으로"**에 관하여는 서론을 참조할 것. **"내가 야훼께 피하였거늘"**은 시의 리듬(3+3 박자)을 깨고 있는(2 박자) 이 시의 '주제' 또는 이 시인의 삶의 '모토'(motto)를 미리 선언하는 의미를 가지는 것으로 보인다. 즉 이 모토는 나머지 1-3절의 충고와는 그 의도가 전적으로 다르고 4절 이하의 "신뢰 표현"과 잘 상응하고 있다.

1절의 첫 두 박자를 제외한 나머지 1-3절은 "너희가 내 영혼더러(=나더러) … 하라 함은 어찜인고?"라는 어투로 시작하여 다른 사람들(친구들? 간[諫]하는 신하들? 등)의 충고와 간언(諫言)들을 인용하면서 반론을 제기하는 내용이다. **"새같이 네 산으로 도망하라"**는 충고는 이 시인을 "방어해 줄 자가 없는 가련한 자"라는 것을 전제하는 말이다. 시편 55:6-7 [7-8], 124:7에서처럼 "먼(안전한) 곳으로 도피하는 것"이 상책이라는 매우 현실적인 충고였다. 비교할 수 없으리만큼 원수가 강할 때 거기에 맞서는 것은 만용의 어리석음일 수 있다. 그러므로 산 속으로 새처럼 도망가는 것이 상책일 수 있다. 악인이 완전무장을 하고 즉 **활을 당기고 살을 시위에 먹인 후 어두운 곳에서 의인을 쏘려 하는** 상황은 의인에게는 최대의 위기이다. 그러므로 **"터가 무너지면 의인이 무엇을 할꼬?"**라는 인간 삶의 기초(상식)가 무너지는 현실에서는 의인에게는 '침묵'이나 '굴종적인 악과의 타협'이나 아니면 '도피' 이외의 다른 대안이 서지 않는 현실이다. 1-3절의 충고자의 말은 현실 부조리를 적나라하게 묘사한 것이고 의인에게는 하나의 강력한 유혹일 수 있다. 그러나 **"내가 야훼에게 피하였다"**는 서두의 전제는 1-3절에 제시된 충고자의 말들의 유혹을 능히 물리치는 시인의 의지(依支) 신앙이었음이 4-7절에서 밝혀진다.

4-**7** 하박국 2:20의 말씀을 연상하게 하는 말(여호와는 그 성전에 계신다)로 시작되는 시인의 확신 표현은 서두(4a절)를 제외하면 전적으로 야훼 하나님 자신에 대한 강한 신뢰의 표현임과 동시에 야훼 하나님에 대한 확신의 근거를 밝히는 것이라고 하겠다. 하늘 보좌(시온의 성전은 하

늘 보좌의 대행)에 계신 야훼 하나님은 (1) 인생을 통촉, 감찰하시고, (2) 의인과 악인을 함께 시험해 보신 후 확실한 판단을 가지시고 강포를 좋아하는 악인을 미워하시며, (3) 악인들이 받을 '잔'(cup)은 축배의 술이 아니라 소돔과 고모라의 멸망 때(창 19장)를 회상하게 하는 불과 유황과 태우는(말라 죽게 만드는) 바람으로 그 잔을 채우시는 분이시라는 것을 고백/증언한다. 올바른 확신과 잘못된 확신, 그리고 올바른 안보와 거짓 안보가 확연히 구분됨을 보여 준다.

¶ 메시지

위기는 기회이다. 위기의 때에 우리 신앙의 정체성이 시험대 위에 오르게 된다(창 22장 참조). 위기를 기회로 삼아 그 위기를 극복하기 위하여서는 우리의 확신에 대한 진정성을 냉엄하게 판단할 수 있어야 한다. 왜냐하면 위기의 때에는 참 안보와 거짓 안보에 대한 확실한 판단이 무엇보다 필요하고 결정적으로 중요하기 때문이다. 예언자 이사야의 경우(사 7장), 아람 왕과 에브라임 왕이 동맹을 맺고 유다를 공격해 올 때, 유다 왕 아하스가 참 안보가 무엇인지를 모르고 어찌할 줄 모를 즈음에 예언자 이사야는 "만일 너희가 믿지 아니하면 정녕히 굳게 서지 못하리라"(사 7:9)라고 충언을 고하였는데(사 7:14, 임마누엘 예언), 이 예언자의 말씀 속에는 시편 11편 시인이 생각하였던 확신과 동일한 확신이 작용하고 있었다고 하겠다. 그 확신은 이것이었다. 즉 "**야훼만이!** 가장 믿을 만한 안보 자체이다"라는 것이었다. 새가 숨을 '산'이나 죄인들이 우선 몸을 피하고 보는 '도피성' 또는 '성소'가 아니라(4a절의 의미는 성전의 성소 그 자체가 asylum이라는 것을 말하는 데 의미가 있는 것이 아니라) 야훼 자신이 유일한 참 안보요, 피난처라는 것을 강하게 증언하는 의미가 있다.

특히 4-7절이 모두 한 목소리가 되어 야훼 하나님의 '공의로우심'이 진정한 안보가 된다는 것을 그분의 권능과 그분의 속성을 소개함으로써 증언하고 있다는 것은 주목할 가치가 있다.

11. 진정한 말씀과 거짓 언어(12:1-8)

¶ 본문

다윗의 시, 영장으로 스미닛에 맞춘 노래

1[2] 여호와여 도우소서 경건한 자가 끊어지며 충실한 자가 인생 중에 없
어지도소이다(4+4)

2[3] 저희가 이웃에게 각기 거짓을 말함이여 아첨하는 입술과 두 마음으
로 말하는도다(4+5)

3[4] 여호와께서 모든 아첨하는 입술과 자랑하는 혀를 끊으시리니(4+3)

4[5] 저희가 말하기를 우리의 혀로 이길찌라 우리 입술은 우리 것이니 우
리를 주관할 자 누구리요 함이로다(4+5)

5[6] 여호와의 말씀에 가련한 자의 눌림과 궁핍한 자의 탄식을 인하여 내
가 이제 일어나 저를 그 원하는 안전 지대에 두리라 하시도다
(4+4+4)

6[7] 여호와의 말씀은 순결함이여 흙 도가니에 일곱 번 단련한 은 같도다
(4+3+3)

7[8] 여호와여 저희를 지키사 이 세대로부터 영영토록 보존하시리이다
(3+4)

8[9] 비루함이 인생 중에 높아지는 때에 악인이 처처에 횡행하는도다

(3+4)

¶ 개요(비평학적 문제)

이 시의 **문학 양식**은 비록 탄원의 시 구성요소를 모두 다 가지고 있는 전형적인 탄원의 시(기도의 시)로 보기에는 다소 느슨한 공동체 또는 개인(헬라 역본은 개인시로 봄) **탄원의 시**의 형태를 갖고 있다. 그 구조는 "짧은 호소-탄식-응답확신"의 형식을 취하고 있는데, 1[2]절 서두의 두 단어, "여호와여, 도우소서!"(여호와여 구원하소서)라는 짧은 기원문이 제출된 후, 그 기원의 이유를 "왜냐하면"(히브리어로 '키', כִּי)이라는 도입어로 시작한 1-4[2-5]절에서 예언자적 '탄식'의 형식으로 설명한다. 그리고 이 '탄식' 다음에는 특별한 설명이 없이 곧장 "야훼의 말씀"이야말로 진실하고 참되다는 것을 곧 이어 5[6]-8[9]절에서 마치 제사장의 신탁 선포(priestly oracle of salvation) 문형과 같은 어투로 앞의 탄식에 대하여 대칭 언어로 대답한다. 그러므로 이 시는 **"거짓된 말과 진정한 말"** 사이의 대비(對比)를 주제로 한 '탄원의 시'(공동체의 탄원시이거나 개인의 탄원시일 가능성 모두를 다 배제할 수 없다)라고 볼 수 있다.

저작 시기에 대하여는 더욱 논의하기 어려운 일이지만 이 분야에 오랜 연구를 해온 예레미아스(Jeremias)의 의견에 의하면, 이 시는 왕조 초기로도 늦은 포로 후기로도 볼 가능성은 없고 아마도 하박국 시대, 즉 늦은 포로 전기 시대의 작품으로 판단되는데 크라우스(Kraus)도 이 견해를 반대하지는 않는다. 아주 최근의 시편주석서인 테리언(S. Terrien, 2003, 157)의 주석도 이 시의 저작시기를 예레미야와 하박국(2:4) 시대로 보는 데에 견해를 같이한다. 아마도 (1) 거짓 입술을 자랑하는 오만한 자들과 (2) 야훼의 낮하심에 전적으로 겸손하게 신뢰하는 경건한 자들 사이의 대극(對極) 긴장의 시기가 하박국과 예레미야의 시대와 가장 잘 어울리는 것으로 보인다.

¶ 주석

표제에 언급된 **"스미닛"** 은 일반적으로 "여덟 째 [음조]에 맞추어" (cf. 시 6:1)라는 의미를 가지는 것으로 알려져 왔다(서론 참조).

1 **1[2]절, "여호와여 도우소서."** 인칭대명사 어미가 붙어 있지 않는 자원형 명령법을 사용하고 있는데('호쉬아 야훼'), 이것은 시인 자신이 직접 박해의 희생물이 되고 있음을 말하고 있는 것으로 보기보다는 인간의 불행 일반을 대변하여 외치는 예언자적 진술에 해당한다고 하겠다(S. Terrien, *The Psalms*, 154). 이 기원구 다음에는 기원의 이유를 설명하는 두 개의 이유 설명구(히브리어 '키'가 이끄는 문구)가 뒤따라오는데, 예레미야 7:27-28에서처럼, 그 사회에는 경건함과 충실함(=성실함)이 종적을 감추어 버렸다는 것을 그 기원(도우소서! 라는 인칭 어미가 없는 기원)의 이유로 제시된다(cf. 호 4:1, "진실", "인애", "하나님을 아는 지식" 이 끊어짐에 대한 언급도 참조할 것). 여기서 끊어지고 없어진 자들이 "경건한 자" ('핫시드')와 "충실한 자" ('에무나임')로 되어 있다는 것은, 분명 예언자적 시각에서 볼 때, **"계약에의 성실"** (=**공동체에의 신실)이 상실**되었다는 것을 의미한다.

2 **2[3]절,** 계약에의 불성실은 이웃 사이에 거짓말과 속임수(아첨의 언어에 의한 속임수)가 횡횡하게 하며 주고받는 언어가 한 마음에서 나오지 않고 **두 마음**에서 나오게 한다. 신의와 믿음에 기초하지 않은 계약관계는 그러므로 더 이상 존재할 가치가 없는 것이 된다(대상 12:33 참조). 그러므로 여기서 말하는 **"두 마음"** 은 두 가지 서로 다른 행위에 근거하여 지칭한 말이라기보다는 악의에 의한 속임수의 언어가 초점이 되고 있다. 즉 상대방에게 자신이 본심을 말하지 않고 또 자기가 말하는 바의 의도대로 행하지도 않아 지속적으로 상대방의 판단을 혼란시켜서 상대방에게 해를 끼치는 언어 행위를 가리키고 있다(cf. M. Buber, *The Way of Man According to the Teaching of Hasidism*, N. J.: Citadel, 1966, 29). 이러

한 속임수의 언어는 모든 종류의 인간관계를 파괴하는 성격의 것이므로 이를 가리켜 바이저는 "원죄"(original sin)라고 말하기도 한다(A. Weiser, *The Psalms*, 159; cf. S. Terrien, *The Psalms*, 154)

[3]-[4] 3-4[4-5]절, 이러한 "두 마음"으로 말하는 언어는 야훼 하나님이 가장 싫어하시는 것이다. 그러므로 야훼 하나님 자신이 직접 그들의 입술과 혀를 끊으실 것이라고 강한 어투로 시인은 말한다. 그러나 "모든 아첨하는 입술과 자랑하는 혀"를 모빙켈(S. Mowinckel)이 생각하듯이 "악인들"('레샤임' 또는 '포알레-아웬')의 초현실적인 주술적 저주를 지칭하는 것인지는 내적 증거의 결핍 때문에 받아들이기 힘들다고 할지라도 그들의 오만(**"우리의 혀가 이긴다. 우리의 입술을 누가 주관하리요?"**)은 악인들의 "거인주의적인 오만"을 대변하는 것으로서 일종의 "실천적 무신론자들"의 모습을 보여 준다.

[5]-[7] 5-7[6-8]절, 여기서부터 이 시의 분위기가 급전환을 형성한다. 급전환의 주요 요인은 **"야훼의 말씀"**이다. 이 "야훼의 말씀"은 시인의 기도(1-4[2-5]절)에 대한 하나님의 응답을 제사장 또는 제의 예언자가 대신 전하는 신탁(神託; 여기서는 구원신탁, Heilsorakel)문으로 이해할 수도 있다. 그러나 여기서의 특이한 것은 "악인들의 말"과 "야훼의 말씀" 사이의 현저한 특성의 차이를 볼 수 있다는 점이다. **악인들의 말**은 가련한 자와 궁핍한 자를 전혀 안중에 두지 않는 그 '오만함'을 특징으로 갖고 있다고 한다면, **야훼의 말씀**은 이와는 매우 대조적으로 "가련한 자"와 "궁핍한 자"들을 긍휼히 여겨서 그들로 하여금 더 이상 탄식하지 않을 수 있는 '안전지대'로 옮겨 주시겠다는 "구원의 약속"을 베푸시는 특징을 가지고 있다. 여기에 오만한 악인들과 야훼 하나님 사이의 본질적 차이가 나타난다. 즉 오만한 자들에게서는 '오만'[한 말]이 나오고 긍휼이 많은 자에게서는 긍휼[의 말씀]이 나오게 되어 있다.

특히, "가련한 자"와 "궁핍한 자"를 긍휼히 여기는 야훼의 "말씀"이 여기서는 값진 금속을 녹여서 새롭게 정련(精鍊)시킨 티 없이 맑고 순수한 말씀에의 유비(類比, analogy), 즉 흙 도가니에서 일곱 번(완전수)이나 단련한 은(銀)에 비유하였다. 6[7]절의 의미에 대한 주석가들의 번역의 강조점들(Delitzsch, Dahood, Kraus, G. H. Wilson et al.) 사이에 미세한 차이가 나타나나, 이들 견해의 일반적 공통점은 일곱 번이나 단련한 은(銀) 같이 과장(허풍)됨이 없는 하나님의 말씀의 순수성은 4[5]절에 나타나는 거짓말쟁이들의 [진지한 숙고 없이] 과대한 자랑으로 일관하는 허구성과는 엄청나게 대비되는 점을 강조한다는 점에서 발견할 수 있다. 이를 웅변적으로 입증하는 말은 7[8]절에서 읽을 수 있다. 즉 야훼의 일곱 번 단련한 은(銀) 같은 말씀은 그 신뢰도가 **"영원토록 보존된다"**는 선언에서 나타난다. 이 시는 분명 악인들의 말들이 지닌 과장되고 기만적인 허구성과 그리고 일곱 번씩이나 단련된 야훼의 말씀의 진정성을 극대비(極對比) 시키는 데 주요 초점이 있다고 하겠다.

8 **8[9]절,** 이 마지막 절은 확고한 사제 또는 제의 예언자의 신탁(神託)이 전제(5-7[6-8]절)되었음에도 불구하고 인간 사회에는 도처에서 악인들의 불의와 악행들이 계속된다는 데에 대한 탄식은 계속된다는 것을 일깨워 준다. 사제나 제의 예언자들이 성소에서 외치는 신탁(神託)만으로는 시의 분위기가 근본적으로 전환(탄식 → 구원 확신)되는 것은 아니라는 것을 8[9]절은 예시(例示)해 준다.

¶ 메시지

인간의 말과 그리고 하나님의 말씀 사이의 본질적인 대비를 통하여 "진정한 말"의 본질을 분명하게 밝혀 주는 시라고 하겠다. "진정한 말"(참된 말)은 그 말의 수사적 강조의 강도(强度)에 따라 결정되는 것이 아니고 그 말이 "구원지향적인 말"인가 아닌가에 따라 결정된다. 야훼 하나님의 말씀이 인간(악인들)의 말과 달리 "흙 도가니에 일곱 번 단련한 은(銀)"과 같은 것으로 비유되는 것은, 4[5]절과 5[6]절 사이의 극대비를 통하여 분명하게 알려 준다.

'말'(언어)은, 창세기 1장이 말해 주듯이, 생명 창조의 위력도 있으나,

거짓된 말은 하나님과 우리, 우리와 우리, 그리고 우리와 저들 사이의 관계를 깨뜨려 우리로 하여금 땅에서 추방당하게 하는, 이른바 우리의 공동체적 삶을 파괴시킨다. 아담과 하와의 이야기가 그렇고 가인과 아벨의 이야기가 그러하며 바벨탑 이야기가 그러하다. 시편 19편 시인이 고백한 바와 같이 "날은 날에게 말하고 밤은 밤에게 지식을 전하니 언어가 없고 들리는 소리도 없으나 그 소리가 온 땅에 통하고 그 말씀이 세계 끝까지 이른다" (시 19:2-4a[3-5a]). 우주는 언어의 조직망을 갖고 있다는 것이다. 이 조직망이 찢어지면 우리의 세계는 스스로를 지탱하기가 어렵게 된다는 것이다. 무서운 예언자적 경고이다.

12. 자신의 얼굴을 숨기시는 하나님(13:1-6)

¶ 본문

다윗의 시, 영장으로 한 노래

1[2] 여호와여 어느 때까지니이까 나를 영영히 잊으시나이까 주의 얼굴
을 나에게서 언제까지 숨기시겠나이까(4+4)

2[3] 내가 나의 영혼에 경영하고 종일토록 마음에 근심하기를 어느 때까
지 하오며 내 원수가 나를 쳐서 자긍하기를 어느 때까지 하리이까
(4+3+4)

3[4] 여호와 내 하나님이여 나를 생각하사 응답하시고 나의 눈을 밝히소
서 두렵건대 내가 사망의 잠을 잘까 하오며(4+4)

4[5] 두렵건대 나의 원수가 이르기를 내가 저를 이기었다 할까 하오며 내
가 요동될 때에 나의 대적들이 기뻐할까 하나이다(3+4)

5[6] 나는 오직 주의 인자하심을 의뢰하였사오니 내 마음은 주의 구원을
기뻐하리이다(3+3)

6 내가 여호와를 찬송하리니 이는 나를 후대하심이로다(2+3)

¶ 개요(비평학적 문제)

이 시는 "도입-탄식-기원-신뢰"라는 탄원의 시(기도의 시)의 전형적인 구조를 갖고 있는 세 단원으로 된(탄식:1-2[2-3]절, 기원:3-4[4-5]절, 신뢰:5-6[6a-6b]절) 짧은 "개인 탄원의 시"이다. 고대 바벨론의 탄원의 시들에서 자주 발견되는 "어느 때까지니이까?"('앋-아나', How long?)라는 어투를 자주 사용하면서(1-2[2-3]절에서 네 번 사용) 심각한 질병의 고통에서 건짐 받기를 기원하는 탄원으로 시작하였다가 갑자기 마지막 절(히브리어, "그러나 나는"='와아니')에서 구원의 기쁨과 확신으로 결론짓는 이 시(cf. J. Begrich, *Gesammelte Studien zum Alten Testament*, 168-216)는 아마도 아주 고대의 문학전승을 반영하고 있는 것으로 볼 수 있다(cf. J. Eaton, *The Psalms*, 2003, 91; C. Westermann, *The Psalms: Structure, Content & Message*, 1980, 55).

이 시는 본래 순수한 개인의 시로서 작시(作詩)되어 전승되어 온 것이지만, 표제가 암시하고 있는 바대로, 오랜 세월 동안 예배에서 "지휘자의 지시에 따라"(=영장으로) 불려 왔다는 것, 즉 성전에서 노래 불려 왔다는 것은 이 순수 개인의 시가 점차 공동체적 시가 되어갔으리라는 것을 짐작하게 한다. 그러나 그 전승사의 과정은 수세대를 통하여 수많은 사람들의 슬픔과 고뇌를 거쳐 왔기 때문에 그 전승사를 객관적으로 재건하는 것은 불가능하다고 하겠다. 그러나 이 짧은 시만큼 '탄원시'의 기본 구조를 가장 간결하고도 분명하게 보인 시(詩)는 드물다고 하겠다.

¶ 주석

표제에는 새 용어가 나타나지 않는다. 이 책의 서론과 앞에서 다룬 시편 11편의 표제에 대한 설명을 참조하라.

1-**2** 1-2[2-3]**절**, "어느 때까지니이까?"(히브리말로 '앋-아나')라

는 말을, 마치 '두운법'(頭韻法) 형식을 따르듯, 네 번 반복하여 각 시 마디(verse-members)를 시작하게 하는 시 형태를 취하고 있는데, 이 어투는 고대 바벨론 탄원시(cf. J. Begrich의 연구, *Gesammelte Studien zum A. T.*, 168-216을 참조하라)에서 자주 발견된다. 여기서는 (1) "하나님의 잊으심"과 그리고 "하나님의 얼굴 숨기심"을 어느 때까지 계속하시렵니까?라는 (신학적) 질문과 (2) 시인 자신의 마음의 갈등으로 고민하는 일을 어느 때까지 계속하여야 합니까?라는 (인간학적) 질문과 그리고 (3) 원수들이 스스로 교만해 하는 것을 어느 때까지 두고 보시렵니까? 라는 (사회학적) 질문으로 정리하여 사회 부조리(하나님의 부재의 현실: God's absence; *Deus absconditus*, cf. S. Terrien, *The Psalms*, 159f.)를 탄식하며 하나님을 향하여 항변하는 형식을 취하고 있다. 그리고 이 시인이 가장 크게 두려워하는 것은 하나님과의 관계가 깨어져서 하나님으로부터 잊혀지는 것, 하나님으로부터 멀어지는 것, 그리고 하나님으로부터 외면을 당하는 것이다. 즉 이 시인의 경건의 특성은 "하나님과의 거리감정"에서 가장 첨예하게 표현되고 있다.

3 - 4 3-4[4-5]절, 두 개의 기원(祈願)과 각 기원의 이유("왜냐하면"이라는 뜻의 히브리어 '키'를 사용하지 않고 "두렵건대"를 의미하는 히브리어 '펜'이라는 수사 어투를 사용함)를 제시하는 부분이다. 즉 하나님과 시인의 관계가 회복되지 못하여 하나님께서 시인의 고난의 문제에 개입해 주시지 않는 그것이 가장 두렵다는 것이다. 시인에게 있어서는 그것이(=하나님으로부터의 소외) 진정한 의미의 '죽음'이라고 확신하고 있었기 때문이다. 그리고 모든 탄원시들이 그러하듯이, 이 시도 구체적 지목이 없는 "원수"라는 존재가 '탄식'과 '기원'의 중요한 한 요인이 된다. 탄원의 시들에 나타난 이 "원수" 개념에 대한 풍부한 연구를 하였던 모빙켈(S. Mowinckel)은 저주의 마법으로 시인의 마음을 늘 괴롭히는 '마술사'(Zauberer=행악자='포알레-아웬', 여기서 말하는 '아웬'을 모빙켈은 '마술'이라고 이해함)를 가리켜 탄원의 시인들의 "원수"라고 이해하였으나, 대부분의 학자들은 이 견해를 받아들이지 않는다. 실제로 탄원의 시들은 "원수" 개념을 구체화시키지 않는다. 야훼 하나님의 뜻을 거역하는 모든

일반적 세력, 그리하여 하나님의 원수도 되고 시인 자신의 원수로도 간주되는 자들을 폭 넓게 "원수" 또는 "대적들" 또는 "악인들"이라고 부른다. 여기 시편 13편에서는 심지어는 "사망의 잠"(3[4]절)이 "원수"로 의인화되기도 한다. 이러한 맥락에서 볼 때, 3-4[4-5]절의 기원은 1-2[2-3]절의 탄식의 자연스런 귀결이다.

5 - 6 **5-6[6]절,** 히브리어 수사구, '와아니'('그러나 나는', ואני)로 시작한 이 마지막 단락은 이 시가 시작하였을 때의 절망적 위기 속에 있었던 어두운 분위기가 갑자기 완연하게 기쁨과 찬송의 분위기로 급전환된다. 이러한 분위기의 급전환은 무엇에서 기인된 것일까? 이 시인은 마지막 구절체에서 "내가 여호와를 찬송하겠나이다. 왜냐하면 그가 나를 후대하셨기 때문입니다"('아쉬라/라도나이//키/까말/알라이', 2+3 박자)라는 말로 시[기도]를 끝내고 있음을 볼 수 있다. 이것은 시인의 기도에 대한 야훼 하나님의 '개입'(intervention) 응답이 이루어졌다는 것을 의미한다. 하나님께서 돌리셨던 그 얼굴을 시인(기도자)에게로 되돌려 회복시키신 것을 의미한다. 이러한 기도 응답의 확신을 우리는 어떻게 해석할 것인가? 그것을 우리는 기도자의 순수한 심리적 반대감정 병존(ambivalence) 현상(F. Heiler, C. Westermann et al.)이라고 설명할 수 있는 것인가? 히브리 시인의 이러한 급전환의 확신표현을 침상 위의 환자가 갖고 있는 심리적 감정 전이(轉移)로 보는 것은 히브리 시인들의 역사적 야훼 신앙의 영향을 지나치게 과소평가한 것이라고 볼 수 있다. 분위기 급전환을 일으키는 마지막 단원의 시작이 "그러나 나는 오직 주의 **인자하심(헤세드)**을 의지하였습니다"라는 신앙고백으로 시작한 것은 시인 자신이나 이스라엘 백성이 야훼의 구원역사 속에서 경험한 "계약적 사랑의 신실성"(헤세드)에 대한 신앙과 그 구원경험에 대한 회상이 그러한 고백을 하게 한 것으로 보는 것(A. Weiser)이 더 적절한 판단으로 보인다. "거룩한 전쟁"에 대한 회상은 이러한 분위기 급전에 크게 영향을 주었을 것으로 보인다.

¶ 메시지: 빛도 어둠도 행복도 불행도 하나님으로부터!

야훼 하나님은 우리에게서 그의 얼굴을 숨기시는 분이시다. 신앙인의 모든 탄식과 절규는 바로 이 때문에 온다. 특히 하나님의 뜻을 비웃는 원수들이 자신들이 승리자임을 자랑하면서 감히 "악이 승리한다!"라고 하며 불의를 일삼을 때, 신앙인은 하나님을 향하여 "어찌하여?"(why?) 또는 "어느 때까지니이까?"(how long?)라는 항변의 탄식을 하게 된다.

구약 역사 아주 후기인, 바벨론 포로기가 막 끝이 나던 때, 한 익명의 예언자인 소위 "제2 이사야"라고 부르는 예언자가 그때서야 무릎을 치며 깨닫고 "구원자 이스라엘의 하나님이여 진실로 주는 스스로 숨어 계시는 하나님이시니이다"(사 45:15)라고 고백하였을 때, 이 예언자는 비로소 역사의 유일한 주(主)이신 야훼 하나님 자신이 자기가 사랑하여 선택한 자기 백성을 70여 년 세월 동안이나 바벨론의 포로 생활을 하게 하신 바로 그분이시요, 그분께서 그렇게 하신 것은 자기 백성을 그러한 호된 훈련을 통하여 이스라엘이 진정한 계약백성이 되게 하시기 위함이었다는 사실을 그제야 깨닫게 되었던 것이다.

이 깨달음을 우리는 신학적으로 말할 때, 야훼 유일신성에 대한 깨달음이라고 말한다. 이스라엘에게 이 큰 재앙이 임한 것은 악마의 장난이거나 혹은 야훼 신의 패배 또는 죽음을 의미하는 것이 아니라, 그 큰 재앙은 야훼 하나님 자신이 행하신 이스라엘 구원섭리의 일부분일 뿐이라는 것이다. 빛도 어둠도, 축복도 재앙도 모두 야훼 하나님 자신의 역사 섭리에 속한 것일 뿐이라는 것이다(시 139:12; 신 32:39; 삼상 2:6). 말하자면 인간이 사망의 잠을 잘지도 모를 정도의 재난에 직면하여 종일 근심하게 되는 것은 악마의 장난이 아니라 하나님께서 자신의 얼굴을 우리에게서부터 숨기심 때문에 일어나는 것일 뿐이라는 것이다. 그러므로 우리가 진정으로 의지할 대상도 야훼 하나님이시요, 항변하며 구원의 요청을 할 대상도 야훼 하나님 한 분이시라는 것이다.

13. 어리석은 자들의 길(14:1-7; 53:1-6)

¶ 본문

시편 14편

다윗의 시, 영장으로 한 노래
1 어리석은 자는 그 마음에 이르기를 하나님이 없다 하도다 저희는 부
패하고 소행이 가증하여 선을 행하는 자가 없도다(5+5)
2 여호와께서 하늘에서 인생을 굽어 살피사 지각이 있어 하나님을 찾는
자가 있는가 보려 하신즉(4+5)
3 다 치우쳤으며 함께 더러운 자가 되고 선을 행하는 자가 없으니 하나
도 없도다(4+4)
4 죄악을 행하는 자는 다 무지하뇨 저희가 떡 먹듯이 내 백성을 먹으면
서 여호와를 부르지 아니하는도다(4+4+3)
5 저희가 거기서 두려워하고 두려워하였으니 하나님이 의인의 세대에
계심이로다(3+3)
6 너희가 가난한 자의 경영을 부끄럽게 하나 오직 여호와는 그 피난처
가 되시도다(2+3)
7 이스라엘의 구원이 시온에서 나오기를 원하도다 여호와께서 그 백성

의 포로된 것을 돌이키실 때에 야곱이 즐거워하고 이스라엘이 기뻐하
리로다(5+4+4)

시편 53편

다윗의 마스길, 영장으로 마할랏에 맞춘 노래
1[2] 어리석은 자는 그 마음에 이르기를 하나님이 없다 하도다 저희는 부
패하며 가증한 악을 행함이여 선을 행하는 자가 없도다(5+5)
2[3] 하나님이 하늘에서 인생을 굽어 살피사 지각이 있는 자와 하나님을
찾는 자가 있는가 보려 하신즉(5+5)
3[4] 각기 물러가 함께 더러운 자가 되고 선을 행하는 자 없으니 하나도
없도다(4+2+2)
4[5] 죄악을 행하는 자는 무지하뇨 저희가 떡 먹듯이 내 백성을 먹으면서
하나님을 부르지 아니하는도다(4+4+3)
5[6] 저희가 두려움이 없는 곳에서 크게 두려워하였으니 너를 대하여 진
친 저희의 뼈를 하나님이 흩으심이라 하나님이 저희를 버리신고로
네가 저희로 수치를 당케 하였도다(3+2+4+3)
6[7] 시온에서 이스라엘을 구원하여 줄 자 누구인고 하나님이 그 백성의
포로된 것을 돌이키실 때에 야곱이 즐거워하며 이스라엘이 기뻐하
리로다(5+4+4)

¶ 개요(비평학적 문제)

위의 본문에서 보듯이, 이 시는 시편에 전승될 때, 14편과 53편에서 두 번 전승되었다. 그 내용은 거의 대부분 일치하나 둘 사이의 중요한 차이점은 신명(神名)의 차이이다. 14편은 "야훼"를 신의 이름으로 사용하고 있으나 53편은 "야훼"를 "하나님"(엘로힘)으로 [고쳐] 쓰고 있다. 그리고 그 다음으로는 위의 본문에서 밑줄을 친 부분 사이에는 문자 내용 사이의 약간의 차이가 나타난다. 이러한 차이점들은 14편이 53편보다 더 고대의

것으로 보게 한다. 즉 14편(J)이 53편(E)에 와서는 엘로히스트(E)에 의하여 다소 미세한 변화를 일으켰을 것으로 보게 한다(시 14:5-6 → 시 53:4-5[5-6]). 특히 로마서 3:13-18에 나타난 시편 14편/53편으로부터의 인용문은 신약 기자의 손에 있는 시편 14편/53편의 본문이 현재의 마소라 본은 아니었음을 보여 준다. 그러므로 우리의 시는 포로기 이후의 늦은 시기에 형성되었다고 보기는 어렵다 하겠으며 비록 혼합 양식의 흔적이 나타나기는 하지만 늦어도 하박국 예언자 시대보다는 늦지 않았던 초기의 것으로 볼 수 있다.

그 구성요소를 보면, (1) 어리석은 자에 대한 지혜자의 예언자적 탄식(14:1-4/53:1-4[2-5]) → (2) 악인의 심판에 대한 확신(14:5-6[53:5]) → (3) 구원[포로귀환]에 대한 기원(14:7=53:6)이라는 3부 구조로 구성되어 있다. 정확한 그 과정을 잘 알 수는 없으나 시편 53:5[6]에서는 지혜자 서클에 의하여 시편 14:5-6에 대한 미세한 변형작용을 가한 것이 나타나고 있는데 아마도 그것은 초기의 본문 파손(early textual corruptions) 때문에 생긴 가능성도 있어 보이기 때문에(cf. P. C. Craigie, *Psalms 1-50*, 146) 이 두 시는 각기 초기 다윗 시집(14편)과 이보다는 조금 더 늦은 시기에 "엘로힘 시집"에 포함되어 각기 이스라엘 예배에서 독립적으로 자주 사용되었을 것으로 보인다.

이 시의 문학적 구조는 "개인 탄원의 시"(개인 기도의 시)의 느슨한 형태를 띠고 있으나 하박국 예언서 1장과 매우 유사한 예언자적 탄식의 분위기를 풍김과 동시에 지혜자 서클의 손길도 닿아 있어서 혼합유형의 흔적도 나타나고 있기 때문에, 아마도 고대 지혜자 서클에서 이루어진 것이 포로 귀환의 시기까지 계속 전승된 것(cf. 시 14:7; 53:6[7])으로 보인다.

¶ 주석

14편과 53편은 그 **표제**에서 "다윗의"라는 말과 "영장으로"(=지휘자의 지시에 따라)라는 말은 공유하고 있으나, 53편에서는 "마스길"(교훈)이라는 말과 "마할랏에 맞춘"이라는 말이 덧붙여져 있는데, 아마도 후기(페르시아 시대?)에 지혜자 서클에 의하여 덧붙여졌을 것으로 보인다.

1 / 1 14:1/53:1[2], "어리석은 자"(히브리어 '나발')는, 여기서는 지적(知的) 결여를 뜻하는 "바보스러운 자"(the fool)라는 의미보다는 "뻔뻔스럽고 건방진 자"(the imprudent, cf. C. A. Briggs)라는 다소 공격적인 의미에 더 가깝다. 바로 이 언어가 이 시의 중심사상을 대변하는 주요한 언어라 할 수 있다. "뻔뻔스럽고 건방져서 어리석은 자"인 이 사람의 주 성격은 "하나님이 없다"(히브리어로 '엔 엘로힘')라고 주장하고 그렇게 행동하는 사람을 가리킨다. 그러나 우리가 여기서 해석상의 주의를 요하는 것은 이 어리석은 자가 말하는 "하나님은 없다"라는 주장은 "이론적 또는 교리적 무신론자"라는 의미의 말은 아니라는 점이다. 하나님의 유일한 존재에 관한 이론적/교리적 긍정과 믿음은 귀신들이 더 잘 알고 떠느니라(약 2:19)고 하였다. 이들은 그 주의 주장이 그들의 도덕적 행위로부터 입증되는 대로 소위 본질적으로는 "실천적 무신론자들"(Practical atheists)이고 "이론적/교리적인 유신론자들"일 뿐이다. 저들은 그 소행이 부패하고 가증하다.

2-4 / 2-4 14:2-4/53:2-4[3-5], 어리석은 자(실천적 무신론자)들은, 비록 신의 존재를 인정한다고는 하여도(이론적/교리적 유신론자들이라고는 하여도) 그의 윤리적 삶은 매사에 "하나님을 찾지 않는다", "선을 행하지 않는다", "떡 먹듯이 하나님의 백성을 뜯어 먹으면서도 야훼 하나님은 부르지 않는다"는 것이 그 특징이다. 즉 "실천적 무신론자들"은 야훼 하나님의 인자하심(야훼 하나님의 뜻)과는 전혀 정반대의 행위를 하는 자들이다. 그러므로 위의 탄식들(14:1-4; 53:1-4[2-5])은 그 성격상 "예언자들의 탄식과 질책"의 성격을 띤다. 그러나 시의 분위기는 여기서 급작스럽게 전도(顚倒)된다.

5-7 / 5-6 14:5-7/53:5-6[6-7], 그러나 실제로는(!) 야훼 하나님은 자신의 행위들을 통하여(!) 살아 계시기 때문에(실천적 유신론!), 즉 야훼 하나님은 (1) 하나님께 역행하며 뻔뻔스럽게 사는 자들을 심판하시

고, (2) 의인의 세대 속에서 활동하시며 가난한 자들의 피난처가 되어 주시기 때문에, 어리석은 자들(실천적 무신론자들)은 크게 부끄러움을 당하나 그러나 가련하고 포로로 잡혀간 자들은 구원의 큰 기쁨을 누리게 된다는 확신으로 시의 분위기가 전환된다.

¶ 메시지: 진정으로 문제가 되는 것은 "실천적 무신론" 이다

이 지상의 모든 종교들은 외형상 거의 전적으로 "이론적/교리적 유신론" 이지만 마음으로는, 즉 그 진정한 의도는 "실천적 무신론" 을 지향하는 경향이 있다. 이러한 근본적 분석과 비판은 주로 예언자들의 예리한 관찰에 의하여 자주 포착된다.

시편 14편과 53편은, 분명 인간 이성에 바탕을 둔 "지적(知的) 무신론" (theoretic atheism)을 비판의 중심에 둔 것은 아니다. 이와는 정반대이다(!). 진정한 무신론은 어떤 궁극적 존재가 실재한다는 것을 인정하고 하지 않고에 의하여 판단, 정의(定義)되는 것이 아니라 하나님(하늘)을 두려워하지 않는 그의 행위와 삶에 의하여 판단, 정의되는 것이다. "믿음" 에 관한 바울과 야고보 사이의 '쟁변'(爭辯)에서도 암시되고 있듯이(약 2장, 특히 2:19), "하나님이 없다" 라는 주장의 현실과 "선을 행하는 자가 없다" 라는 판단의 현실 사이의 일치를 말하고 있는 우리의 시편 시인의 주장(시 14:1, 3 = 시 53:1, 3[2, 4])이 바로 "실천적 무신론" 의 실체를 밝혀 주고 있다고 하겠다.

기독교 안에 들어와서 기독교 교리(cf. 사도 신조)를 적극적으로 시인한다고 해서 그가 진정한 의미의 유신론자라고 단언할 수 없듯이, "하나님은 없다" 라고 말을 한다고 하여 곧 그것이 무신론임을 결정하는 것은 아니라고 하겠다. 선하신 하나님의 선을 실행하는가 하지 않는가가 그가 무신론자인가 아닌가를 판별할 수 있을 뿐이다(cf. P. D. Miller, "Psalm 14", *Interpreting the Psalms*, 94-99). 시편 14:5의 기록대로 하나님은 의인의 세대에 계시기 때문이다. 우리가 가장 경계하여야 하고 멀리하여야 할 것은 "실천적 무신론" 이라고 하겠다.

14. 주의 성소에 머물 수 있는 조건(15:1-5)

¶ 본문

다윗의 시

[1] 여호와여 주의 장막에 유할 자 누구오며 주의 성산에 거할 자 누구오니이까((3+3)

[2] 정직하게 행하며 공의를 일삼으며 그 마음에 진실을 말하며(2+2+3)

[3] 그 혀로 참소치 아니하고 그 벗에게 행악지 아니하며 그 이웃을 훼방치 아니하며(2+3+3)

[4] 그 눈은 망령된 자를 멸시하며 여호와를 두려워하는 자를 존대하며 그 마음에 서원한 것은 해로울찌라도 변치 아니하며(3+3+3)

[5] 변리로 대금치 아니하며 뇌물을 받고 무죄한 자를 해치 아니하는 자니 이런 일을 행하는 자는 영영히 요동치 아니하리이다(3+3+3)

¶ 개요(비평학적 문제)

시편에 대한 양식비평적 연구의 선구자로 평가되고 있는 궁켈과 모빙켈의 분석에 의하면(Gunkel, *Introduction to Psalms*, 1998, 72, 287, 289,

292, 313, 346; S. Mowinckel, *The Psalms in Israel's Worship I*, 103, 158, 179-180, 186), 시편 15편과 24편은 "특수 예배 의식"을 전제하고 있는 시들이다. 즉 성소에 들어가 거하려는 자들의 자격 조건을 성전에 들어가려는 자들 중 한 사람이 묻고 사제(또는 성전 성가대의 한 대원)가 이에 대답하는, 일종 토라 문답 의전(儀典) 때 사용한 시들로 분류할 수 있다. 특히 젊은이들이 성전 예배에 참여할 도덕적 조건들을 갖추었는지를 확인하는 의식(儀式) 때 사용된 시들이라 하겠다.

15편의 경우, 성소에 들어가 유할 도덕적 조건들을 열 가지로 나열한다. (1) 정직, (2) 공의를 행함, (3) 진실한 마음, (4) 참소(讒訴:거짓 고소)하지 않음, (5) 악을 행하지 않음, (6) 이웃을 비난하지 않음, (7) 망령된 자를 멸시함, (8) 야훼를 경외하는 자들을 존대하여 맹세한 바를 변치 않음, (9) 고리대금을 받지 않음, (10) 뇌물을 받지 않음 등이다. 십계명을 연상하리만큼 열 가지라는 숫자에 맞춘 것을 볼 때, 15편이나 24편과 같은 의전시(儀典詩)는 이스라엘의 "토라" 연구협의의 관습을 기초로 하여 구성된 것인데(cf. 사 33:14-16), 아마 여기에서 영향을 받아 성전 입장의전(入場儀典)의 때에 이러한 시들이 교독 형식으로 낭독되었으며 그리고 15편 같은 시는 초기 기독교 예배전통에도 많은 영향을 주었던 것으로 알려져 왔다. 이러한 관습은 예루살렘 성전의 성소에 들어가는 입장의전의 의식(儀式)이 진행되고 있을 때 사용되었을 것으로 보인다. 그러므로 이러한 시들은 성전파괴 이후의 늦은 시기에 생성되었다고 보기는 어렵다고 하겠다.

¶ 주석

1b, c 성전 문에 들어서기 전에 진행된 '성전 입장 의전'의 때에 성전에 들어가려는 자가 성전에 들어갈 자격의 조건을 묻는 이중의 질문이다. 그러나 이 물음은 단순히 성전건물 안에 들어갈 자격을 묻는 물음이 아니라 성소의 곁에 있는 방에 "유할"(히브리어 '야굴') 수 있는 자가 누구이며 성산(聖山)에 세워진 성전 부속 건물에 "거할"(히브리어 '이쉬콘') 수

있는 자가 누구인지를 묻는 물음이다. 주목할 만한 부분은 솔로몬이 가나안적-페니키아적(이교적) 성소를 모델로 하여 지은 '성전'이라는 이름 대신에 그 성전의 동의어로서 유목민 시절에 하나님을 만났던 장소에 대한 향수를 담은 광야의 "당신의 장막"(뻬 아홀레카)이라는 이름을 이 시인이 선택하였다는 점이다. 그러므로 여기서 선택적으로 사용한 **"장막"과 "성산"**은 정해진 일정 시간 동안 임시적으로 잠시 왔다가 떠나가는 곳이라는 그런 의미보다 "하나님과 직접 만나 함께 영원토록 기거하면서 하나님과 함께 유할 자격이 있는 자"가 누구냐?라는, 이른바 하나님과 함께 동거할 "내적 삶의 상황" 속으로 들어갈 수 있는 자가 누구냐라는 물음이라고 이해하여야 할 것이다.

2-**3** 2절-5a절은 사제(司祭) 또는 성전 성가대 중의 한 사람이 야훼 하나님으로부터 받아 전하는 신탁(神託)의 말씀들로 가득 차 있다. 2-3절의 중심 내용은 정직(正直; +공의, 진실)과 이웃에 대하여 적의(敵意)를 가지고 대하는 일(무고, 행악, 비방)을 철저히 금하는 것을 성전으로 들어갈 수 있는 조건으로 제시한다. 흔히 근자에 자주 언급되는 신앙의 "투명성"이 여기서도 하나님과의 동거의 제1 덕목(德目)으로 지적되고 있다.

4-**5b** 2-3절에서 제시되는 덕목을 윤리적 삶 속에 구체화하는 것을 언급하고 있다. "아니하며"라는 부정사(히브리어 '로')를 세 번씩이나 반복하며 이웃에 대하여 한 마음(두 마음이 아닌 한 마음)으로 정직과 진실로 대하는 삶을 사는 것을 성전으로 들어갈 수 있는 조건으로 제시한다. 주목할 만한 점은 "하나님을 경외하는 것이 지혜의 근본"이라는 것이 이웃에 대하여 한 마음의 태도로 사는 삶의 기초가 된다는 것을 인지하고 있다는 점이다. 하나님을 두려워하는 사람은 이웃과의 약속을 쉽게 파기하거나 고리대금을 취하거나 뇌물을 받거나 하지는 않는다는 것이다.

5c 이와 같이 하여 하나님과 동거하는 삶을 사는 자는 결코 영원히 흔들리지 않을 것이라고 결론 짓는다(창 5:24).

¶ 메시지: 하나님과 동거하는 삶

주의 장막에 유하며 주의 성산에 거하는 삶이라는 말로 비유하는 "하나님과 동거하는 삶" 이야말로 영원히 흔들리지 않는 삶이다. 예루살렘 성전이라는 영광스러운 이름보다는 사막을 40년 동안이나 인도하고 이끄시며 인간 가운데 오셔서 인간과 함께하셨던 바로 그 '장막'에 유하며 영원토록 거하는 삶이 더 중요하다. 화려한 성전에 잠시 들어가는 것이 중요한 것이 아니라 광야의 '장막'(tent)이라고 하여도 하나님과 동행 동거하는 삶이 우리를 영원히 흔들리지 않게 할 것이라는 "임마누엘" 신앙의 선포, 이것이 케리그마의 본질이라고 하겠다.

이 지혜야말로 가장 신뢰할 만한 지혜라고 할 수 있을 것이다. 이사야 예언자가 말한 것처럼, 성전 마당만 밟는 것은 헛된 신앙이요, 임마누엘 신앙과는 역행하는 신앙이라고 하겠다.

15. 야훼만이 나의 주(16:1-11)

¶ 본문

다윗의 믹담

[1] 하나님이여 나를 보호하소서 내가 주께 피하나이다(2+2)

[2] 내가 여호와께 아뢰되 주는 나의 주시오니 주 밖에는 나의 복이 없다
하였나이다(2+2+2)

[3] 땅에 있는 성도는 존귀한 자니 나의 모든 즐거움이 저희에게 있도다
(3+2)

[4] 다른 [신]에게 예물을 드리는 자는 괴로움이 더할 것이라 나는 저희가
[드리는] 피의 전제를 드리지 아니하며 내 입술로 그 이름도 부르지 아
니하리로다(2+2/3+3)

[5] 여호와는 나의 산업과 나의 잔의 소득이시니 나의 분깃을 지키시나이
다(3+3)

[6] 내게 줄로 재어 준 구역은 아름다운 곳에 있음이여 나의 기업이 실로
아름답도다(3+3)

[7] 나를 훈계하신 여호와를 송축할찌라 밤마다 내 심장이 나를 교훈하도
다(4+3)

[8] 내가 여호와를 항상 내 앞에 모심이여 그가 내 우편에 계시므로 내가

요동치 아니하리로다(4+3)
9 이러므로 내 마음이 기쁘고 내 영광도 즐거워하며 내 육체도 안전히
거하리니(3+2+3)
10 이는 내 영혼을 음부에 버리지 아니하시며 주의 거룩한 자로 썩지 않
게 하실 것임이니이다(4+4)
11 주께서 생명의 길로 내게 보이시리니 주의 앞에는 기쁨이 충만하고
주의 우편에는 영원한 즐거움이 있나이다(3+3+3)

¶ 개요(비평학적 문제)

이 시는 1절 서두에서 기원(祈願)을 제기하나 나머지 열 절(2-11절)은 모두가 야훼 하나님에 대한 절대 신뢰를 고백하는 "신뢰의 시"이다(궁켈은 개인 탄원시의 부속 양식으로서 "확신의 시"로 분류하고 있다. Gunkel's *Introduction*, 121). 만일 이 시가 첫 절에서 기원을 제시하지 않았다면 이 시는 위기로부터 이미 구원받은 다음에 고백한 "확신의 시"라고 분류할 수 있을 것이다(Oesterley, James A. A. Anderson et al.) 그러나 1절의 기도가 2절 이하에서 계속 작용하고 있다고 본다면 이 시의 시인은 성소나 그 어떤 성전의 안전한 보호처에서 현재적 위기에도 불구하고 하나님에 대한 신뢰를 고백하고 있는 시라고 하겠다. 특히 4절의 고백들은 이 시의 시인은 "종교혼합주의"를 강력하게 비난하는 예언자적 신앙전통 위에 서 있는 자라고 하겠다.

이 시의 삶의 자리가 어디인가는 확언할 만한 본문의 증거가 나타나지 않기 때문에 단언하기는 어려우나 본문에 대한 여러 각도의 해석의 과정에서 포로 전기 계약축제의 상황(Weiser)을 추론하기도 하고, 가나안 종교로부터 야훼 종교로 개종한 자의 신앙고백으로 보기도 하며(Dahood), 이 시인을 레위 계열의 사제(Kraus)나 왕(Eeton)으로 보기도 한다. 심지어는 제3 이사야의 진술들과의 동일 문맥에서 보아 포로 후기 디아스포라의 산물(Gunkel, Duhm)이라고도 보기도 한다. 첫 절의 고백, "내가 주께로 피하나이다"라는 고백의 영향을 고려하면, '성소 도피처'(asylum)에

서의 상황을 상상할 수도 있다. 이러한 다양한 시각에도 불구하고 시의 본문은 전반적으로 하나님에 대한 매우 확고한 신뢰의 표현을 전하고 있어서 "신뢰의 시" 또는 "확신의 시"라는 장르의 문맥 안에서 접근하는 데에 무리가 없다고 하겠다.

¶ 주석

1 "믹담"이라는 말의 의미는 정확하게 알려진 바가 없다(이 책의 서론을 참조하라). 히브리어 어원 '카담'은 '새기다'라는 의미(비문[碑文])를 추론할 수 있다. '케뎀'이라는 말에서는 '황금'이라는 의미도 읽을 수 있다.

내가 주께 피하나이다. 이 은유는 '성소'를 '도피처'로 보는 전통에서 유래된 것으로서 "야훼"를 유일한 '피난처' 또는 '의지할 곳'으로 표현할 때 자주 사용되는 표현이다.

2 **주는(당신은) 나의 주시오니**('아도나이 아타')라는 표현은 야훼 이외의 신을 "주"('바알')로 고백하는 것과의 강한 대조를 강조하는 의미가 있다. **주 밖에는 나의 복이 없다**라는 고백도 위의 고백을 한 번 더 강조하는 역할을 하는데, 그 의미는 "나의 복은 오직 당신에게만 달려 있습니다"라는 의미(G. R. Driver)를 가진다. 실천적 유일신 신앙의 문맥 안에 있다고 하겠다.

3-**4** 이 부분에 대한 본문상의 문제, 즉 "성도들"(마소라 본문은 "거룩한 자들"이라고 되어 있음)을 마소라 본문대로 읽을 것인가 아니면 '약간의 수정'('케도쉼'을 '핫시딤'으로 개정)을 통하여 읽을 것인가 하는 문제가 생긴다. 왜냐하면 "거룩한 자들"(케도쉼)은 이 지상의(땅의) 존재들보다는 "하늘의 존재들"을 가리키므로 문맥상 "성도들"(핫시딤)로 수정하는 것이 불가피하다고 대부분의 현대 주석가들은 생각하고 있고 우리의 본문(한글개역)도 이 개정을 따랐으므로 여기서는 이 수정을 받아들이는 것이 불가피해 보인다. 그러므로 마소라 본문에 따라 "가나안 신들"

(Dahood)이나 "외국 신들"(Wellhausen, Kissane, Mowinckel et al.)이라는 의미로 읽기보다는 땅에 있는 "성도들"(핫시딤= 야훼에게 신실한 자들)이라고 읽고 이들(성도들)은 야훼 하나님의 기쁨이며 동시에 다른 신들에게 예물을 드리고 피의 전제(奠祭; libations of blood, cf. 사 1:15; 57:5)를 드리는 일들을 하지 않을 뿐만 아니라, 그 이름도 부르지 않는 자들을 야훼 하나님은 기뻐하신다고 해석하는 것이 자연스럽게 보인다. 일종의 "암묵적 유일신 신앙"(implicit monotheism)이 작용하고 있다고 하겠다.

5-**8** 크라우스(Kraus)는 5-6절의 의미("줄로 재어 준 구역")를 강조하여 여호수아서의 땅 점령과 땅 분배 전승의 맥락에서 읽으려 한다. 그것은 충분히 가능하다. 그런 의미에서 여기서 말하는 화자(話者: 시인)를 레위인 사제들(Kraus)로 볼 수도 있다. 땅 분배 때에 땅을 분배받지 못한 레위 계열에게 있어서는 모든 좋은 것의 원 주인이신 야훼가 레위인들의 "분깃"이라고 믿고 있는 그들에게 있어서는 그들이 장차 받을 "기업"이 그 무엇보다 아름다울 수밖에 없을 것이다. 그러나 우리 본문을 좀더 폭 넓게 보면, 반드시 그렇게 해석하지 않아도(일반적 의미로 읽어도) 불가능하지는 않다. 그러나 "산업", "잔의 소득", "분깃", "기업" 등은 동의어 평행으로 읽을 수 있으며 '낫할라'(기업; נחלה) 개념으로 통합될 수 있는 것으로 읽을 수 있으므로, 우리 본문의 문맥에서는 레위인들의 특권과도 관련된 것으로 볼 수도 있다.

7-8절은 그러므로 모든 것의 "주"(主)로서의 야훼에 대한 찬송은 야훼 하나님을 "항상 자신 앞에 모시고" 사는 자인, 즉 그분의 계명을 늘 지키며 사는 이 시인(레위계 사제?)(시 119:30)에게 있어서는 "나는 요동치 아니하리라"는 확신의 노래로 발전하지 않을 수 없었을 것이다.

9-**11** "내 마음", "내 영광", "내 육체"를 동의어 평행으로 볼 수 있다면, 마소라 본문의 "내 영광"이나 70인역의 "내 혀"보다는 많은 주석가들이 "내 영광"을 관용어법상 '커벧디'로 수정해서 읽듯이 우리도 여기서 '내 마음', '내 내장', '내 육체'로 읽을 수 있을 것이다. 말하자면, 인간

을 통전적(統全的)으로 읽고 있는 것이다.

10절은 신약 사도행전 2:27에서 인용되고 있는데, 사도행전 2:31에서는 예수의 부활을 언급하는 것으로 해석한다. 칼빈이나 루터가 이에 동조하고 현대 주석가들로서는 드라이버, 바이저, 다후드(S. R. Driver, A. Weiser, M. Dahood et al.) 등이 사후의 생에 대한 사상이 여기에 나타난다고 보고 동조하나 상당수의 현대 학자들(Kirkpatrick, Gunkel, C. Barth, Kraus, Mowinckel et al.)은 시편 16편에는 사후(死後)의 생에 대한 언급이 없다고 생각한다. 로울리(Rowley)가 언급한 것처럼 어느 한 의견에 치우치는 것은 바람직하지 않다고 하겠다. 아마도 10절 상반절과 하반절 사이를 동의어 평행으로 이해한다면 시인이 여기서는 늙어 죽기 전에 겪은 어떤 한 죽음의 위기로부터 건짐받았던 경험이 있다는 확신을 천명하고 있다고 하겠다. 이러한 경험의 시적 확대는 "영생의 즐거움"을 노래하게까지 하는데, 이 경우의 영생은 '오랜 삶'을 의미하는지 '사후의 삶'을 의미하는지, 아니면 '죽음'에 대한 하나님의 주권행사를 강조하는데 그 의미가 있는지는 "생명을 주시는 분의 능력에 대한 확신"의 문맥에서 바르게 판단될 수 있을 것이다.

¶ 메시지: 주의 우편에는 영원한 즐거움이 있나이다

시편에 포함된 대표적 "신뢰의 시"(시 4; 11; 16; 23; 27:1-6; 62; 131편) 중에서 야훼 하나님에 대한 "배타적 유일신 신앙"을 그 기조로 하여(2절, 4절) 야훼 하나님에 대한 배타적 신뢰를 이끌어 낸 유일한 시가 시편 16편이다. 더욱 놀라운 것은 이러한 유일신 신앙은 10-11절에서 "죽음의 극복", 즉 "죽음의 상대화"라는 신앙에까지 도달하게 하였다는 점이다. 삶과 죽음은, 유일신 신앙의 세계에서는, 결단코 각각의 다른 기원(두 기원)을 갖고 있는 것이 아니라 하나의 기원을 갖고 있을 뿐이기 때문이다.

특히, 여기서 말하는 "죽음의 극복"이라는 신앙적 승리는 삶의 물리적 연장에 대한 줄기찬 추구의 결과로서 얻은 것이 아니라, 8절이 증언하고 있는바, 야훼 하나님께서 함께 해주시는 하나님과의 친교로부터 비로소 이루어졌다는 데서 그 의의가 있다는 점이다. 즉 "에녹"에 관한 기록이 증언하듯이(창 5:24), 야훼 하나님께서는 하나님을 항상 자기 앞에 모시고 사는(8절; 임마누엘의 연결 끈이 끊어지지 아니하는) 우리 피조물인 인간은 결단코 "음부에 버리지 아니하시며 썩어 없어지게 내버려 두시지는 않을 것"(10절)이라는 신앙에까지 이르게 했다는 점이다. 우리 주님께서는 삶과 죽음의 길을 우리 앞에 제시하시고 "생명의 길"을 선택하도록 예언자들을 통하여 촉구하시는 분이신 것이다(신 30:19; 렘 21:8).

비록 시편 16:8-11에 나타난 이 신앙이 예수의 부활에 대한 예언으로까지 해석하는 기독교적 확대해석(행 2:25-28; 13:35)을 수용하든 않든 간에, 시편 시인이 고백한바, "주[하나님]의 우편에는 영원한 즐거움이 있나이다"(11절)라는 "생명의 길"에 대한 좀더 근원적인(창조신앙적인) 희망의 신앙고백은 "죽음"을 "상대화"하고 "죽음과 생명"을 일원화하는 유일신이신 전능자 야훼 하나님에 대한 최대의 신뢰(신 32:39; 삼상 2:6)가 낳은 한 결실이라고 할 수 있을 것이다. 그러므로 생명의 주이신 야훼 하나님 앞에서는 생명의 불안정성이 자동적으로 사라지는 것이기보다는 주께서 친히 생명의 길을 보여 주시어(cf. 11a절) 스올의 문턱에서라도 생명의 길을 찾아갈 수 있는 힘을 주시는 것이다.

시편 16편은 그리하여 결과적으로 땅 정복에 이어 행해진 육경(六經)의 "땅 분배" 설화(수 13-22장)의 단편적 자료(시 16:5-6)를 이용하여 야훼 하나님의 땅 분배 사건의 영적 의미를 도출해 내는 신학적 전이(轉移), 즉 '응답신학'의 기능을 충실하게 이행하게 된 것이다.

16. 무죄를 변호하는 기원(17:1-15)

¶ 본문

다윗의 기도

1 여호와여 정직함을 들으소서 나의 부르짖음에 주의하소서 거짓되지
않은 입술에서 나오는 내 기도에 귀를 기울이소서(3+2, 2+3)
2 나의 판단을 주 앞에서 내시며 주의 눈은 공평함을 살피소서(3+3)
3 주께서 내 마음을 시험하시고 밤에 나를 권고하시며 나를 감찰하셨으
나 흠을 찾지 못하셨으니 내가 결심하고 입으로 범죄치 아니하리이다
(4+4)
4 사람의 행사로 논하면 나는 주의 입술의 말씀을 좇아 스스로 삼가서
강포한 자의 길에 행치 아니하였사오며(4+4)
5 나의 걸음이 주의 길을 굳게 지키고 실족지 아니하였나이다(3+2)
6 하나님이여 내게 응답하시겠는고로 내가 불렀사오니 귀를 기울여 내
말을 들으소서(4+4)
7 주께 피하는 자를 그 일어나 치는 자에게서 오른손으로 구원하시는
주여 주의 기이한 인자를 나타내소서(2+2+2)
8 나를 눈동자같이 지키시고 주의 날개 그늘 아래 감추사(3+3)
9 나를 압제하는 악인과 나를 에워싼 극한 원수에게서 벗어나게 하소서

(4+4)

10 저희가 자기 기름에 잠겼으며 그 입으로 교만히 말하나이다(2+3)

11 이제 우리의 걸어가는 것을 저희가 에워싸며 주목하고 땅에 넘어뜨
리려 하나이다(3+4)

12 저는 그 움킨 것을 찢으려 하는 사자 같으며 은밀한 곳에 엎드린 젊
은 사자 같으니이다(4+3)

13 여호와여 일어나 저를 대항하여 넘어뜨리시고 주의 칼로 악인에게서
나의 영혼을 구원하소서(5+4)

14 여호와여 금생에서 저희 분깃을 받은 세상 사람에게서 나를 주의 손
으로 구하소서 그는 [그들은] 주의 재물로 배를 채우심을 입고 자녀
로 만족하고 그 남은 산업을 그 어린 아이들에게 유전하는 자니이다
(3+4, 3+2+3)

15 나는 의로운 중에 주의 얼굴을 보리니 깰 때에 주의 형상으로 만족하
리이다(4+3)

¶ 개요(비평학적 문제)

시편 17편은 궁켈이 분류한 바에 의하면, "개인 탄원의 시" 양식으로 분류된다. 전반적으로 "개인 탄원의 시"(기도의 시)의 기본 양식을 잘 갖추고는 있으나, 3-5절의 "무죄변호" 진술과 10-12절의 "원수로 인한 탄식" 그리고 곧 연결되는 13-14절의 "원수 징벌기원"의 소리들이 주축이 되어 앞뒤를 싸고 있는 기원(祈願)들과 함께 "개인의 무죄 변호의 시"를 조성하고 있는 시이다.

시의 리듬은 복잡하여 단순하지 않고 그 문학구성도 매끄럽지 못하나 그 구성형식은 "개인 탄원의 시"의 틀을 형성하며 다음과 같이 단순하게 조직되어 있다. 서론적 기원(1-2절)-무죄변호의 진술(3-5절)-구원응답 기원(6-9절)-원수로 인한 탄식(10-12절)-원수 징벌 기원(13-14절)-구원 확신(15절)으로 구성되어 있다. 그러나 비록 탄원의 시의 필수적 중심요소가 '기원'이기는 하지만, 10-12절의 "원수로 인한 탄식" 이외에는 '탄

식'의 분위기가 극히 빈약하고 주로 고소자들에 대한 언급과 그들의 주장에 대한 **자기 무흠(無欠)의 변호논리가 대세를 형성하고 있다.**

이 시의 시인이 처하여 있는 환경에 대한 언급은, 비록 아주 분명하지는 않으나, 7-8절에 나타나는 다소 개연성이 있는 표현들 속에서 발견할 수 있다. 즉 "주께 피하는 자를 그 일어나 치는 자에게서 오른손으로 구원하시는 주여"(7절)라는 표현과 "주의 날개 그늘 아래 감추사"(8절)라는 표현을 통하여 우리는 비록 그 구체적인 제의적 과정을 적확하게 재연하지는 못한다 하여도 "성소를 피난처로 알고 피한 자"(시인?, 7절)라는 표현과 성소 법궤 위의 케루빔(cherubim)을 가리키는 것으로 보이는 "주의 날개"(8절)라는 표현 등은, 비록 그것들이 시적 영화(詩的 靈化)로 볼 가능성이 있다 하더라도, 우리로 하여금 이 시인이 성소의 평결 법정에 자신의 무죄를 호소하고 있는 상황을 상상하게 해준다. 그리고 마지막 절(15절)에 나타나는 "깰 때에 주의 형상"이라는 표현도 또한 기도자(시인)가 무죄를 인정받기 위하여 성소에서 밤을 보냈으리라는 그 제의적 환경을 생각하게 만든다.

이 시의 저작 시기에 대해서는 이 시의 문학적 표현들이 예레미야의 것과 유사한 점을 많이 보이고 있는 점(cf. S. Terrien, *The Psalms*, 187f.; cf. A. A. Anderson, *Psalms 1-72*, 147)을 고려할 때 포로 전기의 마지막 시기를 산정해 볼 수 있다.

¶ 주석

1-**2** 표제에서 "다윗의 시"보다 "다윗의 기도"라는 말이 나타나는 것은 시편에서는 매우 드문 현상이다(시 86:1; 90:1; 102:1; 141:1). "기도"를 의미하는 히브리어 '테필라'의 어근 '팔랄'(פלל)은 '사이에 서다'라는 의미를 갖고 있어서 이 시가 기도의 '중재성'을 내포하고 있다는 것을 암시하는 듯하다.

"정직함('체덱')을 들으소서." 이것은 **시인의** '자기 의로움'을 나타내는 말이 아니라 자신의 '무죄' 여부에 대한 하나님의 의로운 판결에 자신을 전적으로 내어 맡긴다는 의미의 말이다. 동시에, 야훼께서 직접 판결해 보시면 자신의 옳음이 드러날 것이라는 확신이 포함된 말이다. 일반적으로 어떤 법적 문제가 생겨났을 때, 그 진의가 분명하지 않을 경우 이스라엘인들은 성소를 방문하여 사제에게 하나님의 판결을 묻는 관행이 있었다(신 17:8-11). 1-2절의 나머지 표현들("부르짖음", "거짓되지 않음")은 이상의 의미("정직함")와 동일한 문맥 안에 있는 동의 평행구들이다. 그러므로 여기에는 "야훼만이 의롭다", "야훼만이 올바른 판결을 내리신다"라는 신앙이 전제되어 있다.

3-**5** 시인의 무흠함의 여부가 성소에서 '잠자는 동안'(3절의 "밤에"와 15절의 "깰 때"를 참조하라) 철저히 조사된다. **"내 마음을 시험하시고"**라는 말에는 하나님은 사람의 심중을 정확히 들여다보신다는 믿음이 전제되어 있다. 하나님께서 사람의 마음을 시험하고 감찰하시는 일은 감찰을 받는 자가 성소의 한 장소에서 잠자는 동안 진행된다(incubation in the holy place). 사람은 잠자는 동안에는 자신의 모든 것을 감추거나 숨기지 못한다고 보기 때문이다. 이 감찰은 야금술(冶金術; metallurgy)과 금속제련(金屬製錬; refining of ore)을 통하여 정밀하게 "마음"으로부터 "입술"까지(마음의 생각으로부터 밖으로 드러나는 행위까지) 세밀한 검사를 행한다는 의미를 갖는다. 결과적으로, 이 시인의 모든 행위와 속사정이 원수들의 비난과는 달리 '무흠'(無欠)하다는 것이 밝혀진다.

6-**9** 무흠하다는 것이 확인된 후, 이 시인은 우선 세 가지 기원을(6-8절) 드린 후, 원수로부터의 구원을 비는 기원(9절)을 드린다. 첫째로, 하나님의 '응답 기원'을 드린다(6절). 이 부분에서 주목을 일으키는 부분은 응답기원을 드리는 이유문장(히브리어 '키' 문장)이 앞서 나오고 있다는 점이다. 즉 "엘이시여, 당신께서는 응답해 오셨기 때문에 내가 당신을 불렀습니다"라는 말이 먼저 제시되고 있다. 바이저(A. Weiser)는 여기서 이 시인이 "무죄항변을 하는 증거"를 "엘"의 이름으로 제시하고 있는 것이라고 설명한다. "엘"은 가나안 만신전의 우두머리 신으로서 이스라엘의 야훼 신과 일치 동화된 고대 세계의 신명(神名)인데, 야훼께서 과거에

보여 주신 지속적 도움에 대한 경험을 증거로 제시한다는 의미를 가진다. 이젠 자신의 무죄를 선포해(응답해) 주실 때가 되었다는 것을 언급한다. 둘째로는 "주의 기이한 인자를 나타내소서"라고 기도한다. 크레이기(Craigie)가 적절히 지적해 주었듯이(*Psalms 1-50*, 163), 이 기도는 첫째의 기원보다 좀더 구체적인 야훼의 과거 구원 행적, 즉 미리암의 노래의 한 부분(출 15:11-13)을 도입, 반영하고 있다. 말하자면 **"주의 기이한 인자"**("하플레 핫사데카", "여미네카")를 '오른손으로' 베푸시는 야훼의 구원행적을 도입하고 있다. 셋째로는 계약 주제인 "주의 날개 그늘"이라는 언어를 끌어들여 "광야의 법궤 인도 전승"을 회상하게 하고 있다(출 32:10-12). 광야의 인도와 보호에 대한 은유로서 "날개 그늘"과 동시에 "눈동자"라는 은유도 사용하고 있는데 여기서는 어미의 젖가슴에 안겨 젖을 빨면서 아기의 눈동자가 그 어미의 눈을 들여다보는 상황을 상상하였을 것으로 보인다. 이렇게 하여 이스라엘의 역사적 구원에 관한 최대의 전승인 "출애굽-광야 전승"을 섭렵하여 그것을 근거로 하여 기원(祈願)을 제시한다. 시인은 비로소 여기서 악한 원수들의 손아귀에서 구원해 주실 것을 기원한다(9절).

10-**12** 원수들로부터의 구원 기원을 드린 시인은 그 기원의 강도를 높이기 위하여 원수에 대한 탄식을 통하여 원수들의 실체를 소개한다. 가장 우선적으로는 원수들의 '오만'을 지적한다. 그 오만은 오만으로 끝나지 않고 그 오만한 원수들은 경건하게 살려고 하는 자들을 넘어뜨리려고 굶주린 사자처럼 은밀한 곳에 매복하여 있는 것으로 그 실체를 묘사하였다. 원수의 정체를 정확히 소개하여 그 실체(=은밀한 곳에 매복해 있음)가 드러나자 시인은 원수 징벌을 비는 기원을 제시한다.

13-**14** "여호와여, 일어나소서!"(13절)라고 시작하는 기원은 탄원의 시들에서는 흔히 나타나는 기원으로서 '군사적 은유'를 사용하였다(시 3:7[8]; 7:6[7]; 9:19[20]; 10:12). 그리하여 야훼를 '전쟁용사'로서 묘사하여 "주의 칼로"(13절) 저들 원수들을 "당신의 손으로 죽이고 죽이소서!"(14a절; 히브리 마소라 본에는 나타나지만 우리말 개역에서는 나타나

지 않고 "구하소서!"라는 말로 대치해 버림)라고 저주기원을 드리는 것으로 표현된다. 그러므로 14절 상반절의 개역 번역(금생에서 자기 분깃을 받은 자를 부정적으로 묘사한 우리말 개역)은 구약 사상과 잘 조화되지 않는다. 뿐만 아니라 14절 하반절(우리말 개역) 역시 같은 맥락에서 구약 사상과 잘 조화되지 않는다. 왜냐하면 주의 재물(분깃)로 배를 채우고 자녀로 만족하며 남은 산업을 자녀에게 유전하는 일도 부정적으로 평가될 이유는 없기 때문이다. 단지 원수들이 분배받은 그 분깃이 '상'(賞)으로서가 아니라 '벌'(罰)로 받은 것으로 해석한다면 그 분깃은 원수들에게는 소득 없는 재앙이 될 것이며 전체 문맥과도 잘 어울리게 된다고 하겠다. 어쨌든 14절은 원수들에 대한 하나님의 심판을 기원하는 "원수멸망 기원"(13절)과 조화를 이루는 것이 본래의 본문 상태였을 것이다.

15 무죄 변호의 탄원 기도가 갑자기(!) '해피 엔드'로 끝나고 있다. 이러한 현상은 탄원 기도의 일반적 현상이다. "주의 얼굴을 보는 것"과 "주의 형상으로 만족하는 것"은 제의(祭儀)에서 경험된 하나님 현현(theophany)의 경험으로서 시인에게 있어서는 대승리의 기쁨이고 이와는 역으로 원수들에게는 신의 징벌의 실현으로서 큰 재앙이 될 수밖에 없다. 여기서 "깰 때에"라는 표현은 "성소에서의 잠"으로부터의 깨어남(in the ritual of the psalmist's vigil)과 '무죄 판결'을 받는 승리의 영광된 순간을 표현한 것이라고 하겠다. 이 부분을 이 시인의 고통스러운 신앙적 삶의 맥락에서 재해석하여 죽음의 잠으로부터 깨어나는 [영적] 부활의 기쁨(욥 42:5; 마 5:8; 계 22:5와 비교)으로 확대해석하는 것도 교회신앙의 전통에서 보면 전혀 불가능한 것은 아니라고 하겠다.

¶ 메시지: 부르짖는 자에게 내리시는 "주의 기이한 인자"
—주의 얼굴을 숨기실 때와 주의 얼굴을 보이실 때—

주께 부르짖는 자가 주를 만나고 체험하는 일은 하나님 신앙의 요체(要諦)요, 신비이다. 신명기를 중심하여 그 신학을 계승하고 있는 구약성서는, 한편으로는 인간은 하나님의 얼굴을 볼 수 없는 것으로 말하고(출 33:20; 신 4:12, 15), 또 다른 한편으로는 하나님의 얼굴을 보고 최상의 만족을 누릴 것이라고(시 17:15) 말한다. 물론 우리는 법궤가 있는 지성소에서 하나님의 현존을 체험한다고 말하는 "하나님의 현현 경험의 제의적 전통" 이라는 문맥에서 이 주제를 말하는 것은 아니다.

구약성서 전체를 통하여 구약성서의 증언자들이 그들의 하나님 경험을 증언할 때 그 하나님은 자신을 감추심으로 그에게 부르짖는 자들을 구원하신다고 말한다. 포로 말기의 익명의 예언자 제2 이사야가 이스라엘 역사의 최대 암흑기라고 판단하였던 때, 무릎을 크게 내려치며, "구원자 이스라엘의 하나님이여 진실로 주는 스스로 숨어 계시는 하나님이시니이다" (사 45:15)라고 고백하면서 대오각성을 하였던 진리가 바로 이러한 하나님 체험에서부터 온 것이라고 할 수 있다.

기이하게도 구약성서가 보유하고 있는 가장 오래된 문헌들 중의 하나인 출애굽기 15:1-18, 21에 나타난 이스라엘의 야훼 하나님 경험과 그리고 구약 역사 맨 후기에 속하는 포로 말기의 제2 이사야가 오랜 신학적 반성의 끝에 경험한 하나님 경험은 외형상 서로 전혀 다른 "하나님 만남의 사건" 이라고들 생각하지만 사실은 그 둘이 서로 다른 것이 아니라(!) 그 둘은 전혀 분리 대비할 수 없는 동일한 **하나의** 사건이었다. 사건 체험의 표현법이 달랐을 뿐이지 그 둘은 둘이 아니라 '**하나**'였다.

말하자면 "하나님의 역사 개입" (Deus revelatus)과 "역사에 대한 하나님의 침묵" (Deus absconditus)은 동전의 양면과 같은 것이다. 이 동일 내용이 서로 전혀 다른 것으로 보이는 것은 성서문학이 신화의 역사화라는 성격을 띤 것이 결코 **아니라(!)** 역사를 신화적 서술형식으로 표현한 것이기 때문에 생긴 현상일 뿐이다. 이것이 성서의 진정한 현실이요, 우리의 진정한 현실이기도 하기 때문이다. 하나님은 그가 창조하신 이 우주와 이 역사 속에서 결코 "졸지도 아니하고 주무시지도 아니하시며" (시 121:4) 그가 창조하신 세계에 늘 간섭을 하고 계시지만, 어떤 이는 하나님의 역사 족적(足跡)을 선명하게 보고 체험하나 어떤 이는 우리의 역사에는 신의 족적이란 전혀 남아 있지 않다고 주장하는 것이다.

하나님은 '행동'하신다. 생동감 있게 행동하신다. 때로는 우리의 오감을 진동시키시기까지 하신다. 그러므로 그의 계시행동은 단지(!) 하나의 "기이한 인자"('하플레 핫사데카'; 시 17: 7; 출 15:11, 13)일 뿐이다. 죽음의 잠에서 깨어날 때 우리는 비로소 그때에야 그의 형상으로 만족하게 될 것이다.

17. 기름 부음받은 왕의 승리에 대한 감사, 찬양 (18:1-50)

¶ 본문

여호와의 종 다윗의 시, 영장으로 한 노래, 여호와께서 다윗을 그 모든 원수와 사울의 손에서 구원하신 날에 다윗이 이 노래의 말로 여호와께 아뢰어 가로되

1[2] 나의 힘이 되신 여호와여 내가 주를 사랑하나이다(3)

2[3] 여호와는 나의 반석이시요 나의 요새시요 나를 건지시는 자시요 나의 하나님이시요 나의 피할 바위시요 나의 방패시요 나의 구원의 뿔이시요 나의 산성이시로다(4+3+3)

3[4] 내가 찬송 받으실 여호와께 아뢰리니 내 원수들에게서 구원을 얻으리로다(3+2)

4[5] 사망의 줄이 나를 얽고 불의의 창수가 나를 두렵게 하였으며(2+3)

5[6] 음부의 줄이 나를 두르고 사망의 올무가 내게 이르렀도다(3+3)

6[7] 내가 환난에서 여호와께 아뢰며 나의 하나님께 부르짖었더니 저가 그 전에서 내 소리를 들으심이여 그 앞에서 나의 부르짖음이 그 귀에 들렸도다(3+2, 3+4)

7[8] 이에 땅이 진동하고 산의 터도 요동하였으니 그의 진노를 인함이로다(3+3+3)

8[9] 그 코에서 연기가 오르고 입에서 불이 나와 사름이여 그 불에 숯이
피었도다(3+2+3)
9[10] 저가 또 하늘을 드리우시고 강림하시니 그 발 아래는 어둑캄캄하도
다(3+3)
10[11] 그룹을 타고 날으심이여 바람 날개로 높이 뜨셨도다(3+2)
11[12] 저가 흑암으로 그 숨는 곳을 삼으사 장막같이 자기를 두르게 하심이
여 곧 물의 흑암과 공중의 빽빽한 구름으로 그리하시도다(3+2+3)
12[13] 그 앞에 광채로 인하여 빽빽한 구름이 지나며 우박과 숯불이 내리
도다(4+2)
13[14] 여호와께서 하늘에서 뇌성을 발하시고 지존하신 자가 음성을 내시
며 우박과 숯불이 내리도다(3+3+2)
14[15] 그 살을 날려 저희를 흩으심이여 많은 번개로 파하셨도다(3+3)
15[16] 이럴 때에 여호와의 꾸지람과 콧김을 인하여 물밑이 드러나고 세
상의 터가 나타났도다(3+3, 2+3)
16[17] 저가 위에서 보내사 나를 취하심이여 많은 물에서 나를 건져 내셨
도다(3+3).
17[18] 나를 강한 원수와 미워하는 자에게서 건지셨음이여 저희는 나보다
힘센 연고로다(3+3)
18[19] 저희가 나의 재앙의 날에 내게 이르렀으나 여호와께서 나의 의지
가 되셨도다(2+3)
19[20] 나를 또 넓은 곳으로 인도하시고 나를 기뻐하심으로 구원하셨도다
(2+3)
20[21] 여호와께서 내 의를 따라 상 주시며 내 손의 깨끗함을 좇아 갚으셨
으니(3+4)
21[22] 이는 내가 여호와의 도를 지키고 악하게 내 하나님을 떠나지 아니
하였으며(3+2)
22[23] 그 모든 규례가 내 앞에 있고 내게서 그 율례를 버리지 아니하였음
이로다(3+3)
23[24] 내가 또한 그 앞에 완전하여 나의 죄악에서 스스로 지켰나니(3+2)
24[25] 그러므로 여호와께서 내 의를 따라 갚으시되 그 목전에 내 손의 깨

끗한 대로 내게 갚으셨도다(3+4)
25[26] 자비한 자에게는 주의 자비하심을 나타내시며 완전한 자에게는 주
의 완전하심을 보이시며(2+3)
26[27] 깨끗한 자에게는 주의 깨끗하심을 보이시며 사특한 자에게는 주의
거스리심을 보이시리니(2+2)
27[28] 주께서 곤고한 백성은 구원하시고 교만한 눈은 낮추시리이다(3+3)
28[29] 주께서 나의 등불을 켜심이여 여호와 내 하나님이 내 흑암을 밝히
시리이다(4+3)
29[30] 내가 주를 의뢰하고 적군에 달리며 내 하나님을 의지하고 담을 뛰
어 넘나이다(3+2)
30[31] 하나님의 도는 완전하고 여호와의 말씀은 정미하니 저는 자기에게
피하는 모든 자의 방패시로다(3+2+5)
31[32] 여호와 외에 누가 하나님이며 우리 하나님 외에 누가 반석이뇨
(5+4)
32[33] 이 하나님이 힘으로 내게 띠 띠우시며 내 길을 완전케 하시며(3+3)
33[34] 나의 발로 암사슴 발 같게 하시며 나를 나의 높은 곳에 세우시며
(3+3)
34[35] 내 손을 가르쳐 싸우게 하시니 내 팔이 놋 활을 당기도다(3+3)
35[36] 주께서 또 주의 구원하는 방패를 내게 주시며 주의 오른손이 나를
붙들고 주의 온유함이 나를 크게 하셨나이다(3+2+2)
36[37] 내 걸음을 넓게 하셨고 나로 실족지 않게 하셨나이다(3+3)
37[38] 내가 내 원수를 따라 미치리니 저희가 망하기 전에는 돌이키지 아
니하리이다(3+2)
38[39] 내가 저희를 쳐서 능히 일어나지 못하게 하리니 저희가 내 발 아래
엎드러지리이다(3+3)
39[40] 대저 주께서 나로 전쟁케 하려고 능력으로 내게 띠 띠우사 일어나
나를 치는 자로 내게 굴복케 하셨나이다(3+3)
40[41] 주께서 또 내 원수들로 등을 내게로 향하게 하시고 나로 나를 미워
하는 자를 끊어버리게 하셨나이다(4+2)
41[42] 저희가 부르짖으나 구원할 자가 없었고 여호와께 부르짖어도 대답

지 아니하셨나이다(2+3)
42[43] 내가 저희를 바람 앞에 티끌같이 부숴뜨리고 거리의 진흙같이 쏟아 버렸나이다(3+3)
43[44] 주께서 나를 백성의 다툼에서 건지시고 열방의 으뜸을 삼으셨으니 내가 알지 못하는 백성이 나를 섬기리이다(3+3+3)
44[45] 저희가 내 풍성을 들은 즉시로 내게 순복함이여 이방인들이 내게 복종하리로다(2+2+2)
45[46] 이방인들이 쇠미하여 그 견고한 곳에서 떨며 나오리로다(2+2)
46[47] 여호와는 생존하시니 나의 반석을 찬송하며 내 구원의 하나님을 높일찌로다(3+3)
47[48] 이 하나님이 나를 위하여 보수하시고 민족들로 내게 복종케 하시도다(4+3)
48[49] 주께서 나를 내 원수들에게서 구조하시니 주께서 실로 나를 대적하는 자의 위에 나를 드시고 나를 강포한 자에게서 건지시나이다(2+3+3)
49[50] 여호와여 이러므로 내가 열방 중에서 주께 감사하며 주의 이름을 찬송하리이다(4+2)
50[51] 여호와께서 그 왕에게 큰 구원을 주시며 기름 부음 받은 자에게 인자를 베푸심이여 영원토록 다윗과 그 후손에게로다(3+3+3)

¶ 개요(비평학적 문제)

시편 18편의 표제와 그 내용(총 오십 절)은 지극히 작은 약간의 변형과 차이점을 제외하면 사무엘하 22:1-51과 일치한다. 그 주 내용은 다윗이 그의 많은 원수들과 사울의 손에서부터 야훼에 의하여 건짐을 받았던 때 야훼를 위하여 감사의 노래를 지어 올린 것으로 되어 있다. 그러나 **시편 18편과 사무엘하 22장** 사이를 비교해 본 주석가들은 어느 것이 더 원본에 가까운지에 대해서는 일치된 견해를 내어 놓지 못한다. 그러나 사무엘하 22장의 본문은 사무엘서의 자료들과 결합된 이후부터는 안정된 역사를 가졌을 것으로 보이나 시편 18편은 최초의 형성 이후 곧 예배(제의)에서 줄곧 사용되어 오면서 철자법의 현대화가 어느 정도 일어났을 것으로 추론할 수 있다. 이것을 전제로 하여 시편 18편을 살펴보면, 이 시의 본문은 아주 고대의 자료들의 영향을 많이 받은 것으로 보이지만(예컨대 '미쯔몰'[시] 대신 '쉬'[노래]이라는 용어 선택; cf. 출 15:1; 신 31:30; 삿 5:1; 삼하 22:1), 그러나 후대의 것으로 보이는 여러 '주해'(glosses; cf. C. A. Briggs, *The Psalms*, vol. I, 139-141)들을 제거하면, 시편 18편의 내용은, 다윗이 썼든지 아니면 왕궁의 시인이 썼든지 간에, 실제로 다윗(혹은 다윗계의 왕)이 직접 역사적으로 경험한 내용을 전승한 것으로 볼 수 있을 것이라는 견해도 제기된다(C. A. Briggs, Albright, Kissane et al.). 또 가나안 문학과의 접촉점들을 통하여 보아도 이 시는 포로 전기의 아주 초기의 산물로 간주될 수 있다는 견해도 제기된다(F. M. Cross, D. N. Freedman et al.). 그러나 키텔(Kittel), 궁켈, 외스텔리(Oesterley) 등은 이 시를 요시야 왕 시대(640-609 BC)의 것으로 늦게 잡기도 하지만, 이 시는 포로 후기에 와서는 당시 공동체의 사용 용도에 맞도록 또한 역시 손질을 받았을 것(예: 신명기적 단편 자료들의 첨가 등)으로 보인다. 그러므로 이 시(18편)의 주 골격은 주전 10세기보다는 늦지 않은 시기에—아마 다윗 시기의 가능성을 포함하여—저작되었을 가능성을 배제할 수 없다.

이 시편 18편은 또한 많은 주석가들로부터 본래부터 한 단위의 문학단위였느냐는 문제가 제기되어 오기도 하였다. 궁켈 이래, 이 시편 18편은 "개인 감사시"(선언적 찬양시)로 양식 분류되어 왔으나, 최근에 와서는 시편 18편을 둘로 나누는(18A=1-30[2-31] & 18B=31-50[32-51]) 견해, 예컨대, 1-30[2-31]절은 "거짓 고소를 당한 자의 탄원의 시"(cf. H. Schmidt)라는 양식에 속하고 31-50[32-51]절은 제왕시(royal psalms)라는 양식에 속한 것으로 분류될 수 있다는 견해와 1-30[2-31]절은 일반적인 "개인 감사의 시"로 분류되고 31-50[32-51]절은 초막절 축제 때에 한 해 동안 왕에게 있었던 승리들을 모아 함께 축하하는 "제왕의 감사시"라고 분류되기도 하였다(cf. Eissfeldt). 더욱 근자에는 50[51]절의 "왕" 또는 "기름 부음받은 자"라는 표현이 시 전반에 적용된다고 생각하여 시편 18편은 아예 "제왕의 감사시"로 단일하게 분류하기도 한다. 각각의 주장이 각각 일리를 갖고 있으나 우리는 시편 18편 전체를 "제왕의 감사시"라는 일반 장르에 포함시키는 것이 가장 무리가 없는 것으로 본다.

대체로 3+3 박자의 리듬을 선호하는 이 18편의 시는 (1)찬양으로 가는 서론(1-3[2-4]절), (2)과거에 겪은 곤경과 고통에 대한 서술(4-6[5-7]절), (3)왕의 구원을 위하여 개입해 오신 야훼의 현현 기사(7-15[8-16]절), (4) 그 결과로 왕의 구원이 이루어짐(16-19[17-20]절), (5)이 구원은 본질상 왕의 정당성에 대한 하나님의 인정하심임(20-30[21-31]절), (6)야훼의 신실한 종이 지상의 백성을 이겨낸 승리에 관한 자세한 진술(31-45[32-46]절), (7)야훼에 대한 결론적 찬양(46-50[47-51]절)으로 구성되어 있다.

¶ 주석

표제. 이 표제의 '짧은 서두'는 시편 36편의 표제와 일치하고 '나머지의 긴 설명'은 사무엘하 22:1과 일치한다. 아마도 시편 18편의 초기의 표제는 시편 36편의 표제와 일치하였을 것으로 보이며 나머지 설명부분은 사무엘하 22:1에서 차용하였을 것으로 보인다. "야훼의 종"이라는 표현은 모세에게 적용하는 표현인데, 여기와 시편 36편 표제에서는 다윗에게 적용하고 있다. 대체로 18편이 사용하고 있는 언어들과 그 전쟁 분위기는 다윗의 통치 시대 또는 그 직후와 잘 어울리는 것으로 보인다.

1-3 1-3[2-4]절, 3[4]절의 찬양으로 나아가는 서론(1-2[2-3]절)은 '직유법'(直喩法)을 사용하여 찬양의 대상이신 야훼를 동격어 나열 형식으로 설명하는 명칭을 아홉 개나 제시한다. 이 표현들은 모두 1[2]절에 고백된 "나의 힘이신 야훼여 내가 당신을 사랑하나이다"라는 표현에 나타나는 "나의 힘"이라는 표현과 동의 평행어를 형성한다. 이와 같이 "나의 힘"('히즈키')이라는 말은 그 다음 절(2[3]절)에 나오는 여덟 개의 동의어, 즉 "나의 반석", "나의 요새", "나의 건지시는 자", "나의 하나님"('엘리'), "나의 피할 바위", "나의 방패", "나의 구원의 뿔", "나의 산성" 등의 표현과 동의어 평행을 형성한다. 그런 점에서 보면(히브리어 본문 구성

상, 즉 '엘함머카 야훼 히쯔키'[나의 힘이 되신 야훼여 내가 주를 사랑하나이다]의 '히쯔키'[나의 힘]가 다음에 오는 여덟 개의 말들의 의미를 모두 내포하고 그 전 내용을 이끄는 힘이 있는 대표적 언어라고 볼 수 있다고 보면) "나의 힘"(히쯔키)이라는 말은, 그 어원적 의미가 어디 있든 간에, "야훼가 모든 힘의 근본자원"이라는 의미를 가진다고 하겠으며 시인이 전쟁터에서 행할 효과적이고 성공적인 방법이 어떤 것인지를 지시할 능력이 있다는 의미를 가진다고 하겠다. 그리하여 이 말이 우리 본문을 여는 서두에 나타나는 현상은 여기가 유일한 경우인 바로 그 이유도 이런 맥락에서라면 이해할 수 있다고 하겠다.

"나의 힘이신 야훼"는 따라서 그 뒤따라오는 여덟 개의 별칭들과 긴밀한 내적 관계를 가진다고 하겠다.

(1) 반석, (2) 요새, (3) 건지시는 자, (4) 나의 "엘"('힘'이라는 의미),
(a) 바위, (b) 방패, (c) 구원의 뿔, (d) 나의 산성.

야훼께서 이 시인에게 그를 절대 안전하게 보호해 주실 수 있는 그 힘이 얼마나 완벽한 "힘"(hzq)이신지를 빈틈없이 서술하고 있다고 하겠다. 이러한 맥락에서 볼 때, "내가 사랑하나이다"('엘홈카')라는 표현, 즉 하나님께서 인간에게 베푸시는 사랑만을 표현할 수 있는 언어(시 116:5)가 시인이 하나님을 향한 사랑의 표현으로서 돌연히 뒤바뀌어 나타나고 있는데, 이 표현은 사무엘하 22:2에서는 나오지 않는 표현으로서 시편 18편이 고유하게 끌어들인 후기 아람주의적/후기 신명기적 첨가로 보인다('아로미머카'="내가 당신을 우러러 높이나이다"라는 말로 고쳐 읽자는 견해가 제기되었으나 오히려 '엘홈카'는 후기에 일어난 신학적인 의도, 즉 하나님의 사랑 안에서 얻은 추진력을 통하여 역[逆]으로 이끌어 낸 산물로 보인다. cf. A. Weiser).

4-**6** 4-6[5-7]**절,** 시인 자신이 겪은 위험의 경험이 죽음의 세계로 내려간 것과 같은 것으로 표현되었다. "사망(=마웻)-불의(=벨리알)-음부(=스올)-사망(=마웻)"은 동의어의 사중 반복 평행법으로 볼 수 있다. 이들은 모두 의인법으로 인격화되어 있고 그들이 가진 것, 즉 "줄, 창수, 줄, 올무"는 사망의 옥죄는 힘을 의인화(擬人化)한 것으로서 죽음의 세력이

시인을 요지부동 벗어나지 못하게 옥죄어서 빠른 급류에 실어 죽음의 세계로 이끌어 가는 것을 은유화하였다. 죽음의 탐욕성과 흡인력 그리고 죽음의 세계를 싸고 있는 심연의 물(강, 바다)에 대한 신화적 이미지가 이러한 표현의 배경을 이루고 있다고 하겠다. 이러한 위기의 상황 속에서도 "야훼를 향한 부르짖음의 기도"는 그의 성전에 좌정하고 계시는 야훼 하나님의 귀에 들렸던 것이다(!). 하늘과 땅 그리고 성전의 신비한 연결 관계가 암시되어 있다.

7 - 15 7-15[8-16]**절,** 아홉 절에 걸친 긴 본문을 통하여 지극히 세부적인 데까지 야훼 하나님의 현현(theophany) 모습을 서술하고 있다. '죽음'이라는 원수가 공포적인 것처럼 모든 흑암의 세력에게 있어서는 **구원자가 더욱더 공포적인 것**이라는 생각이 이 현현 묘사의 전면에 흐르고 있다. 땅의 진동, 코의 연기, 입의 불, 그룹(=거룹=하나님의 구름수레)과 바람 날개, 하늘 아래의 물의 캄캄함, 공중의 짙은 구름, 우박, 뇌성, 화살, 번개, 물밑이 드러남 등 하나님의 분노로 인한 현현(임재) 현상 때문에 전세계가 흔들리고 대양이 밀려난다. 주목하게 되는 점은 하나님의 분노의 무서움이 극대화되는 가운데, 이스라엘의 대표적 신 현현 전승인 "출애굽-시내 산 현현" 전승의 문학과 긴밀한 관련을 가진다. 고대 중동의 '혼돈의 물'의 상징인 고대의 신들(압수와 티아맛, Apsu & Tiamat)이 '질서'의 상징인 젊은 신들에 의하여 격파되는 고대 신화들이 유일신이시요, 창조의 신이신 야훼의 역할을 묘사하는 데 재해석되고 있다고 하겠다. 즉 현현 묘사의 마지막은 야훼와 그리고 혼돈의 세력과의 투쟁에 나타난 야훼의 승리의 힘으로부터 그 초점을 전이(轉移)시켜서 시인의 개인적 구원 경험으로 그 초점을 옮겨 놓는다.

16 - 19 16-19[17-20]**절,** 놀랍게도 혼돈의 세력을 격파한 그 결과는 땅의 훼손이 아니라(!) "하나님의 종의 구원"으로 귀결된다. 즉 폭풍의 언어들은 대격변의 전조가 아니라 지극히 작은 재난으로부터도 해를 입지 않도록 보호해 주시는 야훼의 무한한 권능과 위엄을 더욱 분명하게 해주는 것으로 귀결된다. 즉 하나님의 도우심은 결과적으로 시인을 하나님

께서 기뻐해 주심의 한 결과로 나타난 것이다.

20 - 30 20-30[21-31]절, 특이하게도, 하나님의 구원에 대한 감격과 감사로 가득한 이 시인이, 돌연 자신의 구원을 "무죄 변호"의 형식으로 그 정당성을 주장하기 시작하였다. "내 의(義)를 따라, 내 손의 깨끗한 대로[내 손의 깨끗함을 좇아]"라는 말로 시작하여(20[21]절) 동일한 말로 결론을 맺는(24[25]절; inclusio 형식과 유사하게) 이 단락의 전반부(20-24[21-25]절)는 얼핏 보면 신명기적 율법주의의 정신을 기초로 한 자신의 구원의 정당성을 주장하는 것같이 보인다. 그러나 이러한 의심은 25-30[26-31]절에서 절묘하게 해명한 "야훼의 인과법"(Yahweh's causality in all things; H. -J. Kraus, *Psalms 1-59*, 262-263)을 통하여 해소된다. 즉 "자비한 자에게는 주의 자비하심이, 완전한 자에게는 주의 완전하심이, 깨끗한 자에게는 주의 깨끗하심이, 사특한 자에게는 주의 거슬리심이" 엄격하게 진행되기 때문이다(25-26[26-27]절). 야훼의 본질을 설명하는 출애굽기 33:19를 연상하게 한다. 물론 야훼의 이 본질은 엄격한 보상론(retribution; F. Noetscher)이나 동태복수의 원리를 수용하는 논리(H. Gunkel)는 결단코 아니다. 오히려 이것은 야훼의 계약 공동체에 속하여 그의 계약법에 따라 사는 자는, 바로 그 사실 때문에(!), 그는 구원의 능력이 미치는 영역 안에 사는 자가 되는 것임을 의미한다. 그러므로 이러한 야훼의 계약법을 통속적인 보상론으로 잘못 간주하여 무시하는 자는 자신을 스스로 구원의 영역으로부터 추방하는 결과를 가져오게 된다.

야훼의 이러한 인과법의 정당성은 "왜냐하면 당신은"(키-앗타)이라는 수사형식으로 시작하는 27-28[28-29]절에서 더욱 분명하게 설명된다.

> "**왜냐하면 당신은** 곤고한 백성은 구원하시고 교만한 눈은 낮추실 것이기 때문입니다(cf. 삼상 2:1-10).
>
> **왜냐하면 당신은** 나의 등불을 켜심이여, 야훼 나의 하나님이 내 흑암을 밝히실 것이기 때문입니다"(27-28[28-29]절).

야훼 하나님의 계약의 신실성은 본질상 이미 그의 엄격한 인과법(25-

26[26-27]절)에 매이지 않고 초월하고 있음을 보여 준다. 그러므로 그에게 의뢰하고 그에게 의지하기만 하면(29[30]절) 원수의 방어벽이 아무리 강력하고 튼튼한 요새라 할지라도 그 담을 뛰어넘을 수 있다는 것이다(29[30]절). 따라서 야훼의 계약의 신실성에 대한 찬사가 뒤따르지 않을 수 없게 되는 것이다.

하나님의 도는 완전하고
야훼의 말씀은 정미하니
그는 자기에게 피하는 모든 자에게 방패이시다(30[31]절).

하나님의 도(道)와 야훼의 말씀(동의어 평행)은 확실한 약속과 완전한 계약의 말씀이므로 참으로 '믿을 만하다'는 것이다. 시인의 승리의 확신이 시(詩)가 되어 자세히 진술된다.

31 - 45 31-45[32-46]절, 이 시의 제2부에 해당하는 이 단락에서는, 야훼의 종인 시인(왕)은 뛰어난 군사 활동을 지휘하는 전쟁 용사로서 "거룩한 전쟁"을 치르고 있다. 전쟁의 힘은 "반석이신 야훼 하나님"으로부터 온 것임을 먼저 천명한다. "반석"은 야훼를 지칭해서 자주 사용된 별칭으로서 주로 변함없는, 흔들림 없는 피난처를 상징한다. "반석으로 피하였다"라는 말은 야훼에게만 신뢰를 내맡겼다는 이미지를 가진 말이다. 33-45[34-46]절에 묘사된 전쟁 진행 상황은 모두 야훼에 의하여 주도되었다. 야훼의 전쟁이었다. 승리는 야훼께서 주신 선물이었다. 심지어는 시인(왕)이 알지 못하는 나라의 백성들이, 발람 이야기에서처럼(민 22-24장), 스스로 와서 복종을 자청하기까지 한다. 이 놀라운 야훼 하나님의 승리(구원)하게 하시는 섭리는 보는 자들로 하여금 그의 살아 계심을 확인시키며 찬양하게 한다.

46 - 50 46-50[47-51]절, "하이 야훼!"(야훼께서 생존하신다!) 이 외침은 아주 고대의 제의(祭儀)에서 생명의 신이 죽음의 신을 쳐 이긴 것을 축하할 때 사용한 '외침'을 모방한 것으로서, 우리의 본문에서는, 4-

19[5-20]절에 나타난바, 사망의 세력을 격퇴하고 그의 종을 구해 내신 죽음에 대한 주님의 승리를 노래한 그 일을 생각하게 한다. 왕은 야훼에게 감사하지 않을 수 없다(49[50]절). 감사 고백의 증언을 왕은 "열방 중에서" 선포한다. 왕의 구원은 우주적 문맥 속으로 들어가서 세계 구원사적 의미를 가지게 된다(cf. 롬 15:9).

¶ 메시지: 성서에서 하나님의 구원사적 끈들을 찾는 길

시편 18편은 야훼 하나님께서 그가 세우신 왕에게 구원을 베푸신 것과 그의 그 기름 부음을 받은 자(메시야)에게 베푸신 계약적 신의의 사랑을 증언하는 시이다. 그러나 이 구원의 은혜와 사랑을 받은 자의 구원 사건이, 즉 야훼 하나님께서 세우신 기름 부음을 받은 그 종(왕)이 경험한바, 사망의 위협을 이겨낸 그 구원 사건이 야훼 하나님의 신실하심에 의하여 영원토록 그리고 다윗과 그 후손에게 대대로 계승되리라는 것을 증언함으로써 우주적 사건으로 확대 해석되고 있다는 점이 중요하다.

특히 20-24[21-25]절에서 이 고난받는 왕이 무죄변호의 형식을 빌린 자기 의의 정당성을 주장하고 그리고 25-30[26-31]절을 통하여서는 야훼 하나님의 그 구원본질이 이 고난받는 자의 삶 속에서 결코 실패함이 없이 확실하게 이루어지고 있음을 증언하고 있다는 것은 이 시의 시인의 구원 경험이 메시야적 경험으로 확대될 수 있음을 입증하고 있다고 하겠다.

그렇다면, 기름 부음받은 한 왕의 구원 사건이 이렇게 우주적인 메시야적 구원 사건으로 전이(轉移)되어 이어지게 하는 교량 기능을 하는 것은 무엇인가? 분명 그것은 사망의 줄에 얽매이는 경지까지 갔던 그 고난이 **"무죄한 자의 고난"**이라는 것과 그리고 마침내는 그 무죄한 자의 고난이 죽음을 극복하고 이겨내는 데까지 가도록 하는 구원 역사를 기어이 창출해 내는 바로 그 하나님의 구원사적 경륜 안에서 발견할 수 있다. 우리의 이 세속 역사 속에서부터 이러한 야훼 하나님의 구원사의 끈들을 발견한다는 것은 '신앙'만이 가능하게 하는 일이라 하겠다. 이것이 구약성서와 신약성서를 '하나의' 구원사적 역사로 통전적(統全的)으로 읽을 수 있게 해주는 길이다.

18. 자연을 통한 계시와 토라를 통한 계시(19:1-14)

¶ 본문

다윗의 시, 영장으로 한 노래

1[2] 하늘이 하나님의 영광을 선포하고 궁창이 그 손으로 하신 일을 나타
내는도다(3+4)

2[3] 날은 날에게 말하고 밤은 밤에게 지식을 전하니(4+3)

3[4] 언어가 없고 들리는 소리도 없으나(3+3)

4[5] 그 소리가 온 땅에 통하고 그 말씀이 세계 끝까지 이르도다[하나님
이] 해를 위하여 [하늘에] 장막을 베푸셨도다(3+3+3)

5[6] [해는] 그 방에서 나오는 신랑과 같고 그 길을 달리기 기뻐하는 장사
같아서(4+4)

6[7] 하늘 이 끝에서 나와서 하늘 저 끝까지 운행함이여 그 온기에서 피
하여 숨은 자 없도다(3+2+3)

7[8] 여호와의 율법은 완전하여 영혼을 소성케 하고 여호와의 증거는 확
실하여 우둔한 자로 지혜롭게 하며(3+2, 3+2)

8[9] 여호와의 교훈은 정직하여 마음을 기쁘게 하고 여호와의 계명은 순
결하여 눈을 밝게 하도다(3+2, 3+2)

9[10] 여호와를 경외하는 [도는] 정결하여 영원까지 이르고 여호와의 규례는 확실하여 다 의로우니(3+2, 3+2)

10[11] 금 곧 많은 정금보다 더 사모할 것이며 꿀과 송이꿀보다 더 달도다(2+2, 2+2)

11[12] 또 주의 종이 이로 경계를 받고 이를 지킴으로 상이 크니이다(3+3)

12[13] 자기 허물을 능히 깨달을 자 누구리요 나를 숨은 [허물에서] 벗어나게 하소서(2+2)

13[14] 또 주의 종으로 고범[죄]를 짓지 말게 하사 그 죄가 나를 주장치 못하게 하소서 그리하시면 내가 정직하여 큰 죄과에서 벗어나겠나이다(4+2, 3+2)

14[15] 나의 반석이시요 나의 구속자이신 여호와여 내 입의 말과 마음의 묵상이 주의 앞에 열납되기를 원하나이다(3+3+3)

¶ 개요(비평학적 문제)

시편 19편이 오랜 세월 동안 안고 온 비평학적 문제는 주제, 리듬, 문학양식 등에서 논의의 여지없이 서로 다른 시의 징후들을 가지고 있는 1-6[2-7]절과 7-14[8-15]절을 서로 다른 두 개의 시(시 19A편 그리고 시 19B편)로 볼 것이냐 아니면, 그럼에도 불구하고, 이 두 단락의 시를 "하나의 시"로 잘 융합된 시로 볼 것이냐 하는 문제를 해결하는 문제이다.

우선 우리는 이 시가 함유하고 있는바, 통일성을 결여하고 있는 요소들을 살펴본 후에 잠정적이나마 가상적 대답을 먼저 설정하고 본문 주석에 들어가 보는 것이 좋겠다. 가장 쉽게 눈에 들어오는 부분은 양식비평학적 문제로서 우리의 시(시 19편)는 "창조주 찬양의 시(1-6[2-7]절)+토라 교훈의 지혜시(7-11[8-12]절)+개인 탄원(기도)의 시(12-13[13-14]절)+결구(14[15]절; 結句: envoi)"라는 세 장르의 결합으로 구성되어 있다는 점이 드러난다. 박자의 형태도 1-6[2-7]절은 대체로 긴 시행의 리듬을 갖고 있는 반면에 7-14[8-15]절은 짧은 시행들(대부분 3+2 또는 2+2 박자)로 구성되어 있고 앞의 단락은 신의 이름을 "엘"로 부르는 반면에("야훼"에 대한 불언급은 이교적[異敎的]/가나안적 기원을 추측하게 함) 뒤의 단락은 "야훼"를 신의 이름으로 일관되게 부르고 있으며 전자는 "태양 찬양" 주제를 가진 시들이 고대의 중동 종교문학 속에 많이 나타나는 점과 매우 유사한 문학적 분위기를 갖고 있는 점으로 미루어서 상당부분 고풍의 분위기를 띠고 있는 것으로 판단되는 반면에 후자는 "토라" 찬양에 대한 강조는 최소한 에스라 활동 시기보다 이전으로 보기는 어려울 정도로 후대의 것으로 판단하게 한다.

이러한 관점에서 볼 때, 시편 19편의 편집과정은 현재의 형태를 이루기까지 상당한 신학적 개작의 손질을 거쳐서 이루어진 작품으로 볼 수 있을 것이다. 그 과정의 재건은 어느 경우에서와 같이 쉽지 않고 단지 그 개연성을 엿볼 수 있을 뿐이라 하겠다. 본문 주석은 그러한 개연성을 암시해 줄 것이다.

¶ 주석

표제에 관해서는 이 책의 서론을 참조할 것.

1 - 4a 1[2]-4[5]a절, 하나님("엘")이 하신 일을 전파한다(알려 준다)는 것 때문에 "하늘[들]"과 "궁창"이 찬양을 받고 있다. 여기서 말하고 있는 "엘"은 가나안 문학에서 직접 빌려 온 것이라고 보기보다는 이미 이스라엘 사회에 토착화된 이후에 가져온 이름이라고 볼 수 있다. 왜냐하면 "하늘과 궁창"을 평행시켜 하나님(엘로힘)의 첫째가는 주요 창조업적으로 짝 짓는 것은 창세기 1:1의 창조기사를 창세기 1장 전체 창조기사를 포용하는 기능(a synecdoche for everything)을 하는 것으로 보는 후대의 신학적 관점이 작용한 결과로 보인다. 즉 궁창('라키아': firmament)의 창조는 혼돈의 물의 신(神) 티아맛(Tiamat)을 마르둑(Marduk)이 격파하여 둘로 쪼갬으로 윗물과 아랫물을 질서정연하게 분리시키는 궁창(=하늘의 창)을 만들어 내듯이 그렇게 하늘들의 질서가 먼저 이루어졌다는 관념의

영향을 받았던 것으로 보인다. 그러므로 무엇보다 창조주의 뜻(=영광)과 그 하신 일들을 밝히 알리는(계시하는) 역할을 하늘들과 하늘들의 창(窓)인 궁창이 무엇보다 우선적으로 한다고 보았다.

그 다음 이 하늘들(하늘에 속한 것들)과 대칭되는 "온 땅에" 되어지는 일들도, 비록 사람의 귀에는 들려지지 않는다 하더라도, 샘이나 우물에서 물이 솟아나듯이, "그들의 소리"(4[5]a절, '카왐'=예언자들이 몰아의 경지에서 방언을 하듯이 말하는 이상한 언어[cf. 사 28:11])가 쏟아져 나와 세계 끝까지(날은 날에게, 밤은 밤에게) 전달된다고 말하고 있다.

4b - 6 4b-6[5b-7]절, 창조물들이, 비록 인간의 언어로는 아니라 하더라도, 그들의 언어('카왐')로서 창조주의 하신 일들을 다 전하고 있는데도, 갑자기 동일한 주제에 관한 증언이 새롭게 다시 시작한다. 즉 "태양의 운행"이 더욱 화려하게(?) 창조주의 뜻을 알려 주는 일(계시)을 한다고 묘사한다. 히브리어의 '태양'('쉐메쉬')이 바벨론의 태양신 '샤마쉬'를 생각나게 한다는 것은 의미가 있다. 바벨론의 최고의 신 '샤마쉬'도 이스라엘의 천체의 하나인 "해"처럼 창조주의 지배를 받는 피조물이라는 암시는 그 나름의 신학적 의미를 가진다고 하겠다. 본문에 [ ]모양의 괄호를 4[5]b절에 두 번, 5[6]절에 한 번 삽입한 것은 히브리 본문에는 나타나지 않는 글자로서 역자들이 문맥을 고려하여 첨가함으로 그 의미를 살리고 있다. 역자들의 보충이 히브리 본문의 의도와도 일치한다고 생각한다. 그러나 여기서 우리가 발견하게 되는 새로운 한 추론은 이 단락이 시편 19편 시인에게 넘어 오기 전의 본래의 이교적인 본문(4b-6[5b-7]절)은 "해"가 주어였을 것이라는 것, 즉 "해를 위하여"(랏쉐메쉬)가 아니라 "해는"(쉐메쉬)이라고 되었을 것이라는 추론이다. 말하자면, "해는 하늘에(또는 "바다에"=in them=빠헴 ← 빠얌) 장막을 지었도다. 아, 해는 그 방에서 나오는 신랑과 같고 그 길을 달리기 기뻐하는 장사 같아서 …"라는 것이 본래의 이교자료의 원문인데, 시편 19편 시인이 "해는"[태양신은]이라는 말[主語]에 '라메드'라는 전치사 한 자음만 붙여서 "(그가[엘이]) 해를 위하여"[副詞]라는 말로 만들어 "태양신"을 창조된 천체인 "태양"으로 격하(비신화화)시켰을 것이라는 추론이 형성된다. 4b[5b]절-6[7]절이 만

일 이러한 개작을 거쳤다면(토라 찬양의 지혜시와 연결할 때 그러한 개작 작업을 하였다면) 이것은 대단한 이스라엘적 신학화 작업이었을 것임이 분명하다. 그 가능성은 여러 측면에서 볼 때 충분히 있다고 판단된다.

7 - 10 7-10[8-11]**절,** 시의 주제 급전이(急轉移)는 실제로 여기서 시작된다. 앞서 논의한 주제와는 전혀 다른 "토랏 야훼"(야훼의 토라)에 대한 찬양이 "토라"의 네 가지 면을 소개함으로 이루어진다. 여기서 말하는 "토라"는 율법주의가 말하는바, 생명력 없는 '율법 조문'을 가리키는 것이 아니라 글로 옮겨진 야훼 하나님의 뜻의 자비로운 표현이다. 다른 말로 말하면 '교훈' 또는 '지침'이다. 그래서 (1) "토라"는 완전하여('타밈') 우리의 영혼(=생명)을 원상회복시킬 수 있다. (2) "토라"(=야훼의 증거)는 확실하여('네아마나'=믿을 수 있어서) 우둔한 자를 지혜롭게 만들 수 있다. (3) "토라"(=야훼에 대한 두려움)는 정결하여 중도 폐기되지 않고 영원토록 남아 있게 한다. (4) "토라"(야훼의 규례)는 확실(진실='에멧')하여 정당하다고 인정을 받게 된다. 그러므로 "토라"는 우리에게 "생명을 주는 것"이므로 그 가치가 정금보다 높고 그 즐거움이 송이 꿀보다 더 달다. 그러나 "토라"는 이러한 격찬으로만 끝마무리될 수는 없다. 그만큼 가치 있고 생명력이 있는 것이라면 그것을 잃을 때와 얻을 때의 운명의 차이도 크다고 하겠다.

11 - 13 11-13[12-14]**절,** "토라"에 대한 진정한 성찰은 찬양으로부터 "탄원의 기도"로의 전이(轉移)를 불러들인다. "토라"의 완벽함을 성찰한 후 자신을 들여다볼 때, 이 시인은 자신의 부족함을 느끼게 하였다는 것은 충분히 이해할 수 있는 일이다.

14 14[15]**절,** 창조된 세계를 통한 하나님의 자기 계시와 토라를 통한 하나님의 자기 계시의 신비함을 성찰한 시인은 "참 기도"의 모범을 남기게 된다. "내 입의 말과 내 마음의 생각(묵상)이 아예 주님의 마음에 들기를 바란다"는 자기를 하나님께 전적으로 맡기는 기도로 하나님 찬양을 끝막음한다.

¶ 메시지: 언어도 없고 들리는 소리도 없으나

시편 19편은 보이지 않는(볼 수 없는) 하나님의 자기 계시의 양식을 두 가지로 분명하게 제시하고 있는 신학적 깊이를 가지고 있는 시이다. 출애굽기 33:18-23에서 증언되고 있듯이, 하나님의 얼굴을 보고도 살아 남을 수 있는 자는 없다. 이것이 천지 창조 이래 오늘까지 우리 인류가 경험하는 하나님의 현실이다. 그러므로 우리의 믿음이 "볼 수 없는 아버지"를 자꾸 보여 달라고 보채는 빌립과 같은 것(요 14:8-9)이 되어서는 안 된다.

그러나 출애굽기 33:23처럼 하나님은 자신의 "등"을 통해서 자기를 보여 주신다고 성서는 대답한다. 그렇다면 이 하나님의 "등" 은유의 의미는 무엇인가? 이 물음에 대해서 신학적 정제를 통하여 분명하게 설명해 주고 있는 것이 시편 19편이다. 시편 19편 시인은 하나님의 두 가지의 자기 계시가 바로 "하나님의 등"이라고 말해 주고 있다. 그 하나는 (a) 하나님이 창조하신 창조물로서 그 창조물들을 통한 하나님의 행위들(하나님의 인류 구원역사)이 하나님의 등이며 (b) 그 다른 하나는 하나님이 자신의 뜻을 말씀을 통하여 계시하신 "토라"(말씀)이다.

하나님은 그러므로 우선 (1) 자신이 창조하신 창조물로 하여금 하나님 자신을 증언하게 하신다. "하늘이 말을 하고 있다"(The heavens are telling! cf. G. H. Wilson, *The NIV Application Commentary: Psalms*, vol. I, 2002, 373). 하나님이 창조하신 창조물은 다 제각기 자기의 언어를 가지고 하나님의 영광과 그가 하신 일들을 전파하고 있다. 이것을 우리는 "자연 계시"라고 부른다. 하나님은 형이상학적 실재가 아니시다. 오히려 하나님은 그가 창조하신 만물을 주관하시는 주권자이시다. 그러므로 하늘들은 그 모든 함유하고 있는 것들과 함께 자신들을 만드신 분의 영광과 그 창조적 능력을 증언한다. 하나님은 (2) 또한 결코 형상(가시적 현상)으로가 아니라 하나님 자신이 하신 말씀으로(=말씀이 육신이 되신 그분으로) 하여금 하나님 자신을 인간에게 증언하고 계시하신다(cf. 신 4장). 이 말씀(토라)은 이방인인 비유대인에게 요구한 것이 아니라 유대인에게만 요구한 것으로서 초대 기독교는 이 토라를 죄를 들추어내는 역할을 할 뿐인 것으로 생각하였다. 그러나 그리스도는 토라를 완성하셨다. 용서와 속량의 길을 걸으셨다. 우리는 그리스도를 통한 하나님의 우리에 대한 용서를 믿어야 한다. 19편 시인이 고백한 것처럼(시 19:13[14]) "토라"는 비고의적인(unintentional) 죄를 전제한다. 토라는 "고의적 죄"를 피하는 길을 안내해 준다. 토라는 말씀이고 그 말씀이 하나님이시다(요 1:1). 우리는 이 두 계시((1), (2))를 피할 수 없다. 그러므로 우리들은 하나님의 얼굴이 아니라 그의 등을 보도록 노력하여야 한다.*

* 시편 19편의 신학적 입장에 관해서는 본 필자의 두 논문이 위의 견해들을 더 보충해 주리라 본다. "시편 19A에 나타난 태양찬양 주제의 이스라엘적 개작", 『신학사상』18(1977), 682-710. "시편 19편에 나타난 '야훼의 자기 계시'에 대한 찬양 신학", 『구약논단』15(2003), 7-13.

19. 주의 명성에 호소하는 왕을 위한 기도(20:1-9)

¶ 본문

다윗의 시, 영장으로 한 노래

1[2] 환난 날에 여호와께서 네게 응답하시고 야곱의 하나님의 이름이 너
를 높이 드시며(4+4)

2[3] 성소에서 너를 도와주시고 시온에서 너를 붙드시며(2+2)

3[4] 네 모든 소제를 기억하시며 네 번제를 받으시기를 [원하노라](2+2)
(셀라)

4[5] 네 마음의 소원대로 허락하시고 네 모든 도모를 이루시기를 [원하노
라](2+2)

5[6] 우리가 너의 승리로 인하여 개가를 부르며 우리 하나님의 이름으로
우리 기를 세우리니 여호와께서 네 모든 기도를 이루시기를 [원하노
라](2+2, 3)

6[7] 여호와께서 자기에게 [속한 바] 기름 부음 받은 자를 구원하시는 줄
이제 내가 아노니 그 오른손에 구원하는 힘으로 그 거룩한 하늘에서
저에게 응락하시리로다(5+3+3)

7[8] 혹은 병거, 혹은 말을 [의지]하나 우리는 여호와 우리 하나님의 이름
을 자랑하리로다(4+4)

8[9] 저희는 굽어 엎드러지고 우리는 일어나 바로 서도다(3+3)
9[10] 여호와여 구원하소서 우리가 부를 때에 왕은 응락하소서(3+3)

¶ 개요(비평학적 문제)

시편 20편은 "왕의 승리를 위하여 드린 기도"로서 양식비평학적인 관점에서는 "제왕시"라고 분류할 수 있다. 그러나 이 시가 왕의 어떤 상황과 관련하여 노래 불린 시인가 하는 데 대해서는 주석가들마다 약간씩 다른 견해를 가지고 접근하고 있다. 어떤 이의 견해에 의하면, 이 시는 왕의 등극 축제일에 왕의 번영과 성공을 기원하는 의식에서 노래 불린 시라는 견해이다(B. Duhm). 이와 유사한 견해이지만 전혀 그 성격을 달리하는 것으로서 이 시는 야훼께서 대관하는 대관의식 축제 때 불린 시로 보는 견해도 있다(H. Schmidt, A. Weiser). 이 견해는 시의 성격상 "제왕의 시" 범주와 일치하지 않기 때문에 문제가 있어 보인다. 또 다른 견해에 의하면 이 시를 제왕의 시로는 보지만 그 노래가 불린 상황은 왕의 등극 축제의 상황보다는 왕이 출전(出戰) 전에 그의 승리를 비는 의식에서 불린 시라는 견해가 있다(H. Gunkel, S. Mowinckel, H. -J. Kraus et al.).

본문의 내적 증거로 보아 그 상황이 왕의 등극 축제의 상황인지 왕의 출전 전의 승리 기원 의식과 관련된 상황인지는 단정적으로 말하기는 쉽지 않으나, 1[2]절, 5[6]절, 그리고 7[8]절의 신앙고백적인 증언들은 출전 전의 의식과 더 깊은 연결을 시키는 것으로 보인다. 이 세 구절은 또한 "신명기적인 '이름의 신학'(Name-theology)"을 변호하고 있어서 이 시의 저작 시대도 주전 7세기경의 환경을 반영하는 것으로 보인다.

그리고 이 시의 저자가 "나"(6[7]절) 또는 "우리"(5[6], 7 9[8 10]절)로 교체되는 현실은 이스라엘 제의 공동체의 "연대적 개인"(corporate personality) 관념 또는 관습의 문맥 속에서 이해할 수 있는 것(cf. H. W. Robinson, *Corporate Personality in Ancient Israel*, 1964)으로 본다.

¶ 주석

표제는 이 책의 서론을 참조할 것.

1-5 1-5[2-6]절, 문학 양식은 "개인 탄원(기도)의 시"에 속한다. 이 단락 속에 나타나는 미완료태 동사들은 소원형(Jussive)의 기능을 하면서 왕을 위하여 야훼의 구원 간섭을 기원하는 역할을 한다. 여기에 세 가지 특징적인 요소가 나타난다. 그 하나는 야훼 하나님을 "야곱의 하나님"이라고 부르고 있다는 점과 그 다른 하나는 이 문단이 "하나님의 이름으로" 승리가 이루어질 것임을 강조하면서 시작하여 "하나님의 이름으로" 승리하기를 기원하면서 문단을 끝내고 있다는 점("이름"의 신학을 강조하고 있다는 점), 그리고 하나님의 도움을 성소와 시온으로부터 구하고 있는 점, 즉 "법궤"(하나님의 현현 장소)로부터의 승리를 구하고 있는 점 등이다. 이 세 가지 요소는 모두가 신명기적 전통을 반영함과 동시에 "거룩한 전쟁"의 옛 관념을 수용하고 있는 것이라고 하겠다. 하나님의 승리는 하나님의 명성을 위한 것이기 때문이다.

6 6[7]절, 히브리 문장의 구조는 "이제 나는 … 를 알았도다"(앗타 야다아티 키 …)라는 말로 분위기의 전환(승리[구원] 달성의 사인)이 나타났음을 선포하는 구조를 띠고 있다. 물론 이 선포에 앞서 제사장(또는 제의 예언자)의 구원신탁이 선포되었으리라는 가정은 그럴듯하기는 하나 본문의 내적 증거의 부족으로 별 신빙성이 없다고 하겠다.

7-8 7-8[8-9]절, 군사적 사건에 관한 언급이 분명한 표현양식으로 표현되었다. 그 요지는 전쟁의 승리는 병거와 말과 같은 군사 무기의 강함에 의하여 결정되는 것이 아니라, 야훼의 이름의 그 명성에 신뢰하는 것에 의하여 결정된다는 내용을 담고 있다. 이것은 이스라엘(구약)의 "거룩한 전쟁 신앙"의 중심 교조이다. 이것은 구약 신앙세계의 중심을 형성하고 있는 거룩한 전쟁 이데올로기이다. 승리(구원, 참 안보)는 군사적 무

기의 강함에 달려 있지 않고 전적으로 야훼의 이름(구원의 이름, saving name)에 달려 있다는 것이다(cf. 삼상 17:47; 사 30:15; 31:1 등).

9 **9[10]절,** 우리말 개역 번역(본문)은 "오역"으로 보아야 할 것이다. "야훼/호쉬아/함멜렉//야아내누/베욤/코르애누"="여호와여/그 왕을/구원해 주소서//우리가 주님을 부르는/그때에/우리에게 응답하소서(3+3)"라고 본문 변경이 이루어져야 한다. 이 시가 말하려는 바, 진정한 기원이 다시 한번 더 분명하게 선포된 것이다. 이것이 이 시의 시인이 말하려는 기도의 진정한 내용이다.

¶ 메시지: 하나님의 명성에 호소하는 기도

시편 20편 시인은 왕을 위한 기도(1-5[2-6]절)가 "하나님의 이름"(하나님의 명성)을 찬양하는 말로 시작하여(1[2]절) "하나님의 이름"(하나님의 명성)으로 승리하였음을 선포하는 말로 끝나도록(5[6]절) 하였다. 왜 그렇게 하였을까? 이러한 신명기적 신학이 증언하고 가르치는 바는 무엇일까?

다윗이 골리앗을 격파한 이야기(삼상 17:41-51)는 역사적 사실의 제의화(祭儀化)를 통하여 "승리[구원]의 관건"이 어디에 있느냐는 것을 분명하게 증언하고 있다. 47절은 다음과 같이 기록되어 있다. "너는 칼을 차고 창을 메고 투창을 들고 나에게로 나아왔으나 나는 네가 모욕하는 이스라엘 군대의 하나님 만군의 야훼의 이름을 의지하고 너에게 나왔다. … 야훼께서는 칼이나 창 따위를 쓰셔서 구원하시는 것이 아니라는 것을 여기에 모인 이 온 무리[회중]로 하여금 알게 하겠다. 전쟁에서 이기고 지는 것은 야훼에게 달린 것이다 …." 다윗이 어떻게 철기문화를 소개한 블레셋을 이겨내고 가나안 땅의 진정한 주인이 되었는가를 역사 신학적으로 (신명기 역사 신학적으로) 설명한 대목이다. 하나님이 전쟁하신다는 것이고 하나님은 자신의 명성을 위해서 전쟁하신다는 것을 증언하고 있다.

탄원(기도)의 시들은, 그러므로 심각한 위기에 처하였을 때의 기도를 "주님의 이름을 위하여"(시 25:11;31:3[4];44:5[6];54:1[3] 등) 구원해 주시라는 기도로 대처하고 있음을 본다. 시편 23편 시인도 말하기를 "내 영혼을 소생시키시고 자기 이름을 위하여 의의 길로 인도하시는도다" (시 23:3)라고 고백하였다. 구원은 야훼 하나님의 명성에 속한 것이다.

물론, 성서해석학적인 차원에서 말할 때, 골리앗을 향한 다윗의 도전은 역사적 사실의 제의화(祭儀化)라는 것을 전제하여야 한다. 기도의 위력은 전적으로 기도를 받으시는 분의 명성에 의존하고 있다. 구원을 비는 기도에 대한 진정한 응답은 야훼 하나님으로부터만 오기 때문이다.

20. 왕의 승리를 위한 기도(21:1-13)

¶ 본문

다윗의 시, 영장으로 한 노래

1[2] 여호와여 왕이 주의 힘을 인하여 기뻐하며 주의 구원을 인하여 크게 즐거워하리이다(3+3)

2[3] 그 마음의 소원을 주셨으며 그 입술의 구함을 거절치 아니하셨나이다(4+3)(셀라)

3[4] 주의 아름다운 복으로 저를 영접하시고 정금 면류관을 그 머리에 씌우셨나이다(4+3)

4[5] 저가 생명을 구하매 주께서 주셨으니 곧 영영한 장수로소이다(5+4)

5[6] 주의 구원으로 그 영광을 크게 하시고 존귀와 위엄으로 저에게 입히시나이다(3+4)

6[7] 저로 영영토록 지극한 복을 받게 하시며 주의 앞에서 기쁘고 즐겁게 하시나이다(3+3)

7[8] 왕이 여호와를 의지하오니 지극히 높으신 자의 인자함으로 요동치 아니하리이다(3+3)

8[9] 네 손이 네 모든 원수를 발견함이여 네 오른손이 너를 미워하는 자를 발견하리로다(3+3)

9[10] 네가 노할 때에 저희로 풀무 같게 할 것이라 여호와께서 진노로 저희를 삼키시리니 불이 저희를 소멸하리로다(3+3+4)

10[11] 네가 저희 후손을 땅에서 멸함이여 저희 자손을 인생 중에서 [끊으리]로다(3+3)

11[12] 대저 저희는 너를 해하려 하여 계교를 품었으나 이루지 못하도다(3+3)

12[13] 네가 저희로 돌아서게 함이여 그 얼굴을 향하여 활시위를 당기리로다(3+3)

13[14] 여호와여 주의 능력으로 높임을 받으소서 우리가 주의 권능을 노래하고 칭송하겠나이다(3+3)

¶ 개요(비평학적 문제)

모빙켈(S. Mowinckel)은 시편 20편과 21편을 한데 묶어서 군사적 행동을 개시하기 전에 거행한 종교의식에서 낭송한 시라고 보는 반면에 브릭스(C. A. Briggs)와 다후드(M. Dahood) 같은 학자들은 시편 21편을 시편 20편의 응답으로서 왕의 승전(勝戰)에 감사하는 "감사의 시"라고 본다. 그러나 3[4]절의 "정금 면류관을 그 머리에 씌움"이라는 표현과 5[6]절에 나타난바, 하나님께서 왕조에게 축복을 내릴 때 왕이 받을 "존귀와 위엄"에 관한 표현 등은 이 시가 제왕의 시 중에서도 왕의 등극을 축하하는 축제의식에서 낭송된 시라는 것을 강력히 암시한다. 아마도 가을 신년 축제 때 왕의 등극과 함께 벌어지는 거대한 제왕의 축제와 밀접히 결부되어 있었던 것으로 추론된다.

제왕의 시는 본래 양식비평학적인 관점에서 보면, 그 문학 양식은 여러 양식의 결합으로 이루어지는 경향이 있기 때문에 우선적으로 규명될 부분은 그 시의 "삶의 자리"가 무엇인가 하는 것이다. 그런 점에서 이 시는 왕의 등극 또는 매해 한 번씩 찾아오는 통치 갱신을 기념하고 축하하는 축제 때 낭송된 시로서 이해하는 것이 가장 자연스러운 견해로 보인다.

이 시의 전반부(1-6[2-7]절)는 왕에게 은혜를 베푸신 야훼를 향한 감사의 노래이고 7[8]절은 이 감사의 노래를 마무리하는 구절이며, 후반부인 8-12[9-13]절은 왕을 향하여 야훼께서 제의 공동체 또는 제의 지휘자의 입을 빌려 구원과 번영에 관한 약속을 주시는 말씀으로서 역시 13[14]절도 또한 이 약속의 말씀을 마무리하는 구절이라고 하겠다. 이러한 문맥에서 본다면 우리의 시(21편)는 포로 전기의 왕조기에 이루어졌다고 볼 수 있다.

¶ 주석

표제에 관해서는 이 책의 서론을 참조하라.

1-**6** 1-6[2-7]**절,** 왕에게 베푸신 야훼 하나님의 구원의 은혜에 감사하는 노래이다. "주의 힘"과 "주의 구원" 그리고 "기뻐하다"와 "크게 즐거워하다"는 각각 동의어 평행을 형성한다. 그러므로 "주의 구원"과 동의어 평행을 이루고 있는 **1[2]절의 "주의 힘"**('오즈카')은 "주의 승리"(Dahood) 또는 "주의 방어"(Gunkel)의 의미를 갖고 있는 것으로 볼 수 있다. **2[3]절**의 "마음의 소원"과 "입술의 구함"도 동의어 평행으로 읽는 것이 옳다고 하겠으며 이것들에 대한 하나님의 응답이 있었다는 것은 곧 왕의 기도에 대한 "구원응답"이 과거 언젠가 있었다는 것을 의미한다. **3[4]절**의 "축복의 인사로 영접하여 정금 면류관을 그 머리에 씌우는 것"은 매해 반복되는 왕의 대관 축제의 의식을 묘사한 것이다. **4[5]-5[6]절**의 "영영한 장수"의 축복은 일종의 고대 궁중 예의에 속한 것이기는 하지만 여기서는 왕의 수명의 연장에 관한 기원이라기보다, 변함없이 대대로 이어지는 왕조의 영속성에 관한 기원으로 이해하는 것이 더 잘 문맥에 맞는 것으로 보인다.

7 **7[8]절**은 전체 예배 공동체가 왕의 대관에 동의(同意)를 표한다는 것을 표현한 것이다. 왕이 야훼를 의지(依支)하는 것은 왕조의 흔들림 없는 존속의 필수 조건이라고 믿고 있기 때문이다.

8 - **12** **8-12[9-13]절,** 무적의 능력을 가지신 야훼께서 왕의 원수들을 철저히 감시하여 왕과 그 왕조를 지켜 주시리라는 것을 약속하고 계신다. 8[9]a절의 "네 손"을 8[9]b절과 짝을 맞추기 위하여 "네 왼손이"로 번역하는 것이 꼭 필요한 것은 아니다. 원수들이 왕의 장중에 들어 있다는 것을 나타내는 것으로 보인다. 9[10]절의 "풀무"는 원수가 그 안에 거주하고 있는 도성이 불에 타서 함락하는 것을 상상한 표현으로 보이며 10[11]절의 "원수의 후손 근절"은 종주(宗主)를 배신한 봉신(封臣)의 처절한 운명을 묘사한 것이다.

13 **13[14]절,** 원수를 격파하고 승리하심으로 하나님의 능력과 권능이 찬양받는 것으로 결론을 맺는다.

¶ 메시지: 야훼를 의지하는 왕은 영원히 요동하지 않으리라

왕의 길(지도자의 길)은 긴장의 연속으로 둘러싸인 험난한 길이다. 이스라엘의 왕정제도의 도입 문제가 신명기와 신명기적 역사서에서 가장 중요한 쟁점이 되었던 것도 바로 그 때문이었다. 사울-다윗-솔로몬-분열왕조와 최후의 남은 유다 왕조, 특히 전혀 예기치 못한 요시아의 전사 사건에 이르기까지의 이스라엘 왕조사는 결국은 흔들리고 또 흔들리고 하다가 결국은 무너져 버렸다.

그러나 참 왕도(王道)에 관한 신명기적 가르침(신 17:14-20)은 지금까지도 우리의 유일한 생명의 길로 남아 있다. 신명기 17:14 이하는 매우 구체적인 언어로 왕이 되기 위하여서는 반드시 지켜야 할 다섯 가지의 금기사항을 제시하였다. (1) 이스라엘인이 아닌 이방인이 왕이 되어서는 안 된다(이방 제국주의 이념은 결코 용납할 수 없다). (2) 병마의 많음(군사력)에 의지하지 말아야 한다. (3) 아내를 많이 두지 말아야 한다. (4) 은금(銀金)을 많이 쌓지 말아야 한다. (5) 토라를 평생에 자기 옆에 두고 읽으며 야훼에 대한 경외를 배워야 한다. 이스라엘은 이 금기사항을 끝내 지키지 못하였던 것이다.

거룩한 전쟁 이념이 말하는 "승리(구원)의 유일한 길"도 이 신명기적 계율을 반복하는 데서부터 한 치도 틀리지 않았다. 예언자들의 "소리들"은 이 신명기적 계율을 반복적으로 주지시키는 일이었다(사 7장). "야훼를 의지하는 왕은 영원히 요동하지 않으리라"는 것이었다. 위에서 지시한 다섯 가지의 신명기적 금기는, 현실적으로는, 하나같이 지켜가기가 어려운 일이었다. 결국은 '믿음'의 문제였다. 야훼만을 의지(依支)하면 왕은 영원히 요동하지 않을 것이라는 것이다.

21. 먼지 속에 버려진 자가 받은 새 생명(22:1-31)

¶ 본문

다윗의 시, 영장으로 아얠렛샤할에 맞춘 노래

1[2] 내 하나님이여 내 하나님이여 어찌 나를 버리셨나이까 어찌 나를 멀
리하여 돕지 아니하옵시며 내 신음하는 [소리]를 듣지 아니하시나이
까(4+4)

2[3] 내 하나님이여 내가 낮에도 부르짖고 밤에도 잠잠치 아니하오나 응
답지 아니하시나이다(4+3)

3[4] 이스라엘의 찬송 중에 거하시는 주여 주는 거룩하시니이다(2+3)

4[5] 우리 열조가 주께 의뢰하였고 의뢰하였으므로 저희를 건지셨나이다
(3+2)

5[6] 저희가 주께 부르짖어 구원을 얻고 주께 의뢰하여 수치를 당치 아니
하였나이다(3+3)

6[7] 나는 벌레요 사람이 아니라 사람의 훼방거리요 백성의 조롱거리니
이다(4+4)

7[8] 나를 보는 자는 다 비웃으며 입술을 비쭉이고 머리를 흔들며 말하되
(4+4)

8[9] 저가 여호와께 의탁하니 구원하실걸, 저를 기뻐하시니 건지실걸 하

나이다(4+4)
9[10] 오직 주께서 나를 모태에서 나오게 하시고 내 모친의 젖을 먹을 [때
에] 의지하게 하셨나이다(4+4)
10[11] 내가 날 때부터 주께 맡긴바 되었고 모태에서 나올 때부터 주는 내
하나님이 되셨사오니(3+3)
11[12] 나를 멀리하지 마옵소서 환난이 가깝고 도울 자 없나이다(2+2+2)
12[13] 많은 황소가 나를 에워싸며 바산의 힘센 소들이 나를 둘렀으며
(3+3)
13[14] 내게 그 입을 벌림이 찢고 부르짖는 사자 같으니이다(3+3)
14[15] 나는 물같이 쏟아졌으며 내 모든 뼈는 어그러졌으며 내 마음은 촛
밀 같아서 내 속에서 녹았으며(2+2, 3+3)
15[16] 내 힘이 말라 질그릇 조각 같고 내 혀가 잇틀에 붙었나이다 주께서
또 나를 사망의 진토에 두셨나이다(3+3+3)
16[17] 개들이 나를 에워쌌으며 악한 무리가 나를 둘러 내 수족을 찔렀나
이다(3+3+3)
17[18] 내가 내 모든 뼈를 셀 수 있나이다 저희가 나를 주목하여 보고
(2+3)
18[19] 내 겉옷을 나누며 속옷을 제비 뽑나이다(3+3)
19[20] 여호와여 멀리하지 마옵소서 나의 힘이시여 속히 나를 도우소서
(3+3)
20[21] 내 영혼을 칼에서 건지시며 내 유일한 것을 개의 세력에서 구하소
서(3+3)
21[22] 나를 사자 입에서 구하소서 주께서 내게 응락하시고 들소 뿔에서
[구원하셨나이다](3+3)
22[23] 내가 주의 이름을 형제에게 선포하고 회중에서 주를 찬송하리이다
(3+3)
23[24] 여호와를 두려워하는 너희여 그를 찬송할찌어다 야곱의 모든 자손
이여 그에게 영광을 돌릴찌어다 너희 이스라엘 모든 자손이여 그
를 경외할찌어다(3+3+4)
24[25] 그는 곤고한 자의 곤고를 멸시하거나 싫어하지 아니하시며 그 얼

굴을 저에게서 숨기지 아니하시고 부르짖을 때에 들으셨도다
(3+2, 3+3)

25[26] 대회 중에 나의 찬송은 주께로서 온 것이니 주를 경외하는 자 앞에
서 나의 서원을 갚으리이다(4+4)

26[27] 겸손한 자는 먹고 배부를 것이며 여호와를 찾는 자는 그를 찬송할
것이라 너희 마음은 영원히 살찌어다(3+3+3)

27[28] 땅의 모든 끝이 여호와를 기억하고 돌아오며 열방의 모든 족속이
주의 앞에 경배하리니(4+4)

28[29] 나라는 여호와의 것이요 여호와는 열방의 주재심이로다(3+2)

29[30] 세상의 모든 풍비한 자가 먹고 경배할 것이요 진토에 내려가는 자
곧 자기 영혼을 살리지 못할 자도 다 그 앞에 절하리로다(4+4, 3)

30[31] 후손이 그를 봉사할 것이요 대대에 주를 전할 것이며(2+3)

31[32] 와서 그 공의를 장차 날 백성에게 전함이여 주께서 이를 행하셨다
할 것이로다(3+3)

¶ 개요(비평학적 문제)

지금까지의 많은 주석가들은 시편 22편이 인위적으로 두 개의 서로 다른 시, 즉 개인 탄원의 시(1-21[2-22]절)와 개인 감사 또는 찬양의 시(22-31[23-32]절)를 결합시켜 연속성과 균형성이 있는 "하나의 시"로 만든 시라고 이해하려는 경향성을 갖고 있었다. 이러한 견해는, 흔히들 생각해왔던 것처럼, 전반부(개인 탄원의 시)를 본래의 것으로 보고 후반부(개인 감사 또는 찬양의 시)는 "후대의 첨가" 또는 "후대의 확대"로 보려는 견해보다는 어느 진일보한 것으로 보인다.

물론, 언뜻 보면 시편 22편은 두 개의 시 양식의 인위적 결합으로 보일 수도 있다. 그러나 궁켈의 양식비평적인 초기 연구에서도 이미 그러한 문제점에 대한 자세한 검토가 있었던 것으로 보이지만(*Einleitung*, 1933 /*Introduction*, 1998, §6), 이 시(22편)는, 개인 탄원의 시에 대한 좀더 자세한 분석과 그 탄원의 시의 현실에 대한 좀더 깊은 신학적 성찰을 한다

면, 그 전체가 본래부터 하나의 통일성과 동질성을 가진 하나의 시(**개인 탄원의 시**)였을 것이라는 것을 인식할 수 있을 것이다. 개인 탄원의 시는 그 본질상 탄식과 기원의 결합으로만 구성되어 있는 것이 아니라, 탄원의 시 곳곳에서(예기치 못한 곳에서) 하나님에 대한 신뢰의 표현, 더 나아가서는, 구원 응답의 확신에 관한 표현이 나타나는 특징이 있다. 그러나 앤더슨(A. A. Anderson, *Psalms 1-72*, 184)이 생각한 것처럼 이 시를 본질적으로 하나의 "감사의 시"라고 보는 것은 "신뢰의 시" 양식(시 4; 11; 16; 23; 27:1-6; 62; 131편)의 구조적 특징에 대한 오해에서부터 비롯된 잘못된 판단으로 보인다.

즉 탄원의 시는 자주 그 자신 속에 '신뢰' 또는 '확신' 표현을 포함하지만, 그러나 신뢰의 시는 결코 그 자신 속에 현재형 탄식이나 현재형 기원(祈願)을 가지는 일이 없기 때문이다(!). 22편 전반부의 경우에서도 그러한 현상이 나타나는 것을 발견하는데, 예컨대 3-5[4-6]절과 같은 경우는 탄원의 분위기가 전혀 예기치 못한 곳에서 구원 확신의 분위기로 옮겨 간 그 좋은 예라고 하겠다. 다른 한편, 신뢰의 시에서는 그 어느 경우에서도 현재형 '탄식' 또는 '기원'이 발견되지 않는다(!).

이러한 맥락에서 볼 때, 우리는 시편 22편을 하나의 "개인 탄원의 시"라고 볼 수 있을 것이다. 그러므로 22[23]-31[32]절에 나타난 감사와 찬양의 표현들은 독립된 하나의 감사의 시 또는 찬양의 시 장르로 이해할 것이 아니라(pace Craigie) 탄원의 시들의 분위기 변화 현상에서 흔히 나타나듯이 개인 탄원(기도)의 시인이 21[22]절의 마지막 한 단어, 즉 "아니타니"(당신[주님]이 내게 응답하셨습니다=응답 확신, עֲנִיתָנִי)라는 한 단어의 매우 강력한 영향을 받아 절망적 개인 탄원의 분위기를 감사와 찬양 및 신뢰의 표현으로 **분위기 급전환**을 도출해 내었다고 이해해야 할 것이다. 즉 21[22]절 "나를 사자의/입에서/구하소서//들소/뿔에서[구하소서]/ **아, 주께서 내게 응답해 주셨나이다**"라는 구절의 마지막 단어("아니타니" =You have heard me!)가 이 시의 절박한 탄식 분위기(전반부) 전체를 감사와 찬양과 구원 확신(후반부)으로 전환시켰던 그 요인이라 하겠다. 그런 점에서 이 시는 본래부터 두 시의 결합이거나 또는 아예 감사/찬양의 시였거나 한 것이 아니라, 이 시는 처음부터 하나의 통일된 일관성을 갖춘 "개인 탄원의 시" 였다고 할 수 있다.

그러나 21[22]절(3+3 박자)의 끝 단어("아니타니" = You have heard me!)를 많은 주석가들이 추론하는 것처럼 "제사장의 구원신탁"(Priestly oracle of salvation)이 선포된 것을 적시하는 말로 해석할 수 있는 것인지는 분명하지 않다(시 60편 주석 참조).

이러한 시의 환경은 분명 극심한 고통의 질병 때문에 **죽음**의 문전에까지 이르렀던 한 버림받은 사람(1-2[2-3], 14-17[15-18]절)이 건짐을 받고 살아서 **산 자**의 세상으로 살아 돌아온 극적 운명전환(26-29[27-30]절)을 극화하는 제의극(cultic drama)적 상황 이상의 것은 아니라고 표현할 수 있다. 제의(祭儀)에서 신의 죽음과 신의 부활을 대행하는 자는 주로 "왕"으로서 표현되어 온 고대 중동의 이교적(異敎的) 상황은 이스라엘 제의에서는 찾기 어려우므로 이 시를 그러한 점에서 볼 때는 "제왕의 시"라는 맥락에서 이해하기는 곤란할 것이다. 아마도 이와는 달리 절대 절명의 질병에 걸려 죽음의 위협을 받았던 경험(1[2]절; cf. 마 27:46; 막 15:34, 하나님으로부터 버림을 받았던 경험)이 있는 자는 누구나 이러한 제의의 주역이 되었을 수 있었을 것이다(democratization of the cultic words). 특히 시편 22편의 제의극을 구성하는 주요 골격은 **"하나님으로부터 버림받아 죽음의 문턱에 다다름 → 기도의 응답에 의한 분위기 급전환(21[22]절 끝 단어) → 영원한 생명으로 다시 삶과 감사"**로 볼 수 있기 때문에 예수님의 십자가상의 외침이 시편 22편과 결부됨으로써 초기 기독교에서는 시편 22편이 메시야적 해석의 가능성을 충분히 열어 줄 수 있었을 것으로 보인다.

¶ 주석

표제에 관해서는 이 책의 서론을 참조하라.

1-2 1-2[2-3]절, 1[2]절에 나타난 "내 하나님"이라고 할 때의 '하나님'은 '엘'이고 2[3]절의 경우, 그 하나님은 '엘로힘'이다. '엘'은 '엘로힘'보다는 좀더 고대성을 반영한다. "엘리"의 반복('엘리, 엘리')은 시편

22:1[2]에 나타난 특유한 현상으로서, 박자의 평형을 맞추기 위하여 "엘리"를 한번 더 첨가한 점도 있지만 그보다는 시인의 고통과 고뇌가 심각하였음을 강조하려는 의도에서 비롯된 것으로 보는 것이 더 적절한 판단으로 보인다. 특히 "나의"라는 인칭대명사의 사용은(시편 기도의 시에서는 매우 드문 현상) 절망과 희망 사이의 교량을 놓기 위한 한 방편이기도 하고 하나님과의 계약관계를 강조하기 위하여서이기도 하다. "나는 하나님으로부터 도움과 구원을 기대할 권리가 있다"는 의미가 암시되어 있는 표현이라고 하겠다.

"어찌 나를 **버리셨나이까**"라는 표현은 하나님의 자기 감추심과 멀리 계심으로 인하여 생긴 탄식으로서 모든 고난을 함유하는 고난의 원형(archetypal distress)에 해당하는 탄식이다. 이 말 속에 모든 고통이 요약 함축되어 있다. 이 관념은 주로 하나님의 응답치 않으시고 잠잠하심(Deus absconditus), 그리고 '멀리 계심'[疎遠]에 대한 탄식과 깊이 관련되어 있다. 이 고통은 육체적 질고나 원수의 조롱보다 더 견디기 힘든 고통이었다.

3 - 5 3-5[4-6]절, 분위기의 전도(顚倒)이다. 하나님의 부재(God's absence)를 느끼게 하는 이 복잡한 고뇌 속에서도 하나님은 여전히 이스라엘의 찬송 중에 계시는 "거룩하신 분"(사 6:3; 계 4:8)이시며 주를 의지('빠타하')하는 자(그럼에도 불구하고 쉬지 않고 부르짖는 자)에게는 변함없이 구원을 베푸시는 분이셨다. 아마도 여기서 시인은 시인 자신의 상황이 모두 불투명한데도 "출애굽 사건" 같은 하나님의 위대한 역사 활동(magnalia Dei)은 계속되고 있음을 인식하고 있었던 것으로 보인다. 그러므로 시인의 현재적 탄식은 더욱 절실해졌던 것이다.

6 - 8 6-8[7-9]절, "나는 벌레요, 사람이 아니다"라는 은유는 인간의 모습을 그 비슷한 모습조차도 잃어버릴 정도로 '일그러지고' '낮아짐'에 대한 은유이다(사 41:14; 52:14; 53:3 etc.). 그의 상태는 "고난받는 종의 상황"을 적확하게 반영한다. 더 비참한 것은 원수만이 아니라 같은 동족인 백성들까지도 가세하여 시인의 고난이 죄의 결과로 온 것이므로 야

훼 하나님께 나아가 보면 건짐을 받지 않겠느냐고 조롱(7-8[8-9]절)하고 있다는 점이다.

9 - **11** **9-11[10-12]절,** 백성들의 조롱에 대한 시인의 대응(對應)이 기원(祈願)의 형식으로 나타난다. 즉 시인에게 생명을 주시고 모태에서 나올 때부터 시인이 의지해 오신 시인의 생명의 주인은 처음부터 하나님이시니 "멀리하지 말아 주십시오"라고 기도하는 것으로 주위의 조롱에 대응한다. "멀리하지 말아 주십시오"라는 기원은 1[2]절에서 이미 이 시의 중심주제로 삼았던 것이었다. 그리고 이러한 시인의 신앙은 이 기도의 이유 설명—히브리어 '키'로 시작하는 짧은 두 문장, (1) 환난이 가깝기 때문에, 그리고 (2) [주님 이외에는] 도울 자 없기 때문에라는 형식의 기도—에서 드러난다. 이로서 시인은 하나님에 대한 그의 전적인 신앙이 재확인된 것이다. 여기서부터 긴 '탄식'(12-18[13-19]절)과 이를 기초한 '기원'(19-21[20-22]절)이 제시된다. 하나님을 향한 울부짖음의 탄식과 하나님을 의지의 대상으로 삼는 신앙 사이에는 역설적 상호관계성을 갖고 있다고 하겠다.

12 - **18** **12-18[13-19]절,** 원수로 인한 탄식 부분이다. 원수에 대한 은유적 묘사들은 "많은 황소", "바산(부유한 목장들이 많은 곳)의 힘센[소]들", "탐욕스러운 사자", "질병", "사망의 진토", "개" 등에 의하여 묘사된다. 상대편을 "개"라고 부르는 것은 우리들 동양 사람들에게 있어서는 서양 사람들이 "돼지"라고 말할 때 주는 모욕과 비슷한 모욕적 언사이다. "겉옷을 나누고 속옷을 제비뽑나이다"라는 표현은 그가 죽을 것을 예상하고 원수들이 전리품을 나누어 가지듯이 나누어 가지는 것을 표현한 것이다.

19 - **21** **19-21[20-22]절,** 원수 탄식을 근거한 기원부분이다. 탄식과 기원의 순환은 이제 여기서 끝이 난다. 이 최후의 기원은 직접적으로 하나님을 향한 부르짖음의 형식을 취하는데, 그 기본 성격은 11[12]절에서 시작된 기도와 동일한 성격의 기도이다. 즉 그 내용은 이 시의 서두에

서도 "탄식의 원형"(archetypal distress)으로서 제시되었던 바와(1[2]절, 하나님으로부터 버림을 받았다는 탄식과) 동의 평행어인 "멀리하지 마소서"('알-티르칵[콕]', 19[20]절)라는 표현을 그대로 쓰고 있다. 즉 이 반복된 간구는 "이젠 더 이상 버리지 마소서"라는 의미의 간구로서 도움을 서둘러 달라는 간청이라고 하겠다. 19[20]절의 마지막 단어가 "훗사"(서두르십시오!)인 것은 이런 급박한 상황을 반영한다고 하겠다. 이 급박한 기원은 위에서 언급한 바가 있는 원수 은유들(칼, 개, 사자, 들소 뿔)을 총동원하여 제시함으로써 마감한다. 드릴 수 있는 모든 기원을 다 드렸다는 뜻이다.

그러나 후반부의 새 장면으로 넘어가는 전반부의 끝 지점(21[22]절 **끝 단어**)에서, 즉 전반부의 끝 절 둘째 구절체(verse-member) 끝에서, 한 박자로 구성된 단어 하나, **"아니타니!"**("주께서 내게 응답하셨습니다")가 예기치 못한 상태에서 등장하여 3+3 박자의 균형 잡힌 구절체를 형성하고 전반부를 마감함과 더불어 여기서부터 **아주 새로운 장면(22[23]절 이하의 장면)이 열리게 된다!**

> **[그가 응답하셨습니다. "아니타니"]**
>
> 온 회중과 형제들 그리고 야훼를 경외하는 자들이 모두 환호하며 야훼 하나님을 찬양한다. 곤고한 자들의 곤고함에 대하여 야훼께서는 결코 그 얼굴을 숨기지 아니하시고 일일이 응답해 주시며 겸손히 야훼를 찾는 자들이 영원한 삶을 약속받는다. 지상의 나라들이 모두 야훼의 통치권 아래에서 만족하여 부한 자나(!) 진토에 묻혀 스스로 살아나지는 못하는 자나(!) 모두들 다 감히 소생하여 야훼를 경배하며 그리고 구원받은 자들의 후손들이 대를 이어 야훼의 공의를 전파한다(22-31[23-32]절)[사역(私譯)].
>
> **정말 새로운 세계가 아닌가!**

결국 시편 22편이 제시하는 최대의 쟁점은 이러한 '변화'를 일으킨 이 **"아니타니"**가 어떻게 시편 22편 전반부(1-21[2-22]절)와 후반부(22-31[23 -32]절) 사이의 가장 중심점에 나타나게 되었는가? 하는 물음에 대하여 답하는 것이다.

거의 대부분의 주석가들은 21[22]절 끝의 "아니타니", 즉 "주께서 내게 응답하셨나이다"라는 응답확신이란 제사장 또는 제의 예언자(성전소속 예언자)에 의한 구원신탁(Heilsorakel)이 선포된 그 결과라고 설명하였다 (cf. F. Kuchler, J. Begrich et al.). 그러나 그토록 많은 저명 주석가들이 여러 가지 가능성을 고려하여 추론한 "제사장의 구원신탁 선포의 전제"에 대한 가설은, 놀랍게도 본문 증거의 전무(全無)라는 오명을 늘 달고 다녔다. 크레이기(P. Craigie)는 신탁 선언문은 암시된 것이지 진술된 것은 아니며 실제로 신탁선언은 기도문 속에 포함시킬 수는 없었을 것이라는 말로 이 가설의 가능성을 비호하고 있지만(*The Psalms 1-50*, 200), 시편 60편의 경우처럼 구원신탁이 기도문 속에 분명한 형태로 포함되어 있는 것을 볼 수 있으며(6-8[8-10]절) 그리고 또 그 구원신탁 선포가 시의 분위기 급전을 이끌어 내지도 못하고 있는 것(시 60:10-11[12-13])을 본다는 것은 많은 시편 주석가들이 사제의 구원신탁 선포 가설을 너무 쉽게 시편 기도(탄원) 시의 분위기 전도(顚倒)의 원인과 결부시키는 경솔을 볼 수 있게 해준다. 오히려 우리는 킬리언(R. Kilian, *BZ* 12[1968], 172ff.)이 생각한 것처럼, 이 '단어'("아니타니"="주님께서 내게 응답해 주셨습니다")는 예배자(=시인) 자신의 개인적 확신의 산물로 이해하는 것이 시편 시[구약]의 현실을 더 잘 반영해 준다고 하겠다(이 '확신'의 성격에 관한 자세한 논의는 Ee Kon Kim, *The Rapid Change of Mood in the Lament Psalms*, 1985/ *Theology Today*, October, 1986, 464; *Interpretation*, Jan. 1987, 88-89를 참조하라).

22 - **24** **22-24[23-25]절,** 22[23]절을 탄원시의 맹세문형으로 보지 않고 감사와 찬양의 시의 시작부분에 나타나는 문형이라고 주장하는 크라우스(Kraus, I, 298-299)의 견해는 불가능하지는 않다고 생각되나 그러나 22[23]절은 야훼의 이름을 선포하겠다는 것을 동료 예배 공동체 멤버들에게 말한 맹세적인 표현이라고 보아도 무리는 없다고 하겠다(cf. G. H. Wilson, *NIV Com.* vol. I, 419). 단지 이 말이 여기서는 감사/찬양의 시라는 새로운 장르가 시작된다는 의미는 분명히 아니라고 하겠다. 왜냐하면

22-24[23-25]절에 나타난 예배 회중을 향한 시인의 찬양의 권유는 시인의 응답확신이 단순히 사제의 구원신탁 선포에 대한 제의적 응답관행이 아니라 시인 개인의 순수한 신앙체험의 결과라는 것을 입증해 주기 때문이다. 즉 24[25]절은 그런 체험이 생동감 넘치는 시인의 실제적 경험들임을 입증해 주기 때문이다. 24[25]절의 끝 글자가 "샤메아"(그가 들으셨도다)로 끝나는 것은 21[22]절 끝 단어("아니타니")가 우연의 출현이 아님을 입증해 준다고 하겠다(!)

25 - 31 **25-31[26-32]절,** 21[22]절의 마지막 단어, "아니타니"("그가 내게 응답하셨다")와 그리고 24[25]절의 재긍정, "샤메아"("그가 들으셨다")라는 마지막 단어를 거쳐서 이제는 시인의 모든 개인적 감사/찬양은 보다 우주적인 것으로 전이된다. 즉 형제 동료 회중 → 모든 겸손한 자 → 야훼를 찾는 사람은 누구나 → 땅의 모든 끝 → 열방의 모든 족속 → 부유한 자 → 이미 먼지로 돌아간 자들 → 구원받은 자들의 후손 → 장차 태어날 백성에게까지 "이 모든 일을 하신 분은 야훼 우리의 주님이시다!"라는 것을 전파하게 된다. 우주적이고 묵시문학적인 성격을 띤 새로운 세계가 약속되어 있었던 것이다.

¶ 메시지: 구원자 하나님은 자신을 숨기시는 하나님!

시편 22편의 신비는, 예수께서 십자가 위에서 운명하시면서 이 시를 암송하셨다는 사실과 함께, 저토록 절망의 나락의 경지에서부터 새 생명의 우주적 희망을 창조해 내는 새로운 세계로 전이(轉移; shift)해 가는 이 시인의 믿음이 갖고 있는 신비이다. 자신을 감추시는 하나님, 우리를 버리시는 하나님은, **실제로는**(!), 우리 인간을 결코 절망 속에 남겨 두지 않으시는 분이시라는 이러한 신앙적 각성은 이미 처음부터 이 시를 메시야적 해석, 기독론적인 해석의 길을 철저히 예비하고 있었다. 놀라운 일이다.

시편 22편과 욥기 사이의 관계에서도 비록 분명하지는 않지만 어느 정도 이러한 연결고리의 가능성을 추론할 수 있다고는 할지라도, 제2 이사야가 증언한 고난받는 종 이미지와의 관계에 있어서는 시편 22편 시인은 제2 이사야의 명백한 '선 주자'(先 走者; forerunner)임이 분명하다. 시편 22편은 고난받는 메시야 신학의 기초를 놓고 있음이 분명하다. 즉 "십자가 죽음 → 부활의 승리"라는 기독교 복음의 틀은 이미 구약 시편 22편에서 마련되었고 제2 이사야의 "고난받는 종의 사상"에서 첨예화되었다고 하겠다. 고난의 관문을 통과하고 나면, 아니 그 관문을 통과하여야만 비로소 죽음 극복의 부활에 참여할 수 있다는 주장에 성서 신앙의 위대함이 있다.

22. 내 잔이 넘치나이다(23:1-6)

¶ 본문

다윗의 시
1 여호와는 나의 목자시니 내가 부족함이 없으리로다(2+2)
2 그가 나를 푸른 초장에 누이시며 쉴만한 물 가으로 인도하시는도다
(3+3)
3 내 영혼을 소생시키시고 자기 이름을 위하여 의의 길로 인도하시는도
다(2+2+2)
4 내가 사망의 음침한 골짜기로 다닐찌라도 해를 두려워하지 않을 것은
주께서 나와 함께 하심이라 주의 지팡이와 막대기가 나를 안위하시나
이다(2+2+2, 2+2+2)
5 주께서 내 원수의 목전에서 내게 상을 베푸시고 기름으로 내 머리에
바르셨으니 내 잔이 넘치나이다(3+2, 3+2)
6 나의 평생에 선하심과 인자하심이 정녕 나를 따르리니 내가 여호와의
집에 영원히 거하리로다(3+2, 2+2)

¶ 개요(비평학적 문제)

쾰러(L. Koehler)와 같은 학자는 시편 23편을 "목자"의 모습 하나만을 묘사하고 있는 "찬양의 시"로서 이해하고 시 나머지 부분에서 다양한 은유가 나타날 때는 "방목", "초원의 변경"이라는 개념을 사용하여 "목자"라는 주제를 계속 견지한다. 이러기 위하여서는 미세하나마 본문의 수정이라는 과정도 뒤따르게 된다. 예컨대, 쾰러는 5절에 나오는 "상"(table)을 본문에서 제거해 버리고 동물 치유에 필요한 기름을 발라 주는 일만을 부각시킨다. 그러나 대부분의 주석가들은 1-4절("목자" 주제를 다룬 부분)과 5-6절(원수로부터의 구원 주제를 다룬 부분) 사이에는 불연속성이 있음을 받아들인다.

1-4절의 목자 주제는 2-3절에서 "인도하신다"라는 언어를 반복함으로써 그 주제의 영향력을 강조한다. 2절과 3절에 각각 다르게 나타나는 "인도하신다"라는 동사, "나할"(נהל)과 "나카"(נחה)는 출애굽기 15:13에서도 똑같은 모습으로 나타나는바, 소위 광야 인도(引導) 전승에서 사용되는 전문용어이다. 따라서 바이저(Weiser)는 수많은 인생길들에서 방황하는 자들을 "인도하시는 하나님" 이미지가 광야 인도 전승에 대한 기억을 통하여, 이른바 "인도하는" 목자(牧者) 이미지에 결합되었다고 본다(*The Psalms*, 1962, 229).

그러나 5-6절에서는 1-4절의 이런 목가적(牧歌的) 분위기는 나타나지 않는다. 오히려 원수로부터의 극적인 승리를 축하하는 '잔칫상'이 차려지고 "목자와 양"의 은유 대신에 잔치의 주인과 그의 초대를 받은 자 사이에 구원의 기쁨을 나누는 의식들이 소개된다. 기름을 머리에 발라 향기를 좌중에 풍기는 일과 넘치는 축하의 잔을 교환하는 일들이 전개된다(5절). 그리고 야훼 하나님과의 영원히 끊어지지 않는 교제(선하심과 인자하심; '토브'와 '헤세드')가 대대로 지속될 것을 확신한다(6절). 그렇다면 1-4절과 5-6절은 불연속의 관계인가, 아니면 거기에도 통일성이 있는가가 해결하여야 할 쟁점으로 보인다.

궁켈(Gunkel)은 이 23편의 시를 "개인 탄원의 시"의 부속(종속) 양식인 "신뢰의 시"(시 4; 11; 16; 23; 27:1-6; 62; 131편)라고 분류하였다. 즉 신뢰의 시들은 개인 탄원시에서부터 발달한 시라고 보았다. 시의 삶의 자리의 중요성을 강조하는 양식 비평학에서는 가능한 상상력의 결실이라 할 수 있는데, 크라우스(Kraus)는 그런 의미에서, 개인 탄원의 시와 신뢰의 시 그리고 개인 감사의 시의 삶의 자리가 동일하다는 것을 지적하였고 "기도의 시"(Gebets- lieder)라는 통합적 용어를 사용하기를 좋아하였다. 그럼에도 많은 주석가들은(Oesterley를 출발점으로 하여[?]) 이 신뢰의 시들을 '독립 장르'로 분류하기를 제안하여 왔다. 따라서 문제는 이러한 "신뢰의 시"라는 장르의 "삶의 자리"가 무엇인지를 결정하는 일이라고 하겠다(고대 중동의 종교문학에서는 이스라엘을 제외하고는 "신뢰의 시"라는 독립된 장르를 가진 나라가 없다는 것은 참으로 기이하다!).

5-6절을 통해서 보면, 즉 5절에 나타나는 원수의 목전에서 베풀어 주시는 축제의 잔칫상(床; table) 및 축하의 "잔"(cup)에 대한 언급(이집트 아마르나 문서에도 유사한 문구가 나타남에 대한 궁켈의 지적)과 6절의 "야훼의 집"(=성전)에 대한 언급은 이 시가 제의적 배경이 없는 순수 비(非)제의시라고 주장하는 것을 어렵게 한다. 아마, 감사제 제의(대 면소[免訴] 후에 갖는 축하 연회)를 배경으로 하고 있는 "신뢰의 시"라는 추론도 가능하게 한다. 동시에 이 시의 분위기는, 4절에 나타나고 있는 바와 같이, 오랜 세월을 거쳐 온 험난한 인생길에 대한 회상을 고려한다면 인생의 영고성쇠 전반을 반영하는 "무시간적 정서"(a timeless sentiment)를 이 시가 갖고 있다고도 하겠다.

그러나 좀더 자세히 관찰해 보면, 1-4절(목자와 양 주제)과 5-6절(구원의 축제 주제) 사이에는 "한 고유한 전승"에 의하여 절묘하게 통일성을 갖추고 있음이 드러난다. 즉 2-3절에 나타난 목가적 시를 하나의 고유한 구원사 전승(광야 **인도**)의 주제가 4절(주의 지팡이와 막대기로 안전하게 인도하심)을 거쳐서 5-6절의 "계약 주제"(선하심과 인자하심)로 연결되는 것을 보게 된다. 결정적인 주도적 언어는 "광야 인도 전승의 고유한 언어, '나카'(נחה)와 '나할'(נהל)"이다. 목자의 인도 주제는 광야 인도 전승의 배경을 가지고 야훼의 계약적 신실하심(선하심과 인자하심; '토브 봐헤세드')의 주제로 연결되는 끊어지지 않는 구원사적 연속관계를 묘파(描破)

해 낸다. 시편 23편의 "인도하신다"의 주제에 의하여 구축된 이 구원사적 구조! 아, 그것은 하나의 놀라움 그 자체이다.

¶ 주석

표제에 대해서는 이 책의 서론을 참조하라.

1-**4** "목자"로 표상된 야훼께서 "양"(羊)으로 표상된 시인을 인도하시고 보호하시며 필요한 모든 것을 제공하신다는 신앙고백으로 일관되어 있다. **"여호와(=야훼)는 나의 목자시니"**, 이 고백은 야훼 하나님과 이스라엘의 관계를 설명하는 매우 흔히 사용되는 말로서 이러한 "관계적 이미지"는 초기 이스라엘인들의 유목민의 삶 속에 그 기원(起源)을 갖고 있는 유서 깊은 개념에 기초하고 있다고 하겠다. 이스라엘의 대표적 선조인 야곱이 "목자"였고(창 29:10), 그리고 모세(출 2:17, 19; 3:1)와 다윗(삼상 16:11)이 또한 목자였다. 이러한 야훼의 목자 표상은 이스라엘과의 관계에서만(시 80:1[2])이 아니라 "온 땅의 백성"의 목자(시 100:3; 95:7)라는 표상에까지 확대된다. 고대 중동에서는 "목자" 은유가 흔히 왕에게 적용되었는데 이 개념이 야훼를 유일한 진정한 왕으로 믿는 이스라엘의 신앙으로 자연스럽게 확대되었다고 하겠다. 이러한 "목자" 은유의 내적 의미는 양을 지켜 보호하는 "보호의 능력"과 "절대 안전한 피난처의 안위성(安慰性)"에 초점이 맞추어진다. 그러므로 1절의 이 첫 구절체(verse-member; 이 용어에 대하여서는 이 책의 서론부의 "평행법" 부분을 참조하라)에 대한 대구(對句)가 **"내가 부족함이 없으리로다"**라고 되어 있는 것은 그 무엇으로도 대신할 수 없는 최고 최선의 대구(對句)이다. 그러므로 이 **1절**의 의미(여호와는 나의 목자시니 내가 부족함이 없으리로다)는 그 은유의 본질이 결코(!) 목가적 매력에 의하여 흐려지는 것을 금하고 있다고 하겠다.

2-**3** 양떼를 푸른 초장과 쉴 만한 물가로 인도하는 목자의 아름다

운 목가적 분위기는 순식간에 '나할'(인도한다)이라는 동사 하나('여나할레니')에 의하여(2절) 야훼의 광야인도('나카')라는 구원사적 주제(3절; '야너케니')와 정확히 연결된다. 즉 목자가 자기 양떼를 안전하게 인도하는 것과 마찬가지로 야훼께서는 "자기 이름을 위하여"(자기 명성을 위하여) 의의 길(구원의 길, cf. Kissane)로 인도하신다는 것이다. "야훼"라는 "이름"은 구원과 방어의 상징이다. '나할'(양떼 인도)과 '나카'(하나님의 명성을 위한 구원의 인도) 사이의 절묘한 연결은 우리를 놀라게 한다.

4 "사망의 음침한"은 히브리어 '찰+마웻'(그늘+죽음)의 번역인데, '음산하고 짙은 어둠'(사망의 어둠, 사망의 그늘)을 지나지 않을 수 없는 것이 인생이다. 욥이 탄식한 것처럼 '삶' 그 자체가 '먼지 속의 고난'이다. 앞이 음산한 죽음의 그늘로 덮여 있어도 두려움 없이 능히 그 어둠을 걸어 나갈 수 있는 것은 야훼의 인도(함께; '임' → '임맛디')를 받기 때문이다. "지팡이와 막대기"는 각각 '방어용 무기와 방향잡이용 지팡이'인데 이들의 함께함이 인생행로에 위로와 의지가 된다는 것이다. "나를 안위하시나이다"('여나카무니')를 궁켈은 마지막 자음 '멤'(m)을 빼고 읽기를 제안한다. 그 경우('야너쿠니'='그들이 나를 인도하도다'), 2, 3, 4절 모두가 다 "인도한다"라는 주제에 연결되게 된다 하겠다.

5-**6** 새로운 국면의 전개로 보이나 구원사적 인도(2, 3, 4절)의 관점에서 보면 '자연스러운 귀결'로 볼 수 있다. 목자 되시는 야훼의 인도는 이제 원수로부터의 구원은 물론이고 구원의 감격을 축하하는 감사 축제의 잔칫**상(床)**을 베풀고 잔치에 초대받은 자의 머리에 기름을 발라 주며 넘치는 잔을 넘겨주는(개선한 병사에게 왕이 직접 어주[御酒]를 하사하는 것과 같은) 화려한 축하연으로 인도한다(5절). 그러나 이 화려한 대미(大尾:피날레, finale)는 "야훼의 선하심과 인자하심"이라는 하나님의 계약적 신실(covenant loyalty)에 대한 찬양으로 선회(旋回)한다. 분위기의 대변화이다. 놀라운 일이다. 마지막 6절의 수사형식은 히브리어 '악'(אך, 분명코, 실로, surely, indeed)이라는 놀람에 의한 분위기 전환 어투가 이끄는 문장으로 구성된다. 말하자면 시편 시인은 여기서, 예상을 뒤엎고, 더 이

상 "원수를 추적하지 않는다(!)." 원수에 대한 처벌이 없다! 오히려 하나님의 선하심과 인자하심이 그(시인)의 뒤를 '추적하듯(!)' 뒤따른다. 남는 것은 "야훼의 집(=성전)에서 영원히 사는 것"이다. 즉 끊어지지 않는 지속적인 하나님과의 교제(=야훼께서 주시는 보호와 축복을 누린다는 것을 강조하는 제의 신비주의[cult-mysticism]의 언어)를 누리게 된다.

¶ 메시지: 인도하시는 하나님

여섯 절밖에 안 되는 매우 짧은 시구에도 불과하고 또 목가적 아름다움으로 휩싸인 시임에도 불구하고 이 시의 중심주제는 결단코 시의 서정적 아름다움에 대한 묘사에 있지 않고(!) 구원사 전승을 구성하는 중심주제들 중의 하나인, **"인도하시다"**를 처음부터 끝까지 묘사해 가는 그 신학적 탁월함!과 그럼에도 여전히 그 뛰어난 시감(詩感)은 끝까지 잃지 않는 그 뛰어난 문학적 천재성! 을 보면서 우리는 그저 놀랄 따름이다.

하나님은 우리의 목자이시다(cf. "예수 그리스도는 선한 목자이시다"; 참조. 요 10:11 이하). 사망의 그늘 골짜기를 수없이 만난다 하여도 죽음의 "해"(害; 가시, 쏘는 것)를 두려워하지 않도록 지켜 주시는 그 '인도하심'의 실체는 '키-앗타 임마디'(=주께서 나와 함께 계시기 때문이다)이다. 주님의 인도(引導)는 결코 전능자의 자기 시위만은 아니었다. 그것은 하나님의 선하심과 인자하심이 끊임없이 뒤따르는 "함께하심"('임마디')이었다.

그러나 '임마디'("나와 함께하심")의 의미는 추상적이고 관념적인 것이 아니다. 이 말은 구약성서 처음부터 줄곧 오직 "전능자 야훼 하나님의 약속의 말씀"(출 3:12, 14a, b; cf. 창 26:3, 24; 31:3; 신 31:6f. passim)이다. 그러므로 이 약속을 받는 우리에게는 그 약속에 대한 '믿음'이 요구된다. 믿음이 없이는 신의 약속은 추상적이고 관념적인 것이 된다. 하나님과 함께 동행하는 삶을 산 "에녹"은 죽음의 과정도 거치지 않고 하나님께서 데려가셨다. 이것은 하나님 안에서는 죽음이 상대화된다는 것을 증언하는 하나님의 말씀일 따름이다. 하나님이 함께하시면(=하나님께서 동행하시며 인도하시면) 죽음의 독침은 상대화된다.

신의 구원 약속의 고전적 구절, 출애굽기 3:12의 "내가 너와 함께 하리라"('에흐예 임막')는 구원 약속은 하나님의 현존(Divine Presence)의 동행 약속이다(출 33:16; 34:9; 시 60:10, 11[12, 13]). 그러므로 '에흐예'("I am." "I will be.")는 하나님의 현존 자체이다(cf. 출 3:14b; 호 1:9). 이 사실은 "하나님의 함께하심은 죽음의 독침을 상대화한다"는 진리에 대한 가장 확실한 웅변적 증언이다. 임마누엘 신앙만이 죽음을 상대화시킬 수 있다는 것은 예수의 부활 사건이 그 유일한 예증이지만(창 5:24; 사 7:14의 확증이기도 함), 창조신학의 불가피한 신학적 해답이기도 하다. '앗타 임마디'(주께서 나와 함께하시[하실 것이]다)='에흐예 임막'(내가 너와 함께하겠[할 것이]다)에 대한 시인의 신앙(4절)만이 비록 죽음의 그늘 골짜기로 나아갈지라도 두려움 없이 주의 안위에 만족할 것이며 넘치는 잔을 주고받는 승리(구원)의 향연에 영원히 동참하게 할 것이다. "인도하시는 하나님"에 대한 만남은 시편 121편에서 또다시 좀더 분명한 창조신학의 지원 아래에서 경험할 수 있을 것이다.

23. "영광의 왕"은 누구이신가?(24:1-10)

¶ 본문

다윗의 시

1 땅과 거기 충만한 것과 세계와 그 중에 거하는 자가 다 여호와의 것이
로다(3+3)

2 여호와께서 그 터를 바다 위에 세우심이여 강들 위에 건설하셨도다
(3+2)

3 여호와의 산에 오를 자 누구며 그 거룩한 곳에 설 자가 누군고(3+3)

4 곧 손이 깨끗하며 마음이 청결하며 뜻을 허탄한데 두지 아니하며 거
짓 맹세치 아니하는 자로다(4+4+3)

5 저는 여호와께 복을 받고 구원의 하나님께 의를 얻으리니(4+3)

6 이는 여호와를 찾는 족속이요 야곱의 [하나님]의 얼굴을 구하는 자로
다(3+3)(셀라)

7 문들아 너희 머리를 들찌어다 영원한 문들아 들릴찌어다 영광의 왕이
들어 가시리로다(3+3+3)

8 영광의 왕이 뉘시뇨 강하고 능한 여호와시요 전쟁에 능한 여호와시로
다(3+3+3)

9 문들아 너희 머리를 들찌어다 영원한 문들아 들릴찌어다 영광의 왕이

들어 가시리로다(3+3+3)
10 영광의 왕이 뉘시뇨 만군의 여호와께서 곧 영광의 왕이시로다(3+2,
2+3)(셀라)

¶ 개요(비평학적 문제)

시편 24편은, 일반적으로 알려진 바에 의하면, 매해 거행된 법궤가 성전으로 들어가는 행진 의전(儀典) 때, 성전(또는 성소) 안으로 들어가려는 백성(제의 참여자들)과 입구 문에 서 있는 제사장과의 사이에 묻고 대답하는 말들을 시화(詩化)한 것으로 생각되었다. 이러한 견해는, 분명 구약 본문 안에는 직접적 증거를 가지고 있지 않은 견해이다. 물론 이러한 의전이 사무엘하 6:12-19에 나타난 바대로 다윗 왕 때 오벧에돔의 집으로부터 법궤를 다윗 성으로 옮기는 일을 배경으로 하였으리라는 추론이 가능하지만, 실제로는 이러한 의전을 집행하기 위하여 [매년 연례적으로] 법궤를 성전 밖으로 갖고 나와서 다시 행렬에 맞추어 성전(의 성소) 안으로 이동하는 일이 있었다는 보고는 시편 24편(cf. 시 15편)과 같은 의전시(儀典詩)의 시적 묘사를 제외한다면 구약성서 안에는 없다. 그러나 이러한 직접적 증거의 부재에도 불구하고, 야훼의 신년 대관의전 가설처럼, 학자들은 그 가설의 가능성을 긍정적으로 평가해 왔다.

이러한 가능한 추론에 의거하여 시편 24편의 내용을 분석해 보면, 이 시는 학자들마다 미세한 견해 차이를 보이기는 하지만, 대체로 아래와 같이 세 부분으로 나누어지고 각 부분마다 각각의 신학적, 제의적 배경을 갖고 있는 약간은 복잡한 내용 구조를 갖고 있는 것으로 추론된다.

(1) 첫째로는 1-2절의 창조주의 주권을 찬양하는 서두 부분.
(2) 둘째로는 3-6절의 성전 입당 의전 때, 성전에 들어가려는 [순례]자들과 사제(司祭) 사이에 주고받는 문답 의전(儀典; 3절은 입당하려는 자들의 말, 4, 5-6절은 제사장의 말)으로 구성. 이 의전은 "토라"의 교훈과 그 교훈을 받는 자에 대한 축복으로 구성.

(3) 셋째로는 7-10절의 법궤(토라) 행렬의 의전 때 법궤를 멘 [순례]자들과 성전 문지기들과의 사이에 주고받는 문답 의전(儀典; 7절과 9절, 그리고 8b와 10b절은 법궤를 멘 자들의 말, 8a와 10a절은 성전 문지기들의 말).

두 번째(3-6절)의 의전(儀典)은 그 주고받은 대화의 내용이 성전(또는 성소)에 들어갈 수 있는 자의 자격을 묻고 대답하는 성격의 것으로서 윤리적 성격의 "토라 의전시"라고도 할 수 있다. 이 부분에 관하여는 시편 15편과 이사야 33:14-16이 좀더 자세하게 말하고 있다(시 15편 주석 참고). 세 번째(7-10절)의 의전은 두 번째의 의전과는 상당히 다른 분위기를 갖고 있다. 즉 강하고 능한, 특히 전쟁에 능한 만군의 야훼의 성소로의 이동을 환호성으로 알리며 환영하는 분위기이다. 법궤는 야훼의 현존 또는 현현 장소이다. 그러므로 이 의전은 일종 야훼의 현존의 이동과 성소에서의 야훼의 현현을 갈급하게 기다리며 환호하는 분위기를 갖고 있어서 야훼의 우주적 왕권을 찬양하는 "야훼의 왕위 대관의식"(가을 축제) 또는 "야훼의 현현 의전" 등의 배경을 상상해 볼 수 있다. 그리하여 역사적 고증이나 구약 역사 설화의 고증과 같은 증거가 전혀 불확실함에도 불구하고(야훼의 신년 대관의식이 이스라엘에서 지켜졌는지에 대한 객관적 증거가 없다) 우리는 이 시의 "의전적인 성격"을 수용하면서 이러한 과정 속에 담긴 신학적 의도에 관심을 갖게 된다.

궁켈(H. Gunkel)이 적시하였듯이, 7절과 9절의 "영원한 문"이라는 표현, 아마도 솔로몬 시대만큼이나 이른 왕조 초기에 속하는 표현은 물론이고, "영원한 문"이라는 표현도 이미 고대적 표현으로 볼 수 있는 이래, 이 시가 포로기 이전의 것이라는 것은 대부분의 학자들이 동의(同意)하고 있다. 기독교 전통은 이 시를 "승천 기념일"에 사용하여 왔다.

¶ 주석

1-**2** 이 시의 가장 중심적인 주제는 야훼 하나님의 왕권을 그의 창

조 주권에 기초하여 찬양하고 경배하는 것이다. 1-2절이 그러한 역할을 담당하고 있다고 하겠다. 그가 만유의 주권자라는 것은 야훼 하나님 자신이 이 세계를 혼돈의 상징인 "바다"('얌')와 "강"('나할') 위에 기초를 놓아 건설하셨다는 고대 신화적 개념('바알' 신에 의한 '얌' 신의 정복을 말하는 가나안의 우가릿 경전에 나타난 신화적 개념)을 비신화화하여 표현하는 데서 잘 나타난다. 즉 구약에서는 이런 '다신론적인' 신화적 개념이 '유일하신' 야훼 하나님의 창조적 주권 수립의 개념이라는 형식으로 신학적으로 정화된다. 고대인들은 땅이 힘 있는 우주의 대양 위에 얹혀 있다고 믿었다. 그러고는 땅은 거센 물의 영속적 소란 상태 속에 있었다고 생각하였다. 그러나 구약성서는 이러한 상태를 신들의 투쟁 상태라는 신화적 개념으로 이해하지 않고 유일신 야훼 하나님께서 우주의 왕(cf. 7-10절의 "영광의 왕"이라는 표현의 5중 반복)으로서의 그의 권능과 통치권을 가지고(시 93편과 그 이하 계속되는 대관식 시 참조) 그 혼돈의 물을 통제하시고 오히려 그 대양 위에 땅의 기초를 흔들리지 않게 뿌리박아 놓으셨던 것이라고 믿었다. 이러한 서론적 전제가 이 시 전체를 지배한다.

3-**6** 토라 교훈의 성격이 성전에 들어오려는 자들[순례자들]의 물음에 대한 제사장의 대답(4-6절) 전반에 반영되어 있다. 그러므로 3절이 시사(示唆)하는 바는 순례자들이 법궤를 메고 성전 안으로 들어가는 한 의식과 그때 스스로 제기하는 질문(=누가 성전에 들어가 하나님 앞에 설 수 있는 자격이 있는가? 라는 물음)의 의전(儀典) 절차를 암시한다. 분명 야훼의 산 위에 있는 그 거룩한 곳은 야훼의 현존 장소("토라의 궤=법궤"가 있는 장소, 야훼께서 그의 이름을 두시는 그 장소, 아마 가나안적 기원을 갖고 있는바, 시온 전승에 기초를 둔 다윗 계약의 신학자들이 채용하였던[?] 그 "세계의 중심점 신화"[the omphalos-myth]를 생각나게 하는 장소; cf. S. Terrien, *The Psalms*, 246-247)를 가리킨다. 이 물음에 대한 응답(4절)은 범인들로서도 시행하기가 그리 어렵지 않은 "기초적인 도덕적 요구"(A. Weiser, *The Psalms*, 233)가 매우 간명하게 네 토막의 언명으로 연결-구성되어 있다. 즉 (1) **손이 깨끗하며**(=밖으로 드러난 행위의 순결), (2) **마음이 청결하며**(=안으로 감추어져 있는 내밀한 의도[意圖]),

(3) **뜻을 허탄한 데 두지 아니하며**(=우상의 유혹에 빠지지 않으며), 그리고 (4) **거짓 맹세치 아니하는 자**(=인간관계의 조화와 인간의 선함에 대한 하나님의 신뢰를 깨뜨리는 것을 절대 삼가하는 자)라고 요약한다. 이보다 더 자세한 진술은 시편 15편에 상술된다. 그러나 간명함과 자세함 사이의 차이도 문제가 아니며, 또 이러한 요구가 결코 도덕적 완전함을 요구하는 것도 아닌 것이기 때문에 "성전에 들어가 복을 받을 자들"(5절)은 "야훼를 찾는 자들"과 "하나님의 얼굴을 구하는 자들"로 정리된다. 즉 절대적인 "의"라는 것은 없지만, "야훼를 열망하는 자들"(=야훼의 법이 중추[omphalos]로서 자신의 마음속에 깊이 간직한 사람들)이 "복"과 "의"(=둘 다 "구원"이라는 말과 동의어 평행을 이룸)를 야훼로부터 그의 적합한 선물로서 얻게 될 것이라는 것이다.

7-**10** 이중의 중복된 물음과 대답(7 → 9절, 8 → 10절)으로 구성된 이 부분은 하늘의 문들을 거쳐서 하나님의 현존 장소로 "영광의 왕"이 들어가시는 것과 그리고 만군의 야훼께서 바로 그 "영광의 왕"이시라는 것을 증언하는 부분이다. 이 부분(7-10절)이 앞부분(3-6절)과 동일한 제의적 행렬의식(行列儀式)의 배경을 갖고 있음을 전제하면서도 그러나 그 중심주제와 관심의 초점이 달라지는 점은, 전자의 경우는 성전에 들어갈 자들(순례자들)의 도덕적 자격이 "토라"에 의하여 검증받는다는 것이 문제의 초점이라면, 후자의 경우는 "영광의 왕"이 만군의 야훼이시라는 것을 증언/선포하는 것이 문제의 초점이라고 하겠다. "영광의 왕이 뉘시뇨?"라는 반복된 질문(8a, 10a절)은 성전 문지기들 또는 사제들이 던지는 질문이요, "영광의 왕"은 "만군의 야훼"이시라는 대답은 법궤를 멘 행렬에서 나오는 신앙고백적인 응답이라고 하겠다.

"영광의 왕"(멜렉 학카보드)이라고 할 때의 "영광"은 야훼의 속성들 중 가장 일반적인 속성들 중의 하나인데 여기서는 전쟁의 승리를 거둔 업적을 칭송할 때에 사용하는 언어이다. 야훼가 전쟁 용사(출 15:3; [홍해]바다 사건)라는 개념은, 이스라엘 역사 아주 초기부터 있었던 것으로서(약 주전 12-10세기; Cross-Freedman) 여기서는, 문맥상으로 보아(3-6절의 과정을 거친 것을 전제할 때), 땅과 거기 살고 있는 백성들에 대한 심판자로서 현현하시는 것을 예기하고 있다고 하겠다. 그러나 이 "영광의 왕"의 현현을 위하여 그 머리를 들기를 요구받고 있는 문들이 "영원한 문들"이라고 말한 것은 그 고대적 표현에도 불구하고 그 문들이 단순한 지상의 성소들인 실로, 벧엘, 또는 시온 성소 등의 문들만을 가리킨다기보다는 천상의 성소에 속한 문들이라는 초역사적이고도 종말론적인 의미도 또한 가지게 된다고 하겠다.

¶ 메시지: 땅과 거기 충만한 모든 것이 다 "야훼의 것"이다

땅은 야훼의 것이다! 라는 선언으로 시작하여 야훼께서 계신 그 거룩한 곳에 들어갈 도덕적 자격이 있는 "토라의 기초적 규범"을 지켜온 자들이 누구인지를 물은 다음, 그들로 하여금 "영광의 왕은 야훼이시며 그 영광의 왕이 온 땅의 주로서 현현하실 것이라는 것을 고백하고 또 고대하는 [종말론적] 희망으로 끝을 맺는 시가 24편이다.

그렇다면 "땅은 야훼의 것"이라는 이 선언은 이러한 문맥에서 볼 때 어떤 의미를 가지는 것인가? 그것은 단순히 야훼는 창조주이시므로 땅의 소유권을 주장할 수 있다는 그런 의미를 가지는 선언인가? 결코 그런 것은 아니다. 그와 같은 소유권 주장은 지상의 왕들도 하듯이 그렇게 정복과 지배의 방식으로서도 쉽게 확증될 수 있는 것이다. 그러므로 여기서 이 시인이 말하고 있는 것은 그가 창조하신 세계와 그것의 올바른 그리고 영속적인 존재를 위하여 창조주 야훼 하나님 자신이 그의 창조세계를 위하여 하실 본질적인 역할이 무엇인지를 지적하고 있는 말이라고 할 수 있을 것이다. 즉 이 시인이 말하고 있는 것은 땅과 거기 충만한 모든 것이 **다 야훼의 것**이라는 것은 결단코 그의 소유권의 권한을 말하려는 것이 아니라 세계는(땅은) 전적으로 오직 야훼에게만 의존하고 있다는 것(not only Creator but also Sustainer!)을 이 세계(우리)는 바르게 깨달아 인식할 수 있어야 한다는 것을 말하고 있을 뿐이다!

이러한 맥락에서 본다면, 만일 시편 24편이 시간의 끝에 찾아오는 세계 역사의 절정을 믿고 기대해 온 자들에 의하여 저작되었다고 한다면, 아마이 시는 "영광의 왕" 이신 야훼 하나님이 하늘의 군대들[天軍]을 이끌고 이 땅에 오셔서 인간 역사를 토라에 의하여 새롭게 하시고 새 하늘과 새 땅을 다시 창조하실 것을 기대하는 그런 시가 되었을 것이다.

그러므로 만일 우리가 오만하여 마치 하나님에게서 우리가 독립되어 있는 자처럼 생각한다면 우리는 참으로 우둔한 자들이 될 것이다. 그러나 우리 모두가 그의 것일 뿐만 아니라 그리고 우리가 그의 것이라는 것은 곧 우리가 전적으로 그분에게만 의존하고 있다는 것(그분이 우리의 과거, 현재, 그리고 미래를 모두 책임지고 있다는 것)을 또한 의미한다는 것을 인식하게 될 때는 야훼께서는 "영광의 왕" 으로서 우리의 과거, 현재, 그리고 미래에, 시간의 장벽을 헐고, 새로운 창조 행위자로서 우리 가운데 현현하시게 될 것이다. 땅과 거기 충만한 모든 것이 모두 야훼께서 책임지고 있는 야훼의 것이기 때문이다. 실로 이것이야말로 우리에게는 "최대의 은총" 이 아닐 수 없다. 이 증언이야말로 우리로 하여금 이 시편 24편의 시를 종말론적으로도 또 기독론적으로도 확대 해석할 수 있는 길을 열어주는 것이라 하겠다.

7-10절은, 그러므로, 야훼 하나님의 [유일한] 왕권사상의 절정을 묘사하고 있는 최고 최선의 시구(詩句)라고 할 수 있다. 이 세계의 질서는 예외 없이 야훼 하나님의 유일한 왕권(divine imperium)의 지배를 받는다. 그러나 창세기 1:2가 웅변적으로 증언하듯이, 유일한 왕이신 창조주 야훼 하나님이 세우신 창조질서임에도 불구하고, 그럼에도 불구하고, 이 세상(땅)은 혼돈하고 공허하며 흑암이 깊음 위에 있고 하나님의 영은 혼돈의 세력인 물 위를 감찰하시며 포옹하고 계시다는 것이 성서적 세계관의 현실이다. 그러므로 (1)토라에 대한 인간의 도덕적 성실(3-6절)과 (2)땅의 주인(책임자)이신 야훼께서 유일한 "영광의 왕" (전쟁 용사)으로 현존하시고 현현하신다는 사실(7-10절)만이 우리의 유일한 희망이다. 시간의 장벽은 유일한 영광의 왕이신 하나님의 영원한 현재(cf. 영원한 문들아! 들릴지어다!) 앞에서는 모두가 사라진다. 하나님 현현이라는 이 고대의 주제는, 그러므로 모든 시간적 간격을 넘어 모든 인류의 무시간적 찬양주제가 될 수 있는 것이다.

24. 긍휼과 인자의 하나님(25:1-22)

¶ 본문

다윗의 시

1 여호와여 나의 영혼이 주를 우러러 보나이다

2 나의 하나님이여(2+3)

내가 주께 의지하였사오니 나로 부끄럽지 않게 하시고 나의 원수로 나를 이기어 [개가를 부르지] 못하게 하소서(3+3)

3 주를 바라는 자는 수치를 당하지 아니하려니와 무고히 속이는 자는 수치를 당하리이다(4+3)

4 여호와여 주의 도를 내게 보이시고 주의 길을 내게 가르치소서(3+2)

5 주의 진리로 나를 지도하시고 교훈하소서 주는 내 구원의 하나님이시니 내가 종일 주를 바라나이다(3+3)

6 여호와여 주의 긍휼하심과 인자하심이 영원부터 있었사오니 주여 이것을 기억하옵소서(3+3)

7 여호와여 내 소시의 죄와 허물을 기억지 마시고 주의 인자하심을 따라 나를 기억하시되 주의 선하심을 인하여 하옵소서(3+3+3)

8 여호와는 선하시고 정직하시니 그러므로 그 도로 죄인을 교훈하시리로다(3+3)

9 온유한 자를 공의로 지도하심이여 온유한 자에게 그 도를 가르치시리
로다(3+3)
10 여호와의 모든 길은 그 언약과 증거를 지키는 자에게 인자와 진리로
다(4+3)
11 여호와여 나의 죄악이 중대하오니 주의 이름을 인하여 사하소서
(3+4)
12 여호와를 경외하는 자 누구뇨 그 택할 길을 저에게 가르치시리로다
(4+3)
13 저의 영혼은 평안히 거하고 그 자손은 땅을 상속하리로다(3+3)
14 여호와의 친밀함이 경외하는 자에게 있음이여 그 언약을 저희에게
보이시리로다(3+2)
15 내 눈이 항상 여호와를 앙망함은 내 발을 그물에서 벗어나게 하실 것
임이로다(3+4)
16 주여 나는 외롭고 괴롭사오니 내게 돌이키사 나를 긍휼히 여기소서
(3+3)
17 내 마음의 근심이 많사오니 나를 곤난에서 끌어 내소서(3+2)
18 나의 곤고와 환난을 보시고 내 모든 죄를 사하소서(3+3)
19 내 원수를 보소서 저희가 많고 나를 심히 미워함이니이다(3+3)
20 내 영혼을 지켜 나를 구원하소서 내가 주께 피하오니 수치를 당치 말
게 하소서(3+3)
21 내가 주를 바라오니 성실과 정직으로 나를 보호하소서(2+2)
22 하나님이여 이스라엘을 그 모든 환난에서 구속하소서(3+2)

¶ 개요(비평학적 문제)

초기 양식비평학에서는 이 시를 "개인 탄원의 시"라고 분류하였다. 그러나 양식사적 문제보다 이 시에서는 후대성(포로기 이후의 것)을 반영하는 작위적(作爲的)인 문학성이 더욱 두드러지게 나타나 보이므로 그 점들을 먼저 문제 삼는 것이 바람직하게 보인다.

이 시는 시편 속에 들어 있는 아홉 개의 알파벳 시(아크로스틱; 9-10; 25; 34; 37; 111-112; 119; 145편) 중의 하나로서 미세한 불규칙적인 점들이 발견되지만(cf. 2절 첫 글자, 5b절, 18절, 22절 등에 나타난 알파벳 형식 이탈 현상), 그럼에도 작시(作詩)의 인위적 구조는 두드러지게 나타나고 있다. 리듬도 3+3 박자 중심적으로 시도한 인위적 의도가 엿보이며 아마도 그 문학적 구성에 있어서 34편과 매우 유사하여서 흔히는 25편과 34편을 동일 저자의 것으로 보는 주석가들도 있다. 이러한 문학적 구성으로 인하여 일어난 "문학양식들의 혼합"이라는 후기적 현상들도 또한 쉽게 눈에 띈다. 즉 지혜문학적인 요소들(cf. 4절, 8절, 10절의 "도", 14절의 "야훼를 경외하는 자" 등)이 나타난다.

이러함에도 시편 25편은 개인 탄원의 시가 가진 골격을 갖고 있는데, 자세한 단위 구분이 가능하지만, 대체로 이 시는 크게 나누어 3부 구조로 구분할 수 있다. 즉 (1)기원 부분(1절과 3절의 확신 표현을 제외한 2, 4-7절), (2)하나님의 선하심과 정의로우심, 그리고 사랑에 대한 확신 표현(8-15절), (3)단조롭고 간결한 기원 부분(16-21, 22절)으로 구성되어 있다. 놀라운 것은 '탄식'이 독립적 구성요소로는 나타나지 않고 기원의 '이유'(히브리어 '키' 문구)를 제시할 때만 나타난다는 점이다. 이 점에서 다른 전형적인 탄원의 시와는 다소 다른 성격을 갖고 있다고 하겠다. 그러나 이 점이 이 시의 후기성을 입증해 주지는 않는다.

이 시의 "삶의 자리"는, 비록 바이저(A. Weiser)가 "계약 축제 제의"를 제안하고는 있으나, 대부분의 주석가들은 이 시가 가진 후대의 단조롭고 서툰 문학적 기교와 그 시의 환경에 대한 뚜렷한 암시가 없음을 근거로 하여 그 제의적 삶의 자리를 지적하기가 어려움을 느낀다. 단지 우리는 다소 후대에 시도된 바, 매우 정교하게 의도적으로(알파벳 시형으로) 손질한 기도 문형을 갖고 있다고 생각하는 것이 좋을 것이다.

¶ 주석

1-**7** 1절과 3절의 확신 표현을 제외하면, 이 부분은 보호와 인도와

용서를 구하는 기원으로 구성되어 있다고 하겠다. 그러나 1절의 경우는 기원을 제기하기 위한 가장 기본적인 자세를 나타내는 표현이다. 기원에 앞서서 기도자는 우선 하나님을 향하여 몸(본문의 "영혼"은 '생명'['네페쉬'] 또는 '살아 있는 존재'를 가리키는 말이고 '육과 영'을 이분법적으로 구분할 때의 그 헬라적 개념의 '영혼'을 가리키지는 않는다)의 방향을 돌려야 하기 때문이다.

"나의 하나님이여"('엘로하이')는 2절의 첫 글자이지만, 알파벳 시형의 틀을 깨기 때문에 2+2 박자에 한 박자를 더한(2+3 박자) 리듬을 만듦에도 불구하고 1절 시행 끝에 배열하였다. "내가 주께 의지하였사오니"는 히브리어 알파벳 '벳'(ב)으로 시작하여야 하기 때문에 비록 "왜냐하면"(히브리어 '키') 문장을 형성하지는 않았지만 다음에 이어지는 기원(祈願)의 이유/근거의 역할을 하고 있다. 히브리 탄원의 시들이 갖고 있는 '기원문'들은 두 가지의 근거와 이유를 기초하여 드려진 것으로 표현되었다. 그 첫째는 (1) 하나님에 대한 '신뢰'를 근거로 하여 드려진 '기원문'이요, 그 둘째는 (2) 하나님을 향한 '탄식'을 근거로 하여 드려진 '기원문'이다. 이 책의 서론에서 언급한 바와 같이, 이러한 맥락에서 보면, 하나님을 향한 '탄식'은 곧 또 다른 의미의 하나님을 향한 '신뢰'의 표현이라는(탄식=신뢰) 역설적 신앙 논리가 가능해진다고 하겠다. 따라서 원수의 승리를 막아 달라는 기원은 원수 사랑의 계율에 대한 저항이 아니라 경건한 자를 무고하는 원수는 야훼 하나님의 원수로서 야훼의 원수(=악)는 진멸되어야 한다는 거룩한 전쟁의 '헤렘'(herem: חרם) 사상이 반영된 것으로 보아야 한다.

"주를 바라는 자"는 "주를 희망하는 자"와 평행을 이루는 말로서 따라서 앞 절에 나오는 "주께 의지하는 자"와도 동의어 평행을 이룬다 하겠다. "수치"는 여기서는 내면의 수치스러운 느낌을 지칭하는 것이 아니라 공적으로 곤혹을 치르는 외부적 경험을 가리킨다. 원수가 이와 같이 수치를 겪는 것은 무고(誣告)를 당한 시인이 무죄함을 공적으로 인정받는 것을 의미한다.

4절의 "주의 도"(道; '데렉')와 "주의 길"('오라흐')은 동의어 평행을 이루는 말로서 야훼께서 그의 백성에게 요구하는 행위로서 "토라"의 이행을 가리키는 말이다. "도" 또는 "길"의 개념은 지혜자 서클의 교훈들 속에 깊이 뿌리 내리게 된 "토라" 개념인데, 이 개념은 '야훼의 길', '야훼의 뜻', '야훼의 방향지시'를 의미하며 그것은 곧 '구원'을 지향한다.

5절의 "주의 진리로 나를 지도하시고 교훈하소서"는 지식의 깨우침을 구하는 기도가 아니라 하나님의 신실하심 속에서 사는 은총과 그리고 하나님의 신실하심의 인도를 받는 은총을 구하는 기도이다. 그것이 구원의 길이기 때문이다.

6절에 나타난 "영원 전부터 있었던 주님의 '긍휼'과 '신실한 사랑'을 기억해 주십시오"라는 기원은 자식에 대한 어머니의 영원토록 변함없는 모성애 같은 사랑으로 기억해 주시라는 기원이다. 긍휼을 가리키는 히브리어 '라훔'은 어머니의 '자궁'에서 파생된 파생어이다. 이러한 성격의 하나님의 사랑은 시인이 어릴 적에(=과거에) 저지른 죄 같은 것은 기억치 않는 사랑이므로 그러한 사랑으로 시인을 기억해 달라는 기원이다.

8 - **15** [분위기 급전환] 확신 표현으로 일관된다(11절은 기원). 7절에서 8절로의 주제 전이(轉移)가 일어난 그 동기에 대한 언급이 전혀 없다. 그러므로 제사장의 구원신탁(Heilsorakel)이 확신표현 직전에 선포되었을 것이라는 고전적 가설(F. Kuechler, J. Begrich et al.)은, 시편 탄원시들의 경우, 그럴듯하기는 하지만 본문의 내적 증거가 전혀 없는 가설이다(60편에서 그 확실한 반증 자료를 얻게 될 것이다). 우리는 오직 시인의 "야훼에 대한 믿음"('붸아타'-구절, "그러나 당신[주님]은"으로 시작하는 구절들은 더욱 그러한 확신을 갖게 한다)이 그 주동기일 것이라는 가정밖에는 제시할 것이 없음을 본다. 그 믿음이 어떤 전승사적 뿌리를 갖고 있느냐 하는 것은 앞에서 논한 시편 3편 주석을 참조하라.

8-15절(여덟 절) 중에서 8, 9, 10, 11, 12, 14(여섯 절)절이 모두 "야훼 서술문들"이라는 사실은 "야훼에 대한 믿음"이 곧 시의 분위기가 확신 표현으로 급전이되는 동인임을 웅변적으로 증거하고 있다고 하겠다. 마지막 절 15절은 이러한 증언의 정당성을 확실하게 설명한다.

8절에 나타나는 "야훼는 선하시고 정직하시니"는 "그러므로"('알-켄') 라는 강조 수사법까지 동반하고 있다. 그리고 이 진술은 8절 이하 15절까지에 영향을 준다. 선하심과 정직하심의 짝 지음(아래 10절의 인자와 진리도 동일 의미)은 "야훼의 은혜"가 감상적인 것이 아니라는 것, 부드럽지만 확고한 것이라는 것을 말하고 있다. "그 도[道; 데렉크]로 죄인을 교훈하시리로다"는 문맥상으로 볼 때, 공개적인 반역자보다는 잘 몰라서 방황하는 죄인들에게 바른 길을 가르친다는 의미를 지닌다.

9절의 "온유한 자"('아나윔')는 겸손한 자, 경건한 자, 가난한 자 등의 의미를 가진다.

10절은 하나님과 예배자의 관계가 상호 신뢰의 관계임을 말한다. 이러한 계약관계를 근거하여 시인은 "주의 이름(=명성)에 호소하는" 사죄 기도를 드린다(11절). 12절과 14절의 "야훼에 대한 경외심"은 참 종교 신앙의 본질이요, 근본이며 출발점이 "하나님에 대한 두려움"이라는 것을 가르친다.

16 - **21** 구원과 보호를 비는 기도(기원)로 구성되어 있다. 16-19절은 탄식을 기초로 한 기원이고 20b-21절은 신뢰를 기초로 한 기원이다. 이 경우에도 탄식은 신뢰의 또 다른 표현임을 보여 준다. "내가 주께 피하오니"('하시티')와 "내가 주를 바라오니"('키위티')는 "내가 주를 신뢰(의지)하오니"와 동의어이다.

22 개인의 기원이 민족의 기원으로 바뀌어 결구(結句)를 구성한다 (cf. H. W. Robinson, *Corporate Personality in Ancient Israel*, 1964). 후일 회중기도로 사용하기 위하여 의전용으로 개작한 것이거나 시인 자신이 계약 신앙의 전통에 입각하여 스스로 첨가시킨 것이거나 한 것으로 보인다.

¶ 메시지: 영원 전부터 있었던 주의 긍휼(라훔)과 인자(헤세드)

6절의 기원은 결정적인 것이다. 기원의 근거(히브리어 '키' 문장, '키 올람 헴마')는 야훼의 긍휼(라훔)과 인자(헤세드)가 영원 전부터 있었기 때문이라는 것이다. 그러므로 시인은 그 어떤 것보다 이것(주의 긍휼과 인자)을 기억해 주시기만을 전적으로 기원하였던 것이다. 이 기원이야말로 모든 기원의 근본이라고 하겠다.

'인자'(仁慈)로 번역된 히브리어 '헤세드'(חסד)는 그 중심 개념이 계약에의 신실(신의)인 야훼의 사랑의 본질을 가리키는 말로, 특히 예언자 호세아가 첨예화시킨 언어로서, 구약성서가 특수하게 사용한 언어이다. 조벨(H. -J. Zobel)에 의하면, 이 언어는 "야훼의 바로 그 본질"(the very essence of Yahweh)이며 궁극적으로 야훼 자신을 가리키는 말이라는 것이며 이 말은 또한 '은혜'라는 말보다 '베리트'(계약; 신의, 신실)라는 말에 더 가깝다는 것이라고 말한다(*TDOT*, vol. V, 44-64).

"긍휼"(矜恤, 慈悲)로 번역된 히브리어 '라훔'(רחום)은, 다후드(M. Dahood)에 의하면, '자궁'(子宮)을 의미하는 '레헴'에서 기원한 말로서 "야훼의 여성[모성] 이미지"의 기초를 제공해 주는 말이라는 것이다(cf. U. Dahmen, *TDOT*, vol. XIII, 437-454, esp. 441).

그렇다면, "인자"와 "긍휼"이 영원 전부터 있었다는 사실이 야훼 하나님께로 나아가 구원을 비는 기원을 드릴 수 있는 근거가 될 수 있다는 것은 무엇을 의미하는 것일까? 물론 "영원 전부터"라는 말은 "긍휼"과 "인자"의 고대성을 말하는 것이 아니라, "영원자"의 본질이 긍휼과 인자라는 것과 동시에 사랑의 영속성을 의미하는 말이다. 즉 야훼의 본질 그 자체가 인자와 긍휼이라는 말이고 비록 은유적 표현이라고 하여도 단절 없는 사랑의 영속성을 나타내는 말이라고 하겠다. 그러므로 "인자"(헤세드)가 긍휼 은유로 성격 지을 수 있는 계약적 신의(변함없는 사랑)를 의미한다면, 이 신의에 호소하는 것이 그 무엇보다 가장 호소력이 있을 것이다.

실로 "인자의 신실성"이 구약 계약신학의 핵심임에도 불구하고 그 신실(신의)성의 본질이 무엇인지가 분명하게 설명될 수 없는 추상적인 것이라면 그것의 의미는 종교적 관념으로 전락할 수밖에 없을 것이다. 그러나 시편 25:6이 말하고 있듯이, "긍휼"과 "인자"가 불가분리의 짝 단어(한 쌍의 단어: couplet)라고 고백할 수 있다면 야훼 하나님의 그 "인자"(헤세드)는 모성성(母性性)으로서 그 본질을 설명하는 것이 될 것이다. 이것은 분명 시편 25편 시인의 창조성이 있는 신학적 사유의 결과라고 말할 수 있을 것이다. 출애굽기 33:19와 34:6의 교조에 의하면 "긍휼"(라훔)의 짝 단어는 "한눈"(은혜)이지만, 출애굽기 34:6은 "긍휼"과 "은혜" 그리고 "인자"(헤세드)와 "진실"(에메드)은 불가분리적 동의어(synonyms)라는 것을 말하고 있다.

기원문의 나열이라고 말할 수 있을 정도로 '기원'으로 가득 찬(독립된 탄식 문단이 없는 시가 25편이다!) 이 시(기원시, 25편)의 핵심 기원이 "긍휼"과 "인자"의 짝 글자 형성이라는 신학화에 의하여 구축되었다는 것(6절)은 하나의 놀라움이다.

영원 전부터("영원"이라는 말이야말로 인간에게는 그 의미가 감추어져 있는 말이다!) 영원자와 함께 있어서 그 영원자의 본질 그 자체를 형성한 "인자"와 "긍휼"이 야훼의 본질임을 안 이 시인은 "주여 이것(이 사실)을 기억해 주시기를 바랍니다"(3박자; 쩨콜-라하메카/야훼/봐핫사데카)라고 모든 기원의 기초로서 제안하였던 것이다. 사실, 복음의 진수는 이 기원 속에 들어 있다고 하겠다.

25. 무죄 변호의 기도(26:1-12)

¶ 본문

다윗의 시

[1] 내가 나의 완전함에 행하였사오며 요동치 아니하고 여호와를 의지하
였사오니 여호와여 나를 판단하소서(2+3, 2+2)

[2] 여호와여 나를 살피시고 시험하사 내 뜻과 내 마음을 단련하소서
(3+3)

[3] 주의 인자하심이 내 목전에 있나이다 내가 주의 진리 중에 행하여
(3+2)

[4] 허망한 사람과 같이 앉지 아니하였사오니 간사한 자와 동행치도 아니
하리이다(3+4)

[5] 내가 행악자의 집회를 미워하오니 악한 자와 같이 앉지 아니하리이다
(3+3)

[6] 여호와여 내가 무죄하므로 손을 씻고 주의 단에 두루 다니며(3+3)

[7] 감사의 소리를 들리고 주의 기이한 모든 일을 이르리이다(3+2)

[8] 여호와여 내가 주의 계신 집과 주의 영광이 거하는 곳을 사랑하오니
(4+3)

[9] 내 영혼을 죄인과 함께, 내 생명을 살인자와 함께 거두지 마소서(3+3)

10 저희 손에 악특함이 있고 그 오른손에 뇌물이 가득하오나(2+3)
11 나는 나의 완전함에 행하오리니 나를 구속하시고 긍휼히 여기소서 (3+2)
12 내 발이 평탄한 데 섰사오니 회중에서 여호와를 송축하리이다(3+3)

¶ 개요(비평학적 문제)

어떤 시의 경우든, 그 시 원래의 의도와 그것을 시편의 좀더 넓은 문학적 문맥에서 다시 사용할 때 그 사이에 생기는 긴장을 시편 26편만큼 많이 느끼게 해주는 시가 없을 정도로 시편 26편의 현재 형태는 그 장르와 그 삶의 자리를 분명하게 고정시켜 말하기 어려운 시의 형태를 갖추고 있다. 궁켈(H. Gunkel)의 초기 연구는 이 26편을 "개인 탄원의 시"라고 분류하였고 모빙켈(S. Mowinckel)의 초기 연구도 "보호의 시"(Protective Psalm)라고 분류하였지만, 특이하게도 이 시에서는 비록 기원문(祈願文)들은 이 시의 앞과 뒤를 감싸며 제시되어 있으나(1-2절과 9-11절) 탄식문(歎息文)은 그 흔적도 찾기 어려울 정도이다. 비록 10절에서 탄식문 존재의 암시가 나타나지만 이 10절은 앞 절(9절)의 "살인자"를 수식하는 연결고리인 매우 부자연스러운 "관계 대명사로 시작하는 구문"('아쉘' 구문)이므로 독립된 탄식문이라고 할 수 없을 것이다.

보그트(E. Vogt)와 헤이스(Hayes)의 견해를 수용한 크레이기(P. C. Craigie)는 성전 문에서 드리는 순례자들의 "입당 의전"(entrance liturgy; cf. 시 15; 24편)과 이 26편의 시를 연결시키려 하였다. 그리고 이톤(John Eaton, *The Psalms*, 2003, 131)은 하나님의 성소 현현과 그의 특수 계시를 기다리며 성전의 성소에서 밤을 새우는 의식(incubation)과 관련시키려고도 하였다.

그러나 본문의 구조를 자세히 들여다보면, 마치 "인클루시오"(inclusio) 형식처럼, 앞(1a절)과 뒤(11a절)를 감싸고 있는 이 시의 중심 구절, "내가 나의 완전함(톰, תֹּם)에 행하였사오니[행하리니 … 나를 판단(구속)하소서]"라는 기원문(祈願文)은 "성소에서의 예배"라는 주제가 이

시를 이해하는 열쇠가 된다는 것을 강하게 암시해 주고 있음을 발견할 수 있다. 이러한 제의적(祭儀的) 상황은 하나님께 시인 자신의 무죄함을 살피고 단련시켜 달라는 기원, 무죄함을 나타내는 의식으로 손을 씻고 주의 제단을 도는 일, 성전(주의 계신 집)과 성소(주의 영광이 거하는 곳)에 대한 사랑고백, 피난처(asylum)로서의 성소관념 등은 "성소에서의 예배"를 "완전함 안에서 걷는 것"과 병행시키는 시인의 가장 중요한 그 관심사와 잘 조화와 상응을 이룬다고 하겠다. 물론 이것은 "제의(祭儀) 제일주의"를 지향하는 것은 아니다. 그 진정한 신학적 의미는 주석의 과정에서 이끌어 내어야 할 과제이다.

결국 우리의 시, 26편은 야훼를 향한 무죄한 자의 무죄 변호("판단하소서")와 야훼를 향한 구원 호소("구속하시고 긍휼히 여기소서")의 근거를 "나의 완전함('톰'/'탐'/'툼') 안에서 걷는 것"에서 찾는(!) 다소 특수한 성격의 "무죄 변호의 시"라고 할 수 있을 것이다. 이러한 시의 작시 및 보존의 역사는 아마도 포로기 이전의 왕조 초기 역사로부터 시작하여(왕상 8:31-32 참조) 포로기 이후 제2 성전 시대까지 보존 계승된 포괄적인 것으로 이해할 수 있을 것이다.

¶ 주석

1, **11** 이 시는 "나를 판단하소서"('쇼퍼테니')라는 기원으로 시작하여(1a절) "나를 구속하시고 긍휼히 여기소서"('페데니 뵈한네니')라는 기원으로 끝이 나며(11c절) 이 두 기원(祈願)은 모두 동일하게 **"내가 나의 완전함('톰') 안에서 걷는다"**라는 이유 문장에 근거하고 있다는 특징을 완연하게 드러낸다. 분명, **자기 무죄를 강변하며** 하나님 자신의 엄격한 판결을 통하여 구속(救贖)의 은혜(=긍휼)를 베풀어 달라고 외치고 있는 것임이 확실하다.

그러나 비난받을 여지가 전혀 없는 삶을 살아왔다고 주장하는 이 시인의 주장은 자신이 도덕적으로 "죄 없는 완벽함"(sinless perfection)을 가지고 살아왔다는 것을 주장하는 것이 **아님**은 분명하다. 그러하다면 자신의 '무흠'(無欠)에 관한 이 시인의 주장은 어디에 기인한 것일까? 본문에 대한 좀더 자세한 관찰에 의하면, 이러한 주장의 근거를 적시해 주고 있는 사실은 다음 두 가지로 보인다. (1) 첫째는 1a절과 1b절 사이의 엄격한 동의 평행 관계, (2) 둘째는 2-11절에 나타난 무죄 변호의 주장들의 그 당돌한 태도들의 배경이 되는 고백적 표현, 즉 "야훼여, 내가 주의 계신 집과 주의 영광이 거하는 곳을 사랑하였습니다"(8절)라는 고백적 표현이라고 할 수 있다.

"내가 나의 완전함('톰')에 행하였습니다[걸어왔습니다]"(1a절)라는 말의 의미를 설명해 줄 수 있는 유일한 "동의 평행구절"(synonymous parallel)은 "내가 요동치 않고 야훼를 의지하였습니다"(1b절)라는 구절이다(!). 말하자면 시인의 완전함('톰'=blamelessness)은 오직 완전하신 야훼에게 전혀 동요하지 않고 전적으로 의지하였다는 사실에만 근거한 것이라는 것을 주장하는 하나의 신학적 반성이라고 하겠다. 왜냐하면, 야훼만이 "완전하신 분"이시기 때문이다. 그러므로 야훼의 현존 장소인 성소의 제단 주위를 돌면서 "무죄의 상징"인 손을 씻는 의전에 참여하는 이 시인은 "야훼의 완전함"에 자신의 전체를 내어 맡기고 있는 것이다. 그러므로 시인에 대한 야훼의 정밀한 조사는 시인이 무죄의 완전함을 갖고 있는지의 여부에 대한 조사가 아니라(!) 완전하신 야훼 하나님에 대한 시인의 "흔들리지 않는 의지"의 여부에 대한 조사였던 것이다(!)

2-**7** 2-3절의 논리적 연결 관계는 3절의 이유를 설명하는 문장(히브리어 '키'가 이끄는 문장)을 근거하고 2절의 기원(祈願) 문장이 제시된다는 점이다. 그 신학적 사유의 결과는 위에서 언급한 1절과 11절의 평행관계에 대한 관찰을 통하여 얻은 것과 동일하다. 즉 주의 인자('헤세드')가 내 목전에 있고 주의 진리('에메드'=진실) 안에서 걷는 것, 이른바 야훼의 '헤세드와 에메드' 안에서 내가 걷고 있느냐 걷고 있지 않느냐 하는 것이 시인 자신의 무죄함('톰')을 인정하는 판단의 시금석이 된다고 말하고 있기 때문이다. 4-5절과 6-7절은 시인의 무죄함을 입증하는 과정이 점차 결론으로 다가가고 있음을 보여 준다. 4-5절은 시편 15:3에서처럼 성전에 들어갈 준비를 갖춘 자의 자격에 관해서 말할 때 하듯이 그렇게 "부인하

는 고백의 형식"(허망한 자, 간사한 자, 행악자와 악한 자와 섞이지 않았다는 고백 형식)으로 자신의 무죄를 변호함과 아울러 자신도 성전에 들어갈 자격이 있는 자인지를 심사하고 있는 부분이기도 하다고 하겠다. 그런 의미에서 보면, 6-7절은 4-5절의 귀결이라고 할 수 있다. 시인은 무죄(무흠) 판결을 받고 주의 전에 들어가 "의식의 욕조"(浴槽; ritual bath)에서 손을 씻고 예배에 참여할 수 있는 몸의 정결을 이행한 후에 성소 제단 주변을 돌며 야훼를 찬양하고 그의 위대한 업적을 크게 선포한다(시 118:27, cf. 시 118:19-29). 아마도 시편 26편은 성전 순례자들과 성전 예배 사이의 긴밀한 관계를 증언하는 시라고 할 수 있을 것이다.

8 마침내 시인은 하나님과 인간이 함께 만나는 곳이 성전이라는 인식과 함께 "성전에 대한 사랑의 감정의 절정"에 다다르고 사랑 고백을 하게 된다. 성전은 야훼의 영광이 머무는 집, 즉 야훼 자신이 머무는 집이므로 성전에서는 모든 것이 그의 '현현' 때에 말하기를 "영광!"이라고 말하게 되어 있다(시 29:9b).

9-**11** 성소에서의 야훼와의 만남, 찬양, 경배, 이것이 지고(至高)의 선(善)이기 때문에 이 성소 제의에 참여하는 삶이야말로 그것이 곧 "나의 완전함 안에서의 삶", 즉 "주의 완전함 안에서"가 아니라 "**나의** 완전함 안에서 걷는 삶"이 된다. 이른바, 야훼의 현존 영역 안에서의 "완전함"('톰')이 시인의 삶의 "완전함"('톰')으로의 전이(轉移)가 이루어진 것이다. 그러므로 시인의 생명('네페쉬': 이 말을 '영혼'이라고 번역하는 것은 시적 표현이 아닐 경우 헬라적 이원론의 개념으로 오해할 여지가 많다)을 "살인자(추적자)와 함께 거두지 마소서"라고 할 때의 '자기 분리'(시인의 '완전무결함', 시인의 '톰'[תֹּם])라는 자기 인식이 감히 일어나는 것이다. 일종 "요구의 합법성"(the legitimacy of the request; cf. G. H. Wilson, *Psalms I*, 476)이 이루어지는 것이다. 이 경우 시인은 살인자의 추적을 피하여 "성전의 도피처"(the asylum in the temple)를 얻게 된 자로서 간주될 수도 있다. 성전의 성소가, 즉 야훼의 현존 장소가 살인자의 피 흘림으로부터 속량을 받는 능력이다. "완전함에서 행하는 것(걷는 것)"의 신비

는 이러한 성전 제의의 신앙이라는 맥락에서만 이해될 수 있는 것이다.

12 하나님께서 시인을 위하여 앞으로도 구원을 베풀어 주실 것이라는 기대와 희망으로 끝맺는 결어. 시인의 발이 이미 평탄한 곳에 서 있으므로 미래적 기대가 무한 가능하다고 하겠다.

¶ 메시지: 나는 나의 "완전함" 안에서 살아(걸어)왔습니다

인간은 완전하지 않다. 인간이 자기 완전함에 의하여 자기를 구원할 수 있는 길은 없다. 그럼에도 자기 무죄를 변호하는 이 시인은 "내가 나의 완전함에 따라 나의 길을 걸었사오니, 야훼여, 나를 판단하소서"라고 주장하였다. 이 주장으로 그는 그의 기도문의 시작과 끝을 구성하였다. 비록 토라의 절대적 가치를 외쳐 온 구약종교라 할지라도 인간이 자기 완전함으로 자기의 무죄를 당당하게 주장하는 이념을 내세운 적은 한 번도 없었다. "야훼여, 주께서 죄악을 지켜보고 계시면, 주님 앞에 누가 감히 맞설 수 있겠습니까?" (시 130:3)라는 고백이 인간의 진실한 자기 고백이다.

인간의 현실이 비록 본질적으로 이러함에도 불구하고 인간은 자기의 "완전함"을 추구하거나 변호하려 한다. 선악을 논하고 정의와 불의를 판별하려 한다. 그러나 이 모든 세상이 비록 자신의 불완전함을 절실하게 인지하고 있음에도 불구하고 또한 그렇게 하지 않으면 그나마의 세계 질서마저 무너져 '카오스'로 내몰린다. 그럼에도 인간은 세계 질서의 무한한 개선에도 불구하고 자기의 "완전함"을 주장할 수 없는 존재이다. 그렇다면 시인의 이 주장은 하나의 '역설'(paradox)인가?

이미 "본문 주석"에서도 밝힌 것처럼, 인간이 결코 "완전함"('톰')에 이를 수도 없고 또 "완전함"이라는 것이 거기에 있지도 않지만, 우리의 시의 시인은 "나는 나의 완전함 안에서 살아왔습니다"라고 감히 말하고 있다. 이것은 우리의 '불완전함'의 현실에도 불구하고 우리 안에 "완전함"('톰')이라는 것이 있으며 이 "완전함"을 근거로 하여 감히 야훼의 엄격한 판결을 요구하며 구속(救贖)과 긍휼(=恩惠)을 야훼 하나님께 감히 당당하게 간구할 수 있다는 뜻의 언어이다. 놀랍게도, 이러한 주장의 현실적 가능성은, 논의할 여지없이 야훼에 대한 **요동하지 않는 의지행위에서만**(!) 발견할 수 있다는 것이다. 이것은 일종 기독교의 '의인'(義認) 교리가 갖고 있는 역설성과 유사한 점을 갖고 있다고 하겠다.

26. 무죄를 주장하는 자의 희망(27:1-14)

¶ 본문

다윗의 시

1 여호와는 나의 빛이요 나의 구원이시니 내가 누구를 두려워하리요
(3+2) 여호와는 내 생명의 능력이시니 내가 누구를 무서워하리요
(3+2)
2 나의 대적, 나의 원수된 행악자가 내 살을 먹으려고 내게로 왔다가 실
족하여 넘어졌도다(3+2, 3+2)
3 군대가 나를 대적하여 진 칠찌라도 내 마음이 두렵지 아니하며 전쟁
이 일어나 나를 치려 할찌라도 내가 오히려 안연하리로다(3+2, 3+2)
4 내가 여호와께 청하였던 한 가지 일 곧 그것을 구하리니 곧 나로 내
생전에 여호와의 집에 거하여 여호와의 아름다움을 앙망하며 그 전에
서 사모하게 하실 것이라(3+2, 3+2, 3+2)
5 여호와께서 환난 날에 나를 그 초막 속에 비밀히 지키시고 그 장막 은
밀한 곳에 나를 숨기시며 바위 위에 높이 두시리로다(3+2, 3+2)
6 이제 내 머리가 나를 두른 내 원수 위에 들리리니 내가 그 장막에서 즐
거운 제사를 드리겠고 노래하여 여호와를 찬송하리로다(3+3, 2+2, 3)

[7] 여호와여 내가 소리로 부르짖을 때에 들으시고 또한 나를 긍휼히 여기사 응답하소서(3+2)

[8] 너희는 내 얼굴을 찾으라 [하실 때에] 내 마음이 주께 말하되 여호와여 내가 주의 얼굴을 찾으리이다 하였나이다(3+2+3)

[9] 주의 얼굴을 내게서 숨기지 마시고(3+2, 3+3)
주의 종을 노하여 버리지 마소서 주는 나의 도움이 [되셨나이다] 나의 구원의 하나님이시여 나를 버리지 말고 떠나지 마옵소서(2+2, 2+2)

[10] 내 부모는 나를 버렸으나 여호와는 나를 영접하시리이다(3+2)

[11] 여호와여 주의 길로 나를 가르치시고 내 원수를 인하여 평탄한 길로 인도하소서(3+3+2)

[12] 내 생명을 내 대적의 뜻에 맡기지 마소서 위증자와 악을 토하는 자가 일어나 나를 치려 함이니이다(3+3+2)

[13] 내가 산 자의 땅에 있음이여 여호와의 은혜 볼 것을 믿었도다 (2+2+2)

[14] 너는 여호와를 바랄찌어다 강하고 담대하며 여호와를 바랄찌어다 (2+3+2)

¶ 개요(비평학적 문제)

헤르만 궁켈(Hermann Gunkel, 1862-1932)의 양식비평적인 시편 연구가 시의 유형(Gattung: type) 분류법에서 그 개척자적인 공헌을 한 이래, 시편 27편은 두 개의 독립된 장르(1-6절: "확신의 시"로서 개인 탄원시의 부속 양식; 7-14절: "개인 탄원시")의 결합체라고 알려져 왔다(Weiser, Tayler, Leslie, Westermann, Rozenberg & Zlotowitz et al.). 그러나 그 이후의 시편연구의 후학들 중 적지 않은 시편 연구가들은 시편 27편 전체를 "하나의 문학 단위"(a literary unit; Mowinckel, Schmidt, Birkeland, Kraus, Eaton, Craigie, Rogerson & McKay, S. Terrien et al.)로서 읽기를 주장하였다. 특히 그 장르가 엄격히 다른 두 개의 시가 하나로 병렬되어 있는 경우가 실제로도 있다(시편 114편과 115편이 LXX에서는 하나의 시로 간주되었고 이미 위에서 살펴본바 시편 19편과 22편 등도 같은 경우에 속한다고 하겠다).

시편 27편의 경우, 그 구성 구조를 자세히 살피면, 장르의 복합에 의한 하나의 시로 구성되었을 가능성은 있다. 특히 시편 27:7-13은 "탄원의 시"로서는 독립된 탄식구를 철저히 결핍하고 있고, 7-12절은 철저히 '기원문'(Bitte)들로만 구성되어 있으며(탄식을 기초한 기원이지만) 그리고 마지막 송영절 14절은 매우 적절하지 않은 위치에 배열된 "제사장의 구원 신탁문"(Priestliche Heilsorakel)이다. 특히, 다소의 반론이 있기는 하여도 27편 전체가 약간의 예외를 제외하고는 3+2의 운율을 갖추고 있어서(cf. S. Terrien), 이 시는 "하나의 문학단위"로 간주할 수 있으며, 그 경우, 하나의 탄원시일 가능성(A. A. Anderson)이나 하나의 확신시(G. H. Wilson)일 가능성, 그리고 하나의 "기도의 시"(H. -J. Kraus)일 가능성이 모두 있기 때문에 어느 하나의 가설을 더 선호하여 주석할 것인가 하는 문제가 남는다고 하겠다.

하나의 '탄원시'일 가능성은 크라우스의 하나의 '기도시'(Gebetslied) 이론에 흡수될 수 있다고 생각된다. 7-12절 전체가 "독립된 탄원구"를 넣지 않은 철저히 '기원'(petitions)으로만 일관되어 있는 점이 그 가능성을 더해 준다. 그러나 아주 최근 윌슨(G. H. Wilson, *The Psalms*, I, 2003, 482-488)은 시편 27편을 신뢰의 고백들(1-6절과 13-14절)로 기원문(7-12절)을 감싸고 있는 "하나의 확신시"라고 보고 있는데 그 중요한 이유는 시편 27편의 문맥이 시편 23-30편 시리즈의 특징인 "야훼의 집에 거하는 것"을 주요 의제로 삼는 특성(4-6절, 8, 13절)을 현저하게 갖고 있다는 점에서 그 설득력을 또한 갖고 있다고 생각된다. 크라우스와 윌슨의 견해는, 이미 크라우스가 탄원시-감사시-의지시의 공통된 삶의 자리를 논증한 이래, 그리고 '기원'의 기본 특징이 '신뢰'를 기초로 하고 제시되는 특징을 갖고 있는 이래, 이 두 견해는 그 구성요소의 강도에 따라 결정될 수 밖에 없다. 그런 의미에서는 이 27편은 "하나의 확신시"라고 보는 것이 더 나을 것으로 보인다(pace Kraus).

이러한 결정에 기초하여 이 시의 시인이 누구냐라고 하는 것을 고려해 보면, 이 시의 내적 증거 곳곳에서 무고(誣告, cf. 12절의 "위증자")와 생명을 노리는 행악자들(cf. 2절)의 추적을 피하여 자기 무죄를 변호하며(6-7절) 성전의 성소(4절, 5-6절, "초막", "장막" 등)에서 피난처(asylum)를 찾고 있는 "고소(억압/추적) 당한 자"(cf. H. Schmidt)의 상황을 가장 많이 생각나게 한다. 이러한 시편 27편의 상황은 이 시의 저작 시기를 포로기 이후의 제2 성전 시기에만 관련 짓는 것을 어렵게 만든다. 제1 성전 시기와 제2 성전 시기 어느 경우에서도 이 시의 이러한 제의적 상황이 모두 다 잘 적응될 수 있는 것으로 보인다.

¶ 주석

1-**6** 야훼의 보호하시는 능력에 대한 확신을 노래한 부분이다. 야훼에 대한 은유적 묘사로서 등장한 세 개의 단어(빛, 구원, 생명의 능력)는 야훼의 보호하시는 역할을 강조하기 위하여 사용된 단어들로서, 시인의 "내가 누구를 두려워하리요?"라는 확신의 근거 역할을 한다. 2-3절은 거룩한 전쟁 전승(Holy War Tradition)의 신학적 중심주제들로 시인의 '보호 현실'을 서술/설명하고 있다. 원수들의 살의에 찬 공격은 부메랑이 되어 되돌아가고 아무리 강대한 군대로 포진하여도 그것이 두려움의 대상이 되지 않는다는 것이다. 그러므로 4-6절은 이 시의 중심 부분인 "야훼의 성전에서 야훼의 보호와 야훼의 현현을 체험한 기쁨"을 노래하는 부분을 형성한다(6절의 "즐거운 제사"는 '찌버케 테루아', 즉 "찬양/전쟁 함성의 제사"도 또한 거룩한 전쟁 전승을 반영해 준다. cf. P. Humbert, *Analyse d'un rite biblique*, 1946. 여기서는 축제의 함성을 지르는 제사를 가리킴).

7-**12** 이상의 확신 표현(1-6절)을 기초한 이 시인은 원수로부터의 구원을 간구한다. 간구의 주 내용은 감추셨던 야훼(Deus absconditus)의 얼굴을 만나는 것으로 묘사되어 있다. "얼굴의 감추심"은 하나님의 분노의 신호(sign)이기 때문이며 "야훼의 영접"은 성소의 피난처가 제공되었다는 것을 의미하기 때문이다. "부모는 버릴지라도 야훼는 영접[부모가

자식을 받아 안듯이]하신다"(10절)는 표현은 원수들의 살육적 공격 때의 최상의 '고독'을 묘사함과 동시에 야훼만이 유일한 희망이라는 신앙을 강력하게 묘사하기도 한다. 이제 시인은 '스올'의 세계를 벗어나 "산 자의 땅"으로 들어오게 된 것이다.

13 기원으로부터 확신으로의 분위기 전환이 일어났다. 산 자의 땅은 스올의 영역과 구분되는 곳으로서 야훼의 은혜[무죄 변호의 선포]를 늘 만날 수 있는 곳이다. 아마도 그 당시의 '내세'의 개념을 반영하고 있는 것으로 보인다.

14 구원에 관한 약속을 해주는 "제사장의 구원신탁" 또는 "제의 담당자의 당부의 말"일 수도 있고 시인 자신이 자기 자신과 회중들을 격려하는 말일 수도 있다. 그러나 그 무엇보다 중요한 것은 "야훼만이 인간의 유일한 희망"이라는 것을 알려 주어 늘 야훼만을 희망하라는 권유로 끝이 난다는 점이다.

¶ 메시지: "내가 누구를 두려워하리요?"

생명을 노리는 자들의 살기 찬 추적을 받고 있는 한 "무죄 변호자"가 그의 "무죄 변호의 시"의 서두를 "내가 누구를 두려워하리요?"라는 확신의 반복 표현을 앞세워 노래를 시작하고 있다면, 그의 고백의 그 신앙적 근거는 무엇일까? 분명, 그것은 진정한 희망의 소재가 어디인지를 발견하였기 때문일 것이다. 이것이 이 시의 서두(첫 절의 확신 표현)와 결어(마지막 절의 희망 권유) 사이를 밀접히 결속시키는 그 근본 요인이라고 하겠다.

에른스트 블로흐(Ernst Bloch)가 1959년 『희망의 원리』라는 책을 출간하자 이에 대한 신학적 반응이 몰트만(J. Moltmann)으로부터는 "희망의 신학"이라는 이름으로 나타났고(영역, 1967), 구약학 분야에서는 발터 침멀리(W. Zimmerli, *Der Mensch und seine Hoffnung im Alten Testa-*

ment, 1968[영역, 1971])로부터 "구약에 나타난 인간과 희망" 이라는 이름으로 나타났다. 침멀리는 그의 책에서 구약성서 전 분야에 걸쳐서 광범위하게 "희망" 이라는 주제가 갖는 의미를 탐구한 후, 매우 인상적이게도, 구약에 있어서 "희망이란 오직 야훼이다" 라는 결론을 제시한 바가 있고 시편의 여러 시적 표현들 중에서도 희망에 관한 가장 대담한 선언이란 "야훼는 나의 분깃이다" (Yahweh is my portion)라는 표현이라고 결론 지은 바가 있다.

그러므로 "야훼는 나의 빛이요 구원이시니 내가 누구를 두려워하리요!" 라는 선언(1절)으로 깃발을 든 이 "확신의 시" (시 27편)는 성전 제의와 야훼의 성소 현현의 아름다움에 대한 기대(4절)를 거친 다음 그 결어에서는 **"야훼를 희망하여라!(카웨 엘-야훼) … 야훼를 희망하여라!(카웨 엘-야훼)"** 라고 외치면서(14절) 미래를 향하여 활짝 문을 열어 놓는 것으로서 끝을 맺는다. 결국 이 확신의 시는 "야훼가 유일한 희망이시니 만일 야훼가 나의 빛(구원/생명의 능력)이시라면 내가 누구를 두려워하리요!" 라고 외치고 있는 셈이다. 이 외침은 로마서 8:31b의 말씀, "만일 하나님이 우리를 위하시면 누가 우리를 대적하리요!" 라는 말씀과 동의어 평행을 이룬다고 하겠다.

27. 주께서 잠잠하시면(28:1-9)

¶ 본문

다윗의 시

1 여호와여 내가 주께 부르짖으오니 나의 반석이여 내게 귀를 막지 마
소서 주께서 내게 잠잠하시면 내가 무덤에 내려가는 자와 같을까 하
나이다(3+3, 2+3)
2 내가 주의 성소를 향하여 나의 손을 들고 주께 부르짖을 때에 나의 간
구하는 소리를 들으소서(3+2, 2+2)
3 악인과 행악하는 자와 함께 나를 끌지 마옵소서 저희는 그 이웃에게
화평을 말하나 그 마음에는 악독이 있나이다(2+2, 3+2)
4 저희의 행사와 그 행위의 악한대로 갚으시며 저희 손의 지은대로 갚
아 그 마땅히 받을 것으로 보응하소서(2+2, 2+2+2)
5 저희는 여호와의 행하신 일과 손으로 지으신 것을 생각지 아니하므로
여호와께서 저희를 파괴하고 건설치 아니하시리로다(4+3+2)
6 여호와를 찬송함이여 내 간구하는 소리를 들으심이로다(2+3)
7 여호와는 나의 힘과 나의 방패시니 내 마음이 저를 의지하여 도움을
얻었도다 그러므로 내 마음이 크게 기뻐하며 내 노래로 저를 찬송하
리로다(3+3, 3+2)

[8] 여호와는 저희의 힘이시요 그 기름 부음 받은 자의 구원의 산성이시
로다(3+4)
[9] 주의 백성을 구원하시며 주의 산업에 복을 주시고 또 저희의 목자가
되사 영원토록 드십소서(4+3)

¶ 개요(비평학적 문제)

시편 28편과 26편 사이에는 결정적으로 중요한 유사점이 나타난다. 우선, 28:3-5와 26:6-9 사이의 비교에서 인지할 수 있듯이, 이 두 시는 살기 띤 무고(誣告) 인의 추적을 피하여 자기 무죄를 변호하려는 자가 성전의 성소에서 구속(救贖)의 '피난처'(asylum)를 찾는 상황에서 서로들 그 동질성을 나타내어 보여 주는 특징이 있다. 그러나 시편 28:6 이하에서 나타나는 그 문학적 구성은 시편 26편(10-11절)의 그것과는 상당히 다름을 보여 준다. 즉 두 시가 공통으로 가지고 있는바, "무죄 변호의 시"가 "무죄의 인정"을 받았다는 것을 확신하는 그 '운명 전환'의 동기에 있어서 서로 다름을 분명히 보여 준다는 점이다. 시편 26편의 경우는 성전 예배의 그 아름다움[至善: 야훼 현현 체험]에 운명전환의 근거를 두고 있다면, 시편 28편의 경우는, 비록 무죄 변호를 담보해 줄 성소의 피난처를 갈구는 하고 있었으나 그러나 '응답확신'(제사장의 구원신탁 선포에 의거한 것이 아닌 응답확신)이라는 특수 신앙(거룩한 전쟁 이념에 근거한 신앙)에 더 근거하고 있었다는 점(아래 6절 이하의 주석 설명 참조)에서 그 '다름'을 보여 준다.

그러한 점에서 볼 때, 비록 미세한 차이이기는 하지만, 시편 28편은 시편 26편보다 궁켈(Gunkel)의 초기 연구가 분류한 "개인 탄원시"의 장르에 좀더 가깝고 시편 26편은 시편 28편과 비교하면 "무죄 변호의 시"에 좀더 가깝다고 말할 수 있을 것이다.

시편 28편은 3+2 또는 2+3 박자의 운율을 선호하면서 그 편집 구성은 네 단원의 결합으로 구성되었다고 할 수 있다. (1)1-2절 : 구원을 기원하는 탄원의 도입문, (2)3-5절 : 원수에 대한 보응을 비는 기원, (3)6-7절 :

구원에 대한 확신, (4)8-9절 : 공동체(이스라엘 백성)의 구원을 송축하는 결구(結句)로 구성되어 있다.

이 시의 시인은 그의 생명을 노리는 원수(거짓 고소자)로부터 생명 위협적인 위기(무덤으로 내려갈 위기)에 몰려 있는 "거짓 고소를 받은 자"로 이해할 수 있고 "심각한 질병을 가진 자"(1절)나 "고난받는 제왕"(8절)과 같은 인물로 결론 내리기에는 그 증거가 충분하지 않다. 시의 상황을 포로기 이후(G. H. Wilson)로 볼 이유도 없다. 아마 여러 정황으로 미루어 보아, 왕조기의 산물로 보는 데 어려움이 없어 보인다(cf. Briggs, Gunkel, Schmidt, Weiser, Kraus, Anderson, Rogerson & McKay et al.).

¶ 주석

[1]-[2] 1절은 "개인 탄원시"의 전형적인 기원구이다. 여기서 사용된 은유, "잠잠함"('헤라쉬', חרשׁ=귀머거리, 동사는 '귀머거리가 되다'의 뜻)은 하나님의 "침묵"에 대한 은유로서 하나님과 시인 사이의 "거리 관계 개념"(cf. Hempel)에 기초한 항변적인 신뢰의 언어이다. 즉 내게 귀를 막고 잠잠하시면 시인 자신의 운명은 "무덤"('볼', בור, '스올'과 동의어)으로 내려가는 자의 운명이 된다는 '외침'은 '거리 감정'에 근거한 또 다른 "경건의 표현 양식"이다. 이 표현 양식은 시인과 하나님 사이의 신뢰 관계(계약적 개념)에 기초한 것으로서 하나님의 '돌보심'(보호하심, 숨겨 주심, 지켜 주심, 감싸 주심)의 속성을 향한 호소의 표현이다. 그리하여 야훼는 "나의 반석"('추리', צורי)이란 직유법에 의하여 표현된다. "반석"이 어찌하여 '보호하심'의 유비적 개념을 가지는가? 이 물음에 대한 답은 앞 장, 시편 27:5(초막, 장막, 바위, 이 세 단어가 동의어 평행을 이루고 있다)가 이미 하였다. 그러므로 이 시인은 감히 성소를 향하여 손을 들고(기도의 제스처) 구원의 응답(무죄 판결)을 간구하는 기도를 드리게 된다. 여기서는 성소 안의 피난처(asylum)를 찾는 모습으로 이해할 수 있다.

[3]-[5] 시편 27:4-6, 9-12와 유사한 상황 묘사로 보인다. "악인[행악

자]과 함께 끌지 마소서"는, 이어서 나오는 '원수'(=악인) 묘사들과 함께, 마땅히 벌을 받을 만한 그 악인들로부터 자신을 분리시키는 표현이다. 그러므로 '원수'에 대한 보응은 야훼께서 하실 몫이다. 원수에 대한 보응은 "하나님의 인과법"(God's law of causality)의 통치영역에 속하는 것이기 때문이다. 흥미 있는 것은, 3-5절에 묘사된(특히 4절의 '거물람', גמולם, their reward) 악인의 악한 성품과 악인이 받을 징벌 사이가 교차 대구법적 구조(a chiastic construction)로 구성되어 있다는 점이다. 나는 이것을 "하나님의 인과법의 한 결과"라고 부르고 싶다. 마침내 야훼의 원수 징벌에 대한 확신으로 시의 급박한 분위기는 구원의 확신에 대한 분위기로 급반전한다(5절).

6-**7** 5절의 분위기 급반전에 대하여 시인(6절)은 그의 기도에 대한 야훼의 응답 때문에 온 것임을 선언하고 그것을 근거로 하고(=히브리어 '키' 문장을 매개로 하고) 야훼를 찬송한다(빠룩/ 야훼!//**키**-샤마아/콜/타하누나이= "야훼를/송축하라//나의 간구하는/소리를/주께서 들으셨기 때문이다." 2+3 박자). 물론 문맥상 이 6절은 2절과 정확히 평행을 이루는 대구이다. 그러나 이것은 2절과 6절을 연결시키는 단순한 하나의 문학적 기교인가? 분명히 이것은 많은 주석가들의 관찰이 미치지 못한 것으로서 특별한 신학적 의의를 갖는 "응답 확신구"로 보인다. 이 6절은 5절로 하여금 분위기 급전을 일으키게 하는 하나의 문맥상의 근거임과 동시에 7절로부터 그러한 응답확신을 갖도록 한 신앙적 동기를 부여받은 것이라고 하겠다. 그런 의미에서 볼 때, 7절은 탄원시들의 분위기 급 전도(顚倒)를 일으키는 요인(7절은 시편 탄원시들 자체 안에서는 거의 나타나지 않는 보기 드문 설명구의 증거 자료라고 할 수 있다!)이 무엇인지를 설명해 주는 기능을 한다고 하겠다. 7절의 특성은 야훼는 찬양할 수밖에 없는 분이시고 또 야훼에 대한 의지(依支) 신앙만이 탄식의 분위기를 승리확신의 분위기로 전환시킬 수 있는 것이라는 시인의 이념의 그 전승사적 배경을 밝혀 주는 부분이라고 하겠다. 즉 야훼는 시인의 [유일한] "힘"('우쯔')과 시인의 [유일한] "방패"('마겐')이시라는 것이다. '우쯔'(힘)와 '마겐'(방패)은 명백한 전쟁 용어로서 여기서는 시적 은유로 사용되었다고 하겠다.

그러나 진정한 시인의 "도움"('에쩰')은 힘과 방패이신 [전쟁 용사로서의] "야훼에 대한 의지 신앙"(cf. 출 15:3)이었다고 말하는 것을 이 시인은 잊지 않았다(7a절, "야훼께서/나의 힘과/나의 방패이시니//내 마음이/그를/의지하였도다. 3+3 박자). 즉 야훼는 전쟁 용사이시므로(=힘과 방패이시므로) 인간에게는 칼, 활, 창이 필요한 것이 아니라 전쟁 용사이신 야훼를 의지하는 것이 무엇보다 가장 필요하다는 것은 '거룩한 전쟁 이념'의 신학적 기초이다. 이 문제에 관하여는 폰 라트(G. von Rad)의 『고대 이스라엘의 거룩한 전쟁』([독일어판, 1951] 영국에서 모인 세계 구약학회 발표논문)이 가장 좋은 안내를 해줄 것이다(cf. Ee Kon Kim, *The Rapid Change of Mood in the Lament Psalms*, 1985).

8-**9** 시의 주체(시인)인 개인(1인칭 단수)이 그가 축복하고 찬양하는 대상을 3인칭 복수("주의 백성")로 바꿔 놓는다(cf. H. W. Robinson, *Corporate Personality in Ancient Israel*, 1964; S. Mowinckel, *The Psalms in Israel's Worship*, 2 vols, Chaps. III, VII, VIII). 이와 같이 순수 개인시들이 그 시의 끝에서 공동체적 관심을 표현하며 끝내는 현상은 시편에서 매우 흔히 있는 현상이다. 개인의 보편화/민주화라는 맥락에서 볼 때, 8절에 나타나는 "그 기름 부음 받은 자"('메쉬코')는 꼭 왕을 지칭하는 것은 아니다(pace Eeton). "힘"과 "구원의 산성"(山城=要塞)은 동의 평행어로 볼 수 있다. 이들 모두는 여기서 "보호의 능력"에 대한 상징이다.

9절의 "주의 산업"('낫할라'=신의 유산)은 이스라엘이 야훼의 유산(출 19:5)이라는 것을 지칭하는 것으로서 야훼 하나님 이외의 어느 누구도 이스라엘에 대해서 주권행사를 할 수 없다는 의미를 갖는다. 시편 23:1에서 야훼를 이스라엘의 목자로 표현한 이래 야훼의 목자 이미지는 여기서 처음 나타나며 시편 80:1[2]에서도 나타난다. 그러나 시편에서는 야훼의 목자상이 비교적 드물게 나타난다(시 100:3에서는 간접적 표현이 사용된다). 특이한 점은 "목자"로서의 야훼를 시편 28편 시인은 "그의 백성을 영원히 드시는 분"으로 정의하면서 이 시를 끝맺고 있다는 점이다. 즉 문제의 언어, "영원토록 드십소서"('나스엠 안-하올람')가 "저희의 목자가 되사"('러엠')와 동의어 평행어로 등장한다는 것은 시편의 제의 신학에서는 하나의 새로운 주제라고 하지 않을 수 없다. 이스라엘의 "목자"는 이스라엘의 주인이기보다는(시 100:3과 비교하라!) "이스라엘의 종"이라는 것은 이스라엘 신학의 매우 새롭고 돋보이는 면이라 하겠다.

¶ 메시지: 이스라엘의 목자이신 야훼는 이스라엘을 섬기는 종이시다

시편 28편 시인은 그의 생명을 노리는 '무고자'의 추적을 피하여 성전 성소의 하나님의 현존 장소에서 '무죄변호'를 받으려고 하였던 한 경건한 사람이었다. 그는 하나님의 침묵을 깨뜨리려고 성소를 향하여 손을 들고 생사를 걸고(무덤으로 내려가는 자처럼) 부르짖다가 마침내 그의 부르짖음에 **응답하시는 하나님**을 만났고 또 그를 추적하는 원수들도 격퇴시키는 놀라운 구원의 체험도 하였다. 실로, "힘"과 "방패"이신 전쟁 용사(출 15:3) 야훼를 만난 이 시인은 돌연(!) 그 이스라엘의 구원자 야훼 이미지를 통하여 "영원한 이스라엘의 **목자**이시고 이스라엘의 **섬기는 자**이신 야훼 이미지"를 발견하였던 것이다! 그의 "무죄 변호의 기도"는 새로운 시각에서 구원자 야훼 하나님의 새로운 이미지를 발견하는 놀라운 기적을 창출해 내었던 것이다.

이 시의 마지막 절(9절)은 이 상상하기 어려운 하나님의 새로운 이미지를 다음과 같이 표현하였던 것이다.

> 주의 백성을/구원하소서/주의 소유물을/축복하소서//
> 영원토록/그들의 목자가 되시고/그들을 섬기는 자가 되소서(4+3).
>
> 호쉬이/엩-암메카/우바렠/엩-낰하라데카//
> 우르엠/붜나스엠/안-하올람 (4+3).

전쟁 용사이신 만군의 야훼 하나님은 전쟁을 즐기시는 분이 아니실 뿐만 아니라 복수의 피를 흘리기를 즐기시는 분도 아니셨다. 그는 구원의 하나님이셨다. 단지 그는 그의 백성이 돌아오게 하시려고 "스스로 자신을 감추시는 구원자"(사 45:15)이셨을 뿐이었다. 이 진리의 깨달음은 70년(렘 29:10) 바벨론 포로기의 그 고통스러운 복역 기간을 다 채운 다음(사 40:2)에야 비로소 깨달았던 진리였다.

그러나 창조주 야훼 하나님의 본질은 심판자, 복수자가 아니라(!) 그가 창조하신 백성을 하나도 잃지 않으시려 하시는 구원의 하나님이시라는 것은 이스라엘 역사 초기부터 그의 구원 활동과 창조 활동을 통하여 꾸준히 계시되어 왔다. 예언자 아모스도 말하기를 "보라 내가 명령하여 이스라엘 족속을 만국 중에서 체질하기를 체로 체질함같이 하려니와 그 한 알갱이도 땅에 떨어지지 아니하리라"(암 9:9)고 하였다. 예언자 호세아도 말하기를 "내가 나의 맹렬한 진노를 나타내지 아니하며 내가 다시는 에브라임을 멸하지 아니하리니 이는 내가 하나님이요 사람이 아님이라 네 가운데 있는 거룩한 이니 진노함으로 네게 임하지 아니하리라"(호 11:9)고도 하였다. 제2 이사야는 "야훼의 고난받는 종"이 미래의 이스라엘과 온 인류의 유일한 희망이 될 것이라고 증언하였으며 예수 그리스도도 이 종의 이미지를 전수받아 그 길을 걸어가셨던 것이다.

야훼의 목자 이미지는 인도와 보호와 주인 이미지(시 100:3)요, 회복과 소생과 구원의 이미지(시 80:2-3, 7, 18[3-4, 8, 19])이시다. 그러나 시편 28:9의 시인은 야훼의 "목자"('로에') 이미지를 증언할 뿐만 아니라 "영원한 섬기는 자"("드시다"라는 히브리어, '나사'의 분사형[동명사형] '노세'[드는 자, 데려가는 자, 들고 가는 자, 업고 가는 자 등]는 목자가 양떼를 모는 행위와는 반대로 양떼를 들고 가는 행위, 섬기는 행위를 가리킨다)로서도 묘사하고 있다(히브리어, '나스엠'='그들을 업고 가는 자'라는 의미). 비록 예수님은 자신을 "선한 목자로서 양들을 위하여 목숨을 버리는 자"(요 10:11)로서 증언하였으나, 야훼 하나님께서도 이 시인의 입을 빌려 자신을 가리켜 "자기 양떼를 몰고 가는 자"가 아니라 "자기 양떼를 섬기는 자"로서 증언하였다는 것은 창조주(One who causes to be) 야훼 하나님의 긍휼('라훔' ← '레헴': 어머니의 자궁) 속성을 증언하고 있는 구약의 현실(출 33:19; 34:6)과 잘 부합하는 것이라고 하겠다.

28. "야훼의 소리"가 힘있음이여!(29:1-11)

¶ 본문

다윗의 시

1 너희 권능 있는 자들아 영광과 능력을 여호와께 돌리고 돌릴찌어다
(4+4)

2 여호와의 이름에 [합당한] 영광을 돌리며 거룩한 옷을 입고 여호와께
경배할찌어다(4+4)

3 여호와의 소리가 물 위에 있도다 영광의 하나님이 뇌성을 발하시니
여호와는 많은 물위에 계시도다(3+2+3)

4 여호와의 소리가 힘 있음이여 여호와의 소리가 위엄차도다(3+3)

5 여호와의 소리가 백향목을 꺾으심이여 여호와께서 레바논 백향목을
꺾어 부수시도다(4+4)

6 그 나무를 송아지 같이 뛰게 하심이여 레바논과 시룐으로 들송아지
같이 [뛰게] 하시도다(3+3)

7 여호와의 소리가 화염을 가르시도다(4)

8 여호와의 소리가 광야를 진동하심이여 여호와께서 가데스 광야를 진
동하시도다(4+4)

9 여호와의 소리가 암사슴으로 낙태케 하시고 삼림을 말갛게 벗기시니

그 전에서 모든 것이 말하기를 영광이라 하도다(4+2+4)

10 여호와께서 홍수 때에 좌정하셨음이여 여호와께서 영영토록 왕으로 좌정하시도다(4+4)

11 여호와께서 자기 백성에게 힘을 주심이여 여호와께서 자기 백성에게 평강의 복을 주시리로다(4+4)

¶ 개요(비평학적 문제)

긴즈버그(H. L. Ginsberg)가 1935년에 최초로 제안한 한 가설, 즉 시편 29편은 본래 고대 가나안의 바알 찬양시였는데 이스라엘 예배에 맞도록 개작한 이스라엘 최고대의 시 중의 하나라는 가설이 제기된 이래, 시편 해석자들 사이에서는 이 가설을 매우 긍정적으로 받아들이는 입장과 이 가설을 비판하는 입장으로 나뉘었다. 비록 첨예하게 대립되지는 않았지만, 이와 같이 시편 29편의 기원에 대한 서로 다른 의견의 차이가 나타난 것은 이 시의 페니키아적인(북 가나안적인) 요소에 대한 지식이 매우 제한되어 있어서 그 내용상의 증거가 매우 단편적이라는 점을 우선 생각할 수 있다. 그러므로 우리가 흔히 알고 있듯이, 시편 29편에서 야훼(여호와)라는 이름을 바알이라는 이름으로 대치한다면 그것이 곧 우가릿 경전에서 발견할 수 있는 고대의 "바알 찬양시"가 되는 그런 것인지는 확실하지 않다(F. M. Cross, *Canaanite Myth and Hebrew Epic*, 1973, 152, 각주 23).

그러나 긴즈버그 가설에 매우 긍정적으로 반응하는 견해들은 우선 "소리"('콜', qol, ql)에 대한 찬양(가나안에서는 천둥소리를 신의 소리와 일치시킴)이 주로 강조되고 있는 이교적 성향을 첫째로 지적한다. 그리고 그 다음으로는 가나안 언어적 특징들과 그 사용되고 있는 지형과 지명의 페니키아적인 성격을 그 증거로 제시하고 있는 점들이다. 특히 내용상의 증거가 매우 단편적이라는 것과 우가릿 문헌이 극히 소수를 제외하고는 찬양 시가를 결핍하고 있다는 점들은 긴즈버그 가설에 대한 전폭적인 지지를 어렵게 만든다. 비록 가나안 언어와의 병행어들이 다소 나타난다 하더라도 히브리 언어와 가나안 언어 사이의 밀접한 관계를 고려한다면, 그리고 그 병행어들은 가나안어뿐만 아니라 아카드어, 아랍어, 이집트어 시가집들에서도 나타나기 때문이다(Craigie). 고대 중동 언어들 사이의 상호 연관성과 문학적 유사성은 이미 익히 잘 알려진 사실이므로 찬반의 논란은 불가피하였던 것으로 보인다.

그럼에도 불구하고, 다후드(M. Dahood), 크라우스(H. -J. Kraus), 크로스(F. M. Cross) 등의 가나안 언어학에 친숙한 학자들은 긴즈버그의 가설에 대하여 매우 긍정적인 입장을 취한다. 다후드는 말하기를 "이 시는 가나안의 폭풍의 신 바알에 대한 고대 찬양시를 야훼 종교적으로 개작한 시이다. … 실제로 이 시에 나오는 모든 단어는 이젠 고대 가나안 경전의 본문 속에서 복제해 낼 수 있다" (*Psalms I: 1-50*, 175)라고 단언하였다. 이러한 입장에 대해서는 하버드 대학 신학부 교수인 크로스(F. M. Cross, Jr., "Notes on a Canaanite Psalm in the Old Testament," *BASOR* 117 [1950], 19-21; *idem, Canaanite Myth and Hebrew Epic*, 1973, 151-156, 157-190)의 입장도 마찬가지이다. 그는 시편 29편의 중심 주제는 "신 현현" 이라고 보았고(특히 the Storm Theophany), 초기 이스라엘의 신 현현 언어들은 주로 바알 현현 묘사들로부터 끌어 온 언어라는 결론을 내린다(*Ibid.*, 156-157).

긴즈버그의 가설에 대한 부정적 비판도 만만치 않다. 가장 진지하게 이 문제의 문제점을 자세히 연구한 주석가는 우가릿어 전문연구가인 크레이기(P. C. Craigie, *The Psalms 1-50*, 1983)라고 할 수 있다. 가장 인상적인 것은 "신의 천둥(폭풍) 소리에 대한 찬양" (시 29편의 중심 주제: cf. F. Delitsch의 the Seven Thunders, 계 10:3의 일곱 우뢰)을 가나안 종교문학 고유의 것으로 보는 견해에 대해서 비판적이라는 점이다. 바이저(A. Weiser) 같은 학자는 시편 29편은 이스라엘 초기 계약축제의 절정인 신현현 주세와 관련되었다고 본다(크레이기도 동의함). 그러므로 시편 29편은 야훼의 [전쟁]능력과 승리를 찬양하는 시로서 가나안의 바알 신의 세력의 미약함을 나타내기 위하여(출 15장의 미리암의 노래 및 삿 5장의 드보라의 노래와 비교) 가나안 문학의 이미지를 응용하였다고 보아야 한다는 것이다.

결론적으로 대부분의 학자들은 시편 29편이 가나안적 배경을 갖고 있다는 것과 그 고대성(주전 11-10세기경)에 대해서는 부정적이지 않지만 그 시의 가나안적 기원과 가나안 문학의 모방이라는 관점에 대해서는 상당수의 학자들이 비판적이라고 결론 지을 수 있다고 하겠다. 물론 다이슬러(Deissler) 같은 학자는 이 시편 29편을 포로기 이후의 것으로 보고 그 사상과 언어는 예언문학과의 접촉점을 많이 갖고 있다고 보기까지 한다. 그리고 최근의 주석서인 윌슨의 시편 주석서(G. H. Wilson, *Psalms*, vol. I, 2002)와 테리언의 주석서(S. Terrien, *The Psalms*, 2003)는 이 시편 29편을 야훼의 현현 또는 야훼의 소리에 대하여 강한 예술적/신학적 묘사를 한 시로서만 보고, 비록 고대 중동의 종교문학과의 연관성은 인정하면서도, 자연지배의 신은 "바알-하닷"이 아니라 야훼이시라는 이스라엘 신학화에만 초점을 맞추어 긴즈버그의 가설에 대한 언급은 아예 하지 않기도 한다.

우리의 입장도 마찬가지이다. 앞의 시편 19편 주석에서도 언급한 바와 같이, 이 29편의 시(詩)도 고대 중동, 특히 가나안 경전문학의 이스라엘 신학적 개작으로 보는 것이 이 시의 본래의 현실이라고 생각된다.

¶ 주석

1-**2** "야훼에게 [영광을] 돌릴지어다"라는 부름구를 세 번 앞세우면서 시작하는 도입문이다('하부 라도나이! … 하부 라도나이! … 하부 라도나이!'). 마지막 구절체는 "야훼께 경배할지어다"라는 말로 시작한다. 결국 야훼에게, 특히 "야훼의 소리"('콜 야훼')에게 영광을 돌리는 것이 최선 최고의 지상과제라는 것을 말하는 것이 이 시의 중심 의도라고 하겠다. 이 과제의 중요성은 이 명령을 받는 자를 "너희 권능 있는 자들"(1절)이라고 말하고 있는 점과 "거룩한 옷을 입고"(2절)라는 말을 언급하고 있는 점에서 나타난다. "너희 권능 있는 자들"은 히브리 본문에서는 '뻬네 엘림', 즉 문자적으로는 "신[엘]들의 아들들"이라는 말로 번역할 수 있는데, 다후드(Dahood)는 "오, 신들아!"(O, gods)라고 번역하고 있다. '엘'의 복수('엘림')를 사용하는 경우가 구약 히브리 텍스트에서는 오직 네 번

(4회)만 사용되었다(그 사용처는 출 15:11; 욥 41:25[17]; 시 29:1; 89:5[6] 이다. 단 11:36에서는 '엘 엘림'="신들 중의 신"). 아마도 이스라엘의 야훼 유일신 이해는 이 말에서부터 자라난 것으로 재해석되었는데, 이 말('엘림')의 본래적 의미는 야훼와는 비교될 수 없는 급이 낮은 이교의 신들을 가리킬 때 사용되었으나 여기서는 야훼의 유일한 주권, 즉 세상에 있는 모든 신적인 존재들이 모두 나서서 영광과 권능을 오직 야훼에게만 돌리기를 요구하는 의미를 갖고 있다고 하겠다. 이 서두의 언어(1-2절)는 시편 24:7-10의 성전 입당 행렬 의전과 연결시킨다면, "거룩한 옷을 입고"라는 권유와 관련시켜 볼 때, 이교의 신들은 단지 야훼 그분의 영광과 능력만을 인정하고 겸손히 그에게 경배할 것을 요구하는 의미가 있다고 하겠다.

3-**9** 이 시의 본간(本幹)에 해당하는 부분인데, 일곱 절 모두가 "야훼의 소리"('콜 야훼')라는 말로 시작하는, 일종의 두운법(頭韻法)을 형성하여 일곱 번이나 그 시작을 같은 말로 반복하는, 특성을 갖고 있어서 이 시가 증언하는 중심 주제가 "야훼의 소리"라는 것을 웅변적으로 증언하고 있다고 하겠다. 그런 의미에서 시편 29편은 시편 28:1에서 "야훼여, 잠잠하지 마소서"라는 구원 간구에 대한 힘 있는 응답으로도 이해할 수 있을 것이다.

"야훼의 소리"('콜 야훼')란 무엇인가? "하나님의 뇌성"과 평행을 이루고 있어서 가나안 종교에서처럼 "뇌성"(히브리말로는 '라암') 그 자체가 "야훼의 소리"를 가리키는 것인가?

우리는 여기서 지금까지의 많은 서구 학자들이 눈여겨보지 못한 두 가지 중요한 사실을 지적할 필요가 있다. 그 하나는 (1)히브리어 구약성서에서는 "소리"와 구분하여 "천둥"('라암')이라는 말을 따로 갖고 있다는 것과 그리고 다른 하나는 (2)이집트 재앙 기사에 의하면 재앙으로서의 천둥은 히브리어 '콜'(소리)의 복수형('콜롯')을 사용하고 인격적 대화의 '말씀'을 표현할 때는 '콜'(소리)의 단수형('콜')을 사용함으로써 둘 사이의 의미를 구분하고 있다는 것이다. 이 사실은 가나안 종교문학의 영향에 대한 이스라엘 종교문학의 신학화(神學化) 과정을 암시하고 있다(김이곤,

"호렙 산 신 현현에 나타난 Qol 주제 연구", 『고난신학』, 1989, 472-492, esp. 486, 각주 38과 39 참조). 그러므로 시편 29:3의 "뇌성"은 야훼의 신 현현 묘사에 동원된 '천둥' 이미지를 나타내는 것으로 볼 수 있으며 "야훼의 소리"('콜 야훼')와 정확한 일치를 이루지는 않는다 하겠다. 즉 "야훼의 소리"는 "야훼 자신" 또는 "야훼의 말씀"(현현의 절정)과 일치한다고 볼 수 있을 것이다. 말하자면, 야훼의 소리가 신 현현 때 뇌성을 사자(使者)로서 동원하고 있다는 말이 된다.

"야훼의 소리"(야훼의 말씀)는 [많은] 물('얌'=바다, 물의 신[神]) 위에 있어서 혼돈의 세력을 통치하시며 그 위엄이 레바논의 우거진 거대한 백향목 수림(樹林)을 꺾어 부수시고 시룐(=헬몬 산)과 가데스 광야를 진동시키시며 암사슴으로 낙태하게 하시고 등, 자연 세계의 여러 양태들(가나안 종교와 중동의 다른 이교들에서는 신으로 인정되는 것들)을 압도하심으로 야훼 하나님의 위엄과 영광을 드러내니 그 성전('헤칼')에 있는 모든 것들이 "영광!"이라고 합창하게 하신다는 것이다.

10 - **11** 야훼께서 유일하고 영원한 왕으로서 현현하여 "홍수"('맙불'= 혼돈의 물) 위에 좌정하시는 것과 자기 백성의 희망의 근원이 되시는 것을 선포함으로써 시를 종결 짓는다. 가나안 문학의 이스라엘 신학화가 여기서도 나타난다. 즉 "맙불"(혼돈의 물 신) 위에 좌정하신 분은 '바알'이 아니라 "야훼"이시라는 것이다.

¶ 메시지: 바알의 "소리"는 뇌성이고 야훼의 "소리"는 말씀이다

야훼는 뇌성의 주(主)이시고 뇌성은 야훼의 현현에 동반하는 사자(使者)요, 전령(傳令)일 뿐이다. 가나안 종교의 뇌성은 "[신의] 소리"('콜', ql)요, 이 신의 소리는 이스라엘에게 있어서는 단지 "뇌성"일 뿐이다. 이스라엘에게 있어서 "뇌성"은 히브리어로 표현될 때, '콜롯'(콜의 복수)이거나(출 9:23, 28, 29, 33, 34 등) '라암'(ra'am)으로 표현된다. 단수 형태의 '콜'(소리, 單數)은 이스라엘에게 있어서는 결코 "뇌성"일 수 없다. 단지

'말씀'일 뿐이다.

출애굽기 19장의 시내 산 현현 보도에서나 열왕기상 19장의 호렙 산 현현 보도에서의 '콜'("소리", a voice)은 야훼의 뜻을 계시하는 '말씀'(=음성)이다. 그 말씀 계시는 산을 진동시키고 역사의 지각을 흔들어 놓는다. 이러한 신 현현 전통이 시편 29편에 반영되어 있고 극적으로 묘사되어 있다. 우선 야훼와 야훼의 말씀(로고스)은 일치된다. 야훼의 말씀은 창조주이시다(창 1장, P). 그러므로 시편 29:3-9는 야훼의 권위와 위엄, 즉 야훼의 말씀의 위엄과 권위를 증언하고 찬양한다. 여기서는 그리하여 신성시된 모든 자연의 세력을 지배하시는 그 권위를 찬양하고 있을 뿐만 아니라 비를 내리시고 곡식을 자라게 하시는 자연 질서를 관장하시는 분도 바알이 아니라 야훼이시라는 것을 찬양하고 있다.

시편 29편 시인의 신학적 작업은, 그러나 여기서 끝나지 않고 신명기 신학적 관점에서, **야훼의 말씀(=야훼의 소리)이** 힘이 있어 물('얌')과 홍수('맙불') 위에 영원한 왕으로 좌정하신다고 증언한다. 아마도 이 야훼의 왕권 사상은 고대의 시 출애굽기 15:18에 나타난 "왕권 이념"(주전 11-10세기)과 평행을 이루며 후대의 신명기 신학에 의하여 다시 한번 더 "야훼의 소리=야훼의 말씀=야훼 자신"이라는 말씀의 신학으로 확대된다(cf. 신 4장). **야훼의 말씀**이 영원한 유일의 왕이시고 모든 자연 질서와 역사 질서를 통괄하시고 자기를 따르는 백성에게 힘과 평화를 주시는 분이신 것이다. 가나안 종교의 뇌성은 가나안에서는 신(=Storm-god)이지만 그러나 이스라엘에게는 뇌성일 뿐이고 단지 야훼의 소리(=말씀)의 통제와 지배를 받을 뿐이라는 것이다.

29. 노염은 잠간 은총은 평생(30:1-12)

¶ 본문

다윗의 시, 곧 성전 낙성가

1[2] 여호와여 내가 주를 높일 것은 주께서 나를 끌어 내사 내 대적으로 나를 인하여 기뻐하지 못하게 하심이니이다(4+3)

2[3] 여호와 내 하나님이여 내가 주께 부르짖으매 나를 고치셨나이다 (2+3)

3[4] 여호와여 주께서 내 영혼을 음부에서 끌어내어 나를 살리사 무덤으로 내려가지 않게 하셨나이다(4+3)

4[5] 주의 성도들아 여호와를 찬송하며 그 거룩한 이름에 감사할찌어다 (3+3)

5[6] 그 노염은 잠간이요 그 은총은 평생이로다 저녁에는 울음이 기숙할찌라도 아침에는 기쁨이 오리로다(3+2, 3+2)

6[7] 내가 형통할 때에 말하기를 영영히 요동치 아니하리라 하였도다 (3+2)

7[8] 여호와께서 주의 은혜로 내 산을 굳게 세우셨더니 주의 얼굴을 가리우시매 내가 근심하였나이다(5+4)

8[9] 여호와여 내가 주께 부르짖고 여호와께 간구하기를(3+3)

9[10] 내가 무덤에 내려갈 때에 나의 피가 무슨 유익이 있으리요 어찌 진
토가 주를 찬송하며 주의 진리를 선포하리이까(2+2, 2+2)
10[11] 여호와여 들으시고 나를 긍휼히 여기소서 여호와여 나의 돕는 자
가 되소서 하였나이다(3+3)
11[12] 주께서 나의 슬픔을 변하여 춤이 되게 하시며 나의 베옷을 벗기고
기쁨으로 띠 띠우셨나이다(4+4)
12[13] 이는 잠잠치 아니하고 [내] 영광으로 주를 찬송케 하심이니 여호와
나의 하나님이여 내가 주께 영영히 감사하리이다(5+4)

¶ 개요(비평학적 문제)

양식비평학의 개척자인 궁켈이 시편으로부터 열세 개의 완전한 형태의 "개인 감사시"로서 분류해 낸 것들(시 18; 30; 32; 34; 40:1-11[2-12]; 41; 66; {100}; {107}; 116; 118; 138편) 중의 대표적인 "개인 감사시"가 시편 30편이다(*Einleitung*, §7). 이 시에 후대의 첨가로 덧붙여진 "성전 낙성가"라는 표제는 아마도 안티오커스 에피파네스(Antiochus Epiphanes)의 성전 모독 이후 처음으로 성전 예배를 회복한 것(164/165 BC)을 기념한 그때부터 지켜 온 성전 헌당 축제(Hanukkah) 때마다 사용되었던 것임을 보여 준다(제1 마카비 4:42-60). 이러한 전통이 생겨나기 전에는 성역에서 "토다"(todah)라는 이름의 **개인 감사시**(=선언적 찬양시)로서 노래 불러온 매우 고대에 속한 시이다. 이러한 과정의 역사에 대하여서는 알려진 바가 없으나 이 사건이 있기 이전 수세기 동안 "성전 낙성가"와는 무관하게 노래해 온 "개인 감사의 시"로서, 주로 죽음의 질병으로부터 회복한 경험이 있는 한 경건한 신앙인에 의하여 저작된 시로 보인다. 그러므로 "하누카" 성전 헌당 축제 이전 오랫동안 성전 헌당의 의식이 있을 때마다 사용되었을 가능성이 있다. 따라서 이 시의 기원을 포로기 이전 어느 때 혹은 이른 포로 후기 어느 때인지는 확실하게 단정 지을 수 없다.

이 시의 구성 구조는 쉽게 결정할 수 없으나 대체로 세 부분으로 구분하여 볼 수 있다. (1)시인을 죽음의 위기로부터 건져 주신(죽음의 질병으

로부터 고쳐 주신) 야훼의 구원에 대한 감사 찬송(1-3[2-4]절), (2)결코 실패치 않으시는 구원의 은혜의 하나님에 대한 회중의 찬양, 감사를 권유하는 부분(4-5[5-6]절), 그리고 (3)과거의 구원 경험에 대한 자세한 진술(6-11[7-12]절)과 응답확신(12[13]절) 부분으로 구분해 볼 수 있다.

¶ 주석

표제에 관해서는 위의 "개요"와 이 책의 서론을 참조하라.

1-3 1-3[2-4]**절,** 야훼의 구원 행위를 높이는 찬양 맹세(cf. 출 15:2; 시 18:1[2])로 시작한다. 이 부분은 마지막 절(12[13]a, b절)과 '인클루시오' 형식으로 앞뒤를 감싸는 형식을 취한다. 1[2]절은 이유 문장(히브리어 '키'가 이끄는 문장)이 암시하듯이 야훼를 높이 칭송하는 이유를 제공하면서 하나님의 구원 경험을 간략하게 요약하는 기능을 한다. "끌어내시다"(='끌어내셨다')는 우물로부터 물을 길어 올리듯이 끌어올리는 것을 묘사한 것이다. 여기서 말하는 복수(pl.) 형 "대적"(=원수)은 다후드에 의하여 "죽음"을 가리키는 것이라고 해석되었는데, 전통적으로는, 위선의 가면을 쓰고 가까이 와서 위로를 한다고 하면서 오히려 "질병은 죄의 결과"라고 몰아세우는 "욥의 친구들"과 같은 존재들을 가리키는 것이라고 해석하였다. 그러한 위선적인 위로는 심각한 재난에 처하여 있는 자에게는 도움이 되기는커녕 더욱 절망에 빠지게 만든다.

그러나 "부르짖으니 야훼께서는 그를 고쳐 주셨다." 이스라엘인들은 질병과 건강은 하나님으로부터 오는 것이므로 참 치유자는 야훼만이라고 믿었다(출 15:26).

3[4]절의 "영혼"은 히브리어로는 '생명'(=목숨, '네페쉬')을 의미하며, "음부"(스올)와 "무덤"('볼')은 질병, 불행 또는 버림받음과 같은 고통받은 자들이 거하는 지하 세계를 가리킨다. 여기서 끌어내어 살려 주셨다는 것은 하나님으로부터 버림을 받지 않았다는 것을 의미한다. 즉 스올과 무덤의 세계인 죽음은 하나님 앞에서는 '상대화'된다.

4-**5** 4-5[5-6]**절,** 제의(=공중 예배) 공동체를 향한 증언(간증)과 감사/찬양의 권유 부분이다. 여기서 말하는 "성도들"은 하나님과의 계약관계에 성실한 자들을 가리킨다('핫시드/핫시딤'은 계약에의 성실이라는 의미를 가진다). 여기서는 예배공동체의 동료들을 가리킨다. "거룩한 이름"은 야훼 자신과 일치된다. 감사/찬양의 이유(히브리어 '키'가 이끄는 문장)는 "야훼의 분노는 잠깐, 그의 은총은 영원하기 때문이다"라고 표현된다.

"그의 노염은 잠간이요 그 은총은 평생" (5[6]a절). 다후드(M. Dahood)의 번역이 특이하다. 그는 "그의 노염은 죽음이요 그의 은총은 생명"이라고 번역한다. 즉 '잠간'을 '죽음'으로 번역하여 그 다음 구절체의 "생명"과 반의평행법적인 관계를 설정한다. 무리는 없어 보이나, 출애굽기 34:6의 교조(敎條), "노하기를 더디 하심"이라는 고백과의 관련성에서 볼 때, "더디 하심"은 다음 문맥의 "많음"과 대비를 이루는 말로서 "작음"을 의미할 수 있는 말이므로 우리 본문(개역한글본)의 번역이 다후드의 번역보다 더 적절해 보인다. 윌슨(G. H. Wilson, 516)의 주석이 말하듯이, 시인의 이 고백은 야훼의 마지막 말은 결코 탄식과 고난이 아니라 그를 믿는 자의 구원이라고 하는 진리에 대한 시인의 각성을 시적으로 표현한 것으로 보인다. 출애굽기 34:7이 말하듯이, "인자는 천대, 형벌은 삼사대"라는 신앙고백[敎條]과도 잘 조화된다. 5[6]b절의 "저녁에는 울음이 기숙(寄宿; remain)할찌라도 아침에는 기쁨이 오리로다"도 또한 5[6]a절의 의미와 상응한다. 하나님이 원하시는 것은 영원히 고착된 것이 아니라 아침이 오면 기쁨의 환호로 바뀌는 것임을 고백하고 있는 것이다.

6-**12** 6-12[7-13]**절,** 시인이 경험한 상황 변화를 설화 형식으로 진술하고 있다. 6[7]절의 확신은 야훼의 구원의 능력과 의지로 인하여 온 결과이다. 그러나 이 확신이 때로는 "거짓 안보감"(a false sense of security)에서 올 수 있다. 야훼께서 한때 태산 같은 은혜를 베푸셨지만 야훼께서 그의 얼굴을 가리시면 곧 근심에 싸이게 된다. 하나님과의 관계 여하(거리 개념)에 따라 인간의 운명이 달라진다. 이럴 때의 유일한 대안은 하나님께 무조건 매달려 용서와 구원을 간구하고 "부르짖는" 길밖에 다른 길은 없다. 8-10[9-11]절은 이러한 현실을 입증해 준다("부르짖음"

의 구원사적 의미에 대하여는 필자의 해외 논문 "부르짖음"[Ee Kon Kim, "Outcry", *Interpretation*, July 1988, 229-239]을 참조하라).

그러한 맥락에서 볼 때, 8-10[9-11]절은 구약 구원사 구조의 기본 구조를 보여 준다. "탄식+기원 → 구원 확신." 즉 시인은 긴박한 죽음의 문전에서 "하나님의 유익"을 논한다. "무슨 유익이 있으리요?"는 유익이 없다는 전제를 갖고 하는 말이다. 히브리어 '베차아'(유익)는 '몫이 잘려나간다'는 부정적 의미의 "부정직한 소득, 불법적 소득"을 의미한다(Wilson). 왜냐하면 "무덤"과 "진토"는 하나님과의 교통을 중단시키기 때문이라는 것이다. 무덤과 진토는 모두 다 하나님의 통치 아래 있는 상대적 개념으로서 진정한(=절대적) 두려움의 대상은 아니지만(!) 단지 하나님 찬양과 하나님 증거 행위를 시인으로부터 차단시키는 역할을 하기 때문에 이것이 두렵다는 것이다. 이러한 탄식은 또 하나의 특이한 성격의 '의지심'(依支心)의 표현이기도 하다. 그러므로 여과 없이 곧바로 응답 기원, 긍휼 요청, 도움(구원) 기원으로 연결된다.

기도의 응답 역시 아무런 논의 없이 곧장 운명전환의 기쁨으로 연결된다. 즉 슬픔 → 기쁨의 춤[輪舞], 그리고 상복(베옷) → 연회복(기쁨의 띠)의 운명 전이가 일어난다. 마지막 확신 표현(12[13]절)은 "영광!"이라는 찬양과 감사 맹세의 함성으로 마무리된다. 이 마무리는 문맥상 시편 29:9에 나타나는 현현 환영의 장면, 즉 성전에 있는 모든 것이 외치는 "영광!"이라는 함성에 상응한다. 침묵할 수가 없는 것이다. 영광! 영광! 영광!

¶ 메시지: 거짓 확신을 극복하는 길

우리의 확신(깨달음)이 항상 우리의 현실에 대한 최선의 판단인 것은 아니다. 이 기초적이고도 일반적인 판단이, 이른바 무덤으로 내려가는 상황에까지 갈 정도로 절대 절명의 위기에서 극적인 구원체험을 한 시인(시 30편의 시인)이 그 위기 상황에서 깨달았던 중요한 깨달음 중의 하나였다.

노염과 은총, 울음과 기쁨, 슬픔과 춤[輪舞], 상복(喪服)과 연회복(宴會服)이라는 운명 대극(對極)의 사건들은 결코 두 개의 기원(起源)을 갖고 있는 것이 아니라(그것은 **거짓 확신**일 뿐이며) 야훼 하나님 한 분(!), 유일신에게 전적으로 그 기원을 두고 있다는 것을 믿는 것이 진정한 참 확신이라는 것을 이 시인은 비로소 **6-7[7-8]절에서 깨달은 것**으로 되어 있다.

말하자면 유일신이신 야훼 하나님 그분께서 친히 (1) 자신의 얼굴을 가릴(감출) 때(Deus absconditus)와 (2) 자신의 얼굴을 보여 주실 때(Deus revelatus)에 따라, 진실로 그것에 따라서만(!), 우리의 운명이 이렇게도 되고 저렇게도 되는 것이지 결단코 그 어떤 고정된 두 기원이 있어서 은총, 춤, 연회복은 선신(善神)으로부터 오도록 고정되어 있고 노염, 울음, 슬픔, 상복은 악신(惡神)으로부터 오도록 고정되어 있는 그런 것은 아니라는 것, 바로 이것이 무조건 우리 인간은 야훼 하나님만을 의지하고 그 분으로부터만 구원을 요청하는 부르짖음을 부르짖어야 하는 그 이유라는 것이다. 야훼 하나님은 실로 자신의 얼굴을 감추시기도 하시고 또 보이시기도(=계시하시기도) 하시는 분이시지 야누스(Janus)처럼 양면 얼굴로 고정되어 있는 분은 아니셨다.

거짓 확신은 실로 이러한 이원론적 신 이해로부터 오는 것이다. 6[7]절에서 이 시인은 "내가 형통할 때 말하기를 '나는 영영히 요동치 아니하리라' 하였도다"라고 하였다. 말하자면 이 시인은 한때 "야훼께서 그의 은혜로 내 산을 굳게 세우셨다"고**만** 믿었던 것이다. 그러나 그것은 착각이었다. 그것은 착시(錯視)였다. 그것은 착오였던 것이다. 우리의 현실은 우리 인간의 깨달음과 깨닫지 못함에 의하여 변경될 수 있는 것은 결코 **아니었다.** 이와는 달리, 오직 우리의 환경들은 하나님의 현재하심을 우리가 느꼈느냐, 아니면 하나님의 부재하심을 우리가 느꼈느냐에 따라서만 바뀌어질 수 있을 뿐이라는 것이다. 야훼 하나님의 얼굴을 한쪽 면으로만 고정시키려는 모든 종류의 교조는 모두가 허구요, 거짓 확신인 것이라는 말이다. 그러므로 야훼께서 그의 얼굴을 가리시자 즉각 시인은 근심에 휩싸일 수밖에 없었다는 것이다(7[8]절). 따라서 우리는 우리에게 능력을 주시는 분 안에서만 모든 것을 할 수 있을 뿐이다(빌 4:13). 이 믿음만이 거짓 안보에서부터 우리를 지켜줄 수 있다는 것이다. 왜냐하면 야훼 하나님은 유일하신 창조신이실 뿐만 아니라 죽이기도 하고 살리기도 하며 상하게도 하며 낫게도 하시는 분(신 32:39; 삼상 2:6)이시기 때문이다. 모든 거짓된 확신은 유일하신 하나님을 이원(二元)으로 분리시키는 데서 오는 것이라 하겠다. 그러나 우리의 희망은 이러한 일원론적(一元論的) 야훼 신앙의 문맥 안에 있으면서도 여전히 우리에게는 야훼의 노염은 잠간이고 야훼의 은총은 영원하다는 거기에 있다고 하겠다.

30. 나의 영을('루히') 주의 손에 부탁하나이다 (31:1-24)

¶ 본문

다윗의 시, 영장으로 한 노래

1[2] 여호와여 내가 주께 피하오니 나로 영원히 부끄럽게 마시고 주의 의
로 나를 건지소서(3+2+2)

2[3] 내게 귀를 기울여 속히 건지시고 내게 견고한 바위와 구원하는 보장
이 되소서(3+2, 3+3)

3[4] 주는 나의 반석과 산성이시니 그러므로 주의 이름을 인하여 나를 인
도하시고 지도하소서(3+2+2)

4[5] 저희가 나를 위하여 비밀히 친 그물에서 빼어 내소서 주는 나의 산
성이시니이다(2+2+2)

5[6] 내가 나의 영을 주의 손에 부탁하나이다 진리의 하나님 여호와여 나
를 구속하셨나이다(3+5)

6[7] 내가 허탄한 거짓을 숭상하는 자를 미워하고 여호와를 의지하나이
다(3+3)

7[8] 내가 주의 인자하심을 기뻐하며 즐거워할 것은 주께서 나의 곤란을
감찰하사 환난 중에 있는 내 영혼을 아셨고(3+3+3)

8[9] 나를 대적의 수중에 금고치 아니하셨고 내 발을 넓은 곳에 세우셨음

이니이다(3+3)

9[10] 여호와여 내 고통을 인하여 나를 긍휼히 여기소서 내가 근심으로
눈과 혼과 몸이 쇠하였나이다(2+2, 3+2)

10[11] 내 생명은 슬픔으로 보내며 나의 해는 탄식으로 보냄이여 내 기력
이 나의 죄악으로 약하며 나의 뼈가 쇠하도소이다(3+2, 3+2)

11[12] 내가 모든 대적으로 말미암아 욕을 당하고 내 이웃에게서는 심히
당하니 내 친구가 놀라고 길에서 보는 자가 나를 피하였나이다
(2+2+2, 2+2+2)

12[13] 내가 잊어버린바 됨이 사망한 자를 마음에 두지 아니함 같고 파기
와 같으니이다(3+3)

13[14] 내가 무리의 비방을 들으오며 사방에 두려움이 있나이다 저희가
나를 치려 의논할 때에 내 생명을 빼앗기로 꾀하였나이다(3+2,
3+3)

14[15] 여호와여 그러하여도 나는 주께 의지하고 말하기를 주는 내 하나
님이시라 하였나이다(4+3)

15[16] 내 시대가 주의 손에 있사오니 내 원수와 핍박하는 자의 손에서 나
를 건지소서(3+3)

16[17] 주의 얼굴을 주의 종에게 비취시고 주의 인자하심으로 나를 구원
하소서(3+2)

17[18] 여호와여 내가 주를 불렀사오니 나로 부끄럽게 마시고 악인을 부
끄럽게 하사 음부에서 잠잠케 하소서(4+4)

18[19] 교만하고 완악한 말로 무례히 의인을 치는 거짓 입술로 벙어리 되
게 하소서(3+3+2)

19[20] 주를 두려워하는 자를 위하여 쌓아 두신 은혜 곧 인생 앞에서 주께
피하는 자를 위하여 베푸신 은혜가 어찌 그리 큰지요(2+2, 3+3)

20[21] 주께서 저희를 주의 은밀한 곳에 숨기사 사람의 꾀에서 벗어나게
하시고 비밀히 장막에 감추사 구설의 다툼에서 면하게 하시리이다
(3+2, 2+2)

21[22] 여호와를 찬송할지어다 견고한 성에서 그 기이한 인자를 내게 보
이셨음이로다(2+3+3)

22[23] 내가 경겁한 중에 말하기를 주의 목전에서 끊어졌다 하였사오나 내가 주께 부르짖을 때에 주께서 나의 간구하는 소리를 들으셨나이다(3+3, 2+2+2)
23[24] 너희 모든 성도들아 여호와를 사랑하라 여호와께서 성실[한 자]를 보호하시고 교만히 행하는 자에게 엄중히 갚으시느니라(3+3, 2+2)
24[25] 강하고 담대하라 여호와를 바라는 너희들아(3+2)

¶ 개요(비평학적 문제)

궁켈(H. Gunkel) 이래로 이 시는 자주 "개인 탄원의 시"(*Einleitung*, § 6)로 분류되어 왔다. 그러나 박자의 리듬도 다양하고 그 구성 요소도 여러 가지를 결합시켜 놓은 듯하여(탄원의 요소, 신뢰의 표현, 감사와 찬양의 결합) 시편 31편을 "혼합시"(a composite psalm)라고 추정하는 학자들(cf. W. R. Tayler, *IB*, vol. 4, 1955, 162ff.)도 있으나, 대부분의 학자들은 평행을 이루면서도 독립적인 성격을 띤 "탄원의 시"(기도의 시)들을 의도적으로 병렬시킨 "하나의 문학적 통일체"(a literary unity)로서 이해한다(cf. H. Gunkel, H. Schmidt, E. A. Leslie, A. Weiser, A. B. Rhodes, H. -J. Kraus et al.).

이 개인 탄원시는 '탄원'과 '신뢰'의 요소를 탁월하게 결합시키되, 단위 사이의 결합뿐만 아니라, "기원의 근거"로서(탄식 근거의 기원과 그리고 신뢰 근거의 기원) 자주 평행 병렬된다. 이것은 "개인 탄원시"의 일반적 모습이다. 그리고 "개인 탄원의 기도시"에서 흔히 나타나는 "탄원으로부터 구원(응납) 확신으로의 급전환"이 여기서도 4[5]절 → 5[6]절, 13[14]절 → 14[15]절, 18[19]절 → 19[20]절 사이에서 이루어진다. 이러한 급전이(急轉移)는 시편 탄원의(기도의) 시들이 갖고 있는 본질이면서 동시에 신비이다.

비록 이 시의 탄원의 음조가 예언자 예레미야의 것과 비슷하다고 하여 이 시의 시인을 예레미야라고 생각하는 학자들도 있으나(cf. A. F.

Kirkpatrick, 1902, 156-161; S. Terrien, 2003, 287-290 et al.), 이 시는 시인의 '의지심'(依支心)에 대한 표현을 앞뒤로 감싸는 특성을 가졌으면서도 전형적인 "탄원(기도)의 시"의 틀을 갖고 있는 시로서 어떠한 고난(질병, 원수의 무고 등)의 경험자들도 이 시를 자신의 상황을 반영하는 시로서 제의(祭儀)에서 사용하여도 될 정도의 일반적 성격의 탄원시라고 보는 것이 자연스러울 것으로 보인다.

이 시의 일반적 성격으로 미루어 볼 때, 이 시의 저작 시기를 추측하는 것은 쉽지 않으나, 만일 이 시의 탄식음조가 예레미야의 것과 관련 지을 수 있다면(cf. 렘 17:18; 20:10 등), 늦은 주전 7세기경의 시대를 반영한다고 볼 수 있을 것이다(cf. E. W. Nicholson의 예레미야 1-25장 주석서, 111f.). 그러나 이 시가 예레미야서로부터 직접적으로 빌려 온 증거는 없다. 오히려 이 시가 예레미야 시대보다는 훨씬 고대의 것일 수도 있다(Rogerson- McKay, *Psalms 1-50*, 138-139).

¶ 주석

[1]-[5] 1-5[2-6]절, 이 부분은 주로 "신뢰 표현을 근거로 한 주의 보호를 요청하는 기원구(祈願句)들"(1-4[2-5]절)로 구성되어 있고 그 마무리는 구원 확신(5[6]절)으로 마무리하고 있다. **"내가 주께 피하오니"**는 시편 탄원의 시들에서는 매우 잘 알려진 "전문적인 신뢰 표현어투"로서 탄원시의 서두에 나타나는 경우는 7편과 16편에서 이미 보아 왔다. 특히 시편 31:1-3은 같은 양식(개인 탄원시)에 속하는 시편 71:1-3과 거의 일치한다(아마 시 31편이 71편보다 더 본래의 것으로서 더 고대의 것으로 볼 수 있을 것이다). 야훼 안에서 피난처를 찾는다고 한 것은 이 시인이 고대의 관습에 따라 성소에서 '도피처'(asylum)를 찾았다는 것을 암시한다(cf. 출 21:12ff.; 왕상 1:50). **"영원히 부끄럽게 마시고"**는 하나님의 심판의 말씀이 갖고 있는 시간적 불가역성(不可逆性)을 강조한 말로 보인다. 그러므로 그것은 "주의 명성"과도 관계된다. **"주의 의로 나를 건지소서"**는 하나님의 계약의 신실성에 호소하는 의미를 가진다. 폰 라트(G. von Rad)는

"주의 의"(義)라는 말은 관념적(도덕적)인 개념이 아니라 "구원 지향성"을 갖고 있는 적극적 구원개념이라는 것을 논증한 적이 있다(*Old Testament Theology*, I, 1962, 372-383 참조). 그러므로 "주의 의로 건지소서"라는 기원은 이러한 구원개념의 문맥과 잘 상응한다고 하겠다. 야훼를 비유하여 피할 수 있는 "바위"(=반석)로 비유하는 것은 "산성"이라는 비유와 함께 야훼의 "인도와 보호"의 신빙성을 강조하는 의미가 있다. 원수들이 남몰래 은밀하게 쳐놓은 그물에도 걸려들지 않도록 보호해 주신다는 신뢰감을 표현한다. 마침내 이 시인은 자신의 "영"('루아하'; 주석가들은 시 6:3[4]의 '네페쉬'와 동의어로 본다), 즉 자신의 존재 전부를 하나님께 맡기는 절대적 신뢰심을 표현한다. 이 말씀(5[6]a절)은 예수님이 십자가 위에서 외치신 말씀으로서(눅 23:46)도 사용되었다. 비록 운명하실 때 외치신 말씀과 회복을 비는 탄원시인의 말과는 그 문맥이 다르기는 하지만, 그러나 이 맡기는 예수님의 행위가 곧 스올의 권세를 이기는 사건(부활의 전초적 사건)이었다는 것을 고려하면 이 말씀을 동일 문맥에서 읽어도 좋을 것이다. 그런 의미에서 **5[6]절**은 예수님의 십자가상의 말씀이 갖는 의미와 차별하여 이해할 필요는 없다(pace Rogerson & McKay).

6-**8** **6-8[7-9]절,** 이 확신 표현들은 위의 5[6]절의 확신에서 흘러나온 것이라고 하겠다. 시인은 이제 야훼 이외의 다른 신들(허탄한 거짓들)을 섬기는 자들을 미워하고 야훼만을 신뢰하게 되었으며(6[7]절) 시인의 생명(=영혼)에 대한 야훼의 사랑('헤세드')과 야훼의 구원 의지를 확인하게 되었다(7[8]절). 그러므로 시인은 "나의 영을 주의 손에 부탁하나이다"라는 신앙의 결과로서 시인의 생명을 대적의 손에 내어 주지 않으시는 주의 구원에 대한 확신(8[9]절)에 도달하게 되었던 것이다.

9-**13** **9-13[10-14]절,** 6-8[7-9]절의 확신 표현을 기초로 하여 시인은 이제 첫 부분(1-4[2-5]절)에서 제기하였던 구원기원으로 다시 되돌아와 짧게 구원기원을 전개한다. 여기서 새로 시작된 구원기원(9-13[10-14]절)은 앞에서의 그것(1-4[2-5]절)과는 그 기원의 근거가 다르다. 앞에서 나왔던 기원들은 '의지심'을 근거한 것이지만 여기 새롭게 시작하는 기원들은

'탄식 표현' 특히 확대된 탄식을 기초로 한 기원이다. 이 고난 묘사가 이제는 야훼의 구원을 충동하는 동기의 기능을 한다. "하나님을 향한 의지심의 표현과 탄식표현의 동질적 상응성"에 대한 증언이 이 부분(9-13[10-14]절)의 신학적 특징이고 기반이다(!). 시인은 여기서 하나님을 신뢰하고서 기원의 앞치마를 넓게 펼치고 있는 것이다. 눈과 혼(숨구멍) 그리고 몸(=배, 자궁, 내장)의 쇠약함(9[10]절), 뼈의 쇠약함(10[11]절), 원수들의 경멸과 냉대와 조롱과 살해 모의(11[12]절)가 시인을 공격해 왔다는 것을 고백하면서 구원기원을 외친다.

14 - **18** **14-18[15-19]절,** 갑자기 주제가 전도(顚倒; converse)되면서 그 모든 탄식요인들에도 불구하고 야훼 하나님을 의지한다는 것(=야훼는 나의 하나님이시라는 신앙고백)을 선포한다(14[15]절). 그런 다음 원수로부터의 구원을 기대하는 기원(15-18[16-19]절)을 제기한다. 그러나 주목할 만하게도 원수로부터의 구원을 바라는 기원은 "내 시대가 주의 손에 있사오니"(뻬아드카 잇토타이, 15[16]a절)라는 짧은 신앙고백을 앞세워서 제기하고 있다는 점을 간과할 수 없다. 여기서 말하는 "시대"는 '시간의 경과'를 말하는 것만은 아니다. 오히려 여기서 말하는 "시대"는 이 시인이 시간 속에서 겪은 일련의 결정적인 '모멘트'들 모두를 주의 손에 맡겨 두고, 즉 하나님의 능력에 맡겨 두고 원수들에 대한 야훼의 처분을 간구한 간구라고 하겠다(15b-18[16b-19]절). 이 간구는 결사적이다. "주의 얼굴을 주의 종에게 비취시고 주의 인자하심(=주의 '헤세드')으로 구원해 주십시오"(16[17]절)라고 기원하고 있기 때문이다. 하나님의 얼굴을 보는 것은 죽음의 위험에 처한다는 것(출 33:18-33)을 아는 시인으로서 감히 죽음의 해함이 없이 주님의 현존에 접하기를 기원하는 것은 하나님의 호의의 극치를 추구하는 것이라고 볼 수 있다.

19 - **20** **19-20[20-21]절,** 야훼의 구원응답에 대한 시인의 확신이 선포된다. 야훼의 구원의 은혜(투브카)는 알고 보니, 주를 경외하는 자와 주께 피하는(=의지하는) 자들을 위하여 하나님께서 감추어 두셨던 것들을 이제 시행하신 것이었다. 19[20]절부터는 시인 개인의 언어는 개인을

넘어서서 공동체를 향한, 즉 시인과 같은 삶을 살아온 자들에 대하여 행하신 하나님의 '선하심'을 선포하는 형식으로 바뀐다. 이 부분에 나타난 중심적 특징은 하나님의 그 구원의 은혜들을 통칭하여 모두 하나님께서 시인과 같은 신앙인들을 원수들이 접근하지 못하게 은밀하게 "숨겨 두신" 행위와 "감추어 두신" 행위를 통하여 이룩하신 일들이라고 진술하고 있다는 점이다. 특히 "주의 은밀한 곳"(=주의 현존의 피난처: '빼세텔 파네카')이라는 말이 사용되고 있는 점이다. 시의 서두에서 제기된 '피난처'(shelter)라는 주제가 여기서 다시 등장하고 있는 것이다. 즉 야훼께서 자신의 초월적인 현존의 장소에 신실한 자들을 감추신다는 것이다. 말하자면 하나님께서 감추시는 장소에 하나님과 함께 몸을 숨기고 있으면 그 신실한 자들은 악인들의 그 어떤 조직적인 공격을 받더라도 두려워할 필요가 없다는 것이다. 그들은 하나님의 보호하심을 받을 뿐만 아니라 악인들의 소란(소요)으로부터 벗어나 있게 될 것이라는 것이다. 야훼 하나님에게는 신실한 자들을 악인들로부터 지켜 줄 은밀한 피난처가 있다는 이 신앙고백은 이 개인 탄원시가 공동체에게 물려주는 최고의 신학적 선물이라고 할 수 있을 것이다.

21 - **24** 21-24[22-25]**절**, 신실한 이 시인은 야훼 하나님의 보호하심에 대한 최대의 확신에 도달한 후, 곧 예배 회중들에게로 얼굴을 돌리고 "하나님의 보호하심의 권능"을 찬양하라고 외치고 있다.

¶ 메시지: 야훼 앞에는 은밀한 피난처가 있다

이 세계는 안전하지 않다. 그러니 안전을 찾기 위하여 비록 우리가 어디로 도피한다고 하여도 우리에게 진정한 안전을 제공해 주는 곳은 이 세계에는 없다. 끝없는 문명의 발달도 자연의 재난 앞에서는 무력하기 끝이 없다. 그러므로 망망한 우주 공간에 떠 있는 지구도 언제 파선될지 알 수 없는 항해를 계속하고 있다고 하겠다.

인간사회의 역사도 또한 마찬가지이다. 도처에 하나님의 뜻을 역행하는 자들이 죽음의 덫을 놓고 하나님의 뜻대로 살려고 하는 자들을 위협하고 있다. 과연 우리의 피난처는 어디인가? 시편 31:20[21]의 시인은 "주님 앞에!"('파네카')라고 대답한다. 야훼께서는 "자기 앞"에 악인들이 결코 찾아낼 수 없는 곳, 이른바 신실한 자들을 "숨겨 둘 곳"('세텔')을 갖고 계신다는 것이다. 우리는 이 사실이 진리요, 사실이라는 것을 예수 그리스도의 십자가 죽음과 부활 사건이 확정해 준다고 하겠다. 거기에는 십자가의 대속적인 죽음이라는 예측 불가능한 '피난처'(asylum)가 있었던 것이다. 예수님은 기어이 예루살렘으로 이 피난처를 찾으려고 올라가셨고, 죽지 않고 살아나실 수가 있었던 것이다.

31. 죄의 가림을 받은 자는 복이 있도다(32:1-11)

¶ 본문

다윗의 마스길

1 허물의 사함을 얻고 그 죄의 가리움을 받은 자는 복이 있도다(3+2)

2 마음에 간사가 없고 여호와께 정죄를 당치 않은 자는 복이 있도다
(4+3+3)

3 내가 토설치 아니할 때에 종일 신음하므로 내 뼈가 쇠하였도다(3+2)

4 주의 손이 주야로 나를 누르시오니 내 진액이 화하여 여름 가물에 [마
름 같이] 되었나이다(4+2+4)(셀라)

5 내가 이르기를 내 허물을 여호와께 자복하리라 하고 주께 내 죄를 아
뢰고 내 죄악을 숨기지 아니하였더니 곧 주께서 내 죄의 악을 사하셨
나이다(2+2, 3+2, 2+2)(셀라)

6 이로 인하여 무릇 경건한 자는 [주를] 만날 기회를 타서 주께 기도할찌
라 진실로 홍수가 범람할찌라도 저에게 미치지 못하리이다(3+3+3,
3+3)

7 주는 나의 은신처이오니 환난에서 나를 보호하시고 구원의 노래로 나
를 에우시리이다(3+2+3)(셀라)

8 내가 너의 갈 길을 가르쳐 보이고 너를 주목하여 훈계하리로다(4+3)

9 너희는 무지한 말이나 노새 같이 되지 말찌어다 그것들은 자갈과 굴레로 단속하지 [아니하면] 너희에게 가까이 오지 아니하리로다(5+4+3)

10 악인에게는 많은 슬픔이 있으나 여호와를 신뢰하는 자에게는 인자하심이 두르리로다(3+2+2)

11 너희 의인들아 여호와를 기뻐하며 즐거워할찌어다 마음이 정직한 너희들아 다 즐거이 외칠찌어다(4+3)

¶ 개요(비평학적 문제)

기독교 전통은 이 시를 7개의 참회시(시 6; 32; 38; 51; 102; 130; 143편) 중의 하나로 간주하여 왔다. 그러나 양식비평학적인 쟁점은 이 시를 질병으로부터 고침을 받은 것을 죄의 용서함을 받은 것으로 생각하여 이에 대하여 감사한 "개인 감사의 시"로 볼 것인가 아니면 이 시 속에 나타난 지혜적인 요소들(1-2절, 6-7절, 10절 등)로 미루어 "지혜의 시"라고 볼 것인가 하는 데에 있다.

궁켈 이래 이 시는 "개인 감사시"로 분류되어 왔다. 모빙켈, 크라우스, 다후드(M. Dahood), 크레이기(P. C. Craigie), 아주 최근에는 윌슨(G. H. Wilson) 등의 주석가들은 궁켈의 견해를 원론적으로 받아들인다. 그러나 크루즈만(F. Cruesemann), 머피(R. E. Murphy), 쿤츠(J. K. Kuntz) 등의 주석가들은 "지혜의 시"로 분류하고 있다.

물론 이 시는 그 문학 구성상 "참회의 시"로 분류할 수 있는 것은 아니다. 그러므로 우리는 이 시가 "지혜의 시" 유형의 모습을 갖춘 것은 비교적 후대에서 지혜문학 자료의 첨가에 의하여 이루어졌던 것으로 보고, 본래의 양식은 "개인 감사시"로서 질병에서 회복된 것을 감사하는 개인 감사시였으며 점차 지혜문학적인 요소가 많이 가미되어 현재의 형태를 갖춘 시라고 이해하고 주석에 임하려 한다. 이 시의 저작환경은 동료 예배자들과 함께 감사의 노래를 드리는 성전 예배라고 볼 수 있다. 이 시가 죄와 죄의 용서라는 주제를 다루고 있기 때문에 속죄제 또는 정결의식과도 관련되었을 가능성도 있다.

¶ 주석

표제에 관해서는 이 책의 서론을 보라.

1-**2** "복이 있도다!"(아쉬레)라는 어투는 기쁨의 감탄사로서(시 1:1 주석 참조) 여기서는 개인의 경험에 기초한 것인데 보편적 사용이 가능하다고 하겠다.

1-2절은 "죄"의 개념을 세 가지 서로 다른 용어로 표현하였다. 즉 "허물"('페샤아'), "죄"('하타아') 그리고 "정죄"('아온')로 표현되어 있다. 그러나 이 세 표현들은 죄의 각기 다른 면을 묘사하려고 사용된 것은 아니고 여기서 이 셋이 함께 사용된 것은 반복의 '강조'를 위한 '동의 평행어'로 사용된 것으로서 각기 다른 특별한 의미를 갖고 있는 것이 아니라 그 의미는 인간과 하나님의 관계를 깨고 거기서(=삶의 중심인 하나님으로부터) 이탈해 나오는 것을 가리키는 일반적인 의미를 갖고 있다. 여기서 사용된 용서의 표현들도 또한 모두 원상태로의 회복을 의미하는 일반적 의미를 갖고 있다. "마음의 간사"는 '속이는 혀'라는 의미를 갖고 있는데, 여기에 나타난 '죄의 용서'의 문맥상의 의미는 그 어원적 의미보다는 속일수 없는 진실한 죄 고백은 하나님의 용서를 불러 온다는 의미로 사용되었다. 다음의 3-5절의 진술은 이 사실을 뒷받침해 준다.

3-**5** 용서의 기적을 설명해 주고 있다. 처음에는 솔직한 고백을 거부하였다가 마지못한 긍정에서 마침내는 숨기지 않는 완전한 고백으로 나아간 인간 심리를 묘사하고 있다. 여기에는 죄와 질병(3b절, 뼈의 쇠함)의 인과적 연결이 분명하게 나타나나, 그러나 핵심적 강조점은 육체적, 정신적 고뇌가 심화되어 마침내는 감추어 둔 죄를 하나님 앞에 고백하는 순간 즉각(히브리어 '봐브'의 수사적 기능 참조) 주께서는('풰아타!') 그 범하였던 죄악을 사해(들어 올려 내어 던짐, lifted away) 주셨다는 점이

다. 여기서 분위기의 급전환이 일어났던 것이다.

6-7 수사적 표현 **"이로 인하여"**('알쫄')**로** 시작된 두 절은 야훼 앞에(cf. 31:20[21]) 있는 완벽한 **"은신처"**(7절, '세텔', cf. 시 31:20[21])를 발견하고 홍수의 범람도 겁내지 않는 확신의 자세로 구원의 노래에 휩싸인다. 시인은 "주는 나의 은신처입니다!" (You are my asylum!)라고 외친다.

8-10 훈계와 교훈의 문장들이 나타난다. 지혜문학권의 첨가이거나 하나님의 말씀을 위탁받은 사제의 구원신탁(Heilsorakel)이거나 어느 하나일 것이다(주어가 시인 자신일 가능성은 문맥상 성립이 어렵다. 8절의 "내가 너의", "[내가] 너를"을 참조하라). 그러나 60편의 신탁문의 경우(시 60:6a[8a])를 볼 때, 사제의 신탁문을 전제하는 가설은 어디까지나 불완전한 가설이다. 여기서는 지혜자 서클의 후대 보완현상으로 이해하는 것이 더 적절하리라 본다. 8-10절은 지혜문학 자료에서 흔히 발견하는 지혜교훈적인 문학형태를 띤다(cf. 잠 26:3; 13:21; 16:20).

11 결론적 찬양 초대문이다. "의인들"과 "마음이 정직한 자들"이 초대 대상이다. 이들은 1-2절의 "복이 있는 자들"과 상응한다. 즉 여기서 말하는 "의인들과 마음이 정직한 자들"은 완전한/절대적인 의미의 순수성과 무죄함을 말하는 것이 아님은 확실하다.

¶ 메시지: 죄악을 사하시는 하나님!

시편 32편의 최대의 매력은 솔직한 죄의 고백(토설)을 요구해 오신 야훼 하나님께서 그 고백을 받으시자 곧(!) 그의 죄를 사하여 주셨다는 증언(특히 5절)에서 발견할 수 있다. 야훼 하나님은 죄를 주시는 분(정죄하시는 분)이 아니라 죄를 사하여 주시기를 원하시는 분이시다. 그렇기 때문에 죄의 '토설'(진솔한 고백)을 원하셨고 뼈가 쇠하도록 그리고 진액이 마르도록 죄의 토설을 압박해 오셨던 것이다.

죄의 고백을 받으신 야훼 하나님의 반응 행위는 우리의 놀라움을 넘어간다. 즉 "주[야훼]께서는 즉각(!) 나의 죄의 악을 **들어 올리셨다**('나사타')" 라고 본문(5c절)은 증언하고 있다. '나사'(נשׂא)라는 히브리말(lift away)의 의미는 '죄의 짐(=책임)을 짊어진다'(bearing the responsibility of guilt)는 의미를 가진다. 야훼 하나님께서 우리의 죄를 사하여 주신다는 것은—죄의 진술한 고백이 나오면 즉각—죄의 짐(=책임)을 자신이 [대신] 짊어지신다는 것을 의미한다는 것이다. 동시에 그것은 죄를 단지 표면 위로 끌어 올려놓으시는 것(lift up)이 아니라 죄를 '들어 올려 내어 버리신다'(lift away)는 것이다. 동생 아벨을 죽인 죄의 짐이 가인에게는 "견딜 수 없는" 짐이었다는 것(창 4:13, '나사'라는 어휘를 사용함)은 이 시인의 경우와 이 시인의 죄를 사하시는 하나님의 경우를 연상하게 한다.

사실 이러한 개념은 "당신 앞에 있는 피난처"(asylum) 개념과도 상통한다. 하나님 앞에는 모든 "피하는 자들"을 보호하고 숨겨 주실 피난처가 있듯이(시 31:20[21]) 우리의 죄를(토설하면=회개하면) 자신께서 책임을 져 주시는 분이시다(출 34:7). 하나님께서 우리의 죄를 짊어지시는 것의 대표적 예는 예수 그리스도의 대속적/희생적 죽음의 사건에서 만날 수 있다.

32. 창조의 주와 역사의 주에게 드리는 찬양 (33:1-22)

¶ 본문

1 너희 의인들아 여호와를 즐거워하라 찬송은 정직한 자의 마땅히 할
바로다(3+3)
2 수금으로 여호와께 감사하고 열 줄 비파로 찬송할찌어다(3+3)
3 새 노래로 그를 노래하며 즐거운 소리로 공교히 연주할찌어다(3+3)
4 여호와의 말씀은 정직하며 그 행사는 다 진실하시도다(3+2)
5 저는 정의와 공의를 사랑하심이여 세상에 여호와의 인자하심이 충만
하도다(3+4)
6 여호와의 말씀으로 하늘이 지음이 되었으며 그 만상이 그 입 기운으
로[이루었도다](4+3)
7 저가 바닷물을 모아 무더기 같이 쌓으시며 깊은 [물]을 곳간에 두시도
다(4+3)
8 온 땅은 여호와를 두려워하며 세계의 모든 거민은 그를 경외할찌어다
(3+4)
9 저가 말씀하시매 이루었으며 명하시매 견고히 섰도다(4+3)
10 여호와께서 열방의 도모를 폐하시며 민족들의 사상을 무효케 하시
도다(3+3)

11 여호와의 도모는 영영히 서고 그 심사는 대대에 이르리로다(4+4)
12 여호와로 자기 하나님을 삼은 나라 곧 하나님의 기업으로 빼신바 된 백성은 복이 있도다(4+4)
13 여호와께서 하늘에서 감찰하사 모든 인생을 보심이여(3+3)
14 곧 그 거하신 곳에서 세상의 모든 거민을 하감하시도다(3+3)
15 저는 일반의 마음을 지으시며 저희 모든 행사를 감찰하시는 자로다 (3+2)
16 많은 군대로 구원 얻은 왕이 없으며 용사가 힘이 커도 스스로 구하지 못하는도다(3+3)
17 구원함에 말[馬]은 헛 것임이여 그 큰 힘으로 구하지 못하는도다 (3+3)
18 여호와는 그 경외하는 자 곧 그 인자하심을 바라는 자를 살피사 (4+2)
19 저희 영혼을 사망에서 건지시며 저희를 기근시에 살게 하시는도다 (3+2)
20 우리 영혼이 여호와를 바람이여 저는 우리의 도움과 방패시로다 (3+3)
21 우리 마음이 저를 즐거워함이여 우리가 그 성호를 의지한 연고로다 (3+3)
22 여호와여 우리가 주께 바라는 대로 주의 인자하심을 우리에게 베푸소서(3+3)

¶ 개요(비평학적 문제)

이 시는 야훼의 창조자 되심과 역사의 주 되심에 대한 찬양의 시이다. 야훼 하나님의 두 가지 주활동(창조사와 구원사)에 대한 찬양 전승을 중심주제로 삼고 있는 점에서 볼 때, 전통적 축제 제의, 예컨대 바이저(A. Weiser)가 주로 강조하는 바대로, 매년 가을에 갖는 신년 계약 갱신 축제에서 낭송되었을 것으로 추측할 수 있다. 3절의 "새 노래"(a new song)는 이러한 특수 행사를 위하여 특별히 준비된 시라는 암시가 나타난다.

그러므로 구체적인 역사적 사건, 예컨대 주전 701년의 예루살렘의 위기와 같은 사건을 기념하는 제의와 관련시키거나 순수한 종말론적 해석과 관련시키는 것은 적절해 보이지 않는다.

이 시는 그 문학적 구성에 있어서 알파벳 시의 시형을 취하고 있음과 동시에 표제가 없다. 헬라어역 구약성서(LXX)에서는 "토 다빗"(다윗에게 속한 시)이라는 표제의 후대 첨가 작업이 이루어졌다. 그렇다고 이 시로부터 포로 후기의 상황을 시의 삶의 환경으로 보기는 어렵다(pace C. A. Briggs).

¶ 주석

1-3 **"의인들"**과 **"정직한 자들"**은 예배(제의) 공동체의 야훼 예배자들에게 붙여 주는 명예스러운 명칭들이다. **"야훼를 즐거워하여라"**는 야훼를 향하여 기쁨의 함성을 질러라는 권고의 말인데 여기서 말하는 **"즐거워하여라"**(rnn)는 기쁨의 함성을 질러라는 의미를 담고 있다. 예배 공동체에 참여하는 예배자들의 본분이 "야훼를 즐거워하는 일"이라는 것이다. 이러한 찬양에는 음악 악기들이-주로 **수금**('킨놀')과 **비파**('네벨')가-동반되었다는 것을 보여 준다. 아마도 이 두 악기가 회중들이 노래할 때 반주로 사용된 악기들 중의 대표격이었던 것 같다(cf. 시 150:3).

"새 노래"(3절)는 어떤 특수한 행사, 예컨대 "계약 갱신 축제"와 같은 특별행사를 위하여 새롭게 준비(작곡)해 둔 시를 가리킨다. 공교하게 연주할 **"즐거운 소리"**라고 표현한 히브리어는 '테루아'(teru'ah)인데 여러 가지의 함축적 의미를 가진다(cf. P. Humbert, *La "Terou'a"*, 1946). 이 말은 여기서는 승리자(또는 최고의 통치자) 하나님을 환호하는 승리의 함성을 의미하는 것으로 보인다. 이 언어는 구약에서는(시편 밖에서는) 주로 전쟁함성을 표시하는 말인데, 제의(=예배 의전) 문학(시편)에서는 야훼의 왕권을 제의 의전 형식으로 환호할 때 사용한 말로 보인다.

4-**9** 야훼의 말씀이 하나님의 본질을 설명해 주는 말임과 동시에 **창조적 능력**을 가진 말로서 높이 평가받으며 찬양을 받고 있다. 4-5절에서는 정직, 진실, 정의와 공의, 인자하심(헤세드: 계약적 사랑) 등의 언어로서 하나님의[하나님의 말씀의] 본질을 동의어(synonyms) 나열 형식으로 서술하고 있다. 곧 이어 6-9절에서는 찬양의 시에서는 가장 흔히 나타나는 '창조'의 주제가 등장한다. 이 부분은 창세기 1장 창조 기사에 대한 시적 반응으로 보인다. 그러나 신학적으로는 이 시인은 여기서 "무(無)로부터의 창조(creatio ex nihilo) 신학" 같은 것을 말하고 있지 않다. 오히려 두려워하고 경외할 만한 하나님의 초월적이고도 위대한 [창조적] 능력을 서술(서술적 찬양시의 주요 특징)하고 있다고 하겠다. 하늘과 만상('체바암'=해, 달, 별들과 같은 천체의 질서 일체를 이르는 말)이 야훼의 말씀과 입 기운으로 이루어졌고, 궁창 위의 물(깊음의 물; 신화적 성격의 '테홈'이라는 혼돈의 세력)을 마치 병에 담듯이(=하늘의 특별 창고?) 담으시며 온 땅 거민들의 두려움의 대상이 되시는 그런 야훼 하나님의 초월적 위엄을 '서술'(descriptive song of praise)하고 있다.

10-**19** 야훼 하나님의 **역사 섭리가 갖고 있는 신실성**을 '서술'하고 있다. 야훼 하나님은 온 우주의 '부재지주'(不在地主; absentee landlord)가 아니라(!) 모든 것을 창조하셨고 모든 것을 통치(경영)하시고 모든 것을 감찰하고 계시는 분이시다. 그러한 섭리 활동 속에서도 그가 선택하신 백성[選民]에 대한 특별한 보살핌도 잊지 않으시는 분이시다. 특히 주목할 부분은 이러한 찬양시의 서술 속에 흔하지 않게도 "진정한 구원의 희망은 군대의 많음, 전사(戰士)들의 '힘', 군마(軍馬)의 힘에 있지 않고 오직 야훼[의 인자]에 대한 믿음에 있다"라는, 소위 "거룩한 전쟁 이념"(holy war ideology)의 대표적인 교조문이 포함되어 있다(16-17절)는 사실이다. 폰 라트(G. von Rad, *Der Heilige Krieg im alten Israel*, 1951, 82)도 이 구절이 성전(聖戰) 신앙의 영향 아래에 있음을 강력히 시사한 바가 있다. 군대나 군마의 힘, 칼과 창의 위력 등은 "속임수적인 희망"(a deceptive hope; Anderson)에 불과하다는 것을 야훼 찬양의 서술로서 표현하고 있다고 하겠다.

20 - **22** 야훼는 우리의 도움과 방패이시라는 의지 신앙(20절)으로 야훼의 명성(21절)과 인자하심(22절)에 의지하여 야훼가 우리의 진정한 희망(바람)이라는 것을 선포함으로써 야훼에 대한 찬양을 결론 짓는다.

¶ 메시지: 구원함에 말[軍馬, 馬兵]은 헛것임이여!

힘의 논리가 이 세상을 지배하는 지배 이념이다. 그러므로 야훼의 인자하심(계약적 신실)에 대한 신앙과 신학이 우리 삶의 중심부에 있지 않으면, 이 세상은 문자 그대로 약육강식의 "정글 사회"일 뿐이다. 인류 세계의 최고 지식인들이 짜낸 지식들은 "삶의 지혜"가 아니라 "속임수적인 희망"으로 우리를 오도(誤導)하고 있다. 창조의 주와 역사의 주에 대한 신앙이 우리 삶의 중심부에 있지 않으면, 이 세상은 "거짓 희망"의 안내를 받으며 창조 이전의 혼돈으로 흡입 소멸되고 말 것이다.

우리의 살 길은 지구상의 인류가 스스로 무장해제를 하고 "긍휼과 은혜, 그리고 인자(헤세드)의 하나님"(출 34:6)에 대한 신앙으로 돌아와, 야훼 찬양을 외치며, 그리고 "많은 군대로 구원 얻은 왕이 없으며 용사가 힘이 커도 스스로 구[원]하지 못하는도다. [자기를] 구원하는 데 말[馬兵]은 헛것임이여, 그 큰 힘으로[서도] [자기를] 구하지 못하는도다"라고 외치는 그 길뿐이다. 예수 그리스도의 십자가 죽음과 부활이 하나님의 지혜요, 그것이 유일한 구원의 길이라는 것은 "힘의 논리가 구원의 길은 결코 아니다!"라는 것을 웅변해 주고 있다고 하겠다.

33. 주의 선하심을 맛보아 알자(34:1-22)

¶ 본문

다윗이 아비멜렉 앞에서 미친 체하다가 쫓겨나서 지은 시

1[2] 내가 여호와를 항상 송축함이여 그를 송축함이 내 입에 계속하리로다(3+3)

2[3] 내 영혼이 여호와로 자랑하리니 곤고한 자가 이를 듣고 기뻐하리로다(3+3)

3[4] 나와 함께 여호와를 광대하시다 하며 함께 그 이름을 높이세(3+3)

4[5] 내가 여호와께 구하매 내게 응답하시고 내 모든 두려움에서 나를 건지셨도다(3+3)

5[6] 저희가 주를 앙망하고 광채를 입었으니 그 얼굴이 영영히 부끄럽지 아니하리로다(3+2)

6[7] 이 곤고한 자가 부르짖으매 여호와께서 들으시고 그 모든 환난에서 구하셨도다(5+3)

7[8] 여호와의 사자가 주를 경외하는 자를 둘러 진 치고 저희를 건지시는도다(3+3)

8[9] 너희는 여호와의 선하심을 맛보아 알찌어다 그에게 피하는 자는 복이 있도다(4+3)

9[10] 너희 성도들아 여호와를 경외하라 저를 경외하는 자에게는 부족함
이 없도다(3+3)
10[11] 젊은 사자는 궁핍하여 주릴찌라도 여호와를 찾는 자는 모든 좋은
것에 부족함이 없으리로다(3+4)
11[12] 너희 소자들아 와서 내게 들으라 내가 여호와를 경외함을 너희에
게 가르치리로다(3+3)
12[13] 생명을 사모하고 장수하여 복 받기를 원하는 사람이 누구뇨(4+4)
13[14] 네 혀를 악에서 금하며 네 입술을 궤사한 말에서 [금할찌어
다](3+3)
14[15] 악을 버리고 선을 행하며 화평을 찾아 따를찌어다(3+3)
15[16] 여호와의 눈은 의인을 향하시고 그 귀는 저희 부르짖음에 [기울이]
시는도다(3+2)
16[17] 여호와의 얼굴은 행악하는 자를 대하사 저희의 자취를 땅에서 끊
으려 하시는도다(4+3)
17[18] [의인이] 외치매 여호와께서 들으시고 저희의 모든 환난에서 건지
셨도다(3+3)
18[19] 여호와는 마음이 상한 자에게 가까이 하시고 중심에 통회하는 자
를 구원하시는도다(4+3)
19[20] 의인은 고난이 많으나 여호와께서 그 모든 고난에서 건지시는도다
(3+3)
20[21] 그 모든 뼈를 보호하심이여 그 중에 하나도 꺾이지 아니하도다
(2+3)
21[22] 악이 악인을 죽일 것이라 의인을 미워하는 자는 죄를 받으리로다
(3+3)
22[23] 여호와께서 그 종들의 영혼을 구속하시나니 저에게 피하는 자는
다 죄를 받지 아니하리로다(4+4)

¶ 개요(비평학적 문제)

시편 34편은 시편 25편과 매우 유사하게(동일저자?, cf. H. Schmidt) 그 최종형태는 '알파벳 시'로 조직되어 있다. 각 시행(절)의 첫 글자의 첫 자음이 알파벳 자음의 순서대로 배열되어 있다. 그러나 6[7]절 첫 글자가 히브리어 '봐브'(ו)로 시작하여야 하는데 '짜인'(ז)으로 시작하므로 '봐브절'은 빠진 셈이고 그 대신(?) 마지막 22[23]절('페'[פ]로 시작하는 절, cf. 16[17]절)이 덧붙여진 형식(스물두 절)을 구성하고 있다.

시의 양식(Gattung)은 지혜 교훈적 요소들(8-22[9-23]절)이 대거 결합되어 들어온 "개인 감사의 시"(Gunkel, *Einl.*, §7)로서 분류되어 왔다. 그 삶의 자리도 다른 개인 감사시들과 같은 것으로 이해되어 왔다. 따라서 여기 나타나는 방대한 지혜 교훈적 요소들(8-22[9-23]절)은 개인 감사의 시(1-7[2-8]절)의 전승과정에서 좀더 큰 문학작품 속에 이 시가 포함될 때 포함되어 들어갔을 것으로 학자들은 추론한다. 그러므로 최종 형태의 시편 34편은 "하나의 문학작품"(cf. 시 25편)으로 간주될 수 있고 그 경우 그 제의적 삶의 자리는 논외의 것으로 볼 수 있다. 그리고 그 저작 완료 시기는, 그 개인 감사시 부분(1-7[2-8절)의 초기 형성을 전제로 하면, 대체로 **포로기 이후의 후대 작품**으로 생각할 수 있다.

그 구성 구조는 크게 나누어 (1)야훼 찬양의 도입구(1-3[2-4]절), (2)구원 경험의 증언과 구원확신의 표현(4-7[5-8]절), 그리고 (3)야훼에 대한 의지(依支/信賴)를 독려하는 지혜 교훈들(=잠언 시리즈, 8-22[9-23]절)로 구성되어 있다.

이 시의 **표제**는 논란의 대상이 된다. 이 시가 다윗의 저작이라고 보고 그 동기를 사무엘상 21:10-15[11-16]에 나타난 대로 다윗이 블레셋 가드의 왕 "아비멜렉"(='아기스'?) 앞에서 미친 체하다가 쫓겨난 후 지은 것이라고 설명한다. 이 설명은 후대(포로기 이후)의 해석(알파벳 시의 형식 참조)으로 볼 수 있으며 "아비멜렉"이라는 이름은 다후드(M. Dahood)가 지적한 대로 "가드" 왕의 셈계 이름이라면 역사적 오기로 보지 않아도 될 수 있다.

¶ 주석

표제, 위의 "개요" 끝부분을 참조하라.

1-3 1-3[2-4]절, 이 감사시는 "야훼를[야훼의 이름을] 찬양하라"는 초대문으로 시작한다. 그 찬양 초대의 진행과정은 시인 자신(="내 입", 1[2]절)으로부터 곤고한 자로(2[3]절), 그리고 좀더 큰 청중으로(3[4]절) 확대되어간 자취를 읽을 수 있게 해준다. 찬양의 목적은 2[3]절에 나타난 "곤고한 자가 듣고 기뻐함"이라는 표현이 암시해 주듯이 "고통으로부터의 해방"으로 정의할 수 있다.

4-7 4-7[5-8]절, 구원받은 경험에 관한 증언으로 구성되어 있다. 찬양 초대 다음으로 곧장 응답 확신(완료 시제의 표현)으로 옮아갔음을 보여 준다. 그러나 4[5]절의 응답확신은 그 성격상 과거에 겪은 구원받은 사실을 보도하는 표현인데 이 표현은 감사시의 전형적인 증언형식으로 볼 수 있고 이와는 달리 6[7]절의 응답확신은 운명전환이 일어났다는 "분위기 반전"(反轉)을 알리는 기능을 한다. 여기서 말하는 "구하매"(4[5]절)는 어떤 이를 또는 무엇인가를 "찾는" 행위를 가리키는 언어인데 여기서는 단순한 "찾는 행위"가 아니라 야훼 하나님과의 관계가 회복되었는지의 여부(6[7]절)를 알아보는 행위('우림'과 '둠밈'을 던지는 행위)를 가리킨다. 곤고한 자의 "부르짖음"('카라')이 "응답"('솨메아')을 얻었다는 것이다(cf. Ee Kon Kim, "Outcry", *Int.*, July 1988, 229-239).

"주를 앙망[=의지]하는 자"가 겪은바, "얼굴에 광채가 나는 체험"에 관한 보도(5[6]절)는 야훼를 의지하는 자들이 경험을 하게 될 일반적 결론으로 이끌고 간다. 말하자면, 야훼를 의지하는 자는 그가 누구이든 영원히 부끄러움을 당하지 않을 것임을 선포한다. 즉 광채가 나는 얼굴을 '수치'가 가릴 수는 없다고 말한다. 이 절(5[6]절)은 그러므로 앞 절(4[5]절)과 뒷 절(6[7]절)의 응답확신을 모두 시인의 기도에 대한 '하나의' 총 결론(7[8]절)으로 이르도록 이끌어 주는 역할을 한다고 하겠다. **"야훼의 사자"**(使

者)가 진을 치고 그를 경외하는 자들을 둘러싸 보호하여 건져 주시기 때문이었다. "야훼의 사자"('말르악-야훼'=the messengerangel of Yahweh)라는 말은 구약 전체에서 약 50회 사용되나 그중 시편에서는 단 3회 사용되는데 그 한 번은 여기 시편 34:7[8]에서 그리고 나머지 두 번은 시편 35:5, 6에서 사용되었다. 이 말의 의미는 처음에는 하나님의 뜻을 인간에게 전달하는 기능을 갖고 있는 존재라는 의미를 가졌으나 점차 "땅의 인간을 심판하는 기능"을 가진 존재와 "인간을 지키고 보호하는 기능"을 가진 존재라는 의미로 이해되었다. 시편 34편에서는 자기 백성의 보호자(the protector of Israel)라는 의미로 사용되었다.

8-22[9-23]절은 "피하는 자는 복이 있도다"(8[9]절)로 시작하여 "피하는 자는 다 죄를 받지 아니하리로다"(22[23]절)로 끝을 내는(inclusio) 상당히 큰 부피를 가진 "잠언적인 금언들"이 수집되어 있는 부분이다.

8-**14** **8-14[9-15]절,** "너희들", "너희 성도들", "너희 소자들(=아들들)" 등으로 교훈의 대상이 **집단**으로 바뀐 지혜교훈들이 집결되어 있다(개인 → 단체로의 전이[轉移]가 여기서부터 이루어진다). "야훼의 선하심"은 야훼의 구원에 대한 경험을 통하여 인식된 하나님의 속성과 본질을 가리키는 말이다. 이러한 하나님의 구원경험을 "맛보고 알아라"(=보라; 경험을 통하여 입증하라는 의미)는 은유는 "어린 갓난아이가 젖을 사모하는 것"과 같이 구원 은총의 젖을 먹으면서 구원에 이르도록 하라는 교훈(벧전 2:3의 해석 참조)으로 이해하여도 좋다. 그러기 위하여서는 그 동안 자주 나왔던 "야훼의 현존 장소인 성소의 피난처"(asylum)를 찾는 행복이라는 주제가 등장할 필요가 있다. 그 피난처는 야훼를 경외하는 자와 야훼를 찾는 자의 것이기 때문이다. 야훼를 경외하고 찾는 것이 그 어떤 좋은 것보다 부족함이 없이 좋은 것은 이 때문이다. 그러므로 지혜자들에게 있어서 가장 중요한 과제는 "야훼를 경외하는 법을 가르치는 일"이라고 하겠다. 12-14[13-15]절에는 지혜 교육의 한 양식이 제시되어 있다. "장수의 복을 받을 수 있는 자는 누구냐?(12[13]절) → 혀와 입술을 금하는 자(13[14]절)와 악을 버리고 선행과 평화를 추구하는 자이다"라는 '질문-대답'의 형식이 제시되어 있다.

15 - **21** 15-21[16-22]**절**, 야훼 하나님은 의로운 자를 붙드시고 악한 자를 심판하시는 신실하신 분이심을 진술하고 있다. "야훼의 눈과 귀" 은유(15[16]절)는 야훼를 경외하는 자들과 그들의 기도들에 대한 지속성 있는 돌봄과 응답 행위를 나타내는 말이다. "하나님의 얼굴" 은유(16[17]절; cf. 출 33:20)는 하나님은 행악하는 자들의 자취를 땅에서부터 끊으시는 분이시라는 것을 강조한다.

야훼 하나님의 항구적 의지(意志)는 회개의 부르짖음에 대한 구원의 응답(17[18]절)이고 하나님의 영원함의 성향은 "마음 상한 자와 통회하는 자에게는 반드시 구원으로 응답하시는 분"(18[19]절)이시라는 점에서 발견할 수 있다. 그러므로 의인은 고난이 많지만 의인은 그 고난에서부터 건짐을 받게 되어 있다(19[20]절). 하나님은 본질상 고난받는 의인의 모든 뼈 중 어느 하나도 꺾지 않으시기 때문이다. 왜냐하면 "악이 악인을 죽이기" 때문이다(21[22]절). "악이 악인을 죽인다"는 말은 하나님의 더욱 직접적인 심판을 가리키는 말로 사용되었거나 아니면 "악의 부메랑적인 성격"(cf. God's causality)을 암시하는 말로 사용되었을 것이다.

22 22[23]**절**, 이 결어는 야훼의 속량적인 속성과 야훼 자신 안에 있는 "속량적인 피난처"(asylum)에 대한 확신을 표현하는 말이다.

¶ 메시지: 야훼의 선하심을 "맛보아 알라!"

야훼의 "선하심"('토브')은 그의 구원의 능력을 표현하는 말이다. 그렇다면 야훼의 선하심을 맛보아 알라는 말은 야훼의 구원의 능력을 맛보아 알라는 의미의 말일 것이다. 물론 "맛보아 안다[=본다]"라는 말은 경험적 지식을 강조하는 말이라고 볼 수 있다. 베드로전서 2:2-3은 "주의 인자"를 "신령한 젖"이라는 은유로 설명한 바 있다. 어린아이처럼 순전하여 이 신령한 젖을 사모하고 이 젖을 먹음으로 **구원에 이르도록 자라라**고 하였다.

야훼의 선하심을 맛보아 알라는 말은 이와 같이 구원으로의 성장을 촉구한 말이라고 볼 수 있다. 야훼를 찬양하고 야훼에게 부르짖고 야훼를 경외하며 야훼의 뜻의 끊임없는 가르침을 받아 "구원으로의 자라남"을 이 시인은 모든 성도들에게 호소하고 있는 것이다. 젖을 먹는 자는 밥을 먹는 단계를 기다려야 한다. 구원은 입으로 시인하고 마음으로 믿기만 하면 획득할 수 있는 것은 아니다.

구원은 어린아이가 젖을 먹고 자라듯이 자라는 과정을 통과하여야 도달할 수 있는 것이다. 토라의 가르침을 받아야 한다. 상한 마음으로 통회도 하여야 한다. 야훼의 선하심을 맛보아야 한다. 먹고 자라야 한다.

34. 나는 네 구원이라 이르소서(35:1-28)

¶ 본문

다윗의 시

1 여호와여 나와 다투는 자와 다투시고 나와 싸우는 자와 싸우소서
(3+2)

2 방패와 손 방패를 잡으시고 일어나 나를 도우소서(3+2)

3 창을 빼사 나를 쫓는 자의 길을 막으시고 또 내 영혼에게 나는 네 구
원이라 이르소서(3+2, 2+2)

4 내 생명을 찾는 자로 부끄러워 수치를 당케 하시며 나를 상해하려 하
는 자로 물러가 낭패케 하소서(2+2, 3+2)

5 저희로 바람 앞에 겨와 같게 하시고 여호와의 사자로 몰아내소서
(3+3)

6 저희 길을 어둡고 미끄럽게 하시고 여호와의 사자로 저희를 따르게
하소서(3+3)

7 저희가 무고히 나를 잡으려고 그 그물을 웅덩이에 숨기며 무고히 내
생명을 해하려고 함정을 팠사오니(4+3)

8 멸망으로 졸지에 저에게 임하게 하시며 그 숨긴 그물에 스스로 잡히
게 하시며 멸망 중에 떨어지게 하소서(3+3+2)

9 내 영혼이 여호와를 즐거워함이여 그 구원을 기뻐하리로다(3+2)
10 내 모든 뼈가 이르기를 여호와와 같은 자 누구리요 그는 가난한 자를
그보다 강한 자에게서 건지시고 가난하고 궁핍한 자를 노략하는 자
에게서 건지시는 이라 하리로다(3+3, 4+3)
11 불의한 증인이 일어나서 내가 알지 못하는 일로 내게 힐문하며(3+3)
12 내가 선을 악으로 갚아 나의 영혼을 외롭게 하나(2+2+2)
13 나는 저희가 병들었을 때에 굵은 베옷을 입으며 금식하여 내 영혼을
괴롭게 하였더니 내 기도가 내 품으로 돌아왔도다(4+3+3)
14 내가 나의 친구와 형제에게 행함 같이 저희에게 행하였으며 내가 굽
히고 슬퍼하기를 모친을 곡함 같이 하였도다(3+3+2)
15 오직 내가 환난을 당하매 저희가 기뻐하여 서로 모임이여 비류가 나
의 알지 못하는 중에 모여 나를 치며 찢기를 마지 아니하도다(3+2,
3+2)
16 저희는 연회에서 망령되이 조롱하는 자 같이 나를 향하여 그 이를 갈
도다(3+3)
17 주여 어느 때까지 관망하시리이까 내 영혼을 저 멸망자에게서 구원
하시며 내 유일한 것을 사자들에게서 건지소서(3+3+2)
18 내가 대회 중에서 주께 감사하며 많은 백성 중에서 주를 찬송하리이
다(3+3)
19 무리하게 나의 원수된 자로 나를 인하여 기뻐하지 못하게 하시며 무
고히 나를 미워하는 자로 눈짓하지 못하게 하소서(3+3)
20 대저 저희는 화평을 말하지 아니하고 평안히 땅에 거하는 자를 거짓
말로 모해하며(3+2+3)
21 또 저희가 나를 향하여 입을 크게 벌리고 하하 우리가 목도하였다 하
나이다(3+3+2)
22 여호와여 주께서 이를 보셨사오니 잠잠하지 마옵소서 주여 나를 멀
리하지 마옵소서(3+3)
23 나의 하나님, 나의 주여 떨치고 깨셔서 나를 공판하시며 나의 송사를
[다스리소서](3+3)
24 여호와 나의 하나님이여 주의 공의대로 나를 판단하사 저희로 나를

인하여 기뻐하지 못하게 하소서(4+2)
25 **저희로 그 마음에 이르기를 아하 소원 [성취하였다] 하지 못하게 하**
시며 우리가 저를 삼켰다 하지 못하게 하소서(2+2+2)
26 **나의 해를 기뻐하는 자들로 부끄러워 낭패하게 하시며 나를 향하여**
자긍하는 자로 수치와 욕을 당케 하소서(3+2, 2+2)
27 **나의 의를 즐거워하는 자로 기꺼이 부르고 즐겁게 하시며 그 종의 형**
통을 기뻐하시는 여호와는 광대하시다 하는 말을 저희로 항상 하게
하소서(2+2, 2+3+2)
28 **나의 혀가 주의 의를 말하며 종일토록 주를 찬송하리이다**(3+2)

¶ 개요(비평학적 문제)

시편 35편은 궁켈의 양식분류 이후(*Einleitung*, §6) 대체로 "개인 탄원(기도) 시"로 간주되어 왔다. 탄원의 시의 중심 구성 요소인 기원(祈願)들의 성격을 관찰해 보면, 시편 35편의 경우, 주로 **개인의 원수들**(나의 원수들; 19절)**로부터 구원을 간구하는 성격**을 띠고 있다. 그러나 그 원수의 정체는, 탄원시들의 일반적 현실이 그러하듯이, 35편의 경우에 있어서도 그 정체("원수"라는 용어는 19절에 단 한 번만 사용됨)를 정확히 진단하기는 어렵다. 이 원수와 동의어 평행을 이루는 표현들을 보면, "시인과 싸우는 관계에 있는 자"(1절, 전시[戰時]의 상황 암시), "나를 쫓는 자"(3절), "내 생명을 찾는 자/나를 상해하는 자"(4절), "무고히 나를 해하려고 덫을 놓는 자"(7-8절), "강한 자/노략하는 자"(10절), "비류"(15절), "조롱하는 자"(16절), "무고히 나를 미워하는 자"(19절), "거짓말로 모해하는 자"(20절), "나를 소송하는 자"(23절), "나의 해를 기뻐하며 나를 향해 자긍하는 자"(26절) 등으로 나타난다. 이러한 표현들로 미루어서는 여기서 말하는 **"원수들"**(복수[複數]로 표현됨, '대적자' 또는 '악인'도 탄원의 시들에서는 단수로서 표현되는 경우는 드물고 대부분 복수로 표현되는 특징이 있다)**은** (1) 일반적인 상투어로서 시인을 괴롭히는 어떤 힘이 강한 억압자, (2) 군사적 개념과 관련된 자(적군[敵軍] 또는 침략국의 왕이나 군사 지휘관 등), 그리고 (3) 법정 소송관계(무고 관계)를 가진 자 등으로 범주화할 수 있을 것으로 보인다. 35편에 나타난 원수의 정체는 이러한 세 면이 어우러져 있거나 아니면 그 세 면 중의 하나와 관련되었거나 할 것으로 보인다.

이러한 맥락에서 볼 때, 35편 시인을 다른 나라로부터 무력공격을 받고 있는 "왕"으로 보는 견해(제왕시로 보는 견해, J. H. Eaton)나 무고(誣告)를 받아 억울한 누명을 쓰고서 자기 무죄를 변호하고 있는 자로 보는 견해(H. Schmidt) 등이 주의를 끌기도 한 것은 충분히 가능하다고 하겠다. 그러나 이런 가설을 확증시켜 줄 증거가 없기 때문에, 오히려 우리는 "시인을 괴롭히는 어떤 억압자"라는 일반적 개념으로 이해하는 것이 더 현명할지도 모른다. 그러나 이 시의 기원들을 긍정적으로 수용하고 이 시를 "하나의 문학 단위"로 보는 측면에서 보면, 이 시인의 원수들은 군사적이고 법정적인 대적자들 모두를 포함할 수도(두 탄원의 시가 결합하여 하나의 문학 단위를 형성한 것일 수도) 있을 것이다. 이 모두에도 불구하고 우리는 억압자와 눌림받는 자, 강자와 약자, [거짓]고소인과 무죄 변호자 등의 사이에서 "고통받는 자"로서 하나님 앞에 나아 온 "탄원시인"의 메시지를 본문 주석을 기초로 하여 살펴보는 것이 우리의 최선일 것으로 보인다. 이 시의 저작 시기와 그 삶의 환경을 결정할 만한 증거가 시편 35편 본문 안에는 없어 보인다. 단지 주목해 볼 만한 점은 본문의 표현들 속에 나타난 군사적 용어들의 사용은 "고대 이스라엘의 거룩한 전쟁 전승"의 영향을 받았을 것임을 암시해 준다는 점이다(cf. G. von Rad, *Der Heilige Krieg im alten Israel*, 1951, 81-82).

¶ 주석

1 - **10** '원수'를 군대 또는 사냥꾼 은유로 사용하여 그 원수들로부터 하나님께서 건져 주시기를 기원한 기원문들로 구성되어 있다. 그러나 구원의 기쁨을 예상하고 있는 기원문들이다. 야훼 하나님을 향하여 자신의 원수들과 "다투어 주시고 싸워 주시라는 기원"(1절)은 이 시의 두 가지

면, 즉 법정 소송적인 면과 군사적인 면이 가진 양면성을 암시해 주는 것으로 보인다. 그러나 여기서는 소송적인 면보다 군사적인 면이 더 큰 비중을 차지하고 있음을 보여 준다. 즉 도움을 주실 분이신 야훼를 방패와 손 방패를 잡으신 전쟁용사(cf. 출 15:3)로서 고백하고 있기 때문이다. 그리고 전투에 임하기 전에 사제를 통해서 선포되는 '승리 신탁' 언어라고 널리 이해되어 온 "나는 네 구원이다!"라는 언어를 여기서도 사용하고 있기 때문이다. 이것은 분명 야훼의 구원을 '보호/방어하심'("방패"라는 용어의 반복 사용 참조)에 역점을 두어 설명하고 있음을 보여 주고 있다고 하겠다.

4절부터 8절까지에 이르는 '기원'은 원수들의 격퇴를 "악이 악인을 죽인다"는 원칙으로 격퇴해 주시기를 간구하는 기원이다. 즉 이 시인은 여기서 원수들이 숨겨 둔 덫에 원수들 스스로 걸려 넘어지는 '부메랑' 형식의 심판을 기원한다. 이러한 기원의 특이한 점은 "야훼의 사자"(messenger of Yahweh)라는 말(시편에서 단 3회만 사용되는 말을 시 35:5, 6에서 연속으로 2회 사용)을 사용하여 원수들의 격퇴를 야훼 자신이 아니라 "야훼의 사자"에 의해서 시행해 주시기를 기원하고 있다. 물론 구약에서는 야훼 자신과 야훼의 사자(使者)가 일치되어 사용되는 경우가 많지만 그러나 원수의 격퇴를 "원수 자신이 친 그물에 스스로 걸려드는 형식의 격퇴"로 격퇴해 달라는 기원은 신학적으로 상당히 성숙해지는 과정의 한 단면을 보여 준다고 하겠다. 여기서 시인(=왕)이 겪는 전쟁 위기의 증대와 복잡함을 왕과 이방 권력자 사이에 있는 조약 위반문제와 같은 문제에서 찾으려는 것은 본문 안에 확실한 증거를 갖고 있지 않은 하나의 학문적 추측에 불과하다고 하겠다(pace Kraigie).

9-10절은 탄원시의 통상적 결구이다. 이 결구에서는 야훼의 본성이 서술되는 경향이 있다. 여기서는 야훼가 가난하고 힘없는 자의 편이 되셔서 일하시는 분이시라는 것을 증언하고 칭송/찬양하고 있다.

11-**18** 시편 35편의 기도문 속에 나타나는 "원수에 대한 탄식"이 묘사되고 있는 부분인데, 여기 나타나는 원수 탄식의 환경이 '전쟁'이 아니라 '법정 소송'으로 대체되어 있음은 주목할 만하다. 여기서는 시인이

겪는 고난이 과거 은혜를 베풀었던 자들로부터 배은망덕의 배신을 당함으로 얻는 고난으로 묘사되어 있다. 불의한 거짓 증인들을 불러들이면서 선을 악으로 갚는 저 원수들의 배은의 고통으로부터 건짐을 받기를 원한다고 시인은 말하고 있다. 그러나 시인이 끝내 남겨 놓을 유일한 것 하나는 "약속된 구원의 실현을 목도하는 것과 정의가 실현되는 것을 보는 것"이기 때문이다. 여기서도 그 결어(結語)는 여전히 탄원의 시들에서 흔히 나타나는 야훼 찬양의 맹세로 매듭 지어진다.

19-**28** 19-26절에 다시 나타나는 기원(祈願)은 원수들의 거짓 고소(이유 없이 미워하는 행위)에 대하여 야훼 하나님께서 개입해 주시기를 비는 기원이다. 원수의 본질은 의인을 연고 없이 미워하는 것이기 때문이다. 예수께서도 세상이 연고 없이 자신을 미워한다는 것을 지적한 바 있다(cf. 요 15:23-25). 하나님은 마땅히(!) 결국은 신실한 자가 기뻐할 수 있도록 공의의 판결을 해주시는 일을 하여야 한다는 것을 강조한다. 여기서도 원수들의 패퇴는 야훼의 공의가 입증되는 것을 의미한다.

27-28절은, 비록 시인의 고난이 끝이 난 것은 아니라 할지라도, 야훼 하나님에 대한 의지(依支) 신앙이 결국은 반드시 하나님의 공의를 찬양하게 할 것이라는 확신을 피력한 다음, 야훼 찬양을 맹세하는 결어로 모든 기도를 매듭 짓는다.

¶ 메시지: "나는 네 구원이라" 이르소서

이유 없이 고소를 당하는 자들(무죄하면서도 세상으로부터 이유 없이 미움을 받는 자들)은 그가 믿는 하나님 앞에 그가 겪은 쓰디쓴 고난의 경험들을 다 쏟아 놓은 다음에라야 비로소 "나는 너의 구원이다"('여수아테크 야훼')라는 하나님의 구원약속이 갖는 그 의미의 깊이를 깨닫게 된다.

"나는 너의 구원이다!"라는 야훼의 말씀은 한편으로는 시인의 생명을 노리고 뒤쫓아오는 원수의 길을 가로막아 차단하면서 그리고 다른 한편으로는 쫓기고 있는 절망 속의 시인을 일으켜 세우고 격려하면서 던지신 하나님의 말씀이다. 이것은 많은 주석가들이 확신을 가지고 추측해 온바, 출전 직전에 사제를 통하여 주신 '의전적인' 약속신탁의 말씀과는 그 의미가 본질적으로 상당히 다르다고 하겠다. "나는 너의 구원이다!"라는 이 언어는 비록 예배의전(제의[祭儀])에서 흔히 듣던 "공식적 어투"이기는 하지만, 시편 35편 시인이 지금 겪고 있는 그 긴급하고도 절박한 상황에서는 "생명을 건 실존적 부르짖음"이다.

> "[한편으로는] 창을 빼어 드시고 나를 [뒤]쫓는 자의 길을 막아 주시면서 또[다른 한편으로는] 내 [가련한] 영혼을 향하여는 **'나는 네 구원이다!'**라고 이르소서."

이 대담한 확신에 찬 기원은 분명 쫓기고 있는 목숨이면서도 그럼에도 불구하고 오히려 다가올 미래의 구원 사건에 더 큰 의미를 부여하고 더 큰 희망을 가지고 내다보면서 드리는 기원이다. 이 상황은 요한복음 기자가 정확히 관찰한 하나님의 아들(예수 그리스도)의 자기증언과 상응한다고 하겠다(cf. 요 15:25 ↔ 시 35:3, 19).

메시야의 시대나 오늘 이 시대나 이 세상의 세상성은 악인들이 "이유 없이"(!) 메시야를 미워하고 메시야를 따르는 자들을 미워하는 그것이다. 그러나 구원은 오직 의인의 것이다! "구원은 오직 의인의 것이다!"는 "나는 너의 구원이다!"라는 신의 구원 약속의 어김없는 결실이다.

35. 생명의 원천이신 야훼 하나님(36:1-12)

¶ 본문

여호와의 종 다윗의 시, 영장으로 한 노래

1[2] 악인의 죄얼이 내 마음에 이르기를 그 목전에는 하나님을 두려워함이 없다 하니(2+2, 2+2)

2[3] 저가 스스로 자긍하기를 자기 죄악이 드러나지 아니하고 미워함을 받지도 아니하리라 함이로다(3+3)

3[4] 그 입의 말은 죄악과 궤휼이라 지혜와 선행을 그쳤도다(3+3)

4[5] 저는 그 침상에서 죄악을 꾀하며 스스로 불선한 길에 서고 악을 싫어하지 아니하는도다(3+3+3)

5[6] 여호와여 주의 인자하심이 하늘에 있고 주의 성실하심이 공중에 사무쳤으며(3+2)

6[7] 주의 의는 하나님의 산들과 같고 주의 판단은 큰 바다와 일반이라 여호와여 주는 사람과 짐승을 보호하시나이다(3+3+4)

7[8] 하나님이여 주의 인자하심이 어찌 그리 보배로우신지요 인생이 주의 날개 그늘 아래 피하나이다(3+3+3)

8[9] 저희가 주의 집의 살찐 것으로 풍족할 것이라 주께서 주의 복락의 강[수]로 마시우시리이다(3+3)

9[10] 대저 생명의 원천이 주께 있사오니 주의 광명 중에 우리가 광명을 보리이다(3+3)
10[11] 주를 아는 자에게 주의 인자하심을 계속하시며 마음이 정직한 자에게 주의 의를 베푸소서(3+3)
11[12] 교만한 자의 발이 내게 미치지 못하게 하시며 악인의 손이 나를 쫓아내지 못하게 하소서(3+3)
12[13] 죄악을 행하는 자가 거기 넘어졌으니 엎드러지고 다시 일어날 수 없으리이다(4+4)

¶ 개요(비평학적 문제)

대부분의 주석가들은 시편 36편을 "혼합 양식의 시"로 분류한다. 궁켈과 앤더슨(A. A. Anderson) 등은 "탄원의 시(1-4[2-5]절)+찬양의 시(5-9[6-10]절)+탄원의 시(10-12[11-13]절)"의 형식으로 이해를 하고 다후드(M. Dahood), 바이저(A. Weiser), 크라우스, 크레이기 등은 "지혜 교훈의 시(1-4[2-5]절)+찬양의 시(5-9[6-10]절)+탄원의 시(10-12[11-13]절)"의 형식으로 이해한다. 대체로 1-4[2-5]절의 양식에 대한 견해에서는 미세한 차이(탄원시인가, 아니면 지혜의 시인가의 차이)를 인정하면서도 이 시가 세 개의 독립된 문학양식의 혼합이라는 데 대해서는 주석가들 사이에 견해의 일치가 이루어지고 있는 시라고 하겠다. 다후드가 말한 것처럼(*Psalms I*, 218), 열세 절밖에 안 되는 [짧은]시 안에서 세 개의 독립된 문학 양식이 공존한다는 것은 시편에 대한 양식비평적인 연구의 한계성을 강력히 암시해 주고 있는 것으로 보인다. 그러면서도 다후드는 『옥스퍼드 주해 성서』의 견해(681)를 수용하면서 마지막 단락이 전체의 성격을 결정짓는다는 가정하에 이 시편 36편을 "탄원 의식의 시"(a liturgy of lament)로 분류하여야 한다는 입장을 취한다.

비록 바이저(A. Weiser)가 이 시를 5[6], 9[10], 12[13]절을 근거로 삼아 "계약축제 제의"와 관련된 시로 본다고 할지라도, 이 시의 절묘한 양식혼합의 기능으로 미루어 볼 때, 이 시는 후대, 즉 포로기 이후의 산물로 추론된다(pace Weiser). 양식의 혼합관계를 이해하기 위하여서는 아래 주석을 참조하는 길밖에 없다고 하겠다.

¶ 주석

표제에 나타나는 "야훼의 종 다윗"이라는 칭호는 시편 18편 표제에서도 사용된 표제로서 일반적으로 "모세"에게 적용된 칭호인데 시편 18편과 여기 36편 표제에서는 "다윗"에게 적용시키고 있다. 이 칭호는 존경하는 의미로 쓰이는 경우와 겸손하게 자기를 낮추는 예의로서 쓰이는 경우가 있는데, 여기 다윗의 경우에서는 이 칭호가 영예로운 칭호로 간주된 것 같다.

가나안의 우가릿 문헌에도 "신의 종"('bdil; UT 80:1:3) 또는 "바알의 종"('bdb`l; UT 146:21)이라는 가나안적 칭호들이 나타난다.

1-4 1-4[2-5]절, 오만한 악인들의 삶을 묘사하고 있다. "악인의 죄얼이 내 마음에 이르기를"이라는 개역의 번역을 문자적으로 옮기면, "악(페샤아)이 악인(레샤아)에게 내린 신탁['네움 페샤아']이 내 심중에 이르기를"이라는 말이 된다. 즉 "악"(페샤아)이 인격화되는 것을 보여 준다(cf. 창 4:7; 시 19:13[14]b). "악"이 먹이를 노리는 맹수처럼 시인의 마음속으로 파고들며 "악[마]의 신탁"을 전하는 이미지로 묘사되고 있다(구약에서는 오직 여기서만 나타나는 어구이므로[hapax legomenon] 크라우스[Kraus]는 '네움 페샤아'를 '나엠 페샤아'[악이 기꺼이]로 수정하여 읽고 있으나 자음 수정은 적절하지 않은 것으로 보인다). 악인에게 주는 악[마]의 신탁은 **"내 눈에는 하나님에 대한 두려움이 없다!"**(엔-파카드 엘로힘 레네겐 에나오)라는 말이있다(1[2]절). 이러한 악[마]의 신탁이 갖고 있는 성격은 다음에 연속되는 구절(2-4[3-5]절)에서 잘 설명되어 있다.

"하나님에 대한 두려움"은 여기서는 하나님 경외(敬畏; '야레')와는 다른 성격의 '무서워함'('파캇')이라는 용어를 사용하였다. 즉 악인의 본질은 "하나님을 존경/경외하지도 않을 뿐만 아니라 무서워하지도 않는 점"에 있다(cf. 롬 3:18). 그러므로 악인은 마치 하나님께서 존재하지 않으시는 것처럼 행동한다. 하나님의 심판은 없다고 생각하고 악을 버리고 선을 택하는 대신 오히려 침상에서 악을 행하기 위한 계획을 세우는 데 열을 낸다.

5-**9** **5-9[6-10]절,** 인간 신뢰(의지)의 완전한 근거를 설명하기 위하여 이 시인은 여기서 야훼 하나님의 본질을 설명하는 말들("계약적 사랑"[헤세드], "성실"[에무나], "의"[치드카], "판단"[공의; 미쉬팟])을 모아 이 모든 것이 하늘로부터 땅의 산들과 바다에까지 사무쳐 있음을 증언한다. 이러한 본질들의 권위와 위엄은 여기서는(6[7]절) 사람과 짐승을 보호(=생명 보호)하시는 "계약적 사랑"에 의하여 입증된다. 생명 보호가 여기서는 구원 개념으로 사용되고 있다. 여기서의 "구원"은 재앙으로부터의 건짐받는 것뿐만 아니라 번영의 축복도 또한 포함하고 있으므로(8[9]절) 구원의 하나님, 즉 "사람과 짐승을 보호하시는"(6[7]절) 하나님은 "생명의 원천"('메콜 하이임')이시라는 것이다. 이 **"생명의 원천"**(=생수의 원천, 다후드는 이 생명을 "영원한 생명" 또는 "불멸의 생명"이라고 번역하였으나[*Psalms I*, UT, 2 Aqht:VI:27-28, 222] 다른 많은 주석가들은 이와는 다른 견해를 보임)**이라는 말은 "결코 쇠하지 않는 생명의 근원"을 지시하는, 일종 "생명나무" 또는 "생명의 샘"과 같은 어구와 동일한 성격을 갖는 "표준어구"이다**(잠 10:11; 13:14; 14:27; 16:22). 이 시인은 이 생명의 원천 때문에 "주의 광명 중에서 우리가 광명을 보리라"는 확신표현을 한다. 이 은유가 무엇을 의미하는지는 확실히는 알 수 없으나(하나님이 모든 존재의 근거요, 원천이므로 하나님과의 교제를 갖고 사는 생을 살게 되리라는 뜻; cf. A. Weiser, *The Psalms*, 310-311) 모든 생명 생성의 기초가 되는 '태양 빛'과 같은 그런 것이거나 아니면 태양과 다른 천체들과는 구별되는 창조의 첫 행위로서의 '빛'을 마음속에 그렸을지도 모른다.

10-**12** **10-12[11-13]절,** 이 시의 모든 마감은 야훼의 계속적인 사랑을 기원하는 기도로서 마무리된다. 히브리어 '헤세드'(인자: 계약적 사랑)와 '치드카'(의[義])의 영속성을 강조하는 것은 바로 이런 문맥에서 이해할 수 있다. 야훼의 인자와 의와 영속적인 관계 안에 있을 자들은 "마음

이 정직한 자들"(=야훼 예배자들)이며(10[11]절), 그리고 교만한 자와 악인은 이 관계 속으로 결단코 들어오지(=엎드러지고 다시 일어나지) 못하리라는 것이다.

¶ 메시지: 우리는 주의 빛 안에서 한 빛을 보리라

"'생명의 원천'(=생명의 샘, '메콜 하이임')이 주께 있으므로, 우리는 주의 '빛'(올) 안에서 한 '빛'을 보리라(9[10]절)"는 시구(詩句)는 이 시인이 기도와 찬양을 통하여 깊이 있게 신학적으로 숙고해 온 진리들(1-8[2-9]절)을 좀더 넓은 문맥 안에서 그리고 좀더 포괄적인 개념을 통하여 증언하고 있는 것이라 하겠다. 물론 우리는 "생명의 원천"이 주께 있다는 확신에 도달하게 되면 그가 누구이든 간에 우리 인간의 생은 하나님과의 교제를 계속하면서 사는 생이 되지 않으면 안 된다는 사실만은 쉽게 파악할 수 있다. 그러나 이러한 확신에 도달할 때 우리는 그 무엇보다 "주의 빛 안에서 한 빛을 보리라"고 한 이 시인의 증언은 우리에게 과연 무엇을 말해 주고 있는 것일까? 그리고 "생명의 원천"과 "주의 빛"은 어떤 관련성이 있는 것일까? 라는 물음을 갖게 된다.

이 물음에 대한 대답은 이 시인이 "주의 인자하심"('헤세드')은 하늘에 있고 "주의 성실하심"('에무나')은 공중에 사무쳤다는 것을 증언하였을 때(5[6]절 이하) 이미 그 대답이 예고되었듯이, "창조 신학" 특히 창세기 1장(사제 신학자, P)의 창조 신학을 통하여 그 대답을 찾을 수 있는 것으로 보인다.

창세기 1장의 창조 신학은 창조행위의 첫 행위를 "빛"의 창조라고 선포하였다. 그러나 이 "빛"은 네 번째 창조 행위인 "천체 창조"(별들의 창조와 큰 광명[마올, 해]과 작은 광명[달]의 창조) 때의 그 별들 및 두 "광명"과는 구별되었다. 그러므로 이 사제 신학자(P)의 창조 신학에서는 "빛"(올)과 "광명"(마올)이 처음부터 엄격하게 의도적으로 구별되어 있었음을 알 수 있다(이런 의미에서 시 35:9[10]의 "광명"이라는 표현은 "빛"이라고 번역되어야 할 것이므로 "광명"이라고 번역된 것은 하나의 오역으로 평가할 수 있다). 그렇다면 하늘을 수놓은 저 수많은 '천체들'(두 광명과 별들)과 창조 첫날에 창조된 "빛"과는 어떤 차이가 있으며 어떤 관계에 있는가라는 것이 문제가 된다고 하겠다. 이러한 물음에 대한 대답과 함께 우리는 "주의 빛 안에서 한 빛을 보리라"는 이 시인의 증언이 의미하는 바도 함께 규명되는 것을 보게 된다.

첫째 날에 창조된 그 "빛"은, 그러므로 넷째 날에 창조된 '천체'들과는 구별된다고 하겠다. 물론 "빛"도 피조물인 것은 사실이지만, 그 "빛"은 '천체들'과는 다르게 맨 먼저 창조된 것으로서 우주 구성의 최고의 그리고 최우선의 구성요소라는 것을 말해 주고 있다고 하겠다. 즉 하늘의 천체들이 아니라 창조의 첫째 날에 창조된 "빛"이 창조되자 비로소(!) 혼돈의 어둠 속에 가려져 있던 피조물들의 윤곽이 서서히 드러나기 시작하였다는 사실이다. 그러므로 "빛"('올')은 창조된 세계를 감싸고 있는 혼돈을 벗겨 내어 창조된 것들로 하여금 질서 있는 배치와 건전한 안정성을 갖추도록 해주는 역할을 한다고 하겠다.

이러한 맥락에서 볼 때, "생명의 원천"은 주님이시라는 것을 인식함과 더불어 우리는 비로소 창조된 세계의 "혼돈"(시 35:1-4[2-5])을 제거하는 한 "빛"을 발견하게 된다는, 이른바 일종의 새로운 창조 신학 같은 것을 발견하게 된다. 주의 빛 안에서 모든 불투명한 것이, 모든 혼돈스러운 것이 비로소 분명하게 밝혀지고 질서를 갖추기 시작하는 것을 보게 된다고 하겠다. 그러므로 이 세계의 모든 혼돈의 세력들(시 35:1-4[2-5])은 생명의 원천이 야훼 하나님이신 것을 알 때에야 비로소 빛의 질서의 지휘를 받게 될 것이다.

36. 너의 길을 주께 맡기라(37:1–40)

¶ 본문

다윗의 시

1 행악자를 인하여 불평하여 하지 말며 불의를 행하는 자를 투기하지 말지어다(2+3)

2 저희는 풀과 같이 속히 베임을 볼 것이며 푸른 채소 같이 쇠잔할 것임이로다(3+3)

3 여호와를 의뢰하여 선을 행하라 땅에 거하여 [그의] 성실로 식물을 삼을지어다(4+4)

4 또 여호와를 기뻐하라 저가 네 마음의 소원을 이루어 주시리로다(2+3)

5 너의 길을 여호와께 맡기라 저를 의지하면 저가 이루시고(3+4)

6 네 의를 빛같이 나타내시며 네 공의를 정오의 빛같이 하시리로다(3+2)

7 여호와 앞에 잠잠하고 참아 기다리라 자기 길이 형통하며 악한 꾀를 이루는 자를 인하여 불평하여 말지어다(2+2, 3+3)

8 분을 그치고 노를 버리라 불평하여 말라 행악에 [치우칠] 뿐이라(2+2+2)

[9] 대저 행악하는 자는 끊어질 것이나 여호와를 기대하는 자는 땅을 차
지하리로다(2+2+2)
[10] 잠시 후에 악인이 없어지리니 네가 그 곳을 자세히 살필지라도 없으
리로다(4+3)
[11] 오직 온유한 자는 땅을 차지하며 풍부한 화평으로 즐기리로다(3+3)
[12] 악인이 의인 치기를 꾀하고 향하여 그 이를 가는도다(3+3)
[13] 주께서 저를 웃으시리니 그 날의 이름을 보심이로다(2+3)
[14] 악인이 칼을 빼고 활을 당기어 가난하고 궁핍한 자를 엎드러뜨리며
행위가 정직한 자를 죽이고자 하나(3+2, 3+3)
[15] 그 칼은 자기의 마음을 찌르고 그 활은 부러지리로다(3+2)
[16] 의인의 적은 [소유]가 많은 악인의 풍부함보다 승하도다(3+3)
[17] 악인의 팔은 부러지나 의인은 여호와께서 붙드시는도다(4+3)
[18] 여호와께서 완전한 자의 날을 아시니 저희 기업은 영원하리로다
(4+3)
[19] 저희는 환난 때에 부끄럽지 아니하며 기근의 날에도 풍족하려니와
(3+3)
[20] 악인은 멸망하고 여호와의 원수는 어린 양의 기름 같이 타서 연기 되
어 없어지리로다(3+2, 2+3)
[21] 악인은 꾸고 갚지 아니하나 의인은 은혜를 베풀고 주는도다(4+3)
[22] 주의 복을 받은 자는 땅을 차지하고 주의 저주를 받은 자는 끊어지리
로다(3+2)
[23] 여호와께서 사람의 걸음을 정하시고 그 길을 기뻐하시나니(3+3)
[24] 저는 넘어지나 [아주] 엎드러지지 아니함은 여호와께서 손으로 붙드
심이로다(4+4)
[25] 내가 어려서부터 늙기까지 의인이 버림을 당하거나 그 자손이 걸식
함을 보지 못하였도다(3+3+3)
[26] 저는 종일토록 은혜를 베풀고 꾸어주니 그 자손이 복을 받는도다
(3+2)
[27] 악에서 떠나 선을 행하라 [그리하면] 영영히 거하리니(3+2)
[28] 여호와께서 공의를 사랑하시고 그 성도를 버리지 아니하심이로다 저

희는 영영히 보호를 받으나 악인의 자손은 끊어지리로다(3+2, 2+3)
29 의인이 땅을 차지함이여 거기 영영히 거하리로다(3+3)
30 의인의 입은 지혜를 말하고 그 혀는 공의를 이르며(3+3)
31 그 마음에는 하나님의 법이 있으니 그 걸음에 실족함이 없으리로다 (3+3)
32 악인이 의인을 엿보아 살해할 [기회를] 찾으나(3+2)
33 여호와는 저를 그 손에 버려두지 아니하시고 재판 때에도 정죄치 아니하시리로다(3+3)
34 여호와를 바라고 그 도를 지키라 [그리하면] 너를 들어 땅을 차지하게 하실 것이라 악인이 끊어질 때에 네가 목도하리로다(2+2, 3+3)
35 내가 악인의 큰 세력을 본즉 그 본토에 선 푸른 나무의 무성함 같으나(3+3)
36 사람이 지날 때에 저가 없어졌으니 내가 찾아도 발견치 못하였도다 (3+3)
37 완전한 사람을 살피고 정직한 자를 볼찌어다 화평한 자의 결국은 [평안]이로다(3+3)
38 범죄자들은 함께 멸망하리니 악인의 결국은 끊어질 것이나(3+3)
39 의인의 구원은 여호와께 있으니 그는 환난 때에 저희 산성이시로다 (3+3)
40 여호와께서 저희를 도와 건지시되 악인에게서 건져 구원하심은 그를 의지한 연고로다(3+3+2)

¶ 개요(비평학적 문제)

문학 유형에 관한 한, 시편 37편은 하나의 "시"라기보다는 오히려 '잠언 수집물'로 보아야 하며, 그 잠언의 교훈들을 잘 암기할 수 있도록 하기 위하여 두 절 간격으로 각 절의 시작을 알파벳 자음 순서에 따라 배열한 "알파벳(=아크로스틱) 구조의 잠언 편집물"이라고 하겠다(1절은 '알레프'로, 3절은 '베드'로, 5절은 '김멜'로 … 등의 구조 형성). 이와 같이 알파벳 형식(두운법적 모양을 갖춘 형식)에 따르려는 의도 때문에 사상의 창의적 발전 같은 것은 발견하기 어렵고 오히려 꼭 필요하지 않은 반복법 같은 것이 눈에 띌 정도이다.

편자가 강조하려는 바의 그 중심 주제는 "악인의 번영과 경건한 자의 고뇌 때문에 받게 되는바, 악인을 부러워하고 싫어하는(악인을 질투하려는) 유혹을 뿌리치고 그 모든 자신의 길을 야훼께만 맡기고 의지하라"는 교훈(잠 24:19)을 가르치려는 것이 중심주제이다(아마 5-7절이 이 시의 전[全] 내용을 잘 요약해 주고 있는 것으로 보인다).

이 지혜시의 저자는, 25절로 미루어 볼 때, 인생 경험이 풍부한 연륜이 있는 노(老) 지혜교사로 보인다. 아마도 이미 있는 "잠언집"에서 자료들을 가져와서 교육적 목적에 잘 부응하도록 편집한 것으로 보인다. 그러므로 이 지혜시 속에 포함된 언어의 특징들 중에서 초기 이스라엘의 계약제의에서 사용되는 "축복과 저주" 그리고 "심판과 구원"과 같은 주제들(9, 11, 18, 22, 29, 34절 등)이 발견된다고 하여 이 시의 저작 연대를 포로 전기로 돌리려는 바이저(A. Weiser)의 견해를 제외한다면 대부분의 주석가들은 "지혜 전통의 강한 영향"을 미루어 그 저작 시기를 늦은 포로기 이후(주전 4세기)로 본다. 그러므로 이 지혜시는 제의적(祭儀的) 삶의 환경을 갖고 있지 않은 '비[非] 제의시'(a non-cultic poem)라고 할 수 있으며 그 삶의 환경을 구태여 말한다면 "지혜 학교"(wisdom schools)라고 할 수 있을 것이다.

그 편집 구성을 정확히 지적하기는 어렵지만 이 지혜시는 네 단위로 나눌 수 있다. (1)야훼에 대한 의지(依支)가 필요하다는 것을 강조함(1-11절), (2)악인들의 운명은 필연적으로 뒤바뀐다는 것을 강조함(12-22절), (3)의인의 미래가 곧 축복의 시간을 맞을 것임을 강조함(23-31절), (4)보응과 보상 사상을 다시 강조함(32-40절).

¶ 주석

1-**11** 1-2절의 지혜교훈은 이 지혜시 전체의 중심 사상을 대변한

다고 하여도 지나치지 않는다. 악을 행하는 자들이 번영을 누리는 것을 보고 경건한 자들이 마음으로 불평하고 투기하고 질투하는 것은 불필요하고 무의미하다는 것을 강조한다. 동시에 그렇게 불평하고 투기할 필요가 없는 이유는 악인들은 외적으로 혹 번영하는 것 같이 보인다 하여도 실제로 악인들의 번영은 길지 못하고 "풀이나 채소" 처럼(풀과 채소는 '잠시성'에 대한 대표적 직유이다. cf. 욥 14:2; 사 40:6 등) 속히(!, 2절) 쇠잔할 것이기 때문이라는 것이다(cf. 10, 36절). 그러나 잠시나마 악인들의 번영을 보고서도 투기하지 않을 수 있는 방안은 아래 3-10절에서 "야훼를 의뢰하고 성실을 먹고 사는 길" 이 그 "대안" (antidote; cf. A. Anderson, *Psalms 1-72*, 293)이라고 자세히 설명한다.

그 길이 "악인의 번영에 대한 투기를 막는 유일한 대안" 이라는 것은 우선 "야훼를 기뻐하고 **모든 길을 야훼에게 맡기면** 야훼께서 친히 다 이루어 주실 것이라는 것" (4-5절)을 믿는 믿음이라는 것을 지적한다. 이 관념(4-5절, 히브리어 'ng)은 "야훼에 의하여 버릇없이 길러질 정도(spoiled/spoilt)로 야훼에게 자신을 내어맡긴다는 관념으로서, 이러한 대담한 관념은 포로기 이후의 신학에 속한다" (cf. 욥 22:26; 27:10; 사 58:14) 라고 폰 라트는 지적한 바가 있다(*Old Testament Theology*, I, 382). 은유적으로 말하여, "버릇이 나빠질 정도로 하나님에게 모든 것(운명, 죽음 등의 모든 짐)을 **내어 맡기고 의지하는 신앙**" 이라는 것은 야훼의 빛(야훼의 나타나심과 간섭하심)의 영향을 받아 그 의지 신앙이 경건한 자의 의(義)로 하여금 정오의 빛같이 가장 밝은 빛을 내도록 만든다는 신앙으로 급전이된다. 악인의 번영에 대한 시샘은 이러한 상황에 이르러서는 자연히 소멸되게 되고(6절) 경건한 자는 모든 것을 참고 기다리게 된다는 것(7절), 즉 시샘은 야훼에 대한 신뢰로 바뀌게 된다는 것이다. 즉 [의분의] 분노도 소멸하게 되는 것이고 동시에 악인도 "어느 사이에" (=잠시 후에) 사라져 버리고 경건한 자도 "어느 사이에" 야훼의 땅에서 살게 된다는 것이다. 그러므로 이러한 신앙에 기초한 시(詩)의 마감은 "오직 온유한 자는 땅을 차지하며 풍부한 화평으로 즐기게 될 것이다" 라는 확신 표현으로 마감되는 것이다. 여기서 말하는 "풍부한 화평" ('롭-샬롬')은 하나님과 인간, 인간과 인간, 그리고 인간과 자연 사이의 조화로운 관계에 기초한 복지를 가리킨다.

12-**22** 악인의 궁극적 운명이 어떤 것임을 설명하고 있다. 즉 악인들이 야생 동물처럼 이를 갈며 적의를 가지고 계획하고 음모한 것들이 하나님의 웃음을 사고 결국은 심판받을 그날을 맞게 될 것이라는 것이다. 악인들이 칼과 활을 사용하여 올바르게 살려는 자들을 살해하려 하지만, 14-15절이 말하고 있듯이, "죄는 결국 죄인을 파괴시키고 악도 결국은 그 악의 결과를 악인에게 되돌리게 된다." 죄인(악인)에 대한 하나님의 '부메랑적인 심판'이 증언된다. 곧 이어서 16-22절에서는 악인의 운명과 의인의 운명 사이가 대조적으로 묘사된다. 이 대조적 묘사는 의인의 승리(18-19절)와 악인의 패배(20a절 & b)에 대한 증언을 가운데 두고 그 앞(16-17절)과 뒤(21-22절)를 감싸고 있다. 즉 의인의 승리와 악인의 패배에 관한 대조법적인 증언을 세 번 반복하고 있는 셈이다. 이러한 대조의 목적은 의인의 안전한 미래와 악인의 확실한 소멸을 대조시키는 것이다. 그리하여 이 단원에서는 두 가지 중요한 사실을 증언하고 있다고 하겠다. 즉 그 하나는 (1) 악인에 대한 하나님의 심판은 '부메랑적인 심판'이라는 것과 그리고 그 다른 하나는 (2) 의인의 승리와 악인의 패배의 '갈림'은 결코 혼동되지 않는다는 것이다.

23-**31** 신실한(경건한, 의로운) 자가 받을 축복(하나님의 붙들어 주심)을 기술하고 있다. 신실한 자가 받을 복은 전적으로 "하나님의 붙드심"(=버리지 아니하심, 보호하심, 실족하지 않게 하심)에 초점을 맞추고 있다. 그러므로 한 경륜 깊은 지혜자가 하였던 말, "내가 어려서부터 늙기까지 의인이 버림을 당하거나 그 자손이 걸식함을 보지 못하였도다"(25절)라는 말은 절대적 의미(문자 그대로)의 말이 아니라, 그 중심 의도는 비록 의로운 자는 고난을 당하여도 '영원히는' 버림을 당하지는 않는다는 의미로 사용되었다고 하겠다.

이 단락에서 우리는 구약의 신앙인들이 끊임없이 씨름하여 왔던 한 문제, 경건한 자가 겪게 되는 '역경'이라는 것은 악인의 경우처럼 완전한 몰락에 이르는 그런 것이 아니라, 하나님께서는 경건한 자의 역경 속에서도 또한 일하고 계시기 때문에 결코 "완전한 몰락"에 이르지는 않는다는 한 신학적 문제와 만나게 되는 것이다. 왜 그런 것일까? 이 단락의 증언은 그 시작 부분에서 이렇게 시작된다. "야훼께서는 사람의 걸음을 정하시고 그 길 걷는 것을 기뻐하신다. 그러므로 경건한 자도 넘어지지만 아주 엎드러지는 것은 아니다. 왜냐하면 야훼 하나님은 경건한 자를 향해 악에서 떠나 선을 행하라. 그러면 영원히 그의 나라에 거할 수 있을 것이기 때문이다." 경건한 인간의 삶의 의무는 그러므로 사람의 걸음을 정하시고 그 길을 기뻐하시는 그 "하나님의 기뻐하심"을 위하여 몸 바쳐 그 길(악에서 떠나 선을 행하는 길)을 걸어야 하는 데 있다고 하겠다. 즉 하나님의 법이 거기에 있으므로 그 걸음에 실족하는 일이 없도록 그 법에 복종하여야 한다고 하겠다.

32-**40** 앞에서 지혜자가 교훈하였던 바, 악인들의 필연적인 멸망(12-22절)과 의인이 축복(구원/보호)받을 미래(23-31절)에 관한 증언을 다시 강조함(32-36절, 37-40절)으로써 시의 결론을 마무리한다. 즉 위에서 언급한 야훼를 참고 기다리라는 권면(5절)을 다시 되풀이하면서(34절) 이 37편 시인은 악인들의 멸망 운명(32-36절)과 경건한 자들의 구원 보상(37-40절) 사이의 최종적 대조와 차이를 묘사하고 있다.

32-33절에 의하면, 악인은 의인을 죽일 기회를 찾았지만(나봇의 의법살인[왕상 21:8ff.]과 같은 시도가 있었으나), 하나님은 이러한 정교한 악인의 의법(依法) 살인(a judicial murder) 수법으로부터도 의인을 살려내시는 분임을 증언한다. 이러한 증언은 시인의 희망, 즉 야훼를 바라며 그의 길을 따르는 동안은 결코 좌절하지 않고 마침내는 땅을 차지하게 될 것이라는 그런 희망에 근거하고 있었던 것이다(34절). 그러나 악인의 힘[권력]은 비록 레바논의 백향목과 같이 무성하고 수려하여도 그것은 본질상 하나의 환영에 불과하여 시인이 건너가 보았을 순간 곧 사라져 버려 아무리 찾아도 발견해 낼 수 없는 허무한 운명일 뿐이라는 것이다. 그러나 이와는 대조적으로 완전한 자(정직한 자/의인/화평한 자)는 야훼의 보호하심(=산성이 되심)의 은혜로 구원에 이르게 된다는 것이다. 야훼의 보호하시는 구원의 은혜는, 그러나 야훼 하나님에 대한 시인의 "의지"(依

支) 신앙 때문에 주어진 것일 뿐이라고 결론 짓는다.

¶ 메시지: 행악자를 부러워하지 말라

이 세상의 질서 속에 사는 신앙인들에게 있어서 가장 큰 고뇌는 의롭게 살려는 사람들이 행악하는 자들보다 더 많은 시련과 불행에 봉착하는 것을 볼 때 생겨난다. 의롭게 살려는 자들은 축복을 받고 불의한 삶을 사는 자들은 심판의 재난에 직면한다고 하는 인과응보적인 신념은 선민(選民)의 수난 역사와 만나면서 이미 심각한 도전을 받아 왔다. 특히 지혜문학권의 신념에서는 욥기와 전도서 같은 대표적인 저항문학의 심각한 신학적 반성에 의한 돌파구가 마련되기도 하였다.

욥기는 원인이 없는 고난도 있다는 "생"의 현실에 대한 진솔한 파악을 통하여 인과응보적인 교조로부터 인간을 해방시키는 데 크게 기여한 바가 있었다. 전도서 기자도 창조주의 경외성(敬畏性)에 대한 새로운 인식에 도달하기 전까지는 모든 것이 다 허무하다는 저항적 지혜에 의하여 진정한 인간성 찾기의 한 돌파구를 열기도 하였다.

그러나 이 모든 노력에도 불구하고 "생"이 갖고 있는 "고난 본질"을 선과 악의 기원을 단일화시키는 유일신 신앙으로 해명하는 데 큰 기여를 하였음에도 불구하고 우리에게는 여전히 "악인의 번영에 대한 투기"라는 인간 심성이 갖고 있는 심적 갈등의 문제는 여전히 미해결의 문제로 남아 있었다.

시편 37편 시인은, 그러나 이 "악인의 번영에 대한 질투와 투기"라는 문제에 대한 근본적 해결책을 내놓기에 이르렀던 것이다. 이것은 하나의 놀라움이다. 시인은 매우 대담하게도 자신을 야훼 하나님의 응석받이(the spoilt child)가 되게 하여 야훼 하나님의 품속으로 내어 던지는 그런 믿음으로 "악인의 번영에 대한 투기"라는 인간 심성의 늪에서 탈출하는 데 성공하였던 것이다. "너의 길을 야훼에게 맡겨 버려라. 그를 기뻐하라. 그를 의지하라. 그러면 그가 그 모두를 이루시리라"(4-5절)고 하였던 것이다.

자신의 모든 것을 야훼 하나님에게 맡기는 의지(依支) 신앙의 연고로 야훼 하나님은 저들을 구원하신다(마지막 절, 40절)라고 이 시인은 확신하였던 것이다. 그러므로 야훼 하나님의 응석받이가 되는 것이 하나님과 우리 사이의 모든 불신의 장벽을 허는 길이라고 하겠다.

37. 하나님의 화살을 맞은 자가 드린 기도(38:1-22)

¶ 본문

다윗의 기념케 하는 시

1[2] 여호와여 주의 노로 나를 책하지 마시고 분노로 나를 징계치 마소서 (3+2)

2[3] 주의 살이 나를 찌르고 주의 손이 나를 심히 누르시나이다(3+3)

3[4] 주의 진노로 인하여 내 살에 성한 [곳이] 없사오며 나의 죄로 인하여 내 뼈에 평안함이 없나이다(4+4)

4[5] 내 죄악이 내 머리에 넘쳐서 무거운 짐 같으니 감당할 수 없나이다 (4+4)

5[6] 내 상처가 썩어 악취가 나오니 나의 우매한 연고로소이다(3+2)

6[7] 내가 아프고 심히 구부러졌으며 종일토록 슬픈 중에 다니나이다 (3+3)

7[8] 내 허리에 열기가 가득하고 내 살에 성한 [곳]이 없나이다(3+3)

8[9] 내가 피곤하고 심히 상하였으매 마음이 불안하여 신음하나이다 (3+3)

9[10] 주여 나의 모든 소원이 주의 앞에 있사오며 나의 탄식이 주의 앞에 감추이지 아니하나이다(3+3)

10[11] 내 심장이 뛰고 내 기력이 쇠하여 내 눈의 빛도 나를 떠났나이다 (4+4)

11[12] 나의 사랑하는 자와 나의 친구들이 나의 상처를 멀리하고 나의 친척들도 멀리 섰나이다(5+3)

12[13] 내 생명을 찾는 자가 올무를 놓고 나를 해하려는 자가 괴악한 일을 말하여 종일토록 궤계를 도모하오나(3+4+3)

13[14] 나는 귀먹은 자 같이 듣지 아니하고 벙어리 같이 입을 열지 아니하오니(4+4)

14[15] 나는 듣지 못하는 자 같아서 입에는 변박함이 없나이다(4+3)

15[16] 여호와여 내가 주를 바랐사오니 내 주 하나님이 내게 응락하시리이다(4+4)

16[17] 내가 말하기를 두렵건대 저희가 내게 대하여 기뻐하며 내가 실족할 때에 나를 향하여 망자존대할까 하였나이다(4+4)

17[18] 내가 넘어지게 되었고 나의 근심이 항상 내 앞에 있사오니(3+3)

18[19] 내 죄악을 고하고 내 죄를 슬퍼함이니이다(2+2)

19[20] 내 원수가 활발하며 강하고 무리하게 나를 미워하는 자가 무수하오며(3+3)

20[21] 또 악으로 선을 갚는 자들이 내가 선을 좇는 연고로 나를 대적하나이다(4+4)

21[22] 여호와여 나를 버리지 마소서 나의 하나님이여 나를 멀리하지 마소서(2+3)

22[23] 속히 나를 도우소서 주 나의 구원이시여(2+2)

¶ 개요(비평학적 문제)

초대교회가 7개의 "참회시"(6; 32; 38; 51; 102; 130; 143편)로서 알아왔던 시들 중의 하나이나, 이 시의 양식은 심각한 질병의 고통 중에서 탄식하며 치유의 기원을 드린 "개인 탄원의 시"(Gunkel, *Einleitung*, §6)로서 분류된다. 문학적 기법에 있어서는 히브리어 알파벳 글자의 수(22자)와 이 시의 절 수(22절)를 맞춘 '알파벳 시'라고 볼 수 있으나 매절 앞 글자의 첫 자음을 알파벳 글자의 차례대로 맞춘 '아크로스틱 시'(acrostic psalm; 離合体 詩; cf. 시 9-10; 25; 34; 37; 111; 112; 119; 145편)에 속하지는 않는다.

개인 탄원의 시 양식(Gattung)으로서 다른 일반적 탄원의 시와는 그 성격상 구별되는 점이 주목된다. 그것은 (1)스물두 절의 시 구절 중 맨 앞의 첫 절(1[2]절)과 맨 뒤의 두 절(21-22[22-23]절)만이 기원(Bitte)이고 나머지 열아홉 절(2-20[3-21]절)은 모두 탄식(Klage)으로만 구성되었다는 것과 그리고 (2)일반 탄원시들에서 거의 공통적으로 나타나는 "분위기 급전"(急轉)이 이 시편 38편에서는 나타나지 않는다는 것이다. 말하자면 탄원시인에게 응답 확신이 일어나지 않는 매우 드문 탄원의 시이다. 예컨대, 가장 절망적인 성격의 탄원의 시인 88편의 시조차도 시가 종반에 가서(13[14]절)는 기도 응답의 확신이 나타나는데, 시편 38편은 '기원'으로 앞뒤를 감싼(inclusio?) 탄식(2-20[3-21]절) 일변도의 시라는 특징을 갖고 있다. 아마도 시의 내적 증언들로 미루어 볼 때, 38편 시인은 몸과 마음에 성한 곳이 하나도 없을 정도로 심한 고통을 수반한 "질병"(illness; 3-4[4-5], 18[19]절)에 시달리며 그 질병을 "죄에 대한 하나님의 징벌"(2-3[3-4]절)로 이해하고 있음을 볼 수 있다(이 질병을 문둥병으로 보는 학자들도 있다. cf. A. Weiser, H. -J. Kraus et al. 비록 그럴 가능성에 대한 암시들도 나타나지만 그러나 그렇게 단정하기에는 고통의 내용이 문학적으로 지나치게 극대화되고 일반화되고 있는 점 때문에 어려운 점이 많이 있다).

시의 내용과 분위기가 욥과 예레미야의 언어와 유사점들이 많이 있어서 흔히는 예레미야를 이 시의 저자로 보는 경우도 있고(Davison) 이와는 달리 이 시인의 경험을 민족적 경험으로 보는 경우도 있으나(C. A. Briggs), 이 시인의 경험은 개인적인 경험에 더 가깝다고 하겠다. 그러므로 저작 연대를 결정하기는 어렵다고 볼 수 있다.

¶ 주석

이 시의 구성 구조는 기본적으로 3부 구조를 띠고 있다고 하겠다. 즉 (1) 1[2]절: '기원', (2) 2-20[3-21]절: '탄식', (3) 21-22[22-23]절: '기원'으로 대별할 수 있다고 하겠다. 그러나 (2)항은 '탄식'의 성격에 따라 둘로 나눌 수 있다. 즉 (2-1)2-10[3-11]절, 시인 자신의 질병이 그 상처가 깊을 뿐만 아니라 그 질병은 또한 자신의 죄에 대한 하나님의 징벌로서 해석되면서 질병의 아픔과 무거운 죄책감으로 고민하여 탄식하는 부분과 그리고 (2-2)11-20[12-21]절, 시인의 고통이 친지들(11[12]절)을 포함한 원수들(19[20]절)의 무고행위(誣告行爲)로 인하여 더욱 심화되고 있음을 탄식하는 부분으로 나눌 수 있다.

1 **1[2]절,** 이 부분은 시편 6:1[2]의 경우와 그 내용에 있어서 실제적으로 일치하고 있다. 개인 탄원시의 상투적 언어의 어법이 사용되고 있다. 시편 6:1[2] 주석을 참조하라.

2-**20** **2-20[3-21]절,** 질병으로 인하여 시인이 겪는 이중적 고통이 매우 현실감 있게 묘사된다. 그 이중적 고통의 첫째의 것(2-10[3-11]절)은 하나님의 화살(cf. 시 91:5)과 하나님의 손(cf. 시 32:4)에 의하여 생겨난 질병의 아픔(살과 뼈의 평안하지 못함)인데 이것은 전적으로 자신의 죄에 대한 하나님의 진노의 결과라는 논리(論理)의 지배를 받고 있다. 물론 죄와 벌(죄 → 질병의 고통)의 인과관계(因果關係)에 대한 이러한 신앙은 욥기에서는 이미 잘 극복되었으나 여기(시 38편)서만은 아직도 극복되지 못한 잘못 정립된 관념이었다. 그러나 모든 것의 일차적 기원(起源)은 하나님이시므로 이러한 잘못된 관념도 기도의 적절한 도입구가 될 수 있었을 것으로 보인다. 그러나 시인이 겪고 있었던 이중적 고통의 둘째 요소(11-20 [12-21]절)는 원수들의 무고(誣告)와 그리고 원인 모를 모해(謀害) 및 올무를 놓는 행위에 대해서, 자신의 무흠함에도 불구하고 참고 감내하며 침묵하여야 하는 그런 고통스런 현실에 대한 자괴감이다. 그럼에도 이

러한 탄식은 대단한 '보편적' 호소력을 가지고 있어서 질고를 안고 고뇌하는 기도자들이 쉽게 이 기도에 참여할 수 있었을 것이다. 놀랍게도 이러한 신학적 일탈마저 야훼 하나님의 간섭의 충동을 일으킬 수 있으리라고 믿고 시인은 감히 "야훼여 나를 버리지 마소서!"(21[22]절)라고 외칠 수 있었던 것이다.

21 - **22** 21-22[22-23]**절,** 세 개의 동사("버리지 마소서", "멀리하지 마소서", "서두르소서!"[=속히 나를 도우소서])의 연속 병렬을 통하여 시인은 시의 마감부분에서 **구원자**(=야훼=나의 하나님=주님[아도나이])이신 야훼와의 관계 회복을 서둘러 기원한다. 그것만이 문제 해결의 유일한 길이었기 때문이었다. 결국 시인의 그 모든 기원과 탄식들이란 그의 운명을 회복할 수 있는 분은 야훼 하나님 한 분이시라는 진리를 증언하는 데로 귀결하게 된다.

¶ 메시지: 하나님의 화살을 맞은 자가 드린 기도
— 나는 벙어리 같이 입을 열지 아니하오며 —

"하나님의 [화]살"이라는 말은 하나님을 '궁수'(弓手; archer)로 묘사한 데서 기인하였다(신 32:23-24; 욥 6:4; 16:12-13; 시 7:12[13]; 애 3:12). 이 말은 고대 사회가 심각한 피부 질환을 신의 화살 또는 악마의 화살에 맞아서 생긴 것이라고 간주해 왔다는 것을 생각나게 해준다. 페니키아에는 '레세프'(Resheph)라는 화살의 신이 있었으며 우가릿(Ugarit) 문헌에서는 이 '레세프'가 가나안의 역병(疫病)의 신(神)으로 기술되어 있기도 하다(UT. 1001;3). 이런 신화적 지식을 히브리 시인들이 "질병이란 야훼로부터 온다"라는 믿음을 표현하기 위하여 응용한 것이라고 학자들은 보고 있다(J. Horst, M. Dahood et al.). 시편 38편 시인은 또한 이 "화살" 은유와 평행되는 은유로서 "주의 손"('야데카')이라는 은유를 사용하였는데, 이 은유는 "권능"(power)의 상징으로서 사용되었다. 그리고 우리의 본문, 시편 38편에서는 신의 심판에 대한 은유로서 사용하였다(삼상 6:3, 5;

욥 19:21; 시 32:44; 39:10[11] 등). 시편 38편 시인의 신학적 관점의 전개는 이러한 은유의 응용을 통하여 본격적으로 전개되었다.

시인은 이 화살을 맞고 또 이 손의 억누름을 경험하고서는 곧 자신의 탄식(고통의 소리)이 야훼 하나님으로부터 감추어질 수는 없다는 것을 깨닫는다. "감출 수 없는 탄식"을 감추는 것은 위선일 따름이다. 이 점이 다른 개인 탄원시 시인들과 38편 탄원시의 시인 사이를 구별하게 해주는 다른 점을 우리로 하여금 인식하게 해주는 점이다(3-10[4-11]절). 이 점이 또한 절망적 고난에 대처하는 신앙적 자세에 있어서 욥이 취하였던 것과도 다른 점이었다. 11-22[12-23]절은 시편 38편 시인과 욥 사이의 신학적 차이를 극명하게 보여 주는 본문이라고 할 수 있다.

욥(=산문[散文] 부분이 아닌 본론 부분인 시[詩] 부분에 나타나는 욥)은 자신을 의인이라고 주장하지는 않았다 하더라도 자신의 무죄주장을 결코 굽히지 않고 폭풍 속에서 하나님 현현이 일어나기까지는 끝내 굴복하지 않았던 저항하는 지혜자였다. 그러나 시편 38편 시인은 자신의 절망적 질병에 매몰되어 자신이 지은 죄에 대한 명백한 확증도 없지만 그의 모든 질병의 원인은 "죄"이고 그 죄에 대한 야훼 하나님의 진노와 분노가 질병의 고통을 심화시키고 있다고 믿기만 하였다. 그러한 신앙적 오류에도 불구하고 그는 건강과 질병, 행복과 불행, 축복과 재앙, 생명과 죽음 등 이 모든 대극적 요소들이 모두 다 야훼 하나님 한 분으로부터만 온다는 유일신 신앙의 터 위에 서 있었다. 그러므로 그는 하나님 앞에 서는 순간, 저 예언자 이사야처럼(사 6:5-7), 자신은 무조건 죄인임을 인식하였던 것이다. 그러므로 그는 **자신의 탄식이 주님 앞에서 감춰지지 아니한다는 사실**(9[10]절)을 알았던 것이다. 그는 자신의 전 실존이 하나님 앞에서 모래성처럼 허물어지고 있음을 인식하였다. 자신의 전 존재가 하나님의 현존 앞에서 허물어지고 있는 것을 명확하게 깨닫는 사람, 그는 위대하다.

그리하여 시편 38편 시인은, 욥이 걸었던 길과는 정반대로, 자신을 사랑하는 자와 자신의 친구들과 자신의 친척들이 다들 자신의 상처를 멀리하여 물러나 서 있고 자신의 생명을 노리는 자들(원수들)이 올무를 놓고 터무니없는 악한 험담을 하며 악한 궤계를 도모할 때(11-12[12-13]절), 그는 귀먹은 자같이 듣지 않고 벙어리같이 입을 열지 않으며 그 입으로부터 나오는 '변박'(辨駁)함을 아예 없애 버렸던 것이다. 모든 것을 하나님께 맡겨 버린 것이다. 야훼 하나님만을 바랐을 뿐이었다. 그는 그의 인생의 분수령에 입을 다물고 서서 **단지 다음 세 마디 말만을!** 야훼 하나님을 향하여 외치고 있었던 것이다.

> 나를 버리지 마소서!
> 나를 멀리하지 마소서!
> 나를 속히(훗샤!) 도우소서!

38. 야훼여, 나의 연약함(무상함)을 알게 하소서! (39:1-13)

¶ 본문

다윗의 시, 영장 여두둔으로 한 노래

1[2] 내가 말하기를 나의 행위를 조심하여 내 혀로 범죄치 아니하리니 악인이 내 앞에 있을 때에 내가 내 입에 자갈을 먹이리라 하였도다(3+2, 3+3)

2[3] 내가 잠잠하여 선한 말도 발하지 아니하니 나의 근심이 더 심하도다(2+2+2)

3[4] 내 마음이 내 속에서 뜨거워서 묵상할 때에 화가 발하니 나의 혀로 말하기를(2+2+2)

4[5] 여호와여 나의 종말과 연한의 어떠함을 알게 하사 나로 나의 연약함을 알게 하소서(3+3+3)

5[6] 주께서 나의 날을 손 넓이만큼 되게 하시매 나의 일생이 주의 앞에는 없는 것 같사오니 사람마다 그 든든히 선 때도 진실로 허사 뿐이니이다(4+3+4)(셀라)

6[7] 진실로 각 사람은 그림자 같이 다니고 헛된 일에 분요하며 [재물을] 쌓으나 누가 취할는지 알지 못하나이다(3+3+3)

7[8] 주여 내가 무엇을 바라리요 나의 소망은 주께 있나이다(3+3)

8[9] 나를 모든 죄과에서 건지시며 우매한 자에게 욕을 보지 않게 하소서
(3+3)
9[10] 내가 잠잠하고 입을 열지 아니하옴은 주께서 이를 행하신 연고니이
다(3+3)
10[11] 주의 징책을 나에게서 옮기소서 주의 손이 치심으로 내가 쇠망하
였나이다(3+4)
11[12] 주께서 죄악을 견책하사 사람을 징계하실 때에 그 영화를 좀 [먹음]
같이 소멸하게 하시니 참으로 각 사람은 허사 [뿐]이니이다(4+3+3)
(셀라)
12[13] 여호와여 나의 기도를 들으시며 나의 부르짖음에 귀를 기울이소서
내가 눈물 [흘릴 때]에 잠잠하지 마옵소서 대저 나는 주께 객이 되
고 거류자가 됨이 나의 모든 열조 같으니이다(3+2+2, 4+3)
13[14] 주는 나를 용서하사 내가 떠나 없어지기 전에 나의 건강을 회복시
키소서(3+3)

¶ 개요(비평학적 문제)

시편 39편은 시편 38편과는 다소의 다른 관점들을 갖고 있으면서도 많은 공통된 연결점들을 갖고 있는 시이다. 이 두 시를 좀더 넓은 문맥에서 관찰해 들어가면, 시편 38-39편의 이 두 개인 탄원시들은 그 뒤이어 연결된 다소 비슷한 성격을 가진 "복합 양식의 시들"(40-41편)과 한 묶음으로 묶이게 될 경우, 이 묶음(시 38-41편)은 시편 제1권(대부분 탄원의 시들과 그 유사한 시들로 구성된 1-41편)의 결론 기능을 하려는 목적으로 결집된 하나의 시리즈 시 묶음처럼 보인다.

양식비평학적인 관점에서 보면, 시편 39편은 시편 38편과 함께 모두 "개인 탄원(기도)의 시"로 분류된다. 두 시는 질병의 육체적 고통으로 인한 탄식(시 38편)과 인생무상(人生無常)에 대한 탄식(시 39편)이라는 그 성격적 차이에도 불구하고 두 시는 모두 하나님의 손의 치심을 받은(시 38:2[3]; 39:10[11]) 고통을 모두 죄에 대한 하나님의 진노, 분노, 그리고 징

계(시 38:1[2]; 39:11[12])에 의한 것이라고 보는 오도된 신앙의 영향을 받고 있기는 하나 그러나 이 두 시(시 38편과 39편)는 모두들 하나님의 유일 주권에 대한 신앙의 터 위에서 그 모든 질고를, 그것이 육체적 질병의 질고(시 38편)이든 인생무상에 대한 허무주의적 질고(시 39편)이든, 그 모두를 죄에 대한 하나님의 분노에서부터 비롯된 것이라고 믿는 믿음을 가지고 야훼 하나님과의 관계(계약관계)의 영속적 유지를 끝없이 추구한 시(詩)라는 점에서 그 동질성을 발견할 수 있다.

시편 39편은 그의 탄식의 주원인을 **"인간 생의 무상함과 허무함"**(5[6]절과 11[12]절의 '헤벨', הבל)에 둔다는 성격을 갖고 있다. 이 시인이 갖고 있는 인생무상의 문제는 두 가지로 설명되고 있다. 그 하나는 "고난이란 죄 없이 살려는 노력을 한다고 해서 감소되는 것은 아니다"라는 것(1-3[2-4]절)이고 그 다른 하나는 인간의 무상함은 이 지상의 운명을 개선하려는 그 어떠한 노력도 무익하게 만든다는 것(4-6[5-7]절), 즉 인간의 '노력 종교'는 단순한 인간 신격화의 인본주의적인 휴머니즘에 불과할 뿐, 아무런 희망과 가능성도 제공해 주지 않는 하나의 "허무"('헤벨')에 불과할 뿐이라는 느낌(5[6]절과 11[12]절)이었다. 진퇴유곡 또는 사면초가와 같은 상황 속에서 이 시인이 정면 돌파하고 뛰어 나오게 만든 것이 바로 "주여 내가 무엇을 바라겠습니까? 나의 희망은 오직 주님께만 있습니다!"(7[8]절)라고 외치며 그에게만 매어 달리는 기도를 지속적으로 드려야겠다는 신앙적 결단이었다. 그러므로 그는 어떤 인생무상이 그를 좌절시켜도 "잠잠히"(9[10]절) 기도를 계속하여 드릴 것뿐이었다. 비록 이러한 믿음에는 사후(死後)의 생(生)에 대한 믿음에 매어 달리는 오도된 도피주의적 믿음으로 떨어질 위험이 있다고 하여도 떠나 없어지기(죽기) 전까지는 "회복"을 위한 기도를 계속해야 하는 것임을 이 시인은 깨닫게 된 것이다. 이러한 가성은 지혜문학과 근접하는 사상으로서 포로기 이후, 아마도 주전 5세기보다 이르지 않은 후기 신학을 대변한다고 보인다.

¶ 주석

표제에 나오는 "여두둔"이라는 말은 62편과 77편에도 나오는 말로서 아마도 다윗 합창대의 한 지휘자의 이름에서부터 전승된 이름일 것으로 보인다(cf. 대상 9:16; 16:38, 41; 25:1, 3, 6; 대하 5:12. cf. Kraus, I, 30). 이 "여두둔"을 '야다'('고백하다', '감사하다'라는 뜻)의 일반 명사화로 보려는 견해도 있으나(Mowinckel, *The Psalms in Israel's Worship*, II, 213에서는 제의적 상황에서 유래된 '호두야[후]', '학게'라는 이름들이 그 예라고 말함) "아삽" 또는 "헤만"과 같은 이름들이 암시하고 있듯이(cf. 대상 16:41) "여두둔"이라는 이름을 가진 음악인들의 가문을 지칭할 수도 있을 것이다(이 책의 서론을 참조하라).

1-**3** 특이하게도 이 시는 "혀로 범죄하지 아니하리라"는 맹세를 한 경험을 소개함으로 시작한다. 아마도 시편 38편과의 연속성을 추측하게 한다(시 38:13-14[14-15]). 특히 악인의 번영을 보면서는 악인의 번영을 부러워하려는 유혹에 빠지지 않도록 하려고 아예 자기 입에 재갈 먹이기까지 하겠다고 말한다. 그리하여 선한 말조차도 말하지 않는 극한의 인내가 마음속을 뜨겁게까지 할 정도로 "혀의 범죄"를 삼가하였던 이 시인은, 마침내 인생무상에 대한 신학적 반성에 이른다. 이와 비슷한 성찰이 이집트의 지혜문학에서도 가끔 표현된다.

4-**6** **4-6[5-7]절,** 시인의 신학적(지혜자적) 성찰은 짧은 목숨을 가진 인생의 연한의 덧없음(ephemerality)을 심각히 생각하게 한다. 내게 주어진 날의 마지막 종말까지의 길이를 재어 볼 수 있게 해달라고 기도하기까지 한다(이 구절은[4{5}절] hapax legomenon). 그러나 놀랍게도 이 시인은 이러한 '생의 짧음' 때문에 허무주의의 늪에 빠지지는 않는다. 오히려 정반대이다. 이 시인은 오히려 **"[이렇게 하여] 나로 하여금 나의 연약함(=무상하고 허무함)을 알게 해주소서!"**라고 기도를 드린다(cf. 시 89:48[49]). 말하자면, 우리에게 주어진 "생"이란 손바닥만한 짧은 길이

(2.9 inches, cf. Anderson, *Psalms 1-72*, 310)의 유한하고 무상하며 허무한 것이라고 하여도 그 모두는 창조주 하나님 야훼께서 설계하신 경륜이므로 우리로 하여금 이토록 허무하게 하신 그 하나님만이 우리의 유일한 희망이라는 것을 알게 해주신 것에 감사하며 그에게 전적으로 자신을 맡기고 의지하여 기도할 뿐이라는 것이다. 우리의 생은 하나님이 보시기에는 "없는 것"('엔', אין)에 불과하고 사람이 든든히 섰다고 확신을 하는 순간도 다 허무('헤벨'—히브리 본문은 '악 헤벨!'='아, 허무하구나!')할 뿐이라는 것이다. 그런 점에서 볼 때, 각 사람은 그림자같이(=우상을 들고) 다니는 어리석음을 드러내고 있고 그 우상에 의지한 삶은 "허무"('헤벨') 일 뿐이라는 것이다. 그러므로 시인은 7[8]절에서부터 방향을 선회하여 하나님께만 소망을 두고 그에게 끊임없이 기도를 드리는 길을 선택한다(그 이외의 다른 길이 없음을 알기 때문이다).

7-**13** **7-13[8-14]절,** 일곱 절에 이르는 기원 문단이 "주여 내가 무엇을 바라겠습니까. 나의 소망은 주께[만] 있습니다!"라는 선회(旋回)한 고백으로 시작된다. 자신의 유일한 희망은 하나님이시라는 것이다. 이 고백과 더불어 동시적으로 분출되어 나오는 고백은 죄의 고백이다. 시인은 우선 자신이 죄인임을 이사야 예언자처럼 고백한다(cf. 사 6:5). 입에 재갈 물림을 하고 잠잠하였던 것은(1[2]절) 바로 이러한 신앙에서 온 것이라는 것(9[10]절)이다. 그러므로 자신을 치신 분도 하나님이시요(10[11]절), 인생의 영화(榮華)도 "좀" 같게 하신 분도 하나님이시며 우리 모두가 그분에게는 "객"이요, "거류민"에 불과하기 때문에 우리의 남은 일은 "부르짖음"(outcry; Ee Kon Kim, *Interpretation*, July 1988, 229-239) 뿐임을 선포한다.

¶ 메시지: 야훼여, 나의 연약함[무상함]을 알게 하소서

우리의 생이 무상함을 느끼게 될 때, 우리에게 주어진 그 무상함을 극복할 수 있는 길은 무엇일까? 파스칼(Pascal)은 그의 책 『팡세』에서 이렇게 말한 바 있다(S. Terrien, *The Psalms*, 2003, 334에서 중인[重因]).

> 이 자연계에 속해 있는 인간은 무엇인가? 그것은 무한의 현존 속에 있는 무(無)이다. 전체 앞의 무(無). 무와 모든 것 사이에 있는 중간 지대.

이 모든 실존적 고뇌에도 불구하고 하나님의 사람은 기도할 뿐이다(S. Terrien, *ibid.*). 이것이 정답이다. 시편 39편 시인이 그 복잡한 신학적 상념 끝에 내린 결론도 바로 이것이었다.

그러므로 "주여 내가 무엇을 바라리요 나의 소망은 주께 있나이다"(3+3 박자)라는 시인의 신앙고백은 시편 39편의 '분위기 전환점'(sudden shift of mood)이며 동시에 시편 39편 시인의 신앙적 승리의 알파와 오메가라고 할 수 있다. 시편 39편 시인의 이 증언을 "희망의 신학"의 입장에서 침멀리(W. Zimmerli)는 다음과 같이 서술하고 있다(*Man and his hope in the Old Testament*, 1981, 37-38).

> 이 [시편 39편]은 깊은 고난의 자리에서 외친 시이다. 무엇보다 첫째로 이 시는 희망에 대한 욥의 비판이 가진 암울한 음조를 생각나게 해주는 시이다. 이 시인은 처음부터 자신의 내적 고뇌를 자신 속에 붙들어 두려고 하였고 더 이상 말하는 것을 삼가려고 하였다. 그러나 그는 자기 자신 안에서 불타고 있는 분노의 불을 더 이상 담고만 있을 수 없었다. 그리하여 그는 그의 "무"(無)됨과 사멸적 본질에 대한 압도해 오는 번뇌를 하나님 앞에 펼쳐 놓았다. … (4[5]절, 12b-13[13b-14]절) 희망도 미래도 없는 세계가 적나라하게 펼쳐진 이런 상황에서는 실존적 희망이란 발견되지 않는다. 그러나 전혀 예기치 못한 한 음성이 여기서 들려온다. 이 시인은 이러한 번뇌의 현실 한가운데서 하나님을 향하여 "내가 이제 무엇을 바라겠습니까? 나의 희망은 주님 안에 있습니다. 나를 모든 죄과에서 건져 주시고 나로 하여금 우매한 자들의 비웃음거리가 되지 않게 하소서"(7-8[8-9]절)라고 기도를 드렸던 것이다. … 욥의 끈기를 넘어가는 끈기를 가지고 탈출구도 없는 그 현실을 뚫고 나와 이 시인은 마침내 하나님께 다다른 것이다. 욥의 친구들의 거짓 위로의 말들과는 아주 대조적으로, 이 시인은 자신의 운명전환을 호소할 수 있는 오직 한 분뿐이신 그 하나님을 감히 붙잡는 희망의 창출을 과감히 시도할 수 있었다.

39. 주의 법이 나의 심중에 있나이다(40:1-17)

¶ 본문

다윗의 시, 영장으로 한 노래

1[2] 내가 여호와를 기다리고 기다렸더니 귀를 기울이사 나의 부르짖음
을 들으셨도다(3+3)

2[3] 나를 기가 막힐 웅덩이와 수렁에서 끌어 올리시고 내 발을 반석 위
에 두사 내 걸음을 견고케 하셨도다(3+2)

3[4] 새 노래 곧 우리 하나님께 올릴 찬송을 내 입에 두셨으니 많은 사람
이 보고 두려워하여 여호와를 의지하리로다(4+2, 3+2)

4[5] 여호와를 의지하고 교만한 자와 거짓에 치우치는 자를 돌아보지 아
니하는 자는 복이 있도다(3+2, 2+2)

5[6] 여호와 나의 하나님이여 주의 행하신 기적이 많고 우리를 향하신 주
의 생각도 많도소이다 내가 들어 말하고자 하나 주의 앞에 베풀 수
도 없고 그 수를 셀 수도 없나이다(3+3, 2+3, 3+2)

6[7] 주께서 나의 귀를 통하여 [들리시기를] 제사와 예물을 기뻐 아니하
시며 번제와 속죄제를 요구치 아니하신다 하신지라(3+3+3)

7[8] 그 때에 내가 말하기를 내가 왔나이다 나를 가리켜 기록한 것이 두
루마리 책에 있나이다(3+3)

8[9] 나의 하나님이여 내가 주의 뜻 행하기를 즐기오니 주의 법이 나의 심중에 있나이다 하였나이다(4+3)

9[10] 내가 대회 중에서 의의 기쁜 소식을 전하였나이다 여호와여 내가 내 입술을 닫지 아니할 줄을 주께서 아시나이다(2+2, 3+3)

10[11] 내가 주의 의를 내 심중에 숨기지 아니하고 주의 성실과 구원을 선포하였으며 내가 주의 인자와 진리를 대회 중에서 은휘치 아니하였나이다(4+3, 2+3)

11[12] 여호와여 주의 긍휼을 내게 그치지 마시고 주의 인자와 진리로 나를 항상 보호하소서(3+2, 2+2)

12[13] 무수한 재앙이 나를 둘러싸고 나의 죄악이 내게 미치므로 우러러 볼 수도 없으며 죄가 나의 머리털보다 많으므로 내 마음이 사라졌음이니이다(3+2, 2+2, 3+2)

13[14] 여호와여 은총을 베푸사 나를 구원하소서 여호와여 속히 나를 도우소서(3+3)

14[15] 나의 영혼을 찾아 멸하려 하는 자로 다 수치와 낭패를 당케 하시며 나의 해를 기뻐하는 자로 다 물러가 욕을 당케 하소서(3+3, 3+2)

15[16] 나를 향하여 하하 하는 자로 자기 수치를 인하여 놀라게 하소서(3+3)

16[17] 무릇 주를 찾는 자는 다 주로 즐거워하고 기뻐하게 하시며 주의 구원을 사랑하는 자는 항상 말하기를 여호와는 광대하시다 하게 하소서(3+2, 2+2+2)

17[18] 나는 가난하고 궁핍하오나 주께서는 나를 생각하시오니 주는 나의 도움이시요 건지시는 자시라 나의 하나님이여 지체하지 마소서(3+3, 3+2)

¶ 개요(비평학적 문제)

궁켈 이래로 초기의 대부분의 주석가들은, 시편 40편을 두 개의 독립된 양식을 결합한 "혼합 양식"으로 간주해 왔다. 즉 1-10[2-11]절은 심각한 질병으로부터 구원해 주신 하나님께 감사와 찬양을 드린 개인 감사시(선언적 찬양시)이며 11-17[12-18]절은 원수들로부터 건져 주시기를 비는 "개인 탄원의 시"인데 후기에 와서 혼합되었다고 보았다. 이렇게 볼 수 있는 근거는 독립적인 두 양식의 병렬 현상 이외에도 시편 40:13-17과 70편(다섯 절로 구성)의 일치와 시편 35:4, 21, 26-27과 시편 40:14[15], 15[16], 16[17] 사이의 유사성을 발견할 수 있다는 점 등에서도 발견된다는 것이다.

그러나 시편 40편을 하반부의 탄원시 중심의 시로 보고 상반부의 감사/찬양은 하반부의 탄원시의 기초로서 덧붙여진 "하나의 독립된 문학단위"(a literary unit)라고 주장하는 주석가도 있고(A. Weiser), 또 이와는 역으로 이전의 구원에 대한 감사시로 시작하여 현재의 고난에 대한 탄원으로 전개되어 가도록 구성한 후대의 의전시(a liturgical composition)라는 견해를 제시하는 시편 연구가도 있다(S. Mowinckel).

이 시의 저작 시기 또는 저작 환경은 이 시의 내용이 갖고 있는 그 무시간(timeless)적인 성격 때문에 결정 짓기는 어렵다. 예컨대, 이 시는 "고난 가운데는 하나님과의 만남의 즐거움이 있지만 이 지상의 기쁨 가운데는 인간의 곤궁이 언제나 공존하고 있다는 진리"를 증언하고 있다는 점에서 이 시의 무시간성(timelessness) 같은 것을 느낄 수 있다. 그러나 이 시의 혼합 유형이 갖고 있는 성격과 토라에 대한 강한 언급(7-8[8-9]절)이 있는 점은 포로기 이후의 후대로 볼 수 있게도 해준다.

요한복음 4:34에 나타난 예수님의 말씀 속에서 시편 40:8[9]에 대한 암시가 나타나며 신약 히브리서 10:5-10에서는 시편 40:6-8[7-9]이 그리스도의 십자가상의 희생이 갖는 근본 성격을 설명하기 위하여 인용되고 있다. 이러한 연유로 인하여 기독교 교회에서는 이 시를 "성금요일"(Good Friday)에 전통적으로 사용하여 왔다.

¶ 주석

표제는 이 책의 서론을 참조하라.

1 - 10 1-10[2-11]절, 구원응답에 대한 감사/찬양이 과거의 고난에 대한 아무런 설명 없이 그리고 일반적 서론도 없이 갑자기 시작한다. 일반 "개인 감사시"(선언적 찬양시)에서는 잘 만나기 어려운 다소 특수한 형태이다.

1 1[2]절 서두에서 기다림(희망)의 신앙이 고백되었다. 구원의 말씀에 관한 야훼의 약속의 말씀을 기다리고 있다(사 25:9). 이러한 기다림 속에는 현재의 고난과 하나님의 계약적 신실성에 대한 희망 사이의 긴장이 배어 있다. 하나님의 응답으로 이 긴장이 해소되었다는 것을 고백한다.

2 - 3 2-3[3-4]절에서는 죽은 자들의 지하 세계인 "스올"(기가 막힐 웅덩이와 수렁; 혼돈의 물이 시끄럽게 소용돌이치는 "지겨운 장소." cf. 시 30:3[4])에까지 내려갔으나 '안전'의 상징인 반석 위에 흔들림 없이 설 수 있도록 해주신 하나님 만남의 경험을 하였다는 것을 술회한다. 즉 "새로운 하나님 만남"을 축하하는 '새 노래'(a new song)가 준비되었다는 것을 널리 알리고 있다. 구원의 경험을 널리 알린다는 것은 선언적 찬양(감사) 노래의 중심요소이다. 보고 듣는 자들이 이로 인하여 야훼에 대한 의지심을 갖게 된다.

4 - 5 4-5[5-6]절은 시편 1:1에서처럼 "복 있는 자는"('아쉬레')이라는 수사 어투로 시작하는 문구이다. 복 있는 자는 야훼를 의지하고 다른 우상들(교만, 거짓 등)은 단호히 외면하는 자이다. 이러한 믿음의 배경은 "이스라엘을 위한 야훼의 위대한 구원 행위들(magnalia Dei)에 대한 경험들"이 매우 잦았다는 데서 인식할 수 있다(cf. 시 9:1[2]).

6 - 8 6-8[7-9]절에서 시인은 지혜자적-예언자적 성격의 어투에 담은 다소 새로운 내용을 가지고 와서 그것들을 "말씀계시-응답고백"의 형식으로 서술한다. "주께서 나의 귀를 통하여 [들리시기를]"이라는 본문(노예의 귀를 뚫는 고대의 관습 참조, C. A. Briggs, I, 355)을 인상 깊게도 다후드(M. Dahood)는 "신의 영감을 받다"라고 주석하였다(*Psalms I: 1-50*,

246). 그 계시의 내용은 "야훼 하나님에 대한 전적이고도 진심 어린 헌신이란 그 어떠한 희생제물을 드림보다도 **자기 자신을 제물로 드리는 것**" 이라는 것이었다. 이것을 표현/고백하려는 것이 이 시인의 목표였다. 여기 언급된 "제물" 은 (1)제사('쩨바하'), (2)예물('민하') (3)[전]번제('올라') 그리고 (4)속죄제('하타아') 등인데, 여기서는 중요 제사 용어들을 사용하되 동의어 평행법에 의하여 그 언급을 강조하려는 의도를 갖고 있다고 하겠으며, 이런 제물이 하나님께서 원하시는 것이 아니라 '자기 자신'을 제물로 바치는 것을 원한다는 예언자적 교훈을 응용하고 있다고 하겠다. 여기서 언급된 "예물"('민하'= 곡식제)은 포로기 이후에 사용된 용어이므로 (cf. Snaith) 이 시의 포로 후기성을 뒷받침해 준다.

6[7]절은, 그러나 제물의 무용론을 말하는 것이 아니라 제물의 의미에 대한 바른 해석을 촉구하는 의미를 갖고 있다고 하겠다(6-8[7-9]절에 대한 유형론적인/기독론적인 해석은 신약 히브리서 10:5-10에서 발견할 수 있다). 이미 시편 40편 시인은 곧 이어지는 7-8[8-9]절에서 6[7]절의 참 의미를 하나님과의 계약에 인간이 겸손히 복종하고 성실히 실천하는 것이라는 것을 매우 간결하게 서술하고 있다. 놀랍게도 시인은 여기서 **"내가 왔나이다"**('힌네 바티'; 7[8]절)라는 표현을 사용함으로써 "해석의 무한 가능성"을 열어 보여 준다. 아마도 여기서는 이 표현은 **"나 자신이 바로 희생 제물이다"**(A. A. Anderson, *Psalms 1-72*, 318)라는 의미를 가진다고 볼 수 있을 것이다. 또는 그리스도의 십자가 희생을 의미하는 기독론적인 해석의 가능성도 열어 주고 있다고 하겠다(히 10:5-10 참조). "내가 곧 제물이 된다"라는 말의 의미는 여기서는 "토라" 에 대한 겸허한 복종을 의미한다고 하겠다. 그러므로 "내가 곧 두루마리 책 안에 있고 주의 법이 곧 나의 심중에 있나이다"라고 고백할 수 있었던 것이라 하겠다(요 4:34).

9-10[10-11]절에 기술된 바, 하나님에 대한 감사/찬송의 결구(結句)는 하나님의 구원행위에 대한 공적 증언이 중요하다는 것을 강조한다. 왜냐하면, 하나님의 구원행위에 대한 공적 증언은 증언자 자신의 믿음을 강화시켜 주고 동시에 회중 가운데 기쁨을 불어넣어 주는 역할을 하기 때문이다.

11 - **17** 11-17[12-18]**절**, 구원의 은총을 비는 기원으로 전환된다.

이 기원은 감사와 찬양을 기초한 기원이라고 하겠다. 우선적으로 야훼의 긍휼('라훔'), 인자('헤세드'), 진리('에메드')에 호소한다. 모두가 하나님과의 계약적 관계에 호소하는 특징이 있다(cf. 출 34:6). 이러한 '기원'(祈願)의 **확대**(11[12]절 → 13-17[14-18]절; '훗샤'[서두르소서] → '알-테앗할'[지체하지 마소서])를 위하여 이 시인은 히브리어 수사어투 '키'(때문입니다)라는 어투로 시작하는 12[13]절에서 오도(誤導)와 오해의 가능성이 있는 삶의 원리인, "재앙은 죄 때문에 온다"라는 '인과론적' 원리를 오히려 응용한다. 즉 그의 불행은 본질적으로 그의 죄에 대한 [신의] 응징이라고 인식한다. 그러나 이 고백은 기원의 확대를 가능하게 하는 교량역할을 함과 동시에 하나님의 주권과 그의 인과법(God's causality)에서부터 **도피할 수 있는 길이 인간에게는 없다**는 신앙을 반영하고 있다. 이러한 신앙을 기초로 하여('키', כִּי) 급박한 기원구들(13-17[14-18]절)이 제시된다.

13 - **17** 13-17[14-18]절의 기원구들(모두 다섯 절)은 시편 70편과 미세한 변화를 제외하고는 거의 일치하고 있고 14-16[15-17]절은 시편 35:25-27과 매우 유사하다. 이 기원 묶음은 그 곤궁이 매우 위급하다는 것을 알리기 위하여 "[나의 도움을] 서두르소서"('훗샤')로 시작하여 "지체하지 마소서"('알-테앗할')로 끝을 내는 형식을 취하고 있다. 그러므로 "서두르소서"라는 말은 하나님에 대한 불경스러운 표현이 아니고 상황의 중대성을 강조하는 의미를 가진다(cf. 시 22:19[20])고 하겠다. 14-15[15-16]절은 '원수'의 멸망을 기원하는 부분이다. '원수'라는 용어는 사용하고 있지 않지만, '원수'에 관한 세 가지의 동의어 서술로서 표현되고 있다. 즉 (1) 내 생명을 찾아 멸하려는 자, (2) 나의 해를 기뻐하는 자, (3) 나를 향하여 하하 하는 자(=나의 고통을 고소해 하는 자) 등이다. 말하자면 원수들에 대한 야훼의 간섭과 보응을 기원한다. 그러나 여기서는 다른 탄원시들의 경우에 흔히 나타나는 것과 같은 원수의 멸망을 기원하는 성격의 기원이 아니라 "다들 물러가" 스스로 좌절에 빠지도록 해달라는 성격의 기원이 나타난다. 이 부분은 새로운 부분이다. 즉 원수들이 한 일이 '부메랑'처럼 자기에게로 되돌아가게 하시어 스스로 좌절하게 하실 뿐만 아니라 그로 인하여 그들 원수들마저 하나님에게로 '되돌아오게' 하실 가능성

까지도 보여 주시리라는 확신(cf. 호 2:6-7[8-9])을 가지고 기도한다. 왜냐하면 하나님의 본성은 "도우심"과 "건지심" 그 자체이시기 때문이다.

¶ 메시지: 내가 왔나이다

야훼 하나님의 놀라우신 구원의 은총이 시인을 "스올"과 같은 깊은 수렁에서부터 건져내셨다는 것, 이 구원체험의 놀라움(1-5[2-6]절)이 이 시인으로 하여금 **한 놀라운 예언자적 각성**에 도달케 하고 이 계시에 대한 이 기쁜 소식(9[10]절, 의의 기쁜 소식)을 대회 중에 선포하게 하였다고 이 40편 시인은 증언하고 있다(1-10[2-11]절). 즉 하나님께서 진심으로 기뻐하시고 인간으로부터 바라시는 것은 "제물"이 아니라는 것을 이 시인은 직접 자기 귀를 통하여 들었다는 것이다(6[7]절, '오쩨나임 카리타 리'= 나의 귀를 통하여 들리시기를). 그러므로 이끌고 가는 논리상, "그러면 무엇이 하나님께서 진정으로 원하시는 제물이냐?"는 것이 주쟁점이 될 수밖에 없다.

즉각적으로 이 시인은 우선 "[보시오] 내가 왔나이다"('힌내 바티', הנה באתי)라고 외치면서 "진정한 참 제물[예물]"이 무엇이며 그것의 실제적 의미가 무엇인지를 설명해 주고 있었던 것이다. 여기서 말하는 "[보시오] 내가 왔나이다"라는 말은 '빠른 복종'을 촉구하는 수사형식(cf. C. A. Briggs, I, 355)일 수도 있다. 그러나 이 말은 "나 자신이 희생제물입니다!"(I myself am the sacrificial victim)라는 의미의 말일 가능성이 전후 문맥으로 보아 더 크다고 하겠다(A. A. Anderson). 비록 문자적으로는 "내가 여기 있나이다[나를 보내소서]"(사 6:8b)라는 의미일 수도 있겠지만, 해석학적 문맥은 "나 자신이 바로 그 희생제물입니다"라는 의미를 더 지지해 주는 것으로 보인다.

"나 자신이 바로 희생제물입니다"라는 말의 진정한 의미는, 바로 뒤를 잇는 말씀으로 미루어 볼 때, "말씀이 육신이 되듯이 '나'라는 제물이 말씀의 육화(肉化)를 이루는 것"을 지시하는 의미의 말이라고 볼 수 있을 것이다. 뒤잇는 말씀은 "나를 가리켜 기록한 것이 두루마리 책에 있나이다/

나의 하나님이여, 내가 주의 뜻 행하기를 즐기오니/ 주의 법이 나의 마음 속에 있습니다"(7b-8[8b-9]절)라고 기록되어 있다. 여기서 말하는 "두루마리 책"은 "주의 법"과 동의 평행어로 이해할 수 있을 것이다. 이 두루마리를, (1) 기원 성취 후의 증언(Kraus, Mays), (2) 모세의 토라 두루마리(Cheyne, Rogerson and McKay), (3) 시인이 진 죄의 빚을 기록해 놓은 두루마리(Dahood), (4) 왕들의 책임들을 취급한 두루마리(Delitsch, Craigie), 그리고 (5) 신명기에서 베낀 개인용 두루마리 사본(Kidner)이라는 여러 가지 추론이 있었지만 본문의 내적 증거 위주로 볼 때, 하반절의 "주의 법"과 평행을 이루는 "주의 법"일 가능성이 높다고 하겠다.

결국 우리는 하나님이 가장 기뻐하시는 제물은 "하나님의 뜻을 담고 있는 하나님의 법"에 자신의 삶을 복종시키는 겸손한 복종이, 즉 육화(肉化)된 말씀이라고 하겠다. "하나님이 기뻐하시는 제물은 무엇인가?" "희생제물로 육화된 **나 자신이** 하나님의 가장 기뻐하시는 제물이다."

40. 확신의 기초(41:1-13)

¶ 본문

다윗의 시, 영장으로 한 노래

1[2] 빈약한 자를 권고하는 자가 복이 있음이여 재앙의 날에 여호와께서
저를 건지시리로다(4+4)

2[3] 여호와께서 저를 보호하사 살게 하시리니 저가 세상에서 복을 받을
것이라 주여 저를 그 원수의 뜻에 맡기지 마소서(3+2+3)

3[4] 여호와께서 쇠약한 병상에서 저를 붙드시고 저의 병중 그 자리를 다
고쳐 펴시나이다(4+3)

4[5] 내가 말하기를 여호와여 나를 긍휼히 여기소서 내가 주께 범죄하였
사오니 내 영혼을 고치소서 하였나이다(4+4)

5[6] 나의 원수가 내게 대하여 악담하기를 저가 어느 때에나 죽고 그 이
름이 언제나 멸망할꼬 하며(4+4)

6[7] 나를 보러 와서는 거짓을 말하고 그 중심에 간악을 쌓았다가 나가서
는 이를 광포하오며(3+3, 3+3)

7[8] 나를 미워하는 자가 다 내게 대하여 수군거리고 나를 해하려고 꾀하
며(4+4)

8[9] [이르기를] 악한 병이 저에게 들었으니 이제 저가 눕고 다시 일지 못

하리라 하오며(4+4)

9[10] 나의 신뢰하는바 내 떡을 먹던 나의 가까운 친구도 나를 대적하여 그 발꿈치를 들었나이다(5+5)

10[11] 그러하오나 주 여호와여 나를 긍휼히 여기시고 일으키사 나로 저희에게 보복하게 하소서(3+3)

11[12] 나의 원수가 승리치 못하므로 주께서 나를 기뻐하시는 줄을 내가 아나이다(4+4)

12[13] 주께서 나를 나의 완전한 중에 붙드시고 영영히 주의 앞에 세우시나이다(4+3)

13[14] 여호와 이스라엘의 하나님을 영원부터 영원까지 찬송할찌로다 (4+3) 아멘 아멘

¶ 개요(비평학적 문제)

시편 41편은 시편 전체 편찬물(1-150편)의 제1권(1-41편)의 맨 마지막에 위치하고 있는 시로서 모두 열세 절(1-13[2-14]절)로 구성되었지만 마지막 절(13[[14]절)은 제1권(1-41편)을 마무리 짓는 제1권의 송영에 속하므로 시편 41편에는 속하지 않는다 하겠다.

양식비평학적인 관점에서 보면, 시편 41편은 4-10[5-11]절의 '탄식'을 과거의 고난 경험을 회상하는 것으로 보는 학자들에 의하여서는(Gunkel, Weiser et al.) "개인 감사의 시"로서 분류된다. 그러나 11-12[12-13]절을 감사의 표현으로 보지 않고 탄원의 시들의 마무리 짓는 단원의 끝에 자주 나타나는 의지 또는 확신의 표현으로 보고 동시에 이 시의 구성 요소의 많은 부분이 기도로 사용되거나 불행에 관한 묘사로 되어 있다는 견해를 갖고 있는 상당수의 주석가들은 이 시를 "개인 탄원(기도)의 시"로 분류한다(Briggs, Kraus, Craigie, Anderson, Dahood, Rogerson & McKay et al.).

이 시의 저작환경으로서는 12[13]절이 성전에서 감사제 때 이 시가 낭송되었음을 암시하고 있다는 판단에 따라 포로기 이후로 보는 경향이 있다.

이 시의 구조에 대한 주석가들의 입장은 13[14]절을 이 시에 속한 것이 아니었던 것으로 떼어 놓은 후, (1)1-3[2-4]절은 지혜 교훈적 축복, (2)4-10[5-11]절은 탄식 표현, 그리고 (3)11-12[12-13]절은 의지/확신의 고백을 결합한 "개인 탄원의 시"로서 이해한다.

¶ 주석

표제는 이 책의 서론을 참조하라.

[1]-[3] 1-3[2-4]**절,** 3야훼 하나님의 보호함을 받는 의인의 행복에 관하여 증언하고 있다. "… 자는 복이 있다"('아쉬레')라는 말로 시작하는 문장에 대하여는 이 책의 시편 1편 주석을 참조하라. "빈약한 자를 권고하는(생각해 주는) 자는 복이 있다"라는 증언은, 비록 그 평행되는 사상은 성서 여러 곳에서 발견된다고 하여도(cf. 시 35:13f.; 잠 14:21, 31 등), 매우 보기 드문 증언이라고 할 수 있을 것이다. 왜냐하면 시인은 자신을 결코 "빈약한 자"로는 생각하고 있지 않기 때문이다. 그렇기 때문에 이러한 진술은 야훼의 구원을 기원할 수 있는 적합한 이유를 제시하기 위하여 시인이 심각히 고려한 신학적 사유의 결과로 보인다. 즉 빈약한 자를 도우는 자는 재앙의 날에 건짐을 받고 야훼의 보호를 받아 심각한 질병으로부터도 건짐을 받아 고침을 받을 수 있으며 원수의 뜻에 결코 맡겨지지 않는다는 그 믿음이 병상의 시인으로 하여금 "빈약한 자"를 우선적으로 고려하게 한 것으로 보인다.

[4]-[10] 4-10[5-11]**절,** 역경 속에서 드린 탄식의 기도이다. 이 일곱 절은 하나님께 은총을 간구하였던 **그 기원**('한네니', חנני, 은총을 베풀어 주소서=긍휼히 여기소서)**에 대한 회상**을 근거로 하여(4[5]절) 원수로 인한 탄식들(5-9[6-10]절)을 진솔하게 숨김없이 토로한 후에 그 탄식의 끝에 다시 하나님의 은총을 간구하는 **그 기원**('한네니', חנני, 은총을 베풀어 주소서=긍휼히 여기소서)**을 현재의 기원으로 제시**한다. 즉 "긍휼 기원"으로

앞과 뒤를 감싼 '인클루시오'(inclusio) 형식으로 원수에 대한 탄식들(5-9[6-10]절)을 토설하고 있는 것이다. 그러므로 죄 고백을 근거하여(כִּי) 인간 치유를 하나님께 간구하는 그의 신앙은 단순히 그저 "죄는 고난의 원인이다"라는 인과론에 묻혀 있는 것이 아니라, "죄 고백은 그가 불경한 자들과 악한 자들의 편에 있지 않다는 하나의 증거"이기도 하였다.

5-9[6-10]절 속에 묘사된 원수의 모습은 "배신한 친구"(cf. 요 13:18의 가룟 유다의 배신을 받은 예수의 아픔과 시 41:9[10]의 시인의 배신당한 아픔 비교)의 모습으로까지 확대된다. 그러나 야훼의 긍휼(=은혜, cf. 출 34:6)에 호소하는 시인의 원수 보상 기원(10[11]b절)은 우리 본문의 한글 개역처럼 "나로 저희에게 **보복**하게 하소서!"라고 번역할 성질의 것이 아니라 "나는 저희에게 악을 선으로 **보상**해 주겠습니다"(ואשלמה להם, waashalma lahem, And I will requite them good for evil)라고 번역할 성질의 것이라고 하겠다. 왜냐하면, "평화를 지키다"라는 히브리 말은 동시에 "선으로 보상하다"라는 말을 의미하기 때문이다. 이 시인은 결코 여기서 "복수하다"(vengeance, avenge; nqm; נקם)라는 말을 사용하지 않고 그 대신 해석의 여러 가능성을 열어주는 "보상하다"(reward, requite; shlm, שלם)라는 말을 사용하고 있기 때문이다. 그리하여 이 원수 탄식을 기초한 기원 문단의 결구(結句)는 원수 보복(nqm)을 기원하는 말로 끝나지 않고 원수에 대한 보상(shlm), 즉 악을 선으로 보상해 주시기를 비는 보상기원으로 전환되어 마무리된다(cf. Saadya, Cohen, Rodd, Anderson et al.). 참으로 놀라운 일이다! 그리하여 이 기도의 시는, 탄원의 시들이 일반적으로 그러하듯이, 승리의 확신에 의한 대운명전환으로 막을 내린다.

11 - 13 11-13[12-14]**절,** 마지막 부분에서(11-12[12-13]절) 이 시는 기원의 어조를 돌연 바꾸어 야훼 하나님의 보호하심에 대한 강한 신뢰(의지)를 표현한다. 이미 원수가 승리하지 못하였다는, 즉 이미 하나님께서는 벌써 그렇게 하셨다는 신뢰와 확신을 표현한다. 동시에 시인의 무죄가 확증(12[13]a절)된다. 신앙인의 최고의 희망인 하나님의 현존 장소에 우뚝 서는 승리(12[13]b절)의 기쁨을 누린다.

13[14]절은 시편 41편의 마지막 송영이 아니라 시편 1-41편, 즉 다섯 개의 시 묶음 중의 첫 번째의 시 묶음인 시편 제1권 전체의 송영이다. 실로 야훼 하나님에 대한 영원한 찬양 권유 속에는 '영생'(=영원한 삶)에 대한 희망과 확신이 내포(cf. Dahood)되어 있는 것으로도 보인다.

¶ 메시지: 배신당하는 아픔 저 너머에!

시편 제1권(시 1-41편)의 마지막 시인 시편 41편의 탄원(기도) 시(4-10[5-11]절)는 그저 단순하게 죄의 용서를 받고 질병의 치유를 얻은 것에 대한 확신으로서 끝나지는 않는다. 놀랍게도 **야훼의 긍휼(=은혜)이 원수들의 악을 선으로 회복 보상시키는 "선의 극치" 에까지 이르는 것**(10[11] **절**)을 증언하는 것으로 마무리되고 있다! 이것이 탄원의 시집이 내린 진정한 결론이다.

더욱 의미심장하게도, 이 결정적 증언이 그 바로 직전에 고백한바, "가까운 친구가 배신하고 자신을 대적하여 발꿈치를 드는 현실에 대한 고뇌"(9[10]절)에 대한 표현은 요한복음 13:18에서는 가룟 유다의 배신에 대한 예언자적 예고로 신약에서 재해석되었다. '발꿈치를 든다'는 말은 육체적 폭력을 암시하는 것으로 보인다. 그러나 예수님은 가룟 유다의 길을 막지 않았다. 그 대신 악을 선으로 갚는 십자가의 죽음과 부활의 영생으로 악을 이기셨던 것이다. 우리의 시편 41:10[11]은 모든 탄식을 뒤로 하고 긍휼의 하나님을 향하여 도리어 "나로 하여금 저들 원수들의 악을 선으로 보상해 줄 수 있게 하소서"라고 기도함으로 자신의 탄원 기도를 마무리 짓고 있는 것이다. 참 평화(샬롬; שלום)를 복수(나캄; נקם)하는 방법으로가 아니라 보상(샬렘/샬람; שלם)하는 방법으로 이룩하라고 말한다. 원수사랑은 말로만 하는 추상적 개념은 아니다. 이렇게 "악을 선으로 갚고 보상해 주는 것"이라고 우리의 시는 역설하고 있다. 아멘, 아멘(진실로, 진실로).

41. 내 영혼아 네가 어찌하여 낙망하느뇨? (42:1-11; 43:1-5)

¶ 본문

시편 42편

고라 자손의 마스길, 영장으로 한 노래

1[2] 하나님이여 사슴이 시냇물을 찾기에 갈급함 같이 내 영혼이 주를 찾기에 갈급하니이다(4+5)

2[3] 내 영혼이 하나님 곧 생존하시는 하나님을 갈망하나니 내가 어느 때에 나아가서 하나님 앞에 뵈올꼬(5+5)

3[4] 사람들이 종일 나더러 하는 말이 네 하나님이 어디 있느뇨 하니 내 눈물이 주야로 내 음식이 되었도다(5+5)

4[5] 내가 전에 성일을 지키는 무리와 동행하여 기쁨과 찬송의 소리를 발하며 저희를 하나님의 집으로 인도하였더니 이제 이 일을 기억하고 내 마음이 상하는도다(3+2, 3+2, 3+2)

5[6] 내 영혼아 네가 어찌하여 낙망하며 어찌하여 내 속에서 불안하여 하는고 너는 하나님을 바라라 그 얼굴의 도우심을 인하여 내가 오히려 찬송하리로다

6[7] 내 하나님이여*(2+2, 4+3), 내 영혼이 내 속에서 낙망이 되므로 내가

요단땅과 헤르몬[과] 미살산에서 주를 기억하나이다(3+2, 3+2)

7[8] 주의 폭포 소리에 깊은 [바다가] 서로 부르며 주의 파도와 물결이 나를 엄몰하도소이다(3+2, 3+2)

8[9] 낮에는 여호와께서 그 인자하심을 베푸시고 밤에는 그 찬송이 내게 있어 생명의 하나님께 기도하리로다(4+3+3)

9[10] 내 반석이신 하나님께 말하기를 어찌하여 나를 잊으셨나이까 내가 어찌하여 원수의 압제로 인하여 슬프게 다니나이까 하리로다(3+2, 3+2)

10[11] 내 뼈를 찌르는 칼 같이 내 대적이 나를 비방하여 늘 말하기를 네 하나님이 어디 있느냐 하도다(2+2, 3+2)

11[12] 내 영혼아 네가 어찌하여 낙망하며 어찌하여 내 속에서 불안하여 하는고 너는 하나님을 바라라 나는 내 얼굴을 도우시는 내 하나님을 오히려 찬송하리로다(2+2, 4+3)

시편 43편

1 하나님이여 나를 판단하시되 경건치 아니한 나라에 향하여 내 송사를 변호하시며 간사하고 불의한 자에게서 나를 건지소서(2+2+2, 2+2)

2 주는 나의 힘이 되신 하나님이시어늘 어찌하여 나를 버리셨나이까 내가 어찌하여 원수의 압제로 인하여 슬프게 다니나이까(3+2, 3+2)

3 주의 빛과 주의 진리를 보내어 나를 인도하사 주의 성산과 장막에 이르게 하소서(3+2, 3+2)

4 그런즉 내가 하나님의 단에 나아가 나의 극락의 하나님께 이르리이다 하나님이여 나의 하나님이여 내가 수금으로 주를 찬양하리이다(3+2, 3+2)

* 시 42:5[6]의 끝에 42:6[7]의 첫 단어, "내 하나님이여"를 끌어 와 연결시켜 한 절(42:5[6])을 형성하게 하면, 이 절은 "내 하나님을" 앞에 "그리고"(waw)라는 접속사를 연결시킨 42:11[12]과 정확히 일치를 이루고 또한 다음에 연결되는 장(章)의 끝 절, 즉 시 43:5와도 정확히 일치를 이룬다. 본문 주석을 참조하라.

> 5 **내 영혼아 네가 어찌하여 낙망하며 어찌하여 내 속에서 불안하여 하는고 너는 하나님을 바라라 나는 내 얼굴을 도우시는 내 하나님을 오히려 찬송하리로다**(2+2, 4+3)

¶ 개요(비평학적 문제)

시편 42편과 43편이 본래는 하나의 문학단위(a literary unit)였다는 것은 다음의 여러 가지 사실들로 미루어 볼 때 의심의 여지없이 분명하다. 우선 (1) 시편 제2권(42-72편)에 들어 있는 서른 편의 시들이 모두 표제를 가진 시들인데 43편과 71편 두 편만이 예외로 표제가 없다. 특히 43편의 경우, 표제가 없는 이유가 앞에 있는 '시편 42편과의 연속성' 때문인 것으로 나타난다. (2) 두 시가 가지런히 42:5[6], 11[12]; 43:5에서 **공통의 후렴절**(="내 영혼아 네가 어찌하여 낙망하며 내 속에서 불안하여 하는고 너는 하나님을 바라라 나는 내 얼굴을 도우시는 내 하나님을 오히려 찬송하리로다")을 갖고 있다. (3) 두 시가 모두 '만가'(輓歌)의 리듬인 3+2 박자(Qinah調)를 선호한다. 특히 '마소라'(Masora) 본은 '후렴절'들을 한 단위의 시로 묶는 역할을 하고 있다는 사실을 특히 강조하고 있는 것으로 보인다(위의 시편 42편 본문 6[7]절 서두에 대한 * 각주 참조).

양식비평적인 관점에서 보면, 이 시편(42-43편)은 그 1인칭 대명사의 사용에 의거하여 "개인 탄원(기도)의 시"(Gunkel, *Einl.*, §6)로 분류된다(42:8[9]). 비록 이 1인칭의 개인을 "연대적 개인"(corporate personality; kingly I or cultic representative)으로 보려는 경향도 있으나(cf. 4[5]절, cf. Mowinckel), 시의 은유적 표현법 때문에 시인의 정확한 정체성이나 지명(cf. 헤르몬 산 또는 미살 산과 가까운 지역)의 그 정확한 위치를 확인하기는 어렵다. 시의 일반적 분위기는 조국에서 먼 이방 땅(바벨론?)에 머물면서 성전 예배를 그리워하는 '피난자'(포로가 된 자)의 한이 스며 있는 분위기이다. 시편 42-43편은 후렴들(42:5[6], 11[12]; 43:5)을 매듭으로 하여 엮어진 세 단원의 결합체(42:1-5[2-6]; 42:6-11[7-12]; 43:1-5)라고 볼 수 있다.

¶ 주석

표제에 관해서는 이 책의 서론을 참조하라.

1-**5** 1-5[2-6]**절**, 시인의 정황을 간결하게 설명하고 있는 부분이다. 그는 어떤 대적자로부터 조롱을 당하면서 성전 축제에서 경험하였던 하나님의 현현 경험을 갈망하고 있다.

1 1[2]**절, 사슴, 시냇물, 갈급함** 등의 비유를 통하여 하나님을 목마르게 찾는 하나님에 대한 자기 영혼의 갈급한 흠모의 감정을 묘사하고 있다. 여기서 말하는 "시냇물"은 영원히 그리고 여름 가뭄 동안에도 마르지 않고 흐르는 '수로'(水路)를 말하는 것으로서 "야훼는 '생명수의 샘'(시 36:9[10], 생명의 원천)이시라는 사상"(렘 2:13; 17:13)을 고취시키는바, 야훼를 "생명수/생명강수/생수의 근원"으로서 묘사하고 있다. **"내 영혼이**(납쉬, נפשי)"라는 말은 이러한 문맥에 잘 어울린다. 즉 '네페쉬'(נפש)라는 말은 "갈증을 강하게 느끼며 해갈을 욕구하는 생명체"(Wolff)를 가리키는 말로서 숨 가쁘도록 절실하게 하나님을 찾는 인간실존의 모습을 연상케 하는 언어이다. 여기서 한 가지 언급하고 지나갈 것은 시편 제2권(시 42-72편)과 73-83편, 즉 40여 편의 시들에서는 신의 이름을 압도적으로 **'엘로힘'(하나님)**이라고 부른다는 점이다. 그리하여 시편 42-83편에서는 '엘로힘'이라는 말이 210회 사용되나 '야훼'라는 말은 단지 45회 정도만 사용되고 있다. 동시에 시편 42-83편 이외의 나머지 110여 편의 시(詩)에서는 이와는 대조적으로 '야훼'라는 신의 이름이 584회나 사용되는 반면에 '엘로힘'이라는 신의 이름은 겨우 94회 정도 사용되고 있는 것을 볼 수 있다. 그리하여 많은 학자들은 42-83편의 시들이 나머지의 시들보다는 '후대의 개정'(a late revision)이라고 보았고 그러한 현상은 주로 '야훼'라는 신의 이름은 '야비스트'(J)의 성향에서, 그리고 '엘로힘'이라는 신의 이름은 '엘로히스트'(E)의 성향에서 비롯된 것으로 이해하여 왔다. 그러나 왜 초기의 서기관들이 시편 42-83편에서는 '야훼'라는 신의 이름을 '엘로힘'이

라고 부르도록 변경시켰는지는 만족스럽게 설명되어 오지는 못했다.

[2] 2[3]절, **"내 영혼이 하나님[엘로힘] 곧 생존하시는 하나님[엘]을 갈망하나니"** 에서 "하나님"(엘로힘)을 "생존하시는 하나님"(엘-하이)과 동격 병행시키고 있는 것은 결코 그 어떤 최고의 이상적 본질을 임의로 선택하여 덧붙여 첨가한 것이 아니라, 먹고 마시고 하는 일과 같은 절대 필요 불가결한 실존적 연관관계를 설명하는 의미가 있다. 즉 "하나님"(엘로힘)과 영원히 마르지 않는 생명수의 근원과의 사이의 평행을 암시하려는 의미가 있다고 하겠다. 말하자면 시인의 대적자들에게서 나타나는 "생명력의 없음"과 암묵적 **대조**를 시키고 있는 것이라고 하겠다. 생명은 본질상 그 자체가 하나님에게 의존하고 있는 것임을 지적하고 있는 것이다. **"내가 어느 때에 나아가서 하나님 앞에 뵈올꼬"** 라고 할 때의 "하나님 앞에 뵈올꼬"(=하나님의 얼굴을 뵈올꼬?)라는 표현은 성소를 방문하는 것을 가리키는 전문 술어이다.

[3] 3[4]절, **"네 하나님이 어디 있느뇨?"** 는 원수들의 입에서 자주 나타나는 비꼬는 언어이다. **"내 눈물이 주야로 내 음식이 되었도다"** 는 어떤 불행스러운 재난을 당하고 있음을 지시하는 말인데 그 재난의 실체에 대한 직접적인 언급은 없으나, 주석가들 사이에는 "불치의 질병", "억류된 포로민", "감옥에 투옥된 자" 등의 추측이 제시된다. **"내 눈물이 … 내 음식이 되었도다"** 라는 표현은 고뇌의 깊이를 과장되게 표현한 말이다. 우가릿의 바알 신화 시에도 이러한 과장법적 표현이 나타난다.

[4] 4[5]절, 이 시인과 같이 마음이 상한 자들에게는 옛 기억들이 새로운 영감의 원천이 되곤 하였다는 것을 이 구절은 보여 준다. 이러한 옛 기억은 그러므로 단순한 우연의 회상이 아니라 어떤 중요한 과거의 사건들을 생각해 내게 하여 새로운 미래를 설계하는 하나의 산실이 된다. 따라서 이 시인도 하나님의 위대한 능력의 사건들을 기억함으로써, 비록 그가 성전과 그리고 성전의 모든 축제들로부터는 멀리 떨어져 있다고 하더라도 마음으로는 하나님의 구원사에 참여할 수 있는 것이다. 그러므로 이

시인은 지난날 성일(=성전 축제일)을 지키는 무리(סָךְ, '삭'; 구약에서는 여기서만 나타남)와 함께 하나님의 집에서 그들을 이끌며 지냈던 일('인도하다'라는 번역의 의미가 모호함. Dahood처럼 '에닫뎀'을 '앗디림'으로 고쳐 읽는다면 "성전 가까이에 와서 엎드렸다[경배하였다]"라고 번역할 수도 있다)을 기억할 때 마음이 울적함과 낙담함을 느꼈다는 것이다.

5 **5[6]절,** 그러나 이 시인은 곧 자신의 낙담함을 스스로 꾸짖으며 오직 하나님 안에서 희망을 가지라고 자기 자신을 독려한다. 즉 "내 영혼아 네가 어찌하여 낙망하며 어찌하여 내 속에서 불안하여 하는고? 너는 하나님을 바라라. 나는 [내] 얼굴을 도우시는 [내 하나님]을 오히려 찬송하리로다"라고 자신을 독려한다. 이것은 한 인간이 자신의 영혼과 주고받는 대화라는 문학유형으로 나타났지만 그러나 그것은 결코 독백은 아니다! 오히려 자신의 좌절에 대한 자기 자신의 꾸짖음(책망)과 독려이다. 그리하여 이 구절은 11[12]절에서와 시편 43:5에서도 반복되므로 이 시 전체를 응집시키는 하나의 후렴(refrain) 역할을 한다.

이 후렴 구절에는 성전 축제 때 외쳤던 기쁨의 함성과 시인의 현재의 탄식 사이의 대조가 암시되어 있다. 아마도 그 요지는 하나님의 위대한 구원 행위들(magnalia Dei)이란 이리저리 오고가는 우리들의 막연한 느낌들이나 분위기와 같은 것이 아니고 하나님께서 그의 백성에게 '자신의 것'이라고 단호하게 이미 주장하였던 그것으로서 인간이 그 위에 세울 수 있는 모든 것의 확고한 기반이라는 것을 증언하는 것이다. 그러므로 희망은 전적으로 하나님 안에 있으며 그래서 인간은 그를 기다려야만 하는 것이고 "그의 얼굴의 도우심"(=구원)을 찬양하여야만 하는 것이다. "그의 얼굴의 도우심"은 하나님께서 성전에 현현(顯現)하셔서 그에게 구원의 은혜를 내려 주시는 것을 시인 자신이 '증언'(=찬양)할 수 있을 때에 오는 것을 가리킨다.**

** 시편 42:5[6]의 끝에 시편 42:6[7]의 첫 단어, "내 하나님이여"(엘로하이)를 배열시키는 마소라 본문의 의도는 시편 42:11[12]과 시편 43:5의 반복문과 함께 이 시(시 42-43편)의 후렴 기능을 한다는 것을 가시적으로 부각시키려는 데 있는 것으로 보인다.

6 - 11 6-11[7-12]절, 고통이 더할수록 희망은 더욱 넘친다는 것을 보여 주고 있다(시 119:71; 욥 5:20b). 즉, 성전으로부터는 멀리 떨어져 있고 불행의 바다에 빠져 헤어나지 못하고 있다 하더라도, 하나님의 사랑은 실패하지 않는다는 신앙이 이 시인으로 하여금 끊임없는 기도를 드리도록 격려하고 희망과 확신의 표현들을 반복하게 하고 있음이 묘사되어 있다.

6 6[7]절, "내 영혼의 낙망"은 하나님으로부터 분리되어 있다는 감정에서 온 것이다. 예루살렘 성전으로부터 먼 거리에 유폐되어 있다는 감정이 여기서는 하나님으로부터의 분리감정에 대한 적합한 상징의 역할을 하고 있다. **미살 산**의 위치는 알려져 있지 않으나 그러나 요단 땅과 헤르몬 산은 이스라엘의 북부 국경지역 건너편에 있는 산맥 속에 위치하고 있으므로 '미살 산'은 그 산맥에 속한 한 '작은 산'('미살'이 '작은'이라는 의미도 있다)으로 볼 수도 있다. 그러므로 이 시의 총 주제인 "하나님으로부터의 분리 감정"은 꼭 반드시 포로민 공동체의 것으로만 제한하여 볼 수는 없게 한다.

7 7[8]절, 이 절은 바닷물(혼돈의 세력)의 신화적 의미를 응용하므로(히브리 원문은 "**'테홈'[깊음]이 '테홈'을 부른다**"라고 되어 있다), 하나님께서 파괴적인 신화적 세력인 '깊음'(테홈)조차도 자신의 폭포 소리로 쉽게 압도하시고 또 하나님 자신이 친히(!) 파괴적 세력의 궁극적 원천이 되어 시인을 흑암의 지하 세계로 빠뜨려 버리고 있다고 묘사하고 있다(3+2 박자의 만가[輓歌; qinah] 調로 노래함). 분명 여기에는 하나님의 궁극적 유일 주권에 대한 신학적 반성이 깊이 깔려 있다고 하겠다. 재앙의 파괴적 세력도 하나님에게 속한 것이라는 믿음이 그 기저에 깔려 있다(cf. 사 45:7; 시 139:12[13]).

8 8[9]절, 이 절(節)에는 본문상의 파손이 많아 정확한 번역을 통한 그 원 본문의 재건은 힘들다 하여도, 궁켈(Gunkel)의 번역에 따라, "낮에는 내가 야훼(의 현현=얼굴의 도우심)를 기다리며 밤에는 그의 인자하심을 기다리나니 나의 생명의 하나님('엘-하이')을 향한 나의 기도를 노래

로 지어 읊겠습니다"라고 번역해 볼 수도 있을 것이다. 즉 시인은 이제 자신의 생각을 자신으로부터 하나님께로 옮겨 하나님에 대한 올바른 지식 안에서 그분의 위로를 추구하고 있는 것이다. '레엘'(לְאֵל)의 앞 전치사('라메드')는 감탄사 형식(lamed vocativum)으로 읽을 수 있다(오, [생명의] 하나님이시여!).

9 **9[10]절,** "반석"은 안정과 방어의 상징이다. 이러한 직유법을 사용하여 시인은 자신의 하나님을 **"나의 반석"**이라고 말한다. 즉 앞 절(8[9]절)에서 가졌던 하나님의 실패하지 않으시는 사랑에 대한 믿음의 그 결과로 하나님을 감히 "나의 반석"이라고 부른다. 그러나 이러한 확신에도 불구하고, 아니 오히려 이 확신을 근거로 하여(!), 시인은 고독한 울부짖음을 부르짖으며 원수의 압제를 하나님께 탄원한다. **"잊으셨나이까?"**는 기억력과 관련된 언어가 아니라 하나님으로부터 소외된 상황을 말하며 그러므로 '스올'에 거주하는 자들의 상황과 비슷한 상황에 처하여 있음에 대한 탄식이다. '슬프게 다닌다'라는 표현은 고난 중의 시인의 심리적/정신적 태도를 나타낸 말이 아니라 입은 옷이나 외모의 누추하고 비참한 모습에 대한 언급이다.

10 **10[11]절, "내 뼈를 찌르는 칼"**은 시인의 불행에 대한 원수의 조롱과 비웃음을 극대화시킨 표현으로 볼 수 있다. "네 하나님이 어디 있느냐?"에 대한 설명은 3[4]절 주석을 참조하라.

11 **11[12]절,** 제2 단원을 마감하는 후렴, 5[6]절 주석 참조.

시편 43편

구원 기원(祈願)으로 시작하여 확신으로 마감하는 전형적 개인 탄원의 시이다.

1 하나님을 향하여 원수에 대한 자신의 송사(訟事)를 변호해 주셔서 원수(불의한 자)의 손에서부터 구원해 달라고 기원하고 있다. 이 경우 야훼는 '의로운 재판장'이시다. "경건치 아니한 나라"라는 표현은 이 시의 시인을 국가를 대표하는 인물로 보게 할 수도 있으나(cf. corporate personality) 꼭 그렇게 볼 필요는 없다.

2 시편 42:9[10]와 동의어 평행구를 형성하고 있다.

3-**4** "빛"과 "진리"가 여기서는 의인화(擬人化)된다. 일종 하나님의 사자(使者) 또는 천사와 같은 기능을 하고 있다. 그 사자(messenger)의 기능은 여기서는 '인도자'의 기능을 하고 있으며 그 사자의 수를 '둘'로 한 것은, 의도적인지는 확실하지 않으나, 불기둥과 구름기둥이라는 광야의 인도자의 그 수(數)를 연상하게 한다(출 13:21; 15:13). 그러나 그 인도의 목적지가 하나님의 제단과 극락의 하나님으로 되어 있어서 이 은유는 출애굽과 광야인도보다는 바알 신화에 나오는바, '아세라'가 '카데스와 아물'(Kadesh and Amurr)의 인도를 받아 '엘'의 거주지로 안내를 받는 것과 문학적 평행을 이룬다고 할 수 있다. "수금"은 현악기로서 솔로몬 시대에 백단향(almug wood) 유(類)로 만들어 사용되었던 악기이다.

5 후렴구, 앞의 시편 42: 5[6], 11[12]에 대한 주석 참조.

¶ 메시지: 너는 하나님을 바라라

이 시편(시 42-43편)은 심리학적 관점으로부터 신학적 관점으로 극복 전이(轉移)된 대표적 시이다. 시의 내용을 세심히 들여다보면, 이 시인이 아파하고 불안해 하고 낙망해 하는 그리하여 죽음의 경계선에까지 이르렀던 그 고난의 심화를 통하여 깨닫게 된 것이 두 가지가 있는 것으로 나타난다. 그것은 (1) "생존하시는 하나님에 대한 갈망"의 **잊혀져 감**(절망감)과 (2) 그 갈망에 대한 기억의 **되살아남**이라고 할 수 있을 것이다.

사람은 늙게 되거나 병이 심화되면 삶의 의지를 잃게 되거나 죽음의 평화를 오히려 갈망하게 된다. 즉 늪의 수렁에 빠지는 느낌을 갖게 되는 것이다. 빠져나오려고 노력하면 할수록 더 깊이 빠져들게 하는 것이 죽음의 세력이다. "욥"도 이런 유혹에 빠진 적이 있었다(욥 3:1, 11). 현대 의학의 놀라운 발전으로 인하여 사람들은 어쩌면 '영생'의 세계까지도 넘볼 수 있게 될지도 모른다. 그러나 사도신경의 마지막 신앙조목은 '영생'을 믿습니다라고 되어 있다. 전혀 다른 이야기이다. 그럼에도 세월이 가면 인간은 불가피하게 늙어 간다. 시간은 모든 것을 소멸시키는 위력을 갖고 있기 때문이다. 그러므로 인간 영혼은 "낙망하며 불안해 한다"(시 42:5[6], 11[12]; 43:5). 왜냐하면 우리 인간은 죽음으로 각인된 세계의 한복판에서 살고 있는 것으로 보이기 때문이다.

"내 영혼아 네가 어찌하여 낙망하며 어찌하여 내 속에서 불안하여 하는고?"라는 자신을 향한 문책성 질문은 "왜 너는 죽음이라는 절대적 울타리 안에서만 맴돌고 있느냐?"라는 힐책성의 질문이라고 하겠다. 말하자면 생각의 패러다임 전환(paradigm shift)을 요구하고 있는 말이라고 하겠다. 우리는 결코 죽음의 한복판에서 죽음으로 각인된 세계에 둘러싸여 있는 것은 **아니**라는 것이다. 오히려 우리는 창조주 하나님께서 설정하신 세계, 이른바 죽음으로 각인된 **죽음**의 세계 한복판에서 그 모든 것이 또한 **생명**으로 둘러싸여 있는 세계에서 살고 있는 것이라는 말이라고 하겠다. 그렇다. 하나님의 창조성에 대한 믿음은 그리스도 이후의 시대에서는 예수 그리스도의 부활 사건이 보여 준 "죽음 상대화"에 대한 믿음으로 대체된다고 하겠다. 그러므로 패러다임 전환이 필요하다는 것이다. 이 전환은 물론 믿음의 도약이라는 과정을 거쳐야 하는 것이지만, 우리는, 즉 하나님으로부터 비롯된 피조물인 우리는 죽음의 세계 한복판에서 살고는 있지만, 그리하여 우리는 죽음의 수렁을 빠져 나오지 못하는 좌절과 절망감을 경험하게는 되지만, 그러나 창조주 하나님은 본질적으로 "흙에서 흙으로"의 시간적 제약성(창 3:19)을 가진 우리를 비록 죽음의 수렁 속에 두시면서도 동시에 영원한 생명의 울타리가 그 죽음의 수렁을 감싸 안고 그 죽음의 세력을 상대화시키도록 그의 세계를 설계하시고 또 창조하셨던 것이라 하겠다. 그래서 성서는 "우리는 변화하리라!"(고전 15:26, 51)고 말씀하였던 것이다.

우리 시의 후렴구(시 42:5[6], 11[12]; 43:5)는 이러한 신학적 전이, 즉 죽음의 절대성으로 둘러싸인 이 고뇌의 세계가 영원한 생명의 울타리로 둘러싸여 죽음을 상대화시키고 있다는 것을 증언하고 있다. 우리의 시 후렴구(세 번 반복)는 죽음의 수렁을 감싸고 있으면서 죽음의 세력을 상대화시키는 "영원한 생명의 울타리"가 있음을 보지 못하는 시인을 향하여 "네가 어찌하여 낙망하며 어찌하여 내 속에서[앞에서] 불안하여 하는고?"라고 힐책한다.

패러다임 전환을 요구하고 있는 것이다. 사망의 수렁을 감싸고 있는 **영원한 생명의 울타리**(=하나님의 얼굴=창조주의 본체)에 대한 믿음을 요구하고 있는 것이다. **"너는 하나님을 바라라!"**고 말하는 것이다. 그의 얼굴의 도우심을 간구하라는 것이다. 왜냐하면 하나님만이 우리의 유일한 희망이기 때문이다.

42. 활도 칼도 아니고 오직 주의 이름으로!(44:1-26)

¶ 본문

고라 자손의 마스길, 영장으로 한 노래

1[2] 하나님이여 주께서 우리 열조의 날 곧 옛날에 행하신 일을 저희가
우리에게 이르매 우리 귀로 들었나이다(3+2, 3+2)
2[3] 주께서 주의 손으로 열방을 쫓으시고 [열조를] 심으시며 주께서 민
족들은 괴롭게 하시고 [열조는] 번성케 하셨나이다(2+3+3)
3[4] 저희가 자기 칼로 땅을 얻어 차지함이 아니요 저희 팔이 저희를 구
원함도 아니라 오직 주의 오른 손과 팔과 얼굴의 빛으로 하셨으니
주께서 저희를 기뻐하신 연고니이다(4+3, 2+2+2)
4[5] 하나님이여 주는 나의 왕이시니 야곱에게 구원을 베푸소서(3+3)
5[6] 우리가 주를 의지하여 우리 대적을 누르고 우리를 치려 일어나는 자
를 주의 이름으로 밟으리이다(3+3)
6[7] 나는 내 활을 의지하지 아니할 것이라 내 칼도 나를 구원치 못하리
이다(4+3)
7[8] 오직 주께서 우리를 우리 대적에게서 구원하시고 우리를 미워하는
자로 수치를 당케 하셨나이다(3+2)
8[9] 우리가 종일 하나님으로 자랑하였나이다 우리가 하나님의 이름을

영영히 감사하리이다(3+3)(셀라)

9[10] 그러나 이제는 주께서 우리를 버려 욕을 당케 하시고 우리 군대와 함께 나아가지 아니하시나이다(3+3)

10[11] 주께서 우리를 대적에게서 돌아서게 하시니 우리를 미워하는 자가 자기를 위하여 탈취하였나이다(3+3)

11[12] 주께서 우리로 먹힐 양 같게 하시고 열방 중에 흩으셨나이다(3+2)

12[13] 주께서 주의 백성을 무료로 파심이여 저희 값으로 이익을 얻지 못하셨나이다(3+2)

13[14] 주께서 우리로 이웃에게 욕을 당케 하시니 둘러 있는 자가 조소하고 조롱하나이다(3+3)

14[15] 주께서 우리로 열방 중에 말거리가 되게 하시며 민족 중에서 머리 흔듦을 당케 하셨나이다(3+3)

15[16] 나의 능욕이 종일 내 앞에 있으며 수치가 내 얼굴을 덮었으니 (3+3)

16[17] 나를 비방하고 후욕하는 소리를 인함이요 나의 원수와 보수자의 연고니이다(3+3)

17[18] 이 모든 일이 우리에게 임하였으나 우리가 주를 잊지 아니하며 주의 언약을 어기지 아니하였나이다(4+3)

18[19] 우리 마음이 퇴축지 아니하고 우리 걸음도 주의 길을 떠나지 아니하였으나(3+4)

19[20] 주께서 우리를 시랑의 처소에서 심히 상해하시고 우리를 사망의 그늘로 덮어셨나이다(3+3)

20[21] 우리가 우리 하나님의 이름을 잊어버렸거나 우리 손을 이방 신에게 향하여 폈더면(3+3)

21[22] 하나님이 이를 더듬어 내지 아니하셨으리이까 대저 주는 마음의 비밀을 아시나이다(4+4)

22[23] 우리가 종일 주를 위하여 죽임을 당케 되며 도살할 양같이 여김을 받았나이다(3+3)

23[24] 주여 깨소서 어찌하여 주무시나이까 일어나시고 우리를 영영히 버리지 마소서(4+3)

24[25] 어찌하여 주의 얼굴을 가리우시고 우리 고난과 압제를 잊으시나이까(3+3)
25[26] 우리 영혼은 진토에 구푸리고 우리 몸은 땅에 붙었나이다((3+3)
26[27] 일어나 우리를 도우소서 주의 인자하심을 인하여 우리를 구속하소서(3+3)

¶ 개요(비평학적 문제)

민족(공동체) 탄원(기도)의 시로 분류되는 시편 44편의 시는 성서의 역사신학이 무엇인지를 아주 분명하게 보여 주는 시이다. 4[5], 6[7], 15-16[16-17]절에서만은 시인을 1인칭 단수로 표현하고 나머지에서는 시인을 1인칭 복수("우리")로 표현하는, 이른바 시인이 '개인'과 '단체'(공동체) 사이를 교체하고 있는 현상은 시편 탄원의 시에서는 흔히 있는 현상으로서, 잠정적으로나마, 로빈슨(W. Robinson)의 "연대적 개인" 개념으로 이해할 수 있다. 그런 의미에서 이 시의 "나"는 순수한 사적(私的) 개인(private person)이기보다는 '왕' 또는 '군대 지휘관' 또는 '제의 공동체의 대표자' 중의 하나일 가능성이 높다. 물론 민족 탄원의 시 속에 개인의 고백들이 편집되어 들어온 편집상의 한 현상일 수도 있다.

이 시의 삶의 자리는, 비록 구체적인 언급은 없지만, 하나님에게 긴급한 도움을 간구하기 위하여 국가적으로 선포된 "금식제"('촘', צום)일 가능성이 높다. 이런 유형의 예는 역대하 20:1-19에 나타나는바, 여호사밧 왕(주전 9세기)의 통치기에 모압, 암몬, 마온 사람들의 침입을 받았을 때 선포되었던 "금식제"(대하 20:3)에서 볼 수 있다. 초대교회 교부들은 이 시가 마카비 시대의 것으로 돌리고 있지만(현대 학자로서는 Duhm이 이 견해에 영합한다), 이 시가 엘로히스트의 시(Elohistic Psalm)라는 점에서는 오히려 비교적 초기의 시일 가능성이 더 높다고 하겠다. 특히 이 시가 마카비 시대와 관련이 된 시라면 안티오쿠스(Antiochus IV)의 "성전 모독 사건"과 "이교의 번성" 및 "종교박해"에 대한 언급이 없다는 것은 더욱이 시를 마카비 시대와의 무관계성을 말하고 있다고 하겠다. 그리고 이

시에 나오는 국가 또는 국가 지도자들이 하나님에 대한 성실성을 튼튼하게 유지하고 있음을 말하고 있다는 것도 또한 이 시의 시대적 상황이 마카비 시대의 상황과는 맞지 않은 면이라고 하겠다. 바이저(A. Weiser)가 생각한 것처럼 포로 전기 초(初)인 이스라엘의 "계약제의"의 분위기와 더 잘 어울린다고 하겠다. 아마도 요시야 왕 서거(609 BC) 후 또는 히스기야(715-687 BC) 통치시대에 있었던 산헤립의 유다 침공 때와 관련 짓는 것이 더 개연성이 높다고 하겠다.

이 시의 구성내용을 볼 때, 이스라엘 초기 역사를 기초로 한 역사해석이 지배적이라는 것은 이 시를 포로기 이후의 것으로서 보는 것을 어렵게 만든다. 이 시는 다섯 부분의 결합으로 볼 수 있다. (1) 1-3절, 이스라엘 초기 민족형성의 역사에 대한 신학적 반성, (2) 4-8절, 하나님의 구원사(history of salvation)를 기초한 하나님에 대한 확신 표현, (3) 9-16절, 현재의 고난 상황을 묘사함, (4) 17-22절, 현재의 고난 상황을 기초로 한 하나님을 향한 항변, (5) 23-26절, 하나님을 향한 절박한 기원.

¶ 주석

표제에 관해서는 이 책의 "서론"을 참조하라.

1-**3** **1-3절[2-4절],** 하나님의 구원의 역사에 대한 신학적 반성을 하고 있다. 특히 3[4]절은 이스라엘 민족 형성역사(6경)를 하나님의 구원의 역사(Heilsgeschichte)로 고백하는 이스라엘의 고전적 역사신학을 제시하고 있다(cf. 신 26:5-9). 즉 이스라엘이 가나안 땅을 점유한 것은 조상들의 칼과 팔로서 이룩한 것이 아니라 전적으로 그것은 하나님의 오른손과 얼굴의 빛으로 하신 것이라고 고백하고 있다. 이러한 신앙고백은 고대 이스라엘의 역사 신조(신 26:5-9)에 나타난 신앙고백과도 일치하고 동시에 고대 이스라엘의 거룩한 전쟁 전승의 핵심 신앙과도 일치한다. **1절의 "우리 귀로 들었나이다"**는 하나님의 구원 역사(Heilsgeschichte)에 대한 제의 전승을 전제하고 있다고 하겠다. **"우리 열조"**에 대한 언급은 선조들

의 역사와 땅 점유 역사(**2절**) 사이에는 전승사적 연결이 있음을 이 시인이 마음에 두고 있다는 것을 보여 주고 있다. 우리를 주목하게 하는 점은 선조들의 영웅적 땅 점유 역사를 전적으로 하나님의 구원 역사(magnalia Dei)의 빛에서 보게 한다는 점이다. 즉 땅 점유의 주체는 전적으로 하나님이시고 그리고 그 일의 성취는 이스라엘의 칼과 억센 팔에 의하여서가 아니라(!) 오직 하나님의 오른손과 팔과 얼굴의 빛에 의하여서만 이루어졌다는 것을 강조한다. 이러한 신앙 이념은, 폰 라트(G. von Rad)가 설득력 있게 논증해 준 대로, 고대 이스라엘의 "거룩한 전쟁 이념"과 깊게 연관되어 있음을 3절이 웅변적으로 설명해 주고 있다.

4-**8** **4-8[5-9]절,** 주목할 만하게도 3절에 나타난 "거룩한 전쟁 전승에 대한 신앙"이 4-8[5-9]절에서는 고대 이스라엘의 야훼 왕권 이념(divine imerium; cf. 출 15:18)과 그리고 신명기의 신명(神名) 신학(dtn's Name Theology; 이름이 곧 그의 실재이다! Nomina sunt realia!)과 깊이 연결되고 있다. 즉 승리/구원은 전적으로 하나님[의 이름]에게 속한 것이지 활과 칼의 강함에 속하지 않는다는 신앙(거룩한 전쟁 교조)을 강조하고 있다(소년 다윗과 블레셋의 골리앗 장수 사이에 주고받은 말을 참조하라. 삼상 17:45, 47).

9-**16** **9-16[10-17]절,** 과거 하나님의 행적과 비교할 때 현저히 달라진 현실에 대한 좌절감을 하나님에 대한 항변의 탄식(Anklage Gottes) 형식으로 표현하고 있다. 9[10]절의 첫 글자를 승리로 가득 찬 화려한 과거와 그리고 비극에 휩싸인 고통스러운 현재 사이의 강한 대조를 나타내는 수사 언어인 히브리어 '아프'(אַף, 10절 "그러나!")로 시작하는 점에서 볼 때, 9-16[10-17]절은 앞서 나온 확신표현과는 현저하게 그 분위기가 전도(顚倒)되어 있다. 물론 이러한 변화는 하나님의 과거 행적(magnalia Dei)에 대한 신앙의 부인(否認)으로서 볼 수 있기보다는 현재와 과거 사이의 불균형 현상(부조리 현상)에 대한 하나님을 향한 항변의 탄식으로 볼 수 있을 것이다(pace Anderson). 즉 과거에 보이신 그 놀라운 구원의 은총이 지금은 왜 침묵하고 계시느냐는 것을 항의하는 탄식으로 볼 수 있

다. 이 점이 화려한 과거 구원 역사에 대한 회상 뒤에는 "확신"(신뢰)의 표현이 나타나지 않고 그 대신 하나님을 향한 항변의 탄식이 뒤따라오는 탄원의 시가 지닌 특성을 잘 말해 주는 점이라고 하겠다.

9-16[10-17]절이 제기하는 신학적 문제는 "왜 하나님은 그를 신앙하는 선민(選民)을 그 고난의 상황 속에서도 이토록 버려두실 뿐만 아니라 오히려 주께서 친히 그의 백성을 이러한 고통 속에 빠지도록 만드시는 것인가?"라는 물음 속에 내재되어 있다. 말하자면 하나님의 강한 심판의 손이 현재의 선민(選民)의 패배 속에서도 어찌하여 나타나고 있는가 하는 것이다. 이 여덟 절 중에서 처음 여섯 절의 주어가 모두 하나님("당신")으로 되어 있다는 것은 이 단락에 나타난 '탄식'의 문제는 어디까지나 "신학적 차원"의 문제라는 것을 단적으로 지적해 준다. 동시에 이 단락의 첫 여섯 절에 나타나는 "당신이(주께서) … [아니] 하셨다"라는 구문 형태는 이미 그 물음에 대한 답을 시인 자신이 알고서 출발하였다는 것도 또한 말해 주고 있다. 즉 17-22[18-23]절을 근거하여 볼 때, 하나님께서 자기 백성의 믿음을 '시험'(test)해 보시는 것으로 시인은 이해하고 있는 것으로 보인다(cf. 삿 6:11-24; 시 89:38-45[39-46]). 창세기 22:1 이하의 이삭 번제에 관한 설화에서 하나님(엘로힘)께서 아브라함을 시험하신 것처럼, 야훼 하나님은 부단히 자기 자신을 감추시는 행위를 통하여 이스라엘을 철저히 시험하시고 단련시키신 후에 구원하시는 분(사 45:15)이시라는 것을 암시한다.

9절의 "주께서 [우리를] 버리셨다"는 것은 이스라엘이 하나님에게는 이젠 더 이상 쓸모가 없어져서 내어 버림을 당하였다는 의미를 담고 있다. 말하자면 하나님은 비록 이스라엘을 돕는 군대를 거느리신 "만군의 주 야훼"이시지만 이스라엘 민족의 수호신이라는 교조에 매이신 분도 아니고 또 하나님의 현존의 상징인 "법궤의 이동"에도 그의 행위가 제한되어 있지도 않으셨다는 것이다. 하나님의 자율적 주권은 우리의 이해를 넘어가는 그의 자유로운 구원섭리를 자유롭게 주도하신다. 그는 그가 사랑하여 선택하신 백성도 원수의 손에 넘기신다. 이스라엘 군대와 동행하지 않으시고 원수의 약탈물이 되게 하신다. 도살당하여 먹힐 양(羊)의 신세가 되도록 열방 중에 흩으시기도 하신다. 양의 목숨이 양이 남길 양털보다 더

낮게 평가되어 전쟁 포로나 노예로 내버려지거나 팔려간다 할지라도 몸값도 남기지 못한다. 그러므로 열국들에게서 조소거리가 되며 수치를 그 얼굴에 덮어 쓴다. 그리하여 하나님의 전유물인 "복수"(신 32:35)의 기능과 권한도 원수의 손에 넘겨져 버린 상태에 빠지게 된다.

17 - 22 **17-22[18-23]절**은 그러나 이러한 하나님의 외면(9-16[10-17]절)은 반드시 이스라엘의 반역에 대한 징벌의 결과만은 아니었다는 것을 증언한다. 여기서는 이스라엘 선민의 무죄를 변호하고 있다. 이스라엘은 비록 계약 위반은 징벌을 받는다는 경고를 끊임없이 받아 왔지만(신 4:25-28; 6:14-15; 8:19-20 등) 그러나 이스라엘에게 반역의 범죄가 있었다는 인식이 없었음에도 불구하고, 그럼에도 불구하고 하나님의 징벌을 받는 경우도 있다는 것을 말하고 있다. 실로, 야훼 하나님은 고통을 섭리하시는 주(主)이시기도 하다(cf. 창 22:1). 그러므로 이스라엘 백성의 무죄변호는 자신들의 신실성의 완전함을 주장하는 것은 아니다.

23 - 26 **23-26[24-27]절**의 절박한 기원(祈願)은 자신을 감추시는 하나님에 대한 항변(Anklage Gottes)으로 시작된다. 하나님은 분명 "졸지도 주무시지도 않으시는 분"(시 121:4)이지만 시적 은유법은 "주여 깨소서. 어찌하여 주무시나이까? 일어나소서. 영영히 버리지 마소서!"라고 서술한다. 따라서 이러한 시적 은유법은 하나님을 조롱하고 비꼬는 어투도 아니고 "잠자는 신을 깨우는 이교(異教) 제의(祭儀)"의 제의 의식의 영향을 받은 것도 아니다. 하나님께서 이스라엘을 외면하심(얼굴을 피하심)에 대한 항변을 이러한 은유(隱喩)로 표현한 것뿐이다. "깨소서"(우라)와 "일어나소서"(쿠마)라는 표현은 거룩한 전쟁 의전(儀典)에서 자주 사용되는 용어이다(민 10:35; 삿 5:12). 이 기원 단원은 결국 모든 난해한 신학적 문제들을 "야훼 하나님의 계약적 신실성"에 호소하는(레마안 핫스데카) 기원 속에 수렴해 버린다. 하나님의 신실하심이 이스라엘의 유일한 희망이기 때문이다.

¶ 메시지

1. 깨소서! 일어나소서!

신(神)이 잠을 자고 깨어나고, 신이 앉고 일어서고, 신이 죽고 부활하는 행위를 반복한다는 관념은 이교의 관념이다. 바알 신을 믿는 자들에 대한 엘리야 예언자의 조롱 어투(왕상 18:27)에서도 볼 수 있듯이, 구약의 신앙 세계에서는 신의 잠, 신의 죽음과 같은 사상은 없다(cf. M. S. Smith, *The Early History of God*, San Francisco: Harper & Row, 1990). 그렇다면 야훼 하나님을 향한 기도에 나타나는 "깨소서! 일어나소서!"라는 말이 신의 구원 간섭을 호소하는 기원문에서 자주 나타나는 이유는 무엇인가? 물론 우리는 가나안 이교 제의에서부터 받은 문학적 영향 같은 것을 생각할 수 있다. 그러나 구약의 신앙세계에서는 이교제의의 이러한 성향에 대하여 "큰 가증한 것"('토에바 꺼돌라'; 겔 8:14-15)이라고 정죄하고 있다. 그러므로 이러한 표현들은, 민수기 10:35와 사사기 5:12 등의 고대 전승 자료로부터 이해할 수 있듯이, "법궤"와 "거룩한 전쟁"의 관념과 긴밀하게 결합되어 있는 표현들로 보는 것이 가장 적절할 것으로 보인다(Cf. G. H. Davies, "The Ark in the Psalms," *Promise and Fulfilment*, ed. by F. F. Bruce, 1963, 60). 시편 44:23[24], 26[27]에서 읽는 대로 이 표현들은 각각 "버리지 마소서"와 "도우소서"와 정확하게 동의 평행을 이루고 있어서 야훼의 역사 간섭을 요구하는 극적이고도 강한 은유적 표현으로 볼 수 있을 것이다.

결국, "깨소서!" "일어나소서!"라는 표현의 차용은, 그러므로 현실 부조리에 대한 신학적 사변을 선호하는 모든 관념적 신앙세계를 척결하고 넘어가는 현실적이고도 실질적인 신앙이란 "하나님을 향한 부르짖음"(Ee Kon Kim, "Outcry," *Int.*, July 1988, 229-239)이라는 것을 강력히 적시(摘示)하고 있다고 하겠다. 자신을 숨기시고 마치 잠자는 것같이 조용하신 하나님으로 하여금 말씀하시게 하고 간섭하시게 하는 길은 지적 논쟁과 변론의 길이 아니라, 전혀 그것은 하나님과의 직접적인 만남의 길에서만 가능할 뿐이다. 욥의 신앙적 승리도 또한 역시 하나님과의 만남(욥 19:25-27; 40:1-5; 42:1-6)을 통해서만 비로소 열려진 것이다. 왜 부르짖지 않는가! 그러므로 이스라엘 백성은 사무엘을 향하여 "당신의 하나님 야훼께 부르짖어 우리로 죽지 않게 하소서!"(삼상 12:19)라고 간하였고 사무엘도 "기도하기를 쉬는 죄를 범치 아니하겠다"(삼상 12:23)고 화답하였던 것이다.

2. 활도 칼도 아니고 오직 주의 이름으로!

구약성서에 기록된 하나님의 역사 참여에 관한 기록들(시, 산문 가릴 것 없이)이 남겨 준 최대의 신앙적 유산은 "야훼가 전쟁용사이시다. 야훼가 왕이시다. 전쟁도 그리고 그 전쟁의 승리[구원]도 오직 야훼의 것이다!"라는 "거룩한 전쟁의 신앙이념"이라고 할 수 있을 것이다. 이 이념 구조는 결코 이슬람의 "지하드" 논리나 초기 기독교 운동의 "십자군 전쟁의 의로운 전쟁" 논리나 일본 제국의 "성전"(聖戰) 논리와 평행시켜서는 안 될 것이다(cf. 김이곤, 『출애굽기의 신학』, 134-181).

"야훼의 전쟁" 이념은 야훼를 전쟁을 좋아하는 신으로 보거나 복수를 즐기시는 분으로 보게 하지는 않는다. 그러므로 "전쟁은 야훼의 것이다!"라고 하는 교조(삼상 17:47b)는 전쟁은 전적으로 신의 것으로만 돌리고 인간이 결코 손을 대지는 말아야 한다는 것('헤렘')을 선포하고 가르치려는 목적을 가진 야훼주의 이념의 산물이라고 하겠다. 그러므로 야훼 신앙의 세계에서는 야훼의 구원은 결코 "칼과 창"(삼상 17:47a)이나 "활과 칼"(시 44:6[7])을 통하여 오는 것은 **아니었다!** 힘의 이데올로기는 반(反) 야훼주의적인 이념이며 가나안주의적인 이념이다. 구약성서는 그 처음부터 이러한 가나안주의 이데올로기와 투쟁하며 힘의 논리를 이스라엘인들의 마음에서부터 지워 내려고 부단히 노력하여 왔고 마침내는 "고난받는 야훼의 종"의 이미지 안에서 비로소 하나님의 본질을 읽을 수 있게 되었던 것이다(cf. J. Gerald Janzen, *Theology Today*, October, 1986, 464).

뿐만 아니라, 야훼를 유일한 왕(divine imperium)으로 하는 "신정이념"(theocracy)이 처음부터 이스라엘의 건국이념의 기저(基底) 역할을 하였던 것(출 15:18)도 또한 야훼는 유일한 전쟁용사(출 15:3)라는 거룩한 전쟁 이념이 크게 영향을 끼쳤을 것이라는 것 역시 확실하다. 야훼의 거룩한 전쟁 이념은 그러므로 역사의 종말에 이르러서는 온 인류로 하여금 그 칼을 쳐서 보습을 만들고 창을 쳐서 낫을 만들게 할 것이며 이 나라와 저 나라가 다시는 칼을 들고 서로 치지 않으며 다시는 전쟁을 연습하지 않게 하리라고 예언자들은 내다보았던 것이다(사 2:4; 미 4:3). 복수는 하나님의 것(전유물)이므로(신 32:35; 시 94:1, 23) 하나님 자신께서 친히 원수들의 악을 끊으셔서 악을 선으로 이기게 하시듯이(롬 12:19-21), 전쟁도 하나님의 것(전유물)이므로(삼상 17:47b) 하나님 자신께서 친히 전쟁을 그치게 하실 것이라는 것이 구약성서(미 4:3)와 신약성서(마 26:52)의 신념이었다.

그러므로 활, 칼, 창, 마병 등의 힘의 논리로 인간사를 처리하려는 것은 여하간 하나님께서 원하시는 뜻(성서의 뜻)은 아니다. 그럼에도 이 인간 세계는 늘 반목과 갈등과 전쟁 이야기로 소란스럽다. 힘의 논리가 구원으로 가는 지표가 된다. 칼을 쓰는 자는 칼로 망함에도 불구하고(마 26:52) 인간 삶의 윤리로서는 대책이 없다. 그렇다고 하여, "새로운 신학사상"이나 "적극적 사고" 지향적 새로운 신앙이 하나님의 법을 대신할 만한 대안으로 등장하고 있는 것도 아니다. 많은 신학자들과 목회자들이 신형 바알주의와 타협을 하지만 그러나 **힘의 논리의 거부**가 하나님의 뜻이라는 확신을 심어 줄 새로운 신학이 정립되지는 않고 있다. 해방신학이나 민중-신학이 대변할 수 있는 것처럼 보이는 때도 있었다. 그러나 그것도 역시 하나의 미로(迷路)였을 뿐이다.

길은 역시 성서로 돌아가는 길밖에 없다. 진부하리만큼 성서로 되돌아가는 길밖에 거기에 다른 길은 없다. 즉 선으로 악을 이기는 길(창 50:20), 그러기 위하여서는, 활, 칼, 창, 단창, 마병을 감히 **"주의 이름" 으로만** 상대하여 이겨 내는 길(삼상 17:45), 하나님의 침묵 속에서도 굳건하게 끝까지 "자기 믿음으로 사는 길!" (합 2:4) 그 길밖에 다른 길은 없다. 활도 아니고 칼도 아니고 **오직 주의 이름으로만** 승리하는 길, 골리앗 장수를 격파하였으나 그러나 "자기 손에는 칼이 없는" (삼상 17:50) 승리! 그런 승리를 일구어 내는 길, 그 길은 십자가의 길을 진부하리만큼! 끝까지 걸어가는 길, 그 고난의 길을 걷는 것뿐이라고 하겠다. 시편 44편 시인의 고독한 증언은 단지 이것뿐이었다. "나는 내 활을 의지하지 아니할 것이라, 내 칼도 나를 구원하지 못할 것이다. 왜냐하면 오직 주께서(!) 우리를 우리 대적에게서 구원하셨기 때문이다" (6-7a[7-8a]).

43. 왕의 결혼을 축하하는 노래(45:1-17)

¶ 본문

고라 자손의 마스길, 사랑의 노래, 영장으로 소산님에 맞춘 것

1[2] 내 마음에서 좋은 말이 넘쳐 왕에 대하여 지은 것을 말하리니 내 혀
는 필객의 붓과 같도다(4+4+4)

2[3] 왕은 인생보다 아름다워 은혜를 입술에 머금으니 그러므로 하나님
이 왕에게 영영히 복을 주시도다(3+3+4)

3[4] 능한 자여 칼을 허리에 차고 왕의 영화와 위엄을 [입으소서](3+2)

4[5] 왕은 진리와 온유와 공의를 위하여 위엄 있게 타고 승전하소서 왕의
오른손이 왕에게 두려운 일을 가르치리이다(3+4+3)

5[6] 왕의 살이 날카로워 왕의 원수의 염통을 뚫으니 만민이 왕의 앞에
엎드러지는도다(2+3+3)

6[7] 하나님이여 주의 보좌가 영영하며 주의 나라의 홀은 공평한 홀이니
이다(4+4)

7[8] 왕이 정의를 사랑하고 악을 미워하시니 그러므로 하나님 곧 왕의 하
나님이 즐거움의 기름으로 왕에게 부어 왕의 동류보다 승하게 하셨
나이다(4+4+3)

8[9] 왕의 모든 옷은 몰약과 침향과 육계의 [향기가 있으며] 상아궁에서

나오는 현악은 왕을 즐겁게 하도다(4+4)

9[10] 왕의 귀비 중에는 열왕의 딸이 있으며 왕후는 오빌의 금으로 [꾸미고] 왕의 우편에 서도다(4+4)

10[11] 딸이여 듣고 생각하고 귀를 기울일찌어다 네 백성과 아비 집을 잊어버릴찌어다(4+4)

11[12] 그러하면 왕이 너의 아름다움을 사모하실찌라 저는 너의 주시니 너는 저를 경배할찌어다(3+2+2)

12[13] 두로의 딸이 예물을 드리고 백성 중 부한 자도 네 은혜를 구하리로다(3+4)

13[14] 왕의 딸이 [궁중에서] 모든 영화를 누리니 그 옷은 금으로 수 놓았도다(3+3)

14[15] 수 놓은 옷을 입은 저가 왕께로 인도함을 받으며 시종하는 동무 처녀들도 왕께로 이끌려 갈 것이라(3+3+2)

15[16] 저희가 기쁨과 즐거움으로 인도함을 받고 왕궁에 들어가리로다(3+3)

16[17] 왕의 아들들이 왕의 열조를 계승할 것이라 왕이 저희로 온 세계의 군왕을 삼으리로다(4+4)

17[18] 내가 왕의 이름을 만세에 기억케 하리니 그러므로 만민이 왕을 영영히 찬송하리로다(4+4)

¶ 개요(비평학적 문제)

시편에는 약 10개 정도의 "제왕시"(royal psalms)가 있는 것으로 궁켈은 추론했다(*Einl.*, §5, 2; 18; 20; 21; 45; 72; 101; 110; 132; 144:1-11). 그리고 이 시들을 일괄적으로 관찰해 볼 때, 시편 45편을 제외한다면, 구약의 시편 시에서는 고대 다른 중동 종교의 시들에서 나타나는 바의 "엄격한 의미의 제왕시는 **없다**"는 전통적인 관찰의 정당성을 웅변적으로 확증해 주고 있음을 볼 수 있다. 즉 시편 45편을 제외한 나머지 시편 제왕시들은 이교의 제왕시들의 경우처럼 "왕을 찬양하는 시"는 분명히 아니며(!)

단지 왕의 번영을(=왕을 도와주시기를) 야훼 하나님께 기원하는 시들로 볼 수 있다.

시편 45편의 경우에서도, 이 시를 구성하는 내용 대부분(모두 열일곱 절)이 이교의 제왕시들에서처럼 왕을 찬양하는 내용을 담고는 있으나 **2[3]절과 6-7[7-8]절 세 곳에서는** 시편의 다른 제왕시들의 경우처럼 왕을 찬양하는 내용이 **아니라**(!) 왕의 번영을 하나님('엘로힘')께 비는 내용으로 구성되어 있음을 볼 수 있다(!). 말하자면 시인은 여기서 "왕"을 전적으로 신격화하여 찬양하고 있는 것은 분명히 **아닌 것임**을 볼 수 있다.

시편 45편은 그 표제에 나타나는 "사랑의 노래"('쉴 여디돗')라는 말이 암시하듯이 왕의 결혼식을 배경으로 한 노래로 볼 수 있다(pace Gaster). 그러나 우리의 놀라움은 시편 시의 제왕시들에서는 왕을 신격화하거나 야훼 하나님 찬양을 비껴가면서 왕만을 찬양하는 순수 제왕의 시는 없다는 점이다.

이 시의 역사적 배경은 확인할 길이 없다. 우선, 다윗 왕조 계열에 대한 희망이 끝난 포로기 이후에 이 시가 작성되었으리라는 것은 전혀 확인할 길이 없다. 뿐만 아니라 8[9]절의 "상아궁"과 12[13]절의 "두로의 딸"을 이세벨과 연결시키는 일도 내적 증거의 지지가 전혀 없음을 볼 수 있다. 그러나 왕정 정치사가 계속되는 어느 시점과 관련되었을 것이라는 것은 충분히 짐작할 수 있다(8[9]절의 "상아궁"과 왕상 10:18의 "솔로몬의 상아보좌" 그리고 2[3]b, 6[7]a절과 삼하 7장의 나단 신탁 사이의 비교 등).

¶ 주석

표제에 관하여는 이 책의 서론을 참조하라. 시편 42-49편의 "고라 자손의 마스길 또는 고라 자손의 시집"에 속한 시 중에서 "사랑의 노래"라는 언급이 있는 유일한 시이다. 아마도 이것은 이 시가 "결혼 축하의 노래"(an epithalamion=a wedding song)라는 것을 지시하는 것으로 보이는데 시편의 다른 어느 곳에서도 이와 유사한 유형을 가진 것이 없는 시이다(다른 제왕시들로부터도 구별됨). 그러므로 이 시는 이스라엘 역사에서

정기적으로 노래되어 온 것이라고 보기는 어려운 이교적 영향권에 들어 있는 시라고 하겠다. "소산님에 맞춘"이라는 말은 여기서 처음 나타나나 시편 69편과 80편의 표제(60편에서는 단수 형태['백합'이라는 의미])에도 나타나는 것으로서 어떤 '곡조'에 대한 지시로 보이며 여기 시편 45편의 경우에서는 '백합'이 사랑과 풍요의 상징으로 사용되었을 수 있다.

1 **1[2]절,** 이 시의 서론 역할을 하는 구절로서 왕을 위하여 글을 쓰는 목적을 선언하는 형식으로 이 시를 시작하고 있다. **"내 마음에서 좋은 말이 넘쳐"**라는 말은 그의 마음이 경사스러운 말들로 압도를 당하고 있다는 것을 나타내는, 즉 시작(詩作)의 영감이 그의 가슴을 흔들어 놓았다는 것을 나타내는 시적 표현이다. **"내 혀는 필객의 붓과 같도다"**는 "내 혀가 곧 붓이다"라는 말로서 그것은 글을 빨리 쓴다는 의미가 아니라 매우 숙련된 필객이라는 뜻이다. 이 구절의 "나"는 왕으로부터 그의 시문학적 재질을 인정받고 후원받는 사람임을 나타내어 준다. 아마도 고대 세계에서는 시작(詩作)을 일구어 내는 요소가 기술(記述)의 요소와 구술(口述)의 요소를 모두 함께 병합하고 있었던 것으로 보인다.

2-9 **2-9[3-10]절,** 이 시인이 영감을 받은 그 "좋은 말"은 진리, 온유(겸손), 그리고 공의를 베풀므로(4[5]절) 왕이 위엄과 권능으로 나라를 잘 이끌도록 격려하고 왕이 그러한 축복을 하나님(엘로힘)으로부터 받은 것을 찬양한다(2[3]b절). 이 **"하나님으로부터(=하나님께서)"**라는 말이 놀랍게도 비록 이 시가 다른 제왕의 시들과는 다르게 그리고 시편에서는 유일하게(the hapax legomenon) 이교 제왕시의 문학을 거의 전적으로 받아들이고 있음에도 불구하고 즉 큰 틀은 깨지 않으면서도 불구하고 "이스라엘적인 제왕시"의 신학으로 철저히고도(!) 정교하게 신학적으로 개수(改修)를 한 흔적이라고 볼 수 있다고 하겠다. 이러한 흔적은 6[7]절, 7[8]절 그리고 심지어는 17[18]절에서도 나타난다.

2 **2[3]절의 "왕은 인생보다 아름다워 은혜를 입술에 머금으니"**는 왕이 그의 인품에서 볼 때 다른 사람들보다 우월하다는 뜻이 아니라 그의

육체적 외모의 "아름다움"(יפה)에서 볼 때 다른 사람보다 우월하다는 뜻이다(삼상 9:2; 10:23; 16:12; 삼하 14:25; 왕상 1:6 등). 특히 그의 "아름다움"에 대한 묘사는 고대 동양세계의 궁정관습을 따른 것으로 주관적 판단에 의거한 것으로서 "왕"은 다른 인격성 속성들과 비교할 때 특히 외모의 아름다움에서 뛰어나기를 기대하는 경향이 있었다. 압살롬의 외모에 대한 찬사(삼하 14:25)는 이러한 경향을 증언하는 모범적 예라고 할 수 있을 것이다. **"그러므로 하나님이 왕에게 영영히 복을 주시도다"(2[3]b절)**라는 언어는 이러한 고대 동양의 이교적 궁정문화의 맥락에서 이해할 수 있을 것이다. 그러나 이스라엘의 모든 제왕들도 압살롬 같은 이러한 외적 모습의 완벽함을 구비해야 했는지는 의문스럽다.

3-**5** **3-5[4-6]절**은 이상에서 언급한 바와 같은 그러한 고대 동양의 궁정문화를 반영하고 있다. 즉 칼을 허리에 찬 왕의 위엄(3[4]절), 진리와 온유와 공의에 기초한 왕의 인격("칼"과 동의 평행)의 위엄(4[5]절), 그리고 왕이 쏜 화살이 왕의 원수의 염통을 정확히 관통하는 그런 왕의 승리의 위엄(5[6]절) 등이 노래되고 있다.

6-**7** 왕에 대한 이러한 찬사들이 돌연 **6-7[7-8]절**에서 왕에 대한 하나님(엘로힘)의 축복과 지지 표현으로 잠깐 신학적인 주제 전이(轉移)를 일으킨다. 왕의 세속적 주권의 상징인 "보좌"(throne)와 "홀"(笏: scepter)이 하나님께서 주신 것이 되는 것은 하나님께서 왕에게 기름을 부으셨기 때문이라고 증언한다.

8-**9** **8-9[9-10]절**에 표현된 왕과 왕비의 위엄에 관한 과장법적 묘사는 3-5[4-6]절의 그것과 동일한 의미를 가진다. 몰약과 침향(=알로에)과 육계의 향기가 나는 왕복(王服), 현악이 울려 퍼지는 상아로 지은 궁, 열왕의 딸이 왕후가 되어 금으로 단장하고 왕의 옆에 서 있는 왕궁의 위엄은 고대 동양의 왕궁문화를 대변한다.

10-**15** **10-15[11-16]절**은 주로 왕비(왕의 신부)에 관한 화려한 묘

사로 구성되어 있다. 이 부분의 표현들도 고대 중동 세계에 잘 알려진 것들이다. 이미 위에서 언급한 대로, 12[13]절에 나타나는 "두로의 딸"을 이세벨(아합의 부인)과 일치시킬 증거는 우리의 본문에서는 찾을 길이 없다.

16 **16[17]절**은 고대 중동의 군주 체제에서 시행되는 왕의 세습제에 대한 묘사로서 8-15[9-16]절과 동일한 문맥 안에 있다고 하겠다.

17 **17[18]절**은 이스라엘적인 신학으로 개작된 것임이 분명하다. 물론 여기에 나타나는 "내가"를 70인 역본과 같이 왕의 아들들로 볼 것인가, 아니면 마소라 본(MT)에 따라 시인으로 볼 것인가, 아니면 하나님으로 볼 것인가에 따라 그 신학적 의미가 다르게 작용할 것이다. 세 가지가 모두 해석학적 차원에서 그 가능성을 다 가지고 있다고 할 것이다. 본문의 문자적 문맥에서 보면, 특히 1[2]절과의 인클루시오(inclusio)의 문맥에서 보면, 이 "나"는 시인(Weiser, Dahood, Craigie, Terrien)으로 볼 수밖에 없으나 그러나 그 경우 시인은 신적 권위를 가진 것처럼("내가 왕의 이름을 만세에 기억케 하리니", Hiph'il 형태) 보이게 되는데 그러나 그럴 가능성은 희박해 보인다. 그러나 70인 역본에 따라 "왕의 아들들"로 보는 경우는 2[3]절, 6-7[7-8]절에서 시도된 이스라엘적인 신학화의 관점과는 부조화를 이룬다. 그러므로 이스라엘 신학화의 관점과 기독교의 메시야적 해석의 관점(히 1:8-9; 2:10, 13)에서 보면 그 "나"는 신탁 소개의 형식이 빠진 하나님의 말씀으로 볼 수 있을 것이다. "[야훼 말씀하시기를], '내가 왕의 이름을 만세에 기억케 하리니' …" (cf. A. A. Anderson, J. W. Rogerson & J. W. McKay, J. C. McCann, Ch. Roesel, G. H. Wilson et al.).

¶ 메시지: 왕의 하나님이 즐거움의 기름을 네게 부었다

시편 45편은 시편 제왕시들(총 10개의 시들) 중에서도 유일하게 왕(의 결혼)을 찬양하는 이교적 성격을 가진 제왕의 시이다. 나머지 아홉 개의 제왕시들은 왕을 찬양하는 시들이 아니라 왕의 승리와 번영 및 안전을 야훼 하나님께 비는 성격의 시들일 뿐, 구약 시편 시에서는 순수하게 왕만을 찬양하는 시는 시편 45편 이외에는 그 유례가 없다는 말이다. 시편 45편의 경우에 있어서도, 위에서 살펴본 바 대로, 2[3]절, 6-7[7-8]절과 그리고 "내가"를 하나님으로 보는 경우의 17[18]절 등의 경우는, 시편의 다른 아홉 개의 제왕의 시들처럼, 왕에 대한 하나님의 지원을 기원하는 성격의 이스라엘적인 제왕시가 된다. 이것은 이스라엘 신앙과 신학의 위대성을 보여 주는 점이다.

이러한 신앙과 신학의 특성은, 분명히, 고대의 시 출애굽기 15:1-18, 21(=미리암의 노래)에 나타나는 야훼 하나님의 유일한 왕권사상(divine imperium; 출 15:18)과 그리고 모세가 이끄는 이스라엘 계약 공동체의 '신정주의'(神政主義; theocracy) 이념에 그 기원(起源)을 두고 있다고 하겠다. 그러므로 비록 시편 45:2-5[3-6], 8-16[9-17]은 논의의 여지없이 구약 시편 안에서는 그 평행 용례를 전혀 찾을 수 없는 이교적인 고대 중동의 궁정 문화를 그대로 반영하고는 있지만, 그러나 2[3]절, 6-7[7-8]절은 왕이 찬양을 받을 이유는 전적으로 하나님의 축복(2[3]절)과 하나님의 인준(6-7[7-8]절) 때문이라는 것을 명백하게 하고 있다. 그런 면에서 볼 때, "내가"로 시작하는 17[18]절도 또한 도입문이 빠진 '신탁문'(神託文)일 가능성을 결코 배제할 수 없다.

왕은 오직 하나님께서 기름 부어 세운 하나님의 종일 뿐이다. 인간 위에 군림하는 왕은 영원토록 야훼 하나님만이시다. 그러므로 인간 왕은 그를 기름 부어 세우신 하나님의 뜻을 백성 중에 펼칠 하나님의 사신(使臣)일 따름이다. 따라서 '진리, 온유, 그리고 공의'는 인간 왕 위에 군림하는 하나님 자신이다. 진리와 온유 그리고 공의로 백성을 다스리는 것은 인간 왕의 '당위'(當爲)이다.

44. 하나님은 우리의 피난처이시다(46:1-11)

¶ 본문

고라 자손의 시, 영장으로 알라못에 맞춘 노래

1[2] 하나님은 우리의 피난처시요 힘이시니 환난 중에 만날 큰 도움이시
라(4+4)

2[3] 그러므로 땅이 변하든지 산이 흔들려 바다 가운데 빠지든지(4+4)

3[4] 바닷물이 흉용하고 뛰놀든지 그것이 넘침으로 산이 요동할찌라도
우리는 두려워 아니하리로다(3+3)(셀라)

4[5] 한 시내가 있어 나뉘어 흘러 하나님의 성 곧 지극히 높으신 자의 장
막의 성소를 기쁘게 하도다(4+3)

5[6] 하나님이 그 [성]중에 거하시매 성이 요동치 아니할 것이라 새벽에
하나님이 도우시리로다(4+4)

6[7] 이방이 훤화하며 왕국이 동하였더니 저가 소리를 발하시매 땅이 녹
았도다(2+2, 2+2)

7[8] 만군의 여호와께서 우리와 함께 하시니 야곱의 하나님은 우리의 피
난처시로다(3+3)(셀라)

8[9] 와서 여호와의 행적을 볼찌어다 땅을 황무케 하셨도다(3+3)

9[10] 저가 땅 끝까지 전쟁을 쉬게 하심이여 활을 꺾고 창을 끊으며 수레

를 불사르시는도다(4+4+3)
10[11] [이르시기를] 너희는 가만히 있어 내가 하나님 됨을 알찌어다 내가 열방과 세계 중에서 높임을 받으리라 하시도다(4+4)
11[12] 만군의 여호와께서 우리와 함께 하시니 야곱의 하나님은 우리의 피난처시로다(3+3)(셀라)

¶ 개요(비평학적 문제)

이 시는 다른 고대 중동의 시들에서는 발견하기 어려운 "신뢰의 시"(확신의 시)의 성격을 지닌 시이지만 다른 문학 양식의 요소들을 복합적으로 많이 가지고 있는 시로서, 본래는 세 개의 후렴구와 세 개의 "셀라" 표기에 의하여 구분되는 세 개의 단원이 결합하여 구성된 시로 보인다. 아마도 그 원인을 정확히 알기는 어려우나, 둘째와 셋째 단원에서는 후렴구(7[8]절과 11[12]절)가 명확하게 보존되어 있지만 첫 단원에서는 "셀라" 표기에 의하여 구분되는 후렴구("만군의 여호와께서 우리와 함께 하시니 야곱의 하나님은 우리의 피난처시로다")를 갖고 있지 않다. 아마도 필사자의 어떤 실수로(?) 인하여 빠졌을 것으로 보인다.

그러나 시의 내용은 비록 확신 또는 신뢰의 내용을 많이 갖고는 있으나(L. Krinetzki) 그 문학양식의 구성 요소들로서는 찬양시적 요소와 시온 노래적인 요소(cf. 4-5[5-6]절, "시온 축제", H. -J. Kraus, *Psalms 1-59*, 459-461) 그리고 종말적 예언문학의 요소(9[10]절)도 또한 갖고 있다. 이러한 시의 현실 때문에 이 시의 '문학 양식'을 그렇게 간단하게 결정하기가 쉽지 않다. 그리하여 초기의 견해인 궁켈의 견해, 즉 이 시를 찬양시의 종속양식인 "종말 예언적 시온 노래"(an eschatological song of Zion: cf. H. Gunkel, *Introduction to Psalms*, 29, 33, 34, 56, 251-277, etc.)라고 판단한 다소 복잡한 양식분류의 입장이 아직까지도 영향력을 행사하고 있는 것으로 보인다.

이러한 시의 현실은 이 시의 시대적 배경을 상당히 고대의 것으로 돌리게 한다. 예컨대, 한 강이 나뉘어 흘러 하나님의 거주지를 감싼다는 표현

(4[5]절)은 고대 가나안 엘-종교(우가릿)의 환경을 반영하고 있는 것으로 보이고 또 "지극히 높으신 자"(엘욘)에 대한 언급(4[5]절; 창 14:18-24)과 그리고 미리암의 노래(출 15:1-18, 21)에 나타나는 주제들과 유사한 주제들의 등장(출 15:2, 4, 5, 8, 10, 17 → 시 46:1[2], 2-3[3-4], 4[5], 5[6], 7[8], 11[12]) 등은 초기 히브리 전승(심지어는 이스라엘 이전의 시기)을 반영하고 있는 것으로 보인다. 반면에, 비록 "시온"에 관한 직접적인 언급은 없다고 하더라도 4-5[5-6]절을 후기 시온 전승의 전(前) 단계를 반영하는 것으로 볼 수 있다고 한다면, 이 시의 시대적 위치는 주전 12세기경의 미리암의 노래의 히브리 전승 시기와 후기 시온 전승 시기 사이의 이스라엘 초기라고 잠정적인 추론을 해볼 수도 있을 것이다.

이 시의 구조는 신뢰/확신을 주음(主音)으로 하되 "셀라"로 구획되는 3부 구조의 시로 쉽게 추측해 볼 수 있다. (1)하나님께서 천지를 창조하실 때 생기는 혼돈의 자연이 일으키는 격노를 진압하시는 창조주에 대한 신뢰와 확신을 노래하는 제1부(1-3[2-4]절), (2)열국(이방)이 훤화하며 시온을 함몰시키려 할 때 야훼의 "소리"(승리의 함성)가 지상 역사를 압도하시는 역사의 주에 대한 신뢰를 노래하는 제2부(4-7[5-8]절), 그리고 (3)지상의 모든 혼란스러운 전쟁을 종식시키시고 열국 위에 높임을 받는 영원한 야훼의 평화의 왕국에 대한 확신을 노래하는 제3부(8-11[9-12]절)로 구성되어 있다고 볼 수 있을 것이다.

¶ 주석

표제에 대하여는 이 책의 서론을 참조하라. **"알라못에 맞춘"**은 역대상 15:20에서는 "어칭에 맞춘"(어성의 목소리[=고음]에 맞춘)으로 되어 있는데, 히브리어 '젊은 여인들'('알못')의 문자적 번역으로 보인다. 그러므로 곡조나 악보의 명칭으로 추정되나, 그 음악적 지시의 구체적 의미에 대하여서는 더 이상 알려져 있지 않고 있다.

1-3 **1-3[2-4]절,** 시편 제1권(시 1-41편)의 특성인 "피난처"라는

주제를 상기하게 하는 언어로 하나님의 방어능력에 대한 확신을 표현하고 있다. 1[2]절 상반절은 7[8]절과 11[12]절(=후렴절) 하반절과 일치하는 구절로서 제1부는 이 구절을 제시하면서 시작함으로 이 시 전체의 중심주제가 "하나님은 우리의 피난처이시다"라는 것을 지시하고 있다. **"힘('오쯔')이시니"**는 야훼가 보호(피난처)를 제공할 능력의 원천이시라는 것을 가리킨다. **"환난 중에 만날 큰 도움"**은 시편 시인이 즐겨 사용하는 주제로서 '도움'의 신뢰성을 강조하는 표현이며 그러므로 이 표현은 과거의 구원 경험에 대한 확인뿐만 아니라 미래에 대한 희망의 확실성을 선포하는 의미를 갖는다. 이러한 믿음에 기초하여 2-3[3-4]절에서는 "땅"과 "산"을 혼돈의 "바닷물"에 매몰시키는 신화적 혼돈의 세력보다 더 강하신 창조주의 능력에 대하여 찬양한다. 이 믿음 때문에 시인은(=예배 회중) 그와 같은 원시적 혼돈의 세력이 주는 위협도 두려워하지 않을 것이라는 것을 확신한다.

4-**7** 4-7[5-8]**절,** 여기서 말하는 "한 **시내**"(강; 히브리어 '나할')는 지속적으로 물이 흐르는 강(江)을 말하는데, 예루살렘에는 그런 강이 없다. 그러므로 여기서의 '시내' 또는 '강' 묘사는 상징적 표현으로서 에덴의 낙원 개념으로부터 빌려 온 것으로 볼 수 있는데, 이 강은 여기서 하나님께서 현존하신다는 것을 상징하는 은유로 사용되었다(사 33:21). 그리하여 하나님의 현현은 에덴의 동산과 결합되어 시온으로 전이(轉移) 결합되었고 에덴에서 발원한 강과 같은 한 강이 흘러 **하나님의 성**에게 기쁨과 축복을 선사한 다음 이 성을 거쳐서 전 세계로 뻗어 나갔다(시 65:9[10]; 겔 47:1-20; 우가릿 가나안 경전에서도 '엘'의 거주지가 강들로 둘러싸인 것을 말하고 있다). 이 **"하나님의 성"**은 시인의 마음속에서는 예루살렘(시온)을 염두에 두고 있는 것임이 확실하다. 그리고 **"지극히 높으신 자의 장막의 성소"**는 성전을 마음에 두고 있음이 분명하다. "지극히 높으신 자"('엘욘')에 대한 언급(cf. 창 14:18-24)은 이 부분의 가나안적(바알 신화적) 신화의 비신화화 현상을 추론하게 해준다. 비록 이 성전이 그 참 모습을 상실함으로(렘 7:2-15) 참담하게 무너진 경험을 갖고는 있어도(시 74; 137편) 그러나 그 거대한 성벽과 요새화 때문에서가 아니라 단지 하

나님의 영원한 현존의 자리라는 것 그것 때문에 하나님의 성은 요동하지 않을 것이라고 확신한다(cf. G. von Rad, *Heilige Krieg* …, 56-68, 81-84).

"새벽에 하나님이 도우시리라"는 것은 매일같이 태양이 떠올라 어둠을 밝히듯, 또 새벽에 올바른 판단의 지혜가 떠오르듯이(삼하 15:2) 그리고 새벽녘에 일어난 큰 구원의 응답(사 37:36; 출 14:30)을 경험하였듯이 그렇게 하나님의 도우심이 있을 것을 기대한 것으로 생각할 수 있다. 그러므로 이방나라들이 훤화하며 이방 왕국들이 들고 일어난다 하여도 하나님께서 '승리의 함성'(천둥소리)을 내시면 땅이 녹듯이 세계가 큰 두려움에 사로잡힌다고 확신하게 된다. 이러한 확신의 근거는 '후렴구'가 확인시켜 준다. "만군의 여호와께서 우리와 함께 하시니 야곱의 하나님은 우리의 피난처시로다." 하나님께서 함께하심은 이스라엘 신앙의 근본요소(출 3:12)로서 "임마누엘"이라는 상징적 이름을 생각나게 해준다(사 7:14). 야훼는 역사의 주이시다.

8 - **11** **8-11[9-12]절,** 바이저(A. Weiser)가 지적해 주었듯이, 이제 마지막 단원에서는 제의 회중들이 야훼의 구원행적들을 제의극(cultic drama)을 통하여 재연하는 데에 모든 사람을 초청한다. 즉 하나님의 구원사업이 [종말에는] 완성된다는 것을 보여 주려 한다. **"와서 여호와의 행적을 보라. 땅을 황무케 하셨도다! 저가 땅 끝까지 전쟁을 쉬게 하시도다."** 하나님의 평화가 땅 끝까지 우주적으로 미친다는 것이다. 하나님의 이러한 활동은 세상을 군사적 힘의 논리로 다스리기를 원하는 자들에게 큰 공포가 되는 바로 그 이유이다. 그리하여 **"말씀하시기를, 너희는 가만히 있어 내가 하나님임을 알지어다"**라는 메시지가 선포된다. 이 메시지는 거룩한 전쟁 전승에서 흔히 나타나는 어투이다. 군대식 명령, '차렷!' 또는 주위를 진정시키는 '쉿!' 하는 어투를 앞세워 "내가 하나님 됨을 알라!"고 말씀하시는 것이다. 전쟁을 종식시킬 때에만 비로소 인류는 야훼가 참 하나님이신 것을 알게 될 것이라는 것이다.

¶ 메시지: 잠깐 손을 멈추고 내가 하나님인 줄 알라!

"하나님은 우리의 피난처시다!"라는 확신에 찬 구호가 선포된 후, 하나님께서는 창조 활동을 위협했던 태고의 혼돈(카오스)도 진압하고(1-3[2-4]절) 또 역사의 중심에 서려고 앞 다투는 열국 제국들의 군왕들이 훤화하는 그 힘의 논리도 단 "한 목소리"(6[7]절)로 제압하신 야훼 하나님이 이제 모든 것을 다 정리하시고 마침내 종말의 메시야 왕국을 세우시려는 그런 순간이었다. 돌연 신탁(神託)의 말씀(H. -J. Kraus, *Psalms 1-59*, 461, 463-464)이 들려오기를 "가만히 있으라"(='잠깐 손을 멈추어라')는 긴급한 제지의 명령이 내려졌던 것이다. 이때 사용된 히브리어 명령어인 '하르푸!'(הרפו)라는 사역형(Hiph'il) 명령어는 "손을 놓고 이전에 하던 일을 모두 우선 멈추어라"라는 긴급 제안으로 이해할 수 있다. 왜냐하면 이전의 일을 모두 청산하여 버리는(abandon, forsake, desist, stop) 결단이 없이는 다음에 전하실 말씀을 전하실 수 없기 때문이다.

다음에 전하실 말씀이란, 다음에 실천하실 종말론적 하나님 나라 건설을 시행하기 위하여 먼저 일러두어야 할 꼭 필요한 말씀이었음이 분명하다. 하나님 나라를 다시 세우기 전에 하나님께서 우리 인간에게 그 무엇보다 먼저 지시하시고 확인하실 사항은, 놀랍게도 **"내가 하나님 됨을 알지어다"**라는 것이었다. 크라우스(H. -J. Kraus, *Psalms 1-59*, 459)는 이 시가 엘로히스트 시집에 속한 것이라는 이유 때문에 "내가 야훼임을 알지어다"라고 고쳐 읽는 것이 본래의 것에 가까우리라고 보기도 하였는데, 그 경우 그 의미는 좀더 분명해질 수도 있다. 말하자면 창조주 하나님의 왕국이 혼돈의 세력도 진압하고 역사의 소용돌이도 다 잠재운 후 새로운 창조(신천 신지)에 이르기 위하여서는 **창조주 하나님이 창조주 하나님이심**을 먼저 분명하게 인식하여야 한다는 말이라고 하겠다.

하르푸/우더우/키-아노키/엘로힘[야훼](4박자)
잠시 손을 멈추고/내가/하나님(야훼)임을/알아라(4박자)

이 신탁(神託)의 말씀이 의미하는 바는 무엇일까? 이 말씀의 문자적 의미는, 문맥상 (1) 자연 질서를 파괴해 온 **혼돈(카오스)의 세력들(각종의 자연 재난들)**을 진압하였고 또 (2) 전쟁이라는 힘의 논리로 인간 역사를 황폐하게 만든 **힘의 논리를 신앙하는 세력들**도 또한 제압하신 야훼 하나님께서 그 종말의 때에(구속사를 성공리에 완수하신 때에) 이 세계가 반드시 알아두어야 할 사실은 **창조주 하나님은 창조주 하나님**이시라는 것을 아는 일이라는 것이다. 왜냐하면 하나님의 세계 창조 이래 억겁을 헤아리는 그 수많은 세월 동안 우리의 이 창조세계는 창조주 하나님의 창조질서와 역사 섭리를 인간들이 왜곡시켜 파괴해 왔기 때문이다. 그러한 왜곡의 주범을 성서는 인간의 거인주의적인 사고(titanism)와 인간의 오만(휴브리스; *ὕβρις*)이라고 말하여 왔던 것이다.

인간의 오만(금지된 지식의 열매를 따먹은 후 인간이 가진 거인주의적인 오만[titanic Hubris])은 자연 질서를 파괴한 '카오스' 자체요, 인간 역사를 피로 물들게 만든 힘의 논리에 대한 인간의 신앙 그 자체였던 것이다. 그러나 창조주는 창조주요, 피조물은 피조물인 것이다(창 1:1의 신학; 김이곤, 『신의 약속은 파기될 수 없다』, 서울: 한국신학연구소, 1999, 제1장 참조). 하나님 나라의 재건("나라이 임하옵시며"라는 기도의 성취)을 위하여서는 우선 그 무엇보다 창조주와 피조물 사이의 질서를 확립하는 것이 급선무이다. 자연 질서를 파괴하는 '혼돈'(카오스)의 세력과의 연합을 중단하여야 한다는 것이다. 뿐만 아니라 인간 역사를 반목과 살육으로 피비린내 나게 만든 전쟁논리(힘의 논리)를 분쇄하고 하나님의 하나님 되심을 받아들이고 야훼의 야훼 되심을 받아들여야 한다는 것이다.

소위, '원죄'라는 것이 있다면 그것은 하나님의 하나님 되심을 인정하지 않고 인간(피조물)의 인간(피조물) 됨을 거절한 데서 찾을 수 있을 것이다. 시편 46편은 하나님 나라가 이 땅에 이루어지게 하기 위하여서는 그 무엇보다 우선적으로 땅 끝까지 전쟁을 쉬게 하여야 한다는 것을 인간은 알아야 한다고 경고하고 있다고 하겠다. 창조 역사(1-3[2-4]절)와 구원 역사(4-7[5-8]절)를 순화시키려고 종말의 이 순간까지(8-9[9-10]절) 하나님께서는 자기의 일을 완수하셨다. 이제 이 땅에 새로운 세계(하나님 나라)를 펼치려 하신 것이다. 이 순간, 이때 하나님께서 그의 새 일을 시작하시기 전에 하나님께서 인간에게 일러두셔야 할 말씀은 오직 이것뿐이었다. **창조주 야훼만이 하나님이시라는 것을 아는 것,** 그것이 종말의 시대를 사는 우리가 우선적으로 알아야 할 우선적인 과제라고 하겠다(참조. 사 30:15-17).

45. 온 땅의 큰 임금이신 야훼(47:1-9)

¶ 본문

고라 자손의 시, 영장으로 한 노래

1[2] 너희 만민들아 손바닥을 치고 즐거운 소리로 하나님께 외칠찌어다 (4+4)

2[3] 지존하신 여호와는 엄위하시고 온 땅에 큰 임군이 되심이로다(4+4)

3[4] 여호와께서 만민을 우리에게, 열방을 우리 발 아래 복종케 하시며 (3+3)

4[5] 우리를 위하여 기업을 택하시나니 곧 사랑하신 야곱의 영화로다 (3+4)(셀라)

5[6] 하나님이 즐거이 부르는 중에 올라가심이여 여호와께서 나팔 소리 중에 [올라 가시도다](3+3)

6[7] 찬양하라 하나님을 찬양하라 찬양하라 우리 왕을 찬양하라(3+3)

7[8] 하나님은 온 땅에 왕이심이라 지혜의 시로 찬양할찌어다(4+2)

8[9] 하나님이 열방을 치리하시며 하나님이 그 거룩한 보좌에 앉으셨도다(3+4)

9[10] 열방의 방백들이 모임이여 아브라함의 하나님의 백성이 되도다 세상의 모든 방패는 여호와의 것임이여 저는 지존하시도다(3+3, 3+2)

¶ 개요(비평학적 문제)

시편 47편은 93-99편과 함께 야훼의 우주적 왕권을 찬양하는 찬양 유형의 "야훼 대관식의 시"로 분류할 수 있다. 이러한 견해는 초기의 궁켈(Gunkel, *Int.*, 66, 69)과 모빙켈(S. Mowinckel, *Psalms in Israel's Worship*, vol. I, 106-192), 브릭스(Briggs, *Psalms*, I, 398), 그리고 바이저(A. Weiser, *The Psalms*, 374-376)로부터 시작하여 오늘에 이르기까지(J. Eaton, *The Psalms*[2003년판], 193; G. H. Wilson, *The NIV Application Com.*, vol. I[2002년판], 724-726), 비록 그 역사적 배경에 대한 견해에서 다소간 이론이 있었음에도 불구하고, 야훼의 유일한 왕권을 찬양하는 축제(신년 축제나 계약 축제 등) 제의에서 노래된 시라는 점에서 일반적으로 넓게 받아들여진 견해가 되었다. 그러므로 이 시는 대체로 이스라엘 역사 초기의 것(다윗 시대만큼 초기의 것)으로 인식되어 왔으며 그리하여 후대 유대교에서는 "승리의 나팔을 부는 신년 축제일"에 회당에서 야훼의 높이 들리심(exaltation; 5[6], 9[10]절)을 찬양하는 시로서 사용되었고 초대 기독교 교회에서는 예수 승천일에 사용되었던 것이라고 하겠다.

총괄해서 볼 때, 이 시의 기본 주제는, 야훼를 "왕"으로 표현하는 구절들(2[3], 6[7], 7[8], 8[9]절)이 시편 47편의 분위기를 주도하고 있다는 점과 그리고 "야훼의 높이 들리심"(5[6], 9[10]절)이 찬양의 주요 주제가 되고 있다는 점으로 미루어 볼 때, 이 시의 중심 주제는 야훼의 우주적 왕권을 찬양하는 것이라고 정의할 수 있다(Yahweh[Elohim] malak라는 표현을 대관식의 시의 특징으로 보고 이 문구를 "야훼께서 왕이 되셨다" [Yahweh has become King]로 번역하자는 견해에 대하여는 S. Mowinckel, *ibid.*, 107을 참조하라). 즉 이 시는 본래 야훼께서 우주적 왕으로 등극 대관하는 대관의식 제의(祭儀)에서 야훼의 유일한 세계 통치권이 수립되었음을 열방에 널리 알리고 야훼의 우주적 왕권을 찬양하는 시로서 사용되었던 시라고 볼 수 있을 것이다.

¶ 주석

표제에 관하여서는 이 책의 서론을 참조하라.

1 **1[2]절,** "[기쁨으로] 손바닥을 쳐라"와 "하나님께 외쳐라"는 표현은 야훼께서 왕이시다[혹은 "왕이 되셨다?"; Mowinckel]는 것을 환호, 환영하면서 기뻐 외치는 의식(儀式)을 반영한다. 이러한 표현을 "만민들아"('하암밈', העמים)와 연결시키면, 즉 이 환호를 야훼의 왕위 즉위식에 온 열국을 대표한 이스라엘 백성을 초청하는 의미로 이해하면, 이 구절(1[2]절)은 "종말론적인 성격"을 띠게 된다(W.O.E. Oesterley). 즉 여기서 말하는 "만민들아"는 세상 끝 날에 야훼 앞에 부복(俯伏)할 열국을 초청하는 '부름'으로 이해할 수 있을 것이다. 이 "만민들"('암밈')을 그 어원의 의미를 살려서 "강한 힘을 가진 이방신들"이라고 해석하는 다후드(Dahood)의 견해를 받아들인다 하더라도 여전히 이 구절의 종말론적인 의미는 남는다. 말하자면 종말이 오면 야훼의 최고 주권을 이방신들에게 요구하게 된다는 말이라고 하겠다.

2 **2[3]절, "큰 임군"**이라는 말과 동의 평행을 이루고 있는 **"지존하신 여호와[야훼]"**는 "지극히 높으신 자, 야훼"라는 의미를 가진다. "지극히 높으신[자]"(='엘론')라는 말이 이와 같이 "야훼"라는 이름과 동격으로 연결되면 그 말('엘룐')이 지닌 가나안적 다신론의 개념은 사라지게 된다. 그리고 "온 땅의 큰 임금"이라는 말의 "큰 임금"(=대왕)이라는 말은 특별히 앗시리아 왕들이 자신을 스스로 높여서 부르는 칭호로서 널리 알려진 칭호인데(왕하 18:19 참조) 이 칭호가 야훼에게 적용되어 그 야훼가 "온 땅의 대왕"으로 표현되었다는 것은 야훼만이 온 땅(전 우주)의 유일한 통치자이시라는 "암시적 유일신 신앙"(implicit monotheism, 시 24:1; 말 1:14)을 대변하게 된다.

3 **3[4]절, "야훼께서 만민과 열방을 우리 발 아래 복종시키셨다"**라는

표현은 드물게 사용되는 군사적 용어로서 야훼의 승리를 상징하는 말이다. 이 말은 가나안 정복이나 다윗 왕의 승리들을 연상한 말로서 야훼에게 적용함으로 야훼의 우주적 주권과 권능을 예증해 보이는 기능을 하고 있는 것으로 보인다.

4 4[5]절, **"야곱의 영화"**와 동의 평행을 이루는 **"기업"**(基業; '낫할라', נחלה)은 "약속의 땅"을 지칭하는 것으로서, 신명기 32:8-9에 의하면, "전능하신 자"('엘욘')가 열국에게 생의 기본 '분깃'(몫; 資産)으로서 나누어 주신(신이 부여하신) 것이 "기업"이고, "지극히 높으신 자"와 동격 및 일치를 이루고 있는 야훼(=지극히 높으신 자)께서 자기의 몫으로 남겨 두신 것은 "이스라엘"이라고 기록되어 있다. 여기 시편 47편에서는 이 "야훼의 기업"으로서의 이스라엘 선택을 "야곱의 영화"(=야곱의 자랑)라는 신학적 해석을 붙이고 있다. 즉 야곱(=이스라엘)이 자랑할 만한 것이라고 해석하고 있다. 이 경우, 여기서 말하는 "야곱의 영화로서의 기업"은 구체적으로 무엇을(어디를) 가리키는 것인가? 학자들의 견해는 "가나안 땅"(Johnson, Kraus, Eaton, Wilson et al.), "예루살렘 성전"(=시온 산, R. E. Clements, A. Caquot) 등으로 제안되었다. 문맥상으로 볼 때, 즉 다음 절, **5[6]절**에 이어지는 야훼 하나님께서 승리의 나팔 소리 속에서 위의 [하늘] 보좌(8[9]절 참조)로 **"올라가심이여"**라는 표현과 연결해 볼 때, 시편 47편은 매우 종말론적인 성격을 띠고 있음을 볼 수 있다(Gunkel, *Intr.*, 69). 그리하여 "시온의 성소"(법궤가 있는 곳)는 하늘 보좌의 상징이 되며, "올라가심이여"라는 표현은 법궤를 맨 행렬이 지성소로 향하여 들어가는 것을 종말론적으로(최후의 승리를 거두고[=인류 구원 역사를 완성하시고] 하늘 보좌로 올라가시는 것으로) 제의(祭儀) 극화된 것이라고 하겠다. 바이저(Weiser, *The Psalms*, 378)는 이 순간을 가리켜 "신앙인이 역사와 종말의 교차점을 경험하는 곳"이라고 말했다.

6-**9** 6-9[7-10]절, 제의 회중에게 야훼가 온 우주의 왕이신 것을 찬양하라고 권유하고 있는 대목이다. 6-8[7-9]절에서는 히브리어 mlk(מלך)라는 말이 세 번 사용되고 있는데, 마소라 본문은 처음 두 번의

경우(6-7[7-8]절)는 "왕"('멜렉')이라고 읽고 세 번째의 것은 "치리하다" 또는 "왕이 되셨다"로 읽고 있다. 이러한 독음(讀音) 사이의 차이에서 생기는 신학적 문제는 여기서는 토의의 대상을 넘어 간다(자세한 것은 시 93, 96-99편 주석을 참고하라). 여기서는 그 셋이 모두 야훼의 유일한 '왕권'(divine imperium) 찬양에 초점을 맞추고 있다고 하겠다. **"하나님[야훼]이 온 땅의 왕이시다**[왕이 되셨다]"라는 표현은 사실 매우 논쟁적 음조를 띠고 있다. 왜냐하면 이 언어의 배경에는 "승리자 바알은 우리의 왕, 우리의 심판관이시니 그이 이외에는 아무도 없도다"라는 가나안 종교문학이 깔려 있기 때문이다(G. R. Driver, *Canaanite Myths and Legends*, 1956, 97) **"지혜의 시로"**라는 표현은 히브리 본문에서는 "마스길"로 되어 있다. 이 부분에 관한 것은 이 책의 서론[시의 표제 문제] 부분을 참조하라. "하나님이 열방을 치리하시며"의 히브리 본문 서두는 대관식의 시가 갖고 있는 중요한 신학적 논제인 '말라크 엘로힘'(cf. 말라크 야훼)이라는 말이 나온다. 이에 대해서는 위의 '도입' 부분의 모빙켈의 견해(Yahweh has become King)를 참조하라.

8b **8[9]b절**의 **"하나님이 그 거룩한 보좌에 앉으셨도다"**라는 표현은 구약에서는 드문 표현(hapax legomenon)으로서 야훼의 보좌는 시편 18:9[10] 이하와 시편 99:1에서처럼 법궤의 "그룹"들 위를 가리키는 것으로 널리 알려져 왔다(cherub[im], "그룹"은 날개 달린 사람 모양을 한 것으로서 순금으로 만들어 법궤 양끝에 만들어 달았던 것을 가리킨다. 출 25:18-22 참조). 야훼는 보이지 않는 신이시므로 법궤 위는 언제나 비어 있는 보좌로 간주되었다.

9 **9[10]절,** 종말이 되면 열국 백성이 모여 와서 모두들 아브라함의 하나님의 백성이 된다는 것(창 12:1-3에 나타난 신의 약속의 성취)과 그리고 세상의 모든 왕권(방패)은 본질상 야훼의 것이라는 사실을 선포함으로 시를 종결한다. 히브리어 '마겐'(מגן)은 전통적으로는 '방패'라는 의미로 이해하여 왔으나, 다후드(Dahood, *Psalms I*, 16-17)가 "종주"(宗主; Suzerain)로 번역한 이래, 대부분의 주석가들은 이 언어를 '종주', '힘 있

는 자들', '왕들', '땅의 통치자들' 등으로 번역해 왔다. 즉 세상의 왕들 또는 힘 있는 자들은 모두 야훼에게 속한 것이 된다는 것이다. 왜냐하면 야훼는 "매우 높은"(메옷 나알라≒엘룐) 분이시기 때문에 그렇다는 것이다. 결국 모든 언어는 야훼의 왕권을 찬양하는 첫 주제로 돌아간 것이다.

¶ 메시지: 온 땅의 큰 임금이신 야훼!

시편 47편은 야훼의 유일한 왕권 사상을 기초로 하고 선포된 제의적 종말론(cultic eschatology)을 회화화(繪畵化)한 시라고 볼 수 있다. 이스라엘의 야훼 신앙은 그 출발 때부터 "야훼의 유일한 왕권 사상"으로 출발하였다는 것은 주지하는 사실이다(cf. 출 15:18). 여기서부터 신정 정치 공동체(theocratic community)가 또한 탄생한 것이라고 할 수 있다. 실로, 역사가 계속될수록 우리의 논의가 마침내는 돌아가게 되어 있는 궁극적 결론이란 야훼의 유일한 세계 주권에 대한 신앙고백이다. 왜냐하면, 비록 그것이 비현실적 이상론으로 폄하될 가능성이 크다고 할지라도, 그럼에도 우리의 진정한 희망이 거기에만 있기 때문에 우리 논의의 궁극적 결론은 이 신앙고백으로 돌아갈 수밖에 없다.

시편의 "대관식 시들"(47, 93-99편)의 역사적 배경(야훼가 우주의 왕으로 등극하는 신년 축제의식)에 관해서는 본문의 내적 증거를 찾기 어렵기 때문에 많은 학문적 논란을 일으켜 왔다고는 하더라도 그러나 그리 크지 않은 시 묶음이지만 이 시 그룹(대관식 시 그룹)이 갖고 있는 그 신학적 의의는 참으로 크다고 하겠다. 포러(G. Fohrer)는 이 유형의 시들을, 비록 포로기 이후의 산물로 보고는 있지만, 그 내용의 특성에 따라 "유일신론적인 찬양시"라고 규정하고 있는 것(*Introduction to the OT*, 285-291)은 이 시들이 이스라엘 신학의 핵을 다루고 있다는 것을 암시해 준다고 하겠다.

일찍이 궁켈이 예견한 대로, 특히 이 시들이 담고 있는 "유일신 신앙"이라는 그 신학적 중심 주제는 "야훼의 미래 통치에 대한 종말론적 신앙"으로 발전하게 되어 있었다고 하겠다(*Introduction*, 66-81). 야훼의 미래

통치는 그리하여 이방 열국들에 둘러싸인 “하나의 세계제국”(아브라함의 하나님의 백성 공동체, 9[10]절 ← 창 12:1-3)에 의한 세계통치이다. 그리하여 모든 신적인 권위를 가진 존재들은 지극히 높으신 신이신(2[3]절) 그분 앞에서 부복한다(3[4]절). 마침내 야훼는 그의 “진리와 온유와 공의의 통치”(cf. 시 45:4[5])를 실시하시려고 하늘 보좌로 “올라가셔서”(5[6]절) 새로운 왕(2[3], 7[8]절)으로서 이 세계 속에 그의 새로운 통치활동을 실시하신다. 온 땅의 큰 임금이신 야훼를 “새 노래로”(시 96:1) 찬양하여야 할 ‘새 시대’가 도래한 것이다.

그런 의미에서 볼 때, ‘종말’은 야훼의 구원약속이 성취되는 그때, 새 창조의 때라고 하겠다. 아홉 절밖에 안 되는 이 짧은 시(47편 시)는 야훼 하나님의 창조세계가 한 백성의 선택(아브라함 선택)에 의한 구원사 섭리의 성취를 통하여 새롭게 수립되고 완전 회복됨으로써 죄로 붕괴된 세계가 새롭게 재창조된 세계(=신의 약속이 성취된 아브라함의 하나님의 백성 공동체, 9[10]절)로 재탄생되었음을 보여 주며 환호하고 있다.

46. 시온의 하나님은 영원히 위대하신(대왕이신) 하나님(48:1-14)

¶ 본문

고라 자손의 시 곧 노래

1[2] 여호와는 광대하시니 우리 하나님의 성, 거룩한 산에서 극진히 찬송
하리로다(2+2, 2+2)

2[3] 터가 높고 아름다워 온 세계가 즐거워함이여 큰 왕의 성 곧 북방에
있는 시온산이 그러하도다(2+2, 3+3)

3[4] 하나님이 그 여러 궁중에서 자기를 피난처로 알리셨도다(2+2)

4[5] 열왕이 모여 함께 지났음이여(3+2)

5[6] 저희가 보고 놀라고 두려워 빨리 갔도다(2+2+2)

6[7] 거기서 떨림이 저희를 잡으니 고통이 해산하는 여인 같도다(3+2)

7[8] 주께서 동풍으로 다시스의 배를 깨뜨리시도다(3+2)

8[9] 우리가 들은 대로 만군의 여호와의 성, 우리 하나님의 성에서 보았
나니 하나님이 이를 영영히 견고케 하시리로다(2+2, 3+2+3)(셀라)

9[10] 하나님이여 우리가 주의 전 가운데서 주의 인자하심을 생각하였나
이다(3+2)

10[11] 하나님이여 주의 이름과 같이 찬송도 땅 끝까지 미쳤으며 주의 오
른손에는 정의가 충만하였나이다(2+2, 3+3)

11[12] 주의 판단을 인하여 시온산은 기뻐하고 유다의 딸들은 즐거워할찌
어다(2+3+2)
12[13] 너희는 시온을 편답하고 그것을 순행하며 그 망대들을 계수하라
((3+2)
13[14] 그 성벽을 자세히 보고 그 궁전을 살펴서 후대에 전하라(3+2, 2+2)
14[15] 이 하나님은 영영히 우리 하나님이시니 우리를 죽을 [때]까지 인도
하시리로다(3+3+3)

¶ 개요(비평학적 문제)

이 시는 시온의 아름다움과 그 난공불락의 견고함을 찬양함과 동시에 시온에 거주하시는 야훼 하나님의 주권(왕권)을 축하하는 찬양시이지만, 그러나 이 시는 전형적 찬양의 시가 가진 "서론"이 결핍된 것 때문에 전형적 찬양의 시로부터 미세하게 벗어난, 이른바 **"시온 노래"**(the Zion songs: 시 46; 48; 76; 84; 87, 129편. cf. Gunkel, *Intr.*, 28, 29)라는 유형으로 양식 분류된다. 이 시의 전반적 분위기는 시편 46:5[6]의 주제("하나님께서 그 성 중에 계시매 성이 요동치 아니할 것이라")를 정교하게 발전시킨 것으로 보게 한다. 실제로 시편 46:5[6]과 시편 48:9-10[10-11] 사이에는 그 사상에 있어서 동의적 평행을 이루고 있음을 볼 수 있다. 특히, 우리의 본문을 통하여 하나님의 성 예루살렘(=시온)은 터가 높고 아름다우며 또 견고하여(1-3[2-4], 8-9[9-10]절) 비록 세상 열국의 왕들의 침공을 받았으나(4[5]절) 거기 시온에 거하시는 야훼께서 오히려 그 원수들을 가차 없이 깨뜨려 버리셨다(5-9[6-10]절)고 시인은 증언한다. 즉 시편의 "시온 노래"는 아무리 시온의 아름다움을 극찬한다 하더라도 궁극적으로는 결단코 '시온' 자체를 찬양하는 것이 아니고 시온에 계시는 야훼 하나님만을 찬양한다는 특유성이 있다고 하겠다.

그리하여 초기의 학자들은 시편 48:1-3[2-4], 8[9]의 묘사를 근거로 하여 여기 나타난 예루살렘 성의 구원을 히스기야의 통치 기간인 주전 701년 앗시리아 산헤립의 침공 때 있었던 예루살렘의 기적적 구원사건을 이

시의 역사적 배경으로 보려는 경향도 생겨났다. 그러나 이 시에서는 그러한 구원 사건을 기념하는 "감사예배의 언어"가 전혀 나타나지 않고 그 대신 시온의 하나님의 위대하심과 영광스러움에 대한 찬양과 확신만이 나타나고 있기 때문에 이 시의 삶의 자리를 그러한 역사적 사건과 직접 관련시킨 해석은 성서의 내적 증거에 의하여 논증하기는 힘들다고 하겠다.

그리하여 일찍이 궁켈은 이 시온 노래의 시가 그 구성본질로 지니고 있는 예언적 요소와 종말론적 요소를 발견하고 시온 노래들 속에 나타나는 시온의 야훼가 현재적으로(cf. 대관식의 시들) 그리고 미래적으로(cf. 종말론적 시들) 자신의 위대하심과 영광스러움을 모두 계시하시고 있는 것임을 지적한 바가 있다(Gunkel, *Intr.*, 53, 56, 71, 251, 261, 288, 291). 그렇게 하여 시온 노래들이 지닌 야훼 왕권과 주권을 찬양하는 현재적(대관식의 시들 참조) 성격과 종말론적인(예언적 시들 참조) 성격의 신학을 우리로 하여금 동시적으로 인식할 수 있게 해준다.

이 시의 이러한 성격 때문에 이 시는 이중적 해석의 가능성을 열어 준다. 즉 시온의 하나님, 즉 대왕(2[3]절)이신 하나님께서 현재적으로(=구원사의 제의적 재현으로) 자신의 유일한 구원의 주권과 왕권을 현재의 제의 공동체에게 선포하심(8-13[9-14]절)과 동시에 시온을 통한 자신의 왕권이 세세토록(죽음 저편까지; LXX, *εἰς τους αιωνας*, cf. A. Weiser) 계속될 것을 또한 역시 선포하신다(14[15]절).

그리하여 이 시의 삶의 자리는 여러 유형의 가을 축제의 의식 때, 예루살렘 주위를 도는 행렬 의식이 진행되는 동안 또는 그 의식이 시작되기 전에 사용되었을 제의 의식이라고 할 수 있을 것이며 시대적 배경은 포로기 이후보다는 포로기 이전으로 볼 수 있을 것이다.

¶ 주석

표제에 관하여는 이 책의 서론을 참조하라.

1 - 3 1-3[2-4]절, 이 부분은 예루살렘의 의의를 강조하기는 하지

만, 그러나 그 배후의 모든 것은 야훼의 위대하심('까돌', גדול)을 찬양하는 것이 중심이다. 그러므로 이스라엘에서는 엄격한 의미의 성전을 찬양하는 "성전 찬양의 노래"는 없다(!)고 하겠다. 즉 **"여호와[야훼]는 광대하시니" "극진히 찬양하리로다"**가 이 시의 중심 주제이고 **"우리 하나님의 성, 거룩한 산에서"**는 부차적 주제라는 것을 선언하면서 이 시는 시작된다. 아래의 시구들은 모두 이 사상의 지배 아래에 있다. **"우리 하나님의 성"**은 야훼께서 자신의 것으로 선택하신 예루살렘이고(cf. 시 46:4[5]; 48:8[9]), **"거룩한 산"**은 시온 산을 가리킨다. 그러나 그 산의 거룩함은 전적으로 야훼와 연결되었다는 것 때문에 생긴 것일 뿐이다.

"터가 높고 아름다워"는 여기서는 지정학적인 관점에서 말하는 것이 아니고 신학적인 관점에서 말하는 것으로서 하늘과 땅이 해후(邂逅)하는 곳이라는 의미에서 말한다. **"북방"('차폰')에 있는 시온 산**은 "참 하나님이 거주하시는 곳"이라는 의미로 사용하였을 것으로 보인다. 이 말의 기원(起源)은 우가릿(Ugarit) 신화에 나오는 '바알 하닷' 신의 거주지로부터 온 것으로서 후대에 와서는 '차폰'(צפון)은 히브리어로 '북쪽'을 의미하게 되었던 것으로 보인다. 아마도 여부스 족(the Jebusites)이 살던 시절에는 '엘 엘욘'(지극히 높으신 하나님)의 거주지였던 시온 산이 '차폰 산'과 일치되었다가 이스라엘이 가나안에 정착한 초기 "엘 엘욘의 제의와 야훼 제의가 통합될 무렵"(cf. 창 14:18, 22), 이 '차폰' 산은 야훼 하나님의 거주지로서의 시온 산과 일치되었을 것으로 보인다. 이 시온 산은 다른 나라로 흩어진 유대인들뿐만 아니라 전세계 인류의 **"즐거워함"**의 근원이다. 이 '즐거움'의 근원지를 지켜 주실 분은 야훼이시다. 왜냐하면 **야훼께서 자신을 피난처**('미스갑', משגב)**로 알리셨기 때문**이다. 즉 제의 드라마를 통하여 야훼의 구원행적이 표현된 것으로 볼 수 있다.

4-7 4-7[5-8]절, 적의에 가득 찬 세계 열왕들이 야훼의 도성을 치려고 함께 몰려왔으나(cf. 시 2:2) 곧 패주(敗走)하고 격파된 것은 야훼의 구원행위 때문이었다는 것을 '제의적으로' 보여 주고 있다. 이것은 창조신화에 나오는 태고의 혼돈(카오스)을 격파하는 신들의 전쟁의 역사화(궁켈)라고 보기보다는 "거룩한 전쟁" 전승이 제의적으로 표현된 것으로 보

인다. 거룩한 전쟁 전승에 나타난 신앙에 의하면, 아무리 강한 원수라 할지라도 야훼를 의지하는 자들에게는 어떠한 심각한 상해도 가할 수 없으리라는 믿음이 최후의 승리를 거두게 되어 있다. "신의 진동(震動)"이 적진을 지리멸렬 속으로 몰아넣고 적진을 한꺼번에 무너뜨리는 것은 거룩한 전쟁의 일반적 현상이다(cf. G. von Rad, *Der Heiliege Krieg* …). 이러한 전쟁의 절정은 제의(祭儀) 과정에서는 "하나님의 현현"과 더불어 일어난다. 여기서 말하는 "다시스의 배"는 다시스의 제련공장(왕상 10:22)에서 만든 튼튼한 배로서, 그러나 이러한 튼튼한 배도 신 현현의 한순간에 전파(全破)된다는 것은 거룩한 전쟁의 설화문학이 갖고 있는 문학적 특징 중의 하나이다. 그 어떠한 강력하고 튼튼한 무기도 전쟁용사로서의 야훼 하나님의 현현(출 15:3-5) 앞에서는 "보고 놀라고 두려워 빨리"(5[6]절) 패주(敗走)한다는 것이 거룩한 전쟁의 신앙이다.

8 - 11 **8-11[9-12]절,** 야훼 하나님에 대한 신뢰와 찬양 부분으로서 48편의 심장부라고 할 만하다. 주로 거룩한 성의 중심에 역사의 주이신 야훼 하나님께서 현존하고 계시는 것에 대한 신학적 각성을 담고 있는 부분이다. **"우리가 들은 대로 … 보았으니"(8[9]절)**는 야훼의 구원행적에 대한 자세한 보고를 "제의의 재현 드라마"(re-enact by a cultic drama)에서 듣고 보았다는 것을 의미한다. 재연(再演/再現) 드라마의 내용은 예언적 성격을 띤 "시온의 구원"이다. **9[10]절**은 그것을 말해 주는 가장 명료한 본문의 내적 증거라고 할 수 있다. **"우리가 주의 전 가운데서 주의 인자하심**('헤세드', חסד= steadfast love)**을 생각하였나이다"**는 야훼의 승리들에 대한 상징적(제의극적) 표현들이 예루살렘 성전 안에서 재현되었다는 것을 증언하고 있다. 이로 인하여 "주의 이름", 즉 주의 명성(名聲)이 "땅 끝까지" 퍼졌다는 것이며, 주의 "정의"와 올바른 "판단"으로 인하여는 시온산(=하나님의 백성에 대한 시적 표현), 즉 "유다의 딸들"(=유다의 거주민들에 대한 시적 표현)이 기뻐하고 즐거워하리라는 것이다.

12 - 14 **12-14[13-15]절**은 청중들에게 시온의 성벽 둘레를 도는 행진 의식에 참여하기를 요구하고 있다. 이러한 요구를 말하는 역할은 아

마도 제사장들이 맡았을 것으로 보인다. 문맥상으로 볼 때, 이 요구는 예루살렘 성벽이 그토록 많은 공격을 받았음에도 불구하고 아무런 해함을 당하지 않고 건재하다는 것을 보여 주기 위함이라고 볼 수 있다. 왜냐하면 예루살렘 성은 야훼 하나님이 거주하시는 성전이 있는 곳이기 때문이다. 그러므로 이 노래의 결론은 예루살렘 찬양이 아니라 야훼 하나님이 모든 승리의 유일한 근원이시라는 것을 증언하며 찬양하는 것이 된다. 특히 우리 시의 결론은 신학적으로 매우 중요한 고백과 증언을 담고 있다. 즉 14[15]절은, 주석가들의 견해를 참조하고 히브리 본문의 문자적 뜻을 고려하여 사역[의역]한다면, "오, 이분이야말로 야훼이시며 영원토록 우리의 하나님이시다. 바로 그분이 우리를 죽음 저편까지(영원토록) 인도하시리라"는 말로 옮겨 놓을 수 있을 것이다. 여기서 우리가 중요한 신학적 쟁점이 된다고 보는 점은 두 가지이다. 그 하나는 우리를 인도하시는 하나님의 목자상(牧者像)이고 그 다른 하나는 하나님의 "죽음을 넘어가는 영원성"에 대한 고백이다. 야훼 하나님은 우리를 인도하시는 분이시되 죽음 저 너머까지 우리를 인도하시는 분이시라는 것이다. 야훼의 목자 이미지는 구약의 세계에서는 널리 알려진 주제이지만 야훼의 영원성에 관한 이미지는 그렇게 널리 알려진 주제는 아니다. "영원하신 하나님"('엘 올람')은 야훼보다는 "엘"과 더 자주 관련되었다(cf. 창 21:33; F. M. Cross, *Canaanite Myth and Hebrew Epic*, 1973, 1976, 46-60). 그러나 여기서는 그 영원성이 야훼와 긴밀하게 결부되어 있음을 볼 수 있다. 특히 이 시의 히브리 본문의 제일 끝에 나오는 글자인 '알-무트'(על־מות)는 '알-마웻'(על־מות), 즉 'against death'에서부터 비롯되어 음악적 지시로 전용되었던 글자이다. 이 '알-마웻'은 가나안의 우가릿 경진에 나오는 죽음의 신 '모트'(mwt)와 싸우는 '바알'을 생각나게 하는 글자이다. 그리하여 70인역은 미소리 히브리 본문("죽을 때까지")과는 다르게 아예 "영원히"('에이스 투스 아이오나스')로 번역하고 있다. 즉 야훼는 그의 백성을 양떼같이 인도하시는 '영원한' 목자이시라는 신학적 결론으로 시온의 아름다움에 대한 노래를 끝맺고 있는 것이다. 우리는 이 70인 역본의 신학적 해석('알-무트'=영원히, 히브리어 '알'을 against로 해석하는 것)에 헬라적 시간 개념이 적용되었다는 비판을 적용하여 부정적으로 반응할 필요는 없다고 보아야 할 것이다(14[15]b절의 '알-무트'는 '앋-무트', 즉 '영원까지'가 아님).

¶ 메시지: 영원한 생명에 관한 성서적 희망

하나님이 계시는 도성(성전이 있는 예루살렘 성/시온 성)의 아름다움(견고함)에 대한 찬양은, 전적으로 야훼 하나님이 그 가운데 계신다는 그 사실(3[4]절) 때문에 이루어진 것일 뿐이다. 성전이 있는 그 도성 자체만으로 찬양의 대상이 된 적은 구약에서는 없었다. 그러므로 야훼가 현존하시는 그 곳은 온 세계가 즐거워하는 곳(2[3]절)이며 따라서 야훼의 명성은 땅 끝까지 넘쳐났던 것이다. 그렇기 때문에 이스라엘은 그 곳을 "영원히 견고한 성읍"(8[9]b절)이라고 불렀던 것이다. 시온의 영원성은, 그러므로 시온의 역사적 현실과는 달리(!), 야훼 하나님의 영원성(14[15]절)에 대한 신앙 위에 기초되어 있었던 것이다. 즉 시온을 통한 야훼 하나님의 자기 백성 인도는 "죽을 때까지"('앋-무트', עד־מות)가 **아니라(!)** "죽음을 넘어서"('알-무트', על־מות) 계속된다는 것이다. 시온 노래들의 신학적 의의는 바로 여기에 있다고 하겠다. 시온은 영원히 우리 하나님이신 야훼께서 현존해 계시기 때문에 영원한 생명이 있는 곳이 된다.

시온의 영원성은, 그 역사적 현실과는 엄청난 괴리가 있음에도 불구하고, 여전히 그 영원성이 찬양받을 수 있는 것은 무엇 때문인가? 그것은 전적으로 영원하신 야훼 하나님 자신께서 그 곳을 우리의 영원한 피난처(3[4]절)로 삼으셨기 때문이다(cf. 삼하 7장). 말하자면 **야훼 하나님이 계시지 않는 곳은 그 곳이 비록 시온 성이라고 하더라도 시온 성이 아니라는 것이다.** 교회도 마찬가지이다. 교회가 교회인 것은 예수 그리스도께서 자기 교회를 세우시고 자신이 친히 죽음을 이기시고 그렇게 하심으로 죽음의 권세가 그것을 이기지 못하도록 하셨기 때문이다(마 16:18).

영원한 생명은 그러므로 오직 생명 창조의 주님으로부터만 오는 것일 뿐이다. 영원한 생명은 죽음의 권세를 이기신 분으로부터만 오는 것이다. 우리에게 시온이 주어졌다는 것, 우리에게 교회가 주어졌다는 것은 우리

안에 영원한 생명에 관한 희망이 주어졌다는 것을 의미한다. 영원한 생명의 주님께서 거기 현존하고 계시는 한 '죽음'(מות)은 생명의 주님의 '도전'(על: against)을 받게 되어 있기 때문이다. "왜냐하면, 이분은 영원토록 우리의 하나님이신 야훼이시기 때문이다. 바로 그분이 우리를 죽음 저편으로까지(죽을 때까지가 아님! 알-무트가 아니라 알-무트임) 우리를 인도해 주실 것이기 때문이다."

47. 인간의 운명은 물질 부유가 아니라 하나님께 의존되어 있다(49:1-20)

¶ 본문

고라 자손의 시, 영장으로 한 노래

1[2] 만민들아 이를 들으라 세상의 거민들아 귀를 기울이라(3+3)

2[3] 귀천 빈부를 물론하고 다 [들을찌어다](4+3)

3[4] 내 입은 지혜를 말하겠고 내 마음은 명철을 묵상하리로다(3+3)

4[5] 내가 비유에 내 귀를 기울이고 수금으로 나의 오묘한 말을 풀리로다 (3+3)

5[6] 죄악이 나를 따라 에우는 환난의 날에 내가 어찌 두려워하랴(4+3)

6[7] 자기의 재물을 의지하고 풍부함으로 자긍하는 자는(2+3)

7[8] 아무도 결코 그 형제를 구속하지 못하며 저를 위하여 하나님께 속전을 바치지도 못할것은(4+3)

8[9] 저희 생명의 구속이 [너무] 귀하며 영영히 못할 것임이라((3+2)

9[10] 저로 영존하여 썩음을 보지 않게 못하리니(3+3)

10[11] 저가 보리로다 지혜 있는 자도 죽고 우준하고 무지한 자도 같이 망하고 저희의 재물을 타인에게 끼치는도다(4+4)

11[12] 저희의 속 생각에 그 집이 영영히 있고 그 거처가 대대에 미치리라 하여 그 전지를 자기 이름으로 칭하도다(3+3+4)

12[13] 사람은 존귀하나 장구치 못함이여 멸망하는 짐승 같도다(3+3)
13[14] 저희의 이 행위는 저희의 우매함이나 후세 사람은 오히려 저희 말
을 칭찬하리로다(4+3)(셀라)
14[15] 양 같이 저희를 음부에 두기로 작정되었으니 사망이 저희 목자일
것이라 정직한 자가 아침에 저희를 다스리리니 저희 아름다움이
음부에서 소멸하여 그 거처조차 없어지려니와(3+2, 4+2+3)
15[16] 하나님은 나를 영접하시리니 이러므로 내 영혼을 음부의 권세에서
구속하시리로다(3+3)(셀라)
16[17] 사람이 치부하여 그 집 영광이 더할 때에 너는 두려워 말찌어다
(3+3)
17[18] 저가 죽으매 가져가는 것이 없고 그 영광이 저를 따라 내려가지 못
함이로다(4+3)
18[19] 저가 비록 생시에 자기를 축하하며 스스로 좋게 함으로 사람들에
게 칭찬을 받을찌라도(3+3)
19[20] 그 역대의 열조에게로 돌아가리니 영영히 빛을 보지 못하리로다
(3+3)
20[21] 존귀에 처하나 깨닫지 못하는 사람은 멸망하는 짐승 같도다(4+3)

¶ 개요(비평학적 문제)

시편 49편은, 궁켈에 의하면(*Intr.*, §10, 2, 295-297), 소유물의 많음이 갖고 있는 그 허망함의 문제를 다루고 있다는 점 때문에 이 시편 49편은 "지혜시들"을 모아 놓은 고대 시집에 속하는 것으로 분류될 수 있다는 것이다. 특히 그는, "죽음의 운명이란 모든 소유의 가치를 '무'(無)로 돌린다"(10-12[11-13]절)라는 주제는 "지혜시"에서 흔히 발견되는 주제라고 보았다. 말하자면 시편 73편에서처럼 지혜시의 언어와 사상이 이 시의 도처에서 지배적으로 나타나고 있다는 것이다. 그리하여 대부분의 학자들은 시편 49편을 삶의 무상함에 관하여 '교훈하려는'(=수수께끼 같은 오묘한 말을 풀어 보려는, 4[5]절) 목적을 갖고 있는, 이른바 "지혜시"라는 장르에

속한다는 것에 동의를 한다(pace C. A. Briggs, I, 405; Briggs는 이 시를 "경건한 자의 탄식시"로 본다). 이 시가 이러한 지혜시의 성격적인 면에서 주로 관심을 보이는 것은 부(富)와 죽음에 관한 깊은 사색이다. 빈부(貧富) 관계의 부조리, 즉 부유한 자는 벌을 받아 망하고 가난하고 경건한 자는 축복을 받아 흥하는 것이 이 세상이 아니라 그 반대의 현상으로 나타난다고 하여도, 그럼에도 "죽음"은 그 **모든 사람에게 동일하게 임한다는 사실**(10[11], 12[13]절 등)을 주시한다. 죽음의 평등! 그러므로 사람은 누구나 음부(스올/죽음)의 세계로부터 스스로 자기를 건져낼 힘이 없다는 사실에 이 시의 주요 쟁점이 있다(17-19[18-20]절). 결과적으로 이 시는 우리를 음부에서 건져 주실 수 있는 분은 하나님뿐이시라는 것(15[16]절)을 "이 땅의 모든 백성에게"(세계주의적으로) 교훈하게 된다.

이 시의 시대적 환경을 11[12]절(이사야와 미가가 꾸짖었던 시대 환경)에 근거하여 유다 남왕조가 물질적 부에 의존하고 있을 때인 주후 8세기(웃시야와 요담이 남왕조를 통치할 때)라고 보는 견해(A. F. Kirkpatrick, *The Book of Psalms*, Grand Rapids, Baker, 1902, 268)가 초기에 제기된 바 있으나, 그러나 최근 학자들은 이 시의 시대적 환경을 욥기, 잠언, 그리고 전도서와 같은 지혜문학을 창출한 후기 지혜자의 서클(Wisdom circles)의 시대에서부터 온 것으로서 포로기 이후의 늦은 시기(심지어는 주전 200년대, Deissler)로 보려는 경향이 있다. 그러나 하나님과 더불어 영생의 삶을 사는 것을 꿈꾸면서 동시에 전통적인 인과응보 사상에 저항하였던 지혜자들의 사상토양(sapiential milieu)을 정확한 어느 시기로 결정 지어 말하는 것은 늘 불가능에 가까운 일(S. Terrien, *The Psalms*, 2003, 392)이라고 하겠다.

¶ 주석

표제에 관하여는 이 책의 서론 "표제" 부분을 참조하라. 그리고 시편 42편 표제 부분을 참조하라.

1-**4** 1-4[2-5]**절,** 서론적인 초청문의 형식으로 논제를 소개한다. 이 시가 지혜문학권에 속한 시답게 초청 대상을 이스라엘(유다)에 국한하지 않고 **"만민들"**과 **"세계의 거민들"**에게로 확대시킨다. 이 확대의 의미는 인종의 차이를 넘어설 뿐만 아니라 사람의 신분의 차이도 넘어선다. 비천한 자('베네 아담')와 존귀한 자('베네 이쉬'), 그리고 '부한 자'와 '가난한 자' 사이의 차이에 구별을 두지 않고 '모든' 사람을 교훈의 대상으로 확대시킨다.

교훈하려는 것은 "지혜"('호크못트')와 "명철"('테부놋트') 그리고 "비유"('마샬')와 "나의 오묘한 말"('히다티'=나의 수수께끼)이다. '호크못트'는 '호크마'의 복수형인데 복수를 쓴 것은 강조어법의 일종이며 그러므로 '심오한 지혜'라는 의미를 가진다고 볼 수 있다. '테부놋트'도 평행법적 구조에 따라 복수형을 취하고 있으며 이것을 우리 본문은 "명철"이라고 번역하였는데 이도 또한 '깊은 통찰력'이라는 의미로 이해할 수 있다. 이 두 언어는 '사변적(=이론적) 지혜'라기보다는 '실천적(=경험적) 지혜'를 가리킨다. '마샬'(비유)은 구약성서에서 각자의 문맥에 따라 매우 다양한 의미로 번역되었다. 즉 "풍사"(=풍자시, 미 2:4), "수수께끼"(알레고리, 겔 17:2; 그러나 겔 20:49에서는 "비유"라고 번역), "시"(민 21:27), "노래, 예언, 신탁"(민 23:7), "교훈"(잠 10:1, "잠언") 등이다. 그리고 이 '마샬'과 동의어 평행을 이루는 "나의 오묘한 말"(='히다티')은 '나의 수수께끼'를 의미한다. 이들은 모두 지혜자들의 서클에서 주로 사용하는 말들이다. 이 말들은 모두 수금(lyre)으로 "풀어야 할 신비성"을 가진 말로 이해되었다. 악기를 통한 음악은 때때로 "입신"(몰아의 황홀경, ecstasy)의 상태로 이끄는 도구로 사용되었다(삼상 10:5; 왕하 3:5).

5-**12** 5-12[6-13]**절,** 부(富)의 한계성을 설명하고 있다. 즉 풀어야 할 신비한 진리는 "부(富)는 한계를 갖고 있다"는 명제였다. 사람들은 죄악이 끌어들인 두려운 환난의 날에도 이를 두려워하지 않고 이기게 하는 힘이 '재물의 풍부함'에서 온다고 믿고 자긍심을 가진다고 지혜의 시인은 힐책한다. 물론 이 시인은 재물의 풍부함 그 자체가 본질적으로 나쁘다고 말하고 있는 것은 아니다. 단지 그 중요성이 오해될 수 있다는 것을 지적

해 준다.

7[8]절의 의미는 상반절과 하반절이 반복적 동의어 평행법으로 연결되어 설명되고 있다. 이 평행법적 구조가 말하려는 것은 "죽음으로부터 도피할 능력이 인간에게는 없다"는 것이다. 따라서 **"구속하지 못하며"**와 **"하나님께 속전(贖錢; ransom)을 바치지 못한다"**가 말하려는 것은 그러므로 "하나님께서 인간의 생명을 요구하시면 다른 대안을 찾을 수는 없다는 것"을 교훈하려는 것이다. **8-9[9-10]절**은 개역개정본과 표준새번역 개정본이 본문의 뜻을 더 잘 전달하는 번역으로 보인다. 즉 "생명을 속량하는 값은 값으로 매길 수 없이 비싼 것이어서, 아무리 벌어도 마련할 수 없다(8[9]절). 그러니 죽음을 피하고 영원히 살 생각은 하지 말아라"(9[10]절)(표준새번역 개정). 말하자면, 인간 생명의 값은 너무 비싸서 인간의 힘으로는 살 수 없는 것일 뿐만 아니라 심지어는 하나님께 속량 값을 지불한다는 관념 그 자체가 시도될 수 없는 쓸모없는 짓이라는 말이다. **"썩음을 보지 않게 못하리니"**(9[10]절)라는 말은 "죽음을 경험하지 못하게는 못하리니"라는 의미를 갖는다. 그리하여 **10[11]절**에서는 죽음이라는 것은 "궁극적 평등장치"(ultimate equalizer) 역할을 한다고 고백하게 된다. 즉 지혜 있는 자도 무지한 자도 다 죽는다는 것이고 그의 재물이 아무리 많다고 하여도 그 재물을 죽음의 세계에까지 가져가지는 못한다는 것이다. 그리고 재물이 아무리 많고 또 그 모든 재산을 법적으로 잘 처리하여 놓는다고 하여도 그가 남길 자기 몫의 유산은 오직 좁은 공간의 무덤밖에는 없다는 것을 밝힌다(**11[12]절**). 그러므로 사람의 생명이 아무리 존귀하다고 하여도(cf. 마 6:25; "목숨이 음식보다 중하고 몸이 의복보다 중하다 하여도") 인간이 그것으로 인하여 허세를 부릴 수도 없다는 것이다. 왜냐하면 인간 생명은 영원하지 않기 때문이다. 또 이 점에서 보면 인간의 종말은 짐승과 별반 다를 게 없기 때문이라는 것이다(**12[13]절**). 단지 경건한 인생만은 음부에서부터 하나님에 의하여 구원받는 다른 운명을 기다릴 수 있다(15[16]절)는 것이다. 그리하여 마지막 절인 이 **12[13]절**은 '후렴구'처럼 이 시의 끝(20[21]절)에서 다시 나타난다.

13 - **20** **13-20[14-21]절,** 이 시의 후반부는 부유함을 자랑하는 자

들의 그 우매한 행위를 후세인들은 오히려 칭찬하며 비위를 맞추려고 하였다는 것을 지적하며 시작된다(cf. 시 73:2-11). 그러나 저들 우매한 자들(부유함을 자랑하는 자들)은 음부에 두기로 작정된(도살하기 위하여 따로 떼어 놓은) 양 같아서 **"사망이 저희 목자"(14[15]절)**가 될 것이라고 말한다. 이 상황은 시편 23편의 상황과는 정반대된다. 그러나 그 다음에 이어지는 표현, "정직한 자가 아침에 저희를 다스리리니"라는 표현(마소라 본문)은 스올에 있는 악인들을 의인들이 다스린다는 의미의 말인데, 그러나 이러한 문맥은 매우 부자연스럽기 때문에 여기서 다후드(Dahood, *Psalms I*, 300)는 **14[15]b절**의 "모음들의 일부를 수정하여" "그들이 송아지처럼 그[의] 목구멍 속으로(=스올 속으로) 내려갔을 때"라고 14[15]b절을 고쳐 읽었다. 이러한 번역의 근거는 우가릿 본문(UT 67:1:6-7, "실로 나는 못트[Mot] 신의 목구멍 속으로 내려가게 될 것이다")과의 유비점에서 찾았다. 이 경우 14[15]절의 문맥은 자연스러워진다. 따라서 악인들의 자랑함은 소멸되고 그 거처조차 없어졌던 것이라 하겠다. 이와는 대칭적으로 경건하게(정직하게) 살려고 하였던 시인은 하나님의 영접을 받아 음부의 권세에서부터 속량을 받아 에녹처럼(창 5:24) 스올(=죽음)을 보지 않게 되리라는 확신을 표현할 수 있었던 것이라 하겠다**(15[16]절)**.

이상의 주장을 근거로 하여 이 시인은, **16-19[17-20]절**을 통하여, 재물이 부유하므로 영광을 누리는 악인들의 번영을 부러워하고 두려워할 필요가 없음을 선포/증언한다. 즉 재물의 부유 때문에 집안에 영광이 가득하더라도 그 영광이 죽은 후에도 함께 동행하는 것도 아니고 또 생시에 사람들로부터 많은 칭찬을 받았을지라도 죽음이 오면 곧 열조의 품으로 돌아가 그 영광을 다시 보게 되지는 않을 것이라는 것을 증언하였던 것이다. **20[21]절**은 12[13]절에서와 같은 후렴 기능을 하면서 이 시의 대단원의 막을 내렸던 것이다.

¶ 메시지: 인간 생명은 존귀하나 죽음은 모든 사람에게 평등하다!

빈부와 귀천, 지혜와 우둔, 그 '모든 것'이 '죽음' 앞에서는 평등하다는 시인의 확신은, 시인으로 하여금 비록 생명은 한없이 존귀하다고 하여도 그 생명은 '본질상' 결코 '영원하지 않다'는 새로운 신앙적/신학적 확신으로 전이(轉移) 발전하고 있다. 왜냐하면 창조주 하나님께서는 창조 때 [인간] 생명을 "본질상 유한하게" 창조하셨기 때문에, 또 거기에 하나님의 뜻이 있기 때문에 이 지혜의 시인은 그의 메시지를 귀천 빈부를 막론하고 또 지혜 있는 자나 우준한 자나 누구를 무론하고 모두에게 전하고 있는 것이다. 거기에 창조주 하나님의 깊은(구속사적) 뜻, 섭리가 있었다는 것이다(!).

폰 라트(G. von Rad)가 이미 창세기 3:19에 대한 매우 혁명적인 주해를 해준 바와 같이, 인생이 흙에서 와서 흙으로 돌아가는 것은 인간의 범죄 때문에 비로소 찾아온 하나의 징벌이 아니라(!) 인간 창조 때부터(창 2:7) 인간은 창조주 하나님에게 전적으로 의존된 유한한 존재(먼지로 조성된 존재, 그러므로 먼지로 돌아가야 할 존재)로 창조되었다는 이 기초적 진리를 이 지혜시 시인은 모든(!) 인간에게 전파하고 있는 것이다. 그러므로 우리의 희망은 애초부터 우리 자신 안에 있는 것이 아니라 하나님께 있는 것이라는 것을 이 시인은 애타게 증언하고 있는 것이다. "사람은 존귀하나 장구치 못함이여 이것을 깨닫지 못하는 사람은 멸망하는 짐승 같도다(!)"라는 선언을 반복적 후렴구로 정한 것은 바로 이러한 이유 때문이었다. "십자가의 죽음과 죽음을 극복한 부활"이 성서가 전하는 '복음'의 핵이라는 것이 이제야 모순이 아닌 역설의 진리임이 분명하게 인식된다.

사람은 존귀하다. 하나님의 형상으로 창조되었다는 것(창 1:26-27)이 그것을 웅변한다. 그러나 그의 그 존귀한 생명도 본질상 영원한 것은 아니었다(창 3:22-24). 먼지에서 와서 먼지로 돌아가도록 하나님이 뜻하셨던 것이다. 즉 하나님이 생명('뉘샤마', 창 2:7)을 주시고 취하시고 함에 따라 그 운명이 결정되는 것이 인생이다(욥 1:21).

그러므로 자기의 재물을 의지하고 그것의 풍부함 때문에 자긍하는 자는 어리석은 자이다(8-9[9-10]절). 왜냐하면 그 재물도 인간으로 하여금 영존하여 썩음을 보지 않게는 하지 **못하기** 때문이다. 우준한 자**만** 죽는 것이 **아니라** 지혜 있는 자도 죽는다. 아니, 이 시인은 지혜 있는 자가 죽는다는 것을 우준한 자의 죽음보다 오히려 앞세운다. 여기서 시인은 인간을 오만하게 하는 가장 제일 되는 요소는 물질의 부유라고 보고 "재물을 의지하는 자는 하나님께 속전(贖錢; ransom)을 바치는 그 너무 귀한 일조차 영원하지 못하다는 것을 깨닫지 못하는 우준한 자"라고 훈계한다(7-8[8-9]절). 이 기초적 진리를 시인은 '오묘한 말'('히다', חידה; 수수께끼)이라고 말하고 그리고 부유한 자도 죽으며 아무런 영광도 그를 따라 스올로 함께 내려가 그를 지켜 주지 못한다는 사실(17[18]절)에서부터 '죽음'을 극복하는 길이 오직 생명 창조자이신(=생명의 주인이신) 야훼 하나님에게만 있다는 것을 깨달았다고 말한다.

48. 심판자이신 하나님(50:1-23)

¶ 본문

아삽의 시

1 전능하신 자 하나님 여호와께서 말씀하사 해 돋는 데서부터 지는 데
까지 세상을 부르셨도다(3+3+3)
2 온전히 아름다운 시온에서 하나님이 빛을 발하셨도다(2+2)
3 우리 하나님이 임하사 잠잠치 아니하시니 그 앞에는 불이 삼키고 그
사방에는 광풍이 [불리]로다(3+2+3)
4 하나님이 그 백성을 판단하시려고 윗 하늘과 [아래] 땅에 반포하여
(3+3)
5 이르시되 나의 성도를 내 앞에 모으라 곧 제사로 나와 언약한 자니라
하시도다(2+3)
6 하늘이 그 공의를 선포하리니 하나님 그는 심판장이심이로다
(3+3)(셀라)
7 내 백성아 들을찌어다 내가 말하리라 이스라엘아 내가 네게 증거하리
라 나는 하나님 [곧] 네 하나님이로다(3+3+3)
8 내가 너의 제물을 인하여는 너를 책망치 아니하리니 네 번제가 항상
내 앞에 있음이로다(3+3)

[9] 내가 네 집에서 수소나 네 우리에서 수염소를 [취치] 아니하리니(3+2)

[10] 이는 삼림의 짐승들과 천산의 생축이 다 내 것이며(3+3)

[11] 산의 새들도 나의 아는 것이며 들의 짐승도 내 것임이로다(3+3)

[12] 내가 가령 주려도 네게 이르지 않을 것은 세계와 거기 충만한 것이 내 것임이로다(3+3)

[13] 내가 수소의 고기를 먹으며 염소의 피를 마시겠느냐(3+3)

[14] 감사로 하나님께 제사를 드리며 지극히 높으신 자에게 네 서원을 갚으며(3+3)

[15] 환난 날에 나를 부르라 내가 너를 건지리니 네가 나를 영화롭게 하리로라(3+2)

[16] 악인에게는 하나님이 이르시되 네가 어찌 내 율례를 전하며 내 언약을 네 입에 두느냐(3+3+3)

[17] 네가 교훈을 미워하고 내 말을 네 뒤로 던지며(3+3)

[18] 도적을 본즉 연합하고 간음하는 자와 동류가 되며(4+3)

[19] 네 입을 악에게 주고 네 혀로 궤사를 지으며(3+3)

[20] 앉아서 네 형제를 공박하며 네 어미의 아들을 비방하는도다(3+3)

[21] 네가 이 일을 행하여도 내가 잠잠하였더니 네가 나를 너와 같은 줄로 생각하였도다 [그러나] 내가 너를 책망하여 [네 죄를] 네 목전에 차례로 베풀리라 하시는도다(3+3+3)

[22] 하나님을 잊어버린 너희여 이제 이를 생각하라 그렇지 않으면 내가 너희를 찢으리니 건질 자 없으리라(4+3)

[23] 감사로 제사를 드리는 자가 나를 영화롭게 하나니 그 행위를 [옳게] 하는 자에게 내가 하나님의 구원을 보이리라(3+2+3)

¶ 개요(비평학적 문제)

이 시는 계약갱신 제의에서 행해지는 신 현현과 그리고 구원 또는 심판 신탁의 말씀이 선포되는 그런 제의적 상황을 삶의 배경으로 하는 "예언적 성격을 띤 의전시" (prophetic liturgy)로 분류될 수 있다. 특히 이 시의 신탁문(7-15절과 16-21절)이 강조하고 있는 것은 형식적 희생제를 너무 과대평가하는 것을 심판하기 위하여 하나님께서 현현하셔서 심판석에 앉아 자신의 뜻을 계시하고 계신다는 것(7-15절)과 그리고 악인이 하나님의 뜻(계약법)에 불복종하는 것을 하나님께서는 싫어하시고 경고/심판하고 계신다는 것(16-21절)을 선포하는 것이다.

이러한 맥락에서 볼 때, 이 시는 제의 예언자 서클로부터 온 것으로서 그 시대적 환경은 히스기야나 요시야의 종교개혁 시기이거나 아니면 포로기 직후일 것으로 보인다. 만일 이 시의 문학이 초기 문학의 모방으로 판단된다면 그 시기는 좀더 늦은 시기가 될 것으로 보인다.

이 시의 구성내용은 서론(1-6절), 본론(7-15, 16-21절), 결론(22-23절)으로 구성되었다고 하겠다. 서론은 이 시의 찬양 형식의 도입구를 형성하고 있고, 첫 번째 본론(1)은 희생제의 참 의의가 무엇인지를 다루고 있고, 두 번째 본론(2)은 계약법 위반의 문제를 다루고 있다. 결론은 계약법의 저주와 축복의 말을 다소 모방하고 있는 것으로 보인다.

¶ 주석

표제에 관하여는 이 책의 서론을 참조하라. 아삽의 시라는 표제는 73-83편에도 나타난다. "아삽"은 레위인 성가대장으로서 역대상 6:39와 16:1-4에 언급되어 있다.

1-**6** 심판자 하나님의 현현에 관한 묘사가 나타난다. "엘 엘로힘 야훼"(**전능하신 자 하나님 여호와**)라는 표현은 여호수아 22:22에서도 나타났던 이름인데 여호수아에서는 세 이름을 각각 독립적으로 읽을 가능성이 있었으나 여기서는 야훼 신명(神名)을 강조하는 문맥에서 읽을 수 있다. 즉 "신들 중의 신이신 야훼께서"라고 읽을 수 있다. **"세상을 부르셨다"**라는 표현은, 이사야 1:2 이하와 미가 6:1 이하 등에서 볼 수 있는 것과 같이, 일종 예언자들의 계약 소송문의 서두의 형식과 유사하다. **2절**의 **"온전히 아름다운 시온"**은 하나님의 도성인 예루살렘에게 영광을 돌리는

전통에서 온 표현이다. **"하나님이 빛을 발하셨도다"**는 하나님의 현존하심을 상징하는 표현이다. **3절**에 나타나는 상징적 표현들은 신 현현의 전조(前兆)를 표현할 때 사용된 표현(출 19:16-19; 신 4:24; 9:3; 왕상 19:11-13 등)이다. 이러한 상징적 표현들은 가나안(우가릿)을 포함한 고대 중동의 기타 지역들에서 알려진 표현들이다. **4절의 "하늘과 땅"**이라는 표현은 고대 중동(특히 히타이트) 지역에서 조약체결이 행해질 때 "하늘과 땅"이 자주 증인(證人)으로 채택되었던 관습의 영향을 받은 것이다. **5절의 "이르시되"**는 여기서는 하나님께서 직접 하늘과 땅에게 명령을 내렸음을 의미한다. 명령의 내용은 제사로 나와 계약을 맺었던(출 24:5 이하) 나의 성도들을 심판장이신 자기 앞으로 모으라는 것이다. 아마도 여기서의 하늘은 "하늘의 만군"(萬軍)을, 땅은 지상의 열국들을 가리키는 것으로 보인다. 이 경우의 **"나의 성도들"**은 어떤 특별한 덕행이나 순종으로 모범을 보여 준 자들이라기보다는 하나님과 그의 법에 책임을 진 자들을 가리킨다. 특히 "제사로 나와 언약한 자"라고 한 것을 보면 '맹세'의 표로서의 어떤 상징적 행위를 동반한 "계약 희생제"를 드린 자들을 가리킨다. 예레미야 34:18-22에 나타나 있는 바대로 이러한 계약 희생제를 드린 자들은 계약을 위반한 경우 그 의식 때 둘로 쪼개어 마주 보게 진열해 놓았던 짐승 제물의 운명과 같은 운명에 처해지게 될 것이라는 경고를 받은 자들이라고 볼 수 있다. 6절의 **"하늘"**은 불려온 증인으로서 여기서는 하나님은 정의의 재판장(사 30:18)이심을 증언하고 있다.

7-**15** 악인들이 드리는 희생제의 거짓성과 참 희생제의 의미를 밝히는 재판장의 판결 내용이 선포된다. 이러한 판결의 근거는 **"나는 하나님 곧 네 하나님이다"**(**7b절**)라는 선언 속에 시사되어 있다. 만일 이 시가 엘로히스트(E)의 시라면 이 선언의 원형은 "나는 야훼 곧 네 하나님이다" 일 것이다. 즉 본래의 "야훼"가 엘로히스트에 의하여 "엘로힘"으로 고쳐졌을 것이기 때문이다. 이 문장은 계약의 하나님의 "자기 정체성을 밝히는 전형적 조문"이다(이 조문의 신학적 의의에 관하여는 W. Zimmerli, *I am Yahweh*, Atlanta: John Knox Press, 1982, 1-28을 참조하라). 즉 계약의 주도자이신 하나님만이 계약을 위반한 자기 백성을 훈계하고 징벌

을 내리실 수 있다. 이와 같이 심판장의 자기 정체성을 밝히신 다음, 판결 하실 주 논제를 제기하시는 것이 야훼 하나님의 자기 계시의 방식이다(십계명의 '서론+본론+결론'의 구조를 참조하라. 출 20:2; 신 5:6).

여기에 나타난 판결 논제는 "**너의 제물들**"(זבחיך: '쩨바헤카')이다. 그러나 이 주제를 여기서 문제 삼는 것은 '제물'(祭物) 그 자체가 비난의 대상이 되었기 때문이 아니고(!) '제물의 의미'에 대한 잘못된 이해와 잘못된 해석이 문제가 되었다는 것을 말하려는 데 있었다. 이러한 논제 제기는 구약종교의 본질을 설명하는 데도 크게 기여한다고 하겠다.

8 **8절**에 나타난 신탁의 말씀은 "하나님은 제물 때문에 사람을 책망하지 않으신다"는 말씀이었다. 왜냐하면 사람이 드리는 번제는 항상 "하나님 앞에" 있기 때문이라는 것이다. 말하자면 계약의 주(主)이신 "하나님의 요구에 대한 성실한 응답", 즉 제물을 드리는 마음과 그 동기와 자세가 문제의 초점이지 결단코 그 무슨 제물의 많고 적음[量], 제물의 좋고 나쁨[質], 제물 드리는 일의 계속성 여부 등이 문제의 초점이 "아니"라는 것이다(cf. 시 40:6[7]; 51:16[18]). 그 이유는 **9-13절**에서 매우 명료한 표현법으로 번제 제물용으로 사용할 수 있는 모든 것, 수소, 숫염소, 짐승, 생축, 새, 들짐승, 그리고 세계에 충만한 모든 것이 다 하나님의 것이기 때문에 제물 그 자체가 문제는 아니라는 것이다. 그러므로 모든 존재하는 것의 유일한 주(主)이신 하나님은 "폭군"처럼 백성들의 우리에서 제물 될 것들을 훔치거나 빼앗거나 하시는 분은 아니시며, 뿐만 아니라 제물을 음식으로 삼는 신화 속의 신(神)들처럼 그들을 예배하는 자들에게 강제로 제물들을 거두어들이는 그런 신화들 속의 고급 신들이나 또는 제물의 고기와 피를 즐기는 저급한 신들(cf. 창 6:1-4)은 물론 아니시다(cf. 신 10:14; 32:38). 그는 전세계와 그 안에 있는 모든 것들의 주인이시기 때문이다.

14 - 15 **14-15절**은 이상의 논제(8-13절)에 대한 결론구이다. 즉 희생제물은 야훼 신에게 드리는 음식이 아니고 야훼 하나님에 대한 올바른 자세를 표현하는 하나의 매개체일 뿐이다. 하나님이 바라시는 것은 감사, 서원 이행, 환난의 때에 주님을 찾으며 기도하는 것, 그것일 뿐이다.

사람이 하여야 할 필요가 있는 것은 전적으로 하나님의 신실하심을 믿는 것일 뿐이며 어떠한 예물이나 제물도 하나님에게 바칠 뇌물(賂物; bribe)이 될 수는 없다는 것이다.

16 - 21 **16-21절**에 나타난 신탁(神託)의 주제는, 이제 거짓 희생제에 대한 비판이 아니라 악인들의 도덕적 삶에 대한 탄핵이라는 주제로 전이되어 넘어왔다. 그러나 그 비판의 핵심원리는 유사하다. 즉 참 희생제가 문제의 중심에 왔듯이 여기서도 하나님의 뜻이 담긴 하나님의 율례와 교훈은 단지 입술에만 있는 삶, 즉 입술로만 하나님을 찾았지 실천은 전혀 동반되지 않는 삶(lip service에만 그치는 것)이 탄핵의 초점에 와 있다. 입으로는 율례를 전하고 외치나 정작 그 삶은 하나님의 교훈을 미워하고 하나님의 말씀을 뒤로 내어던지는 것이 악인들의 행태이다. **20절**의 "앉아서"는 시편 1:1을 생각나게 한다("오만한 자의 자리에 앉지 아니하고"). 그럼에도 하나님은 악인들의 악행에도 입을 다물고 잠잠하였다는 것이다(**21절**). 다후드(M. Dahood)는 여기서 3절과의 충동을 피하여 **21a절**을 의문문(Am I to remain silent?)으로 번역했다. 하나님의 잠잠함은 여러 가지 의미를 가진다. 그러므로 악인들은 하나님의 이 잠잠함을 오해한다. 즉 하나님의 오래 참으심(출 34:6, 노하기를 더디 하심)을 곡해하여 하나님도 저들 악인들과 같은 줄로 오해한다. 그러나 하나님은 영원히 침묵하시는 분은 아니시다. 마침내 하나님은 그들 계약 위반자들을 탄핵하신다.

22 - 23 **22-23절**의 결구에서는 하나님의 경고와 구원 약속으로서 시 전체를 결론 짓는다. 하나님은 때로는 침묵하신다. 그러나 영원히 침묵하시지는 않는다(Deus absconditus **atque** praesens). 이 사실을 끝내 무시하면 그때는 "불가역(不可逆)의 심판"이 기다리게 되어 있다. **22절**의 표현은 야훼 하나님이 유일한 구원자이시라는 확신을 담고 있다고 하겠다. 즉 하나님께서 친히 찢으시면 거기엔 어떠한 구원자도 있을 수 없다. 왜냐하면 야훼 하나님만이 유일한 구원자이시기 때문이다(cf. 시 3:8a[9a]). **23절**에서 표현되고 있는 "감사로 제사를 드리는 자가 나를 영

화롭게 하나니"라는 표현은 감사제를 드리는 그 일이 곧 하나님을 영화롭게 할 힘이 있다는 의미의 표현이 아니라 "감사제를 드린다는 것은 곧 그 유일한 구원자에게 자신을 전적으로 의탁하고 의지하는 것을 허락해 주시라고 요구하는 의미를 가지는" 표현이라 하겠다. 즉 자신을 구원할 능력이 인간 자신에게는 없다는 것을 강조하는 의미를 가진다고 하겠다(23절의 "하나님의 구원"은 문맥상 "나의 구원"의 오기[誤記]로 보인다).

¶ 메시지: 참 제의와 참 신앙

종교와 신앙에 있어서 근본적으로 문제가 되는 것은 그 종교와 그 신앙이 '참'인가 아닌가 하는 것이다. 인간역사의 부조리라는 파고(波高)가 아무리 높다 하여도, 그리하여 '진리 추구'의 마지노선마저 모래성처럼 무너진다 하여도, 그러나 인간역사의 축(軸)은 여전히 '진리 추구'이다. 그래서 우리는 산다. 그래서 희망은 아직도 여전히 남아 있다.

시편 50편 시인은 역사 부조리의 거센 파도에 밀리고 있는 인간 희망의 두 축을 "**참** 제의(祭儀)와 **참** 신앙"이라고 보았다. 참 종교(≒참 교회)와 참 신앙이 인간역사의 운명을 좌우하는 지렛대 역할을 하였다(cf. 창 18:32; 시 14:3[4]; 53:3[4] etc.)는 것이다. 참 제의의 붕괴는 "제물이 하나님의 마음을 기쁘게 하고 하지 않고를 결정한다는 생각" 때문에 온다는 것(8-13절)이 50편 시인의 확신이었다. 이 확신은 개혁 예언자들이 야훼주의 운동을 시작할 때부터 가졌던 확신이었다(호 6:6; 삼상 15:22; cf. 시 40:6[7]). 믿음의 선조인 아브라함이 모리아 산에서 100세에 얻은 아들인 이삭을 제물로 바치려 하였을 때 야훼의 사자는 황급히 아브라함의 손을 제지하시며 "아브라함아, 아브라함아, 그 아이에게 네 손을 대지 말라!" (창 22:12)고 하시며 제물에 초점을 맞추는 제의종교는 참 종교가 **아니**라고 성서는 단언한 바가 있다. "내가 수소의 고기를 먹으며 염소의 피를 마시겠느냐?" (13절)라는 반문성(反問性) 힐책은 제의의 중심도 제물이 아님을 웅변적으로 증언하고 있는 말씀이라고 하겠다.

뿐만 아니라 신앙의 본질 면에서도 또한 하나님의 말씀을 입술로만 외치고 실제로는 악과 단합하는 삶을 사는 것이 하나님의 탄핵과 질책의 대상이 된다는 것(16-21절)을 이 시인은 역설하고 있다. 입술로만 진리를 외치는 것(lip-service)은 하나님으로부터 죄로 다스림을 받고 책망을 당한다는 것이 이 시인의 확신이었다. 이 모두는 "하나님을 잊어버린 삶"(22절)이기 때문이다.

49. 인간의 모든 범죄는 하나님께 지은 범죄이다 (51:1-19)

¶ 본문

다윗의 시, 영장으로 한 노래, 다윗이 밧세바와 동침한 후 선지자 나단이 저에게 온 때에

1[3] 하나님이여 주의 인자를 좇아 나를 긍휼히 여기시며 주의 많은 자비를 좇아 내 죄과를 도말하소서(3+4)

2[4] 나의 죄악을 말갛게 씻기시며 나의 죄를 깨끗이 제하소서(3+2)

3[5] 대저 나는 내 죄과를 아오니 내 죄가 항상 내 앞에 있나이다(3+3)

4[6] 내가 주께만 범죄하여 주의 목전에 악을 행하였사오니 주께서 말씀하실 때에 의로우시다 하고 판단하실 때에 순전하시다 하리이다(3+3, 3+2)

5[7] 내가 죄악 중에 출생하였음이여 모친이 죄 중에 나를 잉태하였나이다(3+3)

6[8] 중심에 진실함을 주께서 원하시오니 내 속에 지혜를 알게 하시리이다(3+3)

7[9] 우슬초로 나를 정결케 하소서 내가 정하리이다 나를 씻기소서 내가 눈보다 희리이다(3+3)

8[10] 나로 즐겁고 기쁜 [소리를] 듣게 하사 주께서 꺾으신 뼈로 즐거워하

게 하소서(3+3)

9[11] 주의 얼굴을 내 죄에서 돌이키시고 내 모든 죄악을 도말하소서 (3+3)

10[12] 하나님이여 내 속에 정한 마음을 창조하시고 내 안에 정직한 영을 새롭게 하소서(4+4)

11[13] 나를 주 앞에서 쫓아내지 마시며 주의 성신을 내게서 거두지 마소서(3+4)

12[14] 주의 구원의 즐거움을 내게 회복시키시고 자원하는 심령을 [주사] 나를 붙드소서(3+3)

13[15] 그러하면 내가 범죄자에게 주의 도를 가르치리니 죄인들이 주께 돌아오리이다(3+3)

14[16] 하나님이여 나의 구원의 하나님이여 피 흘린 죄에서 나를 건지소서 내 혀가 주의 의를 높이 노래하리이다(2+3+3)

15[17] 주여 내 입술을 열어 주소서 내 입이 주를 찬송하여 전파하리이다 (3+3)

16[18] 주는 제사를 즐겨 아니하시나니 [그렇지 않으면] 내가 드렸을 것이라 주는 번제를 기뻐 아니하시나이다(4+4)

17[19] 하나님의 [구하시는] 제사는 상한 심령이라 하나님이여 상하고 통회하는 마음을 주께서 멸시치 아니하시리이다(4+4)

18[20] 주의 은택으로 시온에 선을 행하시고 예루살렘성을 쌓으소서 (3+3)

19[21] 그 때에 주께서 의로운 제사와 번제와 온전한 번제를 기뻐하시리니 저희가 수소로 주의 단에 드리리이다(4+2+4)

¶ 개요(비평학적 문제)

이 시는 초기 교회가 사용해 온 7개의 참회시(6; 32; 38; **51**; 102; 130; 143편) 중에서 가장 잘 알려진 참회의 시이다. 양식비평학적인 관찰에 의하면, 이 시는 "개인 탄원의 시"(Gunkel, *Intr.*, §6, 121)로 분류될 수 있다. 대체로 이 시를 "개인 탄원의 시"로서 분류할 수 있는 그 근거는 이 시인이 '질병'의 고난이라는 상황을 8[10]절의 "꺾으신 뼈"에서 찾는 데 있다(Gunkel, *ibid.*, 135, 136). 그러나 시인이 질병에 시달리고 있다는 본문의 내적 증거는 8[10]절 이외에서는 별로 암시되어 있지 않고 있다. 그리하여 모빙켈은 **질병**과 **죄**의 종교 심리적인 인과관계(因果關係)를 기초로 하여 "죄의식"은 질병의 상황에서 가장 더 분명하게 표현된다고 보고(S. Mowinckel, *The Psalms in Israel's Worship*, II, 12-15) 이 시를 넓은 의미에서 "질병의 시" 유형으로도 분류할 수 있는 것으로 본다.

그러나 이러한 시각은, 시편 51편의 경우에서는, 그렇게 적절하지 않은 것으로 보인다. 왜냐하면 시인의 고뇌상황은 이 시 전체의 문맥에서 보면 육체적 질병이기보다는 "엄격히 영적인"(M. Dahood, *Psalms II:51-100*, 1968, 1974, 6-7) 성격의 것으로서, 이른바 "죄의식과 참회의 고백 및 죄의 정화(淨化)"로 점철된 상황임을 극명하게 보여 주기 때문이다(8[10]절을 제외한 모든 구절들이 '죄의 용서'를 지향하고 있다). 물론 모든 탄원의 시들이 고난의 실체나 원수의 실체 등을 분명히 밝히지 않듯이 그렇게 질병의 실체도 또한 밝히지 않기 때문에(cf. 시 6편) 이 시편 51편의 경우는 이 점에 있어서는 훨씬 더 분명하다.

51편의 시는 "표제"를 붙인 자가 다윗의 생애에서 일어났던 한 상황(밧세바 사건, 삼하 11-12장)과 관련시켰던 그 후대의 해석학적인 접근이 소기(所期)의 신학화 작업에서 어느 정도의 성공을 하였다고 현대 성서주석학 학자들이 평가하리만큼, 다윗과 밧세바 사이에서 생긴 사건에 대한 예언자 나단의 책망과 다윗의 회개 그리고 다윗의 용서기원에 관한 설화전승은 후대 성서해석가(=표제를 붙인 자)로 하여금 모범적 참회의 시 구성 뼈대를 만드는 데 좋은 기여를 하였을 것이라고 하겠다.

물론 이 시 표제의 설명(=해석)대로 다윗이 밧세바의 일 때문에 예언자 나단의 충고를 들은 후 이 시를 작시하여 읊었을 가능성은 희박하다. 그러나 다윗의 그 사건(삼하 11-12장)에 대한 전승 자료가 후대의 한 시인으로 하여금 이러한 "참회시"를 쓰게 만들고 또 이 시를 개인이나 민족이 하나님께 사죄와 회복을 기원할 때 그 해당 제의 의식(정결 의식? 7[9]절, 9-10[11-12]절 등 참조)과 함께 제의에서 낭송 또는 노래되도록 하게 하였으리라는 추측은 가능하다고 하겠다.

이 시의 시대적 배경은 시의 내적 증거에 의존하여 추론할 수밖에 없다고 하겠다. 우리의 시에는 시대적 배경에 대한 세 가지의 암시가 나타난다. (1)자신의 죄를 우슬초로 정결하게 해달라는 기원(7[9]절)을 포함한 참회와 사죄 기원의 제의적 환경, (2)이러한 제의적 환경에도 불구하고 죄를 사해 주시는 주님은 "제사"를 즐겨하시는 분이 아니라 상한 심령과 통회하는 마음을 원하시는 분(16[18]절)이라는 초기 예언자들(아모스, 호세아, 이사야, 예레미야, 에스겔 등)의 종교 사상 강조, 그리고 (3)명백한 후대의 덧붙임으로 보이는 "시온에 선을 행하시고 예루살렘[성벽]을 쌓으소서"라는 예루살렘 성과 성전제의의 회복을 비는 기원(18-19[20-21]절) 등이다. 이러한 맥락에서 볼 때, 우리의 시편 51편이 형성되기까지는 그리 이르지 않은 왕조기 때로부터 신홍 바벨론에 의한 포로기가 시작된 이후까지라는 긴 기간이 필요하였을 것으로 추측된다. 이 시의 시인도 개인으로부터 단체(=민족)로 제의적 전이(轉移)가 이루어진(cf. H. W. Robinson, Corporate Personality[연대적 개인] 개념 참조), 이른바 이 시의 전체를 지배하고 있는 그 중심 주제는 (1) 내적 죄의식의 고백 및 참회와 (2) 그 죄의 사(赦)함에 대한 간절한 갈망 그리고 (3) 사죄로 인한 기쁨 등에 대한 증언이라고 하겠다.

¶ 주석

표제에 관하여는 이 책의 "서론"과 위의 "개요"를 참조하라.

1-**2** 1-2[3-4]**절**, 죄 고백의 도입부이다. "주의 인자('헤세드')를 좇아 나를 긍휼히 여기시며"의 "긍휼히 여기시며"는 사무엘하 12:22의 "다윗"의 언어와 일치한다. 여기서 말하는 "긍휼히 여기다"(hnn= be gracious=문자적으로는 '은혜를 베풀다'는 의미)는 윗사람이 아랫사람에게 내리는 '내리사랑'으로서 공로 없는 은총의 관념을 갖고 있으며 다음 구절체에 나오는 "자비"('라훔', rhwm=compassionate=어머니가 자기

자식에게 가지는 따스한 느낌, 이 말은 어머니의 '자궁'[womb]이라는 말에서 유래한 말)와 동의 평행을 이룬다. 즉 "은혜를 베풂"(한눈)과 "긍휼을 베풂"(라훔)은 서로 짝을 이루는 동의어이다(cf. 출 34:6). 이러한 '내리사랑'에 반복적으로 호소하면서 죄과('페샤아')=죄악('아온')=죄('하타아[트]')의 정화(淨化)를 호소한다. 히브리어 "죄과"('페샤아')는 '반역, 모반'의 의미를 가지며 여기서는 법이나 규칙을 깨뜨리는 것 등을 가리키고, "죄악"('아온')은 '길을 잘못 들다'(이탈하다)라는 의미를 가지며, "죄"('하타아[트]')는 '과녁을 빗나가다'라는 어원적 의미를 가진다. 그러나 이러한 어휘들은 각자의 고유한 의미를 특별하게 따로 갖고서 각자의 독자적 기능을 하고 있다기보다는 구약의 경우 계약관계의 문맥 안에서 "계약위반", "하나님이 지시하는 길에서 이탈함"이라는 포괄적 의미를 가진다. **1[3]절** 끝에 나오는 **"도말하소서"**라는 말의 히브리어 '메헤'(מחה의 명령형)는 두루마리 또는 서판(=책)에 쓰인 것을 지워 낸다는 의미를 가진 말이다(cf. 시 69:28[29]의 임마후 밋세펠 하이임, "저희를 생명책에서 도말하사 …" 참조).

3-**5** **3-5[5-7]절**, 시인의 죄 고백이 진솔하게 표현되어 있다. 우선 시인은 자신의 뒤를 돌이켜볼 때, 결코 하나님께 감출 수 없도록 하나님께 대하여 반역과 불신실한 삶을 살아왔다는 것을 자기 자신도 이미 잘 알아 스스로 자각하고 있다는 것을 진솔하게 그리고 강조적인 어법으로 고백하고 있다(사 59:12 참조). 이러한 죄 고백의 태도는 수메르인들의 참회시에 나타난 기도자의 태도와는 대조된다(D. W. Thomas[ed.], *Documents from Old Testament Times*, 1958, 113; "내가 범한 죄악을 나는 알지 못합니다. 내가 범한 죄를 나는 알지 못합니다"). 그리고 "항상 내 앞에 있다"는 표현은 그 동반한 '전치사'(נגדי, '넥디'= 전치사 before보다는 against라는 의미를 가진다)가 적대적 반대 개념을 갖고 있어서 "내 죄가 나를 넘어뜨릴 기회를 찾으려고 노려보고 있다"는 의미(cf. 창 4:7)를 갖는다 하겠다. 4[6]a절의 **"내가 주께만 범죄하여"**는 결코 인간에 대해서는 범죄하지 않고 전적으로 하나님에게만 죄를 범한 것이라는 의미로, 좀더 발전적으로는 원죄론적인 개념의 죄만을 범하였다는 의미로

해석할 가능성 같은 것은 전혀 없다고 하겠다. 예컨대, 사무엘하 12:13에서 다윗이 예언자 나단 앞에서 고백한 죄 고백도 "내가 야훼께 죄를 범하였습니다"라고는 하였지만, 그 범죄는 어디까지나 우리아 살해와 밧세바와의 간음을 지칭한 것이었던 것도 또한 이러한 맥락에서 이해할 수 있다. 그러므로 **4[6]a절**의 의미도 다윗의 고백문(삼하 12:13)과 동일한 문맥 안에 있다고 하겠다(cf. 잠 17:5 참조). 그런 맥락에서 볼 때, **4[6]b, c절-5[7]절**의 의미도 동일한 문맥 안에서 이해하여야 할 것이다. 그러므로 주의 판단은 옳고 주의 심판도 의로우신 것이라고 말할 수밖에 없다. 즉 인간(=시인)은 어떤 형태이든 죄를 범하였다는 것이 확실하다고 할 때, 이에 대한 하나님의 심판은 옳고 정당할 수밖에 없다고 하겠다. 그러므로 **5[7]절**에서 **"내가 죄악 중에 출생하였고 나의 모친이 죄 중에 나를 잉태하였다"**라고 고백한 것도 또한 부모의 죄를 고백하려는 것이거나 또는 잉태와 출생의 과정을 비난하려는 것이거나 하여 생겨난 것은 아니라 하겠다. 오히려 이 시인은 인생이 이 악한 세상에 태어날 그때부터 맞게 되어 있는 그 비극적 실존의 현실에 대한 인간적 고뇌를 진솔하게 표현하려는 의도에서 이러한 표현을 한 것으로 보아야 할 것이다.

6-**12** 6-12[8-14]**절,** 이 부분은 죄의 정화(淨化)와 영적 갱신을 비는 기도문이다. 이것은 그러므로 앞부분에 대한 반응의 성격을 띤다고 하겠다. 즉 3-5[5-7]절에서는 인간 실존의 진상이 무엇인지를 기술하였다면, 아마도 **6[8]절부터**는 이 경우에 하나님께서는 인간으로부터 무엇을 열망하시는 것일까 하는 것을 알려주는 역할을 하고 있다고 하겠다. 기원자(祈願者)에게 돌연 정화와 갱신의 기적적인 길에 관한 한 신비한 계시가 주어졌던 것이다. 그것은 하나님께서 인간에게 진정으로 열망하시는 것은 "진실"('에멧', אמת, **6[8]a절**), 이른바 인간 인격의 투명성이라는 것을 깨닫게 해주셨던 것이다. 즉 **"중심에 진실함을 주께서 원하신다"**라는 것을 깨닫는 순간, 이 시인(기원자)은 즉각 자신의 내밀한 가슴 깊은 곳에 "지혜"('호크마', חכמה, **6[8]b절**)를 주셔서 자신의 인간 내면을 근본적으로 변모시켜 주시기를 기원하였던 것이다. 시인은 자신의 내면에 찾아온 계시가 신의 지혜를 요구하고 있다는 것을 확실하게 인식하였던 것이다.

7-12[9-14]절은 6[8]절의 이러한 인식과 계시의 안내의 바탕 위에서 자신의 정화와 갱신을 자신의 사죄와 정화 및 갱신을 하나님께 매달려 간구한다. "우슬초"('에좁', אזוב, hyssop, **7[9]절**, 첫 유월절에 사용한 다발 모양을 한 박하 종류의 관상용 식물)를 사용한 정결의식에 의한 정화를 간구하였으며, 주께서 "꺾으신 뼈"(=깊은 죄의식이나 심각한 질병, **8[10]절**)의 고통을 인하여 오히려 자신이 기뻐할 수 있게 해달라고 간원한다. 그러나 이러한 과정에도 불구하고 하나님에 의하여 근본적 변화를 받지 못하면(**9[11]절**) 미래는 과거의 반복에 불과할 뿐임을 알고 시인은 정한 마음과 정직한 영을 새롭게 창조해 주시기를 기원한다(**10-12[12-14]절**). 이젠 단순한 변모가 아니라 새로운 창조를 기원하고 있는 것이다. 주의 현존(=기쁨의 근원일 뿐만 아니라 생명 그 자체이시기도 하신 그의 현존)에서부터 떨어져 나가지 않을 뿐만 아니라 성령의 붙드심에 의하여 하나님의 현존을 지속적으로 경험하게 되기를 기원하고 있는 것이다.

13 - **17** 13-17[15-19]**절**, 참회를 기초한 시인의 찬양맹세가 고백되어 있다. 시인의 경건은 그러므로 이기주의적인 것이거나 은둔적인 것은 아니었다. 공적인 참회를 통하여 그는 그가 겪은 구원경험을 널리 증언하는 일을 하겠다고 맹세한다. 구약종교에 있어서는 참회고백과 구원회복의 경험은 단순하게 개인의 사적인 일이 아니라 공적인 응답의 일이다. 여기서는 시인의 구원에 대한 확신에 찬 기대는 "다른 죄인들을"(**13[15]절**) 올바른 길로 안내하는 교훈적 성격을 띤 공적인 찬양과 공적인 참회의 맹세로 발전한다. 즉 "범죄자들"('포쉬임')과 "죄인들"('하타임')에게 하나님의 구속적인 은총을 통하여 변화를 받는 길, 즉 주의 도(道)의 길(the ways of Yahweh)을 가르쳐 주께로 돌아오게 만든다. 그리고 "피 흘린 죄"('따밈')로부터의 구원이 시인의 혀 또는 입술로 하여금 기쁨의 찬양을 공적으로 널리 찬양하게 만든다(**14-15[16-17]절**).

그러나 이러한 감사와 찬양의 공적인 선포를 통한 구원사적 은혜에 대한 증언은 제의(祭儀)의 의식(儀式) 그 자체의 가치를 높이 찬양하는 데 그 의의를 갖는 것은 아니었다. 즉 앞에서도 이미 진술한 바와 같이, "하나님이 바라시는 것은 진실(6[8]a절), 지혜(6[8]b절), 꺾으신 뼈(8[10]b절),

정한 마음(10[12]a절), 그리고 정직한 영(10[12]b절)에 의하여 새롭게 창조된 내적 변화(inward change)이지 희생 제의의 의식을 통한 찬양이 아니었다." 그러므로 이 시인은 예언자적 언어(삼하 15:22; 호 6:6; 시 50:8-9 등 참조)로 야훼 하나님은 제사나 번제를 즐겨하지 않으시고 상하고 통회하는 심령을 즐겨하시고 또 요구하신다는 것을 '공적으로' 증언 공표한다(**16-17[18-19]절**). 물론 이 공언은 모든 대속적인 동물 희생제에 대한 전면 폐기를 목적으로 한 것은 아니다. 그 대신 이 시인은 여기서 "참" 희생이 무엇이고 의식적인 희생제의 진정한 효력은 어디에 있는지를 확실하게 증언하려는 의도를 갖고 있었을 뿐이었다.

18 - **19** **18-19[20-21]절**은 비록 후대의 첨가로 보인다고 하여도(cf. 18[20]절, "시온에 선을 행하시고 예루살렘[성]을 쌓으소서." 아마도 이 구절은 주전 586-444년 사이에 이루어졌던 느헤미야 지휘하의 성벽 재건 활동을 암시하고 있는 것으로 보는 경우를 참조하라), 여기 시온 회복을 비는 기원에는 실로 "시온으로 하여금 시온이 되게 하여라"(Let the Zion be the Zion!)라는 개혁 예언자적 외침도 들어 있을 것이라고 볼 수 있을 것이다. 즉 예루살렘 재건에 대한 이러한 관심은 구원을 위한 '개인적 기원'을 포로기 유대 '신앙 공동체의 환경'에 적용시키는 효력을 갖고 있다고 하겠다. 말하자면, 이 시인이 하나님과의 올바른 관계회복을 위한 참회고백을 추구하듯이 그렇게 포로기/포로후기의 신앙공동체도 이 시인의 참회 고백적인 언어를 사용하여 자신들의 죄를 고백하고 또 계약의 하나님이신 야훼와의 지속적인 영교(靈交)를 가지도록 해주는 진정한 희생제의의 회복을 위한 기초를 놓으려고 하였을 것이라고 생각할 수 있다. 그 기초는 "의로운 제사와 번제 그리고 온전한 번제"(19[21]절)를 드리는 일이었을 것이다.

¶ 메시지: 내가 주께만 범죄하였나이다!

이 참회의 시(시 51편)는 "범죄"의 의미에 대한 심대한 신학적 이해를 우리에게 제공해 주고 있다고 하겠다. "내가 야훼께 죄를 범하였나이다" (삼하 12:13 ↔ 시 51:4[6]a)라는 참회고백문을 시편 51편 시인은 "주께만"('레카 레밧더카', לך לבדך, 4[6]절)이라는 강조어를 첨가함으로 독자들로 하여금 "죄"에 대한 기독교적 이해에 있어서 상당한 논란을 야기시켰던 것은 주지의 사실이다. 즉 궁켈(H. Gunkel) 이래로 시편 51:4[6]의 "내가 주께만 범죄하였나이다"는 마치 인간에 대하여는 죄를 짓지 않았으나 하나님께만 지은 죄가 있는 것인 양 이해되어 왔다. 이른바, 이 시인의 이 표현은 인간의 '원죄'에 대한 고백인 것처럼 오해되기도 했다.

그러나 사무엘하 12:13과 시편 51:4[6]a와의 비교에서 볼 때나, 그리고 시편 51:14[16]의 "피 흘린 죄"에 대한 언급으로 미루어 볼 때, "주께만의 범죄"가 사람에게는 죄를 짓지 않은 '원죄'를 지칭하는 것이라는 해석은 확실히 잘못된 해석이라는 것을 알게 된다. 그렇다면, 시편 51편 참회의 시 시인은 여기서 "주께만"(4[6]a절)이라는 강조 어법을 적용함으로써 "죄"의 의미에 대한 어떤 신학적 해석을 제공하려고 한 것일까?

시편 51편에 나타나고 있는 "죄"를 표시하는 어휘들이 시의 은유법적 현실 때문에 어떤 구체적인 죄목을 지적하고 있지는 않으나, 그러나 한 가지 결코 흔들리지 않는 그 배후의 신념은 모든 죄는 "야훼 하나님과의 계약관계라는 맥락 안에서(!)" 이해되어야 한다는 것이다. "죄악"('아온'), "죄"('하타아'), "죄과"('페샤아') 등의 용어들(2-3[4-5]절)의 어원적 의미도 "야훼께서 제시하시는 길[목표지]에서 이탈하다(빗나가다)"라는 계약관계적 의미를 담고 있듯이, 모든 죄는 하나님과의 계약관계를 깨뜨리는 행위와 연결되어 있다는 것도 또한 그것을 입증해 준다고 하겠다.

슈미트(W. H. Schmidt)가 지적하였듯이, 엄밀한 의미에서 보면, 인간의 모든 죄는 십계의 제1계의 위반행위로서 범주화할 수 있다고 하겠다. 왜냐하면 인간의 모든 죄는 하나님의 계명 위반과 관련되어 있고 하나님의 계명에 대한 위반은 하나님 자신에 대한 위반이기 때문이다. 그런 의미에서 타락 설화를 보면 인간의 타락도 하나님의 계명에 대한 위반이다. 그 금단의 열매를 따먹은 한 사건의 신비한 성격 때문에 생겨난 '원죄'라는 특수한 유전적인 성격의 '죄'가 따로 있다는 것은 교리의 산물이지 실제로 있는 것은 아니라고 하겠다. 한 사람 아담을 통하여 '죄'가 세상에 들어온 것은 사실이지만 그것을 유전적 원죄 개념으로 얽어매는 것은 비성서적 사유의 산물이라고 할 수 있을 것이다.

창세기 39:9d에서 요셉이 그를 유혹하는 보디발의 아내를 향하여 한 다음과 같은 말은 위의 주장을 잘 이해할 수 있게 해준다고 하겠다. "그런즉 내가 어찌 이 큰 악을 행하여 **하나님께** 득죄하리이까?"라고 할 때의 이 말은 보디발의 아내의 유혹에 빠져 간음죄를 짓는 것은 근본적으로는 하나님께 죄를 짓는 것이라는 의미를 가진다고 하겠다.

잠언 17:5는 좀더 분명한 언어로 이 사실을 논증한다고 하겠다. "가난한 자를 조롱하는 자는 **이를 지으신 주**를 멸시하는 자요, 사람의 재앙을 기뻐하는 자는 형벌을 면치 못하리라."

그러므로 우리의 모든 범죄 행위는 우리를 지으신 그분에 대한 모욕이라는 것이다(cf. 마 25:31-46). 그렇기 때문에 "내가 주께만(=야훼에게만) 범죄하였나이다"라는 시인의 고백을 "민족적 죄"(cf. C. A. Briggs, *Psalms II*, 5-6)의 문맥에서 읽는 것("야훼에게만 범한 죄" ↔ "바벨론인들에게만 범한 죄", "페르시아인들에게만 범한 죄" 등)도 또한 이 시인의 죄 인식을 바로 이해하고 읽은 것이라고 보기는 어려울 것이다. 결국 모든 죄는 "하나님께만 지은 죄"라고 할 수 있다. 우리의 범죄는 하나님의 명예를, 아니 우리를 지으신 하나님 자신을 모욕하는 죄라고 하겠다.

50. 선(참)보다 악(거짓)을 사랑하는 뿌리 뽑혀야 할 "간사한 혀야!" (52:1-9)

¶ 본문

다윗의 마스길, 영장으로 한 노래, 에돔인 도엑이 사울에게 이르러 다윗이 아히멜렉의 집에 왔더라 말하던 때에

1[3] 강포한 자여 네가 어찌하여 악한 계획을 스스로 자랑하는고 하나님의 인자하심은 항상 [있도다] (3+3)

2[4] 네 혀가 심한 악을 꾀하여 날카로운 삭도같이 간사를 행하는도다(2+3+2)

3[5] 네가 선보다 악을 사랑하며 의를 말함보다 거짓을 사랑하는도다(3+3)(셀라)

4[6] 간사한 혀여 네가 잡아먹는 모든 말을 좋아하는도다(3+2)

5[7] 그런즉 하나님이 영영히 너를 멸시함이여 너를 취하여 네 장막에서 뽑아내며 생존하는 땅에서 네 뿌리를 빼시리로다(3+3+3)(셀라)

6[8] 의인이 보고 두려워하며 또 저를 비웃어 [말하기를](3+2)

7[9] 이 사람은 하나님으로 자기 힘을 삼지 아니하고 오직 그 재물의 풍부함을 의지하며 제 악으로 스스로 든든케 하던 자라 하리로다(4+2, 3+2)

8[10] 오직 나는 하나님의 집에 있는 푸른 감람나무 같음이여 하나님의

인자하심을 영영히 의지하리로다(3+2, 3+2)
9[11] 주께서 이를 행하셨으므로 내가 영영히 주께 감사하고 주의 이름이 선함으로 주의 성도 앞에서 내가 주의 이름을 의지하리이다 (3+3+2)

¶ 개요(비평학적 문제)

이 시의 문학 양식에 대해서는 여러 갈래의 견해들이 엇갈리게 나타난다. 우선 1-7[3-9]절에서는 "탄원시" 적 요소들이 지배적으로 나타난다. 그러면서도 탄원의 시를 구성하는 요소들 중에서도 주로 "강포하고 악한 자의 혀를 통한 악행들"(자랑, 간사, 거짓, 재물의 풍부함을 의지함 등)에 대하여 불평하고 탄식하는 것(=원수 탄식)을 지배적으로 문제 삼고 있다. 그러나 9[11]a절에 나오는 "내가 주께 감사하고 …"라는 말이 감사제를 전제하고 있는 것이라고 보면 이 시의 장르는 "감사의 시"에 속할 수도 있다. 특히 2[4]-7[9]절에 나타난 바와 같은 예언자적 풍자문(prophetic satire)을 통한 악한 자들에 대한 힐책과 탄핵(cf. 사 22:15-19; 렘 20:3-6; 28:12-16)의 표현은 이른바 예언자적 신탁 정형문(야훼께서 이와 같이 말씀하시기를, "…" messenger formula)을 동반하지 않은 것만 제외한다면 악인에 대한 저주와 심판을 선포하기 위하여 "예언자적 심판 문형"을 시적/은유적으로 모방한 것(지혜교훈의 시 유형)이라고도 볼 수 있을 것이다. 결론적으로 이 시는 여러 가지 문체 형태를 종합하여 물질적 부유함만을 의지하고 간사함과 거짓된 입술로 오만하게 죄를 범하는 자들을 탄핵하는 예언자적 정신을 부각시킨 시라는 것을 보여 준다고 하겠다.

이 시의 삶의 자리는 이러한 문학적 현실과 관계를 갖고 있는 "계약제의"의 의식법의 선포 현실과 관련시킬 수 있을 것이다. 그리고 이 시의 저작자를 다윗에게로 돌리는 이 시의 **표제**가 첨가한 이차적 해석은 이 시가 다윗이 사울을 피하여 있었을 때 발생한 "도엑"의 제사장 학살 사건(삼상 22:6-19)과 관련된 것으로 돌리고 있지만 그러한 역사적 사건은 이 시의 현실과는 맞지 않는다. 도엑은 정보를 제공한 자이고 사울 왕의 명령에 따라 놉 지역의 제사장들을 살해한 자일 뿐이지 간사한 혀로서 거짓말을 하는 자는 아니었기 때문이다. 이 시의 문학유형으로 미루어 볼 때, 그리고 시 자체가 그 기록 연대에 대한 구체적 암시를 제시하지 않고 있음을 볼 때, 이 시는 포로기 이전일 수도 있고 이후일 수도 있다고 하겠다. 그러나 브릭스(C. A. Briggs, *Psalms II*, 13)는 이 시의 문체("혀"의 간교성과 거짓성에 대한 비판과 탄핵의 문체)가 포로기 이전 시대의 문체와 유사하다고 본다.

¶ 주석

표제에 대해서는 위의 "개요"를 참조하고 이 책의 서론을 참조하라.

1-**4** 1-4[3-6]**절,** 시편 시인이 주로 악인의 혀로 인한 범죄(자랑, 간사, 거짓)를 탄핵하고 있다. **"강포한 자여"**는 히브리어로 '용사'('깁볼') 또는 '힘 있는 자'를 의미한다. 그러나 여기서는 "비꼬는 풍자적 어법"으로 사용되었다. "네가 어찌하여 악한 계획을 스스로 자랑하는고?"도 역시 문자적 의미는 "네가 어찌하여 악을 자찬(自讚; 자기 찬양/자기 영광)하는고?"라는 의미를 가진다(הלל의 hithpa`el형). 즉 하나님에 대한 신뢰와는 부조화를 이루는 언어이다. 그럼에도 불구하고 하나님의 인자('헤세드', חסד, covenant love)는 한결같다고 말한다(그러나 히브리어 '헤세드'와 상응하는 시리아어의 의미는 '욕설하다', '경멸하다'라는 의미를 가지므로 이러한 맥락에서 본다면 "하나님을 경멸하는 일을 끊임없이 하는고?"라는 번역도 가능하게 된다). 그러므로 정당한 자랑(자부심)은 하나님의 살아 계심을 알고 깨달아 하나님에 대한 경외심('경멸'과 정반대의 마음)을 가질 때만 진정으로 가질 수 있는 것이라 하겠다(cf. 렘 9:23-24). 그래서 그 힘 있는 자(강포한 자)의 **"혀"**는 비록 세 치밖에 안 되는 작은 것이지만, 어떤 의미에서는, 날카로운 삭도(혹은 면도칼)처럼 심각한 상해를 입히며(약 3:5-10 참조), 음모(간사[奸詐])를 창출해 낸다. 이러한 속이는 자는 왜곡된 가치관을 갖고 있기 때문에 선(참)보다 악(거짓)을 사랑

한다. 인간 내면의 현실을 참으로 날카롭고도 적나라하게 진단하였다고 하겠다. 그러므로 **'강포한 자'의 간사한**(4[6]**절=궤사한,** 시 120:2) **혀**는 **"잡아먹는 말**[言]", 즉 공격적이고 파괴적인 언어를 **좋아한다**. 본래 "혀"(לשון, '레숀')는 인간 전체의 꼭 필요한 한 부분(pars pro toto)이기는 하지만 그러나 그 한 부분이 잘못되면 인간 전체를 파괴하는 기능을 하게 된다. 특히 여기서 말하는 **"간사한"**(מרמה['미르마']-시 52:4[6], 또는 "궤사한"[רמיה, '레미야']-시 120:2)이라는 말은 "간교한 속임수"(창 27:35; 34:13), "저울의 추의 속임"(암 8:5), "무게의 속임"(믹 6:11-12), "부정이득"(렘 5:27), "거짓 증언"(잠 12:17) 등을 지적하여 비판할 때 연결해서 사용되어 온 언어인데, 시인은 그 언어를 여기 강포한 자(힘 있는 자)의 혀(=궤사한 혀, 시 120:2)에 적용했다. 그러므로 시편 52편의 시인은 '힘 있는 자'의 간사하고 간교하며 궤사한 '언어폭력'을 중점적으로 비판하고 있다고 하겠다.

5-**7** 5-7[7-9]**절,** 시인은 여기서 속이는 혀를 자랑하는 악인의 비극적 결말을 직시하며 동시에 의인들의 믿음이 사실로 입증되는 것을 목도한다. 우선, 파괴적인 거짓말을 삶의 기반으로 삼고 있던 악인들의 신념(이념)이 철저하고도 근본적으로 하나님에 의하여 뿌리 뽑히게 된다는 것이 선포된다. 여기서 말하는 **"그런즉 하나님이"**라는 말(5[7]a**절**)의 히브리어 표현은 "엘 신(神)도 또한"(גם־אל,' El also, cf. C. A. Briggs, *Psalms II*, 14)이라고 되어 있는데, 이것은 악인의 극악한 파괴적인 거짓성에 대한 "엘"('엘'은 셈족 사람들에게서 신[神]을 표시하는 통칭적인 이름으로서 구약에서는 야훼와 일치된 신[창 14:22; 출 6:3; 34:6]이며 이스라엘의 하나님의 일반적 명칭이 되었다) 하나님의 "급작스러운 간섭반응"을 표현한 수사적 표현이다. 즉 그 도도하던 간교하고 오만한 악인의 철저한 심판 종말이 예기치 못한 순간에 그 악인에게 순식간에 들이닥쳐서 악인의 그 근본이념이 흔적도 없이(영영히, 일시적으로가 아니라 영원히) 뿌리 뽑혀 사라져 버렸다는 것이다. 여기서 말하는 **"네 장막에서**[부터]" (5[7]b**절**)라는 말은 악인의 거주지를 가리킬 수도 있고 야훼 하나님의 거주지를 가리킬 수 있으나 그 다음에 이어 반복 평행되는 **"생존하는** [자의]

땅에서"와 상응하는 동의어인 것은 분명하다. 즉 악인의 오만한 거짓된 신념은 하나님의 돌연한 심문을 받고 심판을 받자 곧 그 운명이 "생존하는 [자의] 땅에서" 발본색원되어 궤멸되는 운명을 맞게 되었다는 것이다. 참 안보 이념과 거짓 안보 이념의 진정한 종말의 진상이 밝히 드러났던 것이다.

"의인은 이를 보고"(6[8]절) 두 가지의 태도를 동시에 가지면서 심판의 확실성을 깨닫는다. 즉 (1) 하나님에 대한 두려움과 (2) 악인에 대한 경멸감(비웃음)을 통하여 악인에 대한 심판의 확실성을 인식한다. 악인에 대한 심판은 반드시 있다는 것을 증언한다. 7[9]절은 악인의 오만한 신념의 종말에 따른 악인에 대한 저주심판의 언어가 제의 공동체의 입으로(cf. A. Weiser) 또는 시인이나 공동체 예배의 대표자(사제 혹은 제의 예언자)의 입으로 조롱하는 어투로 선포된다. 즉 **"하나님으로 자기 힘을 삼지 아니하고 오직 재물의 풍부함을 의지하여 제 악으로 스스로 든든케 하던 자"**에게 유죄판결이 선포된다(**7[9]절**).

8 - **9** **8-9[10-11]절,** 앞의 악인이 받은 운명과는 대조적으로 의인(경건한 자)의 운명은 **"하나님의 집에 있는 푸른 감람나무"** 같아서 하나님의 인자하심('헤세드')을 영원히 의지함으로써 '진정한' 피난처(안보)를 확보하게 될 것임을 선포한다. "푸른 감람나무" 은유는 그 상록성과 장수성(수백 년 동안의 기름 생산) 그리고 그 기름 도유(塗油)의 종교적 신성성(神聖性) 등으로 미루어 그 운명이 강포한 자의 '허구성'(거짓됨)과 매우 대조된다(**8[10]절**). 이러한 운명의 대조적 결말은 모두 야훼 하나님께서 행하신 일이므로 경건한 자의 응답은 "영원한 감사"와 "야훼의 이름[名聲]"에 대한 절대적 신뢰(의지)가 될 수밖에 다른 것일 수가 없다(**9[11]절**).

¶ 메시지: 선(참)보다 악(거짓)을 사랑하는 "간교한 혀"는 반드시 뿌리 뽑혀야 한다

거기에 경전(經典)들이 있었다고는 하더라도, 인간 세상은 선(참)보다 악(거짓)을 더 사랑하는 현실 세계로서 성격 지어져 있었다. 그러므로 경건한 삶을 살려는 사람들은 박해를 예견한 예수 그리스도의 경고성 권유인 "뱀같이 지혜롭고 비둘기같이 순결하여라"(마 10:16)는 가르침의 역설적 과제를 품에 안고 살아가고 있다고 하겠다. 즉 우리가 이 세상에 붙박여서 살고 있다는 것은 불확실성과 무방비의 현실 속에 내어 던져져 있다는 것을 의미하며 "영악스럽게가 아니라 영리하게 진실(참)을 추구하며"(!) 이 현실을 타개하여 나가며 살아가야 한다는 것을 의미한다. 그러기 위하여서는 '참과 거짓'을 구분할 줄 알아야 한다. 이것이 영악함이 아닌 영리함이다.

힘 있는 자들은 저마다 스스로 높아져서 악한 계획을 자랑하며 날카로운 삭도같이 간교함을 정교히 다듬는다. 그리하여 이 **"간교한 혀"**는 우리의 신념체계를 뒤바꿔 놓는다. 즉 선은 미약하고 악은 강대하여 악이 반드시 승리한다고 우리를 호도한다. 선(참)이 악(거짓)이 되고 악(거짓)이 선(참)이 된다. 그리하여 '모두'를 가릴 것 없이 다 삼킨다. 그런 영리함은 우리를 기다리게 한다. 영리하지 않다고 할 정도로 끝까지 기다리게 한다. 하나님의 역사 간섭이 이루어질 때까지 기다리게 한다. 고난을 사랑하게 한다. 고난을 먹으며 살게 한다. 고난은 영악하지 않고 영리하기 때문이다. 그러므로 참 영리한 자는 십자가가 승리한다는 것을 안다. 그러므로 참 승리자가 마침내 나서서 왜곡된 이념체계를 바로 잡으실 때까지 고난을 먹으며 참고 기다린다.

왜냐하면 하나님은 살아 계시기 때문이며 그리고 하나님은 본질적으로 인자(긍휼)하시기 때문이다(출 34:6). '깜-엘!'('엘'도! El also!, גם־אל; 5[7]a절) 즉 마침내(!) 노하기를 더디 하시는 하나님께서는 "간교한 혀"에 호도된 역사에 반응하신 것이다. 1[3]절과 8[10]절에서 이 시인이 반복적으로, 마치 인클루시오(inclusio)로 모든 신앙고백을 감싸듯이, '헤세드-

엘!'(하나님의 인자하심!) '헤세드-엘로힘!'(하나님의 인자하심!)을 환호하는 것이다. "[그러나] 하나님의 인자하심은 항상[있도다!]" (1[3]절) "[그러므로] 하나님의 인자하심을 영원히 의지하리로다!" (8[10]절) 간교한 거짓 됨의 역사 배후에서 역사를 끝까지 지켜보신 '엘' 하나님!

51. 어리석은 자들의 길(53:1-6)*

*14편 주석을 보라

¶ 본문

다윗의 마스길, 영장으로 마할랏에 맞춘 노래

1[2] 어리석은 자는 그 마음에 이르기를 하나님이 없다 하도다 저희는 부
패하며 가증한 악을 행함이여 선을 행하는 자가 없도다(5+5)
2[3] 하나님이 하늘에서 인생을 굽어 살피사 지각이 있는 자와 하나님을
찾는 자가 있는가 보려 하신즉(5+5)
3[4] 각기 물러가 함께 더러운 자가 되고 선을 행하는 자 없으니 하나도
없도다(4+2+2)
4[5] 죄악을 행하는 자는 무지하뇨 저희가 떡 먹듯이 내 백성을 먹으면서
하나님을 부르지 아니하는도다(4+4+3)
5[6] 저희가 두려움이 없는 곳에서 크게 두려워하였으니 너를 대하여 진
친 저희의 뼈를 하나님이 흩으심이라 하나님이 저희를 버리신고로
네가 저희로 수치를 당케 하였도다(3+2+4+3)
6[7] 시온에서 이스라엘을 구원하여 줄 자 누구인고 하나님이 그 백성의
포로된 것을 돌이키실 때에 야곱이 즐거워하며 이스라엘이 기뻐하
리로다(5+4+4)

52. 야훼의 이름[名聲]은 탄원자를 실망시키지 않는다 (54:1-7)

¶ 본문

다윗의 마스길, 영장으로 현악에 맞춘 노래, 십인이 사울에게 이르러 말
하기를 다윗이 우리 곳에 숨지 아니하였나이까 하던 때에

1[3] 하나님이여 주의 이름으로 나를 구원하시고 주의 힘으로 나를 판단
하소서(3+2)

2[4] 하나님이여 내 기도를 들으시며 내 입의 말에 귀를 기울이소서
(3+3)

3[5] 외인이 일어나 나를 치며 강포한 자가 내 생명을 수색하며 하나님을
자기 앞에 두지 아니하였음이니이다(3+3+3)(셀라)

4[6] 하나님은 나의 돕는 자시라 주께서 내 생명을 붙드는 자와 함께 하
시나이다(3+3)

5[7] 주께서 내 원수에게 악으로 갚으시리니 주의 성실하심으로 저희를
멸하소서(3+2)

6[8] 내가 낙헌제로 주께 제사하리이다 여호와여 주의 이름에 감사하오
리니 주의 이름이 선하심이니이다(3+4)

7[9] 대저 주께서 모든 환난에서 나를 건지시고 내 원수가 [보응 받는 것
을] 나로 목도케 하셨나이다(3+3)

¶ 개요(비평학적 문제)

이 시는 시편 52편의 경우처럼 즉 사무엘상 23:19와 26:1에 언급한 것처럼 다윗이 사울로부터 도망할 때에 지은 시라는 후기 해석이 표제 첨부를 통하여 제시된 시이기는 하지만 역시 여기서도 고등비평적 관점에서 볼 때 다윗의 저작설에 지지를 보내 줄 아무런 본문의 내적 증거가 없다고 하겠다.

시의 문학적 구조와 그 유형(Gattung)에서 볼 때, **'부름구'(invocation; 1-2[3-4]절 서두) → '기원'(1-2[3-4]절) → '탄식'(3[5]절) → '신뢰와 확신'(4[6]절) → '원수 멸망 기원'(5[7]절) → '감사, 찬양의 맹세'(6-7[8-9]절)**라는 전형적 "개인 탄원의 시" 양식(樣式)을 갖추고 있다(Gunkel, *Intr.*, §6, 121).

본문의 내적 증언에 의하면, 이 시인은 원수들로부터 생명의 위협을 받으며 거짓 고소(=무고[誣告]; 1[3]절)를 당하여 야훼의 성소에서(cf. 왕상 8:31-53) 자신의 무죄를 법적으로 변호하며 야훼 안에서 "피난처"를 찾는 자이다(cf. W. Beyerlin). 그러므로 이 시인을 3[5]a절의 "외인들"('짜림', זרים)과 관련 지어서 외적의 위협 속에서 "[기도하는] 왕"(Bentzen, Eaton, Dahood et al.)으로 볼 수 있는지는 그 내적 증언의 빈곤으로 인하여 단정하기 힘들다고(Kraus) 하겠다.

이 시의 저작 시기는 확정 지어 말할 수 있는 많은 증거가 있지는 않아서 헬라 시대만큼 늦게 잡는 것(W.O.E. Oesterley)은 불확실하다고 하더라도, 1[3]절의 "주의 이름으로"('비쉬메카', בשמך)와 6[8]절의 "주의 이름에"('쉬메카', שמך)라는 강조어법은 신명기의 "이름의 신학"(cf. G. von Rad, *Studies in Deuteronomy*, London: SCM Press, 1953)이라는 신명기 신학의 영향을 추론하게 한다(cf. dtr., 왕상 8:31ff.). 아마도 신명기 후기의 것일 수 있을 것이다.

¶ 주석

표제에 관하여는 위의 "개요"와 이 책의 "서론"을 참조하라.

1-**2** 1-2[3-4]**절,** 탄원시의 도입부(invocation)가 갖고 있는 정형적인 형식을 갖고 있다. 두 절 모두 "엘로힘이여"(하나님이여!)라는 신명(神名)의 '부름'을 앞세워 짧은 명령형 기원을 반복한다. 이 절박한 기원구(祈願句)의 사중(四重) 반복("구원하소서!", "판단하소서!", "들으소서!", "기울이소서!")을 지배하는 신학적 이념은 "하나님의 명성에 호소하는 이름의 신학"(name theology)이다. 하나님의 명성에 호소하는 기도는 신명기적 전통에서 볼 때 가장 호소력이 있는 기도라 하겠다. **1[3]절**에서는 주의 "**이름**"('쉠', שם)과 주의 "힘"('꺼부라', גבורה)이 동의 평행을 이룬다. 주의 "이름"이 곧 주의 "힘"이며 주의 이름이 곧 주의 실재이다(Nomina sunt realia). 2[4]절에 나타나는 "들으소서!"('쉐마아')와 "귀를 기울이소서!"('하아찌나')의 동의어 반복은 들으시는 것뿐만 아니라 응답도 해주시라는 요청을 의미한다. 우가릿어(가나안어)에서도 '듣는다'(Shm`)는 말은 '복종한다'는 말을 의미했다(cf. Gordon, *Ugaritic Texbookt*, 1965, 492, no. 2441).

3 **3[5]절**은 개인 탄원의 시의 전형적인 원수 탄식문이다. 여기 언급된 "외인[外人]들"('짜림', זרים)은 '이방인', '낯선 자', '외국인', '비이스라엘인' 등을 의미하는 말로서 이스라엘인이면서도 계약관계를 떠난 사람을 가리키기도 한다. 이 말은 RSV에서는 "거만한 사람들"(insolent men)이라고 번역하고 있는데 이 말이 '외적'(外敵)을 의미한다면 54편 시인을 국가의 대표자(왕)로 추론할 수도 있지만 "거만한 사람" 일반을 가리키는 말인 경우(RSV)에는 이 시인은 무고(誣告)를 받고 있는 일반 신앙인으로 간주할 수 있다. 그러나 이 말('짜림')이 다음 구절체의 "강포한 자들"('아리침', עריצים, ruthless men, RSV)과 동의어 평행을 이룬다는 점과 그리고 3[5]절이 거의 문자적 일치를 이루면서 시편 85:14(개인 탄원의

시)에서 되풀이된다는 점(cf. W. R. Tayler & S. McCullough)을 고려하면 3[5]절의 "외인들"('짜림')을 외국의 적군으로까지 볼 필요는 없게 된다(pace C. A. Briggs). 그를 해하려고 생명까지 노리는 이 "외인들"은 시인에게 적대감정을 가지고 심각한 불화관계에 있는 이웃이라고 보는 것이 더 나을 것이다. 단지 이들 "외인들"은 하나님의 계명을 지키지 않는 자들("하나님을 자기 앞에 두지 않는 자들" = 시 16:8과 대조되는 자들)로 이해하는 것이 바람직할 것이다. 시인을 무고하여 그의 생명을 노리는 자이다. 시인의 위기 상황을 보여 주는 부분이다.

4 **4[6]절,** 시편 탄원의 시들이 갖고 있는 수수께끼 같은 특수 현상인 "탄식(기원) → 신뢰와 확신"이라는 "분위기 급전환" 현상이 일어나고 있음을 보여 준다. 문제는 이러한 분위기의 급전환이 어떻게 하여 이루어진 것일까? 하는 것이다. 물론 본문에서도, 다른 여러 탄원의 시들이 그러하듯이(!), 그러한 현상의 동기를 설명해 주는 아무런 내적 증거가 나타나지 않는다. 전통적으로 학자들이 추론해 온바, (1) 제사장의 구원신탁의 전제(Kuechler, Begrich et al.), (2) 기도자의 순수한 심리적인 "반대감정 병존 및 자기 상승 현상"(ambivalent metamorphosis/self-elevation, Heiler, Westermann et al.), (3) 구원사의 제의적 재연(再演, cultic reactualization, A. Weiser, M. Noth et al.)의 반응 등으로 해석되어 온 것은, 놀랍게도 모두가 본문의 "내적 증거의 결정적 결핍"과 "전승사적 연결점을 찾지 못함"으로 인하여 받아들이기 어려운 가설로 보인다. 어떠한 경우에서도 "이스라엘 특유의 역사신앙 전승(거룩한 전쟁 전승)"과 연결해서 생각해 보지 않고서는 해결의 길이 없어 보인다.* "하나님은 나의 돕는 자"이시며 "내 생명을 붙드는 자[와 함께하시는 분]"이시다라는 확신은 시인의 생명을 이유

* 이 문제에 관한 좀더 자세한 논의를 위하여서는 Ee Kon Kim, *The Rapid Change of Mood in the Lament Psalms*(Seoul: Korea Theol. Study Institute, 1985); *idem*, 『구약성서의 고난신학』(서울: 한국신학연구소, 1989), 87-179; idem, 『구약성서의 신앙과 신학』(오산: 한신대학교, 1999), 491-539; J. G. Janzen, *Theology Today*(Oct. 1986), 464; P. D. Miller, *Interpretation*(Jan. 1987), 88-89를 참조하라. 본서의 서론 4. 시편의 신학적 의의, 1) 탄원시의 응답신학 부분과 시편 3; 6; 44편 등의 주석을 참조하라.

없이 노리는 저 '원수'와는 그 본질 면에서 극대칭을 이룬다.

5 5[7]**절**은 원수의 멸망을 비는 기원이다. 히브리 본문은 우리의 번역과는 그 뉘앙스가 상당히 차이가 난다. **"주께서 내 원수에게 악으로 갚으시리니"**는 문자적으로는 "그 악은 나의 원수들에게로 되돌아갈지어다"이며 **"주의 성실하심으로 저희를 멸하소서"**는 문자적으로 "주의 성실 때문에 그들이 조용해질 것입니다"라는 의미를 가진다. 그러므로 이 본문의 문자적(히브리어의 문자적) 의미 속에는 마르시온적(Marcionite) 비난의 소지란 없는 셈이라고 하겠다. 말하자면 악인에 대한 심판기원은 소위 '부메랑' 형식의 **심판** 요구이며 그들에 대한 **징계**는 어디까지나 "조용하게 하는 것"(핫츠미템, הצמיתם ← צמת)에 불과하다는 것이다. 즉 억압하는 자와 억압받는 자 사이에 간섭해 들어오시는 야훼 하나님의 '구원'과 '심판'(징계)은 동일 경계선 위에 겹쳐진다는 특징이 있다는 것이다. 그렇게 하여 재난은 재난을 일으키는 자의 머리로(원점으로) 돌아가도록 하나님은 섭리하신다는 것이며 하나님의 정의도 또한 어디까지나 '이 세상'(저 세상이 아니라 이 세상) 안에서 그 기능을 발휘하게 한다는 것이다.

6-**7** 6-7[8-9]절은 감사와 찬양의 맹세이며 이러한 결어의 형식은 개인 탄원시의 정형적 형태이다. "낙헌제"('네다바', נדבה)는 "자발적으로" 드리는 감사제로서 어떤 특별한 약속 및 서약과는 관계없이 별개로 '자원'하여 행하는 제의 행위라고 하겠다. 일종의 '화목제', '친교제'로 볼 수 있다. 자발적인 감사의 동기와 이유를 이 시인은 구원의 능력을 가진 야훼 하나님의 "이름"의 권능과 선(善)하심에 두고 있다. 7[9]**절**은 히브리어 '키'(כי, '왜냐하면 … 때문이다')로 시작하는 문장을 통하여 야훼의 구원행위, 특히 원수의 패배와 멸망을 눈으로 목도하고 체험한 것이 "자원하는 화목제"를 드려 감사함을 표현하는 동기와 이유임을 밝힌다.

¶ 메시지: 하나님을 자기 앞에 두는 자와 두지 않는 자의 종말

하나님을 자기 앞에 '두는 것'과 '두지 않는 것' 사이의 다름을 말한다는 것은 신앙의 근본이 무엇임을 가장 본질적으로 설명하는 것이라고 볼 수 있다. 물론 이 언어는 하나님을 마치 우상을 모셔 놓듯이 그 하나님을 인간이 이리 저리로 옮겨 놓을 수 있는 것으로 말하는 개념이 아님은 말할 것도 없다. 이 사실은 4[6]절이 가장 적절히 설명하고 있다고 하겠다. 즉 "**하나님은 나의 돕는 자시라 주께서 내 생명을 붙드는 자와 함께 하시나이다**"라고 할 때의 그 하반절, "주께서 내 생명을 붙드는 자와 함께 하시나이다"라는 말이 잘 적시하고 있듯이 '주님'이 주어(主語)로 되어 있고 결코 목적어로는 나타나지 않는다는 사실에서 분명하게 드러난다. 이 하반절의 히브리어 문자가 가지는 의미는 "주께서는 나의 생명을 붙드는 자들 **중에 계십니다**"라는 의미를 가진다. 즉 "나의 [진정한] 돕는 자이신 **하나님이 나와 함께 하신다(내 생명을 붙드는 자들 중에 계신다)**"라는 의미를 가진다고 하겠다.

"하나님이 나와 함께 계신다"는 말과 "하나님이 나의 **생명을 붙드는 자들 중에 계신다**"는 말은 동일 의미를 가진 같은 뜻의 말인데, 결국 이 말은 "나를 돕는 자", 즉 "나의 생명을 붙드는 자"께서 **나의 삶 속에 계셔서 "나의 편이 되시며" 동시에 나와 동행하신다**는 의미의 말이다. 이 말은 결국 둘 사이의 운명, 즉 하나님을 자기 앞에 두는 자와 두지 않는 자 사이의 운명이 극명하게 대립된다는 것을 의미한다. 즉 전자는 생명을 살리시고 생명을 붙드시는 분의 도움을 받아 영원한 생명을 누리며 생명의 주께 감사하고 생명의 주를 찬양하는 삶을 살게 되지만, 그러나 후자는 생명 세계의 밖에서 죽음을 슬퍼하며 죽음의 어둠 속에서 이를 갈게 될 것이라는 말이다.

여기서 특별히 주목해야 할 부분은 **"그들은 하나님을 그들 앞에 두지 않는다"**(로 사무 엘로힘 레넥담=לא שמו אלהים לנגדם=They do **not set** God before them. RSV)라는 말이다. 이 문장 속에 나타나는 "하나님"이라는 말은, 적어도 시편 54편 본문의 문맥에서는, 신명기 신학의 영향(1[3], 6[8]

절)에 따라 "하나님의[주의] 이름"이라는 말로 대치되어야 할 부분이다(!). 신명기의 신학에 의하면 하나님의 현존 또는 하나님의 현현(theophany)은 하나님의 이름의 "현존 또는 현현"을 의미한다(하나님=하나님의 이름). 이 진리는 출애굽기 33:19에서도 나타나는데, 여기서도 "야훼"는 야훼의 **이름으로** 대치된다(야훼=야훼의 이름). 결국, 우리가 야훼 하나님과 함께 있다(야훼 하나님을 내 앞에 둔다)는 것은 야훼의 이름과 함께 있다(야훼의 이름을 내 앞에 둔다)는 것을 의미한다. 이 사실은 야훼 신앙이 그 질적인 면에서 한 단계 더 향상(up-grade)되었다는 것을 의미한다. **야훼의 이름** 또는 **야훼의 명성**은 그의 구원행위에서 입증되었지만 그러나 동시에 그의 토라-교훈에서 더욱 성숙화된 것이다.

그러므로 **야훼의 이름**은 어떠한 위기의 때에도 탄원의 기도자를 결코 실망시키지 않는다는 것은 바로 그것, 즉 야훼는 자기 이름(명성)을 위하여 일하신다는 것을 말해 준다. **야훼의 이름**(=야훼 자신)은 곧 시내(호렙)산에서는 야훼의 뜻의 계시를 의미하며 그 계시가 이른바 토라이다. **야훼의 이름(명성)**이 있는 곳에 야훼의 토라가 있는 것이다. 이 토라를 자기 앞에 두는 것, 그것이 문제의 핵심이다. 하나님을 자기 앞에 둔다는 것은 그러므로 하나님의 형상(하나님에 관한 제종교 학설)을 내 앞에 두는 것이 아니라 하나님의 토라, 즉 하나님의 말씀과 계명을 내 앞에 둔다는 것을 의미한다. 따라서 "하나님은 나의 돕는 자시라 주께서 내 생명을 붙드는 자와 함께 하시나이다"(4[6]절)라는 말씀은 바로 이러한 의미 안에서만 바르게 이해될 수 있다. '토라'가 곧 나의 돕는 자이며 나의 생명을 붙드는 자라는 것이다.

53. 친구의 배신을 받은 자의 탄원(55:1-23)

¶ 본문

다윗의 마스길, 영장으로 현악에 맞춘 노래

1[2] 하나님이여 내 기도에 귀를 기울이시고 내가 간구할 때에 숨지 마소서(3+3)

2[3] 내게 굽히사 응답하소서 내가 근심으로 편치 못하여 탄식하오니 (3+3)

3[4] 이는 원수의 소리와 악인의 압제의 연고라 저희가 죄악으로 내게 더하며 노하여 나를 핍박하나이다(2+3, 3+2)

4[5] 내 마음이 내 속에서 심히 아파하며 사망의 위험이 내게 미쳤도다 (3+4)

5[6] 두려움과 떨림이 내게 이르고 황공함이 나를 덮었도다(4+2)

6[7] 나의 말이 내가 비둘기 같이 날개가 있으면 날아가서 편히 쉬리로다 (4+2)

7[8] 내가 멀리 날아가서 광야에 거하리로다(3+2)(셀라)

8[9] 내가 피난처에 속히 가서 폭풍과 광풍을 피하리라 하였도다(3+3)

9[10] 내가 성내에서 강포와 분쟁을 보았사오니 주여 [저희를] 멸하소서 저희 혀를 나누소서(2+2, 2+2)

10[11] 저희가 주야로 성벽 위에 두루 다니니 성중에는 죄악과 잔해함이
있으며(3+2+3)
11[12] 악독이 그 중에 있고 압박과 궤사가 그 거리를 떠나지 않도다
(2+2+2)
12[13] 나를 책망한 자가 원수가 아니라 [원수일찐대] 내가 참았으리라 나
를 대하여 자기를 높이는 자가 나를 미워하는 자가 아니라 [미워하
는 자일찐대] 내가 그를 피하여 숨었으리라(3+4+2)
13[14] 그가 곧 너로다 나의 동류, 나의 동무요 나의 가까운 친우로다
(3+2)
14[15] 우리가 같이 재미롭게 의논하며 무리와 함께하여 하나님의 집안에
서 다녔도다(4+4)
15[16] 사망이 홀연히 저희에게 임하여 산채로 음부에 내려갈찌어다 이는
악독이 저희 거처에 있고 저희 가운데 있음이로다(3+3+3)
16[17] 나는 하나님께 부르짖으리니 여호와께서 나를 구원하시리로다
(3+2)
17[18] 저녁과 아침과 정오에 내가 근심하여 탄식하리니 [여호와께서] 내
소리를 들으시리로다(3+2+2)
18[19] 나를 대적하는 자 많더니 나를 치는 전쟁에서 저가 내 생명을 구속
하사 평안하게 하셨도다(3+2+2)
19[20] 태고부터 계신 하나님이 들으시고(셀라) 변치 아니하며 하나님을
경외치 아니하는 자에게 보응하시리로다(3+2, 4+3)
20[21] 저는 손을 들어 자기와 화목한 자를 치고 그 언약을 배반하였도다
(3+2)
21[22] 그 입은 우유 기름보다 미끄러워도 그 마음은 전쟁이요 그 말은 기
름보다 유하여도 실상은 뽑힌 칼이로다(3+2, 3+2)
22[23] 네 짐을 여호와께 맡겨 버리라 너를 붙드시고 의인의 요동함을 영
영히 허락지 아니하시리로다(3+2, 3+2)
23[24] 하나님이여 주께서 저희로 파멸의 웅덩이에 빠지게 하시리이다 피
를 흘리게 하며 속이는 자들은 저희 날의 반도 살지 못할 것이나
나는 주를 의지하리이다(2+3, 3+2+2)

¶ 개요(비평학적 문제)

이 시의 문학유형은 **원수**(=[a]시인에게 공개적으로 적의를 품고 있는 이웃 그리고 [b]한때는 친한 친구였으나 배신하여 원수가 된 옛 친구)로 인하여 좌절하고 낙담한 한 경건한 자의 탄원의 노래로 분류할 수 있다. 그러나 1-18[2-19]절과 19-23[20-24]절 사이와 1-14[2-15]절과 15-23[16-24]절 사이의 서로 갈라지는 그 두 흐름들 사이의 성격적 차이점과 그리고 19[20]절 본문이 갖고 있는 번역상의 난해한 점들 때문에 주석상의 상당한 어려움을 갖고 있는 시이기도 하다. 그리하여 이 시의 상황을 전쟁중에 반립되어 있는 두 개의 반목하는 공동체 또는 적대 상태에 있는 두 국가 간의 긴장관계에 결부시켜 이 시의 시인을 "적군에 포위된 왕"(a beleaguered king)으로 생각하는 학자도 있다(cf. J. Eaton, *The Psalms,* 2003, 215). 예컨대 이 시를 시편 18편과 비슷한 "제왕의 기도시" 또는 이 시의 시인을 '연대적 개인'(corporate personality)으로 보아 이 시를 아예 "민족 탄원의 시"로 보려는 경향(S. Mowinckel, *The Psalms in Israel's Worship,* I, 219)이 나타난다.

그러나 본문의 내적 증거를 살펴볼 때, 이 시의 시인을 왕으로 볼 개연성은 그리 높지 않은 대신 이방 지역으로 흩어진, **포로 후기 초의 디아스포라 공동체**의 한 구성원이 한때 동일 예배 공동체의 한 일원이었던 친구로부터 배신과 무고를 당하여 좌절하고 탄식하는 그러므로 **야훼 안에서만 피난처를 찾을 수밖에 다른 길이 없는 그런 상황**(6-8[7-9], 20-21[21-22]절 참조)으로 보는 것이 더 개연성이 높아 보인다.

그 문학 형식이, 6-8[7-9]절의 경우, 예레미야 9:1-6과 유사한 형식을 띠고 있는 점 때문에 이 시 전부를 예레미야의 영향 아래 두려는 경향도 있으나(R. Tournay, M. Dahood et al.) 오히려 예언자 예레미야와 시편 55편 시인이 각기 독립적으로 동일 문학 자료집으로부터 차용의 수혜를 받은 것으로 이해하는 것이 더 바람직할 것으로 보인다.

¶ 주석

표제에 관하여는 이 책의 서론을 참조하라.

1-**2** 1-2[2-3]**절**은 하나님을 향한 기원(祈願)을 기술(記述)하고 있다. 시편 54:2[4]의 기원과 비슷한 형식으로 시작한 이 기원 어투들(귀를 기울이소서, 숨지 마소서, 굽히소서, 응답하소서)은 탄원의 시들의 전형적인 기원 어투들이다. 특히 **"숨지 마소서"**의 기원은 자신의 고통스러운 상황을 "못 본 체"(cf. 신 22:1-4; 사 58:7) 하지 말아 주시기를 요청하는 것으로서, 자신의 고통스러운 상황에 대한 "무자비한 외면", 즉 하나님의 멀리 떨어져 계심으로 하여 자신의 형편에 대하여 무관심하지 마시기를 간구하는 기원이다. 기원의 이유는 "근심으로 인하여 편치 못하여 탄식하고 있기 때문"이라고 말하고 있다. 아마도 이 '근심'은 '심적 충격', 즉 12-14[13-15]절과 20-21[21-22]절에 나타난 '심적 고뇌'를 예시하고 있는 듯하다. 이러한 심적 고뇌는 물리적 박해보다 더 심각한 것으로 볼 수 있다.

3-**5** 3-5[4-6]**절**은 시인을 압도하였던 고통의 내용을 기술하고 있다. "원수의 소리"(위협, 저주 등의 원수들의 언어들), "악인들의 위협적 억압", "죄악의 더함"(저주의 주술 행위, S. Mowinckel의 '아웬', אָוֶן 해석 참조), "원한의 소리를 지어 냄", "죽음의 위협", "두려움과 떨림", "황공함"(공포감) 등이 시인을 둘러싸서 옥죄는 현상을 묘사한다.

6-**8** 6-8[7-9]**절**은 수난 속의 시인이 갈망하는바, 한 조용한 피난처에 대한 한 환상을 묘사한다. "비둘기같이 날개가 있으면"이라는 표상은 아마도 멀리 날아가 접근 불가능한 벼랑의 틈새에 둥지를 치는 "양비둘기"(rock dove)를 마음에 두었을 것이다. 즉 멀고 안전한 곳에 있음에 대한 상징과 동시에 무흠(無欠)의 상징(마 10:16)을 마음에 두었을 것이다. 피난처에 대한 또 다른 한 '표상'은 "광야", 곧 '사람이 살지 않는 곳'

이었다. 말하자면 그의 생명을 노리는 자들의 손길이 닿지 않는 한 피난처에 날아가서 폭풍과 광풍을 피하고 싶은 것이 시인의 마음이었다.

9 - 11 9-11[10-12]**절**은 이러한 시인의 마음과는 역행하는 '탄식의 요인'을 목도한다. 즉 "강포와 분쟁"이 그것이다.

9[10]**절**의 "**성내에서**"는 이 시인이 속해 있는 공동체를 가리키는 것으로 보인다. 그러나 그것이 꼭 예루살렘 성을 가리킨다는 증거는 없다. "**강포와 분쟁을 보았다**"는 것은 상도(常道)에서 많이 이탈한 공동체의 왜곡된 상황을 체험하였다는 것(cf. 합 1:3)을 의미한다. "**멸하소서 저희 혀를 나누소서**"라는 표현은 고대 바벨탑을 쌓던 사람들의 반역적 연합에 비유될 수 있는 바와 같은(창 11:1-11) 그런 "공동체 내의 악한 연합"을 분쇄(혀의 분열=언어의 분열에 의하여 분쇄)해 주시라는 기원이라고 하겠다.

10[11]**절**, "**저희가 주야로 성벽 위로 두루 다니니**"는 행악자들이 성을 감시하는 자들처럼 성벽 위로 두루 다니면서 "악"('아웬', און)과 "잔해"(殘害; '아말', עמל)를 행할 곳이 어딘가 하고 찾아다니는 형국을 묘사한 것이다. 그러므로 "성중[성 한가운데]에는 죄악과 잔해함이 있게" 마련이다.

11[12]**절**, 동시에 "악독"('하이와', הוה; ruin)과 "압박"('토크', תך; oppression) 그리고 "궤사"(詭詐; '미르마', מרמה; deceit)가 "거리"('메르홉', מרחב=광장, 사람들이 모이는 넓은 장소)를 떠나지 않고 도성의 분위기를 압도하고 있다. 말하자면 더 이상 정의와 공의가 끼어들 자리가 없을 정도로 억압과 거짓으로 가득 찬 도시였다.

12 - 14 12-14[13-15]**절**은 이러한 도시의 혼란함이 시인에게 그토록 큰 고뇌의 충격을 주었던 그 내적 원인을 분명하게 밝혀 준다. 즉 그 어떠한 것보다 더 고통스러운 것은 믿었던 친구의 배신을 당하였을 때 오는 고통이라는 것을 보여 준다.

12[13]**절**의 시작 수사어투인 히브리어 '키 로'(כי לא; 왜냐하면 … 않을 것이기 때문이다)를 많은 학자들(Gunkel, Kissane, Kraus et al. 이 번역은 LXX의 번역어, ϵi로부터 암시받았음)이 마소라 본문의 독음을 고쳐서(Ketiv는 그대로 두고 Qere만 고쳐서) 히브리어 '키 루'로 고쳐 읽고 있는

데 그 경우 "만일 …만이었더라면"(If only …)이라고 읽게 된다. 우리말 성서개역(우리의 본문)과 새번역은 모두 이 개정을 따르지 않고 있으나 개역이 [ ] 안에 개정된 말의 개념을 넣어서(작은 글자로 써 넣어서) 개정의 의미도 함축하게 한 것은(12[13]**절**) 시편 기자의 본래의 의도를 잘 살린 것이라고 볼 수 있다. 시인을 괴롭히고 시인이 속한 공동체를 흐려 놓은 자가 원수였다면 참을 수 있었을 텐데 또 그렇다면 잠시 피하여 위기를 모면이라도 할 수 있었을 텐데, 원수가 아니라 그 원수가 오히려 가장 절친한 친구(순례자의 축제 때 함께 성전 예배에 참여하여 뜨거운 친교를 나누었던 친구. cf. 14[15]**절**) 바로 "너"였기에(13[14]**절**), 즉 "그게 바로 너라니!"("브루투스, 너였구나!" 그러나 삼하 12:7의 '나단 신탁'과 비교/참조) 그 좌절과 실망이 더욱 컸다는 것이다. 특히 그 가까운 친구가 동일한 제의 참여자였는데 그 거룩한 친교와 계약관계를 그토록 쉽게 깨뜨리고(20[21]**절**) 내 목숨을 노리는(4[5]**절**) 원수가 되었다니 이 "신성모독"(야훼의 말씀을 무시한 신성모독; 삼하 12:9-10)적인 "원수"는 분명 "하늘의 벌"을 받아야 마땅하다고 하겠다. 원수 저주 기원은 바로 이러한 문맥 안에 있다고 하겠다.

15 - 18 15-18[16-19]**절**은 구원에 대한 확신 표현으로 구성되었으며 이 표현은 이 시로 하여금 절망적인 좌절과 탄식의 분위기로부터 구원 응답의 확신의 분위기로 급전환하게 만든다. 즉 원수의 지구력 있는 괴롭힘으로 인한 탄식으로부터 그 원수의 급작스런 패퇴와 시인 자신의 구원에 대한 확신으로 분위기가 급전이되었던 것이다(15[16]**절**의 첫 글자['야쉬마웻']는 두 글자['야쉬'와 '마웻']의 결합, 즉 2박자로 간주함; 15[16]절은 3+3+3 박자).

15[16]**절**의 내용은 민수기 16:31-35의 사건을 상기시킨다. **15[16]절**에서 일어난 분위기 급전환의 그 동인에 관한 해석은 시편 54편에서 살펴본 바, 시편 54:4[6]에 대한 주석을 참조하라. **"사망"**과 **"음부"**(스올)의 관계에 대해서는 시편 6편 주석을 참조하라.

16-18[17-19]**절**은 오랫동안 하나님의 침묵으로 인한 시인과 하나님의 소원(疎遠)한 관계가 회복되는 것을 보여 준다. 즉 시인이 하나님을 향하

여 "탄식하고" "부르짖으면" 야훼께서는 즉각 구원의 응답을 해주실 것을 확신한다('부르짖음 → 구원'의 구원사 구조가 갖는 신학적 의의에 대하여는 Ee Kon Kim, "Outcry," *Int.*, July 1988, 229-239를 참조하라). **17[18]절**의 "저녁-아침-정오"는 기도 시간의 정규 규정을 열심히 지켰다는 의미도 포함되었을 수 있으나(단 6:10) 여기서는 오히려 시인이 "기도할 때마다" 야훼 하나님께서는 전능하시므로 늘 응답하신다는 것을 의미한다고 하겠다. 왜냐하면 시편 55편 시인의 시대에 일일 3회의 기도시간 규정이 제정되었는지가 불투명하기 때문이다. **18[19]절**은 실제로 일어난 서북 아랍계 유목민들의 전쟁 도발과 그 전쟁에서의 극적인 승리에 기초한 하나의 역사회상으로 보려는 경향이 있으나(Kraus, *Psalms 1-59*, 522), 오히려 이 구절(18[19]절)은 "거룩한 전쟁 전승(holy war tradition)의 신앙"으로부터 비롯된 하나의 문학적 유산이라고 보는 것이 더 적절할 것으로 보인다.

19 - **23** 19-23[20-24]**절**은 현대 주석학자가 후대의 첨가로 추측할 만큼(Gunkel, *Die Psalmen*, 238-239, 241), 비록 그 주요 내용 구성은 1-18[2-19]절과 19-23[20-24]절 간에 서로 상응을 이룬다고는 하더라도, 그러나 19[20]절로부터는 고대성을 가진 언어가 사용되면서(**19[20]절**의 "태고의 엘"=엘 케뎀, קדם … אל 구조 참조) 특히 **22[23]절**에서는 "사자(使者) 전언(傳言) 문형"이 전제된(?) 구원신탁(救援神託; Heilsorakel)이 선포되고 있다는 점으로 미루어 볼 때, 1-18[2-19]절의 분위기와는 상당히 다른 예언/지혜문학적인 분위기를 형성하고 있다고 하겠다(pace Weiser).

19[20]절은 히브리 본문으로부터의 번역이 매우 난해하여 주석가들마다 다른 사역(私譯)들을 제시하고 있을 뿐만 아니라 우리의 본문 개역이나 새번역도 불완전하거나 근거가 불확실한 역자의 해석으로 적당히 처리하고 있어서 주석을 위한 본문 설정 자체가 매우 어려운 구절이다. 마소라 본문을 가능한 범위 안에서 문자 그대로 번역한다면 다음과 같다.

"엘"께서/들으셨고/응답하셨으며//태고부터 계신 분께서는/좌정하고 계셨습니다(3+2).

그[들]에게는/ 아무/ 변화가/ 없었습니다.// 그러나 그들은 하나님을/ 두려워하지/ 않았습니다(4+3).

위의 본문에서 [ ] 안의 복수(them) 대신에 단수(Him; cf. Dahood, *II*, 29, 36)를 선택하여 "엘"(=하나님)과 일치시킨다면, 이 구절(**19[20]절**)은 탄식 표현으로 볼 수 있을 것이다. 문맥상으로 볼 때, 위 구절은 "엘 하나님은 태고 때부터 살아 계셔서 역사를 주관하고(듣고 응답하시는 역사 활동을 하고) 계시지만 그러나 그들 원수들은 여전히 하나님을 경외하지 않고 있었다"라는 의미의 원수로 인한 탄식 언어가 될 수 있을 것이다.

따라서 **20-21[21-22]절**의 원수로 인한 탄식 표현들은 1-18[2-19]절에 나타난 탄식표현의 가장 핵심 되는 요소인 원수의 "**배신**"에 대한 탄식으로 구성되어 있다. 배신을 일삼는 원수들의 해독성도 또한 주로 '거짓 언어'의 폐해로 구성되어 있음을 볼 수 있다. 이러한 원수 탄식의 분위기를 전환시키는 기능은 사제(司祭)의 구원신탁(救援神託="**네 짐을 야훼에게 맡겨 버려라. [그가] 너를 붙들어 주시며 의인이 요동하는 것을 영원히 허락하지 않으실 것이다.**" **22[23]절**)이 맡는다. 즉 야훼만을 의지하고 모든 세상 짐들은 야훼께 맡길 것을 권고한다. 피 흘리기를 즐기며 속이기를 좋아하는 자들은 주어진 수명의 반도 살지 못하고 죽을 것이나 "**주를 의지하는 자**"는 결코 요동함을 당하지 않을 것이라는 것이다. 모든 피난처는 멀리 있지 않고 야훼 안에만 있다는 것이다(cf. 시 21:4[5]; 91:16).

¶ 메시지: 네 짐을 주께 맡겨라!

우리가 살고 있는 이 세상은, 시편 55편 시인의 반복적 강조어법(1-18[2-19]절과 19-23[20-24]절)에 의하면 다음과 같은 이중성을 지니고 있다. 그 하나는 (1) 악인들이 의롭게 살려는 사람들(의인들)을 핍박하고 억압하여 괴롭히는 것이 이 세상이라는 것이다. 의롭게 살려고 하는 사람들은 살맛이 안 나는 것이 이 세상이다. 그들 원수들(=악인들)은 의롭게 살려는 자들을 괴롭히되 지치지도 않고 지구력 있게 괴롭힌다. 악인들은 더욱 의기양양하며 당당하다. 하나님은 침묵하며 자신을 역사의 배후에 감추시기만 하신다. 이것이 이 세상의 한 면이다. 그러나 그 다른 한 면은 (2) 함께 의롭게 살아가려고 노력하며 더불어 친교를 나누던 '동류'(my equal), '동무'(my companion), '친구'(my close friend)들이 어느 날 갑자기 나를 배신하고 원수로서 내 앞에 나타난다. 배신과 배반을 받으므로 오는 고통은 정신적으로 배(倍)로 상승한다. 그리하여 이 세상은 아무도 믿을 수 없다는 절망감에 빠지고 만다. "원수가 바로 너, 나의 동류, 나의 동무, 나의 가까운 친구인 바로 너구나!"(Et tu, Brute!)라고 외치며 좌절하게 되는 것이 이 세상이다.

그러면 의롭게 살려고 하는 자들이 이 세상을 살아가는 신앙적 지혜는 무엇일까? 이러한 부조리한 삶의 세계를 그럼에도 불구하고 당당히 이기며 살아갈 수 있는 길은 무엇일까? 시편 55편 시인은 이 물음에 대해서, 마치 하박국 예언자처럼(합 2:4), "네 짐을 모두 주님께 맡겨 버려라!"라는 신탁 언어만 던질 뿐이다. 즉 모든 것을 주께 맡기고 주님만을 의지하는 것이 이 시대를 사는 유일한 대안일 것이라는 말이다.

54. 사람이 내게 어찌하겠습니까?(56:1-13)

¶ 본문

다윗의 믹담 시, 영장으로 요낫 엘렘 르호김에 맞춘 노래, 다윗이 가드에서 블레셋인에게 잡힌 때에

1[2] 하나님이여 나를 긍휼히 여기소서 사람이 나를 삼키려고 종일 치며 압제하나이다(4+3)

2[3] 나의 원수가 종일 나를 삼키려 하며 나를 교만히 치는 자 많사오니 (3+3)

3[4] 내가 두려워하는 날에는 주를 의지하리이다(2+3)

4[5] 내가 하나님을 의지하고 그 말씀을 찬송하올찌라 내가 하나님을 의지하였은즉 두려워 아니하리니 혈육 [있는 사람]이 내게 어찌하리이까(3+3+3)

5[6] 저희가 종일 내 말을 곡해하며 내게 대한 저희 모든 사상은 사악이라(3+2)

6[7] 저희가 내 생명을 엿보던 것과 같이 또 모여 숨어 내 종적을 살피나이다(2+3+3)

7[8] 저희가 죄악을 짓고야 피하오리이까 하나님이여 분노하사 뭇 백성을 낮추소서(4+4)

8[9] 나의 유리함을 주께서 계수하셨으니 나의 눈물을 주의 병에 담으소서 이것이 주의 책에 [기록되지] 아니하였나이까(3+3+2)
9[10] 내가 아뢰는 날에 내 원수가 물러가리니 하나님이 나의 도우심인줄 아나이다(4+2+4)
10[11] 내가 하나님을 의지하여 [그] 말씀을 찬송하며 여호와를 의지하여 [그] 말씀을 찬송하리이다(3+3)
11[12] 내가 하나님을 의지하였은즉 두려워 아니하리니 사람이 내게 어찌 하리이까(3+3)
12[13] 하나님이여 내가 주께 서원함이 있사온즉 내가 감사제를 주께 드리리니(3+3)
13[14] 주께서 내 생명을 사망에서 건지셨음이라 주께서 나로 하나님 앞, 생명의 빛에 다니게 하시려고 실족지 않게 하지 아니하셨나이까 (3+3, 3+2)

¶ 개요(비평학적 문제)

시편 56편은 시편 55편의 경우처럼 "**원수**의 공격으로부터의 구원을 비는 간구들"과 동시에 예기치 못한 곳에서 갑자기 나타나는 "강한 확신의 표현들"이 함께 어우러진 한 단위의 **"탄원시 유형"**으로 보인다. 시인을 일인칭 단수("나")로 표현하고 있고 또 두 연(聯; 1-8[2-9]절과 9-13[10-14]절)의 구성구조가 각각 "개인 탄원의 시"의 기본 구조(부름과 간구-탄식-확신-맹세)를 갖추고 있을 뿐만 아니라, 표제를 통하여, 이 시의 상황을 다윗이 가드에서 블레셋인에게 잡힌 때에 불렀던 시라는 해석을 붙여 '개인적 상황'에 연결시키고 있어서 이 시는 일반적으로 '개인' 탄원의 시로 이해되어 왔다(Gunkel, *Intr.*, §6, 121). 그러나 '후렴'을 연상케 하는 두 개의 반복 구절(4[5]절과 10-11[11-12]절)이 나타난다는 점과 그리고 70인역(LXX)과 아람역(Targum)이 포로기의 예루살렘 공동체가 사용하였던 그 표제들을 이 시가 가지고 있다는 점들을 통하여서 볼 때는, 이 시가 "공동체 탄원의 시"라는 추측을 하게도 하고 따라서 이 시인을 가리키는 일인칭 단수인 "나"는 '연대적 개인'을 가리키는(예컨대, '왕'이나 '제의 대표자'를 가리키는) 공동체 개념으로 보려는 경향이 강력히 제기되기도 하였다(cf. S. Mowinckel, C. A. Briggs, M. Dahood et al.)

그러나 이 시를 정의할 때, 순수한 "개인의 시"로서 출발하여 제의(祭儀) 전승과정을 통하여 상당한 수정(cf. 엘로히스트 시; 10[11]b절의 "야훼"만이 그대로 남아 있고 그 이외의 신명들은 전부 '엘로힘'으로 수정[9회 수정]되었을 것으로 보임)을 받았던 시로 보든 그 반대의 과정을 겪은 시로 보든 간에(vice versa), 이 시의 구성과정은 본래 (1) 1-3[2-4]절과 그리고 (2) 5-9[6-10]절로 된 두 연(聯)의 결합으로 구성되었던 "원수 탄원의 시"인데, 8-9[9-10]절에 나타난 시인의 신뢰와 구원확신 주제를 중심주제로 강조 확대하기 위하여 후렴의 형식을 띤 어투인 4[5]절과 10-11[11-12]절을 각 연(聯)의 끝에 붙인 후 감사 맹세구(句)인 12-13[13-14]절을 결구로 연결시켜 대미를 장식하게 한 시로 보는 데 큰 어려움이 없어 보인다.

그 경우, 이 시인의 원수를 "전사(戰士)들"(warriors)로 보고 또 시인은 군사령관이나 왕(王)으로 봄으로써 이 시를 "민족(공동체) 탄원의 시"로 이해하거나(cf. Kraus, *Psalms 1-59*, 526) 또는 이 시인을 디아스포라의 이교적 환경에 처하여 있는 한 경건한 자로 이해하는(Gunkel, *Die Psalmen*, 242) 견해는 그럴듯하지만 그러나 순수한 사적(私的)인 시가 제의화(祭儀化)한 것으로도 충분히 볼 수 있는 시라고 하겠다. 그런 맥락에서 보면, 이 시가 현재적 탄식과 절박한 기원을 담고 있는 이래(1-2[2-3], 7-8[8-9]절), 이 시를 기도의 응답을 들은 후(後)와 감사제를 드리기 전(前) 사이에 낭송된 시라는 추론(cf. A. Weiser, *The Psalms*, 422)도 또한 논리적 연속성을 결여하고 있는 것(pace Weiser)으로 보인다.

오히려 이 시의 주요 강조점은 시인을 위협하는 원수는 비록 위협적이기는 하지만 하나의 연약하고 유한한 "인간"(1[2]절의 "사람" = '에노쉬'[אנוש], 4[5]절의 "혈육" = '빠살'[בשר], 그리고 11[12]절의 "사람" = '아담'[אדם]이 모두 '전사'나 '용사' 이미지보다는 연약하고 허무한 피조물인 '인생'을 강조한 표현으로 보임)이라는 것과 그러므로, 9[10]절에서처럼, 창조주 하나님을 의지하는 자와 창조주 하나님이 "나의 편"("나의 도우심인 줄

아나이다"의 히브리 원문은 "하나님께서 나의 편이시라는 이 사실을 나는 아나이다"='쩨-야다아티 키-엘로힘 리', זה־ידעתי כי־אלהים לי)이심을 아는 자는 원수가 아무리 강하다고 하여도, 그들도 허무한 피조물인 인간인 이상, 그 원수가 진정한 두려움의 대상일 수는 없다는 신앙(cf. 롬 8:31)이 바로 이 시의 사상의 흐름을 주도하고 있다고 하겠다. 그런 의미에서 볼 때 이 시는 하나님에 대한 의지(신뢰) 신앙을 강조하는 개인 탄원시가 제의(祭儀)에서 정교히 다듬어진 시라고 볼 수 있다고 하겠다.

¶ 주석

표제에 관해서는 이 책의 서론을 참조하라. 다윗이 "가드"로 도망한 사건의 보도(삼상 21:10-15)와 이 시를 연결시키는 것은 대부분의 주석가들로부터 후대의 주석으로 간주되고 있다. "가드"는 블레셋(주전 12-11세기에 팔레스타인 영역으로 건너 온 '바다 백성')의 주요 다섯 성들(아스돗, 아스글론, 에그론, 가드, 가사) 중의 하나이다. 철기문화를 처음으로 이곳에 유입한 무리들로서 헷 제국과 수리아 제국 그리고 이집트 제국에게까지 위협적 공격을 하였던 자들인데 그 후 주로 팔레스타인 또는 가나안의 해안 지역에 정착하였던 족속이었다.

1-**2** 1-2[2-3]**절**은 원수로 인한 탄식 표현이다. **"나의 원수들"**('쇼러라이', שוררי)은 "끈질기게 추적하여 물고 늘어지는 사냥개(hound)"로서 묘사되고 있다(**1b-2a[2b-3a]절**). 히브리어 '물어뜯다'('샤아프', שאף) 라는 표현의 반복과 '종일'('콜 하이욤')이라는 표현의 반복(1[2]b, 2[3]a절)을 통하여 그 실체가 극명하게 드러난다. 그러나 시인이 하나님의 은총을 요구하는(한네니, חנני) 이유('키', כי)는 원수들의 "치는 행위"(2[3]b; lhm; לחם, 싸움) 속에 담긴 "교만한 모습"('마롬', מרום)을 들고 있다. 아마도 시인이 문제 삼는 초점이 여기('마롬', מרום)에 있는 것 같다. '마롬'은 '교만히'라는 부사적 의미보다 "높으신 분"(Exalted One)이라는 "신의 명칭"을 의미할 수도 있다(Dahood, *Psalms 51-100*, 40, 43). 즉 하잘것없

는 '에노쉬'(사람)가 스스로 신의 지위로까지 높아졌다는 것이 야훼 하나님의 은총('한눈', חנון)을 다급히 요청하는 기원의 이유였다.

3-**4** 3-4[4-5]**절**은 하나님에 대한 **"의지"**(依支; **'빠타흐'**, בטח) 신앙이 원수에 대한 두려움을 능히 몰아낼 수 있었다는 것을 증언한다. 왜냐하면 원수는 "신"(神)이 아니라 '혈육'(血肉; '바살', בשר)에 불과하기 때문이라는 것이다. 하나님의 창조적 주권과 원수의 피조성이 극명하게 대조된다. 혈육을 가진 피조물로서의 원수는 창조주 신(神)으로서의 야훼 하나님과는 전혀 상대도 안 된다는 것이다. 이 부분은 이 시의 핵심 주제로 부상되기 위하여 10-11[11-12]절에서 다시 반복된다. 이 사상은 역대하 32:8과 신약 로마서 8:31에 뚜렷하게 전승되어 있다.

5-**6** 5-6[6-7]**절**에서는 다시 시인의 원수의 본질이 상세하게 설명된다. 우선 1-2[2-3]**절**에서 이미 언급되었던 말인 **"종일"**이라는 말이 제일 먼저 제시됨으로써 '사냥개의 끈질김'과 같은 성격을 지적한다. 그러고 난 다음 그 주요 행위를 언급하는데 그것은 (1)말의 곡해와 (2)생명을 숨어서 노리는 일로서 설명된다. 범죄의 간교성을 강조하는 표현으로 보인다(왕상 21장의 나봇의 포도원 사건에 나타난 '의법 살인'[a legal murder]의 간교성을 참조하라).

7 7[8]**절**은 5-6[6-7]**절**에 대한 즉각적 반응이다. 그 반응은 하나님께로 향한다. 원수의 악행('아웬'=말[시인의 하나님 찬양]의 곡해와 사악한 사상)은 하나님을 업신여기는(삼하 12:9, 10) 모독행위이기 때문이다. **"저희가 죄악('아웬')을 짓고야 피하오리이까?"**는 죄악을 지은 자가 피할 길이 있겠느냐? 그런 것은 [회개 이외는] 없다는 뜻이다. "하나님이여 분노하사 뭇백성을 낮추소서"에서 말하는 "뭇백성"은 제의적 용어이므로 어떤 구체적 나라를 지칭한다고 볼 필요는 없다. "낮추소서"라는 표현은 원수의 신성모독적인(무신론적인) 교만(**2[3]절**)한 성격을 전제한 말이다.

8 - **11** **8-11[9-12]절**은 분위기의 급전환을 일구어 내는 "야훼 하나님에 대한 의지 신앙"을 찬양하는 부분이다. 이 찬양의 도입 구절이 인상적이다. 시인이 과거 유리하던 그 고통의 삶이 "유리병"에 담아 하나님에 의하여 계수(計數)되고 "하나님의 책"(기념하는 책: 출 32:32; 시 69:28[29]; 139:16; 단 7:10; 12:1; 말 3:16; 빌 4:3; 계 3:5; 20:12)에 기록되지 않았는지를 묻는 물음으로 분위기 전환 또는 주제 전이(轉移)가 일어난다. 여기서 말하는 "눈물 담은 유리병"은 고난받는 자들에 대한 하나님의 관심을 강조하고 멀지 않아 완전한 정의의 판단이 이루어질 것이라는 은유법적 표현으로서 "하나님의 책"의 의미를 보충적으로 해석해 주는 부분으로 볼 수 있다. 하나님의 책이 공개될 때 경건한 자들의 운명과 원수들의 운명이 뒤집히고 원수들이 등을 보이며 빽소니를 칠 것이다. 이 확신은 전적으로 "하나님이 나의 편이시다는 것을 알고 있기 때문에" 갖게 된 것이라고 말한다(**9[10]b절**). 이러한 확신의 근거는 출애굽기 3:12('에흐예 임막', אהיה עמך)의 약속으로부터 시작하여 호세아 1:9, 시편 56:9[10]와 시편 118:7을 거쳐 로마서 8:31에 이르기까지 성서적 "신앙의 근본 기초"라 하겠다. 후렴 형식을 띤 **10-11[11-12]절**은 이 시의 중심 주제를 환기시키며 반복법적(cf. **3-4[4-5]절**을 반복함)으로 자신의 구원확신을 강조하고 있다.

시 구성의 마무리 단계에 위치하고 있는 **12-13[13-14]절**은 감사제를 드리겠다는 맹세문 선포(**12[13]절**)와 그러한 맹세를 드릴 수 있는 충분한 이유(**13[14]절**)를 명백히 하는 결어(結語)이다. 그 이유를 이 시인은 "하나님은 근본적으로 그를 의지하는 자의 생명을 사망에서부터 건지시는 분이시기 때문"이라는 것을 밝힌다. 이러한 구원사적 확신 때문에(!, **13[14]절**) 하나님을 진정으로 의지하고 그 하나님이 내 편이시라는 확신(**9[10]c절**)을 가지고 있는 자는 그 어떤 것도 두려움의 대상이 될 수 없음을 그는 알고 있다.

¶ 메시지: 하나님이 나의 편이시니 사람이 내게 어찌하랴!

원수들의 지속적인(사냥물을 끈질기게 뒤를 밟는 사냥꾼의 추적과 사냥개의 지속적 추적을 받는) 핍박과 억압 속에서도 결코 실망하거나 그들을 두려워하거나 하지 않고 이 끝없이 부조리하기만 한 살맛 안 나는 세상에서라도 확신을 가지고 하나님에 대한 신앙을 끝까지 지켜 갈 수 있었던 그 이유를 이 시인은 그의 시의 후렴 형식의 반복구(句; 4[5]절과 11[12]절)를 통하여 "내가 하나님을 의지하였은즉 두려워 아니하리니 혈육 있는 사람이 내게 어찌하리이까?"('벨로힘 빠타흐티 로 이라 마흐-야아세 빠살/아담 리', באלהים בטחתי לא אירא מה־יעשה [בשר] אדם לי)라고 두려움 없는 구원확신을 천명하였던 것이다. 이러한 신앙은 시편 56:9[10]c와 시편 118:6-7에서 더욱 분명하게 진술되었다. 그리고 이 확신은 사도 바울에게까지 확고하게 전승되었던 것이다.

> 내가 부르짖는 날, 그때에는, 나의 원수들이 등을 보이며 물러가리니 이것은 하나님께서 내 편이시라는 것을 나는 알고 있기 때문입니다(시 56:9[10]c).

> 야훼께서 내 편이시니 내가 두려워 아니 하리니 사람이 내게 어찌하랴! 야훼께서 내 편이 되시어 나를 돕는 자 중에 계시니 그러므로 나는 나를 미워하는 자들의 [보응받는 것을] 목도하리라(시 118:6-7).

> 그런즉 이 일에 대하여 우리가 무슨 말 하리요. 만일 하나님이 우리 편이시면 누가 우리를 대적하리요? (롬 8:31)

신앙인에게 있어서 가장 중요한 것은 "하나님이 내 편이시라는 것을 아는 것"이다. 원수의 세력은 아무리 강하더라도 그것은 창조주 하나님의 능력에 비하면 먼지에 불과한 유한한 "인간"으로부터 오는 힘이기 때문에 창조주 하나님이 자기편이심을 아는(믿는) 자는 결코 두려워할 필요가 없다는 것이다. “하나님이 내 편이시면 혈육 있는 사람이 감히 내게 어찌 하겠습니까?” 그러므로 나와 나의 창조주와의 이러한 연결(cf. 계약관계, 부부 은유 또는 부자 은유)에 대한 확신을 가지는 영안(靈眼)이 바로 “믿음의 눈”이라는 것이다.

55. 주의 인자와 진리를 땅위로 보내소서!(57:1-11)

¶ 본문

다윗의 믹담 시, 영장으로 알다스헷에 맞춘 노래, 다윗이 사울을 피하여 굴에 있던 때에

1[2] 하나님이여 나를 긍휼히 여기시고 나를 긍휼히 여기소서 내 영혼이 주께로 피하되 주의 날개 그늘 아래서 [이] 재앙이 지나기까지 피하리이다(3+3+3)

2[3] 내가 지극히 높으신 하나님께 부르짖음이여 곧 나를 위하여 [모든 것을] 이루시는 하나님께로다(3+3)

3[4] 저가 하늘에서 보내사 나를 삼키려는 자의 비방에서 나를 구원하실찌라(셀라) 하나님이 그 인자와 진리를 보내시리로다(3+2+4)

4[5] 내 혼이 사자 중에 처하며 내가 불사르는 자 중에 누웠으니 곧 인생 중에라 저희 이[齒牙]는 창과 살이요 저희 혀[舌]는 날카로운 칼 같도다(3+3, 3+3)

5[6] 하나님이여 주는 하늘 위에 높이 들리시며 주의 영광은 온 세계 위에 [높아지기를] 원하나이다(3+3)

6[7] 저희가 내 걸음을 장애하려고 그물을 예비하였으니 내 영혼이 억울하도다 저희가 내 앞에 웅덩이를 팠으나 스스로 그 중에 빠졌도다

(3+2, 3+2)(셀라)

7[8] 하나님이여 내 마음이 확정되었고 내 마음이 확정되었사오니 내가 노래하고 내가 찬송하리이다(3+2+2)

8[9] 내 영광아 깰찌어다 비파야, 수금아, 깰찌어다 내가 새벽을 깨우리로다(2+3+2)

9[10] 주여 내가 만민 중에서 주께 감사하오며 열방 중에서 주를 찬송하리이다(3+2)

10[11] 대저 주의 인자는 커서 하늘에 미치고 주의 진리는 궁창에 이르나이다(3+2)

11[12] 하나님이여 주는 하늘 위에 높이 들리시며 주의 영광은 온 세계 위에 [높아지기를] 원하나이다(3+3)

¶ 개요(비평학적 문제)

시편 57편도 또한 시편 56편과 동일한 "후렴구의 반복현상"(5[6]절과 11[12]절)을 갖고 있는 "개인 탄원의 시" 유형으로 분류되어 왔다(cf. Gunkel, *Intr.*, §6, 121). 그리고 시의 끝에서는 확신을 근거로 한 "관습적인 찬양맹세"(customary vow; 7[8]-10[11]절)가 나타나고 있는데, 이러한 구조적 현상은 "개인 탄원의 시" 유형에 잘 부합된다.

그러므로 이 시의 시인을 "왕"으로 보려는 견해(cf. A. Bentzen, M. Dahood et al.) 또는 이 시인을 거짓 고소[무고:誣告]를 당하고 있는 자, 즉 그를 무고하는 자들과 함께 성소에서 밤을 새우면서(cf. 4[5]a절) 하나님의 판결을 기다리고 있는 한 무고 당한 자(cf. 1[2]b절; H. Schmidt, W. Beyerlin et al.)로 보려는 견해 등이 주목을 받아 왔다. 그러나 일반적으로 제왕시들의 동기들은 무명의 일반 기도자들 또는 사제(司祭)들이 사용하는 제의적 기도문들로부터도 매우 자주 발견되는 요소들이므로 특별한 제왕적 요소들이 적시되어 있지 않는 한 이 시를 제왕의 시(Royal psalm)로서 엄격하게 분류하기는 어려울 것이다. 그러나 시편 11, 17, 26, 27편 등에서 나타나는바, "성소에서 자신의 무죄 변호의 피난처를 찾는 자들"

의 상황에 대한 언급들이 우리의 시 본문에 분명하게 나타나고 있는 것(1[2]b절, 3[4]절, 4[5]a절, 6[7]a절 등 참조)은 간과할 수 없는 면이라고 하겠다.

이 시의 구성구조를 살펴볼 때, 이 시는 동일한 후렴구(5[6]절과 11[12]절)로 각기 결론을 맺는 두 연(聯)의 결합, 즉 "(1) **탄원**(1-4[2-5]절) – **후렴**(5[6]절) – /{**확신**(6[7]절)}/ – (2) **찬양**(7-10[8-11]절) – **후렴**(11[12]절)"이라는 구조 형식을 갖고 있다고 할 수 있다. 그러나 이러한 이중적 시 구성구조가 시편 57편을 서로 다른 두 양식(Gattungen)의 결합인지 아니면 두 연(聯)의 결합으로 된 한 양식(a literary form)인지를 확실하게 결론 지을 수 있게 해주지는 못한다. 또 거기에는 시편 57:7-10[8-11]과 시편 108:1-5 사이의 일치도 확인된다. 그러나 이 두 자료의 이러한 일치관계도 또한 시편 57편을 서로 다른 양식들을 결합한 혼합 유형의 시로 판단하도록 도와주지도 않는다. 또 결정적인 요소는 아니라고 하더라도, 시편 57편 표제에 나오는 '알다스헷'(음악적 지시의 이름; 문자적으로는 "멸망시키지 마소서"라는 의미를 가짐)이라는 음악적 지시(하나님께서 그의 백성을 멸하지 말아 달라고 기원하는 성격과 내용을 가진 화음을 넣으라는 지시?, J. Eaton, *The Psalms*, 2003, 220)가 시편 58, 59, 75편의 표제들에도 나타나지만 이러한 음악적 지시가 시편 57편과 58, 59, 75편이 모두 동일한 성격의 장르라는 것을 증명해 주는 역할을 하지도 못할 뿐만 아니라 이러한 음악적 지시("멸망시키지 마소서"라는 절박한 간구 분위기를 반영하라는 지시)를 표제를 통하여 받고 노래된 이 시들조차도 결코 간절한 탄원의 성격을 가진 시(시 59편을 제외한다면) 장르를 형성하지 않고 있음을 볼 수 있다. 이러한 맥락에서 볼 때, 우리는 이 시를 원수 멸망과 자신의 구원에 대한 **확신을 중심축**으로 하고 구원 기원(1-4[2-5]절)과 찬양맹세(7-10[8-11]절)에 각각 후렴을 붙여서 하나의 시(a whole psalm)로 결합시킨 "하나의 탄원의[기도의] 시"라고 전제하고 본문 주해와 메시지 도출(導出)을 시도해 보려고 한다.

이 시의 저작 시기에 대해서는 확실하게 말할 수 있는 본문의 내적 증거가 없기 때문에 무엇이라 말할 수는 없으나 그러나 시편 57:7-10[8-11]과 시편 108:1-5 사이의 일치를 근거로 해볼 때, 우리의 본문은 시편 108

편보다는 더 오래된 시라고 볼 수 있다(늦은 포로 전기, A. A. Anderson, *Psalms 1-72*, 425). 또 이 시가 구원 확신을 중심축(6[7]절)으로 한두 주제, 즉 절박한 구원 기원(1-4[2-5]절)과 승리의 찬양(7-10[8-11]절)이라는 두 주제 사이의 급박한 주제 전이(轉移; shift/transition)를 형성하고 있는 점으로 미루어 볼 때, 이 시가 초기 기독교 예배 전통에서는 부활절 아침 예배 때 낭송하는 시로 채택되었던 것은 이러한 주제 급전(急轉)의 맥락에 대한 신학적 해석으로부터 비롯된 것으로 보인다.

¶ 주석

표제에 관하여서는 이 책의 "서론"을 참조하고 위의 "개요"를 참조하라.

1 - 4 1-4**[2-5]절**은 하나님께서 그를 구해 주시리라는 확신을 기초로 한 탄원의 문단이다. 서두(**1[2]a절**)는 시편 56:1[2]a와 일치하는 형식을 취하지만, 57편의 경우는 '한네니'(긍휼히 여기소서=은혜[자비]를 베푸소서, חָנֵּנִי)라는 명령형 어투를 반복함으로 구원기원을 강조하되, 56편의 경우처럼 악인의 "배신"에 초점을 맞추기보다는, 하나님께서 시인이 곤경에 처하였을 때 피할 장소 역할을 해주셨다는 사실에 대한 믿음을 전면에 내세운다. **"피할 장소"**와 **"주의 날개 그늘"**은 성전의 성소에 대한 은유라고 할 수 있다. 이러한 상황은 대체로 시편 5:7[8]과 시편 27:4에서와 같은 "성소에서 밤을 새우며 기도할 때의 시들"의 상황과 동일하다. 특히 **"주의 날개 그늘 아래서"**라는 말은 (1) 성소에 안치되어 있는 법궤 위의 "그룹[거룹]"들(cherubim; "날개를 가진 사람 모양의 생물"=하나님의 보좌를 떠받치고 있는 것의 상징, Kraus, *Psalms 1-59*, 530; Tate, *Psalms 51-100*, 77) 아래에서 무고를 당한 무죄 변호인이 최종 피난처(asylum)를 찾는 전통에 대한 언급, 즉 성소에 계시는 하나님으로부터 **"재앙이 지나기까지"** 보호와 도움을 찾는 관습에 대한 언급(cf. A. Weiser, *The Psalms*, 1962, 426)으로 이해할 수도 있고 또 (2) 하나님의 날개('새 은유') 아래 감추어 보호해 주시는 계약의 주 하나님에 관한 은유들(cf. 출 19:4; 신

32:11; 사 34:15; 시 17:8; 36:7[8]; 63:7[8] etc.)로서도 이해할 수도 있다.

"지극히 높으신 하나님"(엘로힘 엘룐, 시 78:56; 이 칭호는 야훼 엘룐, 시 7:17[18]; 엘 엘룐, 시 78:35; 엘룐, 46:4; 47:2로부터의 변형으로 보인다. '엘룐'이라는 칭호는 가나안 우가릿 문헌에 흔히 나타나는 이름임)은 구약에서는 가나안의 '엘'과 이스라엘의 '야훼'와의 만남을 매개하는 기능을 한 그 첫 번째 매개체로 보인다(cf. 창 14:18-19, 22). 그러나 여기서 언급되는 '엘로힘 엘룐'은 시인을 위하여 시인의 목적을 반드시 이루어주시는 분(2[3]절), 즉 시인을 위하여 시인의 원수에게 대신 보복을 해주시는 분이라는 의미로 사용되었다고 추론된다. 우리의 본문에 나타난 **"나를 위하여 [모든 것을 이루시는] 하나님께로다"**라는 번역문은 문자적으로는 "나를 위하여 보복을 해주시는 엘"(לאל גמר עלי; 라엘 꼬멜 알라이)이라는 의미를 갖고 있다. 말하자면 '계약의 주'이신 하나님의 목적과 계획은 그의 신실하심('헤세드', faithful, steadfast love, etc.)으로 미루어 볼 때, 결코 실패함이 없이 반드시 성취된다는 시인의 믿음이 여기에 강하게 표출되어 있는 것으로서 "해석"할 수 있다고 하겠다.

그러므로 "인자"('헤세드', חסד)의 하나님(=계약에 신실하신 하나님)은 하늘로부터 **"인자"('헤세드')**와 **"진리"('에멧')**라는 사자(使者)들을 내려 보내셔서 자신의 계약에 성실하시기 위하여 시인을 삼키려는 자들의 비방에서부터 구원('야샤아')하실 것이라는 것이다. 즉 **3[4]절**의 경우, 상반절과 하반절 사이에는, 비록 상반절에는 목적어가 없다고 하더라도, 동의적 평행이 일어난다고 볼 수 있다. 그리하여 '헤세드'(인자)의 하나님께서는 하늘로부터 '헤세드'(인자)를 구원의 사자(使者)로서 내려 보내신다는 것이다. 계약신앙의 문맥에서만 가능한 신앙고백적 표현이라고 하겠다.

4[5]절 서두의 "내 혼이"('납쉬', נפשי)는 헬라적 '영혼' 개념과는 거리가 먼 개념이다. 이 말은 여기서는, 그냥 '내가'(또는 '내 목숨이')라는 의미 이상은 없다고 보는 것이 옳다. 시인의 생명을 위협하는 원수들은 **"사자(獅子)들"**로서 은유된 **"불사르는 인생들"**이며 그 원수들의 이빨과 혀는 그 '잔인성'과 '야만성' 그리고 '파괴성'을 부각시키는 창과 살 그리고 날카로운 칼이라는 표상에 담아 서술한다. 특히 "사자들"과 "불사름" 사이의 평행법은 다니엘서의 사자굴 사건(단 6:16-24)과 그리고 풀무불 사건

(단 3:19-27) 사이의 '극적인 구원' 관계성을 생각나게 한다. 이 시인은 일종 시편의 다니엘 또는 시편의 사드락-메삭-아벳느고라는 느낌을 갖게 해준다. 이 구절의 리듬은 3+3, 3+3 박자로 보는 것이 옳을 것 같다(pace E. Tate, *Psalms 51-100*, 73).

5 5[6]**절**은 11[12]**절**과 함께 이 시의 '후렴구'인데, 많은 주석가들은 이 시의 강조점은 이 후렴구에 나타나고 있다고 보고 있다. 이 후렴구는 "영광" 중에 나타나시는 하나님의 '현현'(theophany)과 그의 구원하시는 권능을 찬양하는 일을 하고 있다는 것이다. 즉 이 시인이 자신의 희망의 근원이라고 생각하고 그것을 갈망하는 바는 하나님의 우주적 주권을 널리 증언하는 일이라는 것이다. 시인의 이러한 증언은 존재하는 모든 것(하늘 위와 온 땅[세계] 위)을 통치하시는 유일한 분이 하나님이시라는 것(하나님의 유일한 우주적 통치권)을 가르치기 위하여 제유(提喩; merism)의 형식, 즉 "**하늘 위**"와 "**온 땅 위**"라는 두 대조적 표현처럼 서로 대조되는 개념들을 연결시켜 '하나의' 짝을 이루게 하고 동시에 그러한 연결을 통하여 '하나의' 포괄적인 통전성(統全性)을 표현하게 하는 그런 형식(merism)을 빌려 표현되었다(cf. 7-10[8-11]**절**). 하나님의 유일한 세계 통치권을 강조하는 것이 이 후렴구의 목표점이라고 하겠다.

6 6[7]**절**은 후렴구와는 별개로 "두 연(聯)의 중심축"의 자리에 위치해서 1-4[2-5]절의 '탄원' 주제가 7-10[8-11]**절**의 '감사'(찬양) 주제로의 전이(轉移)가 이루어지도록 하는 역할을 하고 있다. 중심축의 구절인 6[7]절의 내용은 "구원확신의 표현"으로서 앞 연(聯)의 탄원 분위기를 전환시키며 뒤따르는 연(聯)의 서설의 기능을 한다. 성소에서 밤을 새우는 철야 기도의 긍정적 결과가 등장함과 아울러 시인은 생명위협의 추적에서 벗어나고 마침내 원수의 악의(惡意)가 자기 파멸적 결과를 맞는 것을 목도하게 된다. 원수의 악행에 대한 하나님의 심판은 역시 여기서도 '부메랑'적인, 자업자득적인 것이었음이 확인된다.

이에 뒤따르는 감사와 찬양(7-10[8-11]**절, 후렴**)은 '맹세문'의 성격을 띠며 동시에 다음과 같은 특별한 형태의 '반복법'에 의하여 하나님의 구원의 은혜를 감사, 찬양한다.

7[8]절: 내 마음이 확정되었나이다. **하나님이여!** 내 마음이 확정되었나이다. 내가 노래하고 찬송하겠습니다.
8[9]절: 내 영광아 깰지어다. […] 비파야 수금아 깰지어다.
9[10]절: 만민 중에서 주께 감사하겠습니다. […] 열방 중에서 주께 찬송하겠습니다.
10[11]절: 주의 인자는 커서 하늘에 미치기를! […] 주의 진리는 궁창에 미치기를!

후렴: 주는 하늘 위에 높이 들리시기를! **하나님이여!** 주의 영광은 온 세계 위에!

"내 마음이 확정되었나이다"의 반복 선언은 원수에 대한 두려움이 완전히 사라졌다는 것과 새로운 확신이 동터 왔다는 것을 공적으로 알리는 의미가 있다. **"내 영광아 깰지어다"**는 하나님이 주신 찬양의 능력이 새롭게 샘솟듯 솟아나기를 기원하는 언어이며 통상적으로 비파와 수금의 연주가 동반된다. 그리고 하늘에서 땅으로 내려 보내실(3[4]절) "인자와 진리"가 하늘에 가득 차서 주의 유일한 세계 주권이 만민 중에서 그리고 열방 중에서 찬양받으시기를 기원한다.

¶ 메시지: 긍휼히 여기소서. 하나님이여! 긍휼히 여기소서

시편 57편은 하나님의 유일한 세계 주권에 대한 찬양과 감사고백의 언어로 가득 찬 시이다. 그것은 또한 탄원과 감사와 찬양의 언어로 합주하여 연주되고 있다. 반복의 강조 어법은 이러한 분위기를 고조시키고 있다. 3[4]b절과 10[11]절이 반복적으로 강조하고 있듯이 세계의 유일한 주권자이신 "하나님"(엘로힘)은 우리 인간을 구원케 하는 "인자"('헤세드')와 "진리"('에멧')를 그의 보좌가 있는 하늘에 가득히 갖고 있기 때문에 그분은 끊임없이 감사와 찬양을 받으시기에 합당하신 분이시라는 것이다.

그러므로 우리 인간에게, 특히 "내 영혼이 억울하다!" (6[7]절; 재앙에 걸려들어 굴복하게 된 심령의 상태)라고 탄식할 정도로 고뇌를 안고 있는 우리 인간들에게 있어서 꼭 필요한 오직 하나는 "하나님의 긍휼[은혜]에 호소하는 길" 그리고 "그에게로 피하는 길" 그것 이외에는 다른 아무것도 없다고 하겠다. 하나님은 긍휼(은총)의 신이시다(출 34:6, 엘 라훔 웨한눈! אל רחום וחנון) 그러므로 57편의 서두인 1[2]절은 다음과 같은 고백으로 기도의 문을 열었던 것이다.

> 긍휼히 여기소서. 하나님이여! 긍휼히 여기소서.
> 내가 주께로 피하리이다. 이 재앙이 지나가기까지 주의 날개 그늘 아래에서 피하리이다.

하나님은 긍휼/은혜 그 자체이시다. 구약의 하나님은 진노와 복수의 신으로서 전쟁과 살육을 좋아하는 윤리적으로 저급한 신이시라고 주장하는 마르시온적(Marcionite) 사상은 성서적 신앙의 본질을 왜곡하는 반성서적 궤변이다. 구약의 하나님은 "우리를 위하여 모든 것을 이루시는 분" (2[3]b절)이시며 그의 보좌가 있는 하늘에서 우리를 살리시기 위하여 인자와 진리를 땅으로 내려 보내시는 분(3[4]절)이시다. 그의 인자(사랑)와 진리(진실)는 그의 보좌가 있는 하늘에 "가득 차" (10[11]절) 있다. 그러므로 그분은 우리를 삼키려는 자의 손에서부터 우리를 건져내시기 위하여 언제든지 인자(사랑)와 진리(진실)가 가득 찬 그 하늘에서 땅위의 우리에게로 인자와 진리(구원의 사자[使者])를 내려 보내시는 분이시다. 그러므로 감사와 찬양은 우리의 영원한 몫이요, '긍휼 기원'은 우리의 영원한 기업(基業)인 것이다.

56. 권력자(불의한 지도자)들의 직무유기(58:1-11)

¶ 본문

다윗의 믹담 시, 영장으로 알다스헷에 맞춘 노래

1[2] 인자들아 너희가 당연히 공의를 말하겠거늘 어찌 잠잠하느뇨 너희
가 정직히 판단하느뇨(4+4)

2[3] 오히려 너희가 중심에 악을 행하며 땅에서 너희 손의 강포를 달아주
는도다(4+3)

3[4] 악인은 모태에서부터 멀어졌음이여 나면서부터 곁길로 나아가 거짓
을 말하는도다(4+3)

4[5] 저희의 독은 뱀의 독 같으며 저희는 귀를 막은 귀머거리 독사 같으
니(4+4)

5[6] 곧 술사가 아무리 공교한 방술을 행할찌라도 그 소리를 [듣지] 아니
하는 독사로다(4+3)

6[7] 하나님이여 저희 입에서 이를 꺾으소서 여호와여 젊은 사자의 어금
니를 꺾어내시며(4+4)

7[8] 저희로 급히 흐르는 물 같이 사라지게 하시며 겨누는 살이 꺾임 같
게 하시며(4+4)

8[9] 소멸하여 가는 달팽이 같게 하시며 만기되지 못하여 출생한 자가 일

광을 보지 못함 [같게] 하소서(3+4)
9[10] 가시나무 불이 가마를 더웁게 하기 전에 저가 생 것과 불붙는 것을 회리바람으로 제하여 버리시리로다(4+3)
10[11] 의인은 악인의 보복 당함을 보고 기뻐함이여 그 발을 악인의 피에 씻으리로다((4+4)
11[12] [때에] 사람의 말이 진실로 의인에게 갚음이 있고 진실로 땅에서 판단하시는 하나님이 계시다 하리로다(4+4)

¶ 개요(비평학적 문제)

시편 58편은 일반적으로 **"민족(공동체) 탄원의 시"**로 분류되어 왔다(H. Gunkel, *Intr.*, §4, 82, 86; S. Mowinckel, *The Psalms in Israel's Worship*, I, 200, 202, 208; "기도의 시"라고 보는 H. -J. Kraus의 입장도 비슷한 문맥 안에 있다고 하겠다). 실제로 이 시는 탄원의 시가 일반적으로 가지고 있는 그 구성 구조, 즉 "탄식(1-5[2-6]절)—기원(6-8[7-9]절)—신뢰(9-11[10-12]절)"의 구성구조를 분명하게 가지고 있다. 그러나 탄원의 시가 일반적으로 "야훼" 또는 "엘로힘"이라는 신의 이름을 부름(calling)으로 시작하는 것과는 다르게 이 시는 신의 이름을 부르면서 시작하지 않고 그 대신에 원수(악인[들])에 대한 격노한 비난과 불평을 토로하는 "탄식 언어"를 구사하면서 시작하는 특징이 있다(Gunkel, *ibid.*, 86). 따라서, 1-5[2-6]절은 예언문학의 전통이나 지혜문학의 전통과 관련을 가지고 있었던 것으로 추론하게 해준다고 하겠다.

그리고 이 시에서 가장 중심적인 주제로 나타나는 **'원수'의 특성**은 주로 **'언어폭력'**, 즉 독사의 독이 들어 있는 저주와 해독성이 있는 거짓 언어를 통하여 '언어폭력'을 구사한다는 특성을 갖고 있다. 그러나 이 언어폭력의 구사가, 모빙켈이 주장하듯이(Mowinckel, *ibid.*, I, 199-200), **마술사(=행악자**들, '포알레 아웬', פֹּעֲלֵי־אָוֶן)의 저주 주술문(calling down mocking curses on=sorcerer's cursing spell)인지 아닌지는 논증할 길이 없다고 하더라도 그러나 그 언어폭력이 시인의 가슴에 결정적인 해독력

(害毒力)과 고뇌를 일으키는 효력을 지녔던 것은 분명한 것 같다.

이 시의 **기원**(起源)에 관하여는 테이트(M. E. Tate)가 이 시를 **포로기 이전의 성소들**에서 행해졌던 [제의 또는 비제의적 개혁] **예언자들의 심판 예언의 설교문**들에서 유래된 것으로 보고 있다(*Psalms 51-100*, 1990, 84-85). 테이트는 그러한 증거의 예로서 아모스 7:10-17의 벧엘에서 행한 예언 선포(설교)문을 제시하고 이러한 자신의 주장을 뒷받침하는 학자들로서는 존슨(A. R. Johnson)과 예레미아스(J. Jeremias) 등을 든다. 이 견해는 아마도 **1[2]절**에 나타난 비꼬는 어투의 수사학적 문체들로 미루어 볼 때 그 가능성은 넓게 열려 있다고 하겠다. 그럼에도 불구하고 이 시의 문학적 배경을 초기 히브리 왕조기(C. A. Briggs, vol. II, 42; H. -J. Kraus, vol. II, 535; S. Terrien, *Psalms*, 2003, 441. 또는 부분적으로는 Tate)로 본다. 그러나 포로기 이후로 보는 학자들도 상당수가 있다(A. A. Anderson, *Psalms 1-72*, 429). 결정적인 것은 이 시의 저작 연대는 명확한 증거 자료가 없어서 정확히 추론하기가 어렵다는 점이다(Rogerson & McKay, 46).

¶ 주석

표제에 대하여는 이 책의 서론을 참조하라. "믹담"이라는 용어는 여섯 개의 시(16; 56-60편)에서 나타남으로 앞에서 언급된 시들의 표제를 참조하라("믹담"의 의미를 "속량의 시"라는 의미를 가진다고 보는 학자도 있다). "알 다스헷"도 앞의 시 표제들에 대한 설명을 참조하라(문자적으로는 "멸망시키지 마소서"라는 의미를 가진 음악적 지시). 다른 믹담 시 그룹과는 달리 시편 58편은 표제를 통하여 시의 상황을 다윗의 생애에 일어났던 어떤 한 사건과 연결시키는 그런 역사적 각주를 달고 있지는 않다.

1-5 **1-5[2-6]절**은 시인의 탄식 요인이 설명되어 있다. 주석상의 어려움은 우리말 번역 본문(개역)에서는 나타나지 않으나 개역개정본과 새번역본에서는 나타나는 마소라(Masora) 본문의 '엘렘'(אלם)이라는 말

(1[2]**절**의 두 번째 글자; 대부분의 주석가들이 '엘림'[אלים]으로 개정해서 읽기를 제안함=אלם → אלים, 이 말의 문자적 의미는 "침묵 → 신[神]들"을 의미함)이 우리 본문의 사상을 파악하는 데 매우 중요한 역할을 한다는 점이다. '엘림'은 "심판석에 참석하는 신적 존재들"이라는 신화적 배경을 가진 하늘나라 당국의 권위자들로서 지상의 심판 업무를 담당한 자들이며 "지극히 높으신 자('엘론', עליון)"의 사자(使者)들이다(cf. 시 82:1). 이들의 주 업무는 공의를 행하며 정직한 판단을 하는 것이다. 그러므로 이 시(58편)는 이들 권위자들, 즉 하늘의 재판관들의 업무를 지상에서 대행하는 지상의 권력자들과 재판관들을 향하여 비꼬듯 경고한 말들로서 시작하는(1[2]**절**), 이른바 예언자적 경고의 성격을 띤 시라고 하겠다. 따라서 우리 본문의 "인자들아"(마소라 본문에서는 1[2]절의 맨 끝에 위치하고 있다)라는 호격은 목적격으로 바꾸어야 한다고 하겠다. 즉 "**지상의 고관들아, 너희가 당연히 사람들[인자들]에게 공의를 말하여야 하겠거늘 어찌 잠잠하느냐? 너희가 [과연] 정직하게 인자(人子)들을 판결하고 있느냐?**"(1[2]**절**)라고 힐난하듯 화두를 꺼내어 문책하고 있다 하겠다.

그러나 그들의 그 응답은 부정적으로 나타난다(2-5[3-6]**절**). 즉 "**중심에 악을 행하며 땅에서는 강포를 달아 준다**"는 것이다. 여기서 말하는 "**중심에 악을 행하며**"를 시리아 역본으로 읽으면 "실로 그렇지가 않구나. 너희가 행하는 모든 것이 모두 악한 행위구나!"라는 말로 고쳐 읽을 수 있다. 그리고 "**강포를 달아 주다**"는 "정의를 할당해 주는 것처럼 하면서 정작 그 행위는 불의한 행위를 한다"는 의미를 가진다. 말하자면 정의를 말하는 것 같으나 실상은 불의를 고안해 내고, 또 올바르게 판단해 주는 것 같으나 실상은 폭력을 이 사람 저 사람에게 할당해(심어) 준다는 것이다. 그러므로 모든 곳에 속속들이 스며 있는 그들의 부패가 태어날 때부터 "**거짓**"과 탈선을 몸속에 지니고 있어서 그의 인격 속에서부터 지속적으로 독을 분출해 내는 자들이었다. 더욱이 그들, 힘 있는 자들은 질 나쁜 "**독사의 독**"과 같고 귀를 막은 독사, 즉 뱀을 부리는 마법사의 지시도 따르지 않는 독사와도 같다는 것이다. 즉 하나님의 말씀에 민감히 대처하지 않는 악인들의 무책임성과 권세가들의 직무유기를 비난하고 있는 것이다.

이 시인은 이러한 "힘 있는 자들"을 자신의 '원수' 개념에 결부시키고 그들을 **3[4]절**에서는 "악인들"('레샤임', רשעים)이라고 불렀는데, 이 "악인들"이 갖고 있는 여러 특성들 중 특히 "거짓말"로서 의롭게 살려는 자들에게 치명적인 "해독"을 끼치는 특성을 지닌 "악인들"의 정체에 관한 제의사적/신화사적인 연구를 심화시킨 학자는 모빙켈(S. Mowinckel)이었다. 그는 이 "악인들"('레샤임')을 "악"('아웬')을 행하는 자들('포알레-아웬', פעלי־און)과 일치시키고 이 '아웬'이라는 악을 중동의 고대 제의 사회에서 널리 사용되었던 "거짓되고 간악하며 안하무인격인 악한 저주를 담은 주술적인 말"(sorcery)을 가리킨다고 보았다. 따라서 이 "악을 행하는 자들"('포알레-아웬')을 가리켜 '마술사' 또는 '주술가'(sorcerer)라고 했다(S. Mowinckel, *The Psalms in Israel's Worship*, vol. I, 199ff.; vol. II, 250-251). 특히 본문 58편의 4-8[5-9]절과 59편 7[8]절의 언어들은 이러한 고대 제의 사회의 마술사들의 저주 주술 관행을 반영한다고 보았다. 이러한 이론에 대해서는 학자들 간에 찬반 양론이 있으나 그러나 시편의 제의(祭儀) 세계를 너무 지나치게 마술적/신화적 세계와 연결시키는 견해에 대하여는 대체적으로 부정적이며 비판적이다. 그러나 이러한 제의적 영향이 시편 58편(4-8[5-9]절)과 59편(7[8]절)에는 어느 정도 작용하였을 것이라는 것은 상당한 개연성이 있어 보인다(cf. 삼상 15:23a).

6-**8** **6-8[7-9]절**은 탄원의 시의 이상과 같은 '탄식' 다음에서는 거의 절대적으로 그 등장이 예상되는 '기원문'(원수[악인]의 패망을 비는 기원문)이다. 그런데 이 세 절의 기원문은 "철저한 진멸"로 인하여 기원자에게는 어떠한 해(害)도 주지 못하게 미리 완벽히 차단하는 행악자들에 대한 완전무결한 하나님의 심판을 기원하는 "원수 패망 기원"이다. 여기서 시인은 앞에서 언급한 귀머거리 독사 은유와는 다른 새로운 은유들(젊은 사자의 어금니, 급히 흐르는 물, 겨누는 살, 소멸하여 가는 달팽이, 만기되지 못한 신생아)을 사용하고 있는데, 그중 "사자의 어금니-은유"(**6[7]절**, cf. 시 57:4[5])는 먹이를 찾는 맹수의 난폭성에 빗대어 권력가들의 폭력적 불의성과 불경건성을 비판하기 위하여 채택된 것으로 보인다. 즉 먹이를 맹수로부터 건져내기 위하여서는 무엇보다 우선적으로 먹이를 낚아채는 그 '이빨'을 먼저 분쇄하는 것이 최선이기 때문이다. 이빨을 분

쇄하면 맹수의 위해(危害)를 더 이상 걱정하지 않아도 되기 때문이다. **"급히 흐르는 물 같이 사라지게"**는 사막에 쏟아진 물이 급히 증발해 버리는 것이나 또는 우기에는 물살이 급한 물로 차고 넘치지만 여름이 오면 급히 말라 버리는 '와디'(wadi)라는 개천을 상상하였을 것으로 보인다. 즉 물의 불안정성과 유약성으로 원수의 종말을 비유하였을 것으로 보인다. **"겨누는 화살의 꺾임"**은 겨냥한 먹이에서부터 갑자기 빗나가는 무딘 화살을 상기시킨 것으로 보이며, **"소멸하여 가는 달팽이"**는 그 뒤로 흘려내는 점액이 점점 소멸하여 없어지듯이 악인들의 운명도 그렇게 될 것이라는 것을 나타내는 것으로 보이고 **"만기되지 못하여 출생한 자"**(조산 또는 유산)는 햇빛도 못 보고 녹아 없어지는 운명에 악인의 운명을 빗댄 것으로 보인다. 이렇게 하여 시인은 악인들의 악이 싹이 나기도 전에 제거되기를 기원하고 있었던 것이다. **6-8[7-9]절**의 기원(祈願)이 갖는 의미는, 이런 맥락에서 볼 때, 악인(원수)에 대한 증오보다 악인(원수)의 악에 대한 증오에 강조점을 둔다는 점에서 읽을 수 있을 것이다. 악은 본래부터(모태에서부터) 회개할 줄 모르는 속성을 갖고 있기 때문에(3[4]절 참조) 악인들(권세가들)의 직무유기적인 악을 제거하기 위하여서는 무엇보다 악이 그 싹을 내기 전에 차단하는 것이 중요하다고 본 시인은 하나님(엘로힘)께 원수(악인들)의 그 악을 그 근본에서부터 제거해 주시기를 기원하고 있는 것이다.

9-**11** **9-11[10-12]절**은 시인의 기원들이 응답되었음을 입증하는 확신표현들로 구성되어 있다. 물론 **9[10]절**의 본문 배열이 부적절하다고 보는 학자(G. R. Driver)도 있으나 이 세 절을 하나로 묶어 확신표현으로 보는 데 큰 무리가 없어 보인다. 악인들(원수)의 운명은 그 운명의 실체를 깨닫기도 전에(!) 이미 운명이 결판났다는 신앙은 위의 기원문(8[9]절 참조)에서 이미 예시되어 있었다. 회리바람은 그것이 생나무든 마른나무든 가릴 것 없이 그 불이 가마를 덥게 하기도 전에 모두 쓸어내어 버릴 것이라는 것이다. **"의인은 그 발을 악인의 피에 씻으리로다"**(10[11]b절)는 제의적(祭儀的) 문학의 과장법적 표현으로 보아야 할 것이다(cf. 신 27:11-26). 그러므로 이 시인은 그의 시의 결구인 10-11[11-12]절에서 그의 기

뻠을 원수에 대한 보복에서보다는 "공의로 판단하시는 하나님이 계신다"는 사실의 확증에서 더 감격스럽게 표현한다. 즉 **11[12]절**은 **10[11]절**에는 없는 감탄사, '악!'(אַךְ; 분명코! 혹은 진실로! 라는 의미를 가짐)이라는 말을 두 번이나 반복하면서 "판단하시는 하나님"(엘로힘 쇼프팀)이 **계시다**(!)는(히브리어 '예스'[יֵשׁ] 강조어법 참조) 사실 속에 진정한 기쁨이 있음을 선포 찬양(송영)하고 있다.

¶ 메시지: 악을 미워할 줄 알아라!

악인들은 반드시 하나님의 심판을 받는다는 것, 아니 그 무엇보다 심판하시는 하나님이 "**계신다!**"('예스'[יֵשׁ]는 강조어법)는 확신에 감격하고 그러므로 의롭게 사는 데에는 반드시 결실이 있으리라는 확신을 증언하는 것이 이 시의 기본 목적이다. 이 확신을 기초로 하여 이 세상을 통치하는 권력자들을 힐책하고 악인들의 "악"을 그 근본에서부터 제거해 주시기를 기원하고 있는 것이 이 탄원의 기도가 갖고 있는 특징이다.

그 무엇보다 6-8[7-9]절에 나타난 "원수 저주 기원"에 대한 마르시온적(Marcionite) 오해를 이 시가 신학적으로 해명해 주고 있다는 점에서 볼 때, 이 시가 신학적 깊이를 갖고 있다는 것은 주목할 만하다. "원수를 사랑하라"는 가르침은 탄원의 시들의 경우에서처럼 그 원수가 악인[들]이라는 정의가 분명하게 내려졌을 경우에는 그렇게 단순하지는 않다. 왜냐하면, 원수를 사랑하라는 가르침이 원수의 악도 사랑하라는 가르침으로 이해할 수는 없기 때문이다.

6-8[7-9]절의 "원수 저주 기원"은, 주석에서 지적한 대로, 악인의 악에 대한 저주 기원이지 악한 인간 그 자체에 대한 저주 기원은 아니었다. 그러므로 젊은 사자가 아니라 그 사자의 어금니가 분쇄의 대상이었다. 화살을 겨누는 궁수가 아니라 그 겨누는 화살의 방향이 꺾음의 대상이었다. 가시나무 불이 가마를 덥게 하기 전에 생나무든 마른나무든 회리바람으로 미리 제하여 버리는 것이 원수 멸망의 기원이 목표하는 바였다. 그러므로 이 세상의 불합리성 속에서 권력자들의 직무유기를 보면서 산다는

것, 그 자체는 우리로 하여금 원수보다는 원수의 악을 미워할 줄 아는 지혜를 요청하고 있다.

권력자들의 직무유기는 이미 모태에서부터 형성된 "거짓"이라는 "악"에서부터 비롯된 것이기 때문에 **우리는 그 악을 미워할 줄을 알아야 한다**. 우리의 참 지혜는 악인과 악 사이를 분별하는 능력을 가지는 것이다. 이것은 참으로 어려운 일이다. 악을 미워할 줄 모르는 것은 하나님의 백성의 직무유기이다. 그러므로 악인을 그의 악으로부터 분리할 줄을 아는 것은 우리 신앙인의 기본 과제라 하겠다.

57. 나를 긍휼히 여기시는 하나님은 나의 산성이시다(59:1–17)

¶ 본문

다윗의 믹담 시, 영장으로 알다스헷에 맞춘 노래, 사울이 사람을 보내어 다윗을 죽이려고 그 집을 지킨 때에

1[2] 나의 하나님이여 내 원수에게서 나를 건지시고 일어나 치려는 자에게서 나를 높이 드소서(3+2)

2[3] 사악을 행하는 자에게서 나를 건지시고 피 흘리기를 즐기는 자에게서 나를 구원하소서(3+3)

3[4] 저희가 나의 생명을 해하려고 엎드려 기다리고 강한 자가 모여 나를 치려 하오니 여호와여 이는 나의 범과를 인함이 아니요 나의 죄를 인함도 아니로소이다(3+3+3)

4[5] [내가] 허물이 없으나 저희가 달려와서 스스로 준비하오니 주여 나를 도우시기 위하여 깨사 감찰하소서(3+3)

5[6] 만군의 하나님 여호와, 이스라엘의 하나님이여 일어나 열방을 벌하소서 무릇 간사한 악인을 긍휼히 여기지 마소서(3+2+3+3)(셀라)

6[7] 저희가 저물게 돌아와서 개처럼 울며 성으로 두루 다니고(2+2+2)

7[8] 그 입으로 [악을] 토하며 그 입술에는 칼이 있어 이르기를 누가 들으리요 [하나이다](3+2+2)

8[9] 여호와여 주께서 저희를 웃으시리니 모든 열방을 비웃으시리이다 (3+2)

9[10] 하나님은 나의 산성이시니 저의 힘을 [인하여] 내가 주를 바라리이다(3+2)

10[11] 나의 하나님이 그 인자하심으로 나를 영접하시며 내 원수의 [보응받는 것을] 나로 목도케 하시리이다(3+3)

11[12] 저희를 죽이지 마옵소서 나의 백성이 잊을까 하나이다 우리 방패되신 주여 주의 능력으로 저희를 흩으시고 낮추소서(3+3+2)

12[13] 저희 입술의 말은 곧 그 입의 죄라 저희의 저주와 거짓말을 인하여 저희로 그 교만한 중에서 사로잡히게 하소서(2+2+3)

13[14] 진노하심으로 소멸하시되 없기까지 소멸하사 하나님이 야곱 중에 다스리심을 땅 끝까지 알게 하소서(2+2, 2+2+2)(셀라)

14[15] 저희로 저물게 돌아와서 개처럼 울며 성으로 두루 다니게 하소서 (2+2+2=6[7]절)

15[16] 저희는 식물을 위하여 유리하다가 배부름을 얻지 못하면 밤을 새우려니와(3+3)

16[17] 나는 주의 힘을 노래하며 아침에 주의 인자하심을 높이 부르오리니 주는 나의 산성이시며 나의 환난 날에 피난처심이니이다(3+3, 3+3)

17[18] 나의 힘이시여 내가 주께 찬송하오리니 하나님은 나의 산성이시며 나를 긍휼히 여기시는 하나님이심이니이다(3+2+2)

¶ 개요(비평학적 문제)

이 시는 그 문학 양식을 결정하는 데 있어서 약간의 논쟁점을 가지고 있다. 즉 이 시의 유형을 한편으로는 "개인 탄원의 시"라고 말하는 주석가도 있는가 하면(Gunkel, *Intr.*, §6, 121, 124; Kraus, *Psalms 1-59*, 540) 다른 한편으로는 명료한 "민족 탄원의 시"라고 주장하는 주석가들도 있다(C. A. Briggs, *The Book of Psalms*[ICC], vol. II, 49; S. Mowinckel,

The Psalms in Israel's Worship, vol. I, 200, 226). 그러나 11[12]절에서 "**우리** 방패"라고 하여 이 시의 화자(話者=시인[詩人])가 민족 또는 공동체인 것처럼 표현된 경우 이외의 나머지 열일곱 절이 모두 일인칭 단수로 표현되어 있고 또 11[12]절마저도 "우리 방패"와 동의 평행어를 이루는 "백성"이라는 단어에 일인칭 단수 대명사 어미(語尾)를 붙여서 "나의 백성"이라고 하고 있어서 이 시는 자연스럽게 '개인(個人)의 시'로 인식되어 왔다.

그러나 (1) 3[4]절의 "강한 자가 모여"라는 표현, (2) 5[6], 8[9]절의 모든 "열방"(כל־הגוים: '콜 학고임')이라는 표현, 그리고 (3) 13[14]절의 "야곱 중의 다스리심"(משל ביעקב: '모셸 베야아콥')이라는 표현 등은 이 시인이 말하는 "나"(I)는 단순한 사적(私的) 개인이라기보다는 "공동체의 개인화", 즉 "연대적 개인"(corporate personality, cf. H. W. Robinson)임을 암시하는 것이 아니냐는 의구심을 갖게 한다. 그리하여 브릭스(Briggs, *ibid.*, 54)는 11[12]절의 "우리 방패"라는 말의 "우리"를 히브리어 자음 본문과 라틴 역본에 맞추어 "나의"로 고쳐서 읽으면서도 이 "나의"의 "나"를 "연대적 개인"으로 보고 있고 그리고 모빙켈(S. Mowinckel, *ibid.*, 226)은 오래 전부터 이 시를 "I-form의 민족 탄원의 시"라고 규정한 바가 있다. 이러한 관점에서 보면, 이 시인은 민족 공동체의 대표, 아마도 "왕"('kingly I')이었을 것으로 추론할 수 있다(cf. Mowinckel, Birkeland, Eaton, Dahood et al.) 그러나 이 시의 시인이 왕이었다는 것을 말해 주는 본문의 내적 증거는 우리의 본문 안에는 없다.

단지, 테이트(M. E. Tate)가 적절히 지적해 주었듯이(*Psalms 51-100*, 94), "본래는 개인 탄원의 시였으나 국가적 행사에 사용하기 위하여 공동체 탄원의 시로 개작되었을 것이라는 가능성은 크다"고 하겠다. 이와 유사하게 슈미트(H. Schmidt, *Die Psalmen*, [HAT], 1934, 113f.)는 이 시를 무고(誣告)를 받는 한 개인의 무죄 변호(cf. 1-4[2-5]절)를 강변하는 시로 보고 후일 이 "개인"의 시는 전(全) 국가적 요구에 부응하기 위하여 이차적 자료를 첨가함으로 민족 탄원의 시로 개편되었을 것이라고 보았다.

이 시가 가진 또 다른 문학적 특이성은 "후렴구의 배치 상황"이다. 이 시에는 원 후렴구로 보이는 9[10]절과 17[18]절이 이 시를 두 연(聯; 1-

5[2-6]절+9[10]절, 10-13[11-14]절+17[18]절)으로 나누었을 것으로 보이며 여기에 제2의 후렴구(6[7]절과 14[15]절)와 그 설명구들(7-8[8-9]절과 15-16[16-17]절)이 첨가되어 현재와 같은 최종 형태를 형성하였을 것으로 보인다. 1-5[2-6]절+6[7]절+7-8[8-9]절+9[10]절 … 10-13[11-14]절+14[15]절+15-16[16-17]절+17[18]절.

시의 저작 시기에 관한 추론에 대하여서는 확실한 단서가 없다고는 하지만, 시 내용의 여러 암시점들로 보아서 이 시는 주전 늦은 8세기의 앗시리아 용병들의 합병이나 아니면 주전 7세기와 6세기 사이의 바빌로니아 용병들의 합병(合倂)으로 인하여 괴롬을 받던 어떤 사람을 위하여 그에게 적절한 "절망과 희망의 노래"를 이 시인이 작시하였고 곧 이 시는 제의 공동체의 공유물이 되었을 것으로 추론할 수 있을 것이다. 그러므로 이 시의 저작 시기는 늦은 포로 전기 또는 이른 포로 후기의 민족적 위기의 어느 때, 즉 원수들의 언어폭력에 의하여 한 마음 상한 자가 하나님만이 피난처가 되심에 대한 증언을 통하여 위로를 받던 때로 볼 수 있을 것이다.

¶ 주석

표제: "믹담 시" 표제는 16편과 56-60편 시리즈 묶음에서 사용되었고 "믹담"이라는 말의 뜻은 '속량'(죄를 덮어 준다)이라는 뜻을 갖고 있다. 그리고 **"알다스헷에 맞춘"**이라는 음악적 지시는 시편 57, 58, 59, 75편의 표제에 공통적으로 나타나는바, 노래의 방식에 대하여 어떤 암시를 하는 기능을 하는 음악적 지시이거나 어떤 의식적(儀式的) 행동을 지시하는 음악적 지시일 것으로 보인다. 히브리어 '알다스헷'의 의미는 "멸망하게 하지 마소서"라는 의미를 갖고 있다. 표제를 붙인 사람이 생각한바, 이 시의 역사적 배경은 사무엘상 19:11에 기록된 다윗의 상황(사울 왕은 그의 딸 "미갈"과 함께 있는 다윗을 죽이기 위하여 사람들을 다윗의 집으로 보내어 다윗의 생명을 노리려 하였던 사건)이었다.

1-**9** **1-9[2-10]절**은 이 시의 첫 연(聯)을 구성한다. 이 제1연의 마

지막 절(9[10]절)은 제2연(聯; 10-17[11-18]절)의 마지막 절과 함께 주(主) 후렴을 형성하고 제1연의 6[7]절은 제2연의 14[15]절에서 반복되는 제2차적 후렴을 형성한다.

1-2 1-2[2-3]절은 **일어나 치려는** 원수로부터 시인을 구원하고 보호해 주시기를 '하나님'(엘로힘)께 비는 기원이다. **1[2]절**에 나오는 '하나님'(엘로힘)은 다른 많은 사본들에서는 본래 '야훼'로 되어 있었던 것인데 '엘로힘'으로 고쳐 놓았음을 감지하도록 해주는데, 이런 현상은 "엘로힘 시집"의 기초적 특징이라고 하겠다(이 책의 "서론부"를 참조하라). 또 여기 나타나는 "높이 드소서"라는 말의 히브리어 의미는 "원수의 손이 닿지 않는 높은 곳으로 옮겨 주셔서 원수로부터 자신을 지켜 달라는 호소"의 의미를 가진다. 2[3]절의 "사악을 행하는 자"는 히브리어로는 '포알레 아웬'(פעלי און; 아웬[악]을 행하는 자들=5[6]절의 "간사한 악인", '뽀그데 아웬', בגדי און)인데 이 '아웬'(און)이라는 말은 모빙켈의 주요 연구의 대상이 되었다. 그에 의하면 이 말은 고대의 제의(祭儀) 사회에서 경건한 생활을 하려는 사람들에게 나쁘게 영향을 행사하였던 자들인, 이른바 "저주의 주술을 행하는 마술사들"(='악인들')의 **저주의 주술행위**라는 것이다. 그러나 우리의 본문인 2절은 이 '포알레 아웬'을 "피 흘리기를 좋아하는 자들"(=피의 사람들)과 동의 평행을 이루는 자들로서 표현하고 있다. 말하자면, 여기서 말하는 "피 흘리기를 좋아하는 자들"(cf. 시 5:6[7])은 물론 실제의 살인자들을 가리킨다기보다는 오히려 목적을 이루기 위하여서는 모든 수단을 다 정당화하는 그런 파렴치한 사람들, 그리하여 거짓말하기를 식은 죽 먹 듯하고 피 흘리기를 마냥 즐기며 그리고 속이기를 좋아하는 유형의 사람들을 이 시인은 "피의 사람들"(아느쉐 다밈, אנשי דמים)이라고 표현하고 있는 것이다. 시인은 이런 유형의 사람들(=원수들)과 자신을 엄격히 구분하고 그들로부터 구원받기를 하나님께 기원하고 있는 것이다.

3-5 **3-5[4-6]절**은 시인이 이러한 원수들의 공격을 받고 있는 것이란 시인 자신의 죄에 대한 보응 때문에 받는 것이 아니고 오히려 자신은 무죄하고 무흠한데도 불구하고 이유 없이 원수들로부터 살의(殺意)에 찬

공격을 받고 있으므로 자신을 이 원수들의 손에서부터 건져 주시고 변호해 주시기를 **'기원'**하고 있는 부분이다. 이런 문맥에서라면, 일종 무고(誣告)를 받는 자의 "무죄 변호의 시"라고도 말할 수 있을 것이다. 즉 이 단락에 나타나는 "원수"는 경건하게 살려는 사람들을 죄가 없는데도 이유도 없이 위해(危害)하려고 하여 매복한 적군들처럼 숨어서 실족하기만을 기다릴 뿐만 아니라 공격하기 위한 힘을 결집시킨다(**3-4a[4-5a]절**). 그러므로 시인은 하나님께 "깨시어 감찰하소서"라고 간구한다(**4b-5[5b-6]절**, cf. 시 7:6[7]). 물론 하나님은 "졸지도 않으시고 주무시지도 않으시는 분"(시 121:4)이시다. 때문에 여기 나타난 표현들("깨시어 감찰하소서!"라는 표현들)은 곤궁에 처하여 있는 자에 대한 주의를 하나님께서 혹시 게을리 하지나 않으실까 하는 시인의 걱정하는 마음을 은유적으로 표현한 것에 불과하다고 하겠다. 시인의 이러한 불안한 감정은 매우 강력한 어조로 하나님의 이름(**"야훼"**라는 이름)을 부르되(엘로힘 시집에 속한 시임에도 불구하고 야훼라는 신명[神名]을 엘로힘으로 고치지 않고 부르되) 그것도 **"만군의 하나님 야훼"**(יהוה אלהים צבאות; 야훼 엘로힘 체바옷; 실로 성소로부터 유래한 이스라엘의 하나님의 칭호, Yahweh the General of the heavenly army)라는 이름으로 부르게 하였던 것이라 하겠다. 그 이유는 이 명칭("만군의 야훼"라는 이름)의 배후에는 야훼는 "전쟁용사"라는 거룩한 전쟁 신앙이 자리 잡고 있었기 때문이라고 하겠다. 그러나 이 명칭의 사용 빈도수가 구약 전체(279회)에 비하여 시편에서는 단지 15회밖에 사용되지 않았다는 것은 아마도, 그 이유를 정확히는 잘 알 수 없으나, 대부분의 시편 시들이 호세아(1회), 미가(1회), 하박국(1회) 등에서처럼 이 용어("만군의 하나님, 야훼"라는 용어) 사용을 기피하였기 때문이라고 추측된다(cf. H. -J. Zobel, 'צבאות', *TDOT*, vol. 12, 215-232, esp. 217). 반대 급부로, 우리의 본문인 시편 59편은 엘로힘 시집에 속하면서도 "야훼"라는 이름이 무려 **세 곳**(3[4]절과 5[6]절 그리고 8[9]절)에서나 잔존해 있다는 것은 문맥상 그 이름에 어떤 강조점이 부여될 필요가 있었기 때문일 것으로 보인다. 아마도 야훼 하나님의 "전투적 개입"(=원수 진멸)을 통한 시인의 구원/해방이 급박하였기 때문일 것으로 보인다.

특히 **5[6]절**의 경우, 하나님을 향한 기원을 열국(열방; '꼬임', גוים)을 벌하시기 위하여서는('리프콧', לפקד ← פקד) 저들을 조금도 불쌍히 여기지 말고 분연히 일어나시기를 간구하는 기원으로 제시하면서 "거룩한 전쟁"의 분위기를 조성하고 있는 점으로 미루어 볼 때, 비록 엘로힘 시집에 속하였다고는 하더라도 시편 59편과 같은 강렬한 원수 탄식으로 구성된 탄원시로부터 해방의 신 야훼의 이름('쉠', שם)을 모두 남기지 않고 전면 '엘로힘'으로 대치시킨다는 것은 가능하지 않았을 것으로 보인다.

6 - **9** **6-9[7-10]절**은 이차적 후렴(**6[7]절**)으로 시작하여 주(主) 후렴(**17[18]절**)으로 마무리하는 제1연(聯)의 결론부라고 할 수 있다. 이차적 후렴구인 **6[7]절**은 시인을 괴롭히는 원수를 지저분한 쓰레기나 뒤지며 먹이를 찾아 이곳저곳으로 떠돌아다니는 야생 개에 비유한다. 이러한 원수 은유는 시편 22:16[17]에서도 나타났다. 이와 같이 원수를 "개" 은유로 표현하는 것은, 반드시 "경멸적인 어투"만이라고는 할 수 없다고 하더라도, 여기서는 "신전 남창"(神殿 男娼; male temple-prostitute)을 두고서 흔히 사용하였던 용어를 원수에게 적용하여 여기서는 경멸스럽고도 지겨운 불결한 존재로 부각시킨 경우라고 할 수 있다(cf. D. W. Thomas, "Kelebh, 'Dog'; its Origin and some Usages of it in the Old Testament," *VT*, X, 1960, 424ff.). 들개로 은유된 원수의 본질은 **"그 입으로 악을 토하고 그 입술에는 칼이 있어"**(**7[8]절, cf. 12[13]절**), 안하무인격으로 방자한 태도를 취하면서 "누가(하늘이) 들으리요?"라고 떠들지만, 야훼 하나님은 저희를 오히려 비웃으실 것(8[9]절; cf. 시 2:4)이라고 시인은 확신한다. 이 확신은 후렴의 형식을 빌려서 하나님의 보호 능력과 구원 능력에 대한 확신으로 확대, 강조된다(**8-9[9-10]절**). 그 확신의 주 내용은 "하나님은 나의 산성(요새)이시다."

10 - **17** **10-17[11-18]절**은 제2연(聯)을 형성하고 있는데, 그 문학적 구상에 있어서는 제1연과 정확히 상응한다. 단지 제1연은 기원과 탄식을 제2 후렴구와 주(主) 후렴구로서 보듬어 안고 있지만. 이 제2연(聯)이, 비록 그 문학 구성은 제1연과 같이 하고는 있으나, 제2 후렴구와 주(主) 후렴구를 보듬어 안고 있는 것은 기원이나 탄식보다는 "하나님에 대한 의

지, 신뢰, 확신"을 더 보듬어 안고 있음을 보여 주고 있다.

10[11]절은 자신의 기도에 하나님께서 성실히('헤세드') 응답해 주실 것을 믿는 시인의 신심(信心)을 묘사하고 있는 구절이다. 그러한 신앙의 근거는 하나님의 '헤세드'(인자하심;계약에 성실하심) 신앙에 기초되어 있다. 이 구절의 마소라 본문에 대한 문자적 번역은 이러하다. "계약에 신실하신 하나님께서 나를 영접해 주실 것이며 [그] 하나님께서 나의 원수들이 [망]하는 것을 내게 보여 주시리라." 즉 철저히 계약신앙의 문맥 안에 확신의 근거를 두고 있다. 그래서 이어지는 기원(**11[12]절**)은 그러한 문맥 안에서 이해하는 것이 바람직하다. 말하자면 "저희를 죽이지 마옵소서. 나의 백성이 [계약의 주를 너무 쉽게] 잊을까 하나이다"(**11[12]a**)라는 기원이다. 이러한 기원은 원수를 신속히 제거해 버리시면 하나님의 계약적 신실을 이 백성이 너무 쉽게 잊어버려 하나님의 경고성 징벌의 교육적 의미가 퇴색될지도 모른다는 염려가 포함된 기원이라고 하겠다(cf. 삿 3:1-6). 그러므로 이 기원은 원수의 멸망을 고소해 하는 데(gloat) 그 의미가 있는 것이 아니라 하나님의 승리하시는 능력을 시인이 목도하는 데에 그 의미가 있었다. 즉 이어지는 기원은 "우리[나의, cf. LXX & Syr.] 방패 되신 주여, 주의 능력으로 저희를 흩으시고 낮추소서"라는 기원이었다. 말하자면 원수의 패배를 기원하기는 하였으나 그들을 완전 진멸해 주시라는 기원이 아니라 그들의 기를 꺾으셔서 부와 권력을 추구하는 그들의 운명이 전도(顚倒)되어 그들이 스스로 낮아지게 되기를 비는 기원이다. 하나님을 "방패"라는 은유로 묘사하는 것도 이러한 맥락 안에서 이해할 수 있다. 하나님의 '거룩한 전쟁'(holy war)은 근본적으로 시인에게 있어서는 '방어전'일 뿐이다(**11[12]b절**).

결국은 원수의 본질은 "교만"에서부터 나오는 자제력을 잃은 거짓된 언어폭력으로 밝혀지고 그들의 교만이 회생불능의 완전멸망을 자초하며 하나님은 야곱(이스라엘) 안에서 통치활동을 하시는 분으로서 세계만방에 알려지게 된다(**12-13[13-14]절**). 이러한 결과는 두 가지의 목적을 수행하는 결과가 된다. 즉 (1)원수의 언어폭력에 의한 '오만함'이 철저하게 응징을 받게 되고 (2)원수의 열강국들이 이스라엘을 지배하는 것이 아니라 하나님이 이스라엘의 유일한 통치자이시라는 것이 분명해지게 된다는 것이다.

마침내 원수들의 운명은 들개들이 저물도록 울면서 성을 배회하며 배고파하는 것과 같은 운명에 처하게 되고 그 배고픔으로 인한 불평으로 원수들은 지치게 된다(14-15[15-16]**절**). 이 사실은 '후렴'의 형식(14[15]**절** ← 6[7]**절**)으로 강조된다. 그러나 제1연(聯)의 이차적 후렴(6[7]**절**)에서는 원수에 비유한 들개들이 성으로 돌아와 해를 끼치려고 입에 칼을 물고 고고한 자세로 돌아다니지만, 제2연의 이차적 후렴(14[15]**절**)에서는 그 들개들이 애처로운 배고픈 상태로 밤을 지새우는 것으로 묘사되어 있다.

제2연의 결론부(16-17[17-18]**절**)는 제1연의 결론부(8-9[9-10]**절**)에서처럼 여기서도 '봐브 전도법'(waw-adversative; 제1연의 경우는 "그러나 주는"[붸아타]으로 시작하고 제2연의 경우에서는 "그러나 나는"[봐아니]으로 시작함)을 사용하여 하나님의 구원 승리와 보호하시는 능력에 대한 시인의 감사와 찬양 고백 및 찬양 맹세로 마감되고 있다. 특히 제2연의 결론부는 하나님으로부터 오는 안전함과 보호함을 좀더 강조하고 있음을 볼 수 있다. 즉 하나님은 "산성"('미쉬갑', משגב)이시라는 은유적 표현을 두 번 반복할 뿐만 아니라 "나의 환난 날에 피난처('마노스', מנוס)가 되신다"라는 고백을 첨가하고 있다. 특히 본 후렴구(17[18]절)에서도 제1연에는 없는 "나의 헤세드의 하나님이여!"(나를 긍휼히 여기시는 하나님이심이니이다)라는 말을 덧붙이고 있다. 그러나 무엇보다도 제2연의 본 후렴(결구)에서는 제1연의 희망적 표현("내가 주를 바라리이다")을 충족시키는 표현인 '찬양맹세'의 형식을 빌려("내가 주께 찬송하오리니") 기도의 성취를 선포하고 있기 때문에, '희망 성취'의 발전적 전이(轉移)가 분명하게 일어나고 있음을 볼 수 있다. "아침에 주의 인자하심을 높이 부르오리니"(16[17]b절)는 이 시가 아침 기도 또는 아침 예배 때 불렀다는 것을 알려주는 것이 아니라, 시인의 기도에 대한 하나님의 응답이 아침에 주어졌다는 것을 알려주는 것이라 하겠다.

¶ 메시지: 나의 구원이신 야훼는 나의 원수의 도전을 언제나 비웃으신다

시편 2:4에서도 선포하고 있듯이, 세상의 악의 세력과 그 기세에 대한 "하나님의 비웃으심"의 선포를 우리의 시편 59:8[9]도 또한 매우 분명한 어투로 선포하고 있다. 특히 그 시 문학 구조상, 두 시(2편과 59편)는 모두 다 동의어 반복이라는 평행법적인 형식에 따라 하나님의 '비웃으심'을 선포하고 있다. 히브리어 '사학크'(שׂחק; laugh)와 '라아그'(לעג; mock)는 일반적으로, 특히 하나님이 주어로 사용될 경우는 더욱, 동의어 반복이라는 강조어법에 의하여 사용된다.

시편 2:4와 시편 59:8[9]의 문맥에서 보는 대로, 앞에 나오는 "웃음"(사학크)은 일반적 의미의 긍정적인 '웃음'일 수 있으나 뒤에 나오는 "웃음"은 **'비웃음'**을 의미하는 부정적 성격의 웃음이다. 그러나 이 어휘가 나란히 병행해서 사용될 때는 뒤의 의미가 앞의 의미에 영향을 끼친다. 결국 "하나님의 웃음"은 여기서 두려움과 절망으로 둘러싸인 이 세상 속에서 우리를 구원하고 보호할 희망은 무엇인가? 라는 물음에 대한 하나의 대답으로 주어진 것이 바로 "하나님의 웃음과 비웃음"이다.

이 세상은 우리를 두려움과 절망 속으로 빠지게 하는 많은 나쁜 요소들이 있다. 그것[들]을 이 시인은 "원수"라는 말로 함축한다. 그 원수의 실체는 분명히 있으나 우리의 눈에는 항상 신비에 가려 있다. 바로 이것이 원수 문제를 언제나 다루고 있는 시편 개인 탄원의 시에서는 원수의 실체가 결코 구체적으로 지적되지 않는 그 이유이다. "원수"는 나의 생명을 둘러싸고 있는 생명 위해의 모든 요소들이 다 원수인 것이다.

그러므로 원수 갚는 일은 "나의 일"이라고 하나님께서 말씀하시므로 인간이 하나님의 일을 침해하여서는 안 된다고, 즉 원수 갚는 일은 하나님께 맡겨 두어야 한다고 성서는 가르쳐 왔던 것이다(신 32:25a; 롬 12:19). 따라서 우리는 이 확신 위에 서서, 이 세상의 부조리에도 불구하고 끝까지 견디며 자기 믿음에 따라 살아가야 하는 것이다(합 2:4). 왜냐하면 우리를 향한 원수들(악인들)의 그 어떤 도전에 대해서도 **하나님은 그것을 언제나 비웃으시기 때문이다.** 즉 악인들의 결국은 하나님의 비웃음을 받게 되고 그들 악인들은 그들의 악에 대한 보응을 하나님으로부터 반드시 받게 되어 있기 때문이다.

58. 사람의 구원은 헛되다(60:1-12)

¶ 본문

다윗이 교훈하기 위하여 지은 믹담, 영장으로 수산에둣에 맞춘 노래, 다윗이 아람 나하라임과 아람소바와 싸우는 중에 요압이 돌아와 에돔을 염곡에서 쳐서 일만 이천인을 죽인 때에

1[3] 하나님이여 주께서 우리를 버려 흩으셨고 분노하셨사오나 [지금은] 우리를 회복시키소서(3+3)

2[4] 주께서 땅을 진동시키사 갈라지게 하셨사오니 그 틈을 기우소서 땅이 요동함이니이다(3+3)

3[5] 주께서 주의 백성에게 어려움을 보이시고 비척거리게 하는 포도주로 우리에게 마시우셨나이다(3+3)

4[6] 주를 경외하는 자에게 기를 주시고 진리를 위하여 달게 하셨나이다 (3+3)(셀라)

5[7] 주의 사랑하시는 자를 건지시기 위하여 우리에게 응답하사 오른손으로 구원하소서(3+3)

6[8] 하나님이 그 거룩하심으로 말씀하시되 내가 뛰놀리라 내가 세겜을 나누며 숙곳 골짜기를 척량하리라(3+3+3)

7[9] 길르앗이 내 것이요 므낫세도 내 것이며 에브라임은 내 머리의 보호

자요 유다는 나의 홀이며(4+3+2)
8[10] 모압은 내 목욕통이라 에돔에는 내 신을 던지리라 블레셋아 나를 인하여 외치라 하셨도다(3+3+3)
9[11] 누가 나를 이끌어 견고한 성에 들이며 누가 나를 에돔에 인도할꼬 (3+3)
10[12] 하나님이여 주께서 우리를 버리지 아니하셨나이까 하나님이여 주께서 우리 군대와 함께 나아가지 아니하시나이다(3+3)
11[13] 우리를 도와 대적을 치게 하소서 사람의 구원은 헛됨이니이다 (3+3)
12[14] 우리가 하나님을 의지하고 용감히 행하리니 저는 우리의 대적을 밟으실 자심이로다(3+3)

¶ 개요(비평학적 문제)

이 시는 양식 분류상, 시편에 그리 많지 않은 문학 양식인 민족 탄원의 시들(44; 58; 60; 74; 79; 80; 83; 85; 90; 106; 124; 126; 137; 144편 등) 중의 하나이다. 그 문학적 구조는 3+3 박자 리듬의 진동을 주 리듬으로 한(7[9]절만이 3+3 리듬에서 벗어남) 민족 탄원의 시로서 그 구성 구조는 개인 탄원의 시의 그것과 별로 다르지 않고 대동소이하다.

본문의 내용으로 미루어 볼 때, 이 시는 국가적 대위기(여기서는 전쟁의 패전으로 추측됨?)의 때에, 금식을 선포하고 애도하며 탄식하는 의식에서 노래 불려진 탄원의 노래이다. 이 시의 시인은 '민족의 대표'인 '왕'으로 보인다. 그러므로 6-8[8-10]절의 "나"는 신탁문(神託文에) 나타나는 하나님을 "나"로 표현하는 부분이므로 이곳을 제외한다면, 9[11]절에 나타나는 "나"만이 유일하게 일인칭 단수로 표현될 뿐, 다른 모든 곳에서는 이 시의 주체는 "우리"로 표현되는 공동체 탄원의 시이므로 9[11]절에 나타난 "나"는 '왕'이거나 아니면 "민족의 대표격의 인물"인 "공동체의 연대적 개인"(cf. corporate personality)을 가리키는 것으로 볼 수 있을 것이다.

제2차적 첨가문인 "표제"에 의하면, 이 시의 시대적 배경은 본문 6-8[8-10]절과 사무엘하 8:3-18(특히 13-14절) 및 역대하 18:11-12와의 비교를 통해서 볼 때, 다윗이 염곡(소금 골짜기)에서 일으킨 에돔 및 시리아(아람)와의 교전(交戰) 상황이 이 시의 시대적 배경이라고 말하고 있다. 그러나 6-8[8-10]절의 상황(특히 8[10]절 상황)과 이에 대한 역사적 주해 사이에는 공통적 요소가 별로 없다. 특히 6-7[8-9]절은 이미 북방 이스라엘이 이방 나라들의 수중에 들어가 있다는 것을 암시하고 있다. 그러므로 본문 6-8[8-10]절에 나타난 위로의 신탁(神託)은 역사적 상황에 대한 보고보다는 하나님은 가나안 땅의 주인임과 동시에 에돔, 모압, 블레셋 땅, 즉 온 땅(=세계)의 주인이기도 하다는 것을 강조하는 데 그 주관심을 갖고 있는 본문이라고 하겠다. 이러한 본문의 문맥을 감안한다면, 이 시의 역사적 배경을 마카비 시대만큼이나 늦게 보는 견해(cf. Duhm, Hitzig, Olshausen et al.)이든, 주전 722/721년 직후의 어느 때로 보는 견해(cf. A. A. Anderson)이든, 이 시 속에 표현된 탄식의 상황(1-3[3-5]절)이 주전 587년 예루살렘 함락과 가장 유사하다고 보는 견해(Kraus, Craigie et al.)이든, 아예 이스라엘 역사 아주 초기 다윗의 활발한 시리아 정복 시기의 어느 때 다윗이 아람 정복에 신경을 쓰던 때를 에돔이 잠시 이용하였을 때(삼하 8:3-15)로 보는 견해(Rogerson & McKay)이든, 이 모든 견해들은 모두 개연성이 있는 추측에 불과하므로 우리는 족장 시대부터(창 27:11; 36:1) 사울 시대(삼상 14:47), 다윗과 솔로몬의 시대(삼하 8:3-18; 대하 18:11-12)로 대대로 에돔에 대한 증오심을 지니고 내려온 전승사 중에서 이스라엘이 한때 경험한 거룩한 전쟁 주제를 채용하여 그 전쟁 지휘관의 신앙적 확실성과 불확실성의 심리적 혼합을 이 시인이 적절히 시적 은유법에 의하여 묘사한 것(S. Terrien, *The Psalms*, 450)으로 보는 견해가 오히려 보다 포괄적인 개연성이 있는 것으로 보인다.

이 시의 구성 구조는 주석가들마다 각각의 견해들을 서로 세미한 차이를 보이면서 제시하고 있기 때문에, 우리는 우리의 시가 6-8[8-10]절의 신탁문을 사이에 두고 앞(1-5[3-7]절)과 뒤(9-12[11-14]절)를 감싸고 있는 모습으로 구성되었다고 이해하는 것이 비교적으로 더 나은 분석이라고 생각한다. 즉 (1) 1-5[3-7]절, (2) 6-8[8-10]절, (3) 9-12[11-14]절이라는 3부 구조를 생각해 볼 수 있을 것이다.

¶ 주석

표제: "믹담" 이라는 표제는 그 어원을 아카드어 '카타무'('덮다', '속량하다'라는 의미를 가짐)와 연결되어 있다고 보고 "속량의 시"라는 의미를 가질 것이라고 추론되어 왔다(S. Mowinckel). 이 제목은 시편 16편, 시편 56-60편 등 모두 여섯 편의 표제에 나타나는 것으로서 시편 60편은 이러한 "믹담 시리즈"의 마지막 시에 해당한다. 더 자세한 것은 이 책의 "서론"을 참조하라.

1-5 1-5[3-7]절, 하나님의 백성의 곤궁에 대하여 탄식하고 있다. 특히 이스라엘에 대한 하나님의 심판으로서 해석된 하나의 특수한 패전상황을 탄식하는 일종의 하나님을 향한 항변 탄식(Anklage Gottes)이다. "주께서 우리를 … 하셨다"('… 타누', תָּנוּ-)라는 어법이 1[3]절 한 절에서 이중 반복을 하고 있고, "주께서 … 하셨다"('… 타', תָּה-)라는 어법은 2-4[4-6]절에서 오중 반복을 하고 있다는 것은 탄식의 동기가 "하나님의 행위"에서 비롯되었음을 웅변적으로 입증하고 있다. 즉 하나님께서 "버리시고", "흩으시고", "분노하시고", "땅을 진동시키시고", "땅이 갈라지게 하시며", "어려움을 보이시고", "비척거리게 하는 술을 마시도록 하셨기" 때문에 우리(이스라엘)가 이렇게 탄식하게 되었다는 뜻이다. 이스라엘에게 임한 패전의 고통이란 그 무슨 원수의 강함 때문도 아니고 이스라엘의 약함 때문도 아니고 오직 주께서 이스라엘을 외면하시고 동행하지 않으시기 때문이라는 것이다. 그러나 이러한 항변의 탄식이란 하나님과 시인의 관계 파탄이 최종적인 데 이른 것이 **아니라(!)** 오히려 관계회복을 내다보는 "잠정적인 성격의 것"이라는 데 그 신학적 의의가 있다고 하겠다. 이 사실은 "우리를 회복시키소서", "그 틈을 기우소서"라고 하는 절박한 짧은 기원이 절망적인 '탄식'들의 틈바구니 요소요소에서 하나님과의 관계의 끈을 놓치지 않도록 연결시켜 주는 역할을 한다는 데서 확인된다고 하겠다.

신학적으로 중요한 부분은 바로 이 점이다. 즉 은유적인 표현에 의하여, 이 시인은 이 모든 재난이 이 민족에게 덮친 그 이유란 다른 그 어떤 것에도 있지 않고 단지 하나님 자신의 분노와 징계 속에 있었다는 것을 확고하게 증언하고 있다는 그 점이다. 특히 **3[5]절**은 이 사실을 극명하게 밝히 설명해 주고 있다고 하겠다. **"주께서 주의 백성에게 비척거리게 하는 포도주를 마시게 하셨나이다"**(3[5]절)라는 은유는 "하나님의 분노의 잔" 이미지를 응용하였다고 할 수 있다. 이러한 이미지는 민수기 5:16-28에 나타나고 있는 바 대로 "쓴물"을 먹이는 시련을 통하여 죄의 유무 여부를 판별하는 의식에서부터 비롯되었을 것으로 보인다. 이 "분노의 잔"과 대칭되는 잔은 "구원의 잔"(시 116:13, cf. 시 16:5)이라고 할 수 있을 것이다. 말하자면, 생사화복이 오직 하나님의 손에 달려 있다는 것이다. 그러므로 분노의 잔을 마시게 하시던 그 주님께서는 이 분노를 피하는 길도 또한 동시에 알려 주시는 것이다. 역설(逆說)이다. 즉 **"주를 경외하는 자에게 기(旗; banner)를 주시고 도피처를 알려 주는 신호를(깃발을) 올리게 하셨던 것"**(**4[6]절**)이다. 그러므로 그 다음의 결론은 따라서 **"우리에게 응답하사 오른손으로 구원하소서"**(**5[7]절**)라는 기원으로 마감하게 하는 것이다. 이 단락(1-5[3-7]절)에 나타나는 신학은, 그러므로 인간의 생사화복을 홀로 장악하고 계시는 하나님의 유일한 주권 신앙이라고 할 수 있다. 이 신앙은 이 시의 나머지 절(節) 전반에 강력한 영향을 주고 있다고 할 수 있다.

6-**8** **6-8[8-10]절**은, 따라서 구원신탁(救援神託: Heilsorakel)의 선포를 소개한다. **"하나님이 그 거룩하심으로 말씀하셨다"**(**6[8]a절**)는 말은 "하나님께서 그의 성소에서 말씀하셨다"라는 의미로도 또한 읽을 수 있다. 즉 신탁(神託, oracle)의 서두문형이다. "내가 뛰놀리라"('에어로짜', אעלזה)는 말은 '내가 크게 기뻐 날뛰다'라는 뜻이다. 그리고 6[8]b-8[10]절은 세겜, 숙곳 골짜기, 길르앗, 므낫세, 에브라임, 유다, 모압, 에돔, 그리고 블레셋이 모두(=모든 세계가) 하나님의 소유물임을 강조하는 땅에 대한 야훼의 유일한 주권의 선포이다(7[9]절의 끝 글자인 '홀'='메혹켁', מחקק의 왕권개념을 참조하라). 예루살렘으로부터 약 40마일 떨어져

있는 고성(古城)으로서 하나님의 백성이 가나안인들로부터 물려받은 도시인 "**세겜**"과 얍복 강의 상류에 위치하고 있는 요단 동편의 땅, "**숙곳 골짜기**" 이 두 곳은 이스라엘 12지파 정착지를 요단 강을 중심으로 하여 동서로 나누는 경계선을 회상하게 하는 지역들이다. 산악지대로 구성된 길르앗은 동(東)으로는 사막이 막고 있고 서(西)로는 요단 계곡이 막고 있으며, 남으로는 아르논 강이 흐르고 북으로는 얄묵 강이 흐르는 지역인데, 남으로는 르우벤 지파와 갓 지파가 연해 있고 북으로는 므낫세 지파와 연해 있는 지역이다. **므낫세** 지파의 영역은 에브라임 산악 지대의 북반부와 동시에 길르앗 지파와 연해 있다. 그리고 **에브라임** 영역은 북방 이스라엘 전역을 대표한다. 그리고 사해(死海)에 연해 있는 **모압**과 **에돔**까지를 모두 야훼 하나님의 소유라고 선포한다. 모압은 야훼의 봉토(封土)로 규정하고 에돔은 신을 던져 자기의 소유임을 선언하는 형식을 취하므로 이 모두가 야훼의 통치와 소유의 영역임을 지적한다. 이것은 명백히 약속의 땅 전 지역에 대한 야훼 하나님의 소유주권(7[9]절의 "홀"과 "머리의 보호자"[왕관?]라는 표현 참조)을 선포하는 의미를 가진다. 이러한 선포는 그 문학양식상("그가[야훼 또는 엘로힘] 말씀하셨다. '…'"라는 사자 전언 문형[使者 傳言 文型, messenger formula]으로 미루어 볼 때) 명백한 제사장 또는 제의 예언자에 의하여 선포된 "구원신탁"의 문학양식에 담아 선포되고 있다. 그러므로 이 신탁 선포는 패전의 아픔을 탄식하는 이스라엘에게는 명백한 "위로의 신탁" 선포임이 확실하다.

그러나 이 구원/위로신탁을 기초하고 그 다음에 이어지는 시인의 응답(9-12[11-14]절)은, 기대와는 달리(!), **'탄식'(9-10[11-12]절)**—**'원수 멸망 기원'(11[13]a절)**—**'신뢰와 확신'(11[13]b-12[14]절)**의 선포로 구성되어 있음을 볼 수 있다. 따라서 여기서 우리가 주목해 보아야 할 점은 두 가지이다. (1) 첫째는, 제사장 또는 제의 예언자의 "구원/위로의 신탁"(Oracle of salvation)이 선포되었음에도 불구하고 그 뒤따르는 구절(9-10[11-12]절)은 탄식이며 이 탄식 다음에도 또한 원수 멸망의 기원(11[13]a절)이 뒤따르는 것을 볼 수 있다. 말하자면, 구원신탁이 주는 위로가 이 시의 탄식 분위기를 전환시키지 못하고 있다는 것을 보여 준다. 이 사실은 신학적으로 매우 중요한 면을 암시한다고 하겠다. 왜냐하면, 과거의 구원역사를

"회상하는 것만"으로는 운명전환의 분위기를 도출해 내지 못한다는 것, 오히려 과거의 구원행적이 놀라운 것이면 것일수록 현재의 비극적 패전이 더욱더 탄식을 가중시킨다고 하겠다. 이 사실은 구원신탁 선포가 있은 다음에 나타난 탄식, **"하나님이여 주께서 우리 군대와 함께 나아가지 아니하시나이다"**(10[12]b**절**)라는 탄식이 그것을 극명하게 밝혀 준다고 하겠다. 말하자면 야훼 하나님의 '현재적 동행'에 대한 확신이 없이는 그 무엇도 위로의 요소가 되지 못한다는 것을 보여 준다고 하겠다. 이 구원신탁에 담긴 주요 증언은, 그럼에도 불구하고 야훼 하나님의 '땅의 주권'을 선포하는 데에는 신학적으로 큰 성과를 거두었다고 할 수 있을 것이다.

9-**12** 9-12[11-14]**절**은 그러므로 구원신탁에 대한 즉각적 분위기 전환의 응답을 보이지는 못하였다고는 하더라도 그 신탁 선포 다음에 이어지는 탄원(9-11[11-13]**절**)과 신뢰의 표현(12[14]**절**)은 그 모두가 "야훼 하나님께서 전쟁용사(출 15:3)로서 이스라엘과 동행하실 때에만" 비로소 이스라엘은 하나님을 의지하고 용감히 나아가 적진을 격파할 수 있을 뿐이라는 신학적 확신, 소위 "거룩한 전쟁 전승이 물려 준 전쟁용사로서의 야훼 하나님에 대한 신앙"이 이스라엘의 현재와 미래에 대한 참 위로와 구원확신을 줄 수 있다는 신학적 확신을 매우 적절하게 수립하게 해주고 있다고 하겠다.

¶ 메시지: 사람의 구원은 헛되기 때문이다

구약의 경전문학이 우리에게 주는 가장 강력한 메시지 중의 하나는 "구원(승리, 해방)은 오직 하나님에게 속한 것이다(시 3:8[9]a). 왜냐하면 사람의 구원은 헛되기 때문이다(시 60:11[13]b)"라는 선포라고 할 수 있을 것이다. 이 메시지는 얼핏 보면, 전반부와 후반부 사이에 논리적 충돌이 일어나는 것처럼 보인다. 왜냐하면, 구원은 오직 하나님에게 속한 것이라고 할 때는 그 메시지는 사람에게는 구원하는 능력이 전혀 없다는 것을 의미하기 때문에, 비록 그 결과가 "헛된 것"이라고는 하지만, "사람의 구원" (테슈앗 아담, תשועת אדם)이라는 말 그 자체는 "사람의 구원"이라는 것도 있기는 있다는 것을 의미하기 때문이다. 그러므로 "구원은 오직 하나님에게 속한 것이다"라는 말은 "사람의 구원도 있다"는 논리가 전제되어 있다는 것과 그리고 그러한 논리나 신앙이 마치 진리인 양 우리의 눈과 마음을 혼란스럽게 만들기도 한다는 것을 전제한 경고적인 메시지의 성격을 띤다고 하겠다.

실제로 우리의 신앙세계에서는 인간이 인간을 구원할 수 있다는 인본주의적인 잘못된 미망(迷妄)이 수많은 신앙인들의 판단을 혼란스럽게 만드는 경우가 있음을 우리는 부인할 수 없다. 예컨대 힘의 논리라든가, 물질주의의 논리라든가, 신지식(新知識) 주의의 논리라든가 하는 것들이 화려한 구원자(救援者)의 의상을 입고 새로운 메시야로 등장하기까지 하는 것이 그 경우이다. 그러나 그것들은 문자 그대로 허상이며 미망일 뿐이다. 왜냐하면 이렇게 등장한 인간 구원자들은 그들이 아무리 자신을 구원자라고 자처한다고 하더라도 그들 모두가 어디까지나 피조물인 유한하고 허무한 먼지/흙이기 때문에 스스로 구원자로 자처하던 자들 자신이 바로 자기 자신조차 구원할 수 없는 자들이라는 것이 창조 때부터 설정된 하나님의 창조세계의 움직일 수 없는 질서이기 때문이다.

이러한 대단히 원론적인 창조 논리를 제기하지 않는다 하더라도 인간은 본질상 하나님처럼 '신실'할 수는 없기 때문에 인간의 자기 구원은 본질상 불가능하다고 하겠다. 그러므로 사람의 구원은 언제나 하나의 구호로서만 끝날 수밖에 없는 것이다. 따라서 이 시인은 시편 60편을 통하여 "인간은 하나님을 의지할 때에만 자신의 대적을 밟을 수 있다"는 진리의 선언으로 그의 기도 시를 끝맺고 있었던 것이다.

참고문헌*

김이곤. 『구약성서의 고난신학』. 서울: 한국신학연구소, 1989.

Kim, E. K. *The Rapid Change of Mood in the Lament Psalms.* Seoul, KTSI, 1985.

__________. "Holy War Ideology and the Rapid Shift of Mood in Psalm 3," in *On the Way to Nineveah.* Atlanta: Scholars Press, 1999, 77ff.

Albright, W. F. *Yahweh and the Gods of Canaan.* Winona: Eisenbrauns, 1968.

Anderson, A. A. *Psalms(1-72).* Grand Rapids: W. B. Eerdmans Pub. Co., 1972.

Anderson, G. W. "Enemies and Evildoers in the Book of Psalms," *BJRL* 48(1965-1966), 18-29.

Attridge H. W. & Fassler M. E.(ed.). *Psalms in Community.* Boston: Brill, 2004.

Begrich, J. *Gesammelte Studien zum Alten Testament.* Muenchen: Chr. Kaiser Verlag, 1964.

Berlin, A. *Biblical Poetry through Medieval Jewish Eyes.* Bloomingdon: Indiana Univ. Press, 1991.

Briggs, C. A. *Psalms (ICC)*, I. Edinburgh: T. & T. Clark, 1906, 1907.

* 좀더 자세한 참고서는 이 책의 "서론" 각주를 참고하라.

Brueggemann, W. *The Message of the Psalms.* Minneapolis: Augsburg, 1984.

Cohen, M. S. *Our Haven and our Strength: The Book of Psalms.* N.Y.: Aviv, 2004.

Craigie, P. C. *Psalms 1-50.* Waco: Word Books, 1983.

Cross, F. M. *Canaanite Myth and Hebrew Epic.* Massachusetts: Harvard Univ. Press, 1973.

Dahood, M. *Psalms 1-50.* New York: Doubleday & Co, 1965.

Driver, S. R. *Studies in the Psalms.* Eugene: Wipf & Stock, 1915.

Eaton, J. *The Psalms.* London & New York, 2003.

Gray, G. B. *The Forms of Hebrew Poetry.* New York: Ktav Pub. House, (1915) 1972.

Gunkel, H. *Die Psalmen.* Goettingen: Vandenhoeck & Ruprecht, 1892.

__________. *Introduction to Psalms*(Einleitung). Macon: Mercer University Press, 1988.

Kidner, D. *Psalms 1-72.* Downers Grove: InterVarsity Press, 1973.

Kraus, H. -J. *Psalms 1-59.* Minneapolis: Augsburg Pub. House, 1988.

__________. *Theology of the Psalms.* Minneapolis: Augsburg Pub. House, 1986.

Kugel, J. L. *The Idea of Biblical Poetry.* New Haven, Yale Univ. Press, 1981.

Miller, P. D. "Enthroned on the Praises of Israel," *Int.*, Jan. 1985, 5-19.

__________. *Interpreting the Psalms.* Philadelphia: Fortress Press, 1986.

Mowinckel, S. *The Psalms in Israel's Worship.* 2 vols. Nashville: Abingdon, 1979.

O'Connor, M. *Hebrew Verse Structure.* Winona: Eisenbrauns, 1980.

Oesterley, W.O.E. *A Fresh Approach to the Psalms.* London: Nicholson & Watson, 1937.

von Rad, G. *Der Heilige Krieg im alten Israel.* Zuerich: Zwingli-Verlag, 1951.

Westermann, C. *Praise and Lament in the Psalms.* Atlanta: John Knox Press, 1981.

__________. *Elements of Old Testament Theology.* Atlanta: John Knox Press, 1978.

■ 저자 소개

학력과 약력

1940년 만주(심양=봉천)에서 출생, 해방 후 귀국
서울 휘문고등학교 / 한국신학대학(Th. B.) / 연세대학교 연합신학대학원(Th. M.)
뉴욕 유니언(Union) 신학대학원(S.T.M. & Ph. D.) 졸업
한신대학교 신학과 구약학 교수(약 33년간 봉직)
대한성서공회 번역위원(표준새번역/ 개역개정판) 역임 / 한국기독교학회 총무 역임
진주 제일교회, 대구 성락교회에서 목사안수 및 목회
2003년 5월 스승의 날 국무총리 표창, 2006년 2월 근정포장(勤政褒章) 수상
한신대학교 명예교수(신학과, 구약학)

주요 저서

『신의 약속은 파기될 수 없다』(서울: 한국신학연구소, 1979)
The Rapid Change of Mood in the Lament Psalms(서울: 한국신학연구소, 1985)
『고향이 다른 사람들』(서울: 대한기독교서회, 1988)
『 구약성서의 고난신학』(서울: 한국신학연구소, 1989)
『창세기』(서울: 전망사, 1993)
『출애굽기의 신학』(서울: 한국신학연구소, 1994)
『물이 없어서 목마름이 아니다』(서울: 한국기독교장로회출판사, 1999)
『오경, 역사서』(서울: 생활성서사, 1999)
『시편: 노여움은 잠깐, 은총은 평생』(서울: 도서출판 한국성서학, 1999)
『구약성서의 신앙과 신학』(오산: 한신대학교 출판부, 1999)
『구약 시가문학의 신학』(서울: 한들출판사, 2006)

주요 역서

『비극과 영광』(W. Barclay)(서울: 성문학사, 1970)
『구약개론(Sellin-Fohrer, 공역)(서울: 대한기독교서회, 1978)
『이스라엘의 길』(J. Muilenburg)(서울: 컨콜디아사, 1979)
『역동적 초월』(P. Hanson)(서울: 컨콜디아사, 1981)
『시편』(I, II)(A. Weiser)(서울: 한국신학연구소, 1992)
『성서아람어 문법』(A. F. Johns)(오산: 한신대학교 출판부, 2002)

대한기독교서회 창립 100주년 기념 성서주석 17 시편(Ⅰ)

2007년 2월 20일 초판 1쇄
2015년 9월 20일 초판 3쇄

지은이/김이곤
펴낸이/서진한
펴낸곳/대한기독교서회
편집책임/김인자

주소/서울시 강남구 테헤란로 103길 14(삼성동)
등록/1967년 8월 26일 제1967－000002호
e-mail/cls1890@chol.com
edit1890@chol.com
http://www.clsk.org
전화/편집 (02)553－0873～4 영업 553－3343
팩스/편집 (02)3453－1639

책번호/1417 **값 33,000원**

ISBN 978－89－511－0921－8 94230
ISBN 978－89－511－0002－4 (세트)